章开沅先生，铜版画，2015，

2013年湖北省学术著作出版专项资金资助项目

章开沅文集

章开沅／著

第六卷

华中师范大学出版社

新出图证（鄂）字10号

图书在版编目（CIP）数据

章开沅文集　第六卷/章开沅著. —武汉：华中师范大学出版社，2015.7
（章开沅文集）
ISBN 978-7-5622-6983-0

Ⅰ. ①章…　Ⅱ. ①章…　Ⅲ. ①章开沅－文集②中国历史－文集
Ⅳ. ①K207-53

中国版本图书馆CIP数据核字（2015）第096271号

章开沅文集　第六卷

© 章开沅　著

责任编辑：向　力　　责任校对：易　雯
编辑室：学术出版中心　　封面设计：甘　英　胡　灿
出版发行：华中师范大学出版社　　电话：027—67863220
社址：湖北省武汉市洪山区珞喻路152号　　邮编：430079
电话：027—67863040（发行部）　027—67861321（邮购）
传真：027—67863291
网址：http://www.ccnupress.com　　电子信箱：hscbs@public.wh.hb.cn
印刷：湖北恒泰印务有限公司　　督印：章光琼
字数：494千字　　印张：33.25
开本：710mm×1000mm　1/16　　版次：2015年7月第1版
定价：100.00元　　印次：2015年7月第1次印刷

欢迎上网查询、购书

敬告读者：欢迎举报盗版，请打举报电话027—67861321

走出老宅

1937年初冬，摄于芜湖老宅。

章开沅出生在安徽芜湖青弋江边这所老宅内。抗战爆发后，芜湖形势危急，章开沅随父母逃难到四川，离开老宅前在大门口摄影留念。前排右三为章开沅。此行入川八年，从此走出老宅。

求学“金陵”

1947年秋，金陵大学历史系部分师生合影于美籍教师贝德士住宅前。一排左二：王绳祖，二排左三：陈恭禄，二排左四：贝德士，二排右一：章开沅。

昙华林忆旧

2004年6月，章开沅与夫人黄怀玉摄于华师老校区昙华林。这是章开沅夫妇工作多年的地方，章开沅的中国近代史教研室、黄怀玉的世界古代史及中世纪史教研室都在此楼一层。钱基博先生捐建的文物陈列室亦在其侧。

故里寻根

2012年6月，全家湖州留影。章开沅的祖籍是浙江吴兴(今湖州市)菱湖镇荻港村。回湖州寻根问祖是家人多年的愿望。章先生右边是大女儿章明明、女婿董黎、外孙女董昕及其男友于秉彝；章夫人左边是小女儿章雪梅、外孙女陈乐章、女婿陈迎新。

出任院长

1983年底，章开沅被群众推举、国务院任命就任华中师范学院院长。

1984年，与党委书记高原（左）共商校务。

走向世界

1986年3月，章开沅与美国孟菲斯大学校长（前排右）在华中师范大学互签交流协议留影。后排右起：邓宗琦、王庆生、孟菲斯大学外事负责人及王秋来、杨庆德。

组织校友总会

1988年10月，华中师范大学校友总会成立，章开沅致辞。前排右二为老领导刘介愚。

相约桂子山

1995 年 10 月，章开沅与部分弟子合影。1995 年华中师范大学历史研究所举办建所十五周年庆典，海内外弟子纷纷回到母校，相聚一堂，章开沅颇感欣慰。前排左起：乐正、马敏、赵军、章开沅、莫世祥、马小泉、周洪宇；二排左起：宋亚平、郭国灿、桑兵、王杰、张富强、虞和平；后排左起：林济、高钟、郑焱。

为工友祝寿

1986 年冬，章开沅与华中师范大学绿化组姚水印老师傅（右）合影。以姚水印师傅为代表的绿化组几十年勤奋工作，努力创新，为把华师建设成花园式学校立下了汗马功劳。学校领导聘请姚师傅为生物系讲师，并为他隆重庆祝六十大寿。

寄语新生

2004 年 9 月，章开沅为新生作“寄语新同学”讲演后，在党委副书记何祥林陪同下步出会场。近十年来，几乎每年他都要为入学新生作一次演讲。他的演讲成为新生大学阶段的第一堂课。

为"辛亥"立传

1976 年，人民出版社编辑林言椒力邀章开沅出面组织撰写一部多卷本《辛亥革命史》，以填补国内外学术界空白。章开沅先后邀请隗瀛涛、吴雁南、刘望龄、肖致治、王天奖、冯祖贻、林家有等多名学者参与其事，又请林增平共同担纲主编。

1977 年，贵阳会议后，编写组部分成员在游龙宫洞时合影。左起：吴雁南、林增平、隗瀛涛、章开沅。

经过编写组三年的共同努力，120 万字的三卷本《辛亥革命史》终于问世。宋庆龄先生应章开沅之恳请，为此书题写了书名。

两岸盛会

1982 年 4 月，中国大陆代表团出席芝加哥亚洲学会的年会后，部分团员在华盛顿美国国会前合影。左起：章开沅、陈德仁（翻译）、胡绳（领队）、美中友协代表、李宗一。

台湾方面出席的学者有：秦孝仪（领队）、张玉法、李云汉、张忠栋、林明德等。这是新中国成立后两岸史学家第一次坐在一起开会，会场爆满。章开沅与台湾的张玉法被分别指定为答辩人，讨论辛亥革命的性质，争论非常激烈。两人从此成为好友。

反思"辛亥百年"

2011 年 7 月，章开沅在北京国家图书馆演讲。

为南京大屠杀取证

1998年5月，摄于美国耶鲁大学神学院档案馆。此馆藏有1937年12月南京沦陷后南京安全区国际委员会档案全宗，此乃日军侵华、进行南京大屠杀滔天罪行的铁证。章开沅在金陵大学的业师贝德士是该会的创建人之一，而且是最后一任主席。这一批重要历史文献由贝德士带回美国。

会师东京

1997年12月13日，摄于日本东京，右为翻译。世界南京大屠杀研究者云集东京，共同纪念惨案六十周年。章开沅为此会作主题演讲，他列出如山铁证，义正词严地驳斥并谴责日本右翼势力的荒谬言行。

世纪馈赠

2005年12月，章开沅与日本池田大作先生（右）在东京“对话”留影。对话涉及许多方面，主题是强调正确历史观的重要，反对军国主义，促进中日友好，并且共同追求、营造祥和幸福的21世纪。对话录于2010年及2011年先后在日本和中国出版。

教会大学研究

1989 年 6 月，摄于华中师范大学科学会堂。这是中国教会大学史研究的首次国际研讨会，章开沅作为会议主席致开幕词。左为北京大学张寄谦教授，右为英语翻译。

张謇研究

2003 年 4 月，在北京与张謇亲属合影。左起：张绪武夫人、张绪武姐姐张柔武、章开沅、张绪武（张謇嫡孙）、张绪武之儿媳及孙女。这次论坛在北京人民大会堂隆重举行，由章开沅作主题演讲。

受聘“资深教授”

2003 年 9 月 10 日，章开沅先生被聘为华中师范大学资深教授，左为时任校党委书记丁烈云，右为时任校长马敏。

荣休仪式

2014 年 4 月 16 日，校长杨宗凯颁发荣誉资深教授证书时留影。

88 岁的章开沅因身体欠佳，力不从心，主动请辞资深教授，并放弃与之相关的待遇。

同事留影

2014 年 4 月 16 日，荣休仪式结束后，章开沅与华中师范大学中国近代史研究所全体同事合影留念。

自 序

今年正逢米寿，应该盘点一番自己的生平，这套文集的出版就是在集体帮助下的自我盘点。

我从事历史教学与研究整整65年，但这并非出于自己的选择，终生与史学结缘纯属偶然。

1946年9月进入金陵大学就读，原本报的志愿是农业经济系，因为这是金大的王牌专业，卜凯早已成为知名教授，而我此前曾经在教育部办的计政人员专修班读过将近一年的会计专业。没有想到金大的正式录取书却把我拨归历史系，个中情由至今仍百思不得其解。但我也从未申请转系，因为历史系有好几位良师，他们都对我热心教诲，我不好意思说对史学不感兴趣。实际上我的课余时间多半用于研究陀思妥耶夫斯基的《被侮辱与被损害的》，并努力阅读与印第安人相关的文学作品。

我未能完成历史系本科学业，因为1948年11月进入中原解放区参加革命。原想经过短期培训即奔赴前线，最好是当个战地记者，不料却被当时设在开封的中原大学视为理论人才，就留在校部政治研究室中共党史组。是金大历史系肄业的学历害苦了我，我从此再无任何机会上战场杀敌。

1949年6月，我随中原大学南下，在武汉继续从事干部短期培训工作。稍后中原大学分设政治、财经、教育、文艺等学院，我被划归教育学院，仍然从事中共党史与新民主主义论的教学工作。1951年暑假，又随教育学院与已经改制为公立的华中大学合并（以后改名为华中师范学院，后又改名为华中师范大学），并且正式成为历史系教师。最初仍然是教中共党史等政治课，直到1954年才开始担任中国近代史本科教学的主讲老师。

因此，我常说，是革命为我选择了职业，而职业又使我从家族的历史走向中国的历史与世界的历史。我又常自我解嘲：我的职业像包办婚姻，通常应该是先恋爱后结婚，我却是先结婚后恋爱。我是在担任历史课老师以后，才逐渐增长了对于史学研究的兴趣。不过，1956年以前主要还是应付课堂教学。试想，一个只读完大学二年级的肄业生，要独立地为大学本科生，甚至为在职中学历史骨干教师开课，而且经常是每周3门课（历史、政治、教育三个系分头上），总共13个课时，那是多么勉为其难。当时，也没有一部完整的教材可供凭借，范文澜的《中国近代史》只有上册，戴逸的《中国近代史稿》也只有一半，此外则为胡绳的《帝国主义与中国政治》等少量参考书，陈恭禄、蒋廷黻的教材则已作为反动书籍被封存。幸好华师历史系系主任田家农到中央党校学习，胡绳为他们系统讲授中国近代史，有一个较详尽的教学提纲，田家农赶紧为我寄来一份，我就按照这个提纲编写简要讲义，印发给学生参考。当时中央强调"厚今薄古"，课时的分配上中国近代史与中国古代史门当户对，结果是中国古代史为课时不够发愁，而中国近代史却深感课时过多，没有那么多内容可以搪塞。至今回想起来，我仍时有愧疚。幸好1948年我在南京一所私立高中兼任过世界史课程，多少有点教学技巧，所以无论是本科生还是中学在职老师都还愿意听我讲课，这才不断增强继续教学的信心，并且挤出一点时间进行结合教学需要的课题研究。

中国近代史是个年轻的学科，如同当时国内其他年轻同行一样，初期的研究也是赶潮流，热心参加中国近代史分期问题讨论，并且花费很多精力研究太平天国的性质与土地制度。直到1960年以后，才真正把精力转移到辛亥革命研究，特别是张謇研究。1961年10月纪念辛亥革命50周年的全国性学术讨论会在武汉隆重召开，对我的学术生涯来说这是一个重大转折。此前我与外地同行学者交往极少，可以说是僻处乡野，孤陋寡闻。正是通过这次盛会，我不仅聆听了许多著名前辈学者的教诲，并且结识了一批来自北京、上海、广州等地的青年俊彦，我们从此风雨同舟，共同为中国近代史学科的营建奉献终生。

正是在此次会后，华师领导念我多年苦战在教学第一线，从来没有享受过出外进修的优厚待遇，慷慨地给我两年学术休假，让我借此访师问友进一步提高学术水平。当时，北大与近代史研究所对我都很有吸引力，北大是经过侯仁之亲自联络，邵循正满口答应接受；近代史研究所则是由于范文澜曾经挂名当过中原大学校长，刘大年等已把我看作势在必得的“自己人”。但没有想到更为热心的却是曾任华中师院院长的杨东莼，他在征得华师党委同意后，于 1963 年春天正式以全国政协文史资料委员会的名义，把我借调赴京协助征集北洋政府时期资料，而北大与近代史研究所只不过是经常联系单位。

从 1963 年春天到 1964 年 10 月，我名义上是协助征集北洋史料，但实际上这方面可做的事情并非很多，无非偶尔陪同章士钊与其几位北洋时期的同僚漫无边际地闲聊而已，真正有价值的史料还是他们自己过去已经发表的忆述。坦白地说，这一年多时间我主要是研究张謇，利用北京图书馆善本室收藏的《近代史料信札》（即《赵凤昌藏札》）和此前在南通市市委档案室搜集的《张謇未刊函札》等相关原始文献，对照《张季子九录》、《张謇日记》等已出版书籍，做系统的史料长编与部分笺注工作，然后在此基础上写成 20 多万字的传记初稿，这就是迟至 1986 年才改由中华书局出版的《开拓者的足迹——张謇传稿》一书的原坯。

北京之旅使我大开眼界，我不仅得以充分利用北京图书馆、北京大学与近代史研究所的丰富藏书，而且得以经常向许多学识渊博的师友问难切磋，这将近两年的进修比我读个学位的收获更大，可以说影响了我整个学术生涯。

在朋友圈中，首先要感谢李侃与龚书铎。我刚到北京时，为接待重点“北洋老人”（如曾毓隽、邓汉祥等），陪同他们住在全国政协临时性招待所（在中央社会主义学院招待所租用的两层楼），与北京史学界仍然比较隔绝。只有李侃特别热心，因为此前他已与总编金灿然商定，把我与祁龙威等都列入中华书局的重点扶植青年学者计划。灿然虽然生病住院，仍召我面谈一次，多所垂询并给以鼓励。所以每逢星期天，李侃必邀龚书铎一起来看我，多半是在附近的玉渊潭公园紫竹院品茶、抽烟、神聊，中午就在院中活鱼食堂进餐。当时物价便宜，一餐饭加上二锅头还不到一包中华烟的价钱。那时星期天难得清闲，不谈国家大事，更不谈声色犬马，主要是谈书论学，自得其乐，我从他们那里获取许多学术界的最新消息。大约半年以后，“北洋老人”多已回家，李侃遂按原计划安排我住进中华书局潜心治学撰述。中华书局书库本身就有丰富收藏，有些是还来不及整理出版的大型书稿，如《梁启超年谱长编》，对我写作提供了极大方便。加以当时集中力量校订二十四史，全国史学大家都聚集在公主坟中华书局幽静的原址，作为年轻后辈，请教问难更为方便，其中唐长孺、王仲荦都成为我的忘年之交。正是在中华书局，特别是筹建中国近代社会历史调查委员会期间，我才真正开始融入全国史学界。

李侃豁达大度，急公好义，有古君子风。他明明知道我的张謇传稿在来北京以前已与上海人民出版社签约，但毫不计较，只要求为“历史知识丛书”写一本《武昌起义》就算交差，而且还给以优厚的稿酬。1964 年 10 月，我因撰文评价李秀成惹祸，中宣部通知全国重点批判，中华书局对我的扶植计划亦告夭折。但李侃对我的友情始终如一，就在我回武汉接受批判并且又患黄疸肝炎之际，他仍不断寄来北京上好小米，供我作为中医药丸的添加剂，使我的肝功能迅速恢复正常。

李侃比我参加革命早，原先曾在东北局宣传部任机要工作，以后来北京调入中华书局任近代史编辑室主任，成为金灿然的得力助手，与中宣部的几位老领导关系也比较密切。也正因为如此，“文革”爆发时他就作为中宣部“黑线人物”横遭批斗；我的另一好友戴逸也因《论清官》一文得祸，大字报铺天盖地。华师历史系有一位曾在北京进修的“造反派”教师，看见这些大字报后联想到我与李、戴关系十分密切，认定我是隐藏在桂子山的中宣部“黑线人物”，甚至把我们在紫竹院把酒论学也视为暗授机宜的“黑会”，公开在大会小会发难，借助所谓群众声势逼迫我“彻底交代”。但是，“文革”10 年，我们这些老朋友都是自己做事自己承担，从未牵扯别人以图“立功赎罪”。此所谓道义之交，自有坚守的做人的底线，所以“紫竹院黑会”的爆炸性新闻也就无疾而终。与此相类似的著名编辑还有《新建设》的王庆成、《光明日报》的苏双碧、人民出版社的林言椒，他们都是我推心置腹、放言无忌的密友，我们也都"好汉做事自己担"，从未诿过他人或牵连上级领导。这是我们心知肚明聊以自慰的一点小秘密。遇上这些懂行贴心的好编辑，是我学术生涯的极大幸运。

好不容易熬到1976年，"文革"总算走到尽头。天安门广场人民自发悼念好总理，声讨"四人帮"，尽管被定性为反革命事件，王庆成仍然给我寄来周总理的著名遗像，我挂在床头日夜思念，热泪湿透枕巾。"四人帮"垮台，普天同庆，京师螃蟹涨价畅销，李侃等高阳酒徒更是持螯尽欢。对于我们这一代曾经的"民主青年"来说，"文革"的结束等于第二次解放。中共十一届三中全会以后，我国进入改革开放的新时期，并且自上而下提倡解放思想与实事求是的新学风。学术界与其他各行各业一样，人民备受压抑而又积蓄已久的积极性像埋藏地下的泉水一样突然喷涌而出。这是我一生精力最为旺盛而成果也最为丰硕的时期，1981年继合编的《辛亥革命史》三卷本之后，又陆续出版了《辛亥革命与近代社会》、《开拓者的足迹——张謇传稿》、《离异与回归——传统文化与近代化关系试析》、《辛亥前后史事论丛》等专著，并在国内外重要刊物上发表了许多论文。从1979年秋天开始，我又多次应邀前往美、欧、澳、亚许多国家与地区开会、讲学与访问。1990年—1993年更先后在美国普林斯顿、耶鲁、加州3所大学连续任教与研究共达3年以上，在促进中国近现代史研究，特别是在辛亥革命研究领域的中外学术交流方面，也做了大量有效工作，并且结识了一大批风义之交与良师益友，正所谓"环宇岂无真知己，海外偏留文字缘"。

"文革"前后，我的学术理念、方法、路径与风格发生很大变化。20世纪80年代以来，我在教学与研究工作中非常强调对社会环境、社会群体与社会心态的阐析，也比较注意区域研究（如江浙）与个案研究（如张謇）。有些人以为我可能是接受了美国同行或法国年鉴学派的影响，才发生如此明显变化。其实历史唯物主义本来就很注意对社会环境（特别是经济结构与政治制度）的研究，而我自己对辛亥革命的研究从一开始就以社会运动作为整体对象，并没有局限于单个的人物与事件。日本有的学者认为我是大陆学者中较早也较多把社会学方法引入历史研究的，其实这要感谢已故的老师马长寿教授，他在金大作为历史学家开社会学通选课，自然会在我这个历史系学生身上产生深远影响，所以我对社会学的某些理论、概念与方法早已略有所知。我还要感谢另一位已故老师王绳祖教授，是他在动荡不安的校园为我们开设汤因比史学介绍讲座，使我们对这位大学者的思想体系兴味渐浓。所以，在 20 世纪 80 年代国内引进西方学术新知形成热潮时，我并不感到十分陌生，反而有故人归来之感。

回顾既往，我在多年史学实践中并非简单借用社会学的概念，而是确实形成了自己的风格特点：一是比较注意分析个人、群体与社会环境的互动关系；二是把研究的重点置于个人与阶级的中介——群体之上。其实这两个特点从张謇研究即已开始显现，只不过长期受“左”倾教条主义的束缚，难以自由挥洒而已。我们这一代学人生不逢辰，青少年时代基本上在战乱中度过，特别是我自己竟连大学本科都未读完，因此就学术根基而言，实乃“先天不足，后天失调”。新中国成立以后，政治运动甚多，上山下乡频繁，很多时间都浪费了，连“勤可补拙”都难做到，何况又常以文字得祸，屡遭无妄之灾，自然难以学有大成。尽管由于历史的机缘谬膺学科带头人之选，但自己究竟有多少学术底蕴，内心经常为此惶恐。我从来不敢以“人梯”自喻，因为缺少必要的学术高度，只能为年轻的后辈充当铺路石子，或者是披荆斩棘的前驱。20 世纪 80 年代以后，我很快就从业已成为国际显学的辛亥革命研究先后转入商会研究与中国近代化研究；90 年代以后又把主要精力投入中国教会大学史研究与日本侵华南京大屠杀研究，而最终又从基督宗教研究扩大为东西方文化交流史研究。我从不趋时跟风，但却难免喜新厌旧、浅尝辄止之讥，颇似一个流浪成性的行者，经常漂泊在没有航标的江海。我并不认为这是多大的失误，因为自觉只有这样才能为后继者探索新路，扩展更大的学术空间。但也正因为如此，我的治学从来没有驾轻就熟的轻松，经常是“八十岁学吹鼓手”，必须从头学起，从头做起，永远都在艰难的探索之中。我很高兴，我所开辟的这些领域大多后继有人，而且比我做得更多更好，这就是我们这一代人的最大幸福。

为我这样学无大成的老人出大型文集，内心深感惶恐与歉疚，因为害怕如古人所讥刺的“灾梨祸枣”，流于不必要的资源浪费。但作为学术史而言，一部完整的论著辑录，也许可以供后世的研究者更便于检索。我忽然又想起晚清张维屏的那首诗：“沧桑易使乾坤老，风月难消今古愁。惟有多情是春草，年年新绿满芳洲。”与宇宙乾坤、文化长河相较而言，吾辈普通学人岂不正如一株野草，渺小之至，也平凡之至。春草的多情也无非是自作多情，既无耀目光华，更非国色天香。但小草作为具有生命的植物亦自有其存在的价值。“野火烧不尽，春风吹又生。”小草的生命意志何等刚毅，何等充盈，它用亿万群体的集体苏醒，萌发出漫山遍野的新绿，一片又一片为大地增添了春天的颜色。诗人以春草自喻，既非故作谦抑，更非妄自菲薄，而是对世事对人生已有更深层的领悟，其实也是彻底的自我解脱与更高的精神追求。我常以此诗题赠年轻学人，现在就作为文集自序的结语。

章开沅
甲午仲夏于桂子山麓

目　录

离异与回归——传统文化与近代化关系试析

相关论文

离异与回归[①]

——传统文化与近代化关系试析

（增 订 版）

① 该书原由中国人民大学出版社 2010 年出版。

自　序*

在中国实现现代化的进程中，历史学理应发挥自己的作用，做出较大的贡献。

我们的老前辈司马迁早就说过：史学家应该“究天人之际，通古今之变，成一家之言”。从学科分工而言，史学家虽然侧重研究过去，但是更应该立足现实，面向未来。

“人事有代谢，往来成古今。”过去、现在、未来，总是前后连续的，而且如果做更为超越的宏观考察，三者又都是相对而言的。历史学家不仅应该积极参与现实生活，而且应该成为把现实与过去及未来连接起来的桥梁，应该用自己的研究成果丰富与影响现实生活，并且与人民一起追求光明的未来。

中国如何实现自己的现代化？中国应该实现什么样子的现代化？当前已经成为全国乃至全世界各方面人士共同关心的问题。对于这样重大的问题，应该做多学科的综合研究，并且对当前的实践及时做理论性的总结与探索，这样才能得出比较确切而有益的结论。历史学不能代替其他学科，更无法涵盖一切，但它有自己特定的功能，而且本身就有多学科相互渗透的需要，因此应该而且能够在中国现代化问题的研究中发挥较大的作用。

从历史本身来说，前后连续的过程是很难一刀两断的。特别是所谓近代化与现代化，由于它们都承担了工业化、民主化这样一些基本任务，因

---

* 此序原为“中外近代化比较研究丛书”的总序，《离异与回归——传统文化与近代化关系试析》为该丛书之一种。

而更难作严格的断限。概略地说，本书所说的近代化，大体相当于罗荣渠教授在《建立马克思主义的现代化理论的初步探索》一文中所说的“早期现代化”，时间可以断限在晚近现代化之前。早期现代化与晚近现代化的历史主题与基本内容是前后连贯的，但却有各自的阶段特征。与晚近现代化相比较，早期现代化的社会结构及其机制、效应，具有发育尚未成熟、还不完全的特点。然而也正是由于这个原因，它又具有相对单纯与易于比较、辨析的特点。

正如早期现代化与晚近现代化难以一刀两断一样，历史与现实也很难截然分开。我们在研究中外近代化的历史进程中，必然要牵扯到国内外许多重大现实问题。因为，社会结构尽管在其早期显得相对简单，但它的许多机制与社会效应，却往往是在发育成熟以后，才能做出更为完整、深刻、清晰的判断。历史考察的时段，其所以需要有较大的时间跨度，原因也正在于此。

我们深深感到，中外现代化比较研究是一个难度极大而又工程浩繁的科研项目。而说到底，难就难在知己知彼。

很难设想，如果对己对彼都知之甚少或知之甚浅，还能做出任何较有意义的比较。即令有的作者用了较为优越的比较方法，而如果他对中外历史与现状缺乏必要的了解，甚至缺乏有关中外学术文化的起码素养，那也很难获致较有意义的研究成果。在这里，有必要借鉴晚清思想解放运动的经验教训，因为它也是以中外比较特别是中外文化比较，作为思想与理论基础的。作为这次运动的领袖之一，梁启超在《清代学术概论》一书中曾经作过坦率的检讨：“晚清西洋思想运动，最大不幸者一事焉，盖西洋留学生殆全体未尝参加于此运动。运动之原动力及其中坚，乃在不通西洋语言文字之人。坐此为能力所限，而稗贩、破碎、笼统、肤浅、错误诸弊，皆不能免。故运动垂二十年，卒不能得一健实之基础，旋起旋落，为社会所轻。”[①] 梁氏强调了语言文字的阻隔，但问题又不仅仅限于语言文字的阻隔。因为，语言文字固然是通向西方文化的桥梁，但如果仅仅满足于西方

① 梁启超：《清代学术概论》，《梁启超论清学史二种》，复旦大学出版社，1985年，第80页。

语言文字的掌握，而不去认真研读西方的重要典籍文献，不去深入了解西方的社会结构与风土人情，则仍然说不上是通晓西方的学术文化，当然也说不上是通晓西方的历史与现状。正如过去一般八股士人，尽管文笔娴熟，制艺成篇，但也不等于通晓中国的文化、历史与现状一样。

梁启超具有相当丰富的中国传统学术文化素养，又曾在日本住过一段时间，并曾周游欧美诸国，对日本与欧美的学术、文化、历史、现状都曾下过很大功夫去了解，尽管不免有生吞活剥、饥不择食之讥，但其治学之勤与涉猎之广，至今仍然使我们为之惊叹心折。以他这样的条件，尚且以"稗贩、破碎、笼统、肤浅、错误诸弊"自责，我们现在进行中外近代化比较研究，岂可不在知己知彼方面更为扎扎实实地做一些工作。

中国是世界上屈指可数的大国之一，虽然是长期比较统一的中央集权国家，但各个地区经济、文化发展很不平衡，沿海和内地，南方和北方，东部和西部，乃至于相邻各省之间，都有很大差异。中国又是一个民族众多的国家，各民族都有自己的经济、文化乃至社会结构方面的特点。汉族文化虽然处于主导地位，但长期兼收并蓄，吸收含蕴，其中已包含许多国内兄弟民族文化以及外国文化的因素与影响。迄至今日，各少数民族虽然越来越多地受到汉族文化影响，但同时又保持许多本民族的文化特点。

中国也是世界上屈指可数的文明古国之一，历经沧桑，活力犹存，其漫长的发展诸阶段又各有自己的特点。儒学由于统治者的提倡，曾经长期处于统治地位，对民族文化产生深远的影响。然而它在不同阶段又与墨、法、道、佛诸家碰撞渗透，形成儒学本身的演化流变。及至鸦片战争以后，情况更为复杂，中学与西学既相冲突，又相融合。五四运动以前有进化论与西方资产阶级社会政治学说的传入，五四运动以后有马克思主义与其他社会主义流派的传入，这些外来思想都曾在不同时期与不同程度上与中国固有文化相结合，并且以不同地位包摄在中华文化之中。因此，时至今日，已经很难说还有什么纯粹的、一成不变的中国传统文化。我们只有认真地、具体地辨析中国文化的历史与现状，并且与外国文化的历史与现状做多方面的比较研究，才有可能获致某些切合实际的有益结论。如果不是从详尽了解历史与现状的实际出发，而是匆匆忙忙急于作简单的定性、立论、构架，则很难避免主观武断的毛病，其“稗贩、破碎、笼统、肤浅、错误诸弊”，可能更甚于晚清思想界诸先驱。

研究中国近代化的历史进程，需要客观，需要超脱，需要尽量排除某些不必要的政治的、感情的乃至意识形态的干扰。“不识庐山真面目，只缘身在此山中。”对自己国家的历史与现状之所以一时看不清楚或产生错觉，并不一定都是由于立场、观点的错误，倒是往往由于视野的局限与视角的差错。因此，我们既要着眼中国，又要走出中国；既要立足现实，又要超越现实。这就需要具备世界的眼光，世界的见识，力求从世界全局来观察中国，而不仅仅是从中国来环顾四周的世界。我们之所以需要做中外近代化比较研究，原因即在于此。

钟叔河先生办了一件大好事，他编辑出版了一套“走向世界丛书”，帮助我们了解世界的形象如何在中国人的眼光中逐渐发生变化，而这些世界形象的变化又如何逐渐影响着中国的变化。但我觉得这还不够，还缺少一项与此相对应的大工程。为此，应该编辑一套“走向中国丛书”，通过那些曾经到过中国的旅行者、学者、教士、商人以及外交官的日记、游记、通信、回忆录等文献资料，帮助我们了解中国的形象如何在外国人的眼光中逐渐发生变化，而这些变化又是如何影响着中国乃至世界。把上述已经做的和尚未做的两项大工程结合起来，一定可以有助于增强我们的世界眼光与世界见识。

今年夏初，我利用频繁的外事活动的间隙，在美国纽黑文（New Haven）小住三周，每天到耶鲁大学神学院图书馆（Yale Divinity School Library）的善本室（Special Collects）查阅有关档案文献。在我过去的老师贝德士博士（Dr. Miner Searle Bates）的百余盒档案中，发现有一部他晚年尚未完成的大书手稿，题目是《新教徒在华五十年》（*Protestant Effort in China，1900—1950*），内容极为丰富有趣。我循着他所引用的众多文献线索，又发现这个图书馆收藏着卷帙浩繁的到过中国的众多外国传教士的档案、手稿与著作，相当详细而又如实地记录了他们在中国的经历、见闻与感想。其中当然夹杂了不少宗教色彩、种族歧视与政治偏见，但也保留着大量比较客观、平实的原始记录。仿佛是一面面镜子，从不同侧面、角度、层次，反映出中国的形形色色；难免有所扭曲，但从总体上来说，毕竟可以帮助我们加深对自己国家的理解。因为这些文献正好弥补了我们所缺少的东西，即从外在世界来观察中国。

以上主要说的知己难，下面再讲一点知彼之不易。

梁启超说西洋留学生“全体未尝参加”晚清思想启蒙运动，这段话显然有一个漏洞，因为作为运动领袖之一的严复就是西洋留学生，尽管是官派的而且学的是海军。但即令通晓西学之深且富如严复，他最熟悉的也无非是英国的学术、文化、历史与现状，充其量也只能说是对于作为西方文化主要代表的西欧（包括英、法、德）了解较多。至于与法国有同等影响的美国，严复就不大熟悉。真正说得上“美国通”的是容闳，可惜他虽然写了一本著名的《西学东渐记》，但并未着力于美国学术文化的介绍。所以，梁启超的话从总体上看评判也没有错，“晚清西洋思想运动”所大谈特谈的“西洋思想”，主要还是靠“东洋留学生”从日本人那里零零星星贩来的“二手货”。

所谓西方文化或西方文明，其包含内容之广泛与内部差异之悬殊，与中华文化相比较，只能是有过之而无不及，因为中国毕竟是一个国家，而西方则包括几十个国家，甚至包括好几个洲。各洲之间和各国之间固然差别很大，一个国家内部的不同地区之间的差别也很大。我们研究鸦片战争史，常说西方进步、开放而中国落后、封闭，殊不知当时西方也有落后、封闭的国家和地区。正如恩格斯所曾指出的，直到 1847 年，“欧洲有两个地方还保持着最原始的古基督教德意志式的野蛮，几乎还以橡实为食料，这两个地方就是挪威和阿尔卑斯高山地区即旧瑞士”。特别是“旧瑞士”，“它简直像牲畜一样顽固地坚持与整个世界隔绝，死守着地方习惯、装束、偏见以及全部地方狭隘性和闭塞性”[①]。我举这样的例子，绝非想在鸡蛋里挑骨头，而无非是想说明，即令是同属于所谓西方现代化模式的欧洲众多国家，其历史进程也是很不平衡的，而且各有自己的特点。因此，所谓西

① 恩格斯：《瑞士的内战》，《马克思恩格斯全集》第 4 卷，人民出版社，1958 年，第 385、392 页。

方模式，其统一性便是相对的，它蕴含于许多国家的千差万别之中。如果忘记了这一点，就可能把这一模式简单化、绝对化，以致闭塞自己的视野，堵住自己的思路。

现时一些人所津津乐道的西方文明，大抵都是指美国文明或美国式的文明。美国虽然得天独厚，经济发展水平极高，但它的文明并非西方文明的原型，而是英、法文明在新大陆的支脉，也是各国移民带来的形形色色文明的综合。真正说得上是属于美洲本土的印第安人文化，由于殖民主义、种族主义的猖獗，已经几乎被赶尽杀绝，只能作为博物馆的陈列品或旅游景点的装饰。美国东北地区，特别是所谓新英格兰诸州，受英国文化影响较深，而西部地区则受西班牙文化影响较多。至于北方与南方之间差异之明显，则即令是初到美国者，一眼也可以看出。但是这些话早已成为陈词滥调，因为70年代以后情况已经并且正在发生急剧的变化。按照《大趋势》作者奈斯比特（John Naisbitt）的判断，北部的衰落和西南部的兴盛，即经济重心由北向南转移之势已经无可逆转。尽管新英格兰诸州某些古老家族仍然那么矜持傲慢，但加利福尼亚、佛罗里达、得克萨斯三州正在逐渐取代他们传统的主导地位。所以难怪我的学长TK（唐德刚）要批评他的老师胡适，指出胡氏所终身倾慕的新英格兰和纽约郊区的WASP（White Anglo-Saxon Protestant）阶级生活方式不能代表美国文明的全局。“至于WASP幕后还有些什么其他的花样，又怎是胡适当年这批二十多岁的中国青年所能体会的呢？也更不是后来一些隔靴搔痒的名流学者们所能透彻了解的了。”[①] TK是历史学家而又旅居美国逾40年，“隔靴搔痒”之讥当非无的放矢。

作为亚洲国家，西化最早而又收效最大的当数日本。但日本向西方学习并走向现代化，也有一个复杂的过程。虽然所谓“脱亚论”（即主张脱离亚洲的陈旧传统）曾经一度颇具声势，但“和魂洋才”（相当于我国的“中体西用”）仍然具有很大的影响，日本并未完全脱离东方儒学文化圈。

---

① 参见唐德刚编译校注：《胡适的自传》第三章注释（4）、（5），华东师范大学出版社，1981年。

当然，所谓“和魂”并非单纯是已经日本化的儒学，还包括其本土的神道教之类。在日本，真正堪称大幅度的西化，是在战败并被盟军（主要是美军）占领以后，与土地制度改革及民主观念冲击相伴随，日本社会受到美国文化的极大影响。尽管有人将日本列入“儒教＋资本主义”模式，实际情况却是离开传统儒学文化愈来愈远，特别是青年一代。当然，这并不排除日本仍然保留着不少旧的传统的东西，乃至亚洲人民所最为痛恨的军国主义的残余。近些年在现代化问题研讨中出现的一种倾向，即单纯以经济发展程度和物质生活水平来衡量各种文化的价值，而且往往是只注意眼前却不顾及长远，这当然有很大的片面性。社会结构是一个整体，不能只注意经济发展水平而忽视其他各个重要方面。同时，资本主义经济发展总是不平衡的，某个时期，某个国家，某个地区，经济得到较快发展，但并不意味着这个国家或地区的文化就永远那么先进，社会结构就那么合理。如过去的德国和今天的日本，都存在着这样的问题。美国的经济发展，在第二次世界大战以后很长一段时间里，曾经傲视全球并被一些人视为西天乐土，然而曾几何时它也面临着大英帝国趋于颓败的相似境遇。对于美国，我们既不应因为其昔日的兴盛而褒之过高，又不能因为其现今的衰降而贬之过低。对于日本的兴衰浮沉，似乎也可以作如是观。当然，日本人并非都“沉醉于日本自开天辟地就是雄踞世界的一流国家这一幻想之中”，其中始终保持清醒头脑者大有人在。在其国内争议甚多的《丑陋的日本人》一书的作者高桥敷，就曾经忧心忡忡地提醒国人：“请看当今日本人的现状——他们满足于名次排列和产品的数量；关于人的意识，仍停留在二千年前的石器时代；他们狂妄自大，以世界一等国民自居。也许，正是这种心理意识的偏颇和落后，竟被当作日本的传统美德而继承着。于是，人们变得像化石一样，冥顽不化。”

与日本一起被列入“儒学＋资本主义”模式的，还有新加坡、韩国以及中国的香港、台湾。这表面似乎是过分强调了文化因素的作用，实际上却是在这些国家和地区经济起飞以后才在儒家文化方面寻求理论解释，或者至少是以经济起飞为鼓吹所谓“新儒学”提供实例根据。我曾经多次到香港、新加坡考察，也曾向当地的专家学者广泛求教，试图能多少发现一些儒学对于振兴经济的神奇作用。但是很遗憾，也可能是由于自己的“冥顽不化”，我很难得出“儒学导致经济起飞”的结论。我的初步认识是：这些国家与地区的经济起飞，主要取决于机遇、市场、决策与机制，与儒家文化并没有多少直接关联。一位新加坡学者对我说：“与其说儒学导致了经济起飞，倒不如说是经济起飞以后才有条件也有某种需要来提倡儒学。”一位颇有成就而又有较高文化水平的香港实业家则说得更为坦率：“儒学吗？在香港只有少数学者热心鼓吹，一般香港人没有兴趣，他们只关心发财与享乐。香港之所以繁荣，就是因为香港容许失业。”他的语言是冷酷的，然而却隐藏着理智的思考。

以上说的是知彼的困难。也许我把困难说得太多，但从事近现代化比较研究的学者大多都有同感。长期从事现代化与比较史学研究的布莱克（C. E. Black）教授，就曾感慨地喟叹：严格地说，这项大工程必须要有百科全书式的大学者才能胜任。但是正如马克思在《资本论》第一卷第一版序言中早已说过的那样：“万事开头难，每门科学都是如此。”我们当然应该正视困难，但我们更应该勇于克服困难，勇于做披荆斩棘、筚路蓝缕的科学新领域的开拓者。我很欣赏罗荣渠教授在《建立马克思主义的现代化理论的初步探索》一文中讲过的两句话：

> 中国为探索自己的现代化道路进行了长达一百多年的艰苦斗争，但现代化研究在学术界一直未引起应有的重视，现在是改变这种理论严重落后实际的情况的时候了。
>
> 在这样伟大的时代新浪潮面前，社会科学理论界应当振奋精神，敢于去迎接现代化的挑战！[①]

我认为他准确地表达了我们社会科学理论界共同的心声，而本书的研究，也就是为了迎接呼啸而来的现代化和全球化大潮的严峻挑战。

---

① 罗荣渠：《建立马克思主义的现代化理论的初步探索》，《中国社会科学》1988 年第 1 期。

前　言

离异与回归是人类文化史上经常交替出现或相互伴生的两种趋向，也是文化史研究带有永恒魅力的重要课题。

特别是在从封建社会向资本主义社会演变的过程中，开创新制度的思想先驱对于传统文化大都曾有离异与回归两种倾向。资本主义发展最早的西欧是一种类型。那里的离异，主要表现为对于所谓中世纪千年黑暗的批判与背离；那里的回归，则主要表现为从希腊、罗马古代精神文明中寻求人文主义的力量源泉。或许可以说，这是一种跨越时间距离的离异与回归。长期沉睡于中世纪落后状态的东方又是一种类型。这里的离异，首先表现为向西方近代文明的模仿、学习与趋近；这里的回归，则主要表现为从传统文化中寻求本民族的主体意识，以求避免被先进的外国文明同化。或许可以说，这是一种跨越空间距离的离异与回归。

就东方国家而言，表现为趋向于西方近代文明的对传统文化的离异，从总体上来说是进步的历史潮流。然而由于强弱贫富差距悬殊，也很容易产生缺乏自信的民族自卑感，乃至产生全盘西化主义与民族虚无主义。至于向传统文化的回归，情况则相当复杂。顽固派的守旧复古，对抗新的潮流，自然是一种倒退倾向。一些开创新制度的思想先驱往往也向传统文化回归，则主要是由于担心独立的民族精神的丧失，防止被西方文化完全征服与同化。这种回归自然包含某些合理的、必要的积极因素。但由于旧传统年深日久，盘根错节，惰性太大，新的社会力量在有限的离异之后很容易经由回归走向复旧。因此，在东西方文化交流过程中，离异与回归都需要适度。或许可以这样表述：离异不可无根，回归不可返古。

本书着重探讨中国走向近代化的文化历程中的离异与回归两种趋向，目的是从文化流动力学的角度探讨传统文化与近代文化之间的关系。这是一个难度很大的课题，以作者目前的水平、时间和精力，还很难进行全面、系统、深入的论析。本书只能作为引玉之砖，提出问题引起大家的兴趣，促使更多的学者共同研究这一课题，寻求足以使人信服的合理答案。

为了便于更多的读者，特别是那些并非研究史学的读者，了解这一课题的意义，我们先从清末写出第一本女子出国游记的单士厘说起。

第一章　从清末女强人说起

提起清末女强人，读者多半会立刻想起绍兴的秋瑾，但我这里却写的是另一位浙江女性——单士厘。

单士厘（1856—1943）是萧山人，萧山距离绍兴不远。单士厘比秋瑾早生约二十年，出国也比秋瑾早四年。单士厘与秋瑾都是出身于旧式书香门第的闺秀，但性格、经历与结局却有很大的差异。单士厘没有秋瑾那种英烈之气与侠义精神，她既没有直接参加革命，更谈不上流血牺牲。但她却以东方女性特有的灵慧与细密，认真观察与介绍了外在的世界，并且在诀别陈旧传统、倾心西方文化方面，表现出另外一种更为沉潜也更为深刻的勇猛精进的气质。应该承认，在中国走向近代的文化历程中，她也曾留下自己的脚印。

单士厘的丈夫钱恂（1853—1927，著名文学家钱玄同的长兄、著名科学家钱三强的伯父），是清末外交官当中的有识之士，思想相当开明，先后到过日本、俄国、荷兰、意大利诸国。1899 年单士厘带两个孩子前往日本钱恂任所，这是她的第一次出国。“嗣是庚子、辛丑、壬寅间，无岁不行，或一航，或再航。往复既频，寄居又久，视东国如乡井。”[①] 1903 年她又随丈夫循西伯利亚铁道作欧俄之游，前后凡八十天，并且“以三万数千言，记二万数千里之行程”，这本旅行日记随即以《癸卯旅行记》为书名付刊。单士厘历经多年勤学博闻，不仅眼界大为开阔，学问也明显长进，日语达到听、讲、读、译“四会”水平，对欧洲近代语文与拉丁、希腊古文亦有所理解，对西方文化艺术也有较为真切的认识，在清末妇女知识界

---

① 钱单士厘：《癸卯旅行记·归潜记》，湖南人民出版社，1985 年，第 22 页。

堪称鹤立鸡群。

本书无意介绍单士厘的生平经历，笔者的兴趣只在于探讨她从深闺走向世界以后内心的急剧而又深刻的变化。当然变化是多层面的，内容极为丰富多彩，我们在这里也只能提出两个例证来加以剖析。

一是对居住环境清洁卫生观念的变化。1903 年春，单士厘出国之前因船期推迟曾在上海旅店小住数日。她在国外生活已久，对国内居住条件很不适应。先是住晋升栈，连“衾褥洗面具”等都需要旅客自己准备；后迁福兴栈，虽较晋升栈略为清洁，但“烦杂仍无异”。单士厘于是感叹说：“本国旅馆，殆无一可居者”；“一履本国，反多不便，令人失笑”①。

一是对学校教育观念的变化。钱恂早在 1897 年即首倡留学日本之议，并率先让弟弟幼楞在日本入学，随后又陆续将儿子、女婿、媳妇带到日本求学。单士厘在 1903 年 4 月 17 日的日记中对此曾有所记述：“予家留东之男女学生四人，皆独立完全之自费生，一切选学校，筹学费，悉往来于外子一人脑中。女学生以吾家为第一人，固无论矣。两子均已毕小学六年级之业，而跻入中学校之第一年、第二年级，在中国人循序修学，亦不作第三人想……予因本国无一处可以就学，不得不令子女辈寄学他邦，不胜慨叹！”②

一个饱读诗书且久经传统文化熏陶的名门闺秀，在出国四五年之后竟至感到祖国没有一家可住的旅馆，没有一所可以让子女就读的学校，这样惊世骇俗之言不能不使时人为之瞠目结舌。

但单士厘的认识并非孤独摇曳的烛光，尽管言辞不无激愤偏颇之处，但当时都属于许多先进中国人的共识。情况正如青柳笃恒在 1906 年所描述的那样：“于是，学子互相约集，一声‘向右转’，齐步辞别国内学堂，买舟东去，不远千里，北自天津，南自上海，如潮涌来。每遇赴日便船，必制先机抢搭，船船满座。中国留学生东渡心情既急，至于东京各校学期或

① 钱单士厘：《癸卯旅行记·归潜记》，湖南人民出版社，1985 年，第 34 页。
② 钱单士厘：《癸卯旅行记·归潜记》，湖南人民出版社，1985 年，第 40 页。

学年进度实况，则不暇计也，即被拒以中途入学之理由，亦不暇顾也。总之分秒必争，务求早日抵达东京，此乃热衷留学之实情也。”① 这可以说是近代中国第一次出国热潮，其规模之大，影响之深，都是前所未有的。中国留学生把日本看做通向西方文化的桥梁，有些日本人则把这种潮流看做一种“气运”，而在历史上并无赫赫声名的单士厘则是开风气之先的前驱者之一。

单士厘接受西方文化的影响，不仅表现为内在的思想心理变化，而且还有社会行为上的表现。她反对中国传统的“正朔”观念，主张全国改用阳历，使政治、财经、学校、兵役、罪惩各方面收“齐一之效”。她不顾外界议论，率先“于家中会计用阳历，便得无穷便利”。她反对缠足恶俗，主张妇女参与社交，可以与男人一样抛头露面。为了开倡风气，她带着媳妇“冒大雨步行于稠人广众之场”，又步行数里到母舅家“以风同里妇女”。她还与全国妇女互勉：“寄语深闺侣：疗俗急需药。勖学当斯纪（原注：英人论 19 世纪为妇女世纪，今已 20 世纪，吾华妇女可不勉旃），良时不再来。”② 在这些娴静典雅的言行中，蕴含着对古老传统的勇敢挑战。

是什么力量促使长期生活在旧营垒中的单士厘在短短几年中产生这样大的转变？又是什么力量使这个贤淑的弱女子敢于与强大的旧传统决裂，并且公开表明自己对于西方近代文化的倾慕？

这里确实存在着一种力量，一种离异于传统文化的无形力量。借用英国历史学家汤因比的语言，或许可以称之为“脱离意志”。

按照汤因比的说法，一种文明在它的生长时期，其旺盛的创造力，可以使它在自己的内部与外部，在人们的内心引起自愿的“归附心理”。而当它逐渐丧失创造力（汤因比称之为“害了病的文明”）的时候，则会使一部分民众产生对少数统治者“压迫意志”的挑战，产生一种“脱离意志”。汤因比用哲理诗一般的语言描述这两种意志之间矛盾的持续发展，

---

① 青柳笃恒：《中国子弟何故必须游学我邦?》，《早稻田学报》141 号，1906 年 11 月。

② 钱单士厘：《癸卯旅行记·归潜记》，湖南人民出版社，1985 年，第 31、37、49 页。

描述旧的“亲体”文明日渐走向灭亡和新的“子体”文明在富有力量的“脱离”（指与“亲体”脱离）中的诞生。他说：“当它从开始变化到结束的时候，我们能够看见一种精神上的因为遭遇而引起的戏剧性的变化，把宇宙的生命从秋天的停滞状态，引过冬天的痛苦，重新达到春天的生命沸腾，这正是创造的再现。”①

我则宁愿把这种“脱离意志”称为“离异”，看做文化进程中的一种趋向，一种带有很大力度的趋向，或许也可以说是一种文化力的运动。在这种运动中，充满着心理与意志的因素，然而单纯在人的头脑与心灵中是很难找到终极原因的，还必须把它放在整个社会历史环境中来加以考察。

就整个世界历史而言，文化史上的离异现象大体上可以区分为两种类型。一种是由于新的社会制度在旧社会母体中逐渐孕育诞生，新的社会力量、新的社会实践与旧的传统文化激烈冲突，新的“子体”文明挣脱旧的“亲体”文明的脐带（桎梏），以旺盛的生命力与创造力诞生于世。这种离异的驱动力首先而且主要来自社会内部。另外一种离异的驱动力则首先而且主要来自社会外部。当一种落后文明与先进文明相遭遇的时候，落后文明或则因被先进文明同化而趋于湮灭，或则由于外来先进文明的强大吸引力，在自身内部萌生逐渐增强的离异趋向，加快了新的“子体文明”的诞生速度。而就近代世界史的全局来看，西欧各国新文明离异于旧文明，大多属于前一种类型；东方各国的新文明离异于旧文明，则一般属于后一种类型。

这是由于，西欧诸国较早走上近代化、工业化的道路，而到17、18世纪以后，西方与东方更加拉大了差距。与水流之由高趋低相反，人类在多种文明的接触过程中，都是背离低级而趋向高级，而且落差愈大，引力愈大。在近代东西文化的交流碰撞过程中，东方国家普遍出现与传统文化离异并趋向西方近代文明的潮流。这就是反映了近代资产阶级文明发展总格局的“西学东渐”。

单士厘的观念与心态变化，无非是这个“西学东渐”大潮中的一滴水，但从一滴水中也可以看到整个世界。

---

① 参见汤因比：《历史研究》第二部“文明的起源”，上海人民出版社，1986年。

第二章　以俄、日为鉴

所谓东方国家，从广义而言，也包括地跨欧亚的俄国。正因为它地跨欧亚，所以在东方各国中最先感受到西方近代文明的冲击与影响。19世纪中叶以后，马克思主义自西徂东，迅速传入俄国，十月革命胜利并建立世界上第一个社会主义国家，与这种地理位置多少也有些关系。

俄国在18世纪乃至19世纪都是一个野蛮、落后的农奴制国家。历代沙皇多半愚昧无知、暴虐昏淫，其周围的贵族大臣则是一群嗜财如命、无恶不作的奴才。农奴生活极为贫困悲惨，动辄遭受几百下或几千下鞭笞酷刑，生命毫无保障。正如车尔尼雪夫斯基在小说《序幕》中所说的那样："可怜的民族，奴隶的民族，上上下下都是奴隶。"但是，西方近代文明的潮流终于经过波罗的海开始冲击这块辽阔而又陈腐的土地，粮食的出口与呢绒、信笺、信封乃至封信胶纸的进口，沟通了俄罗斯与西欧的信息交流。彼得大帝迁都彼得堡正是这个古老民族趋向西方文明的象征。他割须易俗，以西欧（特别是英国）为榜样实行了政治、经济、文化各方面广泛的改革。到18世纪中叶以后便出现了以贵族自由派为主体的所谓西方派。西方派认为俄国必须走英国式道路，实行资产阶级改革，建立君主立宪制度，甚至主张全盘西化。发展到极点，他们甚至认为："世界上的一切民族中只有我们对世界毫无贡献，我们也没有从这个世界学到什么……我们对人类精神的进步从来没有做出任何贡献，我们一直玷污了它。"（彼得恰阿达耶夫语）

这样偏激论调已经迹近民族虚无主义，然而却并非丧失民族自信的悲观失望，它是产生于对东西文化极大差距的深切认识，是鞭策本民族急起直追的肺腑之言。类似的语言，在别林斯基给果戈理的信中也不难发现。他充分肯定这个讽刺文学家的作品，高度评价果戈理对旧俄罗斯的深刻解剖，诸如专制压迫、酷吏暴虐、农奴主醉生梦死等。在这封信里，别林斯基本人也充满悲愤之情抨击自己祖国的黑暗："这是一个具有可怕景象的国家，在这个国家里，当人贩卖人的时候，用不着像美国农场主狡黠地利用这种和那种理由，硬说黑人不是人……在这个国家里，不仅个性、荣誉和财产没有任何保障，而且甚至没有治安的秩序，而所有的仅仅是巨大的一群官方盗贼和掠夺者。"揭露本民族的丑陋，并非一概都是崇洋媚外、妄自菲薄，确实有些是出于爱国主义的真诚，出于对本民族落后于时代的真切认识。这是爱之深而责之切，是表明与旧传统陈腐部分的彻底决裂，也是渴望本民族尽快创造近代文明的真情流露。所以列宁在《论大俄罗斯人的民族自豪感》一文中，不仅没有批评前人的立论偏颇，反而充满激情地赞扬说："大俄罗斯人中的公开的和不公开的奴隶（沙皇君主制度的奴隶）是不喜欢想起这些话的。然而我们认为，这些话表达了他对祖国的真正的爱，这种爱使他因大俄罗斯民众缺乏革命精神而忧心忡忡。"①

这就是俄罗斯进步潮流同陈腐传统的离异，这种离异经过民粹主义者、革命民主主义者与马克思主义者几代人的努力，终于使俄罗斯与古老的往昔诀别，坚定地走上现代文明的道路。

日本与旧传统离异的潮流发生于19世纪中叶以后，这比俄国要迟一百年以上。如果说，俄国的革新者只是主张背离本民族的陈旧传统，那么日本的倾慕西方近代文明的维新志士，则是进而主张与整个亚细亚的陈旧传统脱钩。

幕府统治下的日本，长期实行锁国政策，它的被迫开放与中国一样，门户是被外国军舰大炮轰开的。1853年，美国东印度舰队司令培里，仅带四艘军舰、五百美军，轻易进入江户湾（东京湾），第二年就胁迫幕府签订《神奈川条约》。此后，俄、英、法、荷等国舰队相继入侵，日本终于

① 《列宁选集》第2卷，人民出版社，1995年，第450页。

敞开大门。正如一位中国诗人所描述的那样："拍枕海潮来，勿再闭关眠；日本桥头水，直接龙动（伦敦）天。"[①] 古老的扶桑迅速与西方资本主义文明连接起来。

日本向西方开放，迟于中国十年，但向西方学习的步伐则比中国快得多。早在1875年，维新思想家福泽谕吉（1834—1901）在《文明论概略》一书中即已断言："在汲取西洋文明方面，可以说，日本是比中国容易的。"[②] 除了其他种种原因以外，这就是由于日本长期以来具有善于吸取外国文化有益因素的历史传统，西方近代文明的强大吸引力驱使日本决心"脱亚入欧"。日本进步思想界在这方面也比中国的有识之士表现出更大的决心与勇气。早在1854年，培里舰队再次入侵，"攘夷声浪"喧腾朝野，著名的维新思想先驱吉田松阴（1830—1859）即曾与佐久间象山密谋搭乘美舰出国考察，事发被捕入狱。到19世纪60年代之初，日本志愿随同使节赴欧美留学人数甚多，竟致使政府负责官员感到"未知如何应付"。而十年之后，容闳奉命选拔120名少年出国留学，在内地竟未能召满足够人数，以致需要在香港英国人所办学校中继续补足。

魏源的《海国图志》在1851年经由中国商船开始带入日本，而从1854年到1856年日本刊印的各种版本已有二十余种之多。可以说，《海国图志》影响了整整一代日本明治维新的先驱者。但是，日本的近代启蒙思想家很快就超越了"师夷之长技以制夷"的水平。当中国的先进知识分子仍在拘守"以中国之伦常名教为原本，辅以诸国富强之术"之际，福泽谕吉在《文明论概略》一书中已经从文明总体上判别了西方文明与东方文明的高低。他根据经济、政治、文化发展程度，把当时世界文明区分为文明、半开化、野蛮三个层次：欧洲各国与美国为文明国家，土耳其、中国、日本等亚洲国家为半开化国家，非洲、澳洲国家为野蛮国家。他认为，亚非各国如想进步，就必须把欧洲文明确定为奋斗目标与衡量事物的尺度。福泽谕吉有一句很深刻的话："外在的文明易取，内在的文明难

---

① 黄遵宪：《近世爱国志士歌》，《黄遵宪全集》（上），中华书局，2005年，第99页。

② 福泽谕吉：《文明论概略》，商务印书馆，1959年，第18页。

求。”他把“国情”、“时势”、“风气”、“人心”四者最后都归结为“文明精神”，而“使欧亚两洲的情况相差悬殊的就是这个文明精神”①。为了具有这种文明精神，必须从欧洲那里寻求，这是亚洲国家的唯一出路。

到1885年春天，福泽谕吉发表《脱亚论》，更为明确地主张：“我国不可犹疑，与其坐等邻邦之进步而与之共同复兴东亚，不如脱离其队伍，而与西洋各文明国家共进退。”这就是所谓“脱亚入欧论”，表明日本已不甘心与落后的亚洲各国为伍，渴望尽快进入西方近代文明圈。同时，他还公开主张：“对待支那、朝鲜之办法，不必因其为邻邦而稍有顾虑，只能按西洋人对待此类国家之办法对待之。”这就正如孙中山以后所批评的，日本连处理国际关系也抛弃了东方传统的王道文化，归顺了西方新兴的霸道文化，甚至甘心充当西方国家的鹰犬。

日本启蒙思想家对于西方的倾慕，实在到了无以复加的地步。即使号称“东方卢梭”的中江兆民，也把大不列颠的世界霸业奉为典范。他感叹说：“大国人民和小国人民的区别，不是由于疆土的大小，而是由于他们的气质、胸襟的大小。现在英国的本土是那样的狭小，而五大洲到处都有英国的领地，而且凡属他们所做的事情，都体现了泱泱大国的风度。这一定是由于他们的胸襟的伟大所致。啊！这可以说是多么的强盛啊！”② 日本是一个岛国，它尽管闭关锁国近二百年，但既无广阔领土，又无众多人口，更不像中国那样具有极为顽固的“夷夏之辨”的自尊自大心理。日本的傲慢带有较多的矫揉造作，往往是掩盖着内心的自卑与怯弱。所以，明治维新以后，与欧美各国交往既多，西方的商品连同制度、文化、风俗、习惯、服装一起涌入，“日本的固有文化，陡然烟消云散，整个国家，一齐闯入了新的世界”③。其西方化速度之所以较快，与日本朝野人士心理上的承受力较强有关。例如，1875年李鸿章与日本驻华公使森有礼，曾经讨论中西学问与服式问题。森有礼公开声称西学“十分有用”，中学只有“三分可取”，其余七分都系旧样无用。李鸿章对日本改变旧有服装表示难

---

① 福泽谕吉：《文明论概略》，商务印书馆，1959年，第10—12页。

② 中江兆民著，吴藻溪译：《一年有半·续一年有半》，商务印书馆，1979年，第42—43页。

③ 中江兆民著，吴藻溪译：《一年有半·续一年有半》，商务印书馆，1979年，第62页。

以理解，并且认为这是违背祖制，“抛弃独立精神而受欧洲支配”，可能使人感到羞耻。森有礼则理直气壮地回答：西服便于从事工作，而宽爽的和服只适于闲散安逸之人，改变服式是为了勤劳致富而“舍旧就新”。这不仅毫无可耻之处，而且“我们还以这些变革感到骄傲。这些变革决不是受外力强迫的，完全是我国自己决定的。正如我国自古以来，对亚洲、美国和其他任何国家，只要发现其长处，就要取之用于我国”①。两相对照，便可以看出，祖宗成法与上国衣冠之类传统观念，对日本人的约束力要小一些，所以它以欧洲文明为标准的改革所遭遇的社会心理障碍也要小一些。

值得注意的是，森有礼也认识到“外在的文明易取，内在的文明难求”(福泽谕吉语)。他并不以服式改革的成功为满足，反而以日本“只学得现成器艺”为憾，最大的苦恼是日本“没有像西国从自己心中想出法儿的一个人”②。善于模仿而缺乏创造，灵活机警而流于浅薄，这不仅是森有礼个人对于日本民族性格弱点的看法，而且也是许多日本有识之士的共同隐忧。关于这个问题，还是中江兆民讲得最为透彻：“从海外各国的角度来观察日本人，日本人极其明白事理，很会顺应时代的必然趋势前进，绝对不抱顽固的态度。这就是日本历史上所以没有像西方各国那样，发生悲惨而愚蠢的宗教战争的缘故，就是明治维新的事业几乎是兵不血刃地完成了，三百个封建诸侯争先恐后地把土地和政权上交给皇室，而没有迟疑的缘故，也就是一下子把从来的风俗习惯，都改为西方的风俗习惯，而绝对不加以留恋的缘故。然而他们浮躁和轻薄的重大病根，也就正在这里。他们意志薄弱、缺少魄力的重大病根，也就正在这里。他们没有独创的哲学，在政治方面没有主义，在党派斗争方面不能够坚持下去，其原因实际就在这里。这就是他们所以有一种小聪明、小机智，而不适宜于建立伟大事业的缘故。他们是常识极其丰富的人民，但终究不能期望他们超出常识以上。”③

① 木村匡：《森先生传》，金港堂，明治四十二年第三版，第99—102页。

②《李鸿章与森有礼问答节略》，中国史学会主编：《中国近代史资料丛刊（中日战争一）》，新知识出版社，1959年，第299页。

③ 中江兆民著，吴藻溪译：《一年有半·续一年有半》，商务印书馆，1979年，第16页。

然而历史的发展毕竟是很复杂的，必然性与偶然性交互产生作用，历史机遇与民族性格进行双向选择，很难用单一的尺度来判断一个人以至一个国家的价值。日本的浮躁与浅薄诚然是国民性格的弱点，即使仅仅表现在对外态度上也容易产生大起大落的变化，或从“攘夷”转为“崇外卑内”，或从妄自菲薄转为企图凌驾世界。汤因比曾经风趣地说，如果以图表显示中日两国在过去四百年间对近代西方反应的变化，那么人们将很容易就会发现，日本的起伏曲线要比中国的起伏曲线大得多。正是这种民族性格的特点，使得日本在特定的历史机遇下演出闹剧，酿成悲剧，甚至造成整个人类的极大灾难。但是，民族性格的历史效应往往是很复杂的，在另外一种特定的历史机遇下，它又可能抓住有利时机，为自己的国家富强与社会进步，创造众多成功的经验。

如果仅就远东地区而言，中国与日本相比较，除地理、自然诸因素外，显然有其自己民族性格的优点，一是泱泱大国的宽阔胸怀，一是文化悠久的稳健凝重。在19世纪中叶以前，从总体而言，中国的情况仍然比日本优越，至少是与日本相差无几。但是在西方文明浪潮巨大的冲击下，日本的西方化“比中国更机敏、更迅速、更有效率”（汤因比语）。日本人的浮躁浅薄转化成随机应变，而中国人的稳健凝重倒成为改革过程中的严重心理障碍。当然，即使从为改革清理旧的社会地基而言，中国人也要遇到更多困难并且需要耗费更大的精力。按照汤因比的计算，从1853年美国“黑船”在江户湾出现开始，日本人在15年以内，不仅推翻了阻碍历史前进的德川幕府政权，而且建立了一个全面有效地推行西方化的明治政府。而中国则在1793年马戛尔尼使团到北京之后，历经118年之久“才完成这一任务的一小半”，因为辛亥革命并未能够取得如同明治维新那样的辉煌成功。

这里不免使人想起托尔斯泰·韦伯伦（Thorstein Veblen）在《德意志帝国与工业革命》（*Imperial Germany and the Industrial Revolution*）一书中所提出的两个概念。他认为，从19世纪末年到20世纪初年，德国之所以能够超过英国而成为工业强国，是由于“借鉴的功劳”；而英国之所以落后于德国，则是对其“自居老大的惩罚”。尽管德、英与日、中的情况不尽相同，但我们也未尝不可以借用这两个概念：日本明治维新以后颇为受益于“借鉴的功劳”，而中国直到19世纪末仍然受到“自居老大的惩罚”。与此相类似的，是里昂·托洛斯基（Leon Trotsky）在《俄国革命史》一书中提出的一种见解：“虽然落后国家被迫跟随着发达国家，但前者并不按照相同的秩序去做事，历史落伍者的特权——和这种特权的存在——容许甚或迫使自己采纳任何地方、任何时期已经完成的发展样式，从而跃过整个居间的等级系列。”[①] 应该说，在19世纪中叶，西欧主要国家已经完成资本主义发展样式以后，中国和日本都享有这种“历史落伍者的特权”（或称“文化进化优势”）；但显而易见，日本比较充分利用了这种“特权”，而中国则由于种种原因，未能充分利用这种“特权”，以至再三再四失去赶上时代潮流的机遇。

其实中国从汉代以来就有“后来居上”的成语，宋代诗人文珦《过苕溪》诗曰“只看后浪催前浪，当悟新人换旧人”，亦寓此意。但在晚清国人都已缺少这种迎头赶上的锐气，可叹！

从整个西潮东渐的进展序列而言，俄国彼得大帝的改革可谓发其端绪，日本明治维新在某种程度上以俄国为榜样并且很快就赶上以至超过自己的老师。而在19世纪末期的先进中国人看来，俄国和日本都是可以师法的学习西方成功的榜样。康有为在推进戊戌变法时，专门向光绪皇帝进呈《俄罗斯大彼得变政记》、《日本变政考》，就是希望朝廷能以俄、日为鉴，坚定地走上学习西方以图富强的革新道路。他对俄国的评价是：“乃考俄之始，乃以八万兵败于瑞典万人，乃割边地于瑞国，无学校，无练兵，无通商，无制造良工，愚冥狉獉，既蠢既顽，昧塞小弱，岌岌殆亡，固有甚于我中国者。大彼得知时从变，应天而作，奋起武勇，破其千年自尊自愚之习，排却群臣沮挠大计之说，微服作隶，学工于荷、英，遍历诸国，不耻师学，雷动霆震，万法并兴。”[②] 他对日本的评价更高：

---

① 转引自托马斯·哈定等著，韩建军、商戈令译：《文化与进化》，浙江人民出版社，1987年，第80页。

② 康有为：《进呈〈俄罗斯大彼得变政记〉序》、《进呈〈日本变政考〉序》，汤志钧编：《康有为政论集》上册，中华书局，1981年，第226页。

“尝考日本变法之始至难矣，与欧、美语文迥殊，则欲译书而得欧、美之全状难；帝者守府，而武门握权，列藩拱之，其孝明天皇欲作诗而无纸，则收权难；及倒幕维新，而革命四起，则靖人心难。新政初变，百度需支，变乱频仍，兵饷交困，而国库乏绝……然二十年间，遂能政法大备，尽撮欧、美之文学艺术，而熔之于国民，岁养数十万之兵，与其十数之舰，而胜吾大国。以蕞尔三岛之地，治定功成，豹变龙腾，化为霸国。”①

值得注意的是，康有为颇有文化进化的历史观念，他已能看到“落伍者的特权”，认为只要以“日本为乡导之卒，为测水之竿，为探险之队，为尝药之神农，为识途之老马，我尽收其利而去其害”，则中国将可发挥比日本更大的“文化进化优势”，后来居上，捷足先登。同时，更加值得注意的是，康有为非常强调变革的力度，也就是与旧传统离异的力度。他非常推崇彼得大帝的“变力”，赞叹说：“呜呼！雷动而草木坼，其变力大者，其治功大。苍萌亿亿，皆草木也，待雷而坼，于以荣华，于以参天。彼得之变力，雷力也哉！宜其坼而荣华，而参天。”② 对于这种“变力”，康有为还以文化形态学的眼光来加以区分：凡能够实现变政者，必然是“才武、志深、力雄、气猛”，所以锐意改革，推移旋转，举重若轻。同治新政之所以失败，则由于主其事者“才文、志浅、力薄、气弱”，所以因循苟且，畏难苟安。康有为所说的才、志、力、气，过于侧重于从主政者的个人气质来考察，如果扩大为从整个民族性格、社会心态来探索这种“变力”，则可能更趋近于深刻。

“九州生气恃风雷，万马齐喑究可哀。我劝天公重抖擞，不拘一格降人才。”这是晚清诗人龚自珍的千古绝唱。他也渴望变革，寻求“变力”，呼唤荡涤震撼神州大地的万钧风雷，而且时间还前于康有为半个世纪。下面，我们就以这位诗人作为中国近代史上离异传统文化的发端，来开始我们的探索。

---

① 康有为：《进呈〈俄罗斯大彼得变政记〉序》、《进呈〈日本变政考〉序》，汤志钧编：《康有为政论集》上册，中华书局，1981 年，第 222—223 页。

② 康有为：《进呈〈俄罗斯大彼得变政记〉序》、《进呈〈日本变政考〉序》，汤志钧编：《康有为政论集》上册，中华书局，1981 年，第 226 页。

第三章　近代离异的萌发

历史表明，中国近代对于传统文化的离异，并非全部由于西学东渐的驱动，它也有自己某些内在的渊源端绪。

一切占统治地位的传统文化，必定都是维护旧制度的统治阶级的文化。随着旧社会逐渐经由烂熟走向腐败，以及新经济因素的萌发与新社会力量的滋长，并且反映着社会危机的加深与矛盾对抗的激化，一般都会发生与传统文化有所对抗的异端思想，中国自然也不例外。

在17、18世纪，亦即明末清初之际，李贽公开鼓吹“私者人之心也，人必有私而后其心乃见”，黄宗羲认为工商“盖皆本也”，王夫之标榜“不以天下私一人”，顾炎武反对“置四海困穷不言，而终日讲危微精一之说”等，都是对于日趋堕落的宋明理学的背离与挑战。同时，这些近代前期的思想先驱也非常注意“道问”之学，甚至还重视“泰西质测”之学，也多少具有若干接受近代科学技术的意愿。其中以颜元的思想最为激进，他公开宣言，“不愿作道统中乡愿”，并主张：“立言当论是非，不论异同。是，则一二人之见不可易也。非，则千万人所同，不随声也；岂惟千万人，虽百千年同迷之局，我辈亦当以先觉觉后觉，竟不必附和雷同也。”① 这样勇猛的气概，这样执著的追求，从个人气质而言已经接近某些近代启蒙大师。但是，毋庸讳言，这些著作与言论虽然蕴含着许多闪光的思想火花，但由于整个社会环境的限制，毕竟难以汇聚延展成为足以燎原的火焰。在浓密而又漫长的中世纪黑暗中，它们不过是偶尔飞掠的流星，其微弱的光

① 《颜习斋先生言行录·学问篇》，参见萧箑父：《中国哲学启蒙的坎坷道路》，冯天瑜主编：《东方的黎明——中国文化走向近代的历程》，巴蜀书社，1987年，第21—27页。

芒根本无从照亮重重笼罩大地的黑暗。

对于思想先驱，任何时代都有自己的需要，自己的选择，也有自己的塑造。在中国近代史的起始，真正称得上开一代风气之先的思想家，还得数放声呼唤变革风雷的龚自珍。

龚自珍（1792—1841），又名巩祚，字瑟人，号定庵，浙江仁和（今杭州）人。12岁即从外祖父学习许慎《说文》部目，以后又曾向刘逢禄学公羊学，27岁应浙江乡试中第四名举人，但以后几经会试落第，直到38岁第六次参加会试才被取中进士。龚自珍不仅试场屡经蹉跌，仕途也颇为困厄，长期只做过内阁中书、礼部主事之类普通京官，无从施展自己的才华与实现自己的抱负。

梁启超在《论中国学术思想变迁之大势》中早已肯定了龚自珍的先驱地位："当嘉道间，举国醉梦于承平，而定庵忧之，儳然若不可终日，其察微之识，举世莫能及也……语近世思想自由之向导，必数定庵。吾见并世诸贤，其能为现今思想界放光明者，彼最初率崇拜定庵；当其始读定庵集，其脑识未有不受其刺激者也。"[①] 而在《清代学术概论》中，他对龚自珍的评价更高："自珍性跌宕，不检细行，颇似法之卢骚……晚清思想之解放，自珍确与有功焉。光绪间所谓新学家者，大率人人皆经过崇拜龚氏之一时期，初读定庵文集，若受电然。"[②] 梁启超本人就是光绪年间的新学家，他的观察与认识都是切合实际的，而且表述得颇为深刻。特别是"颇似法之卢骚"一语，值得后人加以具体阐发。

历史上有些人是不自觉地扮演社会为他设计的角色，有些人则是自觉地扮演自己为自己设计的角色。龚自珍显然属于后一种历史人物，他在《己亥杂诗》中自我表白："河汾房杜有人疑，名位千秋处士卑。一事平生无齮龁，但开风气不为师。"[③] 他的一生确实是开风气的一生，或者可以换一句话说，他是用自己的生命化为新的风气，化为追求革故鼎新的时代

① 梁启超：《论中国学术思想变迁之大势》，《饮冰室合集》文集之七，中华书局，1989年，第96—97页。

② 梁启超：《清代学术概论》，《梁启超论清学史二种》，复旦大学出版社，1985年，第61页。

③ 龚自珍：《己亥杂诗》，《龚自珍全集》，中华书局，1959年，第519页。

精神。

恩格斯在《共产党宣言》1893年意大利文版序言中曾经说过一段话："意大利曾经是第一个资本主义民族。封建的中世纪的终结和现代资本主义纪元的开端，是以一位大人物为标志的。这位人物就是意大利人但丁，他是中世纪的最后一位诗人，同时又是新时代的最初一位诗人。现在也如1300年那样，新的历史纪元正在到来。意大利是否会给我们一个新的但丁来宣告这个无产阶级新纪元的诞生呢？"[①]

在我们的同行中，是陈旭麓先生最早参照恩格斯这一论述的精神实质，把龚自珍称作处于"最后"和"最初"转折时代的但丁式人物。我同意这一见解。中国在19世纪二三十年代的国情，虽然与五百年前的意大利有很大的区别，但龚自珍所处的时代确实是一个重大的转折时代，农业宗法社会濒于衰危瓦解而新的社会制度还有待于孕育萌发，中国正处在方生未死之间。龚自珍一生的绝大部分虽然是在鸦片战争之前，"但他的愤激辛辣的诗文，不只是过去的挽歌，重要的意义还在于指向未来"[②]。恩格斯还曾把但丁赞誉为现代世界曙光在意大利升起的伟大时代的"无与伦比的完美的典型"[③]。如果仅就个人资质和著作水平而论，龚自珍丝毫也不比但丁逊色。

19世纪瑞士著名的意大利文艺复兴史研究者布克哈特（Jacob Burckhart，1818—1897），也曾把但丁看做新时代的传令官。他着重考察了《神曲》炼狱篇的第四歌与宴会篇，认为"它（指《神曲》）的布局和立意是属于中世纪的，并且只能在历史方面引起我们的兴趣；但是，由于它对人性的每一种类型和表现都做了有力而丰富的描写，所以它仍不失为一切近代诗歌的滥觞"[④]。这是颇为实事求是而又相当深刻的评判。与此相对照，龚自珍脍炙人口的《己亥杂诗》、《尊隐》、《乙丙之际著议》、《捕蜮》等诗文，从语言、文体到布局、立意，当然也是"属于中世纪的"，但它对旧社会

① 《马克思恩格斯选集》第1卷，人民出版社，1995年。
② 陈旭麓：《论龚自珍思想》，《近代史思辨录》，广东人民出版社，1984年，第197页。
③ 恩格斯：《序言》，马克思：《资本论》第3卷，人民出版社，1975年。
④ 雅各布·布克哈特：《意大利文艺复兴时期的文化》，商务印书馆，1979年，第307页。

“衰世”腐朽黑暗揭露之深刻，对于各类世态人情刻画之精微，以及诗人主体意识涌现之强烈与内在性格流露之真率，却处处使当时的人们耳目为之一新，而这就是将开而又未开的近代诗坛、文坛乃至学坛新风气的先兆。前人认为龚自珍“性跌宕，不检细行”，那多半是由于他的言论、行为与传统的儒学规范有所离异，不尽符合旧营垒拘守的严密价值体系。

“颓波难挽挽颓心，壮岁曾为九牧箴。钟虡苍凉行色晚，狂言重起廿年喑”（《己亥杂诗》）[①]，探索龚自珍的内心世界，应该善于透过“俶诡连犿”的文词，发现他与旧社会战斗的勇猛以及对新的合理未来向往的炽烈，尽管所有这些战斗及向往都笼罩于极为朦胧的色调之中。

最能体现龚自珍在转折时代所处历史地位的作品是《尊隐》。作者以岁之三时（发时、怒时、威时）与日之三时（早时、午时、昏时），喻为社会历史兴起、旺盛、衰落三个发展阶段，而且显然是把大清王朝看做处于“昏时”，即已进入颓波难挽的“衰世”。“日之将夕，悲风骤至，人思灯烛，惨惨目光，吸引暮气，与梦为邻。”“其祖宗曰：我无余荣焉，我以汝为殿矣。其山林之神曰：我无余怒焉，我以汝为殿矣。俄焉寂然，灯烛无光，不闻余言，但闻鼾声，夜之漫漫，鹖旦不鸣。”[②] 作者对于“昏时”的描写，自然不如《神曲》中的九层炼狱那么多姿多彩，但从氛围及笔法而言却不无相通之处，而对旧社会诅咒厌弃态度之冷峻严酷更有自己的特色。在《尊隐》中没有美丽早死的俾阿特诗（但丁的恋人），因而也就没有供正直人士享受的永恒幸福的天堂。但是，龚自珍却设想出一个与王朝统治中心“京师”相对立的“山中”。“京师”代表朝廷，“山中”代表民间；“京师”代表腐朽，“山中”代表新生；“京师”代表过去，“山中”代表未来。“京师之日短，山中之日长矣。（京师）风恶、水泉恶、尘霾恶；山中泊然而和，冽然而清矣。”“京师”如日之将夕，“山中”如日之方升，连自然风貌也是“京师”丑恶而“山中”秀美。“京师”摧残人才，丑类横行，于是“气泄”而流诸野，于是“京师”贫而

① 刘逸生注：《龚自珍己亥杂诗注》，中华书局，1980年，第14页。

② 龚自珍：《尊隐》，《龚自珍全集》，中华书局，1959年，第88页。

“四山”实，于是“京师”贱而“山中”自重，于是豪杰轻量“京师”而“京师”如“鼠壤”，而“山中之壁垒坚矣”。请看，“京师”已是日暮途穷，而“山中”则是方兴未艾；“京师”已是无可挽救，而“山中”才是希望之所在。

龚自珍笔下的“山中”，比但丁笔下的天堂具有更多的世俗性，因而也就具有更多的社会现实意义。更为重要的是，龚自珍并未停留于“积思”、“寡欢”、“多愤”，他已经具有执著的“改革”的追求。他不仅寻求改革的方案，寻求改革的力量，而且还寻求改革的力度。“则山中之民，有大音声起，天地为之钟鼓，神人为之波涛矣。”这时，只有这时，才是腐朽王朝“衰世”的最后终结。所谓“山中之民”，人们往往给以现代的解释，或认为是农民，或认为是市民，或认为就是以龚自珍为代表的地主阶级改革派的夫子自道。其实，对于这些寓言或半寓言式的诗文，不宜给以过分狭窄的解释，特别是不宜给以现代名词的定性，因为它们本来就带有颇多模糊的想像成分。我认为，“山中之民”无非是作者寄托以希望的某种泛指的社会力量，亦即足以发动并推行革新的力量，很难判断作者实指哪一个社会阶层或集团。至于“大音声起”，则与“九州生气恃风雷”意蕴相通，都反映了作者企求打破沉闷局面、焕发民族青春的渴望。

从19世纪开端，把京师视为“首恶”而非“首善”之地，并非仅有龚自珍一人，大凡曾经有过一段京官生涯而又未同流合污的才智之士都有此共识。林则徐回顾翰林院那段无聊生活时也曾感慨系之：“至都中本无官事，翰林尤可终年不赴衙门，若不读书，岂不虚度日力？然群萃州处，酬应纷如，京官中实在好学者，百不得一，亦风会使然也。”其结论是“京中之引人入邪，较之外间尤甚”[①]。但是，透过京师的腐败，直接指明“昏时”、“衰世”已至，并且预言清朝的没落与革新力量的崛起，则是以龚自珍为第一人。在龚自珍死后26年，赵烈文的日记上才出现一段意思相近的记述：“六月二十日初鼓后，涤帅（指曾国藩）来畅谈，言得京中来人所

① 林则徐：《致郭运堂书》，转引自杨国桢：《林则徐传》，人民出版社，1981年，第24页。

说云：都门气象甚恶，明火执仗之案时出，而市肆乞丐成群，甚至妇女亦裸身无袴，民穷财尽，恐有异变，奈何?”这时的京师，已是经过两次鸦片战争与太平天国起义连续冲击后的京师，其衰败不堪的景象更有甚于《尊隐》篇中的“京师”，所以赵烈文能够预言清朝的土崩瓦解、根本颠仆“殆不出五十年矣”。赵烈文自然表现出政治局势判断方面的卓越洞察力，然而也可以反衬出龚自珍的先期预见，对于社会发展总趋势的把握是何等真切。

危机意识固然可贵，然而更为重要的是对待危机的积极态度。曾国藩听到赵烈文有关政局发展趋势的分析后，只是徒唤“奈何”，甚至哀叹“吾日夜望死”。而龚自珍面对难以挽回的“颓波”，则是大声呼唤“山中之民”的崛起，以风雷万钧之力来结束这个气息奄奄的“衰世”，谱写“天地为之钟鼓，神人为之波涛”的历史新篇。这也说明龚自珍更多地具有叛逆性格，而缺少如同从林则徐到曾国藩那样的对于君王的绝对忠诚。有人把龚自珍诗句“落红不是无情物，化作春泥更护花”[①]，解释为被迫辞官后仍愿为朝廷效力，这恐怕很难说是对于诗意的正确解释，至少是忽视了龚自珍卓绝千古的自我追求。应该看到，他还有一首《西郊落花歌》，用“如钱塘潮夜澎湃，如昆阳战晨披靡，如八万四千天女洗脸罢，齐向此地倾胭脂”之类雄奇壮美诗句歌颂落花，瞑目观照神驰“落花深四寸”的西方净土，并且引吭高歌：“安得树有不尽之花更雨新好者，三百六十日长是落花时!”既非惜春，又不伤逝，有的只是不同流俗的独立人格的尽情表露。对于这样富有个性与主体意识的诗人，我们怎么能用近乎愚忠的词语来解释他的作品呢?

但丁曾以对人情世态的细密观察，以及善于运用外形身态来表现内在心态的高超艺术，赢得后世众多评论家的交口称赞。例如，《神曲》炼狱篇有这样一段描述：“于是我张大我的眼睛向前看，果然望见许多灵魂披着斗篷，斗篷的颜色和岩石一般……当我走近这些灵魂的时候，我看见了他们的形状；他们肩头和肩头相互靠着，背部都靠着山壁。如同一无所有

① 刘逸生注：《龚自珍己亥杂诗注》，中华书局，1980年，第3页。

的瞎子，在赦罪的日子，在教堂大门前求乞，每个人都把头倾在他邻人的肩上，因此激发别人的怜悯心，不仅用语句打动别人，就是他们一副姿态也不是无力的。”[①] 但丁习惯用托斯坎尼方言写作，中文转译很难显示其神韵及语言文体之美。但是，这却可以使我们联想到龚自珍的一些诗歌，如：“只筹一缆十夫多，细算千艘渡此河。我亦曾糜太仓粟，夜闻邪许泪滂沱。”[②]（《己亥杂诗·五月十二日抵淮浦作》）这是诗人夏天行抵江苏淮安，看到运河岸边船夫拉纤过闸时有感而作。如果说，但丁善于运用雕塑般静态形体来刻画人们的心灵，那么龚自珍这首诗则是用声音与动作来表露劳苦群众的辛酸，其扣人心弦或许有过于炼狱篇，至少对于中国读者来说是如此。

“邪许”就是人们在协力劳动中呼唤的吆嗬之声，也就是往昔《淮南子》所谓“举大木者，前呼邪许，后亦应之”。我不大熟悉运河粮船的“邪许”之声，但少年时却有在川江粮船上从事劳役的经历。现在，川江号子以其高亢激越且富于感情起伏，已经被加工制作成为优美的民歌与乐曲，但它对我来说却永远与民族灾难与个人坎坷的痛楚回忆连接在一起。我深知夏天烈日下在悬崖峭壁上俯身拉纤之苦，特别是过险滩或遇风暴时，江流湍急，怪石突兀，那号子便失去了通常的韵律与和谐，有的只是人们在与自然暴力的生死搏斗中的悲怆号叫，那种呼天抢地、撕心裂肺的惨烈情景，至今仍往往使我的心灵为之震撼。龚自珍夜闻邪许之声而热泪为之滂沱，说明他的心与下层劳动者相通。因为，邪许之声不仅凝聚着漕运夫役的汗水，而且还包含着广大农民的血泪。南粮北调，北京的粮食是经由运河从南方搜刮来的。龚自珍做过多年京官，品位虽然不高，但糜费太仓之粟则与其他大小官员相同。他深以依赖百姓供养而不能为百姓解忧为耻，因此深夜邪许之声便使他不能入寐，心潮起伏，难以平息。可以认为，正是这种灵魂深处的自我谴责，与离异于传统文化的叛逆性格，使龚自珍的诗文初步萌现了近代精神。

---

① 参见雅各布·布克哈特：《意大利文艺复兴时期的文化》，商务印书馆，1979年，第344页。

② 刘逸生注：《龚自珍己亥杂诗注》，中华书局，1980年，第119页。

“避席畏闻文字狱，著书都为稻粱谋。”龚自珍不满于清代中叶以后知识界这种苟安求全的万马齐喑局面，他不畏权势，公开表明自己的爱憎，并且把同情毫无保留地奉献给民间疾苦。在《己亥杂诗》中，另有一首谴责政府官吏的横征暴敛：“不论盐铁不筹河，独倚东南涕泪多；国赋三升民一斗，屠牛那不胜栽禾。”[①] 龚自珍的眼泪往往为民生多艰而流，这绝非矫饰，而是真情的流露。他还以诙谐而又冷峻的笔调写过一首《馎饦谣》，讽喻钱币贬值给民间带来无穷的灾难。“父老一青钱，馎饦如月圆；儿童两青钱，馎饦大如钱。盘中馎饦贵一钱，天上明月瘦一边。噫！市中之馁兮天上月，吾能料汝二物之盈虚兮，二物照我为过客。月语馎饦：‘圆者当缺。’馎饦语月：‘循环无极。’大如钱，当复如月圆。呼儿语若：‘后五百岁，俾饱而玄孙。’”当然，龚自珍不是仅限于冷嘲的旁观者，他也绝不会主张坐等五百年以后才“饱尔玄孙”。他要求改变这不合理的现状，并且认为改革是大势所趋，人心所向，机不可失，时不再来。“一祖之法无不敝，千夫之议无不靡，与其赠来者以劲改革，孰若自改革。”[②] 龚自珍无愧为走在时代前面的“传令官”，他提前发布了新时代即将到来的信息。

在中国近代早期思想家中，龚自珍堪称最有风骨、最为真率的血性男子汉。在这一点上，他不仅与林则徐有所区别，而且与魏源也有所差异，尽管龚、魏为后世所并称，而且两人相通之处确实甚多。魏源在青年时期也曾有过“何不借风雷，一壮天地颜”的豪迈呼号。但是，在久经磨炼以后，魏源逐渐转向通达稳健，其诗文理智因素多于感情色彩，不像龚自珍那样公开表露极为强烈的愤世嫉俗的内心世界。直到龚自珍生命即将结束的那一年，魏源仍为这位好友“持论每与当世忤”担忧。他曾写信恳切规劝龚自珍：“吾与足下相爱，不啻骨肉，常恨足下有不择言之病。夫促膝之谈，与广庭异；良友之诤，与酬酢异。若不择而施，则与明哲保身之义恐有悖，不但德性之疵而已。此须痛自惩创，不然结习非一日可改也。”这显然是拘守传统行为规范，以“明哲保身”之义劝说龚自珍

① 龚自珍：《己亥杂诗·咏史》，《龚自珍全集》，中华书局，1959年，第521页。

② 龚自珍：《乙丙之际著议第七》，《龚自珍全集》，中华书局，1959年，第6页。

向旧势力有所妥协。龚自珍并非没有自知之明，他深知自己的言行一向不合时宜，但他似乎并不认为有“痛自惩创”的必要，因为他相信自己主张的正确。

龚自珍的另一好友常州庄绶甲，也像魏源一样，劝龚删削《乙丙之际著议》之类触犯统治者忌讳的文字。龚自珍却淡然视之，做诗回答：“文格渐卑庸福近，不知庸福究何如？常州庄四能怜我，劝我狂删乙丙书。”(《己亥杂诗》）他仍然是我行我素，不愿用卑下的文格换取眼前的庸福。对于统治者的政治压力，对于世俗的陈腐偏见，他仍然是那样倔犟而又自信。有诗为证：“东华环顾愧群贤，悔著新书近十年。木有文章曾是病，虫多言语不能天。略耽掌故非匡济，敢侈心期在简编。守默守雌容努力，毋劳上相损宵眠。”[①]

正如梁启超所言，龚自珍这位“颇似卢梭”的奇才，就其本身的资质品格而言，未尝没有可能成为贡献更大的披荆斩棘的启蒙思想家，但他毕竟未能在开拓创新的道路上迈开较大的步伐。“第一欲言者，古来难明言。姑将谲言之，未言声又吞。”旧势力仍然磨牙欲噬，尘封的农业宗法社会的陈腐思想与心理，渗透于社会生活的各个层面。龚自珍不仅受外在社会环境的制约，也受自己内在的文化心理素质的局限。他的贡献只在于对旧社会的深刻揭露以及对于未来的热情憧憬，而他的思维方式、知识结构与价值观念毕竟未能超越传统士大夫范畴。他在《农宗》中所提出的社会改革方案，充满传统的农业宗法意识，正好表明他在创新实践方面的无能为力。他不幸早死，死于中国门户行将被迫开放而又尚未开放之年，因而未能如同他那一代其他有识之士那样，在此后的岁月里直接或间接接触更多的西方近代文明，了解更多的外在世界。这是一个可以超越时代而终究被窒息致死于封闭社会的伟大天才，他的思想的价值只有在新的历史条件下才逐渐被后人所理解和利用。

---

① 龚自珍：《释言》四首之一，《龚自珍全集》，中华书局，1959 年，第 482 页。

第四章　民族开始觉醒

汤因比曾经说过，在各种文明的发展过程中，“挑战愈强，刺激就愈大”[①]。但挑战之强又需要适度，强度不足固然难以引起相应的应战，而强度过大也有可能使那些落伍的文明寿终正寝。汤因比所说的挑战和刺激，分别来自自然环境以及社会的内部与外部环境，当然也可以是多种因素的结合。考察龚自珍所生活的时代，中国社会并非没有内在的挑战力量。乾隆皇帝统治60年，文治武功，彪炳史册，然而清朝由盛而衰的契机也就蕴藏其间。社会危机明显深化，嘉庆一朝25年间几乎与动乱相始终，连绵不绝、蔓延五省的白莲教起义已经构成相当有力的挑战。1813年天理教的武装队伍奋勇冲进紫禁城，甚至在皇宫隆宗门匾额上留下自己的箭镞，这不啻是给大清王朝一个严重警告。挑战已经引起反应，至少在少数敏感的士大夫头脑中已经形成危机意识，用魏源的说法就是“发愤”与“忧患”。

他们已经敢于公开揭露腐败与面对危机。他们焦虑地指出：“承乾隆六十载太平之盛，人心惯于泰侈，风俗习于游荡，京师其尤甚者。自京师始，概乎四方，大抵富户变贫户，贫户变饿者，四民之首，奔走下贱，各省大局，岌岌乎皆不可以支月日，奚暇问年岁？”[②] 社会固然封闭依旧，但世态已经不复安宁，人们开始警觉，有所反思，有所预测。“衰世”一词的提出，“经世”学风的复兴，都可以看做传统文化对于内在挑战的反应。但是，所有这些不同层面、不同程度的挑战、刺激与反应，都难以

---

① 汤因比：《历史研究》上册，上海人民出版社，1986年，第174页。

② 龚自珍：《西域置行省议》，《龚自珍全集》，中华书局，1959年，第106页。

超越既往农业宗法社会“一治一乱”乃至“分久必合、合久必分”的传统格局。说到底，它们力量的强度还是不足以推动对于旧制度整体的变革。

不过，还在龚自珍临死之前，人们已经听见鸦片战争的炮声。历来被视为夷狄的英国人，不仅逞凶于广东一隅，而且把战火延烧到东南数省。山雨欲来风满楼，千古未有之大变局已经揭开序幕。龚自珍由于过早死去，未能始终参与对于这次外来强大挑战的应战，而他的好友，比他迟生2年，晚去世16年的魏源，却在新的历史时期扮演了比他更为重要的角色，这也不妨看做是历史机缘使然。

魏源（1794—1857），原名远达，字默深，湖南邵阳人。青年时曾从刘逢禄学习《公羊春秋》。1822年参加顺天乡试，以南籍第一人（时称“南元”）取中举人。1825年应江苏布政使贺长龄延请，编辑《皇朝经世文编》。1826年书成，为江苏巡抚陶澍所重，参与漕运改革筹议。1828年入赀为内阁中书，周咨博览，熟悉本朝掌故，着手辑《圣武记》。1831年丁忧南旋，助陶澍改革淮北盐政。魏源也是试场累经蹉跌，1845年始中恩科进士，以后也只做过知州、知县之类小官。1853年亦以大吏挟嫌参劾免职，此后转向消极，著书学佛，寄寓僧舍。

从以上疏略经历可以看出，鸦片战争发生之时，魏源不仅已是颇有成就的学者，而且还是多经历练并有改革弊政经验的务实人才。他不像龚自珍那样恃才傲物，感情外露，而是以更为冷静深沉的眼光审视这旷古未有的巨变。

鸦片战争是一场外来侵略战争，同时也是一次外力的全面冲击，包括经济、政治、文化各方面，所以过去有人称之为“西力东渐”。这种外力，不同于过去文化比较落后的外族入侵，而是一种已经相当发展的西方近代文明对于老大帝国的有力冲击。正如《共产党宣言》所说：“资产阶级在它的不到一百年的阶级统治中所创造的生产力，比过去一切世代创造的全部生产力还要多，还要大。自然力的征服，机器的采用，化学在工业和农业中的应用，轮船的行驶，铁路的通行，电报的使用，整个整个大陆的开垦，河川的通航，仿佛用法术从地下呼唤出来的大量人口——过去哪一个世纪料想到在社会劳动里蕴藏有这样的生产力呢?”① 资本主义是以不断扩大海外市场作为其发展前提的，因此殖民主义便成为它的伴生物，并且不择手段对外进行扩张与掠夺。人们可以看到，西方资本主义这样旺盛而又活跃的生产力，首先不是通过先进的精神文明，而主要是通过鸦片与大炮来轰击中国的大门。

“满族王朝的声威一遇到英国的枪炮就扫地以尽，天朝帝国万世长存的迷信破了产，野蛮的、闭关自守的、与文明世界隔绝的状态被打破，开始同外界发生联系。”② 马克思是一个从未到过中国的西方人，他对中国事态的了解主要是靠报纸和一些外国商人、传教士的道听途说，而且上述评论又是在第一次鸦片战争结束十年以后撰写的。实际上，在19世纪40年代之初，刺激与反应都还没有如此强烈与明显。历史毕竟有一个发展过程，我们只能从历史发展总趋势的角度来领会马克思评论的精神实质，并且钦佩他对局势的整体理解以及对未来趋向的天才预测是何等精辟。

汤因比在考察两种文明冲突中落伍而又被侵略一方的反应时，曾利用《新约圣经》故事中的两个名称：希洛德主义与狂热主义。往昔，在希腊文明各方面的加紧逼迫下，明智而又务实的希洛德王主张向希腊文明学习一切有益于犹太人的东西，使犹太人在无可逃避的希腊化世界中得以适应和发展。狂热主义者则坚信只要恪守祖训，寸步不让，“就可以从自己精神生活上排他性的泉源中取得一种神力”，以击退外来侵略势力。汤因比饶有风趣地说：“狂热主义者是往后看的；希洛德主义者自以为眼光向前，而实际上是向旁边看，努力仿效邻人之所为。”③ 汤因比在这方面的论析，涉及各民族文化内部的两种机能：排他性与包容性，而总起来说则是一种自我调节机制。排他性有利于传统的稳定与持续，包容性则有利于吸收外来文化并适应时代潮流。这两种功能在不同的内部与外部条件下，其作用的发挥程度往往有所差异。大抵一种文明当其健康发展并富于自信时，往

① 《马克思恩格斯选集》第1卷，人民出版社，1995年，第277页。
② 《马克思恩格斯选集》第1卷，人民出版社，1995年，第691页。
③ 汤因比：《历史研究》下册，上海人民出版社，1986年，第288页。

往表现出较多的包容性；当其病态发展，特别是在外来先进文明冲击下减弱自信时，则往往表现出较多的排他性，而这种排他性多半属于消极性质，容易产生负面效应。

如果把清朝众多守旧的王公大臣及社会顽固势力比喻为“狂热主义者”，那么龚自珍、魏源、林则徐等人则可以被看做近似“希洛德主义者”，因为后者已经开始表现出自己的特征：“自以为眼光向前，而实际上是向旁边看，努力仿效邻人之所为。”

所谓“自以为眼光向前看”，用魏源的语言来表述，就是“变古愈尽，便民愈甚”。他认为事物总是不断变化的，历史总是向前发展的，国家的制度、政策、法令也应该随着社会情势的变化而进行相应的变革。“然昨岁之历，今岁而不可用，高、曾器物不如祖、父之适宜，时愈近，势愈切，圣人乘之，神明生焉，经纬起焉。善言古者，必有验于今矣。”[①] 他反对泥古不化，因此反对恪守祖制，公开倡言：“天下无数百年不敝之法，亦无穷极不变之法，亦无不易简而能变通之法。”[②] 他利用今文经学向占统治地位的陈腐学术思想挑战，并且编辑卷帙浩繁的《皇朝经世文编》，倡导晚清一代经世致用优良学风。他在河工、漕运、盐法、兵饷四方面不仅有改革的论析，而且有切中时弊的策议；他不仅坐而言，而且起而行；不仅有道德文章在，而且有实际政绩在。但是，在鸦片战争以前，他与龚自珍一样，变革的要求尽管热切，但始终未能超越传统的思维格局。他们主观上求新求变，但却缺少现实可行的总体改革设想。“我所思兮在何处？胸中凌气欲成云。”他们并不缺乏革故鼎新、创榛辟莽的勇气，但是却找不到可以把古老中国引向明天的清晰奋斗目标。

鸦片战争确实惊醒了中华民族，但在19世纪40年代却很难说是惊醒了这个民族的主体，真正堪称惊醒的毕竟只限于少数思想先驱。如果说，鸦片战争前他们只能在农业宗法社会的封闭天地蒙蒙眬眬地“向前看”，那么鸦片战争后则已有可能突破这个封闭天地“向旁边看”。所谓“向旁

---

① 魏源：《皇朝经世文编叙》，《魏源集》上册，中华书局，1976年，第156页。

② 魏源：《淮南盐法轻本敌私议自序》，《魏源集》下册，中华书局，1976年，第443页。

边看”，就是向西方看，而主要又是向当时称霸世界的英国看。由于西方在物质文明、精神文明两方面都已经走在中国前面，所以“向旁边看”也就是“向前看”，因为西方已经为中国的前进提供了若干可以看得见、摸得着的目标。这是实实在在而且可以仿行的先进目标，所以即便是向旁边看见这个目标，也可以引导自己的民族向前走去，而不再是停留于主观上“自以为眼光向前看”。

关于魏源成书于鸦片战争之后的大著作《海国图志》，前人与时贤论述已多。吴泽、黄丽镛先生早在20世纪60年代即已指出，《海国图志》特别重视英国历史地理的介绍，这一点确能给人以很大的启发①。《海国图志》叙述大西洋欧罗巴洲各国共17卷，而其中专门介绍英国的篇幅就有4卷之多。同时，《海国图志》在介绍世界各地（包括“南洋”、“西南洋”、“北洋”、“外大西洋”等）时，写作意图仍然集注于“志西洋”，而“志西洋之所以志英吉利也”。可见，魏源对于英国的地位与作用是何等重视！这不仅由于英国是第一个武装侵略中国并且横行粤、闽、浙、苏四省的西方国家，而且由于作者已经发现英国是欧洲乃至全世界最强大的国家。过去，清代许多忧国之士，包括龚自珍、魏源在内，都把沙皇俄国当做最危险的主要外敌，所以西北边疆历史地理的研究盛极一时。现在，人们开始认识到主要的侵略危险来自海上，而且主要是来自遥远的欧洲西部的英国，这自然是观念上一个很大的变化。

鸦片战争刺激的力度，已足以引起中华民族相当强烈的反应。但一般反应多限于对侵略暴行的义愤填膺，如“志切同仇，恨声载道，若不灭尽尔畜，誓不俱生”（《尽忠报国全粤义民申谕英夷告示》）之类。魏源虽然也强调：“此凡有血气者所宜愤悱”，但他更重视“凡有耳目心知者所宜讲画”。可以说，《海国图志》就是出于愤悱而旨在讲画之作。作者在自序中有一段精彩的论述：“明臣有言：‘欲平海上之倭患，先平人心之积患。’人心之积患如之何？非水非火，非刃非金，非沿海之奸民，非吸烟贩烟之莠民。故君子读《云汉》、《车攻》，先于《常武》、《江汉》，而知二《雅》

① 参见吴泽、黄丽镛：《魏源〈海国图志〉研究》，《历史研究》1963年第4期。

诗人之所发愤；玩卦爻内外消息，而知大《易》作者之所忧患。愤与忧，天道所以倾否而之泰也，人心所以违寐而之觉也，人才所以革虚而之实也。”“寐患去而天日昌，虚患去而风雷行。”魏源很强调“忧患”与“发愤”，但他更主张把忧愤作为民族从“虚”、“寐”中醒悟过来的驱动力，所以感情无非是色彩，理智才是其内在的品格。

魏源以冷静的客观的眼光观察外在世界，首先是审视主要的帝国。他对欧洲的政治形势作如是观：“自意大里裂为数国，教虽存而富强不竞，于是佛郎机、英吉利代兴，而英吉利尤炽。不务行教而专行贾，且佐行贾以行兵，兵贾相资，遂雄岛夷。”① 他对英国霸业的鼎盛，也有足够的估计：“盖四海之内，其帆樯无所不到，凡有土有人之处，无不睥睨相度，思朘其精华。”不务行教而专行贾也能兴国，兵贾相资遂称雄天下。这虽然是客观陈述，但却给一向昧于世情的中国人，特别是那些顽固而又愚蠢的卫道士，提出一个极其尖锐的问题：到底什么是立国之本？

魏源本来就反对那些“无用之王道”的鼓吹家，批评他们是“口心性，躬礼义，动言万物一体，而民瘼之不求，吏治之不习，国计边防之不问；一旦与人家国，上不足制国用，外不足靖疆圉，下不足苏民困，举平日胞与民物之空谈，至此无一事可效诸民物”②。鸦片战争的严酷现实，使魏源可以把西方的富强之道作为客观的参照，两相对比更使他对传统的“内圣外王”政治哲学产生怀疑。

“受光于隙见一床，受光于牖见室央，受光于庭户见一堂，受光于天下照四方。”魏源这番话本来讲的是“君子受言”，即如何博采众见而言的，但却可表明他已具有比较开放的心态。因此，当世界走向中国时（借用钱钟书先生语），他就可以比较迅速地做出反应，带着比较清醒的头脑走向世界。

鸦片战争以后，他渴望把人们心灵的窗户打开，以便不仅受光于庭户，而且受光于天下。他极端鄙薄那些“徒知侈张中华，未睹寰瀛之大”

① 魏源：《海国图志》卷三十七，《大西洋欧罗巴洲各国总叙》，《魏源全集》（六），岳麓书社，2004年，第1077—1078页。

② 魏源：《默觚下·治篇一》，《魏源集》上册，中华书局，1976年，第36页。

的顽固之徒。在《都中吟》一诗中，他对统治者的愚昧无知作了淋漓尽致的刻画："筹善后，筹善后，炮台防江防海口。造械造船造火攻，未敢议攻且议守。船炮何不师夷技？唯恐工倍须倍蓰。江海何不严烟禁？唯恐严禁激边衅。为问海夷何自航？或云葱岭可通大西洋，或云廓尔格、印度可窥乌斯藏，或云弥夷（美国）、佛夷（法国）、鄂夷（俄国）辈，思效回纥之助唐，或云诸国狼狈叵测不可防，使我议款、议战、议守无一臧。乌呼！岛夷通市二百载，茫茫昧昧竟安在？题本如山译国书，何不别开海夷译馆筹边谟？夷情夷技及夷图，万里指掌米沙如。知己知彼兵家策，何人职司典属国。"① 连主要敌国在何处都茫茫昧昧，还有什么资格议款、议战、议守？魏源主张设立译馆以了解外在世界，首先是调查夷情、夷技、夷图。虽然清朝政府未能接受他的建议，他却接受了林则徐的嘱托，在已经成书的《四洲志》基础上进一步广搜博采，编撰《海国图志》五十卷本，以后又陆续增补为六十卷本、一百卷本。每一次增补都在不同程度上表明，世界在他的心目中逐渐变得更大，也更清晰。

《海国图志》是当时中国人自己编撰的第一部比较完备的专门介绍世界历史地理的大著作，内容包括各国气候物产、交通贸易、生产技术、政治制度、对外关系、文化教育、风俗习惯等各个方面。尽管鸦片战争打开传统文化的缺口，从总体来说仅仅如"隙"如"牖"，但《海国图志》却颇有"受光于天下见四方"的博大气象。作者自称是"为以夷攻夷而作，为以夷款夷而作，为师夷之长技以制夷而作"。"以夷攻夷"与"以夷款夷"是老生常谈，因此当时曾为某些中外有识之士所诟病。惟有"师夷之长技以制夷"是具有划时代意义的光辉命题，表现出作者的超人胆略与远见卓识。

所谓"长技"，魏源指的是："一、战舰，二、火器，三、养兵练兵之法。"长期以来，我们对于"师夷之长技"这一命题缺乏足够的认识，以为无非是提倡学习西方的"船坚炮利"。但是，以文化史的眼光来考察，这却是对于传统观念的第一次勇敢突破。敢于第一个创新者固然是勇者，敢于第一个弃旧者也是勇者，而魏源则是两方面兼而有之的大勇者。理由如下：

① 魏源：《都中吟》，《魏源集》下册，中华书局，1976年，第676—677页。

第一，中华帝国历来以文明古国自居自傲，而视外邦为野蛮愚蠢的夷狄，即令时至已渐衰微的清朝中叶，这种荒诞的传统观念仍然根深蒂固。魏源虽然沿袭使用了“夷”的称呼，但通过多方面知“悉夷情”，“夷”的内涵已经有了明显的变化。他开始发现世界之大，远远超过以往中国人心目中“天下”的狭窄范围，而世界的格局与秩序也与传统的华夷之别观念有很大的差异。在魏源的眼光中，世界不再是封闭的、凝滞的，而是延展的、变化的。他大略了解，文明发展从来没有固定的格局，永远具有不平衡的特点，因此世界的格局与秩序也就永远处在不断变化之中。时至大清王朝道光年间，长期被中国人鄙视的“岛夷”，不仅不是野蛮愚昧，而且经济、文化还很发达，其他欧美各国也都各有优长之处，值得中国师法或至少可以作为借鉴。对于一个长期闭关自守而又妄自尊大的老大帝国来说，承认这个现实而且在观念上发生相应的变化，是一个极为艰难而又相当痛苦的漫长过程。魏源在鸦片战争之后立即做出积极反应，并且一反传统而明确提出“师夷”口号，这是他的难能可贵之处。

第二，在对外交往过程中，清朝历来把外国视为藩属下邦，其基本观念是“治”，即力图用武力威慑或道德感化来维持自己主观上勾画的世界秩序。鸦片战争以后，在对外观念方面，魏源把立足点从“治”转为“师”，即师法一直被视为夷狄的西方国家。尽管他强调“师”的目的仍在于“制”，而“制”固然可以理解为制驭或制胜；但根据当时的实际情况来判断，与其把“制”看做是攻略，倒不如看做主要是防御，当然是积极的有效的防御。从“治”到“制”，虽然只有一字之差，但却反映了人们思想的重大变化。中国文字的意蕴是极其丰富的，由“治”变为“制”至少是说明人们心目里中外地位的逆向变化，中国由高趋低，外国（主要指西方国家）由低趋高。中国人虽然仍以中华自称，皇帝也仍然被视为天子，但是已经逐渐失去君临中国以外的天下的狂妄。

第三，“师夷”的范围虽然只限于“长技”，但“技”可以称为“长”，也包含着深刻的观念变化。传统观念历来侈言精神文明而忽视物质文明，对于生产技术则更加鄙薄，特别是对于精巧的工艺更往往被视为败坏人心风俗的“奇技淫巧”。魏源则一反这种偏见，公开倡言：“有用之物，即奇技而非淫巧。”不仅如此，技之所以能奇，还大有学问在：“今西洋器械，借风力、水力、火力，夺造化，通神明，无非竭耳目心思之力，以前民用。”耳目属于器官，是感性认识的来源；心思属于大脑功能，认识进入高层即转化为理性。运用自然力而达到“夺造化，通神明”的境界，这就绝非仅靠灵巧的双手所能奏效，而必须“竭耳目心思之力”来制造器械（机器）。我不知道魏源是否听说过科学（science）这个名称，但他在这里说的“竭耳目心思之力”实际上就是科学。这样有用的学问，尽管来自遥远的西方异国，但毕竟比那些祖传的“浮藻饾饤、心性迂谈”之类腐儒之学要高明得多。

第四，“长技”虽然主要是指“战舰”与“火器”，但师法此类“长技”毕竟是东方国家效仿西方近代文明不可逾越的初级阶段。近代文明最好的传播媒介本来是商品，价廉物美的工业品常能显示出先进文明的诱人魅力，吸引人们走出封闭落后的农业宗法藩篱。但是，在19世纪40年代，西方商品对中国的冲击力与吸引力都很有限，即使是在首当其冲的沿海地区（特别是通商口岸），进口刀叉和钢琴稍有增加，外贸货栈即难免承受积压之苦。外国棉纺织品更受到耕织结合的小农经济的顽强抗拒，当时真正引起中外瞩目的“商品”是鸦片。鸦片虽属“商品”（当然是非法“商品”），但它的冲击力只限于毒害人民与引起白银大量外流，对于中国经济结构并无直接影响，更无从显示西方的先进文明。所以，只有西方国家的“战舰”与“火器”，一方面在侵略暴行中引起中国人极大的愤慨与惊恐，一方面又在战胜弓箭刀矛之余使中国人感受到西方近代文明确有可学之处。同时，物又总是与人相联系的。先进的武器要由先进的人来制造，并且要由先进的人来使用；所以这就必然要涉及“养兵练兵之法”，涉及教育、管理和官兵素质的改善。这样，物质文明又通向心性文明，至少是通向军事编制乃至工厂体制等方面的变革。任何一个局部改革，总是要引起整体的连锁反应，古今中外，概莫能外。侵略武器成为西方近代文明传播的最初主要载体，看来似乎是历史扭曲的表现，但却完全是可以理解的。

第五，当然，魏源所说的“师夷长技”，也没有绝对限制在武器范围之内。他主张在制造足够枪炮之余造船厂，“凡有益民用者，皆可于此造之”。这就已经明显地表现出把兵工生产延伸到民用工业的意愿，或许可以说，魏源已经轻轻叩击了中国工业化的门扉。美国政治学家亨廷顿(Samuel P. Huntington)曾经指出：“对17世纪欧洲的专制君主制来说，外部的威胁和冲突为君主提供了革新和集权的主要动力。19世纪非西方国家的‘防务现代化’也同样出于对外国入侵和征服的恐惧。”[①] 前者的事例自然可以追溯到俄国彼得大帝的军队在纳瓦尔附近被瑞典人一举击溃，继而励精图治，更加锐意学习西方，揭开了俄国近代化的序幕。两百年以后的中国，同样也是在西方强敌威胁下把国防近代化作为整个国家近代化的起点。当然，清朝统治者最初未必了解，尽管是军事工业系统的近代化，也将连锁反应引起经济结构的变化，进而引起政治体制与文化心态的变化。以后洋务事业的兴办及其社会效应，将会更为明显地表明这个历史演化的轨迹。

第六，《海国图志》在强调学习西洋器械之余，还有一段很精彩的议论：“因其所长而用之，即因其所长而制之。风气日开，智慧日出，方见东海之民犹西洋之民。”这就已经把“师夷长技”引向一个更为宽阔的天地，与“风气”的开化、“智慧”的增长联系在一起。这并非魏源思想中偶尔闪烁的零碎火花，而是与他一贯反对“虚”、“寐”的务实求新宗旨相吻合，也与他在《默觚》中所主张的“才情”合一意义相通。魏源认为：“才生于情，未有无情而有才者也。慈母情爱赤子，自有能鞠赤子之才；手足情卫头目，自有能捍卫头目之才。无情于民物而能才济民物，自古至今未之有也。小人于国、于君、于民，皆默然无情，故其心思智力不以济物而专以伤物，是鸷禽之爪牙，蜂虿之芒刺也。”[②] 魏源在这里所说的情属于道德范畴，诸如母亲对子女的慈爱、臣民对国家的忠诚等；也可以看做是一种危机意识与社会责任感，即他所常说的“发愤”与“忧患”。把才与情相结合，也就是把才与德相结合。这使我们想起明治时期的日本维新

① 塞缪尔·亨廷顿著，李盛平、杨玉生等译：《变革社会中的政治秩序》，华夏出版社，1988年，第150页。

② 魏源：《默觚下·治篇一》，《魏源集》上册，中华书局，1976年，第35页。

思想家福泽谕吉，他在《文明论概略》一书中曾提出“智德”一词，也是强调“智德必须互相依赖才能发挥其功能”。不过福泽谕吉更侧重于智，他认为“智慧不仅能增加道德的光辉，而且还能保护道德，消灭罪恶”[①]。福泽谕吉（1834—1901）出生比魏源迟44年，《文明论概略》成书比《海国图志》迟21年，所以“智德合一”论比“才情合一”论在历史观方面更为深刻。但无论如何，魏源在鸦片战争刚一结束，就鼓吹“风气”与“智慧”的广泛变化，不愧是思想先驱者的风范。

多年以后，王韬曾评论说：“近来谈海外掌故者，当以徐松龛中丞之《瀛环志略》、魏默深司马之《海国图志》为嚆矢。”[②] 戊戌变法前夕，湖南顽固派曾廉追溯说：“变夷之议，始于言技，继之以言政，益之言教，而君臣父子夫妇之纲荡然尽矣。”这又是从反面更为有力地说明了魏源的先驱地位。其实，除魏源、徐继畬的两大著作外，还有姚莹的《康輶纪行》、夏燮的《中西纪事》、梁廷枏的《夷氛闻记》等书，都在不同程度上介绍了中国以外的世界，并且体现了革新的倾向。但是，当时中国风气的变化仍然是有限的。正如王韬为《瀛环志略》作跋所言：“其时罢兵议款，互市通商，海寓晏安，相习无事，而内外诸大臣，皆深以言西事为讳，徒事粉饰，弥缝苟且于目前，有告之者，则斥为妄。而沿海疆圉晏然无所设备，所谓诹远情，师长技者，茫无所知也，况询以海外舆图乎？”[③] 徐继畬从1846年底到1851年任福建巡抚，颇思革新弊政以求有所展布，“而拘文牵义者动以成法为不可逾，旧章为不可改，稍有更张，辄多掣肘”。结果仍然是难以有所作为，更谈不上打破既有的陈腐局面。

“衙斋少地得天宽，亭畔疏花丑石安。官既支离民又病，待成新竹斫鱼竿。”[④] “月前孤唳为谁哀，无复双栖影绿苔。岂是孤山林处士，只应花下一雏来。”[⑤] 先驱者的孤独感尽管尚未具有明确的现代意识，但其心灵的

① 福泽谕吉：《文明论概略》，商务印书馆，1959年，第101页。

② 王韬：《瀛环志略跋》，《弢园文录外编》卷九，中华书局，1959年，第273—274页。

③ 王韬：《弢园文录外编》卷九，中华书局，1959年，第274页。

④ 魏源：《高邮州署秋日偶题》，《魏源集》下册，中华书局，1976年，第835页。

⑤ 魏源：《悼鹤》，《魏源集》下册，中华书局，1976年，第838页。

痛楚则是相当浓郁而又深沉的。正如龚自珍一样，他们的个人资质并不次于欧美、日本的启蒙思想家或倡导革新的政治家。像魏源这样百科全书式的人物，甚至在日本都受到极大尊敬并产生深远影响。但是，他们在当时中国那样的社会环境中，却难以施展自己的才智，实现自己的抱负。他们既成就不了大久保利通、西乡隆盛、木户孝允（日本维新三杰）那样的功业，更与加富尔、马志尼、加里波的（意大利三杰）走着迥然不同的道路，他们只能在辽阔而又黑暗的神州大地上寂寞地呐喊。

魏源的著作在日本得到维新思想家的强烈共鸣。佐久间象山读《圣武记序》之后写道："呜呼！予与魏各生异域，不相识姓名，感时著言，同在是岁（指他亦在1842年向幕府上《海防八策》），而其所见亦有暗合者，一何奇也，真可谓海外同志矣。"[①] 另一维新思想家盐谷宕阴则极端同情《海国图志》在中国遭到统治者的冷落，叹息说："呜呼！忠智之士，忧国著书，未为其君所用，反落他邦。吾不独为默深悲矣，亦为清帝悲之。"[②] 半个多世纪以后，梁启超经过戊戌维新的失败与庚子事变的反动，重新将《海国图志》在中日两国的不同遭遇加以对比。他的认识更为深刻，感慨也更为沉痛："魏氏又好言经世之术，为《海国图志》，奖励国民对外观念……日本之平象山、吉田松阴、西乡隆盛辈，皆为此书所刺激，间接以演尊攘维新之活剧。不龟手之药一也，或以霸，或不免于洴澼絖，岂不然哉！"[③]

不龟手之药的故事出于《庄子·逍遥游》，原文是："宋人有善为不龟手之药者，世世以洴澼絖为事。客闻之，请买其方百金。聚族而谋曰：'我世世为洴澼絖，不过数金，今一朝而鬻技百金，请予之。'客得之，以说吴王；越有难，吴王使之。将冬，与越人水战，大败越人，裂地而封之。能不龟手一也，或以封，或不免于洴澼絖，则所用之异也。"不龟手之药就是冬季防止人手冻坼之药，类似现今的防冻药或润肤膏。宋人有制药的技

---

① 转引自王晓秋：《近代中日启示录》，北京出版社，1987年，第35页。

② 转引自王晓秋：《近代中日启示录》，北京出版社，1987年，第37页。

③ 梁启超：《论中国学术思想变迁之大势》，《饮冰室合集》文集之七，中华书局，1989年，第97页。

术，但世世代代只能将此药用于漂絮护手。某客买去之后，却能用于水战，建立功业并得裂地而封。梁启超引用不龟手之药的寓言故事，不仅是为了说明《海国图志》在中日两国不同的遭遇，而且也是为了说明整个维新运动在中日两国不同的命运。

《海国图志》在日本受到欢迎，在祖国反而遭到冷遇；维新运动在日本迅速取得成功，在中国却不断遭到失败。原因到底何在？

对于日本与中国维新运动的比较研究，海内外学者已有许多论著发表。我认为，地理位置与历史机遇之类因素固然起了作用，但更重要的原因还得从社会内部寻找。在这里，我想引用黄仁宇先生的一段深刻论析："日本是一个海洋性的国家，在德川幕府末期，已经有了诸藩（封建诸侯）的'藏元'（财政经理）、'诸仲间'（各种商业团体）、'问屋'（批发商）和'回船'（定期航线，并带有保险业务）等的组织。政府缺乏中央集权的传统，商业组织和商业资本却早已在继续成长之中。明治维新，表面上好像是突过时代的改革，实际则是一个新的高层机构摆在一个已经规模初具的低层结构上去。"[①] 黄氏还以 Constitution 一词来表述一个国家资本主义体制的形成，Constitution 一方面是宪法，另一个方面则是"一个有机体的功能、组织和结构"。写宪法易，而改变功能、组织、结构难。日本之所以取得明治维新的成功，主要由于社会的"低层结构"可以为资本主义体制的形成提供必要的基础，而中国当时的社会"低层结构"还不具备这样的条件和机制。

日本学者大谷敏夫先生所介绍的日本幕末众多民间私塾、诗社的情况，也有助于我们从这一侧面来考察 19 世纪中叶的日本社会"低层结构"。例如，富商出身的广濑淡窗，于 1805 年在日田创办私塾咸宜园，不问身份高低，向所有人开放。据说有"三千多名门人云集，呈现一派生动活泼气象"。美浓人梁川星岩 1834 年在江户成立玉池吟社，慷慨忧国之士多聚集于此。1856 年长州藩的著名维新思想家吉田松阴创办松下村塾，通过《海

---

① 黄仁宇：《我对"资本主义"的认识》，《放宽历史的视界》，中国社会科学出版社，1998 年，第 125 页。

国图志》"教授门生以日本开国后的外交应有之道"。在松下村塾的众多门生中，出现了伊藤博文等明治维新时期的著名政界人士。大谷先生认为，"这样的私塾，既是培养人才的场所，也是形成维新思想之处"[①]。这种情况确实值得我们做中日比较研究时注意，但他把宣南诗社之类中国诗社、书院看成"和日本的起着形成幕末维新思想、推进维新活动作用的私塾、诗社同样"，则可能是出于善意的误解。如果不嫌武断，我敢说，在 19 世纪 50 年代以前，中国还没任何一所类似玉池吟社、松下村塾的诗社、村塾出现；至少，我们还找不到当时有任何一家书院或私塾，敢于把《海国图志》代替四书五经作为教科书。宣南诗社无非是士大夫诗文唱和的雅集，更不可与趋新的民间教育实体相提并论。

当然，仅仅着眼于"低层结构"，恐怕也难免片面。福泽谕吉倒是从"高层结构"方面也作了若干中日双方的比较，他认为日本比中国容易汲取西洋文明，一个重要的原因就是日本天皇与幕府并存，而中国则集神权与政权于君王之大一尊。日本天皇制尽管是"万世一系"，但它经过"至尊未必至强，至强未必至尊"的中间阶段，终于形成政权集中于幕府（武力国家）而天皇仍然代表最高神权的两元政治体制。在这方面，日本与欧洲的教皇与君王对峙的情况多少有些类似，而与中国集中至尊地位和最高权力于皇帝一身的政治体制颇有差异[②]。多元政体难以形成统一而又垄断的精神权威，所以有利于自由风气的产生。而中国人拥戴绝对的专制君主，深信君主兼有至尊与至强，则已形成难以变化的凝固传统观念，因此很难吸收外来的新鲜思想。我认为，如果把福泽谕吉对于"高层结构"的分析与黄仁宇对于"低层结构"的分析结合起来，我们对历史的认识将会更趋完整。

但是问题并没有到此为止。还有些西方学者（如亨廷顿）从另外的角度来寻找中日之间的差异："在十九世纪中叶，中国的权威和权力集中远超过日本：中国是个官僚帝国，而日本基本上仍是封建的。日本社会是高

---

① 大谷敏夫：《〈海国图志〉对幕末日本的影响》，杨慎之、黄丽镛编：《魏源思想研究》，湖南人民出版社，1987 年，第 363—364 页。

② 参见福泽谕吉：《文明论概略》，商务印书馆，1959 年，第 17—18 页。

度阶层化的，很少社会流动；中国社会则较为开放，允许个人在社会和官僚阶梯中上下浮沉。用赖瑞和（Reischauer）的话来说，日本的世袭是‘权威的基本来源’，而在中国，世袭制则扮演很小的角色，入仕升迁，主要是凭严密的考试制度。如洛克伍德（Lookwood）所暗示的，倘若1850年有一个观察家被要求判断这两个国家中哪一个较具未来的发展势力，‘他会毫不迟疑地将赌注押在中国’。”也许是由于距离的遥远与民情风俗的差异太大，有些西方人对东方的看法往往似是而非，而历史上各种社会因素所产生的效应又极为错综复杂。所以，洛克伍德的预言，只有在一个世纪或一个世纪以上的大时段中，才能得到某种程度的证实，而在整个19世纪的中期与后期，却很难说他的判断是确切的。

亨廷顿认为：“使日本的德川幕府看起来比中国清朝更为落后的同一种封建体系，却为扩大政治参与和把传统部族与较新型的商业集团融合于政治体系中提供了社会基础。”“另一方面，在中国，儒家的价值观和态度阻碍了政治精英转向改革事业，而一旦他们愿意时，权威的集中化又会妨碍和平地同化因现代化而产生的社会集团。”[①] 亨廷顿学术思想体系的形成，大体上可以1968年出版其力作《变革社会中的政治秩序》为标志，而这与福泽谕吉《文明论概略》的成书相距将近一个世纪。我不知道亨廷顿是否读过福泽谕吉的著作，但至少他的思路与后者是一致的。福泽谕吉是个思想家，他认为幕府与天皇的长期并存，使至尊的皇帝与至强的将军，都得不到足够的重视与尊敬。“这样，至尊和至强的两种思想取得平衡，于是在这两种思想当中便留下了思考的余地，为真理的活动开辟了道路，这不能不说是我们日本的偶然幸运。”亨廷顿是政治学家，他把福泽谕吉已经有所论证的日本政体特征，扩大成为对社会“潜在的领导”的全面考察。日本幕藩体制的封建体系，不仅有政权与神权的分离，而且还有各地众多诸侯（藩）的存在。因此，日本的政治体制从上到下都比较分散，社会的“潜在的领导”也比较分散，不仅分散于265个“自主的”家族（Hans）之间，而且也分散于各种具有不同功能的社团之间。这样便有利

① 塞缪尔·亨廷顿：《变革社会中的政治秩序》，华夏出版社，1988年，第166页。

于政治参与的扩大，也比较有利于把传统世家与新兴商业团体统统都整合到新的政治、社会体系中去。亨廷顿指出，日本第一个现代政党的出现(1881年)，距离封建主义象征式的结束即明治维新（1868年）只不过13年。由此可见，“在日本，政治参与的扩大和制度化，是与现代化的创新政策的引进同时进行的”。日本的这种“偶然幸运”，显然是与上述政治体制和社会结构有关；同时，我们也不能忘记，它还有着“幕藩疲敝，权落商人”（藩主松平忠国语），“大阪富商一怒而天下诸侯惊”（蒲生君平语）之类经济的和阶级的背景。

中国的小农经济是极为分散的，但是把这些分散个体连接起来的宗法体系，历经千百年的不断完善强化，终于形成一个相当稳定的中央集权的君主专制制度。政治上的大一统与思想上的大一尊合二为一，不同姓氏的王朝可以不断更迭，但是这种社会结构与政治体系却很难有所变化。在四分五裂的欧洲国家，君主集权曾对发展资本主义与建立民族国家起过重要促进作用，可是它在19世纪的中国却只能成为社会前进的巨大障碍。借用福泽谕吉的话来表述，中国在19世纪中叶没有日本那样的“偶然幸运”，中国的开放和革新，无论在上层还是在下层，都面临着更大的阻力。

中国经过鸦片战争以极其沉重的代价换取的经验教训，在自己的国土上没有立即产生重大影响，却在邻国日本开花结果，这是我们民族的极大不幸。

中国传统文化与近代化的冲突，在鸦片战争以后将渐趋激烈，而两者之间的协调、适应，更需要有一个漫长而又艰难的过程。

第五章　冲突与协调

鸦片战争引发向西方学习，开始与传统文化产生某些离异，这仅仅是我们民族反应的一个方面，一个重要而尚非主要的方面。还有另外一个方面，那就是相当普遍的顽固或保守势力的反应，他们仍然对西方文明采取笼统的排拒态度。如果说，前者反映了中国传统文化的包容性或吸引机制，那么后者则反映了传统文化的排他性或封闭机制。

魏源倡导“师夷长技”，突破“夷夏之辨”传统观念，因此也就为这种传统思想所难以容忍，至少是为具有这种传统观念的人们的心理所难以接受。正如魏源所感叹的那样：“国家有一谠议，则必有数庸议以持之；有一伟略，则必有数庸略以格之。”[①] 甚至如同梁廷枬那样倾向于革新自强的有志之士，对于“师夷长技”也有所保留。他认为西洋并不比中国高明甚多，西洋火炮“大率因中国地雷、飞炮之旧而推广之”；舰船是依据郑和绘制的图形制造的；算学的所谓“东来之借根法”也是得之于中国。“天朝全胜之日，既资其力，又师其能，延其人而受其学，失体孰甚。”[②] 明明是因为落后而挨打而失败，却不敢公开承认落后，并把“师夷长技”视为有失国体。这自然是“天朝至上”的传统观念在作祟，死要面子的顽固心理乃是向西方近代文明学习的极大阻力。

要想劝说天朝上国多少放下一些架子，需要采用一些比较迂回的办法。这些办法大体上可以归纳为两类：一曰认同，二曰立异。

先说认同，主要是宣传西学中源，至少是把西方的优长看做中国古已

① 魏源：《默觚下·治篇六》，《魏源集》上册，中华书局，1976年，第51页。

② 梁廷枬：《夷氛记闻》卷五，《近代中国史料丛刊》第52辑，文海出版社，1966年，第116页。

有之，借以消除人们接受外来新事物的心理障碍。譬如，守旧派把机器视为“形器之末”，魏源则辩驳说：“古之圣人刳舟剡楫，以济不通；弦弧剡矢，以威天下，亦岂非形器之末。”① 这不仅是利用“古之圣人”的权威，而且是利用“古已有之”的习惯心理，诱导人们理解中外相通之处，以利于接受外来新事物。

再说立异，这就是为外来新事物争取立足点。中国传统文化的排他性，主要表现为害怕“用夷变夏”有失国体。这种防范心态，不仅守旧势力有，革新人士也有，只是程度不同而已。因此，革新人士在说服守旧势力之前，首先要说服自己；学习西方而又必须有所节制，这就是顺理成章的结论。于是便出现涉及主辅、道器、体用诸对应范畴的探讨，归根到底就是如何处理中西文化的关系问题。所谓“师夷长技”，就是把学习西方限于器的范围，按照中国的传统观念，器隶属于道，为道的载体，或是道的外在表现，这便自然处于辅、用的次要地位，亦即意味着不会动摇传统文化的正统和主体地位。这从表面上看起来似乎调子很低，但其精神实质却是积极进取的，即通过技、器寻求传统文化革新的突破口，为西方先进文明的引进营造最初的滩头阵地。

这种认同与立异，都属于中国传统文化在西方文化冲击下的自我调节功能。魏源提出“师夷长技”，已经初步显露这种自我调节的端绪，但是他却来不及对中西文化关系问题作更为深入的论述。

把“师夷长技”正式引申为中西文化关系的探讨，冯桂芬是影响较大的先驱者之一。

冯桂芬（1809—1874）字林一，号景亭，江苏吴县人。道光年间进士，授翰林院编修。1853 年以在籍京官奉诏举办团练，对抗太平军，升右中允。1862 年筹划在上海设立“会防局”，主张借用外国军队，并入李鸿章幕府。他也提倡经世致用学风，潜心研究西学，影响最大的是《校邠庐抗议》一书。

---

① 魏源：《海国图志》卷二，《筹海篇》三，《魏源全集》（四），岳麓书社，2004 年，第 31 页。

《校邠庐抗议》成书于1861年，迟于《海国图志》17年。《海国图志》主要是介绍外在世界的历史地理，《校邠庐抗议》则是在吸收有限西学的基础上，着重研究如何在中国全盘推行除旧布新。全书共四十篇，包括公黜陟议、汰冗员议、免回避议、厚养廉议、许自陈议、复乡职议、省则例议、易吏胥议、变捐例议、绘地图议、均赋税议、稽旱潦议、兴水利议、改河道议、劝树桑议、壹权量议、稽户口议、折南漕议、利淮鹾议、改土贡议、罢关征议、筹国用议、节经费议、重酒酤议、杜亏空议、收贫民议、崇节俭议、复陈诗议、复宗法议、重儒官议、变科举议、改会试议、广取士议、停武试议、减兵额议、严盗课议、制洋器议、善驭夷议、采西学议、重专对议，涉及范围十分广泛，其中以《制洋器议》、《采西学议》等篇最有新意。

《校邠庐抗议》也是对于鸦片战争的强烈反应的产物。冯桂芬自我描绘的写作心态是："有天地开辟以来未有之奇愤，凡有心知血气，莫不冲冠发上指者，则今日之以广运万里地球中第一大国而受制于小夷也。"这与魏源所说的"发愤"、"忧患"一脉相承，都是想把对于外来侵略的义愤，转化成为强大的社会革新驱动力。

冯桂芬曾认真研读《海国图志》并为之作跋，也可以说，《校邠庐抗议》确实是继承与发展了《海国图志》。他在《制洋器议》中评论说："魏氏源论驭夷，其曰：'以夷攻夷，以夷制夷。'无论语言文字之不通，往来聘问之不习，忽欲以疏间亲，万不可行，且是欲以战国视诸夷，而不知其情事大不侔也……愚则以为不能自强，徒逞谲诡，适足取败而已。独'师夷长技以制夷'一语为得之。"思想比较开明而又不同意"以夷攻夷"的有识之士，并非仅冯桂芬一人。早在大约十年以前，梁廷枏也曾批评过："姑无论西夷同一气类，虽日为蛮触争，而万不肯为中国用也。就令乐为我用，而一舟之费，内地可调兵数千；败必索偿，胜更求无底止，终难以善其后。"[①] 但是，梁廷枏把这种不无有理的批评延伸到否定"师夷长技"，这就形成了谬误。梁廷枏否定"师夷"的理由是有失国体，冯桂芬则不然，

---

① 梁廷枏：《夷氛闻记》卷五，《近代中国史料丛刊》第52辑，文海出版社，1966年，第116页。

他不仅肯定“师夷长技”，而且把“长技”明确提高到“西学”的地位。他公开宣称：“法苟不善，虽古先吾斥之；法苟善，虽蛮貊吾师之。”[①] 其师法西方先进文明态度之鲜明，较诸魏源有过之而无不及。所以直到30多年以后，戊戌维新的参与者阔普通武，读《校邠庐抗议》的批语仍为此击节称赏，认为这句话是“全书精粹最妙者”，“旨哉斯言，千古名论也。现值庶政维新，诚本此二语以行之，深合乎穷变通久之大旨焉”。

冯桂芬是认真读过一些已经翻译过来的西书的，其观感是：“据西人舆图所列，不下百国，此百国中，经译之书，惟明末意大里亚及今英吉利两国书凡数十种。其述耶稣教者，率猥鄙无足道。此外如算学、重学、视学、光学、化学等，皆得格物至理。舆地书备列百国山川阨塞风土物产，多中人所不及。”[②] 他在当时有限的认识水平上，比较清晰地看出中国落后于西方之处并非仅限于技、器，而更为重要的是：“人无弃材不如夷，地无遗利不如夷，君民不隔不如夷，名实必符不如夷。”[③] 在这里，我们自然会联想到30多年以后孙中山说过的一段话：“窃尝深维欧洲富强之本，不尽在于船坚炮利，垒固兵强，而在于人能尽其才，地能尽其利，物能尽其用，货能畅其流——此四事者，富强之大经，治国之大本也。我国家欲恢扩宏图，勤求远略，仿行西法，以筹自强，而不急于此四者，徒惟坚船利炮之是务，是舍本而图末也。”[④] 只要两相对照，我们便不难发现，冯桂芬肯定的“西学”比魏源肯定的“长技”，在认识上要略高一个层次，尽管魏源也并非完全认为“长技”就是坚船利炮。

由于19世纪50年代以后对于外国的了解逐渐增多，同时也由于日本幕末学习西方风气日开的影响，冯桂芬已有效仿俄、日以推动维新的意

① 冯桂芬：《校邠庐抗议（选录）》，中国史学会主编：《中国近代史资料丛刊（戊戌变法1）》，神州国光社，1953年，第18页。

② 冯桂芬：《校邠庐抗议（选录）》，中国史学会主编：《中国近代史资料丛刊（戊戌变法1）》，神州国光社，1953年，第26页。

③ 冯桂芬：《校邠庐抗议（选录）》，中国史学会主编：《中国近代史资料丛刊（戊戌变法1）》，神州国光社，1953年，第30页。

④ 孙中山：《上李鸿章书》，广东省社会科学院历史研究室，中国社会科学院近代史所民国史研究室，中山大学历史系孙中山研究室合编：《孙中山全集》第1卷，中华书局，1981年，第8页。

向。他在《制洋器议》中指出："近事，俄夷有比达王（即彼得大帝）者，微服佣于英局三年，尽得其巧技，国遂勃兴……前年西夷突入日本国都，求通市，许之。未几，日本亦驾火轮船十数，遍历西洋，报聘各国，多所要约，诸国知其意，亦许之。日本蕞尔小国耳，尚知发愤为雄，独我大国，将纳污含垢以终古哉?"所谓日本舰队报聘各国一事，与史实不尽符合，实际上是1858年（安政五年）日本在武力胁迫下，先后与美、荷、英、法等国订立《修好通商条约》，总称《安政五国条约》。这个条约以英、俄、法三国刚刚与中国签订的《天津条约》为蓝本，日本开放了神奈川、长崎、新潟、兵库等港口与江户、大阪两城市。订约的本身标志着套上半殖民地枷锁，其实说不上是什么"发愤为雄"。但日本以此为契机，开放程度确实高于中国。福地源一郎在《幕府存亡论》一书中，曾列举幕末的开放与改革情况："如废除禁止江户十里以内放枪的制度，准许各藩在藩邸内进行操练及向江户运送枪械，解除建造大船的禁令。在大森设立大炮打靶场以资演习，动工兴建品川炮台，扩建长崎海军炮台，建造凤凰丸等军舰。""又如在江户创办讲武所，新编洋枪队，向荷兰订购轮船，在长崎开始训练海军，录用通晓兰学的人士，创建藩书调所（即研究洋学、翻译外交文件的机构），拔擢才智之士担任幕府的要职，凡幕府旧例中属于虚饰的一律省略，无用的献赐则予以废除，锐意矫正积弊。对于墨守成规、把旧例当作金科玉律的幕府来说，这些措施的确不能不说是英明果断的了。"[①]"英明果断"一语未免言过其实，但日本幕府对外来挑战的反应，动作较大而节奏较快，则是不容忽视的事实。

相形之下，清朝政府的反应要迟钝得多。鸦片战争中在定海英勇牺牲的三总兵之一葛云飞，曾经沉痛地指陈："夷匪一案，未发之前，文武大吏，漠不关心，失事之后，仓皇无措。迁延日久，群议蜂起，或矜义气，或图便利。既无切中核要之论，亦无公忠体国之心。时事至此，尤堪长叹!"这与魏源所说的情况是一致的："使有议置造船械、师夷长技者，则曰'糜费'；及一旦糜费十倍于此，则又谓权宜救急而不足惜。苟有议翻

① 转引自王晓秋：《近代中日启示录》，北京出版社，1987年，第42—43页。

夷书、刺夷事者，则必曰‘多事’；及一旦有事，则或询英夷国都与俄罗斯国都相去远近，或询英夷何路可通回部……竟莫知其方向。”[①] 人们仍然囿于年深日久的华夏夷狄有别的传统观念，即所谓“中国之御四夷也，来则抚之，贰则绝之，此不易之道也”[②]。

鸦片战争失败，订立《江宁条约》以后，人们自然愤慨于割地、赔款，但更为痛心的事还是外国人“与中国官员用平行礼”，认为“国体”之沦失以此为最。时人沈衍庆说：“至该逆所请与中国官员用平行礼，此其藐视中原陵蔑罔上之罪，尤堪发指。我圣朝声灵赫濯，遐方异服，靡不称臣奉贡，稽首来庭。逆夷僻居海岛，夙系陪臣。受累朝存抚之深仁，戴皇上高厚之覆载。见中国官员，理应屈膝匍伏，以昭恭顺；何得井蛙窥天，夜郎自大。《春秋》所最重者，冠履之分；所最谨者，华夷之辨。成公二年，公会楚公子婴齐于蜀，君子讥其中国诸侯降班失列，下与夷狄大夫会也。今督抚之尊，不止大国诸侯，竟下与犬羊之逆，用平行礼。不特亵渎衣冠，为中外所耻笑，且使各夷闻风效尤，等威莫辨，中国又何恃以为尊乎？贾谊曰：天子者，天下之首，何也？上也。蛮夷者，天下之足，何也？下也。逆夷藐视中国官员，是藐视中国天子。窃恐平行者，争长之阶；争长者，倒悬之渐。虽属仪礼之虚文，实关治忽之大体，此断断不可者又其一也。”[③] 这是一篇难得的奇文，但是作者的见解在当时却具有很大的代表性。“屈膝匍伏”是奴才拜见主子的礼节，本来是人身依附关系的行为规范，而沈衍庆们却将之视为中国所恃以为尊的“大体”。外交上双方对等用“平行礼”，这本来是近代国际惯例，是国与国之间正常交往的基本前提。但在守旧势力看来，这却是关系重大的“争长之阶”、“倒悬之渐”。大清帝国早在鸦片战争以前即已趋向衰微，但人们仍然以朝鲜四年一贡、琉球三年两贡、安南两年一贡、暹罗三年一贡、苏禄五年一贡、南

① 魏源：《海国图志》卷二，《筹海篇》三，《魏源全集》（四），岳麓书社，2004 年，第 27 页。

② 汤彝：《盾墨·绝英吉利互市论》卷四，上海古籍出版社，1996 年，第 13 页。

③ 沈衍庆：《请罢英夷合议书》，阿英编：《鸦片战争文学集》，北京古籍出版社，1957 年，第 1005 页。

掌（即老挝）十年一贡来夸耀自己国势的强盛，天子的尊贵崇高，颇有点破落大户自我吹嘘的味道。人们都还记得：清朝官员要求英国使臣马戛尔尼勋爵（Earl of Macartney）对乾隆皇帝行跪拜礼，最后让步到勉强同意仅屈一膝，那是在1793年。英国的另一使臣阿美士德勋爵早晨五点钟赶到圆明园，几乎被热心的王公大臣连拖带拉跪见嘉庆皇帝，但他却以“极端疲劳”为借口加以拒绝，那是在1816年。时至被迫不再要求外国人挂“朝贡”旗、行跪拜礼的1842年，时间已经流逝半个世纪，世界局势早已发生很大变化，但很多中国人的陈腐观念仍然原封未动，而且经常希望把历史拉回到“隆盛”的往昔。

陈旧文化思想仿佛一望无际的汪洋大海，鸦片战争后萌现的早期维新思想则不过是一缕清泉，很快就被这混浊的波涛卷走了，淹没了。1862年，也就是《校邠庐抗议》成书的第二年，日本维新志士高杉晋作到上海考察，发现在日本选刻选译达二十多种版本的《海国图志》，在自己的祖国竟然已经绝版。这个日本人不禁感叹说：清朝“徒倡僻见，因循苟且……故由此而至于衰微”①。

正是在这样的历史背景下，《校邠庐抗议》提出了“以中国之伦常名教为原本，辅以诸国富强之术”这个颇有影响的主张。这个主张，上承“师夷长技”，下启“中体西用”，属于带过渡性的中间环节，也是中国传统文化缓慢自我调节进程的一块路牌。中国之伦常名教为本，即是主，即是道，亦即是体；诸国富强之术为辅，即是器，即是用。稍后薛福成对此表述得更为清晰：“取西人气数之学，以卫吾尧、舜、禹、汤、文、武、周公之道。”② 冯、薛两人虽然还没有正式提出“中体西用”，但这四个字已是呼之欲出。

伦常名教是农业宗法社会的精神支柱，是支配全社会的行为规范与价值标准，渗透于社会生活的各个领域与各个层面。它蕴含着民族文化深层心理结构，积淀最久，惰性最深。正如《德意志意识形态》所已指出：统

---

① 信夫清三郎著，周启乾译：《日本政治史》第1卷，上海译文出版社，1982年，第312页。
② 薛福成：《筹洋刍议·变法》，《薛福成选集》，上海人民出版社，1987年，第556页。

治阶级总是“把自己的利益说成是社会全体成员的共同利益，就是说，这在观念上的表达就是：赋予自己的思想以普遍性的形式，把它们描绘成唯一合乎理性的、有普遍意义的思想”①。中国统治阶级正是把自己有关君臣、父子、夫妇等纲常思想，描绘成唯一合乎理性的、有普遍意义的思想，亦即万世不变的天经地义。伦常名教是中国传统文化中最为稳定的部分，也是农业宗法社会赖以长期保持稳定的思想基础。传统道德的崩溃，必然是旧社会瓦解的征兆，这是许多统治者，特别是封建统治者，大多都懂得的道理。“礼崩乐坏”、“世风日下”、“人心不古”之类叹息，则是他们带有“世纪末”悲观失望的真情流露。

冯桂芬首先强调“以中国伦常名教为原本”，也正好反映了当时统治阶级这一共同愿望，因为他本身就是这个阶级中的一员。没有任何新的足够强大的营垒可以作为依托，冯桂芬们不能也从来不想离开自己的阶级主体，他们的思想、情感、利益、愿望都属于这个阶级。这就是早期维新思想难以逾越的“度”，过了这个“度”，他们就将完全被自己的阶级主体抛弃，他们将感到失落而又无新的依归。尊重这个“度”，也只有在这个“度”允许的范围之内谋求革新，他们才能得到本阶级的容忍，也许多少能发挥若干作用。像冯桂芬这样的士大夫，头脑是相当清楚的，革新思路也相当清晰，然而对于传统文化的离异却相当缺乏力度。他们对旧事物、旧思想牵挂太多，而对新事物、新思想呼号不足。也许正因为这个原因，“以中国伦常名教为原本，辅以诸国富强之术”这个非常全面而又老成持重的口号，才使得新旧两派都可以从中汲取某些似是而非的满足。

戊戌变法期间，由于翁同龢、孙家鼐等人的先后推荐，以及宣传维新书刊的交口赞誉，光绪皇帝谕令刷印“抗议”一千部，发交部院卿寺堂司各官阅读并签注意见。这些意见当然是众说纷纭，褒贬不一，但值得注意的是反对变法最为激烈的礼部尚书怀塔布批曰：“西人政治可学者多，然必以中国之伦常名教为本。”礼部右侍郎溥颋签注：“西学不难于讲求，而难于采择。原议有‘以中国之伦常名教为原本，辅以诸国富强之术’最为

① 《马克思恩格斯选集》第1卷，人民出版社，1972年，第100页。

紧要关键。是采西学者，不过采其语言文字、制造算法、声光化电、洋操各学，至于中国之根本，仍以伦常名教为主。”理藩院尚书启秀的签注是：“今学堂之设而为专采西学，然学术系乎人心，习其能而不可袭其俗。议中以中国伦常名教为原本，是为见道之言。”詹事府司经局洗马高赓恩的签注也是：“此二语一篇要领，非有伦常名教而求中国之富强不能也，而富强之术亦要深明其本。”① 我不知道这些满脑袋旧思想的达官贵人是否认真读过《校邠庐抗议》全书，或读过而是否真正领会了作者的原意。但至少有一点是可以肯定的，在甲午战后维新运动的有力挑战面前，他们都紧紧抓住“以中国伦常名教为原本”这一原则不放，企图以此遏制戊戌变法的前进步伐。

当然，守旧势力是从自己的立场与意愿来解释并强调“以中国之伦常名教为原本”，其实冯桂芬的侧重点和落脚点倒是“辅以诸国富强之术”。既然认为有引进外来之术加以辅助的必要，这就等于是承认“原本”或多或少有了毛病，至少是有所不足；需要加以治疗，至少是给以弥补。因此，这就可以看做是对于“天不变道亦不变”的一种修正，尽管还未必能成为一次重大突破。按照传统的解释，道与器、体与用是难以分开的，道可以先于器、高于器，但必须以器为载体，这就是所谓“道在器中”或“器以载道”。很难设想器变、用变，而道、体可以原封不动，所谓“以不变应万变”从来都是自欺欺人的空言废话。

在《校邠庐抗议》成书之年，社会心理的热点是太平天国起义与第二次鸦片战争，中西文化对照研究仍然是曲高和寡的阳春白雪，而人们的认识水平也是比较有限的。这表现在两方面。第一，对于西方的了解，首先而且主要的仍然是器械，以及器械所由以制造的科学技术；而对西方社会政治制度，西学更为深层的东西，了解不够或知之甚少。因此，对中西文化的差距，主要只限于器物与科技方面的认可，人们大多仍然坚信，形而上之学即道德修养、精神文明方面，中国仍然先进于西方。即令心态开放

① 转引自李侃：《戊戌变法时期对〈校邠庐抗议〉的一次评论》，《中国近代史散论》，人民出版社，1982年，第126—127页。

如单士厘，直到1903年在日本还认为："论妇德究以中国为胜，所恨无学耳。东国人能受妇德，又益以学，是以可贵……西方妇女，固不乏妇德，但逾闲者究多。在酬酢场中，谈论、风采、琴画、歌舞，亦何尝不表面优美；然表面优美，而内部反是，何足取乎？""中国女学虽已灭绝，而女德尚流传于人人性质中。苟善于教育，开诱其智，以完全其德，当为世界无二之强国也。"[①] 单士厘在日本居住较久，日本仍属于儒学文化圈，所以她可以把东邻视为第二故乡。实际上她仍然是用中国传统伦理规范来评判东西妇德的高下。她所赞扬的中国和日本的妇德，包含着不少消极落后的因素；她所批评的是西方妇德不足，其实许多倒是妇权发展的表现，当然也包括若干伴生的消极现象。用这种半开放的眼光来衡量东西精神文明的高下，很难做出比较客观而准确的判断。第二，鸦片战争的失败，不仅是一次军事上的失败，而更为严重的是一次文明较量的失败（尽管人们的认识还多半停留于器械方面），前者使中国人感到愤慨，后者则使中国人感到耻辱，而且是伴随惶惑不解之感的耻辱。因为，胜败乃兵家常事这个道理，中国人自古以来就很懂得，或用以总结经验以利再战，或用以自我安慰借此开脱。但天朝上国居然在文明上落后于西方岛夷，这却使中国人难以理解，更难以忍受。但事实毕竟是事实，刀矛弓箭、火铳抬枪终究抵敌不住人家的洋船、洋炮，这样便必然要产生一种失落之感。中国漫长的历史确实有很多值得自豪的地方，汉唐的隆盛自然是煊赫的篇章，就是在此以后直到17世纪以前，中国也仍然具有西方人羡慕的辉煌文明，至少是不比欧洲国家落后。17世纪以后，中国逐渐落后于欧美一些资本主义国家，但是中国人用古老的文化屏障遮住了自己的眼睛，所以仍然能够心安理得地关起门来自我陶醉。直到鸦片战争一声炮响，西方国家打上门来，而且肆无忌惮地登堂入室，这才使中国人（而且首先还只限于少数中国人）不得不睁开眼睛，迷惘而又痛苦地观察外在世界，继而又把中国放在世界之中重新加以衡量。承认落后固然可以成为前进的开始，但对于中国这样一个自负已久的古老大国来说，这种转变毕竟有一个艰难而又漫长的过程。

---

① 钱单士厘：《癸卯旅行记·归潜记》，湖南人民出版社，1985年，第31、36页。

失去平衡的社会心理需要给以某种调节，如果西方在天平物质的一侧加重了分量，那么中国人便赶紧在天平心性的一侧增加砝码。“形而上者中国也，以道胜；形而下者西人也，以器胜。如徒颂西人，而贬己所守，未窥为治之本也。”[①] 譬如赛足球，你胜上半场，我胜下半场，1∶1＝平局，这样才能填补失败后的空虚，恢复继续前进的信心。所谓“为治之本”，就是一种心理平衡术，或许是政治家需要掌握的一种艺术。

冯桂芬其人和《校邠庐抗议》其书的价值，就在于当传统心态失去平衡之际给以某种调节，而且是具有积极意义的调节。“以中国伦常名教为原本，辅以诸国富强之术”，这很难算得上是时代最强者，然而它却以儒雅的声调与平实的风貌，引导日渐增多的中国人走向近代化的途程。

---

① 王韬：《弢园尺牍》，中华书局，1959年，第30页。

第六章　走出国门看世界

尽管老大帝国步履蹒跚，但人们对外界和对自身的认识毕竟有所前进。如果说，50年以前，林则徐、魏源、冯桂芬等主要是在有限的地图、报纸、书刊上了解外国。那么，在此以后，已有稍多有识之士，可以通过口岸租界、香港以至走出国门，直接观察西方近代文明，对中西文化加以比较并作历史与现实的反思。在这里，我只举出同样是在1828年出生的两个人，即王韬与容闳。

王韬是先受长期传统文化教育，再到国外观察西方文化；容闳则是在系统接受美国高等教育之后，再回到祖国了解传统文化。美国柯文教授（Paul A. Cohen）在1974年曾经出版过一本书，题目是《传统与近代之间——王韬与晚清革新》（*Between Tradition and Modernity——Wang T'ao and Reform in Late Ch'ing China*）。他认为：中国传统文化的深刻变化，发生于两个层面，起先是由先驱者或革新者（pioneers or innovators）推动，继而是由执法者或落实者（legitimizers or validators）控制。中国近代史是两大特殊的独立的文化环境交相感应的产物，即沿海地区（littoral，如香港、上海等）与内陆地区（hinterland）。在19世纪和20世纪初，早期变革者的责任由沿海地区承担，内陆地区的作用主要是作为落实或合法化的中介。柯文比较重视沿海地区的作用，在书中列举的12个革新先驱者名单中，有8个人生活于沿海地区，包括王韬、容闳、郑观应、何启、伍廷芳、唐廷枢、马相伯、马建忠。我并不认为柯文解释中国近代化的框架完全符合历史实际，但沿海地区进步知识分子的先驱作用则是肯定无疑的，他们最先在传统与近代之间（Between tradition and modernity）

做出自己的抉择。

王韬（1828—1897）字紫铨，号仲弢，别号弢园老民、天南遁叟，江苏长洲人。幼年在甫里乡间受旧式教育，18 岁考中秀才，后屡试不中。1849 年应英国传教士麦都思（Dr. W. H. Medhurst）邀请，到上海在伦敦会（The London Missionary Society）创办的墨海书馆任编校工作，实际上是为传教士编撰、翻译的书刊（包括《圣经》）“疏通文理”，但通过《遐迩贯珍》[①] 之类书刊，开始了解外在世界与西方文化，1862 年初因母亲病危返乡，曾化名向太平军将领上书，以此为官府追究缉拿，在教会庇护下逃避香港。在香港居住五年之久，协助英华书院院长理雅各（James Legge）翻译中国经典多种。1867 年理雅各返英，王韬应邀同行，游历英、法等国，并与西方人士作学术交流。1870 年回香港，仍协助理雅各译书，并编著《普法战纪》，由此声名渐著。1873 年理雅各回国主持牛津大学汉学讲座，王韬乘机集资收购英华书院印刷设备，组建中华印务总局。1874 年正式创办《循环日报》，为近代中国新闻事业的佼佼前驱者，并且是变法革新的重要鼓吹者。1884 年经李鸿章许可，重新回到上海，主持“格致书院”，并为洋务事业多有献策。

王韬比魏源晚生 34 年，迟死 40 年，应该是属于魏源以后的第二代知识分子。这一代先进知识分子的人生经历，和上一代先进知识分子的正统风格颇不相同，或曾助洋人译书，或曾去外洋求学，或则经商，或则办报，在不同程度上都透露出异端的气息。这就是时代的变化，社会环境的变化，中西文化的冲突与融合，比较明显地在这代人身上留下了印痕。1879 年王韬访问日本时，著名学者重野安绎曾将王韬与魏源加以比较。他对王韬说：“或序先生之文，谓为今时之魏默深。默深所著《海国图志》等书，仆亦尝一再读之。其忧国之心深矣，然于海外情形，未能洞若著龟。于先生所言，未免大有径庭。窃谓默深未足以比先生也。”王韬则回答说：“当默深先生之时，与洋人交际未深，未能洞见其肺腑；然‘师长’

---

① 《遐迩贯珍》是英国伦敦会传教士在上海创办的中文月刊，首任主编是麦都思。大约在 1855 年，理雅各亦曾担任主编，此刊可以说是王韬新闻工作的启蒙者。

一说，实倡先声。惜昔日言之而不为，今日为之而犹袭皮毛也。”安绎又说：“魏默深血性人耳，得先生继起，而后此说为不孤耳。”[①] 这次对话，既说明了王韬继承了魏源的思想与事业，又说明了王韬在新的历史机遇下，“与洋人交际”深于魏源，而思想、观念也新于魏源。

与魏源那一代人相比，王韬是幸运儿，他不仅学习前人睁开眼睛看世界，而且还迈开大步走出国门亲眼看世界。难怪他曾自豪地说：“呜呼！余于此日东西之行，非火琯风轮，即飚车电驭，邮程无滞，水陆无惊，亦云快矣。经历数十国，往来七万里，波涛助其壮志，风雨破其情怀，亦足豪矣。而尤足以快意肆志者，余之至泰西也，不啻为先路之导，捷足之登；无论学士大夫未有至者，即文人胜流亦复绝迹。余初至英，讲学于恶斯佛大书院（Oxford University，即牛津大学），院中士人峨冠博带，皆有雍容揖让之风。余为陈道有异同同异之辨，而言至道终必归于大同。”[②] 不仅为先路之导，而且能在英国最高学府牛津大学登坛讲学，介绍中国文化，比较中西异同，并且预言将来全球文化必“归于大同”，这种气度与识见，自然会受到中外人士的尊重。

但是，王韬对于外部世界的认识，有一个从惊异到理解的过程，而理解也有一个由浅到深、由近及远、由小到大的发展过程。

最初，王韬刚从长洲乡间到上海，这个开放不久的口岸就使他有“一入黄歇浦中，气象顿异”的新颖之感。他曾回忆当时的情景说：“上海自与泰西通商，时局一变。丁未仲夏，先君子饥驱做客，小住沪北。戊申正月，余以省亲来游。一入黄歇浦中，气象顿异。从舟中遥望之，烟水苍茫，帆樯历乱。浦滨一带，率皆西人舍宇，楼阁峥嵘，飘渺云外，飞甍画栋，碧槛珠帘。此中有人，呼之欲出；然几如海外三神山，可望而不可即也。”[③] 在王韬的眼光里，出现了与鸦片战争时期不同的西方人形象。那时的西方人形象，纯粹是一副狰狞的海盗模样，尽管他们有新式的兵船枪炮；而现在却以另外一种形象出现，他们也有自己的日常生活，而且

① 王韬：《扶桑游记》，岳麓书社，1985年，第413页。
② 王韬：《漫游随录·自序》，岳麓书社，1985年，第42—43页。
③ 王韬：《漫游随录·黄埔帆樯》，岳麓书社，1985年，第58页。

还在建筑及其环境方面，表现出较高的审美情趣与文化教养，尽管他们与殖民主义罪恶事业纠缠在一起。

王韬初到香港，那里又是一番世态风情。“香港本一荒岛，山下平地距海只寻丈。西人擘画经营，不遗余力，几于学精卫之填海，效愚公之移山。尺地寸金，价昂无埒。”[①] 中国治下的荒岛，在西人治理下很快就变成“尺土寸金”，这不能不引起王韬的深沉思考。

王韬随即知道：“香港一隅僻悬海外，非若濠镜（即澳门）之与内地毗连也。在曩者，兽所窟，盗所薮，山赭石瘠，飓号土恶，人迹所不乐居，朝廷亦度外置之，无所顾惜。”[②] 英国人占领香港以后，把西方的市政管理办法移植过来，“持法严密”、“设官繁密”、“兵防周详”、“赋税繁旺”、“游历之地咸备”，使这个荒岛迅速成为一个联结海外市场的国际商港。这说明他们的“擘画经营，不遗余力”，确实有一套颇为可取的章法。

然而，使王韬更为羡慕的，还是香港教育的发达，他一到香港就有所记载：“英人所设书院三所：曰保罗书院，主其事者曰宋美；曰英华书院，主其事者曰理雅各；曰大英书院，主其事者曰史安，皆许俊秀子弟入而肄业，学成则备国家之用，或荐之他所。”[③] 稍后又介绍说：香港“有保罗、英华二书院，又有所谓大书馆者，皆教子弟肄业英文，岁不下二三百人。此外，更立义塾数处，专读华文，延师课童之费皆国库颁给。英华书院则专印教中书籍，流播遐迩。另设女书塾二三所，亦以英文为主，特兴废无常……其教民之勤恳如此”[④]。盗亦有道。西方殖民主义能够恃其富强横行天下，是有其特定的经济、文化背景的，这又不能不使王韬作进一步的思考。

在香港五年，比在内地有更方便的条件了解外在世界；而对世界了解愈多，则对中国的落后愈有深刻的认知。王韬在《亚洲半属欧人》一文中，曾对世界整个格局粗略有所勾画。他说：“今就地球大势观之，而知

---

① 王韬：《漫游随录·香海羁踪》，岳麓书社，1985年，第65页。
② 王韬：《弢园文录外编·香港略论》，中华书局，1959年，第180页。
③ 王韬：《漫游随录·物外清游》，岳麓书社，1985年，第69页。
④ 王韬：《弢园文录外编·香港略论》，中华书局，1959年，第179页。

东南之不及西北也。西北之人久至东南，而东南之人不能一至西北。试观盈地球中，皆欧洲人也……独惜中国迩来安于自域也，因循苟且，粉饰夸张，蒙蔽拘墟，刚愎傲狠，于欧洲之形势茫乎且未之知也。”[①] 所谓“东南”指的是经济发达的欧洲与北美，“西北”则指落后的亚、非与拉丁美洲，这与今天所讲的世界“北”、“南”之分意思相近。当时日本还处于幕府末年，明治维新尚未正式揭幕，所以也被列为“东南”。就整个世界来说，中国已经属于贫穷落后的“东南”这一大片，但由于茫然无知于当今世情，仍然抱着祖宗灵牌“因循苟且，粉饰夸张”。这更增加了王韬的忧国忧民之念。

但是，王韬并不悲观消极，他冷静地观察并分析当日世界发展的大趋势，并且力求做出应有的解释，以此作为国人今后行动的指南。他进一步论证世界格局中的“东南”与“西北”之间的关系，并且对其未来的发展也有所预测。“今日欧洲诸国日臻强盛，智慧之士造火轮舟车以通同洲异洲诸国，东西两半球足迹几无不遍，穷岛异民几无不至，合一之机将兆于此。夫民既由分而合，则道亦将由异而同。形而上者曰道，形而下者曰器。道不能即通，先假器以通之，火轮舟车皆所以载道而行者也。东方有圣人焉，此心同此理同也；西方有圣人焉，此心同此理同也。盖人心之所向，即天理之所示，必有人焉，融会贯通而使之同。故泰西诸国今日所挟以凌辱我中国者，皆后世圣人有作，所取以混同万国之法物也。”[②] 有了十多年在上海居住且与西人共同译书的经验，又到了西人直接管理而传统文化压力较小的香港，加以与统治阶级没有多少可以相互联结的纽带，王韬的思想自然比较容易转向开放与通达。柯文在《传统与现代》一书中指出：“鸦片战争以前，中国人把中国更多地看做一个世界而有甚于看做一个国家（Chinese tended to view China more as a world than a nation)。”[③] “普天之下，莫非王土”，中国不承认自己属于世界，

① 王韬：《弢园文录外编》卷五，中华书局，1959 年，第 137 页。

② 王韬：《弢园文录外编·原道》，中华书局，1959 年，第 2 页。

③ Paul A. Cohen, *Between Tradition and Modernity——Wang T'ao and Reform in Late Ch'ing China*, Harvard University Press, 1974, p. 62.

反而认为世界属于自己，它永远屹立在世界的中间和世界的上面，这就是中国传统观念中的世界格局与世界秩序。现在，王韬首先抛弃了这种陈旧而且纯属主观构想的格局与秩序。他不仅承认中国是世界的一部分，而且认为中国并不在中央，更不在上面，它处于贫穷落后的“东南”。这种承认绝非自卑，而是勇敢。19 世纪中叶的中国人，而且是长期受过传统教育的中国人，没有很大的勇气是很难公开表述这样深刻的观念变化的。

问题还不仅于此，王韬还开始以平等和公正的眼光看待世界各国和它们的文化。他认为，圣人并不专属于中国，东方有圣人，西方也有圣人。圣人不能离开天理、人心，而天理、人心是有共性(“同”) 的。圣人无非是明于天理而顺乎人心，中国可以产生圣人，为什么西方就不能产生圣人？过去，理学家把圣人之道讲得很神秘，看不见，摸不着，要有很高的内省功夫和超凡的资质禀赋才能领悟。可是王韬却把道解释得通俗易懂，道并非空漠，它以器为载体，即器可以见道，而且东方之道与西方之道还可以假火轮舟车之器以相通。“火轮舟车皆所以载道而行者也。”轮船火车自西徂东，不仅带来商品，而且带来了“道”，这当然是西方的道，优势与主动在西方一边，因为西方发达而东方落后。王韬自然不会知道“世界联成一体”之类的现代语言，但是他已经开始接触这层道理。他认为由分到合、由异到同，是世界未来发展的大趋势，是人心所向、天理所示而不可逆转的潮流。西方的坚船利炮被侵略者用以凌辱中国，诚然是非常可恶；但这些器也“载道而行”，而从更高的文化层次来考察，它们同火轮舟车一样，也可以看做是“混同万国之法物”。

把殖民主义的侵略罪行与西方文明所已达到的层次区分开来，把火轮舟车不仅看做是现代交通工具，而且看做是“载道而行”之法物，这就是王韬高明于魏源“师夷长技”之处，也是他高明于冯桂芬“以中国之伦常名教为原本，辅以诸国富强之术”之处。王韬学说中的器以载道与混同万国，实际上已经突破“中体西用”的束缚，从而具有更多的近代意识。

钱钟书先生说得很形象：“中国走向世界，也可以说是世界走向中国；

咱们开门走出去，正由于外面有人推门，敲门，撞门，甚至破门跳窗进来。”[1] 走出去，尽管是被动的，但终究是一种进步。香港对于王韬来说，是走出去的第一步；居港五年之后远行欧洲，才是真正走出去。因为，香港毕竟是西化未久的中国一小岛，香港的绝大多数居民毕竟是黑头发黑眼睛黄皮肤而且仍然保持许许多多传统文化、习俗的中国人。只有到西方，到一个纯粹的西方，一个业已真正近代化了的西方，经过多年亲见目睹，耳濡目染，王韬才能进一步理解中西文化之异同，并且全盘加以比较和做出抉择。

王韬海行40多天，最先看到的西欧城市是意大利南端的“墨西拿”(今译马尔萨拉)，因为只停舟一个多小时，所以只能远望“峰峦耸峙，怪石嶙峋”。两天以后在法国马赛登陆，这才是王韬进入的第一个西欧城市。与上海、香港这样的殖民地、半殖民地城市相比较，马赛才是西方近代城市文明的原型，因此又使王韬的眼界顿时为之一开。“至此始知海外阛阓之盛，屋宇之华。格局堂皇，楼台金碧，皆七八层。画槛雕栏，疑在霄汉；齐云落星，无足炫耀。街衢宽广，车流水，马游龙，往来如织。灯火密于星辰，无异焰摩天上。寓舍供奉之奢，陈设之丽，殆所未有。”[2] 马赛以自己繁华的魅力征服了这个东方人，所以王韬赞叹说：“几若别一世宙。”

随后乘“真如飙飞电迈”的火车前往巴黎。巴黎与马赛相比，又是一番景象。它是欧洲数一数二的“大都会”，因而更显得气度恢弘、华丽绝伦。“其人物之殷阗，宫室之壮丽，居处之繁华，园林之美胜，甲于一时，殆无与俪。”[3] 但王韬已不仅限于歆羡巴黎的繁华市容，他进而了解城市布局的合理规划，图书馆“收藏之富殆所未有”，博物馆“广搜博采，务求其全”。博物馆是各种文明的袖珍模型，巴黎博物馆以其展品的丰富著称于世，因而也就更加便于王韬通过参观认识世界。他参观后的感想是：“无物不备，分门区种，各以类从，汇置一屋，不相肴杂。广搜博采，务

① 见钱钟书为钟叔河《走向世界》一书所写的序言，钟叔河：《走向世界——近代中国知识分子考察西方的历史》，中华书局，2000年。

② 王韬：《漫游随录·道经法境》，岳麓书社，1985年，第82页。

③ 王韬：《漫游随录·巴黎胜概》，岳麓书社，1985年，第83页。

求其全，精粗毕贯，巨细靡遗。凡所胪陈，均非凡近耳目所逮，洵可谓天下之大观矣。”① 百闻不如一见，巴黎以及此后伦敦各地的博物馆，为王韬认识西方世界打开了一扇又一扇窗户。

他在巴黎还生平第一次看到“影戏”，这更使王韬折服于西方近代文明。在银幕上，“所有山水人物，楼台屋宇，弹指即现，生新灵动，不可思议”。这大概是类似现今电视中“世界见闻”之类的节目，所以王韬发表观后感：“见之者，真不啻环行一周矣。”②

渡海至伦敦，又见“衢路整洁，房屋崇宏，车马往来，络绎如织，肩磨毂击，镇日不停。入暮，灯光辉煌如昼，真如不夜之城，长明之国”。王韬如饥似渴，追求新知，伦敦给他留下深刻的印象，他也给伦敦留下深刻的印象。他不仅立志让中国了解世界，而且也希望世界了解中国。他“由是每日出游，遍历各处。尝观典籍于太学，品瑰奇于名院，审察火机之妙用，推求格致之精微。各处督理主者，无不一一指授。间有所问，导者辄译余意以对，应答如响，随有辩论，主者叹为明慧渊博”。伦敦之行最辉煌的一页，是在牛津大学毕业典礼上发表演说。英国学生提问：“中国孔子之道与泰西所传天道若何?”这是希望将儒学与基督教教义加以比较，也是王韬思虑已久的问题。他即席回答：“孔子之道，人道也。有人斯有道。人类一日不灭，则其道一日不变。泰西人士论道必溯源于天，然传之者，必归本于人。非先尽乎人事，亦不能求天降福，是则仍系乎人而已。夫天道无私，终归于一。由今日而观其分，则同而异；由他日而观其合，则异而同。前圣不云乎：东方有圣人焉，此心同，此理同也；西方有圣人焉，此心同，此理同也。请言以决之曰：其道大同。”③ 这显然是《原道》一文的进一步发挥。他对孔、耶两家异同之比较未尽深刻，但已认识到人类文化有共性亦有个性。各种文明由同而异，然后又由异而同，最后归于大同，这就把握了历史发展总的趋势，表现出进步的文化观。所以他的演说赢得了听众：“一堂听者，无不鼓掌蹈足，同声称赞，墙壁为震。”

---

① 王韬：《漫游随录·博物大观》，岳麓书社，1985年，第89—90页。

② 王韬：《漫游随录·巴黎胜概》，岳麓书社，1985年，第85页。

③ 王韬：《漫游随录·伦敦小憩》，岳麓书社，1985年，第97—98页。

他的答问也使提问者为之心折，“俱为首肯”。在英国人心目中，这是来自神秘东方的一个中国人，一个具有丰富传统文化素养而又略通西学的中国人，一个既保留旧式士大夫气质而又较为开通豁达的中国人。

王韬在英国居住较久，因而对英国的风土人情、典章制度、科技学术也了解较深。在科技方面，他曾有全面的极高的评价：“英国以天文、地理、电学、火学、气学、光学、化学、重学为实学，弗尚诗赋词章。其用可由小而至大。如由天文知日月五星距地之远近，行动之迟速，日月合璧，日月交食，彗星、行星何时伏见，以及风云雷雨何时由来。由地理知万物之所由生，山水起伏，邦国大小。由电学知天地间何物生电，何物可以防电。由火学（即热学）知金木之类何以生火，何以无火，何以防火。由气学知各气之轻重，因而创气球，造气钟（即潜水钟），上可凌空，下可入海，以之察物、救人、观山、探海。由光学知日月五星本有光耀，及他杂光之力，因而创灯戏（即幻灯、电影），变光彩，辨何物之光最明。由化学、重学（即力学、物理学）辨五金之气，识珍宝之苗，分析各物体质。又知水火之力，因而创火机（即蒸汽机），制轮船火车，以省人力，日行千里，工比万人。穿山、航海、掘地、浚河、陶冶、制造以及耕织，无往而非火机，诚利器也。”① 由此可见，王韬的西学根底虽然很浅，但却在当时有限的认识水平上对之作了总体轮廓的描述。对于19世纪60年代的中国人来说，这已经是难能可贵的了。

王韬对西方科技这样热情的赞扬，体现了价值观念的明显变换。美国科学社会学家默顿（Robert King Merton）说：“科学，像所有大规模活动一样，涉及许多人的持续互动，如果它想有任何系统的发展，首先必须得到社会赞助。换句话说，科学与科学家的存在，预先假定了他们在社会价值标尺上占有某种正（值）的等级，而这一价值标尺便是赋予各种科学探索以声望的最终仲裁人。”② 王韬不仅肯定了科学与科学家的价值，而且还认识到社会赞助对于科技发展之必要。他认为，英国科技的迅速发展，

---

① 王韬：《漫游随录·制造精奇》，岳麓书社，1985年，第116页。

② 默顿著，范岱年等译：《十七世纪英国的科学、技术与社会》，四川人民出版社，1986年，第340页。

“此固见其用心之精，亦由国家有以鼓舞而栽成之，而官隐为之助也”。如果说，科学涉及许多人的“持续互动”，科学的系统发展首先必须得到社会赞助；那么，为什么在“岛夷”英吉利能够办到的事情，在堂堂华夏却未能办到也将很难办到呢？这就必然要涉及两国社会观念、风气以至社会制度方面的差异。王韬通过亲自考察，纠正了国人过去对于英国的许多误解与偏见。他毫不含糊地承认：“盖其国以礼义为教，而不专恃甲兵；以仁信为基，而不先尚诈力；以教化德泽为本，而不徒讲富强。欧洲诸邦皆能如是，固足以持久而不敝也。即如英土，虽偏在北隅，而无敌国外患者已千余年矣，谓非其著效之一端哉！余亦就实事言之，勿徒作颂美西人观可也。”[①] 王韬对于英国的历史与现状的了解仍然是有局限的，如断定它“无敌国外患者已千余年”、“以仁信为基”之类，即不符合事实。且不说英国人在1066年曾接受一个外来征服者威廉（William the Conqueror）作为皇帝，1337—1453年英、法之间有跨越两个世纪的“百年战争”，就是在1756—1763年间还有与法国争霸的“七年战争”，以及1839—1842年间的两次侵略阿富汗的战争等，而且在这些战争中英国也并非次次都是胜利者。但是，从总体上来说，王韬敢于通过亲身经历，指出西方国家也有自己的礼义与教化，即不仅重视物质文明，且亦注意心性文明，而且其礼义与教化更有利于科技发展与国家富强。这难道还不值得中国人加以深思吗？

与19世纪60年代其他中国人相比较，王韬在观念上几乎可以说是发生了一次革命。他敢于“就实事言之”，毫不顾虑有“颂西人”之嫌；同时他又努力向西方介绍中国传统文化的优良部分，立志作“融会贯通”中西文化而使之趋向于大同的当代圣人。这种胆识与见解，不仅在当时而且在此后的岁月中也是罕见的。所以，难怪在王韬逝世30多年后，胡适为北平图书馆馆藏王韬手稿七册作跋，不无遗憾地指出：如果王韬出生在日本，且为统治阶级之一员，他可以很容易成为伊藤博文之类的人物。但是，王韬毕竟未能像伊藤博文那样，在自己的国土上充分发挥聪明才智，并且作为“维新三杰”的第二代人物活跃于政治舞台。真是时也！命也！

---

① 王韬：《漫游随录·游博物院》，岳麓书社，1985年，第127页。

王韬由于长期未能志气发舒，思想渐趋颓唐。1879 年的扶桑之游，他虽然为中日文化交流做出贡献，并且受到日本学术界的高度推重与热烈欢迎，但在思想上却没有什么新的进展。加以纵情酒色，身体早衰，1884 年回到上海以后也未能有所作为。还不到 60 岁，他的记忆力即已很差，见客问姓名转眼就忘记；执笔作文不过三四行，意思即不相连贯。他已失去了前驱者的地位，有另外一批思想家取代他的工作。不过，他在暮年毕竟做了一件好事。1894 年，即他病死之前三年，年轻的孙中山曾经由郑观应介绍拜访他，请他润色《上李鸿章书》，并致函罗丰禄等为谒见李鸿章疏通门路[①]。多年以前，王韬曾在香港为倡建澳门镜湖医院作序，而孙中山则是在 1892 年毕业于香港西医书院后到镜湖医院工作。这是一桩容易被人忘记的小小历史因缘，但它却可能在王韬和孙中山的内心都曾留下印痕。

王韬访问英国时，伦敦画室曾经请他摄影留念并“悬之阁中”。他在像上的题诗中有“异国山川同日月，中原天地正风尘”；“尚戴头颅思报国，犹余肝胆肯输人”[②] 等名句。王韬终身不忘报国，但他只能把这样感人的诗句留在异国，而终于颓放老死于故土。

容闳（1828—1912）是另外一种类型的维新思想先驱。他的出身和经历与王韬有很大差别。

他是广东香山县南屏镇（今属珠海）人，字达萌，号纯甫，出身于贫苦农家。他的家庭并非书香门第，因而自幼也未曾受私塾教育。南屏距澳门只有四英里，他 7 岁才就读于德国传教士郭士立[③]之夫人（Mrs Gützlaff）创办的小学。13 岁又进入在此校基础上建立的马礼逊学校(Morrison School)。

这是为了纪念英国传道会派到中国的第一位传教士而建立的学校，旨

---

① 冯自由：《中国革命运动二十六年组织史》，商务印书馆，1948 年，第 14 页。内称甲午春，孙中山北上经上海，藉港友函介，分访王韬、郑观应等，并出示上李鸿章书稿。“韬深为赞许，仅代‘修订数语’”，并为函介罗丰禄、徐秋畦等。

② 王韬：《漫游随录 · 扶桑游记》，岳麓书社，1985 年，第 98 页。

③ 郭士立即《西学东渐记》中译本所说之“古特拉富”，原名为 Karl Friedrich August Gützlaff（1803—1851），德国新教传教士，1830 年由荷兰基督教会派遣来华。

在“促进中国之泰西教育”。马礼逊（Dr. Robert Morrison，1782—1834）于1807年初奉派从伦敦启程，经大西洋至纽约，然后越太平洋来中国。开始以澳门作为对华传教基地，后因受当地天主教士排斥，并因中外屡起冲突，无法在大陆公开活动与建立据点，又改往马六甲（Malacca）“暂时驻足”。他在这里建立印刷所，编印合计4 595页的大型《华英字典》，并且翻译出版《圣经》中译本。以后被洪秀全作为拜上帝会经典依据的《劝世良言》，就是由中国基督徒梁发撰写、马礼逊修改，于1832年出版的。马礼逊的一生事业主要是传教，并且与西方殖民主义难解难分，但是他的学术工作却为中外文化交流做出了贡献，并且给童年时期的容闳留下深刻印象。

马礼逊学校于1839年11月在澳门正式开学，主持校务的是毕业于美国耶鲁大学，而以后曾授名誉博士的布朗（Dr. Samuel Robbins Brown，1810—1880），首批学生只有6名，先于容闳入学的有黄胜、李刚、周文、唐杰、黄宽。学校上午教中文，下午教英文，并设地理、算术等课程。教学活动从早上6点钟开始，到晚上9点钟结束，其中读8小时，另有三四小时户外运动和娱乐。学生与布朗家庭关系融洽，但可以自由选择是否参加其家庭早晚祈祷。鸦片战争后学校迁至香港，学生增至二十余人，课程除原有的中文、英文、地理、算术外，又增加了历史、机械、生理、化学、音乐等。到1843年，学生增加到42名，分4个班上课，《圣经》被列为必修课，但并不强迫学生接受洗礼。

这是一个与中国旧式私塾迥然不同的西方学校。尽管没有一个学生正式受洗，但从小便在基督教文明氛围中生活，耳濡目染，潜移默化，很自然地便逐渐离异于中国传统文化。1845年，马礼逊学校曾举办一次学生成绩展览会，其中有两篇高年级学生的英文作文特别引人注目，一篇是《知识就是力量》，一篇是《中国政府的不公正》。前者把知识看做“幸福和快乐的源泉”，是国家富强、民族繁荣的“永久性基础”，“它是驱除一国家无知迷雾的亮光”。这就与“以中国之伦常名教为原本”大异其情趣，而初步萌现追求科学与理性的现代意识。后者则明确指出中国不如西方：“中国不能说有一个好的政府，它与英、美或任何其他基督教国家相差很远。中国当权者有成千上万，据说，从最高级到最基层，只有极少数人在履行官职时诚实忠心，想到人民的利益，并公正地对待百姓。”① 这里没有强调君臣纲纪，而是突出人民利益，民主意识已隐约可见。这批学生仍然是可塑性很强的孩子，在马礼逊学校这个特定教育环境中，他们正在一步一步走近基督教文明。

1846 年对于 18 岁的容闳是带有决定性意义的一年。这年冬天，布朗决定回美国休假，并在课堂上宣布愿意带三五个高年级学生“同赴新大陆，俾受完全之教育”。但响应者并不踊跃，只有容闳、黄胜、黄宽三人起立，表示愿去。当时，广东香山一带出国人数虽然已经很多，但那主要是为生计所迫而不得不远走他国异乡的苦力。至于年轻人出国留学，则真有点“史无前例”的味道，自然要受到家庭劝阻。但容闳去志已决，苦苦哀求，终于得到母亲许可。容闳等三人家庭都很穷苦，幸而布朗与校董设法给以资助，不仅解决了个人的旅费和在美的一切费用，而且保证“父母等亦至少得二年之养赡”。这自然是为了鼓励首批留学的特殊优惠条件，而容闳则认为是“全为基督教慈善性质，并无他种目的”。

1847 年 1 月 4 日，容闳随布朗乘亨特利思号帆船从黄埔出发，这是他西行的开始，也是他全盘接受西方近代文明的发端。他们都很年轻，思想单纯，活泼好动，不像王韬西行途中有那么多复杂而又深沉的感触。他们所感兴趣的是海上变幻无穷的雄奇风光，浓云如幕，惊涛骇浪，在年轻人的眼中，“皆成为不世之奇观”。经过 98 天长途海行，容闳一行终于在 1847 年 4 月 12 日到达纽约。早在 1845 年容闳曾有一篇作文，题目就是《意想之纽约游》，现在则想像已成为现实。但纽约当时只有 25 万至 30 万人口，还没有出现以后那样的繁华，自然赶不上巴黎与伦敦，所以并没有引起容闳太大的惊奇。这当然也表明他在中国已经受过好几年西方近代教育，所以比较容易适应这个新世界。

容闳在纽约略作逗留即前往马萨诸塞州，进入孟松学校（Monson

---

① 转引自顾长声：《从马礼逊到司徒雷登——来华新教传教士评传》，上海人民出版社，1985 年，第 96—98 页。

Academy）肄业。这是一所入大学前的预备学校。校长海门（Rev. Charles Hammond）毕业于耶鲁大学，德高望重，品学兼优，带有浓厚的新英格兰地区（New England States）清教徒风采。海门“夙好古文，兼嗜英国文艺，故胸怀超逸，气宇宽宏。当时在新英国省殆无人不知其为大教育家”[①]。在他的影响和教授下，容闳曾诵习多种英国文集，此外则有文法、算术、生理、心理哲学等课程。

两年很快就过去了，容闳意欲进入著名的耶鲁大学深造，但又苦于没有学费。幸由海门与布朗的推荐，孟松校董同意给以资助，但须以学成后回国传道为条件。容闳是个严肃的青年，他没有同意这个条件。多年以后他自我解释说：“予虽贫，自由固所有。他日竟学，无论何业，将择其最有益于中国者为之。纵政府不用，不必遂大有为，要亦不难造一新形势。”[②] 这表明容闳已经开始具有维护独立人格的近代意识，同时还有在祖国开创新的风气的伟大抱负。他并非完全反对传教，但他认为上帝的福音未必能救中国，而自己又不愿为几年学费出卖选择职业的自由。他说：“且传道固佳，未必即为造福中国独一无二之事业。以吾国幅员若是其辽阔，人苟具真正之宗教精神，何往而不利。然中国国民信仰果何如者？在信力薄弱之人，其然诺将如春冰之遇旭日，不久消灭，谁能禁之。况志愿书一经签字，即动受拘束，将来虽有良好机会，可为中国谋利者，亦必形格势禁，坐视失之乎？”[③] 只要具有宗教般的精神就可以“何往而不利”，这是容闳学成回国后为谋求祖国近代化而奋斗的基本风格。

“人生际会往往非所逆料。”就在容闳辞谢孟松校董有条件的资助之后不久，布朗到南部看望自己的姐姐，途中顺便访问佐治亚州萨伐那妇女会（The Ladies Association in Savannah，Ga）会员，谈及容闳升学经费问题，居然引起这些会员同情，慨然允予资助。这样，容闳才得以到纽黑文（New Haven）报考耶鲁大学。与美国报考学生相比较，容闳学业基础有

① 容闳：《西学东渐记》，湖南人民出版社，1981年，第15页。
② 容闳：《西学东渐记》，湖南人民出版社，1981年，第19页。
③ 容闳：《西学东渐记》，湖南人民出版社，1981年，第20页。

所不足。在孟松学校虽有两年，但实际上只学了15个月拉丁文，12个月希腊文，10个月算术，而且又因邻近地方修建铁路，学业还有时间断。他幸而考取耶鲁，但第一学年相当吃力，经常自学到夜半，以致“体魄日就羸弱”。二年级时又碰上微积分这门拦路虎课程，“虽日日习之，亦无丝毫裨益，每试常不及格”，因此经常担心留级或被斥退。幸好英文论说课成绩优异，曾连获两次第一名奖励，不仅赢得校内师生“器重”，而且也增强了容闳完成学业的信心。第二学年末和第三学年以后，容闳的境遇日佳，除学业不断进步外，学费亦渐充裕，没有后顾之忧。萨伐那妇女会继续资助常年经费，阿立芬公司（The Olyphant Brothers，即准许容闳免费航行赴美的轮船公司）也有特捐相助；此外他还为兄弟会管理书籍，每年可得酬金30美元，就当时的物价而言亦不无小补。

作为一个东方人被接纳入西方社会，兄弟会对容闳所起的作用，可能更大于在布朗母亲家中的寄宿。这是美国大学中传统的学生自由结合的团体。据容闳本人回忆：“以校中有二、三年级学生的二十人，结为一会，共屋而居，另请一人为之司饮膳。予竭力经营，获充是职。晨则为之购办蔬肴，饭则为之供应左右。后此二年中予之膳费，盖皆取给于此。”[①] 此外，容闳还曾连续两年为兄弟会管理图书，也是略有报酬的服务。加入兄弟会的收获，主要并非增加一项进款，而是有利于深入了解美国社会。容闳既被美国学生认同，又对西方文化认同，这就是比较全面的“西化”。多年以后，容闳回顾这段往事，也是说：“因予尝任兄弟会藏书楼中司书之职二年，故相识之人尤多。同校前后三级中之学生，稔予者几过半。故余熟悉美国情形，而于学界中交游尤广。予在校时，名誉颇佳。”[②]

关于兄弟会的情况，我在耶鲁大学访问期间曾有所闻，据有些教授说这一传统至今仍有，但内情则语焉不详。我也问过青年学生，由于年龄距离太大，或王顾左右而言他，或竟笑而不言。今昔相隔一百多年，时过境

---

① 容闳：《西学东渐记》，湖南人民出版社，1981年，第21页。

② 容闳：《西学东渐记》，湖南人民出版社，1981年，第22页。

迁，日新月异，可以想见今日耶鲁学生之兄弟会，一定与当时容闳生活于其间的兄弟会大不相同。不过，胡适在回忆 20 世纪初年自己初到美国受“国际学社”（International House）接待的情况时，曾经特别强调：“（中国留学生）受美国教育的地方不限于课堂、实验室和图书馆等处，更重要的和更基本的还是在美国生活方式和文化方面去深入领会。”[①] 我们也可以说，容闳参加兄弟会的意义，便是得到一个渠道，使他更为容易地深入领会美国文化和生活方式。

唐德刚先生曾为胡适这段回忆做了一个颇为风趣而又发人深省的注释：“近代西方游客，对极权国家的旅游事业（通称‘观光事业’）的批评，总是喜用‘限制导游’（Guided Tours）这句话来说明对方只许看好的，不许看坏的。近百年来，美国各界之接待外国留学生，事实上也是一样的。所不同者，美国的限制导游多出诸游客的自愿；另一方面，则是多少有点强迫性质罢了。其实就‘限制’一词来说，二者是殊途同归的，只是自动比被动更有效罢了。胡适之先生那一辈，比较有思想的留学生，就是参加了这个自动的‘限制导游’，而对美国文明，终身颂之的。”“不过所谓‘文化交流’本来就是个截长补短的运动。胡适之先生那一辈留美学生但见洋人之长，而未见其短，或讳言其短，实是无可厚非的。他们所要的‘西方文明’，原来就是要以西洋之长，以补我东方之短。如果我们知道西方也是‘尺有所短’，我们就自护其短，那就是冬烘遗老了。”德刚快人快语，他对胡适与美国社会都有相当深切的了解。胡适那一代人留学美国，是在容闳去美半个多世纪以后，但前后两相对照，确实可以发现有相通之处。

既然“西化”是谋求以西方之长补中国之短，则离异传统文化的最后目的仍然是振兴祖国，使祖国走上近代化的道路。但是，由于东西方之间差距太大，往往又容易使年轻的留学生丧失信心，陷于深沉的内心苦闷。容闳就曾有过激烈的思想矛盾：“予当修业期内，中国之腐败情形，时触予怀，迨末年而尤甚。每一念及，辄为之怏怏不乐，转愿不受此良教育之

---

① 参见唐德刚编校译注：《胡适的自传》第三章，华东师范大学出版社，1981 年。

为愈。盖既受教育，则予心中之理想既高，而道德之范围亦广，遂觉此身负荷极重。若在毫无知识时代，转不之觉也。更念中国之民，身受无限痛苦，无限压制；此痛苦与压制，在彼未受教育之人，亦转毫无感觉，初不知其痛苦与压制也。故予尝谓知识益高者，痛苦亦多，而快乐亦少。反之，毫无知识，则痛苦愈少，而快乐乃愈多。快乐与知识，殆天然成一反比例乎？”当然，这无非是一时偏激之言，不能代表容闳的思想主流。大凡具有使命感与责任感的时代先驱，由于理想与现实之间的距离过大，也由于抱负与力量之间距离过大，往往会遭受上述苦恼烦闷的折磨。容闳留学美国，传统与近代之间的冲突反映在思想上更为激烈，但使命感与责任感毕竟又是一种巨大的精神力量，使他经受得住内心的痛苦并且继续保持前进的信心。经过反复思索，终于省悟到一层道理，如果只消极地考虑个人苦乐，这种人生观的格调甚为卑下，必不足以成大事业，并使自己的思想趋于高尚。“予意以为，予之一身既受此文明之教育，则当使后予之人，亦享此同等之利益。以西方之学术，灌输于中国，使中国日趋于文明富强之境。”[①] 容闳虽然日益西化，但仍然保持着祖国之根。他不讲究什么主辅、道器、体用之分，目光全部集注于“以西方之学术，灌输于中国，使中国日趋于文明富强之境”。他具有基督教文明博爱与献身的精神，而这多少又包含若干中国士大夫以天下为己任的传统气概。容闳在儒学文化圈中生活了 18 年，他不可能完全摆脱传统的影响，尽管他读书的地方是已经迅速西化的澳门与香港。

1854 年，也就是太平军占领南京一年之后，容宏毕业于耶鲁大学，同届毕业者共 98 人。“以中国人而毕业于美国第一等之大学校，实自予始。”容闳颇有几分自豪，但又不无几分遗憾。因为，他本来是想延长留学年限，继续学习工程学科，以期对中国更加适用。但是，原来资助容闳学费的友人，不仅不再提供经费，而且极力劝说容闳回国。这是一些善良的普通美国人，他们认为容闳“为中国有用之人才”，担心他久居不归，乐不思蜀。但他们毕竟是虔诚的基督教徒，其劝说的目的主要还是寄希望于容

① 容闳：《西学东渐记》，湖南人民出版社，1981 年，第 23 页。

闳："回国后热心传道，使中国信仰上帝，人人为耶稣教徒耳。"① 这些美国人，按照德刚兄为《胡适的自传》所作注释的说法，属于居住在新英格兰地区及纽约市郊的"白色新教徒中产阶级"，他们相信助人为快乐之本，在慈善行为中求得心灵的净化与调谐，并且真心相信"好人是没有理由不做基督徒的"。至于传教事业在东方与殖民主义有何等关系，他们一般是不会考虑的②。

1854 年 11 月 13 日，容闳与也是耶鲁学生的麦克教士（Rev. William Macy）结伴乘欧里加号帆船返回中国。这是一条货船，条件极差，航路又恶，容闳饱尝风浪之苦，历经 154 日枯燥航行生活，在离国 8 年以后终于又重新踏上故土。

容闳回澳门探视母亲时，由于来不及更换衣服，仍然是西装革履，而且还留着胡须。在当时的中国人看来，这已经是一个黄皮肤的"洋鬼子"；而容闳回到祖国，也仿佛来到一个似曾相识而又相当陌生的世界。容闳对此有清醒的认识，他在回忆中谈及刚回祖国时的情景说："一向被当作西方文明表征的西方教育，如果不能使一个东方人变化其内存的气质，使他在面对感情和举止截然不同的人时，觉得自己倒像来自另一个世界似的，那不就可怪了吗？"③ 他的身躯已经回到祖国，他还必须在文化上重新回

---

① 容闳：《西学东渐记》，湖南人民出版社，1981 年，第 24 页。耶鲁大学图书馆所藏容闳档案中，有"54 级赠言簿"一册。54 级毕业者共 98 人，为容闳赠言者 92 人，可见他同级友关系之融洽。赠言多为依依惜别，并祝愿容闳回国后为祖国进步繁荣做出卓越贡献。如有位叫 Tom（汤姆）的级友赠言："我将喜欢思念你这个相知已深的好朋友，你曾向我谈过许多有关你的祖国的情况，以及你对他的希望与怀念。把这些事情记在心里，并将了解你的精力和运作，我将企盼获知你在未来中国历史上的伟大事业。我希望你的伟大计划将会实现，在你的同胞中间，你将度过伟大、善良和有意义的一生。我亲爱的伙伴，愿上帝保佑并赐福于你。"（参见拙文《耶鲁馆藏容闳文献述评》，已收入《鸿爪集》三，拾贝篇。）

② 1982 年春，承蒙美中友好关系全国委员会的周到安排，我也曾受过纽约郊区属于 WASP 阶级（德刚语，即"白色新教徒中产阶级"）一个家庭的热情接待，因而对于容闳、胡适乃至唐德刚们这三代留学生的体验，多少还能有所理解。我不知道这是否就是美国式的"限制导游"，但至少我已成为一位虔诚奉教的女大学生的"感化"对象。每年圣诞节她和一些同样虔诚的教徒必然要到深山老林中"证道"，而每次都要祈祷上帝与我同在，并且远隔重洋给我寄来精美的手工礼物。我认为她是一个很单纯、天真的女孩，丝毫没有其他的意思，无非觉得我也是一个"好人"，而"好人"是没有理由不会见上帝的。

③ 容闳：《西学东渐记》自序，湖南人民出版社，1981 年，第 1 页。

归，这样才能易于得到骨肉同胞的认同与接纳。他尊重乡俗与母命立即剃掉胡须，并且补习中文与粤语，努力恢复一个中国人的形象。

但是，容闳的世界观与价值观念仍然是西方化的。当母亲问大学文凭和学士学位“可博奖金几何”时，他耐心地解释说，大学教育的目的不在于有金钱的效用，而在于“造就一种品格高尚之人才，使其将来得有势力，以为他人之领袖耳!”[①] 这是典型的耶鲁语言，知识就是力量(“势力”)，就是耶鲁人（Yale man）在各行各业谋求领袖群伦的根基。如果说，培根“知识就是力量”这句名言，早在马礼逊学校时期即已开始为容闳所接受，那么经过耶鲁的正规大学教育则已在他的头脑中生根。

容闳满腔热情回来谋求祖国的富强，但他事业的起步与进展都历经无数坎坷与曲折。

他曾在香港学习律师业务，但遭到当地英国律师的合力排拒。容闳感到在这块殖民地已无立足之余地，于是愤而去上海。

1856 年 8 月到上海，开始在海关翻译处工作，后来因不满于英、中职员待遇有别，自动辞职。离开海关后，曾在一家收购中国丝、茶的英国公司中当书记，不过半年，公司停业，容闳再次失业。

在上海，容闳看到另外一种西方人，与他在孟松、耶鲁经常接触的那些师友大不相同的另一种西方人。他夜行四川路曾经碰到成群美国酒鬼无理取闹，两个月以后又曾遭到苏格兰狂徒殴辱。这些刺激使他意识到自己毕竟还是一个中国人，中国人不应该在自己的领土上受外国人凌辱。他把问题又归结到知识，归结到教育：“予意他日中国教育普及，人人咸解公权、利权之意义，尔时无论何人，有敢侵害其权利者，必有胆力起而自卫矣。”[②]

但容闳为发展近代教育效力的机遇却迟迟未来。有一段时间，他以翻译为业，由于中文英文兼通，译文水平较高，逐渐引起上海绅商的注意。宝顺公司（Dent & Co.）曾想聘任他为长崎分公司买办，容闳认为自己是“美国领袖学校之毕业生”，不愿屈就卑业以辱没母校名誉。这当然又是

① 容闳：《西学东渐记》，湖南人民出版社，1981 年，第 28 页。
② 容闳：《西学东渐记》，湖南人民出版社，1981 年，第 39 页。

"耶鲁人"意识而并非传统士大夫轻商观念在作怪，不过他却答应作为公司代表前往内地收买丝、茶。

1859年3月，容闳乘小艇从上海出发，考察苏、杭茶区，以后又到江西、湖南、湖北等茶区调查并收购茶叶，9月底回到上海。这次为时7个月的旅行，使容闳对内地情况有所了解，特别是对战乱之后人烟稀少的荒凉景象感触颇深。当时，太平天国与清朝两个政权依然对峙，容闳需要经过实地判断再做出自己的选择。容闳既没有忠于清朝的正统观念，而对太平天国还缺乏应有的了解，他的态度比较客观而又公正，其志趣全然在于寻求发展近代教育以谋求祖国富强的机遇。

1860年冬，容闳与两个美国传教士结伴同行，前往太平天国首都天京（南京）访问。目的是了解："太平军中人物若何？其举动志趣若何？果胜任创造新政府以代满洲乎？"[①] 沿途所见，对太平军颇生好感，如和平对待人民，丹阳"商不辍业，农不辍耕"，崇敬上帝、耶稣，忠王军纪严明等，同时对军事形势也有所了解。同年11月18日抵达南京，第二天就谒见太平天国的显要人物洪仁玕。原来，他与洪仁玕1856年在香港即已结识，那时洪仁玕还是伦敦传道会的职员，而容闳正在学习当律师。

洪仁玕欢迎容闳合作共事。容闳表示无意投向太平军，但却提出七点建议：(1)"依正当之军事制度，组织一良好军队"；(2)"设立武备学校，以养成多数有学识军官"；(3)"建设海军学校"；(4)"建设善良政府，聘用富有经验之人才，为各部行政顾问"；(5)"创立银行制度及厘定度量衡标准"；(6)"颁定各级学校教育制度，以耶稣教圣经为主课"；(7)"设立各种实业学校"。洪仁玕是个比较了解外在世界的进步政治家，他向洪秀全提出的《资政新篇》与容闳向他提出的"七点建议"颇多相似相通之处。因此，容闳曾对他寄予希望，甚至表示愿为推行这些建议"为马前走卒"。但他起初还未曾想到，对于太平天国定都南京以后的既定政治格局而言，洪仁玕也是一个迟到的"外来者"。虽然凭借天王的恩宠获得显贵的官爵，但在政治思想和文化心理方面都很难得到他人（包括洪秀全）的

① 容闳：《西学东渐记》，湖南人民出版社，1981年，第50页。

理解。《资政新篇》成为曲高和寡的阳春白雪，说穿了无非是一纸空文。洪仁玕能够理解“七点建议”，然而却无法使之付诸实现。结局当然是可笑而又可悲的，干王派人给容闳送来一个四等封爵的大印，而容闳只有退还官印并悄然离开南京①。

容闳原来希望太平天国果真是能够除旧布新的新政府，现在却发觉他们“殆无有造新中国之能力”。他失望地转而经商，历尽艰险也未取得显著成绩。但发展教育、改良政治的机遇又一次向他招手，1863 年两江总督曾国藩通过数学家李善兰向容闳发出邀请。曾国藩当时功业鼎盛，声誉正隆，容闳颇想通过这位实力人物推行自己的革新方案。

但是，曾国藩本意却是希望容闳带兵打仗，经了解容闳本人志趣后，便委派他为筹建中的江南制造局购买机器。容闳把购买机器看做是通向改良教育的桥梁，所以便欣然接受了此项任务，并且再次访问巴黎、伦敦等地。1864 年初春到达纽约，因承造机器的朴得南公司（Putnam & Co.）需时半年才能发货，容闳借此机会回到睽别十年的耶鲁大学，并且参加了同班学友举行的毕业十周年纪念会。容闳已把美国当做第二祖国，甚至请求参加南北战争；按照中国传统观念看来，这就是变夏从夷，走得已经太远了。

直到 1865 年春，机器才从纽约运送回国。容闳为了实现环行地球的愿望，单独乘船经由旧金山横越太平洋归国。这时，国内政局已经发生很大变化，湘军攻克南京，太平天国起义最后失败，清朝统治重新稳定，洋务事业渐次兴起，所谓“同治中兴”的声浪，又复在一些有志之士心中燃起希望。

1867 年，曾国藩回任两江总督，曾到上海视察江南制造局。容闳亲自引导参观，曾国藩“见之大乐”。容闳乘机建议在厂旁设一兵工学校，培养自己的技术人员，曾国藩对此极为赞许，很快付诸实施。这是容闳教育计划实行的第一步，而从 1855 年回到中国算起，已经耗费了整整 12 年时间，可见容闳在神州大地行进的步履是多么艰难。

---

① 容闳：《西学东渐记》，湖南人民出版社，1981 年，第 56—58 页。

兵工学校“略著成效”以后，容闳又于次年向江苏巡抚丁日昌上条陈四则：(1) 组织纯粹华股的合资轮船公司；(2) 选派优秀青年出国留学；(3) 开采矿产以尽地利；(4) 禁止教会干涉人民词讼。按照容闳自己的说法：“此条陈之第一、三、四，特假以为陪衬；眼光所注而望其必成者，自在第二条。”丁日昌是个比较开明的官员，答应代为转陈地位仅次于奕䜣的军机大臣文祥。但不料文祥丁艰守制，条陈摆置一边转眼就是三年。容闳感叹说：“予目的怀之十年，不得一试；才得萌蘖，遽遭严霜，亦安能无怏怏哉?”但他并不灰心，仍然经常向丁日昌提起这个条陈，并请丁也经常转告曾国藩，“以免日久淡忘”①。仅仅派青年出国留学一件事情，十年还不得一试，可见办事之难。如要办成一事则需极大的耐心和韧性，容闳这个 Yale man，对第一祖国的国情开始有所了解。

1870 年“天津教案”发生以后，丁日昌奉旨协同曾国藩处理善后，丁随即电召容闳为译员。容闳不赞成“仇教”暴烈行动，当然也反对外国教会干涉中国内政，但他认为这又是一次可以直接向曾国藩进言的机会。他是虔诚的教育救国信徒，在那样激烈的一次中外冲突中，他念念不忘的仍然是教育：“然使予之教育计划果得实行，借西方文明之学术以改良东方之文化，必可使此老大帝国，一变而为少年新中国。是因仇教之恶果，转得维新之善因，在中国国家未始非塞翁失马，因祸得福也。”② 尽管中法谈判已近尾声，容闳仍然匆匆赶往天津。

机会终于来了。一天深夜，容闳已经入睡，丁日昌忽然进室把他叫醒，说是曾国藩已经同意联名奏请朝廷采择容闳业已搁置三年的条陈。容闳兴奋得整夜不能合眼，“觉此身飘飘然如凌云步虚”。1870 年冬，曾国藩重任两江总督，清廷随即批准派留学生出国。在容闳的协助下，曾国藩等拟定了十二条章程，大要是：挑选 12 岁至 15 岁幼童 120 名，分 4 年派出，每年派 30 名；应考及格后须先入补习学校，肄习中西文字，至少一年，方可出国；出洋之前家长须签名于志愿书，学习不得半途而废，不得入外国

① 容闳：《西学东渐记》，湖南人民出版社，1981 年，第 88 页。

② 容闳：《西学东渐记》，湖南人民出版社，1981 年，第 88—89 页。

籍，亦不得另谋职业等。陈兰彬与容闳分别担任留学生正副监督，并配备翻译与中文教习。

陈兰彬是丁日昌推荐的人选，缺点是“胆怯而乏责任心”。丁之荐陈，实有深意，他曾推心置腹地对容闳说：“君所主张，与中国旧学说显然反对。时政府又甚守旧，以个人身当其冲，恐不足以抵抗反动力，或竟事败于垂成。故欲利用陈之翰林资格，得旧学派人共事，可以稍杀阻力也。”[①] 学生还未出国，先已害怕“事败于垂成”。陈兰彬头脑冬烘，却可作为缓和旧派反对的挡箭牌。说到底，容闳并未受到清朝政府足够的信任，因为他毕竟是一个西化了的中国人，而在正统主义者心目中便多少带有异端气味。

但容闳的态度是积极的，1871 年便到处招收学生。当时风气未开，人们对幼童出国顾虑重重，到这年夏天还未能招满第一批 30 人定额。容闳只得亲赴香港，在英人所办学校中挑选中西文都稍有基础的学童补足此数。经过一年补习学堂学习，这批学童于 1872 年 8 月前往美国，容闳的计划终于开始成为现实，其心情之感奋可想而知。据容闳回忆，当预备学堂招考时，北方人报考者极少，前来应试者主要是广东人，而其中又多半为香山人；在前后四批共 120 名出国学童中，南方人占十之八九[②]。这大体上可以反映出当时西学东渐在中国地域分布的总体格局。

但历史毕竟还是前进了，与 25 年前容闳的出国相比，不仅学童人数有所增多，而且条件也有很大变化。当年，容闳少数几人随美国教师出国，无声无息，前途未卜；现在这 30 个学童，则是由政府正式派遣，由官员亲自带领出国，并且在社会上引起一定的反响。到 1875 年，120 名学童已按原定计划分批全部到达美国。学童大体上按两人一组，分散安排寄宿于美国人家中，由留学事务所统一管理并分批教授中文。学童进步很快，随即循序进入小学、中学、大学或各类专科学校读书。这批留学生由于幼年出国，可塑性极强，所以很快就适应了环境，并且比较容易接受西方文化的影响。1876 年，美国为纪念独立一百周年，在费城举办国际博览会，

---

① 容闳：《西学东渐记》，湖南人民出版社，1981 年，第 91 页。

② 其中广东籍 84 人（香山 40 人），江苏 21 人，浙江 8 人，安徽 4 人，福建 2 人，山东 1 人。

113 名中国少年留学生集体前往参观，受到总统接见并成为各种报纸的热门新闻。当时，《环游地球新录》的作者李圭也在费城参观，“见诸童多在会院游览，于千万人中言动自如，无畏怯态。装束若西人，而外罩短褂，仍近华式，见圭等甚亲近，吐属有外洋风貌。幼小者与女师偕行，师指物与观，颇能对答。亲爱之情，几同母子”。李圭与他们交谈以后，印象极佳：“言皆简捷有理，心甚爱之，西学所造，正未可量。”①

这批学童大多品学兼优，勤奋努力，赢得美国朝野好评，实际上起了早期中美文化交流一批小使节的良好作用。但时间渐久，受美国文化的影响也愈来愈深，逐渐有人突破信仰基督教与剪辫子的禁令。容闳对此视为正常，他说：“而此多数青年之学生，既至新英国省（New England），日受新英国教育之陶熔，且习与美人交际，故学识乃随年龄而俱长。其一切言行举止，受美人之同化而渐改其故态，固有不期然而然者，此不足为学生责也。况彼等既离去故国而来此，终日饱吸自由空气，其平昔性灵上所受极重之压力，一旦排空飞去，言论思想，悉与旧教育不侔，好为种种健身之运动，跳踯驰骋，不复安行矩步，此皆必然之势，何足深怪。”② 但作为“旧学派人”代表的陈兰彬却视为严重问题，与学生经常发生冲突，与容闳亦时有龃龉。

1876 年陈兰彬出任驻美公使（容闳为副使）后，派往接任留学生监督的吴子登更为守旧。吴子登也是翰林出身，以“性情怪僻”著称，出国前即对曾国藩、丁日昌的洋务事业持反对态度，并视“留学外洋为叛经离道”。所以容闳称之为“留学界之大敌”。吴子登一就任便认为留学生已“适异忘本”，并且不断向北京政府和李鸿章打小报告，攻击容闳“不尽职”，“纵容学生”，“授学生以种种不应得之权利”；指责学生“效尤美人”，“绝无敬师之礼（指不肯跪拜）”，“多半入耶稣教”。吴子登认为：“此等学生，若更令其久居美国，必致全失其爱国之心，他日纵能学成回国，非特无益于国家，亦且有害于社会。”③ 所以必须从速解散留学事务

① 李圭：《环游地球新录 · 书幼童观会事》，岳麓书社，1985 年，第 298—299 页。
② 容闳：《西学东渐记》，湖南人民出版社，1981 年，第 102—103 页。
③ 容闳：《西学东渐记》，湖南人民出版社，1981 年，第 103—104 页。

所，撤回留美学生。

吴子登等人的造谣中伤，在国内守旧势力中间引起连锁反应，于是出现一片反对派幼童出国留学的声浪，连原来曾经同意派遣出国的奕䜣、李鸿章等人也为之动摇。容闳据理力争，反复辩驳，美国友好人士也联名上书清朝总理衙门，劝说不要撤回留学生，但这些都难以阻止事态的恶性发展。加之，美国在19世纪70、80年代经济危机一再发生，市场萎缩，失业增加，大资本家为转移劳工愤慨情绪，蓄意意掀起排华浪潮，政府对中国留学生亦持歧视态度，这样更为中国国内守旧势力提供了反对的口实。1881年夏，清朝政府正式决定将留美学生全部撤回，丁日昌原来担心的“事败于垂成”竟不幸而言中。

结局是凄凉的。当年轻的留学生重新踏上祖国的土地时，没有熟悉亲友的迎候，没有鲜花和热情的拥抱，却被一队水兵押送到上海道台衙门后面的书院，等待道台老爷的接见与发配。这所书院已经关闭十年，墙壁剥落，地板肮脏，青苔满阶，门窗腐烂。一个叫黄开甲的留学生曾经用文字记载了当时的情景：“当你跨进门槛，立刻霉气熏鼻，这些阴暗似乎象征我们的命运。入夜，我们可以清楚看见那潮气由地上砖缝中冉冉升起，使我们衣衫尽湿，一种昏沉笼罩着我们，这种侮辱刺痛着每个人的心。而令人最可怖的是那些在留学监督头脑中荒诞不经的思想，使我们学未成而强迫返华。”① 这失望的一群之中，在美国已进入大学的有60余人，其余50余人也由中学或各类专科学校毕业，在当时的历史条件下堪称英才济济，如以后成为著名铁路工程专家的詹天佑、在黄海大战中英勇牺牲的陈金揆、清华学堂校长唐国安、北洋大学校长蔡绍基等。这一系列璀璨的名字在以后的岁月里都曾焕发过光辉，但在当年却受到如此冷酷而不公平的待遇。

容闳的教育事业仿佛过早开放而又过早凋谢的花朵，它缺乏适宜的土壤，也缺乏适宜的气候。当花蕾初绽时，并没有众多的观赏者；当花瓣零落后，也只有寥落的惋惜。但先驱者的努力并没有白费，播植于青少年头

① 参见高宗鲁：《中国留美幼童书信集》，传记文学出版社，1986年。此书经高宗鲁先生同意已于2006年由珠海出版社再版。

脑中的近代文明的种子，在适宜的土壤、气候下还会发芽、生长、开花，并且成为大规模学习西方运动的前导①。

容闳本人并没有灰心丧气，他始终站在时代潮流的前面，用自己的才智与影响来推动近代化的车轮。1894年曾协助孙中山向李鸿章上书，1898年曾参与戊戌维新运动，1900年曾在上海张园“中国国会”被推为

① 留美幼童的历史意义，人们的认识正日益深化。老友高宗鲁是这个课题研究的倡导者与推动者。据他2006年在香港一次学术研讨会提交的论文：《容闳与中国幼童留美（1872—1911）》（此文已收入《容闳与科教兴国——纪念容闳毕业于耶鲁大学150周年学术研讨会论文集》，珠海出版社，2006年），附表如下：

表一　　留美幼童参加中法海战名单

詹天佑	职级：旗舰（扬武）号枪炮官；附注：船沉落水生还（此处有关詹天佑之中英文资料，与事实不符）
邝咏钟	职级：扬武号枪炮官；附注：阵亡殉职
容尚谦	职级：扬武号枪炮官；附注：船沉落水生还
黄季良	职级：扬武号枪炮官；附注：阵亡殉职
薛有福	职级：扬武号枪炮官；附注：阵亡殉职
吴其藻	职级：不详；附注：生还

表二　　留美幼童参加中日海战名单

吴应科	职级：定远舰作战参谋；附注：1912年任海军右司令
宋文翙	职级：不详；附注：1914年任镜清舰长
王良登	职级：鱼雷队长；附注：后转入外交界工作
蔡廷干	职级：鱼雷队长；附注：在威海卫被日军俘虏后升任海军元帅
徐振鹏	职级：定远舰枪炮官；附注：1915年任练习舰队司令
吴敬荣	职级：广甲舰长；附注：临阵逃脱受处分，光绪末年任宝璧管带
曹嘉祥	职级：镇远舰枪炮官；附注：中日海战负伤，1915年任海军次长
陈金揆	职级：致远舰大副；附注：光绪十四年曾率舰平定台湾番乱，中日海战阵亡殉职
沈寿昌	职级：济远舰大副；附注：中日海战阵亡殉职
黄祖莲	职级：广西舰大副；附注：海战阵亡殉职
吴其藻	职级：不详

表三　　留美幼童职业分配表

国务总理1人	海军将官4人	外交部长1人	海军舰长4人	侍郎1人	海军军医3人
公使2人	海军军官8人	外交官员11人	转入商界8人	大学校长2人	工矿产业7人
教师1人	兵器工厂2人	铁路局长6人	报业1人	铁路官员14人	海关1人
电报局长4人	政府公职7人	电报官员6人	律师1人	留美去世4人	在美工程师1人
不详4人	美驻华使馆2人	早年去世13人	（总计120名）	（自费生7名未有记录）	

注：表中所列为119人，原文如此。

会长，1910 年曾邀请孙中山赴美商谈表示支持革命。他是在亲眼看见共和国成立三个多月以后才离开人间的，他的躯体被安葬于留学事务所所在的哈特福特城，他的业绩与影响却永远留在自己的祖国，他的名著《西学东渐记》是中国近代化漫长道路上的一块里程碑。英国的 H. N. Shore 早在 1881 年即曾高度评价容闳以及他的祖国："一个能够产生这样人物的国家，就能够成就伟大的事业。这个国家的前途不会是卑贱的，虽然从事物的表面上看，这个国家也许有一些困惫与后退的迹象。"[①] 但是，在产生这样人物的国家，发掘并承认这样人物的价值，却是一个历经岁月沧桑的漫长过程。

王韬和容闳都可以说是超前于中国社会发展的先驱者，他们当年在国外社会环境中形成的进步观念与主张，在国内社会环境中却缺乏接受与实现的基础。因而在很长一段时间里他们也是很寂寞的。

① 转引自钟叔河：《为使西学东渐而奋斗的一生——容闳和他的〈西学东渐记〉》，容闳：《西学东渐记》，湖南人民出版社，1981 年，第 12 页。

第七章　失掉的机遇

19 世纪 60 年代前后是西方世界的多事之秋。经济危机，即周期性的生产过剩危机，是资本主义难以克服的痼疾。自从 1825 年首先在英国爆发了第一次普遍危机以后，1836 年、1847 年、1857 年、1866 年、1873 年，几乎每十年都要发生一次生产过剩的普遍性经济危机。资本主义的自由竞争阶段已经达到繁荣的高峰，内部矛盾和相互争夺日益尖锐，逐步走向自己的反面。所以，早在 1856 年马克思即已断言："这里有一件可以作为我们 19 世纪特征的伟大事实，一件任何政党都不敢否认的事实。一方面产生了以往人类历史上任何一个时代都不能想像的工业和科学的力量。而另一方面却显露出衰颓的征兆，这种衰颓远远超过罗马帝国末期那一切载诸史册的可怕情景。"①

由于国内社会危机的激化，便加强了对殖民地的掠夺，从而也加强了相互之间的争夺，因此战争连绵不绝。

1853 年至 1856 年，英、法与俄国为争夺黑海、地中海和近东地区控制权，发生了克里米亚战争。

1859 年，法国以援助意大利统一为名，与奥地利发生战争。

1861 年至 1865 年，美国国内南北战争，遍地疮痍，疲惫不堪。

1863 年，法国支持波兰起义以反对俄国，法、俄关系极为紧张。

1864 年，普、奥进攻丹麦，是为丹麦战争。

1866 年，普、奥争夺对于德意志的领导权，发生普奥战争，战争的结

---

① 马克思：《在〈人民报〉创刊纪念会上的演说》，《马克思恩格斯选集》第 2 卷，人民出版社，1972 年，第 191 页。

果是出现了一个以普鲁士为首的强大的北德意志联邦，普、法关系日趋紧张。

1867年，加里波的率义勇军进军罗马，法国则支持教皇，阻挠意大利统一，法、意关系紧张。

1870年至1871年，普法战争，法国惨败，巴黎公社起义。

1874年至1875年，德、法之间关系再度尖锐化。

1877年至1878年，俄土战争，在此前后出现所谓“东方危机”①。

西方资本主义国家国内的无产阶级和其他人民反抗也逐渐增强，殖民地半殖民地民族解放运动日益发展。如1838年至1858年英国宪章运动，60年代谋求爱尔兰独立的芬尼亚运动，1865年至1867年发展成为地方性起义，1857年至1859年印度以士兵为先导与主体的民族大起义，1867年墨西哥人民奋起推翻法国扶植的傀儡马克西米里安王朝、法国军队被逐出墨西哥……

从上面这个极为简略的概述，已可看出西方资本主义世界的分裂、争夺、动荡与不安。这便给已经开始惊醒的东方民族，提供了一个自我调节、更新、完善的历史机遇。日本比较明智地充分利用了这个历史机遇，成功地完成了明治维新所承担的历史任务，不到30年便决定性地走上近代化道路，并且加入了争夺世界的西方列强的行列。

中国在某种程度上也曾经试图利用这个历史机遇，推行自强新政，但终究未能取得如同日本那样的成功。

前文已经说过，像中国这样古老而又板滞的农业宗法社会，没有极为强大的外力或内力的刺激与推动，是很难发生较大的变化与有所前进的。如果说，龚自珍笔下的能使“天地为之钟鼓”、“神人为之波涛”的“山中之人”，还只不过是一种模糊的无所实指的憧憬，那么到了50年代之初，紫荆山的“山中之人”，高举太平天国大旗，从广西打到两湖、江浙，其前锋直逼津、京，纵横十余省，抗衡十几年，这才使神州大地上真正出现

① 亦称“东方问题”（Eastern Question），由奥斯曼帝国崩溃引发的对其领土控制权的激烈争夺，因此土耳其领土内任何政治变动都会在欧洲列强之间形成紧张局势。

了“天地为之钟鼓”、“神人为之波涛”的伟力。而只有这样猛烈的冲击，才能使这个社会麻木不仁已久的中枢神经有所感应，有所蠕动。有个叫邓文滨的文人，曾在《醒睡录》一书中描绘太平军北伐部队逼近保定时京城之内的恐慌情况：“炮声如雷，京师震动，都中大员家眷及官绅商民无不鸟兽散。正阳门外大市若衰郊无人迹……召王公、四辅、六部、九卿等会议，皆涕泣丧胆，眼眶肿若樱桃。”[①] 王公大臣哭了没有？眼眶肿得究竟是否若樱桃？这些当然都无法考证。但在这样天翻地覆般的动荡下，如果还能继续酣睡而丝毫未曾惊醒，那也是很难想像的。何况太平军以雷霆万钧之势带来的不仅是军事上的打击，还有经济与文化方面的打击，包括对于整个封建伦理观念乃至整个社会秩序的狂暴搅动。

同时又出现了外来的巨大冲击力量，这就是第二次鸦片战争。与第一次鸦片战争不同，这次战争延续四年之久，带着洋枪大炮的西方军队，不仅横行粤海，而且直取大沽，终至先后攻陷天津北京。连堂堂大清王朝天子都仓皇逃到热河，面子观念终于被打破了。如果说，过去“师夷长技以制夷”还有点放不下架子，那么现在倒是可以堂而皇之地“师夷长技以制寇（太平军）”了。正如马士以前所说过的那样，“由于它的疆域被叛军搞得支离破碎，外国军队迫近都门，而皇帝则逃亡热河，毫无防护”；终于使中国统治者认识到，“并且也作为他们的规律而接受了：以前中国是处于命令的地位去决定国际关系的各种条件，而现在则是西方各国强把他们的意图加在中国身上的时候了”[②]。

但是，更为有力而且影响更为深远的冲击，还是在第二次鸦片战争结束以后。在已经开放了的东南五口以外，又增开了天津、牛庄（营口）、登州（烟台）、潮州（汕头）、琼州、淡水（台北）、台湾（台南）、江宁（南京）、镇江、九江、汉口等11个口岸作为商埠，外国商品和西方文化一齐涌入这些南北口岸，并且日益向内地蔓延渗透。在这些潮水一般的商品之中，鸦片与棉纱、棉布仍属大宗，但其他各类商品也纷至沓来，连郑观

---

① 邓文滨：《醒睡录》卷三，广文书局，1970年。

② 马士著，张汇文等译：《中华帝国对外关系史》，上海书店出版社，2000年，第696页。

应都为之惊叹："洋药水、药丸、药粉、洋烟丝、吕宋烟、夏湾拿烟、俄国美国纸卷烟、鼻烟、洋酒、火腿、洋肉铺、洋饼饵、洋糖、洋盐、洋果干、洋水果、咖啡，其零星莫可指名者尤伙，此食物之凡为我害者也。洋布之外，又有洋绸、洋缎、洋呢、洋羽毛、洋漳（线）绒、洋羽纱、洋被、洋毯、洋毡、洋手巾、洋花边、洋纽扣、洋针、洋线、洋伞、洋灯、洋纸、洋钉、洋画、洋笔、洋墨水、洋颜料、洋皮箱箧、洋磁、洋牙刷、洋牙粉、洋胰、洋火、洋油，其零星莫可指名者亦伙，此用物之凡为我害者也。此外更有电气灯、自来水、照相玻璃、大小镜片、铅铜铁锡煤斤、马口铁、洋木器、洋钟表、日规、寒暑表，一切玩好奇淫之具，种类殊繁，指不胜屈，此又杂物之凡为我害者也。以上各种类皆畅行各口，销入内地，人置家备，弃旧翻新，耗我资财，何可悉数。"[①] 商品是文明的载体，是信息的媒介，也是无声的教师。外国商品告诉中国人，西方的长处（"长技"）不仅在于船坚炮利，而且还在于经济、文化各个方面。洋货成为"人置家备"、衣食住行用品的"弃旧翻新"，必然会导致生活方式与思想观念的"弃旧翻新"，尽管前者见效快而后者见效慢。所以，当1881年留美学生全部撤退回到上海时，他们立即发现自己在美国唐人街制作的衣服已落后于沪上流行的款式。他们坐独轮车在大街上缓慢行进，仿佛展览品一样被人群聚观。有的学生羞愧而又不平地说："我们再度暴露在惊异、嘲笑的人群中，他们跟随着我们，取笑我们不合时尚的衣服。我们穿旧金山中国裁缝的杰作，很难为时髦的上海人看上眼的。"[②] 由此可见上海的社会心态已经发生比较明显的变化。

在内外两股力量，特别是后一种力量的刺激与触动下，以国防近代化为起点，清朝政府终于被迫蹒跚地走上近代化道路。

首先是在1861年设立总理各国事务衙门，以此作为统筹对外一切事务的最高领导机关。理藩院和礼部早已不适应近代外交关系的需要，"夷务"改称"洋务"则反映了中国人的世界观念也发生了深刻的变化。这个机关

① 郑观应：《盛世危言·商战》卷三，《郑观应集》，上海人民出版社，1982年，第587页。
② 高宗鲁：《中国留美幼童书信集》，传记文学出版社，1986年，第14页。

简称“总理衙门”，继而又进一步简称“总署”，同时亦被称为“译署”。这是由于与外国交涉，“语言不通，文字难辨”，翻译的工作量特大。也正因为如此，1862 年又在总理衙门下面设立了同文馆，挑选八旗十三四岁以下儿童学习外国语言文字。1863 年又设立上海广方言馆，1864 年设立广州同文馆，学生也是学习外文及少量自然科学，毕业后当翻译，或承办洋务及出国留学。1872 年采纳容闳的建议派出了第一批留学生。紧闭的教育大门终于被推开一条缝隙，中外文化交流开始有了狭窄的通道。

在 60 年代，国防近代化是洋务事业的起点与重点。国防近代化不仅可以增强对外防御与对内镇压的实力，而且可以挽回人民对于君主有效统治的信任。所以，从 1865 年创建江南制造总局开始，紧接着又先后建立了金陵机器局（1865 年）、福州船政局（1866 年）、天津机器局（1867 年）等军事工业。这些工业不仅仿造外洋枪炮舰船，还翻译外国科技书籍，或附设专科学校，培养技术人员，因此也成为传播西方近代文明的渠道之一。

与西欧国家工业化道路不同，中国的工业化最初不是由于海外市场急剧扩大的强力推动，而主要是由于国防现代化为之发端并引起连锁反应。西方现代化研究者在考察众多落后的传统君主国近代化的形形色色情况之后，大体上获得一系列具有共性的印象：“军事和行政的改革为社会变迁提供了动力和手段。政府活动的增加，促进了财政制度的重建，以及对海关和贸易设定新的间接税法。其他的改革行动通常会接踵而来，如改变法律体系，鼓励经济发展和工业化，扩大交通和运输设施，促进公共卫生事业、发展教育事业，改变传统的社会习惯（如妇女在这方面的作用），采取世俗化的步骤以及使宗教实体与政府事务的分离。要有效地进行这种改革显然需要耐心和毅力。在大多数社会里，激进的改革往往与松懈怠慢的改革交替出现，甚至还经常出现欲维护传统的反动。”① 这种观察的结果，对于理解 19 世纪六七十年代以后的中国近代化进程，也有一定参考价值。

李鸿章作为国防近代化的主要推动者之一，较早察觉军事工业难以单

---

① 塞缪尔·亨廷顿著，李盛平、杨玉生等译：《变革社会中的政治秩序》，华夏出版社，1988 年，第 154 页。

独发展，必须以相关工业的发展为前提条件。他说：“船炮机器之用，非铁不成，非煤不济。英国所以雄强于西土者，惟借此二端耳。闽沪各厂，日需外洋煤铁极夥，中土所产，多不合用，即洋船来各口者，亦须运用洋煤。设有闭关绝市之时，不但各铁厂废工作困，即已成轮船，无煤则寸步不行，可忧孰甚。”[①] 这里讲的是原料与能源，此外还必须有交通运输、邮传电讯以及其他工业的发展，才能不仅保证军事工业的继续发展，而且推动整个国家经济的革新与前进。于是，又先后有轮船招商局（1872 年）、开平矿务局（1877 年）、天津电报总局（1880 年）、兰州机器织呢局（1880 年）、唐山胥各庄铁路（1881 年）、上海机器织布局（1882 年）、天津铁路公司（1887 年）、湖北炼铁厂（1890 年）、湖北织布局（1890 年）、华新纺织新局（1891 年）、华盛机器纺织总厂（1894 年）等企业的创建，其中还包括用新式舰船装备编制而成的北洋海军的建立（1888 年）。

在中国农业宗法社会的陈腐土壤上，开始嫁接若干近代工业的植株，其前景虽未必美妙，但毕竟证实了《共产党宣言》中一段极其深刻的论断：“资产阶级，由于一切生产工具的迅速改进，由于交通的极其便利，把一切民族甚至最野蛮的民族都卷到文明中来了。它的商品的低廉价格，是它用来摧毁一切万里长城、征服野蛮人最顽强的仇外心理的重炮。它迫使一切民族——如果它们不想灭亡的话——采用资产阶级的生产方式；它迫使它们在自己那里推行所谓文明，即变成资产者。一句话，它按照自己的面貌为自己创造出一个世界。”“资产阶级使农村屈服于城市的统治……正像它使农村从属于城市一样，它使未开化和半开化的国家从属于文明的国家，使农民的民族从属于资产阶级的民族，使东方从属于西方。”[②]

或许可以说，商品的力量大于重炮，正是郑观应所提及名字的五六十种外国商品，以及没有提及名字的更多种类的外国商品，冲破了中国封闭已久的万里长城，把中国推入近代文明的大潮流。应该承认，这是一种比龚自珍召唤的“山中之民”更为现实也更为巨大的力量，不过它并非来自

① 李鸿章：《筹议制造轮船未可裁撤折》，顾廷龙、戴逸主编：《李鸿章全集·奏议五》，安徽教育出版社，2008 年，第 109 页。

②《马克思恩格斯选集》第 1 卷，人民出版社，1966 年，第 243—255 页。

山野，而是来自海洋。

工业的发展，无论是求强的军事工业，还是求富的民用工业，都需要科学技术，需要掌握科技以及管理现代企业能力的人才，这又必然要促使教育以及整个文化事业的变革与发展。

首先是同文馆的逐步扩充。1863 年以后，除英文馆外，陆续增设法文馆、俄文馆、德文馆、东方馆；更为重要的是 1867 年增设天文算学馆，并于两年以后聘美国传教士丁韪良（William Alexander Parsons Martin）为总教习。同文馆由一所语种课程生源都有很多限制的外语学堂，发展成为一所多学科外语科技学校（类似英国的 Polytechnic）。

此外，上海广方言馆并入江南制造总局，也由外语学校发展成为比较完备的新式学堂。广州同文馆、台湾西学堂、珲春俄文书院都有类似的变化。在这一时期，还有其他各类专科学堂的创设，如江南制造局附设机械学校，马尾船政局附设船政学堂，以及天津电报学堂（1879 年）、天津北洋水师学堂（1880 年）、天津武备学堂（1885 年）、广东陆师学堂（1886 年）、广东水师学堂（1887 年）、南京水师学堂（1890 年）、湖北铁政局附设化学堂及矿学堂（1892 年）、天津军医学堂（1893 年）、湖北自强学堂（1894 年）、湖北军备学堂（1895 年）等。这些学堂不仅培育人才，而且还翻译外国科技书籍、资料。如江南制造总局翻译馆，从 1871 年到 1879 年共销售翻译书籍 31 111 部，共计 83 454 本；又销售翻译地图与海道图 27 种，共计 4 774 张。这些书籍包括算学、测量、汽机、化学、地理、地学、天文、航行、博物、医学、工艺、水陆兵法、造船、国史以及年表、报纸等，涉及的学科范围已经相当广泛。参与翻译者有徐寿、华蘅芳、李善兰等人，都是学有专长的科技人才，还有英国传教士傅兰雅（John Fryer，1839—1928），也为介绍西学做出很大的贡献。无怪乎当时即有人称赞："傅兰雅、丁韪良之徒所译书益众，若律令、公法、史记、地舆、算数、器艺之学，大略有之，中国因以知其学问政事。又读日报，而诸国政令条教、盛衰之势，小有举动，朝发夕至，非复前日蒙昧之象，可谓盛矣。"①

① 邵作舟：《邵氏危言·译书》，商务印书馆排印，1898 年。

至少在上海等通商口岸，风气已经逐渐开化。1880年傅兰雅曾谈到他的观感："今在十八省中所有新法新事已见流通，且显沛然莫御之势。要之，西国所有有益中国之学，中国必欲得之，盖华人已有饮泉思渴之心焉。"又说："（中国人）明知学术一道，不在一国一邦，故虽视西人为夷狄之邦，亦乐学其有益于中国之事；惟必依中国之法以学，否则弃而不取。如与西国和约，许西人传教，似为不得已之事；然考究西学毫无牵强，皆为请教西人者也。凡见西国有益学术，则不惜工费而译成书，以便传通（诵）全国。可见中国不独甘心愿学，且肯出资。求得交涉事内，此为胜（盛）举，泰西无人不宜称颂者也。"① 傅兰雅虽然是传教士，但毕竟是受过科学训练的学者，其感受较为平实而切近当时情况。总之，西学东渐引起的向西方学习的热情，已经逐渐积少成多，正在汇聚成为潮流。

尽管容闳的留学生计划垂成而败，但通过其他渠道断断续续出国留学者仍大有人在。1877年初，李鸿章派李凤苞、日意格等率福州船政学堂学生26名、艺徒9名分赴英、法学习驾驶与造船。严宗光（复）、方伯谦、萨镇冰、刘步蟾、林泰曾等即是这批留学生中的佼佼者，马建忠、陈季同则是以监督随员身份赴法学习法律。1881年、1883年、1885年，福州船政学堂又陆续派出三批学生共53名，分赴英、法、德等国留学，除培养造船、驾驶人才以外，还培养了一批矿冶、测绘海图、海军公法、国际公法、开河、铁路建筑、桥梁制造以及英语、法语、拉丁语等方面的人才。

总之，从19世纪六七十年代开始，在民族危机与社会危机的刺激与驱动下，清朝政府为了恢复、稳定与加强自已的统治，不得不在一定程度上顺应时代潮流，自上而下地采取了一些近代化措施。其所以强调"自上而下"，就是由于这些革新缺乏必要的社会基础，既缺乏足够的资本主义成长条件，又缺乏较为活跃的需要并承担此项历史任务的中间阶级，而维新思想先驱者的呐喊则大多是孤独的，还没有形成比较容易承受除旧布新大动作的社会心态。在这样的情况下，政府的决策就显示出更为重要的作

① 傅兰雅：《江南织造总局翻译西书事略》，张静庐辑注：《中国近代出版史料初编》，上杂出版社，1953年，第20页。

用。可以说，如果没有曾国藩、左宗棠、李鸿章等人的借重洋枪、洋炮、洋船乃至洋人以攻打太平军，如果没有他们经由“借师助剿”进入到仿洋制造，则各项洋务事业的兴办是很难想像的。

这是一批崛起于地方的武装实力集团。他们打着扶持名教、护卫孔学的旗帜扑灭了农民起义的烈火，既挽救了清朝，更壮大了自己。他们的意愿与动向，在清末政局中起着举足轻重的作用，因为朝廷需要他们作为支柱，而在很长一段时间里，民间又无任何力量可以推翻以至取代他们的地位。作为清朝的最高权威，慈禧太后可以在必要时贬抑以至罢黜恭亲王奕䜣，他是地位尊崇的洋务派领袖，也是曾、左、李等在朝廷中有力的支持者。但是，这位骄横不可一世的太后却难以对付这批地方武装实力集团，她可以用清议牵制他们，用各种小动作折辱他们，甚至可以把他们像棋子一样摆布，却没有任何办法可以消除这些日渐膨胀的地方武装实体。前文已经说过，龚自珍在《尊隐》一文中描写“衰世”景象，曾经说过这样一些话：“京师之气泄，则府于野矣。如是则京师贫，京师贫，则四山实矣。”“如是则豪杰轻量京师，轻量京师，则山中之势重矣。如是则京师如鼠壤，如鼠壤，则山中之壁垒坚矣。京师之日短，山中之日长矣。”这个预言，在历经半个世纪以后竟然实现了，当然是扭曲的实现，并不一定符合预言者本来的心愿。这种政治格局，用以后张謇在庚子事变期间说的一句话来表述，就是：“无西北不足以存东南，为其名不足以存也；无东南不足以存西北，为其实不足以存也。”西北为名，东南为实，这也就是历代帝王所最担忧的“外重内轻”，但这却是晚清史的发展趋势。

正因为如此，这些为朝廷倚重的“中兴名臣”便显得一言重于九鼎，颇能在关键时刻对中央的重大决策给以有力影响。譬如，奕䜣于 1861 年 7 月奏请购买外洋船炮，朝廷以事关重大，立即谕令曾国藩等妥加筹议。曾国藩的奏复态度非常明确：“至恭亲王奕䜣等奏请购买外洋船炮，则为今日救时之第一要务。凡恃己之所有，夸人以所无者，世之常情也。忽于所习见，震于所罕见者，亦世之常情也。轮船之速，洋炮之远，在英、法则夸其所独有，在中华则震于所罕见。若能陆续购买，据为己物，在中华则见惯而不惊，在英、法亦渐失其所恃……况今日和议既成，中外贸易，有无交通，购买外洋器物，尤属名正言顺。购成之后，访募覃思之士，智巧之匠，始而演习，继而试造，不过一二年，火轮船必为中外通行之物；可以剿发逆，可以勤远略。”[①] 曾国藩是当时地方武装实力集团的领袖，是“身系天下安危”的关键人物，他的进言当然具有非同一般的力量。四年以后，即1865年，李鸿章进而奏请自行设厂制造，他在《置办外国铁厂机器折》中指出：“机器制造一事，为今日御侮之资，自强之本……洋机器于耕织、刷印、陶埴诸器皆能制造，有裨民生日用，原不专为军火而设。妙在借水火之力，以省人物之劳费；仍不外乎机栝之牵引，轮齿之相推相压，一动而全体俱动；其形象固显然可见，其理与法亦确然可解。惟其先，华洋隔绝，虽中土机巧之士，莫由凿空而谈。逮其久，风气渐开，凡人心智慧之同，且将自发其复。臣料数十年后，中国富农大贾必有仿造洋机器制作以自求利益者。”[②] 奏折中还有“庶几取外人之长技，不致见绌于相形，斯可有备而无患”等语，表明他们乃是魏源“师夷长技”遗愿的早期实践者。1866年左宗棠上《拟购机器雇洋匠试造轮船先陈大概情形折》，其中有“至非常之举，谤议易兴，始则忧其无成，继则忧其多费，或更讥其失体，皆意中必有之事”等语，这也是魏源等人早先议论的回响。左宗棠惟一的小小发现，是在驳斥“失体”论时用了“礼失而求诸野”这句先哲之言作为依据。但是，无论魏源等人如何言之甚早，他们的高见卓识只能停留于议论，而且影响仅限于一部分开明知识分子的小圈子之中。现在曾国藩、李鸿章、左宗棠等人则不然，他们的宏议谠论可能只不过是摭拾魏源等人的唾余，但是这些貌似平凡的主张却可以直接影响中央政府的决策，促成各项洋务事业的创办，从而在社会上产生较大的影响。

但是，也不能过高估计曾、左、李等人的认识水平。他们都是长期生活于传统儒学营垒之中的正统主义者，尽管出于经世致用而在一定程度上顺应现实潮流，但毕竟难以逾越忠于君王、抱持名教的老格局。中国既不像西欧那样存在王权与教权的对立，也不像日本那样存在“至尊”与“至

① 《复陈购买外洋船炮折》，《曾文正公全集·奏稿》卷14，第10页。

② 李鸿章著，顾廷龙、戴逸主编：《李鸿章全集·奏议二》，安徽教育出版社，2008年，第201—202页。

强”的对立。在他们的头顶之上只有一个集政治权威与精神权威于一身的皇帝（或皇太后），因而在忠臣与叛逆以外没有第三种选择，他们不可能成为“尊王倒幕”的长州、萨摩等藩主那样的人物。同时，他们所熟悉的乃是儒家经典，既缺乏西学的根底（如同日本的前后“维新三杰”），也缺乏对于西洋的直接见闻。这些都构成他们的思想和行为两方面的局限。不过，他们的幕府之中却不乏思想开通的才智之士，这些精英的真知灼见每每可以弥补幕主知识的缺陷，并且在实际上成为他们的决策智囊。当然也很难设想，如果没有这些才智之士的筹谋划策，曾、左、李等会有那么多“高招”。

容闳早就注意到这些显赫人士背后幕府的作用，他在1863年对曾国藩幕府印象颇佳：“总督幕府中亦有百人左右。幕府外更有候补之官员、怀才之士子，凡法律、算学、天文、机器等等专门家，无不毕集，几于举全国人才之精华，汇集于此。是皆曾文正一人之声望道德，及其所成就之功业，足以吸引罗致之也。文正对于博学多才之士，尤加敬礼，乐于交游。”[①] 当时，李善兰、华蘅芳、徐寿都在曾幕，容闳系由他们推荐经曾国藩延聘前来的，大概可以列为“幕府外”的准幕客。据容闳回忆，江南制造局的创建，最初源于李善兰、华蘅芳等向曾国藩的建议。

曾、左、李等“中兴名臣”幕府中宾客如云，本书限于篇幅与体例，只能就郭嵩焘、徐建寅、盛宣怀三人加以论析。

郭嵩焘（1818—1891），字伯琛，号筠仙，湖南湘阴人。18岁就学岳麓书院，与曾国藩订交。1847年中进士，授翰林院庶吉士。1841年春，他曾作为浙江学政幕客亲眼看到海防之疏漏，“相与愤然言战守机宜”。1853年在籍协助曾国藩创建湘勇、湘军，此后四年他乃是湘军中极为重要的决策人物。1858年重新供职于翰林院，曾奉命入值南书房。1859年奉旨随僧格林沁办理天津海防，因反对北塘撤防忤僧王而受排挤。1861年因病回籍休养。1862年授苏松粮储道，次年授两淮盐运使，旋奉旨任广东巡抚。1868年又因官僚之间倾轧免官回籍，此后在长沙主讲城南书院与思贤讲

① 容闳：《西学东渐记》，湖南人民出版社，1981年，第74页。

舍。1875年春授福建按察使，也就在这年夏天奉命以侍郎候补充任出使英国公使，次年冬，郭嵩焘一行由上海乘船赴伦敦。1878年又奉命兼任出使法国大臣，但不久即被副使刘锡鸿以“汉奸”罪弹劾，并奉诏撤回。1879年初，任期未满即卸任东归，愤而托病辞官，从此蛰居乡里，郁郁以终。

郭嵩焘也是较早走出国门看世界的中国人之一。但他与王韬、容闳有所不同，他是在国内已经成为饱学之士，而且久经仕宦历练并担任过巡抚、侍郎等高级职务，然后再走出国门的。因此，他在走出中国之前，对中西文化已有一定的比较，且已曾明确主张仿制西器、引进西学与鼓励商办工业；而出国之后，则能以一个相当成熟的政治家的眼光实地观察西方世界。

郭嵩焘是清朝政府正式派出的第一个驻外公使，因此从一开始就面临重重阻力。由于清廷这次被迫派遣使臣出国是为“马嘉理案”向英国赔礼道歉，所以郭嵩焘的出使带有耻辱的色彩。加以郭嵩焘出国前要求严加议惩在“马嘉理案”中处置失当的云南巡抚岑毓英，更引起许多诽谤与抨击。当时，甚至流传一首极为尖刻而又愚顽守旧的对联：“出乎其类，拔乎其萃，不见容尧舜之世；未能事人，焉能事鬼，何必去父母之邦。”但郭嵩焘认定“时艰方剧，无忍坐视之理”，把这些无端的攻击视为“等诸犬吠驴鸣之无知而已”；“此等谬悠之人言，盖早付之度外，不足以撄吾心也”[①]。

郭嵩焘并非不爱自己的国家，更非对西方殖民主义的侵略漠然无动于衷，但他总结鸦片战争以来的经验教训，认为单靠义愤填膺和空洞议论无补于艰危。他说：“洋人之入中国，为患已深，夫岂虚骄之议论、嚣张之意气所能攘而斥之者？但幸多得一二通知其情伪，谙习其利病，即多一应变之术。”[②] 他决心做这样的明白人，到西方去学习他们的“强兵富国之术”、“尚学兴艺之方”，特别是探究“其所以通民情而立国本者”。所谓“国本”，他在《条议海防事宜》中已有解释：“西洋立国，有本有末，其本在朝廷政教，其末在商贾。造船制器，相辅以益其强，又末中之一节也。”取西方之长，补中国之短，由器而学而政教，这说明郭嵩焘的认识

---

① 郭嵩焘：《伦敦与巴黎日记》，岳麓书社，1984年，第7页。

② 郭嵩焘：《罪言存略小引》，《养知书屋文集》卷三，《清代诗文集汇编》674，上海古籍出版社，2010年，第370页。

已进入一个更高的层次。

郭嵩焘到英、法等国以后，周咨详访，博览群书，见识与学问都突飞猛进。他不仅认识到西方文化也有源远流长的发展过程，而且对中西哲学与伦理思想还有所比较，特别是对西方近代科学观念有所介绍。他不仅了解“巴夫子”（柏拉图）、“亚夫子”（亚里士多德）、“琐夫子”（苏格拉底），而且了解“比耕”（培根）、“格力里渥”（伽利略）、“纽登”（牛顿）乃至“罗亚尔苏塞也得”（Royal Society 皇家学会），他不仅把“巴夫子”、“亚夫子”等西哲与“孔夫子”、“孟夫子”等东哲相提并论，而且还特别推崇西方近代哲学与科学的发展。他向别人请教孔德哲学、笛卡尔哲学及其与近代科学发展之间的关系。他说：“英人谓天文窍奥由纽登开之，此英国实学（科学）之源也。相距二百三四十年间，欧洲各国日趋富强，推求本源，皆学问考核之功也。”[①]

当然，最为可贵的还是郭嵩焘在政体（国本）方面认识的进步。他逐渐摆脱君权至上的束缚，不仅敢于考究西方民主政体，而且敢于肯定其优长之处。他曾列席旁听英国下议院的辩论，也曾认真研究英国议会政治发展的历史，结果认识到：“推原其立国之本末，所以持久而国势益张者，则在巴力门议政院（Parliament）有维持国是之议，设买阿尔（Mayor 市长）治民有顺从民愿之情。二者相持，是以君与民交相维系，迭盛迭衰，而立国千余年终以不败。人才学问相继以起，而皆有以自效。此其立国之本也。”[②] 上要议会政治，下要地方自治，这是清末立宪派在 20 世纪之初的政治纲领，而郭嵩焘在 30 年以前已经有此初步认识，可见其政治洞察力之强。

钟叔河先生在评介郭嵩焘《伦敦与巴黎日记》时曾经指出：“十九世纪七十年代西方的观念已经是现代的观念。这些观念，四十多年以后大规模介绍到中国来时，被形象化地称之为‘德先生’和‘赛先生’，亦即是 Democracy（民主）与 Science（科学）——现代（资产阶级的）意识形态

---

① 郭嵩焘：《伦敦与巴黎日记》，岳麓书社，1984 年，第 385 页。

② 郭嵩焘：《伦敦与巴黎日记》，岳麓书社，1984 年，第 407 页。

区别于中世纪（封建主义的）意识形态的两大标志。郭嵩焘通过‘巴力门’和‘买阿尔’，初步接受了西方民主的观念；又通过对文化学术的考察，初步接受了西方科学的观念。”这一论断不仅切合历史实际，而且也是相当精辟。

经过一段海外生活的实际体验，郭嵩焘对于世界与中国的观念都发生很大变化，他逐渐认识到当时中国在世界文明中的位置。1878年春，英国《泰晤士报》（《代谟斯新报》）抨击政府近年授波斯国王勋章一事，认为半文明国家不足以授勋。郭嵩焘感慨地说：“盖西洋言政教修明之国曰色维来意斯得（Civilized 文明的），欧洲诸国皆名之。其余中国及土耳其及波斯，曰哈甫色维来意斯得（Half Civilized 半文明的）。哈甫者，译言得半边，意谓一半有教化，一半无之。其名（余）阿非利加诸回国曰巴尔比里安（Barbarian 野蛮的），犹中国夷狄之称也，西洋谓之无教化。三代以前，独中国有教化耳，故有要服、荒服之名[①]，一皆远之中国而名曰夷狄。自汉以来，中国教化日益微灭；而政教风俗，欧洲各国乃独擅其胜，其视中国亦犹三代盛时之视夷狄也。中国士大夫知其义者尚无其人，伤哉！”[②] 星移斗转，时过境迁，一切都翻了个过，如按文明发展程度来区分文野，现在轮到欧洲人视中国为夷狄了。一个年逾花甲的人，读了大半辈子儒学经典，头脑里塞满了“夷狄之有君，不如诸夏之亡也”，“吾闻用夏变夷者，未闻变于夷者也”之类糊涂观念，现在却敢于承认西方的先进与中国的落后，而且承认得这样明确，承认得这样彻底，这需要何等的科学态度，更需要何等的勇气。

也正因为如此，他便为这个仍然游荡着“华夷之辨”阴魂的“哈甫色维来意斯得”社会所不能容忍。在当时的条件下，就他所从属的那个社会群体而言，他已经走得太远。我不知道他读过出版不久的福泽谕吉的《文明论概略》没有，但他的认识与这位“脱亚论”鼓吹者将世界分为文明、半开化、野蛮三个层次是何等相似。于是他难以安于其位，不断受到攻

① 古代天子威德所服之地谓之服，如《尚书》言五服，《周礼》言六服、九服。

② 郭嵩焘：《伦敦与巴黎日记》，岳麓书社，1984年，第491页。

击，而最为恶毒的攻击便来自他的副手刘锡鸿。

前此，郭嵩焘曾把使英途中见闻逐日详记，辑为一书，名曰《英轺纪程》（又名《使西纪程》），其中有称赞西洋政教修明、中国应采用其治国之道等语。郭嵩焘毫无顾忌，寄呈总理衙门刊刻，引起守旧势力的极大愤慨。翰林院编修何金寿参劾郭嵩焘"有二心于英国，欲中国臣事之"，结果此书被毁版，严禁流行。此事发生后，刘锡鸿认为时机已到，立即起而指责郭嵩焘有"三大罪"："一、游甲敦炮台披洋人衣，即令冻死亦不当披。一、见巴西国主擅自起立，堂堂天朝，何至为小国主致敬？一、柏金宫殿听音乐屡取阅音乐单，仿效洋人之所为。"① 他还公然在使馆中扬言："此京师所同指目为汉奸之人，我必不能容。"并又密劾郭嵩焘"十款"，极尽罗织诬陷之能事。刘锡鸿指责郭嵩焘的罪名，不仅是鸡毛蒜皮，其实都合乎国际礼仪，只能说明郭嵩焘确实是个通达干练的使臣。但由于守旧势力的强大和大权在握，从朝廷到京师士大夫充满一片唾骂指责之声。郭嵩焘只得在任期未满（仅仅一年零七个月）的情况下奏请因病销差，清廷立即诏允并以曾纪泽接任。

郭嵩焘在唾骂声中出使，又在唾骂声中回国。出使之日，他还满怀壮志，期望引进西方治国之道，使中华振兴并臻于富强；回国之后，他已失去继续奋斗的信心，因而便称病乞休，归隐乡里。郭嵩焘于 1879 年 5 月 5 日乘船到达长沙。当时湘阴正好发生守旧排外风潮，"县民喧哄"，形势颇为紧张；连用小轮拖带木船到省城都受到长沙、善化两县的阻止，大骂郭嵩焘"勾结洋人"的标语贴在大街之上。尽管郭嵩焘钦差使臣的官衔暂时尚未解除，而自巡抚以下的地方官员都"傲不为礼"。郭嵩焘内心的愤懑而又孤寂是不言而喻的。

郭嵩焘在返国途中曾检阅龚自珍集，读到《捕蜮》、《捕熊罴鸱鸮豺狼》、《捕狗蝇蚂蚁蚤虱蚊虻》诸篇，认为从中可以领悟"处小人治凶顽之道"。刘锡鸿之流不就是鬼蜮与鸱鸮、豺狼吗？在这个蝇蚁蚊蚤横行的社

---

①《驻美使馆档案·陈兰彬任》，光绪四年十一月初六日《郭嵩焘来咨附粘片》。转引自钟叔河：《论郭嵩焘》，郭嵩焘：《伦敦与巴黎日记》，岳麓书社，1984 年，第 43 页。

会，希望与前途究竟在哪里？船到香港，郭嵩焘曾上岸与正在香港主编《循环日报》的王韬晤谈，并参观东华医院、西洋学馆及博物院等处。离港之前，王韬曾赠以所著《瀛壖杂志》、《弢园尺牍》等书。船开行后，郭嵩焘回忆1855年在上海拜访李善兰、王韬于英华书屋的情景，还记得王韬书斋中悬有一副对联："短衣匹马随李广，纸阁芦帘对孟光。"在当天的日记上，郭嵩焘写道："顷阅子潜（王韬）《瀛壖杂志》，念之恍佛如昨，距今二十五年矣。一日之雅，同舟之谊，潇潇风雨，怃然于心！诵东坡'人生到处知何似，应是飞鸿踏雪泥'之句，为增怅悒！"①

思想界的先驱，在其初始阶段总是处于少数地位，而他们的孤独感又总是相通的。在重重守旧势力的排挤打击下，他们并非孤芳自赏，而是相濡以沫。

徐建寅（1845—1901），一名寅，字仲虎，江苏无锡人。这是曾、左、李等幕府中另外一种类型的人才，即科技专家。

他是著名科学家徐寿（1818—1884）的次子。徐寿的祖父和父亲是无锡北乡的"力田"之民，他本人幼年曾习制艺，后觉无用乃与科举决裂，终身不求功名。19世纪50年代之初，徐寿与好友华蘅芳认真攻读上海墨海书馆编译的代数、几何、微积、重学、博物等书，以后他的长处侧重于物理、化学，而华蘅芳则成为与李善兰齐名的数学家。徐建寅自幼随父亲学习，逐渐也掌握一些科学知识与化工、机械实验技能。1861年曾国藩为筹办安庆机械所，特别延揽徐寿、华蘅芳前往。容闳之被起用，即系出于他们推荐，容闳在《西学东渐记》中曾回忆在曾国藩幕府中与他们一起生活的情况，17岁的徐建寅也随父亲到了安庆。

徐建寅曾协助父亲与华蘅芳制成"黄鹄"号轮船，尽管很小，但毕竟是完全由中国人自己动手仿制的。徐寿因此奉派到上海出任江南制造总局总理，建寅亦随同前往。江南制造局先后建造"操江"、"测海"、"驭远"等兵船，成为中国近代工业最早的基地之一。

徐氏父子除重视机械工程以外，也很理解基础理论的重要。他们曾向

① 郭嵩焘：《伦敦与巴黎日记》，岳麓书社，1984年，第964、966页。

曾国藩建议，认为只有加强基础理论研究才能“探索根柢，不受西人居奇”。曾国藩对此颇为赞许，批复中有“此举较办制造局尤要”等语，可以说是徐氏父子以及李善兰、华蘅芳的知音。徐氏父子等首先在江南制造总局附设翻译馆，1876 年前后又与英国人傅兰雅合作，在上海创设格致书院，集中一批中外人员编译科技书籍并做实验研究。当时，中国在引进化学理论方面，已经走在日本前面。

1870 年李鸿章在天津接办机器制造局（原由崇厚于 1867 年创办），曾于 1874 年调徐建寅前往负责硝酸研制，很快试制成功，成批投产后价格廉于进口硝酸，为发展近代军事工业做出贡献（硝酸为制造火药之基本原料）。徐建寅从此闻名并取得道员资格，曾向总理衙门上万言书，建议派人出国考察工艺技术与管理体制。总理衙门给以肯定，并以“胜外交之才”奏保。1875 年，徐建寅又被山东巡抚丁宝桢调任山东机器局总办，经过两年努力，并“未尝延用洋人”，很快就建成一座制造枪炮弹药的兵工厂，于是更为李鸿章等督抚所倚重。

1879 年，李鸿章奏派徐建寅以驻德参赞名义，前往德、英、法等国考察造舰、兵工并订购新式舰船，徐氏此行主要目的是购买当时作为主力舰种的铁甲兵舰，而且认定德国所造者比较先进。李鸿章与沈葆桢一致反对赫德主张购买英国“师丹炮船”的建议，但在究竟派华人抑或洋人出国访购问题上却产生意见分歧。沈葆桢对派华员订购缺乏信心，“恐多周折，省费而必致糜费”，不如派赫德、金登干等觅购。李鸿章仍寄希望于徐建寅，曾致书驻德公使李凤苞，嘱其支持建寅留心访询订购。经过在英、法、德三国认真调查访问，终于在德国司旦丁（今波兰什切青）先后向伏耳铿船厂订购了两艘新式铁甲船，这就是以后奠定北洋海军基础的两大主力舰——“镇远”和“定远”。定远为 7 335 吨，6 000 马力，时速 14.5 海里，炮数 22 门，船员 330 人；镇远为 7 355 吨，6 000 马力，时速 14.5 海里，炮数 22 门，船员 300 人。这在当时就算是比较先进的大型军舰了，但徐建寅说是“无有能驾乎其上者矣”，则未免有些言过其实。

作为科技专家，徐建寅在欧洲觅购军舰期间，曾参观近 90 个工厂、学校、博物馆及其他各种重要近代设施，考察了近 200 项工艺、设备及管理方法。他把这些丰富的收获记于《欧游杂录》一书，充分体现了极端认真的负责精神与严谨细密的科学作风，给国人带来许多最新的科技信息。

徐建寅的结局是不幸的然而又是光荣的。

他在出国访问以后，发现英国造大铁甲船的工厂在设备方面与江南制造总局相差无几，但前者制造的新式舰船后者却难以生产；又发现德国有的设备比较简单落后的火药厂，却能制造出比中国“津、宁、济、沪”各局质量优良的产品。他反复思考，认为关键在于英、德对于“试验胀力、速率、重率各法，尽心竭力，有弊即改，随时消息于无形，无他秘法也”①。因此，他非常重视人员素质、技术管理与企业管理，并带回一大批宝贵的有关工厂管理的资料。

1884 年徐寿病逝，徐建寅循例守制，三年以后应曾国藩邀请到南京主持制造局工作，陆续造成新式后膛枪与铸钢设备。1894 年光绪皇帝曾亲自召见徐建寅，并派往威海视察。甲午战争的失败，造成包括他精心觅购的两大战舰在内的北洋海军的全部覆灭，活生生的现实教育了这位科技专家，使之更加倾向维新变法。戊戌变法揭幕后，徐建寅以三品卿衔出任新设的农工商总局督理。他本来颇想有所作为，但由于守旧势力制造政变，成立不到两个月的农工商局又被裁撤。徐建寅虽未受到新旧党争牵连，但却已对清朝政局失去信心，借口扫墓回归乡里。此后，张之洞曾邀请他到湖北协助创建湖北军火工业，徐建寅随即到原“汉阳钢药厂”试制无烟火药，“日手杵臼，亲自研炼”，很快取得成果，但正当工厂正式投产时，试验室却突然爆炸，徐建寅为中国近代科技发展献出了自己的生命，时在 1901 年 3 月 31 日。

与郭嵩焘相比，徐建寅可以说是较为幸运，因为他先后得到曾国藩、李鸿章、张之洞等权威人士的信任和重用，没有长期遭受守旧势力的无端排挤与严重打击，大体上能够发挥自己的聪明才智，为祖国近代化留下许多实实在在的业绩。但他终究又是不幸的，这主要并不在于惨死早逝，而是在于当时中国落后的社会环境尚不足以让他的聪明才智得到更大的发

① 徐建寅：《欧游杂录》，湖南人民出版社，1980 年，第 54 页。

挥，更不容许他成为一个真正有权有责的推动整个中国工业化的政府领导人。这不仅是个人的不幸，而且是全民族的不幸。

底下我们再考察曾、左、李幕府中另一类型的人物，也是活动量更大、成就事业更多的一类人物，其中最为著名者之一便是盛宣怀。

盛宣怀（1844—1916），字杏荪，别号愚斋，江苏武进人。出身于官僚家庭，父亲盛康曾任知府、道员，并编辑《皇朝经世文续编》。这是继魏源所编《皇朝经世文编》之后问世的又一部大书[①]。编者服膺经世致用学风，对自己的儿子盛宣怀当然会留下影响，盛宣怀于1867年考中秀才，时年23岁。此后屡试不中，对科举之途失掉信心，遂纳赀为主事。

1870年春，李鸿章奉旨率军入陕进攻回民起义军，盛宣怀由杨宗濂推荐入李幕府，办理行营内文案兼充营务处会办。盛宣怀在考场上虽然屡次失败，但在办事中则表现出超群的干练与才华，从此为李鸿章赏识，保升知府、道员、会办陕甘后路粮台、淮军后路营务处，堪称平步青云。同年8月，直督曾国藩调任两江总督，由李鸿章补授直隶总督。盛宣怀又随同李鸿章来到直隶。

曾国藩于1872年3月病逝，李鸿章遂成为权势最为显赫的地方大吏。1872年以后，李鸿章由协办大学士而武英殿大学士，而文华殿大学士，并留任直督兼北洋通商大臣达25年以上，乃是各项洋务事业最有力的推动者。盛宣怀与这样的大人物结合，遂使自己的政治、实业生涯进入一个新的引人注目的阶段。

盛宣怀受李鸿章的重用，是在清政府创办近代工业的重点逐步由求强转向求富的年代。1872年开办轮船招商局，盛宣怀为之筹划并参与拟定章程。李鸿章起用有承运海运十余年经验的三品衔道员、浙江候补知府朱其昂为总办，次年即正式委派盛宣怀为会办，盛又荐举素所谙习洋人及贸易的广东富商徐润、唐廷枢同任会办。招商局除承办南北漕运外，还开辟上海至日本、马来西亚、菲律宾、新加坡等外洋航线。由于业务发展的需

---

① 盛康所编《皇朝经世文续编》，共120卷，1897年思补楼刊行，体例与《皇朝经世文编》相同，包括道、咸、同、光四朝奏稿、论文。

要，招商局在19个比较重要的商业港口设立分局，包括天津、牛庄、烟台、福州、厦门、广州、香港、汕头、宁波、镇江、九江、汉口，以及国外的长崎、横滨、神户、新加坡、槟榔屿、安南、吕宋，已经形成一个相当庞大的航运体系。也正因为如此，它便引起美国旗昌、英国太古等轮船公司的嫉恨与激烈竞争，招商局是在极为复杂的业务抗衡与政治纠葛中求得生存与发展的。在这个历史长达一个世纪以上的著名企业崛起的早期，唐廷枢、徐润、盛宣怀都初步显示了自己的经营能力与管理素质。

由于工业与航运的发展，对能源、原料的需求日益增长。1875年盛宣怀奉派前往湖北勘察煤铁诸矿，次年正式成立湖北开采煤铁总局，并任命盛为该局督办。盛宣怀聘用英国矿师，用新式方法勘察鄂、赣两省煤铁蕴藏，先后发现大冶、当阳、兴国、广济等处煤铁矿。其中，大冶铁矿的发现，为汉阳铁矿厂的创办提供了有利条件，可以说是中国近代钢铁工业产生的先兆。

工矿企业、交通运输乃至金融贸易的发展，又对邮传电讯业产生了迫切需求。1880年李鸿章奏请并得到批准办理电报事宜，遂立即派盛宣怀主持其事。盛宣怀与丹麦大北公司签订合同，雇请丹麦技师来华承造。1881年津沪线即已架通，正式在天津设立电报局，盛宣怀任督办。接着又在上海开展电报业务，并拟定全国电报计划，到1897年全国22个省都敷设了电报专线。

19世纪末年，盛宣怀的经营活动又延伸到轻纺工业、铁路与金融业。1893年，上海机器织布局开车刚刚三年就失火焚毁，盛宣怀临危受命，仅仅经过一年的规复区画，就在该局原址上另建华盛纺织总局，计有纱锭6.5万枚、布机750架，是当时规模较大的本国纺织厂。此局亦由盛宣怀任督办。1896年张之洞等联名奏请开设铁路公司，并推荐盛宣怀主持其事。盛宣怀应召入京，觐见光绪皇帝于乾清宫，奏铁路之利堪为“自强之一端”，得到皇帝的赞许与奕䜣、翁同龢等王公大臣的支持，随即奉旨以四品京堂候补，督办铁路总公司事务。1897年初，铁路总公司在上海成立，盛宣怀奏请先造芦汉铁路，以后再陆续修建苏沪、粤汉铁路，并无需另立公司。盛宣怀应召在京期间，还奏请开设银行，也得到光绪皇帝谕准，并受命择董开办。1897 年 5 月，中国通商银行在上海成立，盛宣怀任该行督办，这是第一家中国人自己办成的银行。

戊戌变法前两年，盛宣怀曾协助刘坤一条陈《自强大计》，就练兵理财育才诸项有所建议。戊戌变法期间，又曾进京入觐，光绪皇帝召对两次，并奏陈《练兵说帖》。但因朝局将变，即行南旋。

义和团运动期间，盛宣怀最重要的活动，就是协助刘坤一、张之洞等，与各国驻上海领事达成“东南互保”协议，约定上海租界由各国公共保护，长江及苏杭内地由各省督抚保护，两不相扰，使人口密集、经济文化发达的东南地区得以免于战祸。过去论者多据此以责盛为卖国、为汉奸，但实际上是弱国外交必然之表现。“东南互保”无非是在承认半殖民地现实态势的前提下努力维护东南地区的稳定，它并未使中国遭受更多损失与屈辱，反而是在一定程度上减少了中国的损失与屈辱。在斡旋“东南互保”过程中，盛宣怀表现出具有近代外交意识与特殊的精明干练。

盛宣怀在发展各项经济事业过程中，还加深理解了人才与教育的重要。甲午战后不久，就在天津创办中西学堂（后改北洋大学堂）。1896 年又在上海徐家汇创办了南洋公学（交通大学前身），内设师范院、外院(附属小学)、中院（中学）、上院（大学）。这个学校为中国培养了最早的一批科技人才。

盛宣怀办事甚多，贡献甚大，但工作失误与个人品质上的毛病也不少，无论早期与晚期、生前与死后，都是一个有很大争议的人物。早在1877 年招商局收买旗昌轮船公司全部产业以后，运载量超过英商怡和、太古两家公司总和之际，即有御史弹劾盛宣怀在局中安插亲信，“挂名应差”者渐多。1880 年国子监祭酒王先谦的弹劾言词更为激烈，直指盛宣怀“营谋交通，挟诈渔利”。清廷谕令李鸿章会同刘坤一认真查究。刘坤一于1881 年初奏复，认为王先谦所参名节“未始无因”，并弹劾盛宣怀“蠹帑病公”、“任意妄为”、“滥竽仕途”、“有同市侩”，应予革职。李鸿章的复奏则极力为盛宣怀辩护开脱，并讥刺刘坤一不了解如何用人与保护利权。双方争论达一年之久，清廷无可奈何，结果不了了之。庚子以后，责难尤多，及至收回利权运动与保路风潮兴起，盛宣怀更成为众矢之的，几乎是全国加以唾骂声讨，甚至有人认为清朝就是亡于盛宣怀之手。但平心而论，在当时许多士大夫耻言洋务，不屑与商贾为伍，“各思安坐而致尊荣，不肯历患难而希勋业”的情况下，他却能顺应时代潮流，适应国家需要，迎难而上，勇于任事，在很短时间内，并且毫无国内经验可作凭借，便开创了航运、铁路、矿冶、纺织、电讯、金融等庞大企业体系，使中国在近代化道路上迈开了很大的一步，其筚路蓝缕之劳绩实不可没。当然，在那样的历史条件下，引进技术与外资，难免有损害甚至严重损害民族权益之处，但这多半是由中国半殖民地地位所决定，不能完全责之于盛宣怀个人。至于说他贪婪图利、有同市侩，这倒是说对了，但是又有一个评价标准问题。贪婪是资产阶级的天然品格，图利是资产阶级的生活目的，在这方面盛宣怀确实不同于一般出身于正途的旧式官员。但他并没有只图私利不图公利，而是在谋求民族工业发展的同时也在经营自己的产业，他的全部企业、事业经营从总体上来说仍然有利于国民经济的发展。维新思想先驱者想到、写到、说到的东西，他都用行动一一付诸实现。形象可能有所扭曲，躯体难免杂有污垢，但这毕竟不再是头脑里、书本里和口头上的观念形态，而是转化成为一个个看得见、摸得着、用得上的实体。这就比那些自命高尚、坐而论道、谨言慎行而又厌拒一切新鲜事物的正人君子们要高明得多。至于“铁路国有”问题，也是当时、事后以至今日都为人们激烈抨击的目标。但如同川汉、粤汉铁路修筑这样的大工程，以当时中国的经济发展水平，单靠国内私人投资是难以建成的；国家修建铁路并拥有主权，这本身并无可以非议之处。问题是在于国家财政困乏至极，必须大量引进外资，引进外资就必须给外国资本家以好处，而这又是在《辛丑条约》签订之后民族主义情绪空前高涨之时，引起举国强烈抗议并激发导致清朝覆灭的保路风潮便成为必然的结果。清政府早已名正言顺地戴上“洋人朝廷”的帽子，而坚持铁路国有政策的盛宣怀被骂作汉奸也就是理所当然。这也是时也，命也！

但历史毕竟是客观而又宽容的，随着时间的流逝，人们的感情色彩渐减而理智成分日增，而前人留下的事业的社会效应也将显示得愈加全面、充分。只要真正是有利于国计民生、有利于民族进步的事业，后世的人们必将追念其倡始者的创榛辟莽之功，而淡忘其当日工作过失以至品格弱点，同时也会逐渐用冷静分析的态度来对待那些义愤填膺的抨击和抨击者们。当然，对于当年抨击盛宣怀的言论无须一笔勾销，其中也不乏可作历史借鉴之处。在众多的抨击者中，有些是出于爱国而流于笼统排外，有些是为了“排满”和鼓动革命风潮，有些则是由于在政治决策上确有自己独特的见解，对于这些人我们都应该给以理解和恰如其分的评价。而有如王先谦那样极端自信的“正人君子”，则只能引起人们如同张謇那样的感慨：“夫今世何世乎？韩昌黎所谓小人好议论人，不乐成人美之世也。此非谓世无君子，为君子少而伪君子多。议论人者，恒以不肖之心测人。”[①] 尽管张謇当年也曾激烈抨击过盛宣怀，而且抨击中也是正义与私利交杂，但那毕竟是另一种堂堂正正的抨击，是发自另一个兴办了许多裕国利民事业的先驱者的抨击。我们应该尊重那些为中国近代化呕心沥血的人们，既包括鼓吹者、设计者，也包括组织者、实践者。鲁迅曾把第一个吃螃蟹的人称为勇士，我想此人在吃蟹之前、之际、之后都未必怀有或架构何等崇高的宗旨，因为他绝不会想到要为后人做什么模范事迹的报告。而且，我想此人吃的姿态也未必优雅纯正，大抵是生吞活剥并有几分贪婪，决不会如同后世君子们那样持螯赏菊、吟酒赋诗。对于盛宣怀这样一些敢于在中国认真干“第一个……”的人们，或许也可以作如是观。

综上所述，可以看出，兴办各项洋务事业的主要推动者，在 19 世纪 60 年代至 90 年代已经形成一个人数比较众多的社会集团，已大大不同于 60 年以前魏源、冯桂芬等只能作孤独的呐喊。在这个社会集团中，作用较大者又可区分为四个群体。一是曾国藩、李鸿章、左宗棠、张之洞等督抚群体，他们有权、有势、有钱乃至有兵，可以影响清廷决策并在自己管辖范围内大刀阔斧举办各类新式企业、事业。二是郭嵩焘、冯桂芬、薛福成、马建忠等思想先驱群体，他们在幕府内外影响幕主，参与决策并鼓动舆论。三是徐寿、华蘅芳、李善兰、徐建寅等科学专家（或技术官僚）群

① 张謇：《大生纱厂股东会宣言书》，张孝若：《张季子九录》卷八，中华书局，1931 年，第 34 页。

体，由于他们已走出书斋与实验室，并被委以建厂、办厂等重任，所以也可以说是技术官僚群体。四是盛宣怀、郑观应、徐润、唐廷枢等经营管理者群体，尽管他们的出身、经历乃至际遇、结局各不相同，但善于经营管理则是他们的共性。尽管他们同时具有官、商双重身份（或由商而官，或由官而商），但他们的商人气质更甚于官僚气质。刘坤一骂盛宣怀“有同市侩”、“滥竽仕途”，表明旧官僚界对这批颇有开拓性、经济型气质的新起经济官僚不予认同。但他们的作用极为重要，督抚群体的决策，思想先驱群体的观念，科学专家群体的才智，都要经过他们的组织运营才能成为现实，成为分布在全国各地的近代企业、事业实体。如果说，各项洋务事业的举办，反映了中国正在与农业宗法社会离异，逐步走上近代化道路，那么这些群体的出现，则反映了一部分知识分子正在与旧的官僚、文士营垒离异，逐步向资产阶级、资产阶级代表、资产阶级和小资产阶级知识分子过渡，尽管人数很少而转化程度也还不深。

但是，中国前进的阻力仍然很大。在19世纪六七十年代，内在阻力的危害更甚于外在阻力。

近代文化、经济事业的举办，从一开始就遭受守旧势力的顽固阻挠。同文馆成立不久，大学士倭仁于1867年3月上一道奏折，其基本理论就是“立国之道，尚礼仪不尚权谋；根本之图，在人心不在技艺”；与维新思想先驱者的“师夷长技”说正好针锋相对。他认为：“今求一技之末，而又奉夷人为师，无论夷人诡谲，未必传其精巧；即使教者诚教，所成就者不过术数之士，古往今来未闻有恃术数而能起衰振弱者也。天下之大，不患无才。如以天文、数学必须讲习，博采旁求必有精其术者，何必夷人？何必师事夷人？……所恃读书之士，讲明义理，或可维持人心。今复举聪明隽秀，国家所培养而储以有用者，变而从夷，正气为之不伸，邪氛反而弥炽，数年以后，不尽驱中国之众咸归于夷不止。”① 这道奏折堪称传统的“夷夏之辨”观念的代表作。

当时，恭亲王奕䜣主持军机处工作。他支持各项洋务事业，并上奏指

① 《筹办夷务始末》（同治朝）第47卷，中华书局，1979年，第24页。

责以理学大师倭仁为代表的这些守旧势力，历来都是纸上谈兵，“议和议战，大率空言无补”；如今又“仅以忠信为甲胄，礼仪为干橹等词，谓可折冲樽俎，足以制敌之命，臣等实未敢信”。倭仁继续上奏反对，无理纠缠。奕䜣等乃设法通过上谕，令倭仁“另行择地设馆，由倭仁督饬讲求，与同文馆招考各员互相砥砺，共收实效”，以证明“该大学士确有所知”。所谓“互相砥砺”，实际上就是互相比试，较量高低。这一招倒很有效，因为这些空谈道器心性之学的大师们，肚子里并没有多少真才实学，更不懂得什么天文、算学，只得承认“奴才前奏已无足论”，腔调立刻软了下来。但是，这些顽固派并不服输，同年夏天又支持候选直隶知州杨廷熙上奏指责同文馆有十大罪状，甚至连当时天旱无雨也是由于“同文馆之设，强词夺理，师敌忘仇，御夷失策所致”。幸好当时奕䜣尚受慈禧太后信任，清廷支持洋务事业兴办的态度也比较明确，同文馆才得以安然无恙。

但是，在铁路问题的长期争论中，守旧势力的舆论力量却产生了很大影响。

早在 1872 年，上海外国侨民中的一些人组成吴淞道路公司，买下了上海吴淞间 9.25 英里、宽约 15 码的地皮，表面上说是修筑公路，实际上是想修筑铁路。随即在 1874 年正式成立吴淞铁路公司，总办事处设于伦敦，资本额计 10 万英镑。铁路公司接收了道路公司的土地和权益，到 1876 年 6 月已经建成全线的半程，即上海——江湾段，并且通车营业。上海外侨之所以采取这个行动，是受到日本东京——横滨之间修筑铁路的启发。日本政府在 1868 年将此线让与权授予美国商人，1872 年正式通车。“上海港口的运输问题与东京有些相似，外国船舶认为碇泊在距离外国租界地下游十二英里的吴淞江中比较便利。从这个碇泊处建一条铁路，通到这个城市，将会起与横滨——东京线的类似作用。”[①] 外国商人当然是为自己做生意方便，但同时也想让这条轻便铁路起点示范作用，激发清朝官员修建铁路的热情，以改善他们通商与投资的环境。

① 泰勒·丹涅特：《美国人在东亚》，商务印书馆，1959 年，第 503 页。

但是，在日本顺利办成的事情，在中国却碰到很大麻烦。据吉尔《金沙江》一书的记载："而它（指吴淞铁路）的建筑期中和通行初期，可能是受上海士人的煽动，在附近的各个村子的人民中间，存在严重的反感，甚至于有准备用自杀方式来进行这种反对活动的……种种攻击铁路的方式都被采用着。"铁路半程建成并通车引起中英之间严重交涉，因为并未得到中国政府批准与授权，当然涉及损害中国主权问题。经过反复激烈争论与相互妥协，终于1876年10月签订《收回吴淞铁路条款》，中国以285.1万两平银赎回自办。所谓"自办"无非是敷衍面子，结果是拆除了事，因为当时中国大陆还缺乏足以承受火车、铁路这样可能破坏"风水龙脉"的新事物的社会心理状态。

尽管乘过这条线路火车的人，颇能感受到新式交通的优越性："（发车后）始徐继捷，愈行愈速，电发飙驰，盖其轮运于铁路。铁路者，如砥如矢，置铁条两为闲，器件尺寸不差。车为迫置直前，毫无出入，坐来颇稳；而所过村庄云树，不翼而飞，桑者闲闲，其行有若狂奔者。不一刻许，已十二里抵江湾。"但他们对于铁路将会引起何等后果，仍然是感到前途未卜与忧心忡忡。他们说："闻西人之始开铁路也，必平必直，致坏田舍、夷坟墓无数，又将渐入腹地，故大吏入告而谕止之，今撤毁有日矣。"[①]

在吴淞铁路拆除三年之后，铁路争论又复旧事重提，起先是前直隶提督刘铭传于1880年底认为："铁路之利于漕务、赈务、商务、矿务、厘捐、行旅者不可殚述，而于用兵一道，尤为急不可缓之图。"并奏请借洋债修筑两条铁路：一条由汉口经河南，达北京；一条由清江经山东至北京。奏上之后立即引起一场激烈论争。侍读学士张家骧首先起而反对，奏陈铁路有"三大弊"；李鸿章则极力支持刘铭传建议，力陈铁路之利多与势在必行。刘、李的主张立即遭到一群守旧而又无知的官员们的反对，或断言铁路有"五害"，或指陈铁路有"九不利"。连曾经出使国外的刘锡鸿也认为铁路"不可行者八、无利者八、有害者九"，就是有害无利而不可行。守

① 潘钟瑞：《香禅精舍集》卷十二，《清代诗文集汇编》691，上海古籍出版社，2010年，第535页。

旧派反对铁路的种种理由现在看来当然是不值一驳，但在当时却仿佛重重枷锁，捆缚着人们的头脑和手脚。

后来，经过中法战争运兵困难的教训，清廷主政者才决心排除各种阻力，于1887年决定首先修建津沽铁路。此年津沽铁路修成，本来还想延伸到通州，但已引起“举朝骇然”，修路计划又只能暂时搁置。

日本实藤惠秀教授曾将中日早期举办新式经济、政法、文教等事项的情况信作过对比，并列表如下[①]：

类似事项	日本		中国		年差
	事项	年	事项	年	
外语学校	洋学校	1855	同文馆	1862	7
购买轮船	咸海丸	1857	购入商船亚丁号（Aden）	1872	15
留学	荷兰留学	1862	美国留学	1872	10
工厂	横须贺造船所	1864	安庆军械所	1861	(—3)
文字改革运动	《汉字御废止之仪》	1866	《一目了然初阶》	1892	26
杂志	《西洋杂志》	1867	《时务报》	1896	29
诏令	五条誓文	1868	科举废止诏书	1905	37
报纸	《中外新闻》	1868	《昭文新报》	1873	5
电信	东京至横滨间	1869	上海至香港间	1871	2
货币制度	新货币制度	1871	实行法币	1935	64
发式	自由散发	1871	自由剪发	1911	40
火车	东京至横滨间	1872	上海至吴淞间	1876	4
新历	太阳历	1873	太阳历	1912	39
民众政治运动	民选议员设立建议	1874	公车上书	1895	21
国立新式大学	东京大学	1877	京师大学堂	1902	25
立宪预告	国会设立诏书	1881	预备立宪上谕	1906	25
颁布宪法	大日本帝国宪法	1889	中华民国宪法	1947	58

上述比较，虽然不尽确切，但大体上能够反映出日本近代化的车轮已经转动得颇有一点势头，而中国前进的步伐则缓慢得多。

当然，不能把一切都归咎于守旧势力的阻挠，除了本书前面所陈述的

① 引自实藤惠秀：《中国人留学日本史》，生活·读书·新知三联书店，1983年，第8页。

社会结构等国情方面的原因以外，洋务集团自身的弱点也起了明显的消极作用。对于这些弱点，郭嵩焘看得最为清楚也剖析得最为透彻，因为他既是洋务集团的重要成员，又能跳出这个圈子从世界全局来严格审视自己的集团与事业。郭嵩焘认为，在各省督抚中，真正称得上“洞悉洋务”的，只有李鸿章、沈葆桢、丁日昌三人。他肯定“合肥（李鸿章）能见其大，沈尚书（沈葆桢）能得其事，丁中丞（丁日昌）能得其精”；但又批评他们未能超越“中体西用”的框架，“徒能考求洋人末务而忘其本也”。他比较清楚，西方国家的文明进化，涉及社会制度、政治体制、科学技术、文化学术、风俗习惯各方面的革新与进步。如果离开这个整体环境的变革，孤零零地去考求西洋军火，引进外国军事口令、阵法、条例，乃至办若干工厂，辟几条航线，那是很难取得成功的。而洋务主持者及各级经办者的官僚作风、腐败愚昧，更使他感到灰心丧气。他曾经借用外国人的陈述来表露自己的失望：“傅兰雅言，在上海目睹两事：同治十三年（1874年），日本兴师台湾，沿海戒严，因派一轮船驻扎吴淞江口，以备不虞。凡共管驾兵弁三百余人，令甫下，以病告者六七十人。迟久乃开行，而告退者半，逃逸者亦半。比至吴淞，存者二十余人而已……一日，至铸炮厂，见用开通内膛机器，一童子司之，惟用车口机器长二寸许，轮转不息。因诘童子：‘此当开通内膛，舍长用短，是不求通也。’（童子）曰：‘不过挨延岁月而已，横直总办不能知，莫吾诘也。’”① 郭嵩焘听到这些腐败情况后非常痛心。

“橘逾淮而北为枳，此地气然也。”② “橘生淮南，则为橘；生淮北，则为枳。叶徒相似，其实味不同。所以然者何？水土异也。”③ 先进的西方科技、设备和企业组织，引进到衰老的大清帝国以后，却成为如此扭曲的形象，而结出的也只能是苦涩的果实。这里就有一个社会文化土壤问题，也有一个企业领导与劳动者的素质问题。郭嵩焘对中西文化有比较全面深入的比较研究，所以能体会到其中奥秘。他说：“泰西制造机器所应取效者，

---

① 郭嵩焘：《伦敦与巴黎日记》，光绪五年二月十四日日记，岳麓书社，1984年，第931页。

② 《周礼·冬官考工记》，郑玄注：《周礼郑氏注》，中华书局，1985年，第278页。

③ 《晏子春秋·内篇杂下》，中华书局，1985年，第56页。

岂直枪炮而已哉？人心风俗偷弊至于此极，既有枪炮，亦资寇兵而赍盗粮而已。然且相为欺诬浮滥，处之泰然。闻傅兰雅之言，为之叹悼。"①

"欺诬浮滥，处之泰然。"这可以说是整个洋务事业消极面的写照，不独南北洋水师与江南制造局如此。所谓"同光新政"弱点的集中暴露，自然是在甲午中日战争期间，但其败相早在二三十年以前即已显露了。

"橘化为枳"还有一例，即太平天国之引进基督教。

洪秀全（1814—1864）本来是一个自幼接受传统文化教育的科举士人，但由于屡经考场蹉跌逐渐厌弃"学而优则仕"这条老路。1843 年最后一次应试落第后，他认真阅读了七年以前在广州偶然得到的《劝世良言》一书，并且从中得到许多启发。《劝世良言》是一套宣传基督教教义的传道书籍，包括九种小册子。作者梁发（1789—1855）本是印刷工人，被英国传教士马礼逊雇用专事刻印《圣经》中译本，后被培养成为第一个华人牧师。他的文化水平有限，不仅缺乏应有的中西文化素养，就是对于《圣经》也难以做系统的深入的研究。因此，《劝世良言》便不如两百年以前利玛窦（Matteo Ricci S. J.）所写的《天主实义》那么系统雅致，它无非是摘引《新约》、《旧约》圣经中的某些片断文字，加以中国式的比附发挥，反复宣传拜上帝、敬耶稣、反对崇拜邪神偶像以及天堂永乐、地狱永苦等教义。但是，现实世界中的失意者、受苦受难者，在其未获得真正觉悟之前，往往容易从宗教那里求取慰藉，并以此来填补心灵的空虚。洪秀全正是这样接受了《劝世良言》中宣传的诸如原罪、崇拜独一尊神、遵行天诫、不行邪事等浅近教义。

随着社会矛盾的激化与洪秀全反抗清朝决心的形成，《劝世良言》宣传的这些粗浅教义产生了愈来愈大的作用，当然全部都经过了洪秀全的加工制作。洪秀全从基督教义中吸取了使命感与献身的自觉，吸取了某些博爱、平等的思想因素，也因此激发了反对"奸淫邪恶、诡诈欺骗、强暴凌虐"的热情。他不仅决心终身信奉与宣传上帝的福音，而且渴望按照上帝的意志来洗涤这个肮脏而黑暗的世界。实际上他也是代表中国亿万农民的

① 郭嵩焘：《伦敦与巴黎日记》，岳麓书社，1984 年，第 931 页。

意志，不过他们并不满足于耐心等待享受未来的天堂快乐，而是更加渴望在现实生活中改善自己的地位与待遇。洪秀全用宗教语言表述了这种愿望，他把天堂分为两种，大天堂在天上，小天堂在人间。老友王庆成的力作《太平天国的历史和思想》一书，对此有深入而精辟的论析，他早已指出："天堂、地狱是灵魂的去处，本在彼岸世界；但太平天国宗教却在相当程度上把天堂人间化，这是它适应了农民起义要求的重要表现。"洪秀全传布的是本土化的基督教，而且带有许多明显的异端色彩。

太平军起义以后，由南而北，势如破竹，很快就定都金陵，建立天朝，并且在北伐、西征两个大战场上都曾取得辉煌的胜利。它的基督教色彩曾经引发过一些外国人乃至中国维新思想先驱者的想像，以为这可能是一个比较容易接受西方近代文明，而且有资格代替腐败清朝的新国家。但事实很快就表明他们的判断错了，这个凭借广大农民奋起反抗而建立的天朝，仍然是一个未能摆脱农业宗法模式的守旧王朝。上述庆成兄大著中收有《太平天国上帝的大家庭和小家庭》一文，饶有兴趣地发现："在太平天国的宗教观念中，除了存在一个以上帝为家长、以天下人为兄弟姐妹的大家庭外，还有一个以上帝、耶稣、洪秀全、洪天贵福'父子公孙'为中心的小家庭。在这个小家庭中，上帝仍是家长，耶稣是长子，洪秀全是次子，洪秀全的儿子洪天贵福还过继给伯父耶稣，是上帝的孙子，上帝、耶稣各有元配妻室，是洪秀全的天妈、天嫂。此外，杨秀清、冯云山、石达开也一度是这个家庭的不明确的成员，后来只留下了杨秀清被确定为上帝的第三个儿子。"这就不仅是把上帝世俗化了，而且还把西方的上帝纳入中国的宗法谱系。问题还不仅限于此，这一宗法谱系乃是现实权力分配的最后依据。上帝的家长地位和耶稣的长子地位所得到的大量权力统统是抽象的，正如作为他们元配妻室的天妈、天嫂也是抽象的一样。倒是作为次子的洪秀全，以及曾经在这个谱系中据有位置的诸王，他们所得到的有等级差别的大量权利，才是实实在在的。太平天国领导集团一方面分别组织"男营"、"女营"，拆散他人的家庭，一方面则编制严密的宗法网络，建立自己的家族乃至宗族体系，并且占据按等级分配权力乃至生活、福利物资。宗法制度与等级制度相结合，以及其他各种君主专制王朝弊端的复活与恶性发展，乃是太平天国失败的重要原因。

曾国藩在《讨粤匪檄》中曾经攻击太平天国："自唐虞三代以来，历世圣人，扶持名教，敦叙人伦，君臣、父子、上下、尊卑，秩然如冠履之不可倒置。粤匪窃外夷之绪，崇天主之教，自其伪君伪相，下逮兵卒贱役，皆以兄弟称之，谓惟天可称父，此外凡民之父皆兄弟也，凡民之母皆姐妹也。农不能自耕以纳赋，而谓田皆天主之田；商不能自贾以取息，而谓货皆天主之货；士不能诵孔子之经，而别有所谓耶稣之说、《新约》之书。举中国数千年礼义人伦诗书典则，一旦扫地荡尽。此岂独我大清之变，乃开辟以来名教之奇变，我孔子、孟子之所痛哭于九原，凡读书识字者，又乌可袖手安坐，不思一为之所也。"曾国藩的痛心疾首、慷慨陈词，曾使人们过高地估计了太平天国改造旧的社会制度与意识形态的革命性质，而忽略了《讨粤匪檄》的策略意义。曾国藩有意渲染太平天国反对名教伦常、扫荡传统经典等，目的无非是把太平军说成是一伙信仰洋教的捣乱分子，从而鼓动一切维护传统并在传统秩序中享有既得利益的人们，一起来镇压这次农民起义。实际上太平天国的反传统并没有走得这么远，定都天京以后，等级森严，腐化日深，纲常名教与孔孟之道仍然是维系洪氏王朝的潜在的主要精神支柱，尽管有种种粗鄙基督教义的牵强附会，变成不中不西、不伦不类的杂烩。

马克斯·韦伯（Max Weber）在探讨早期新教或加尔文教信仰与理性资本主义精神之间的联系时，曾认为加尔文教的教义在资本主义精神的创立过程中是一个活跃的、决定的力量，是合理的经济活动思想与实践的背后的激发力量。韦伯认为，合理的经济行为建立在"天职"或"使命"（call）观念之上，而这种观念产生于基督教禁欲主义的精神，并且成为资本主义精神的根本要素之一。姑且不论韦伯理论的偏颇与不尽确切之处，就是从理性资本主义所需要的精神信仰这一狭隘范围而言，太平天国那种混杂着许多荒诞观念的宗教思想，也很难引导人们走出中世纪。

太平天国后期领导集团中，真正对基督教义与西方近代文明较为理解的只有洪仁玕一人，他不仅是天朝筵席上迟到的宾客，而且还是处于愚昧落后氛围之中的孤独的清醒者。他曾经提出《资政新篇》，企图以此作为按照西方模式改造自己国家的蓝图。但他无论在政治上还是在思想上都难以改变太平天国的既定格局。制约着他的言论与行动的力量，不仅来自活着的天王的绝对权威，而且还来自死去的东王的巨大影响。他只能撇开自己带来的建造“新天新地新世界”的蓝图，按照天国的思想、行为乃至语言的规范，努力扮演绝对忠诚于天王的辅佐角色。后世的人们很难判断，洪仁玕内心是否具有如同某些早期维新思想先驱者那样的孤独感，但至少有一点可以肯定，他的结局比郭嵩焘等人更为悲惨。因为，郭嵩焘至少还对李鸿章等人的决策有所影响，亲眼看到几所新工厂的建立；而洪仁玕则只能眼睁睁地看着洪秀全沉溺于梦幻，看着天京的陷落与天国的沦亡。

太平天国具有一股无与伦比的社会冲击力。这股冲击力如果与具有明确革新要求的社会群体相结合，未尝没有可能驱动中国较早较快地走上近代化道路，但在这方面中国又与日本有不同的结局。日本学者的研究表明，日本幕末时期社会矛盾激化，农民斗争也是此起彼伏，造成整个社会的动荡不安。自1590年至1867年（大体上相当于整个江户时代）278年间，农民起义共2 809起，平均每年约10起。其中有1 192起发生在明治维新前的六七十年间，平均每年约18起。这些起义尤其集中于天保(1830—1844）年间和庆应（1865—1868）年间，形成两次高潮[①]。这种情况与鸦片战争后的中国颇为相似，而起义的规模与组织程度却远逊于太平天国。但正是庆应起义高潮促使尊王攘夷派改变了策略，由空谈“攘夷”转为“开港讨幕”，决心联合各种反幕力量，一致推翻幕府反动统治。1862年初，长州藩尊攘派首领久坂玄瑞在致土佐藩尊攘派首领武市瑞山的信中说：“诸侯不足恃，公卿不足恃，除联合草莽志士起义以外，再无他策。此乃吾辈所共认。请恕鲁莽，大义所在，即使贵藩、敝藩灭亡，在所不惜!”[②] 这种颇有破釜沉舟、背水一战气概的“草莽组织决定论”，虽然并未促成维新志士与农民起义直接结合，但至少产生了两方面的积极影

① 参见井上清：《日本现代史——明治维新》，东京大学出版社，1954年，第49页。

② 转引自吕万和：《简明日本近代史》，天津人民出版社，1984年，第28页。

响。一是把斗争矛头集中于幕府，宁可在维持国体前提下开放下关港口，借以避开外敌的干扰，同时也没有在明治维新以前分散力量去镇压农民起义。二是在讨幕过程中比较注意利用“草莽志士”，其中包括往往兼营工商业的“豪农”和往往兼事经营土地的“豪商”。这些“草莽志士”具有明显的资本主义倾向，并且在武装讨幕斗争中起了重要作用。与明治维新前的政治格局颇为不同，中国早期维新思想的先驱者对农民起义大都持反对、敌视态度，有些人甚至直接参与过镇压农民起义。他们投身洋务集团前期的主要任务，也是镇压太平天国、捻军乃至各地少数民族起义，时间之久，规模之大，实为罕见。只是到19世纪80年代以后，他们才把主要精力转向于应对外来侵略。1861年初，洋务集团的头面人物奕䜣等奏称：“就今日之势论之，发、捻交乘，心腹之害也。俄国壤地相接，有蚕食上国之志，肘腋之忧也。英国志在通商，暴虐无人理，不为限制，则无以自立，肢体之患也。故灭发、捻为先，治俄次之，治英又次之。”① 洋务集团是统治阶级当中较为开明也较有实力的一翼，可是他们却成为农民起义最死硬的敌人，竭尽全力与农民以及各少数民族起义军厮杀二十余年之久。当然，他们也曾用农民起义壮大了自己，包括用洋枪、洋炮乃至洋船装备自己的军队，创办了若干近代军事工业和民用工业，终于成为举足轻重的地方实力派。但他们没有可能像日本长州、萨摩诸藩那样尊王讨幕，成就明治天皇的维新事业；他们在中国定于一尊的大一统政治格局中，命中注定只能继续充当最后一个腐朽王朝的鹰犬。

太平天国的历史贡献主要在于破坏而不可能在于建设。它以雷霆万钧之伟力冲击中国最后一个王朝，使其根基动摇而更易趋于土崩瓦解。但是，它的扫荡涤除并未能够铲除农业宗法社会赖以长期存在的陈旧土壤。千百年来，正是由于这种土壤的深厚，只有一个个王朝的更迭，而很难出现真正的社会革新。也许历史对太平天国的要求正是以风雷狂飙激发神州的生气，使人们从沉睡中惊醒。洋务集团利用太平天国起义的时机开始办起了近代工业，戊戌维新利用太平天国的余威敦促皇帝变法，而孙中山则

① 《筹办夷务始末》（咸丰朝）第71卷，中华书局，1979年，第2675页。

公然以洪、杨继承人的姿态发动了辛亥革命。前人之功不可没，而前人之功又不可求全责备，夸大和缩小都是史家之大忌。

但是，最可惜的还是中国在19世纪六七十年代忙于国内战争，失去了改革、振兴、崛起的最好的历史机遇。以后虽然人们更为醒悟，更为奋起，更为求新，但是却面临更为严峻的国际环境，成就任何一项重大革新都将更为困难。

第八章　离异的艰难历程

就鸦片战争以后中国百余年历史的总体来说，对于传统文化的全面离异是在甲午中日战争以后开始的，而前此半个世纪无非是为正式的离异过程作了也许必要但却太多的铺垫。

与两次鸦片战争、中法战争相比较，甲午战争所遭到的是一次更为全面彻底的失败，不仅割地赔款的数量之大为以前所未曾有，而且内地准许外商设厂也带来对于农业宗法社会经济结构更为强烈的冲击。战争的失败对于人们思想上的打击甚至更为沉重。过去几次对外战争的失败是败于白人，败于西方国家；经过几十年的观察、思考，终于有些人认识到英吉利、米利坚之流并非想像中的蛮夷，而是文明富强的经济高度发达国家，所以败于这些国家也是理所当然。但是，现在却败于一向师事中华的邻近岛国日本，而且又是败在日本仅仅维新二十多年之后，这当然引起人们更大的震惊。对于日本崛起挑战的反应表现在两个方面：一是堂堂大清帝国竟败于小小日本，可见国势之颓唐，事态之紧急，于是更为增强了危机感；一是有感于日本学习西方的明显有成效，因而也增强了学习西方乃至学习日本的自觉性。随着形势的急速发展，人们再也不能忍受“中体西用”这样狭小的活动空间，他们要求解放自己的思想，舒展自己的手脚，在更为广阔的天地里学习西方与变法图强。

甲午中日战争以后，进步知识界思想之演变日渐迅速。1903 年，有人回顾这短短几年的思想变迁历程说：“夫自甲午之创，庚子之变，大江以南，六七行省之士，翘然于旧政治、旧学术、旧思想之非，人人争从事于新智识、新学术，迄今而自由民权之论飘沸宇内，莫能禁遏，固不得谓智育之无进步矣。”[①] 这里讲的主要是东南地区的知识界，但大体上能反映出社会思想发展的总趋势。

如果说，郭嵩焘早在甲午战争十多年以前即已批评洋务集团学习西方“是治末而忘其本，穷委而昧其源也”，那么，在 1884 年 10 月以原两广总督张树声遗折形式出现的一篇政论，即已对西方国家之本作较为具体的探求，并且更为明确地认为应该着重学习西方富强之本。遗折说：“近岁以来，士大夫渐明外交，言洋务，筹海防，中外同声矣。夫西人立国，自有本末，虽礼乐教化，远逊中华，然驯致富强，具有体用。育才于学堂，议政于议院，君民一体，上下同心，务实而戒虚，谋定而后动，此其体也。轮船、大炮、洋枪、水雷、铁路、电线，此其用也。中国遗其体而求其用，无论竭蹶步趋，常不相及，就令铁舰成行，铁路四达，果足恃欤?”同时，此折还有“圣人万物为师，采西人之体，以行其用”等语[②]。遗折据说是张树声口授由他人笔录，但具体情况不详。论者多据此折认为张树声思想先进，平时压抑心中，临终则发诸遗言。我则认为遗折中这些精到意见不一定都是张树声所独有，甚至也不一定就是他本人的意见，更大的可能则是出于亲信幕僚与家人集议，或者竟是某一捉刀人的借题发挥。遗折有不同的情况：有些是死前神志较清明时自己草写，此类遗折较能代表本人思想；有些则是临终之际已无力自书，委托他人代为草拟，或经本人过目，或本人来不及过目即已死去，此类遗折则不一定能代表本人实际思想。如翁同龢就是在临终时委托张謇“草遗疏”。翁同龢死于 1904 年 7 月 4 日，张謇 7 月 9 日才收到翁宅讣告，则遗折一定在翁死后起草上奏。此外，一般遗折都是套话连篇，四平八稳，无非是眷恋君王恩德，不胜感激涕零之类。但张树声遗折中却有一些实质性内容，与当时的维新思想发展相呼应，所以值得重视，而且也确曾引起一些人的重视。

就我记忆所及，同在 1884 年，郑观应《南游日记》也有极相类似的语

① 杜士珍：《论德育与中国前途之关系》，《新世界学报》第 14 号，光绪二十九年三月十五日。

② 参见张树声：《遗折》，《张靖达公奏议》卷 8，《近代中国史料丛刊（正编）》第 23 辑，文海出版社影印版，1968 年，第 33 页。

言："余平日历查西人立国之本，体用兼备。育才于书院，论政于议院，君民一体，上下同心，此其体；练兵、制器械、铁路、电线等事，此其用。中国遗其体效其用，所以事多扞格，难臻富强。"① 从这本日记中还可以知道，郑观应奉旨在这年年初到达广东，由兵部尚书、督办广东海防彭玉麟札委会办湘军营务处，两广总督张树声也派郑观应"赴香港与英兵总理论提炮事"。彭玉麟与张树声都把郑观应当做洋务专家。1884 年冬天彭为《盛世危言》作序，自称："余赋性木讷，不谙洋务。今阅是书，所说中西利病情形，了如指掌。其忠义之气，溢于行间字里，实获我心。故缀数语，亟劝其刊行问世，以期于海内诸公采择而力行之。"很难判断张树声是否也看过《盛世危言》书稿，但他从郑观应那里曾经了解许多"中西利病"，想必与彭玉麟的感受相同。所以，我们倒更有理由相信，张树声遗折中那段精彩语言，很可能是来源于郑观应的进言，即令他不是遗折的捉刀者。张树声恰好在这年 5 月 22 日以病免职，10 月死于广东军次。郑观应则是在这年 6 月奉彭玉麟委派到南洋各地了解敌情，8 月已回到广州并向彭玉麟及刚刚接任两广总督的张之洞汇报有关情况。所以，当彭玉麟、张之洞为张树声料理后事并商讨遗折等问题时，郑观应很有可能参与意见。

但是，郑观应 1892 年为《盛世危言》写自序时，却偏偏要一字不漏地引用上述张树声遗折中那段话，并且赞曰"善夫"、"诚中的之论也"②。这无非是借重张树声的地位与声誉来宣传自己的主张罢了。常言道，人之将死，其言也善，临终前的遗言往往更易于打动人心，郑观应懂得这些传统社会心理。

经过甲午战争中国的失败，洋务运动的内在弱点充分暴露出来，"中体西用"经过实践检验表明局限甚多，因此对它的批评也日渐激烈而趋于深刻。1895 年 7、8 月间，谭嗣同在《报贝元徵书》中指出："圣人之道，果非空言而已，必有所丽而后见。""故道，用也；器，体也。体立而用

① 夏东元编：《郑观应集》上册，上海人民出版社，1982 年，第 967 页。

② 夏东元编：《郑观应集》上册，上海人民出版社，1982 年，第 235 页。"诚中的之论也"一语，系《盛世危言》八卷本所增补。

行，器存而道不亡。自学者不审，误以道为体，道始迷离惝恍，若一幻物，虚悬于空漠无朕之际，而果何物也邪？……将非所谓惑世诬民异端者耶？夫苟辨道之不离乎器，则天下为之器亦大矣。器既变，道安得独不变？变而仍为器，亦仍不离乎道，人自不能弃器，又何以弃道哉！且道非圣人所独有也，尤非中国所私有也；惟圣人能尽之于器，故以归诸圣人。以归诸圣人，犹之可也。彼外洋莫不有之。以私之中国，则大不可。”[①] 谭嗣同从哲学高度把被颠倒了的道与器、体与用的关系重新颠倒过来，而且论证了道器不可分离、器变道亦不能不变、中国有道外国亦有道，这就从更深的理论层次上批判了在洋务运动中占支配地位的“中体西用”说。谭嗣同是个颇有点“霸蛮”精神的湖南血性男子，他的议论颇为痛快淋漓，直指那些误道为体且又把道说得很玄乎的正统儒士为“惑世诬民异端”，表现出极大的理论勇气。

坚持“中体西用”的人，最大的顾虑是被西方文明同化，即所谓“变夷”。谭嗣同在同一封信中恺切开导说：“语曰：‘知己知彼。’先必求己之有可重，而后可以轻人。今中国之人心风俗政治法度，无一可以比数于夷狄，何尝有一毫所谓‘夏’者！即求并列于夷狄，犹不可得，遑言变夷耶？”[②] 落后到不能自立于世界之林，连并列于夷狄（此指西方国家）的资格都没有，还大谈什么“变夷”，这不是可笑到了极点吗？谭嗣同认为，解除这些顾虑并不为“嚣谈所夺”，最好的办法是“亲身阅历”，特别是到国外作实地考察。他说：“历观近代名公，其初皆未必了了。更事既多，识力乃卓。如曾文正惠敏父子（曾国藩、曾纪泽），丁雨生中丞（丁日昌），洞彻洋务，皆由亲身阅历而得。左文襄（左宗棠）晚达，故沈观最久。其请造船之疏曰：‘彼既巧，我不能安于拙；彼既有，我不能傲以无。’所至辄兴创机器，信知所先务矣。沈文肃（沈葆桢）疏论船政，自谓：‘臣则一无知而已矣，其悔恨为何如耶！’彭刚直（彭玉麟）号为不喜洋务，然筑沿江炮台，何尝不用西法，又何尝不请造兵船。其序郑陶斋

① 蔡尚思、方行编：《谭嗣同全集》上册，中华书局，1981年，第197页。
② 蔡尚思、方行编：《谭嗣同全集》上册，中华书局，1981年，第225页。

（郑观应）《盛世危言》，至谓‘孔孟复生，不能不变法而治’，是于洋务独能深入其蕴。黎莼斋（黎庶昌）兵备为诸生时，上书言事，似深薄洋务；及使东章奏，迥然如出两人。郭筠仙（郭嵩焘）侍郎归自泰西，拟西国于唐虞三代之盛，几为士论所不容。薛叔耘（薛福成）副都初亦疑其扬之太过，后身使四国，始叹斯言不诬。夫阅历者，人所同也。但能不自护前，不自讳过，复何难寤之有？"[①] 这里说的虽然是对于西方器、用看法的变化，但实际上已涉及对于西方道、体评价的变化。把西方国家比拟于"唐虞三代之盛"，这与谭嗣同所说的"求并列于夷狄犹不可得"岂不是一个意思吗！上面这段简短文字，比较形象地描述了洋务集团几个主要成员如何被西方近代文明所吸引，而逐渐有所游离于传统营垒之外的变化过程。然后，谭嗣同又怀着深沉的自责心情，回顾了自己逐渐离异于传统文化的过程。他说："即嗣同少时，何尝不随波逐流，弹诋西学。与友人争辩，常至失欢。久之渐知怨艾，亟欲再晤其人，以状吾过；而或不更相遇，或遂墓上草宿。哀我无知，负此良友！"[②] 这是何等诚挚的反省，何等坦荡的胸怀！充分反映了这位维新志士之所以能够义无反顾地献身变法，是有深厚的思想基础的。

不能认为对"中体西用"的批判仅限于戊戌维新时期，而忽视了这是一个曲折且常有反复的漫长过程。"中体西用"对于排外守旧当然是一个进步，但当社会发展和人们思想都出现急剧变化的新时期，它便成为前进道路上的巨大障碍。因为，排外守旧是赤裸裸地公开反对向西方近代文明学习，而"中体西用"则摆出一副公正持平的姿态，貌似维新而在骨子里却维护了农业宗法社会安身立命的根本。正如甲午战争失败七年以后严复所作的反思那样："若夫言主中学而以西学辅所不足也，骤而聆之，亦若大中至正之说矣。措之于事，又不然也。往者中国有武备而无火器，尝取火器以辅所不足者矣；有城市而无警察，亦将取警察以辅所不足者矣。顾使由今之道，无变今之俗，是辅所不足者，果得之而遂足乎？有火器者遂

① 蔡尚思、方行编：《谭嗣同全集》上册，中华书局，1981年，第228页。
② 蔡尚思、方行编：《谭嗣同全集》上册，中华书局，1981年，第228页。

能战乎？有警察者遂能理乎？此其效验，当人人所能逆推，而无假深论者矣。尝谓吾国今日之大患，其存于人意之所谓非者浅，而存于人意之所谓是者深；图其所谓不足者易，而救其所自以为足者难。”[①] 严复认为，对于洋务集团头痛医头、脚痛医脚的自强之道，其错误与失败已是显而易见，人所共知。但是，更重要的问题不在于这种做法，而是在于导引这种做法的思想与心态(“人意”)。危害中国最大的并非存在于社会心态浅层的否定(“非”)，而是存在于社会心态深层的肯定(“是”)。“图其不足”无非是属于“用”的范畴的一些器艺之类东西，所以做起来比较容易（也并非真正容易)；“所自以为足者”则属于“体”的范畴，是形而上而又深藏于“人意”的道，所以很难加以改变与补救。

当时，金匮有个举人叫裘可桴，他也对“中体西用”说作过深刻的批判。其立论的基点是：“体用者，即一物而言之也。有牛之体则有负重之用，有马之体则有致远之用，未闻以牛为体而以马为用者也。中西学之为异也，如其种人之面目然，不可强谓似也。故中学有中学之体用，西学有西学之体用，分之则并立，合之则两亡。议者必欲合之而为一物，且一体而一用也，斯其文义违舛，固已名之不可言矣，乌望言之而可行乎？”他所说的“分之则并立，合之则两亡”，是专就“中体西用”而言，即不应把中西双方的体用胡乱拼凑在一起，而不顾各自体用的内在联系。这位举人把“中体西用”比喻为“牛体马用”，颇为风趣而又有说服力。所以严复对之表示赞赏，并且加以发挥说：“一国之政教学术，其如具官之物体欤，有其元首脊腹而后有其六府四支，有其质干根荄而后有其支叶华实。使取其辅者与所主者绝不同物，将无异取骥之四蹄，以附牛之项领，从而责千里焉固不可得，而田陇之功又以废也。挽近世言变法者，大抵不揣其本，而欲支节为之，及其无功，辄自诧怪。不知方其造谋，其无成之理，固已具矣，尚无待及之而后知乎。”[②]

裘可桴的“牛体马用”比喻与严复的论析发挥，说明先进知识分子

---

① 严复：《论教育书》，《外交报》第 11 期，1902 年 1 月。

② 严复：《论教育书》，《外交报》第 11 期，1902 年 1 月。

对于中西文化的比较认识已经更为深刻。除了中外交往的增多与社会环境的变化以外，严复还有自己在学识素养方面的优势。既不同于王韬的中学深而西学浅，也不同于容闳的西学深而中学浅，严复是中国第一个中西兼通的大学者。从中学而言，他自幼攻读儒家经典，而且终身刻苦研讨本国文化。从西学而言，他接受过西方的系统正规教育，对于亚当·斯密、孟德斯鸠、卢梭、边沁、穆勒、达尔文、赫胥黎、斯宾塞的著作都曾熟读精研，历历如数家珍，特别是达尔文的进化论对他的影响最大。他与裘可桴实际上是用社会机体说的眼光来考察中西社会与文化，把它们看做两个具有完整的结构、机制、功能、效应的大系统，这就不仅产生了观念的重大变化，而且更体现了思想方法的根本变化，从而突破了道器、体用、主辅传统范畴的既定格局，并且开辟了新境界与新思路。

当然，严复也并非主张中国全盘西化，而是强调西学的体与用之间的内在联系，认为简单的、局部的引进或移植是难以奏效的。对于自己的传统，对于自己的民族特色，他也同意应该“别择其故所善葆而存之”。但他又认为这种“别择之功”是很困难的，非思想守旧者所能胜任。“别将阔视远想，统新故而观其通，苞中外而计其全，而后得之，其为事之难如此。”同时，他认为“别择”的价值标准为是否有利于中国的文明进化。中国之大患为愚、为贫、为弱，凡事只要有利于清除此三患皆可也。三者之中，以“愈愚”为最急，因为愚是贫、弱之源，处于贫、弱而不知何以贫弱即为愚。严复说：“继自今，凡可以愈愚者，将竭力尽气、皲手茧足以求之，惟求之为得，不暇问其中若西也，不必计其新若故也。有一道于此，致吾于愚矣，且由愚而得贫弱，虽出于父祖之亲，君师之严，犹将弃之，等而下焉者无论已。有一道于此，足以愈愚矣，且由是而疗贫起弱焉，虽出于夷狄禽兽，犹将师之，等而上焉者无论已。何则？神州之陆沉诚可哀，而四万万之沦胥甚可痛也。”[1] 只要是导致愚、贫、弱的东西，即令是祖宗传下来的和皇帝宠爱的“宝贝”，也要毫不顾惜地抛弃。只要是

---

① 严复：《论教育书》，《外交报》第11期，1902年1月。

能“愈愚、疗贫、起弱”的办法，哪怕是出于“夷狄禽兽”，也应该努力学习。因为，不管以什么为本，都应该以保证民族的生存与国家的富强为前提。如果对神州陆沉、同胞沦胥视若不见，反而抱残守缺，拘守道统与陈规陋矩，那才是真正的可悲。

严复还以世界各国的“废兴存亡之故”为鉴，说明维新变法需要极大的决心与魄力。“最近莫若日本，稍远则有普鲁士之弗烈大力、俄罗斯之大彼得，方其发愤图自强，其弃数百千年之旧制国俗，若土苴然。他若法之所为于十八稘（世纪），英之所为于十六稘（世纪），实皆犯天下之所不韪。顾至今论世，莫不谅其民之所为者，保国存种其义最高，而文明富强之幸福至为难得故也。若夫徒轩轾于人己之间，尊其旧闻，若不可犯者，则亦有之矣，突厥、埃及、波斯、印度是已。之数国者，夫岂不主排外？其所以排外之道，夫岂不自谓文明？其于教育也，夫岂不自张其军，而以他人为莫我若？然而其效则公等所共见而共闻者矣。吾故曰：期于文明可，期于排外不可。期于文明，则不排外而自排；期于排外，将外不可排，而反自塞文明之路。”[①] 总结正面的与反面的历史经验，结论是明确的：笼统的排外是不可取的，其恶果必然是“自塞文明之路”。

到 19 世纪末年和 20 世纪初年，“中体西用”原先那点有限的进步作用迅速消失殆尽，并且逐步走向自己的反面。先进的中国人已经不满足于仅仅学习西方的科学技术，他们还要求学习西方的经济、政治体制，并且进而要求学习西方的文化学术乃至治国之本原。说到底，就是要求全面地开放，全面地学习，也就是全面地与传统文化相离异。原来总说，就物质文明而言，中国不如西方，但就精神文明而言，则中国仍然优越于西方。可是，现在连这点优越感也从根本上动摇了，因为人们通过甲午战争中国的失败与洋务运动的破产，逐渐懂得一个道理：物质文明与精神文明是不可分的，只有优越的精神文明才能创造优越的物质文明，也只有优越的物质文明才能滋育优越的精神文明。只有老老实实承认自己落后，以西方先进

① 严复：《论教育书》，《外交报》第 11 期，1902 年 1 月。

文明为榜样，既革新自己的物质文明，又革新自己的精神文明，中国才能掌握自己的命运并有光明的前途。

谭嗣同在《仁学·自叙》中说："网罗重重，与虚空而无极。初当冲决利禄之网罗，次冲决俗学若考据、若词章之网罗，次冲决全球群学之网罗，次冲决君主之网罗，次冲决伦常之网罗，次冲决天之网罗，次冲决全球群教之网罗，终将冲决佛法之网罗。然其能冲决，亦自无网罗。真无网罗，乃可言冲决。"谭嗣同思想颇为复杂，孔、墨并蓄，耶、佛兼收，且多蹈于空想，但要求冲决利禄、俗学、君主、伦常等重重网罗，则完全属于此岸的思想与行为，并且具有一往无前的大无畏气概。这种离异的力度也是前所未有的。

作为这种文化离异在政治上的表现，是戊戌变法——百日维新的出现。戊戌变法是日本明治维新的失败的模仿，但其中也不乏高瞻远瞩的精神领袖，运筹帷幄的重臣谋士，鼓动舆论的文章里手，以及组织经营的行政才干。至于六君子血洒于菜市口，光绪帝囚禁于瀛台，更是悲壮惨烈，曲折离奇，具有千古难以磨灭的魅力。然而所有这一切都经不住守旧势力的阻挠与破坏，仿佛轻量级的拳击选手奋勇向重量级选手挑战，但只要后者稍一挥拳，前者便倒在地下再也站不起来。这并非是我现在的讽喻，而是一位当事人在当时便有类似的感觉。康有为的弟弟、六君子之一康有溥（康广仁），百日维新期间在北京协助其兄起草变法奏稿，即曾看出新旧两党力量相差之悬殊。他忧心忡忡地函告友人："伯兄（康有为）规模太广，志气太锐，包揽太多，同志太孤，举行太大。当此排者、忌者、挤者、谤者等盈衢塞巷，而上又无权，安能有成？弟私窃深忧之……伯兄非不知之，惟常熟（翁同龢）告以上眷至笃，万不可行，伯兄遂以感激知遇，不忍言去。但大变法，一面为新国之基，一面令民人念圣主，以为后图，弟旦夕力言，新旧水火，大权在后，决无成功，何必冒祸？伯兄亦非不深知，以为死（生）由命，非所能避。"① 这封信比较客观而又生动地刻画了当时的政局态势和维新派领导人的心理状态。维新志士并非一群急功好利

---

① 康有溥：《致易一书》，《戊戌六君子遗集》，商务印书馆，1917年，第1—2页。

的鲁莽家，他们并非没有设想过变法也可能失败。但他们认识的基点在于：即令变法失败，也可以为国家的更新开辟道路，同时又可以提高光绪皇帝的威信，期望他在“慈禧以后”或许能够大展宏图，成为中国的彼得大帝或是日本的明治天皇。

寄希望于“慈禧以后”并非始于康、梁。早在 1878 年 9 月（光绪四年八月），郭嵩焘在巴黎会晤德国驻英公使巴兰德（M. A. Brandt），谈到京师守旧“清议”对李鸿章、左宗棠新政的牵制。巴兰德询问造成这种不正常状况的原因，郭嵩焘回答说：“中国幅员太广，地大民殷，一切须有成法，遵行已三千余年，本不易言变通。而自天津定约至今二十年，并值圣躬幼弱，大臣无敢主事者。此须候至十余年亲政后，能考求变通，始可望有前进之机。”[①] 巴兰德又问如何变通，郭嵩焘回答：“中国律例不能违也，军机大臣主持朝政，尽容变通，一切不拘以成法，但责成督抚了事而已。朝廷以责督抚，督抚以责地方官，而尤以通民气为先。一切新政，皆鼓舞百姓为之。”他还奉劝巴兰德：“愿巴大人深谅此等情形，稍俟之。皇上亲政之后，从容劝导，勿遽以逼迫为之，反致无益有损。”郭嵩焘出国以前曾经在总理衙门工作，而且还受过慈禧太后的接见与面谕，因此他对宫廷内外的政治情况是比较清楚的。他的变通之法，就是设想在皇帝亲政以后，由军机处主持国务，除旧布新，层层放权，发扬民主，鼓舞民气。读者不难看出，20 年以后的戊戌变法，与郭嵩焘的设想是多么相似。历史不容许假设，但我们仍不免会有所遐思，假如不是翁同龢而是郭嵩焘在军机处统筹全局，戊戌变法又将是什么样的面貌呢？可惜他在戊戌变法之前 7 年就死了，而就其政治生涯来说，则在戊戌变法之前 20 年就结束了。

当然，翁同龢作为皇帝的老师，也是寄希望于“慈禧以后”的。翁同龢本来属于旧派大臣，但在中法战争以后思想渐有开通。1889 年（光绪十五年）皇帝开始所谓“亲政”，翁同龢曾经进呈《校邠庐抗议》，并且在日

---

① 郭嵩焘：《伦敦与巴黎日记》，岳麓书社，1984 年，第 739—740 页。

记上夸奖自己的学生说："（皇帝）看《抗议》，昨言此书最切时宜……今日上挑六篇，装订一册，题签交看，足征留意讲求，可喜。"[①] 甲午战败以后，翁同龢"憾于割台，有变法之心"，又先后进呈陈炽《庸书》、汤寿潜《危言》等书。以后，康有为进呈《日本变政考》、《泰西新史揽要》、《各国振兴记》、《俄罗斯大彼得变政记》等书，目的也是培养维新皇帝，着眼于"慈禧以后"。甚至在戊戌变法失败皇帝被囚于瀛台以后，康、梁等仍然念念不忘君主，在南洋与北美各地组织保皇党，用心也仍是寄希望于"慈禧以后"。"慈禧以后"像梦魇一般缠绕这些维新志士一二十年，直至1908年光绪皇帝死在慈禧太后之前，他们自己编织的梦才最后破碎了，而他们曾想为之换血的大清王朝，这时已经是无从起死回生了。

帝党与维新派的最大失误，就是对皇帝的估价太高、期望太大。他们还没有摆脱"自古非常之事，必待大有为之君"这类传统观念。他们期望光绪皇帝能像彼得大帝那样"才武"、"志深"、"力雄"、"气猛"。他们向皇帝进言："呜呼！雷动而草木坼，其变力大者，其治功大。苍萌亿亿，皆草木也，待雷而坼，于以荣华，于以参天。彼得之变力，雷力也哉！宜其坼而荣华，而参天。呜呼！凡数百年一姓之国，既危既弱者，宜鉴于斯。"[②] 任何政治斗争，都是不同方式的力的较量。维新派强调"变力"，强调"力雄"、"气猛"，说明他们已经懂得这个道理。但是，他们又不太懂得，统治阶级的权力是不会轻易转移的，即令是在其内部父子、母子、兄弟之间，因为权力总是与利益相联系的。权力转移了，利益也就随之转移了；统治者之所以死死抱着权力不放，原因也就正在于此。因此，所谓"慈禧以后"的政治格局，只有在慈禧太后死了以后才会出现；只要她还有一口气，任何权力的转移，即令是转移给她亲自抚养成人的过继儿子，都必须经过激烈的力的较量。

无论是在皇帝亲政以前还是在亲政以后，也无论是采取垂帘听政、训政乃至撤帘归政等何种形式，当时清朝的最高统治权力都集中在慈禧太后

---

① 《翁同龢日记》第五卷，中华书局，2012年，第2370—2371页。

② 康有为：《进呈〈俄罗斯大彼得变政记〉序》，汤志钧编：《康有为政论集》上册，中华书局，1981年，第226页。

手中，这就是帝党和维新派必须面对的严酷现实。

关于清末的政治格局，我在《开拓者的足迹——张謇传稿》一书中曾有如下的论析：

> 慈禧是一个非常精明而又善于玩弄权术的宫廷贵妇。她曾与恭亲王奕䜣结成同盟，依靠列强的支持，通过辛酉政变扫除肃顺等政敌，取得了最高统治权力——垂帘听政。并且又利用汉族地方实力派湘淮等系军队，镇压了太平天国、捻军和其他各族人民起义，重新恢复中央皇室的权威，恢复了政治局势的平衡。她长期生活在宫廷之内，心胸狭窄而又工于心计。她缺少近代政治眼光，更谈不上什么治国安民的雄图大略。她考虑的只是如何维护自己历经艰险所赢得的绝对权威，然后才是爱新觉罗皇室世系的延续。她利用奕䜣，但又唯恐这位亲王"功高震主"，不断地打击、折辱、罢斥，直至使奕䜣在政治上不再具有任何重大影响。她不能容忍有任何人凌驾于自己之上，包括自己的亲生儿子同治小皇帝。同治不幸早死，她又选择另一个小皇帝光绪。把这些乳臭未干的孩子管教得服服帖帖地坐在龙椅上，完全按照她的意志来治理天下，这使她感到一种极大的甚至是不可缺少的满足。她要求于这些小儿皇帝只是他们的孝敬恭顺，而并非英谋决断。所以，当光绪在甲午战争和戊戌维新期间刚刚表现出有所作为的时候，她就毫不犹豫地把光绪囚禁在瀛台，甚至把这个青年人折磨成为一个活死人。她曾经选择溥儁，目的也无非是再调换一个可以任意摆弄的儿皇帝。只是由于社会舆论的强烈反对，再加上列强的出面干涉，才使她不得不有所收敛。
>
> 应该指出，慈禧对付地方实力派，则比在皇室内部的争权夺利困难得多，因为她所面临的是若干个拥有兵力、财力、物力和地盘的实体，而且这些实体还有一定的社会基础。在中央和地方之间，每逢出现利害冲突和政见分歧之际，如果她需要采取任何重大对策，都必须首先通盘权衡各种政治力量的对比，而首先是中央和地方政治力量的对比。她利用湘、淮等系镇压农民起义，又利用湘、淮等系举办洋

务。及至中央集权专制的网络得到恢复与相对稳定，而湘、淮等系实力逐渐膨胀，她又利用湘、淮等系之间的矛盾玩弄权术，并且利用"清议"来牵制洋务派。当一部分清流围绕在光绪周围形成帝党，并与维新派联合推行变法图强时，她唯恐大权旁落，又依靠淮系打击迫害帝党和维新派。她很善于在各派政治力量之间寻求平衡，但可惜这种平衡最后听命于一个昧于世情的落后头脑。

一大群翎顶辉煌的男人被一个控制着君权的女人摆弄得俯首帖耳，而这个女人又早已被男人们编造的纲常名教整治得短见浅识。就是这么一帮子人占据着最高统治地位，这是近代中国历史的不幸。[①]

戊戌变法之所以失败，就在于缺乏足够的力量来改变这种既定的政治格局。光绪皇帝颇想有所作为，他通过帝党向宫廷之外的维新派寻求奥援，但维新派除鼓动舆论之外别无其他实力。京师之外最有力量的是地方实力派，但其中举足轻重的淮系乃是太后的实力后盾，其余多数督抚对于变法持怀疑、观望乃至抵制态度，真正有所响应的只有湖南一省，这就使戊戌变法不能如同明治维新那样得到许多藩主的支持。具有进步倾向的绅商与开明地主是维新变法的真诚支持者，但由于中国资本主义的发展刚刚开始，他们的经济、政治力量都十分有限，戊戌变法因而也就缺少足够的社会中间力量作为依托。甲午战后，普天同愤，民气昂扬，下层群众的反抗斗争又复高涨。但他们仇恨的主要对象，是正在谋求瓜分中国的帝国主义列强，他们的自发反抗由于缺乏先进力量的领导而多半流于笼统排外。他们把西方近代文明与殖民主义侵略混为一谈，统统予以排拒，必欲使之绝迹于神州大地而后快。因此，维新派不会去联络他们，他们也不关心和支持向洋鬼子学习的维新事业，在他们中间没有出现过日本讨藩斗争中那样的"豪商"与"豪农"。

维新派在变法期间不大注意斗争策略，动作太快，触动面太宽，这样就树敌过多，使自己更加陷于孤立。譬如，在短短两三个月内，既要裁撤詹事府、通政司、光禄寺、鸿胪寺、太仆寺、大理寺等京师衙门，又要裁

① 章开沅：《开拓者的足迹——张謇传稿》，中华书局，1986年，第179—180页。

撤湖北、广东、云南三省巡抚、东河总督及不办运务之粮道、仅管疏销之盐道暨佐贰之无地方责者，还要改革科举，大幅度变更各级考试内容，并且把各地方书院改为兼学中学、西学的学校等。在发布这些诏令时，只凭主观愿望强调必要性，却缺少周密调查论证其可行性，更没有考虑到各项较大改革的社会心理承受能力，以及由于民众缺乏理解而可能增加的反对。维新派包括他们的领袖康有为，大都是一群缺乏政治斗争经验的书生，他们没有完全弄清究竟依靠什么力量，联络什么力量，孤立什么力量，打击什么对象，而只是凭着一股热情，不断发布诏令来“除旧布新”。他们爱国心切，因而急于求成，康有溥对康有为的批判就指出了这个毛病。谭嗣同也曾自我反省：“嗣同之纷扰，殆坐欲新而卒不能新，其故由性急而又不乐小成。不乐小成是其所长，性急是其所短。性急则欲速，欲速则躐等，欲速躐等则终无所得。”① 曾经同情戊戌变法的张謇，事后总结经验教训说：“行百里而阻于五十，何如日行二三十里之不至于阻而犹可达也。”② 也是针对维新派这一策略失误而言的。

变法时机的选择也不够恰当。略通军事的人都懂得，发起总攻击的时间最好是定在敌人阵脚未稳或已动摇之际，而先决条件又是自己的部队已经准备就绪，以及指挥员对战役进展有全局在胸。维新派的主要对手是后党及其主要支持者淮系集团。后党与淮系处境最为困难，政治上最为虚弱，是在甲午战争节节失败与《马关条约》订立以后，当时他们处于全国唾骂之中，只能采取被动防御态势。不过，维新派在这个时候主要忙于反对卖国条约和割让台湾，而来不及全面鼓吹变法与组织自己的队伍。及至俄、法、德“干涉还辽”以后，收回辽东半岛为后党与淮系争回一点体面，在一般人心理上也得到某些补偿。后党与淮系正是以此为契机，并且利用沙皇俄国或明或暗的支持，重新稳定了自己的阵脚，在政治上采取表面上有所克制而实际上是引而不发的姿态。维新派对于政治形势的微妙变化缺乏敏锐的洞察，在尚未组织好力量，也没有切实

---

① 谭嗣同：《报贝元徵书》，蔡尚思、方行编：《谭嗣同全集》上册，中华书局，1981 年，第 2—3 页。

② 张謇：《变法平议》，《张季子九录》政闻录卷二，中华书局，1931 年，第 2 页。

可行的步骤与方案的情况下，就贸然向旧体制和旧势力发动全面攻击。这是典型的“浪战”，其结果不仅是“六君子”死难，康有为、梁启超流亡海外，国内维新派元气大伤，地盘尽失，连最大的资本——光绪皇帝也贴进去了。这里不妨设想（请原谅我又一次违反史学的传统忌讳），如果康、梁不是这样急于求成，利用甲午战后的良好际遇，一方面鼓动舆论，组织力量，一方面先从阻力较小而收效较快的某些改革着手，逐步在政治上占领阵地与扩大影响，然后再利用对手处于困境之际（譬如1900年慈禧太后逃亡西安或《辛丑条约》订立以后），一举控制变法的领导权，则结局又将如何？

亨廷顿虽然是美国人，但由于他曾将戊戌变法与其他许多国家君主倡导的改革作过比较，所以也有自己独到的见解。他认为：“在传统社会中，皇族改革家显然属于少数。所以，行动过于迅速和过于激进常常会促使潜在的反对者转变成积极的反对者。1898年，光绪皇帝的‘百日维新’就是例证。”① 同时他还举出一个百年前欧洲出现的“十分类似而同样惨败的帝国乌托邦主义的例子”，那就是激进君王约瑟夫二世（Joseph Ⅱ）于1780年至1790年之间在哈布斯堡领地内所进行的改革。这次改革涉及的范围与激烈的程度，几乎接近于法国在大革命期间所进行的各项改革。“实际上，在自下而上的法国革命爆发之前，一个自上而下的革命已在奥匈帝国试验过。”② 不过后来者获得胜利，而先行者以惨败而告终。

姑且不论约瑟夫二世的改革是否适合与戊戌变法比较，或怎样进行比较更为恰当，亨廷顿专就君王领导改革所说的一段话还是很有启发性。他认为：“要有效地进行这种改革显然需要耐心和毅力。在大多数社会里，激进的改革往往与松懈怠慢的改革交替出现，甚至还经常出现欲维护传统的反动。而与现代的改革者们相比，传统的改革者们如果要获得成功，就不得不更缓慢地行动。一旦一个社会的旧秩序被推翻，那么这个社会的舆

---

① 塞缪尔·亨廷顿著，李盛平、杨玉生等译：《变革社会中的政治秩序》，华夏出版社，1988年，第154页。

② 塞缪尔·亨廷顿著，李盛平、杨玉生等译：《变革社会中的政治秩序》，华夏出版社，1988年，第155页。

论就会同情改革的观念。”[1] 人们也许会用日本明治维新的例子来反驳亨廷顿，但日本传统社会的天皇是“尊者不强”，实际的君权掌握在幕府手中，而明治维新并不是由幕府自上而下进行的。明治维新并非是一次和平的渐进的改革，它以通过激烈争夺而实现的政权转移为前提。天皇本身徒有虚名，他的力量来自赞成改革的各藩，来自为数众多的下层武士，来自具有开明倾向的“豪商”与“豪农”。这样，日本的明治维新便区别于戊戌变法或此前的约瑟夫二世的改革。当然，说到底，这又是社会结构不同所导致的差异，而亨廷顿早已注意到这一点。

戊戌变法作为一次政治运动是失败的，但其主要历史意义则是在思想方面。正如老友戴逸先生早就详尽论析过的那样，它是中国近代史上第一次思想解放运动。本书对于戊戌变法以及接踵而来的辛亥革命，也是着眼于中国走向近代的文化历程，而不是作为两个分开的孤立事件来探讨。

对于 19 世纪末和 20 世纪初，也就是两个世纪相互交接的年代，梁启超早在 1901 年即已称之为过渡时代，并且对过渡时代的中国社会作过颇为形象的描述：“中国自数千年来，常立于一定不易之域，寸地不进，跬步不移，未尝知过渡之为何状也。虽然，为五大洋惊涛骇浪之所冲激，为十九世纪狂飙飞沙之所驱突，于是穷古以来，祖宗遗传深顽厚锢之根据地，遂渐渐摧落失陷，而全国民族亦遂不得不经营惨淡跋涉苦辛，相率而就于过渡之道。故今日中国之现状，实如驾一扁舟，初离海岸线，而放于中流，即俗语所谓两头不到岸之时也。语其大者，则人民既愤独夫民贼愚民专制之政，而未能组织新政体以代之，是政治上之过渡时代也；士子既鄙考据词章庸恶陋劣之学，而未能开辟新学界以代之，是学问上之过渡时代也；社会既厌三纲压抑虚文缛节之俗，而未能研究新道德以代之，是理想风俗上之过渡时代也。语其小者，则例案已烧矣而无新法典，科举议变矣而无新教育，元凶处刑矣（指顽固派载勋、毓贤等被赐自尽或处死）而无

[1] 塞缪尔·亨廷顿著，李盛平、杨玉生等译：《变革社会中的政治秩序》，华夏出版社，1988 年，第 154 页。

新人才，北京残破矣而无新都城。数月以来，凡百举措，无论属于自动力者，属于他动力者，殆无一而非过渡时代也。”①

每个时代都会呼唤自己需要的英雄崛起，过渡时代则呼唤着“崛起于新旧两界线之中心”的英雄。康有为、梁启超、严复、谭嗣同、孙中山、黄兴、章太炎、邹容等，就是这样的英雄，或称“过渡之英雄”，尽管他们分别属于相互对立的两个政治派别。

按照梁启超的体会，“崛起于新旧两界线之中心的过渡时代之英雄”，其不可缺少的“德性”之中首先就是“冒险性”(即胆略与勇气)。这时由于旧势力太大，保守恋旧的惰性太强，而革新者必然需要承担各种各样的风险。梁启超说：“过渡者，改进之意义也。凡革新者不能保持其旧形，犹进步者必当掷弃其故步。欲上高楼，先离平地；欲适异国，先去故乡；此事势之最易明者也。”但是离异于旧的传统，绝不会如同离平地、去故乡那么容易；因为，在传统社会中，总是过去拖住现在，死人拖住活人，每前进一步，都得历尽艰辛，付出代价，做出牺牲。经过戊戌变法失败血的教训，梁启超在这方面的体会更深。他把中国的改革比作千年老屋“非更新之不可复居”，只有先拆旧屋才能建成新屋。最难堪的是旧屋已拆而新屋未成之际，往往是瓦砾狼藉、器物散乱，其残破苍凉更有甚于旧屋尚在之日。“寻常之人，观目前之小害，不察后此之大利，或出死力以尼其进行；即一二稍有识者，或胆力不足，长虑却顾，而不敢轻于一发。此前古各国，所以进步少而退步多也。故必有大刀阔斧之力，乃能收筚路蓝缕之功；必有雷霆万钧之能，乃能造鸿鹄千里之势。”②

作为维新运动的精神领袖，康有为的最大历史功绩，就是不再满足于对“千年老屋”的修修补补；虽然没有公开提出拆旧屋、造新屋，但已谋求全面更新并且动手拆除某些旧的梁柱。他在 1891 年刊行的《新学伪经考》、1898 年刊行的《孔子改制考》以及在 1901 年至 1902 年期间写成的《大同书》，以后曾被梁启超比作大飓风、火山大喷火与大地震。这标志着

① 梁启超：《过渡时代论》，《清议报》第 83 册，1901 年。
② 梁启超：《过渡时代论》，《清议报》第 83 册，1901 年。

清学的正式分裂，标志着近代意义的新旧党争的发端，同时也标志着一个历史新时期的到来。

梁启超曾经从学术思想的角度，考察过从魏源到康有为之间的发展脉络，并且比较准确地点明了康有为的历史地位。他说，“鸦片战役以后，志士扼腕切齿，引为大辱奇戚，思所以自湔拔；经世致用观念之复活，炎炎不可抑。又海禁既开，所谓西学者逐渐输入，始则工艺，次则政制。学者若生息于漆室之中，不知室外更何所有，忽穴一牖外窥，则粲然者皆昔所未睹也，还顾室中，则皆沉黑积秽。于是对外求索之欲日炽，对内厌弃之情日烈。欲破壁以自拔于此黑暗，不得不先对旧政治而试奋斗，于是以其极幼稚之西学知识，与清初启蒙期所谓经世之学者相结合，别树一派，向于正统派公然举叛旗矣。”[①] 康有为的上述三大著作，以经学为外衣，以辨伪为手段，以一往直前的勇猛气概，向占统治地位的古文经学和程朱理学挑战；“摧廓伪说，犁庭扫穴”，从根本上打击正统派的精神权威。同时，他又把“信而好古”、“述而不作”的孔子，改造成为“拨乱世、致太平”与志在改革的孔子。并且借今文学家“三世”（乱世、升平世、太平世）之说，宣传进化历史观，为变法图强提供理论依据。此外，他还“合经子之奥旨，探儒佛之微旨，参中西之新理，穷天人之赜变，搜合诸教，披析大地，剖析今古，穷察后来”，编织了一幅“大同世界”的美好图案，作为人们为之奋斗的理想目标。这样，他就为自己，也为维新派，营造了一个庞大而又驳杂的思想理论体系，向道学正统“公然举叛旗”。

当然，就康有为这些著作的学术价值而言，自然不宜估计过高，其经学的辨伪往往流于主观武断，而对于西学的了解更有很大的局限。考察康有为个人的气质，与其说是政治家，不如说是学问家；与其说是学问家，不如说是宗教家。他不是一个适宜的党魁，也不是一个理想的经师，倒颇有几分教主的气质。二十多年以后，梁启超曾经批评自己的老师：“有为之为人也，万事纯任主观，自信力极强，而持之极毅。其对于客观的事

① 梁启超：《清代学术概论》，《梁启超论清学史二种》，复旦大学出版社，1985 年，第 59 页。

实，或竟蔑视，或必欲强之以从我。其在事业上也有然，其在学问上也亦有然；其所以自成家数崛起一时者以此，其所以不能立健实之基础者亦以此。”① 此外，梁启超还曾在《三十自述》一文中回忆初就学于康有为门下的情况：“时余以少年科第，且于时流所推重之训诂词章学颇有所知，辄沾沾自喜。先生乃以大海潮音，作狮子吼，取其所挟持之数百年无用旧学更端驳诘，悉举而摧陷廓清之。自辰入见，及戌始退，冷水浇背，当头一棒，一旦尽失其故垒……自是决然舍去旧学。”② 知师莫如其徒，在梁启超的笔下，我们看到的是一个自信而又武断、坚毅而又专横、以热情感染而不是以理服人、以气势冲压而不是循循善诱的康有为。正是这样一个人，由于风云际会、因缘巧合，在甲午战后被时势迅速推到历史舞台的前沿。

康有为的历史作用，主要在于“摧故垒而张新军”，在于带头拆除“千年老屋”的砖瓦，为建筑新屋清理出一部分空间。但是，以他的特殊气质和西学水平，很难在建设中国新学方面有更大的建树。引进影响最大的进化论和西方近代社会政治学说的主要功绩，应该归之于真正中西兼通且受过系统科学方法训练的严复。从甲午战后到辛亥前夕，严复除一度办《国闻报》外，他以信、达、雅的文笔译述了大量的西方学术名著，包括赫胥黎的《天演论》(1898 年)、亚当·斯密的《原富》(1902 年)、斯宾塞的《群学肄言》和约翰·穆勒的《群己权界论》(1903 年)、甄克斯的《社会通诠》(1904 年)、孟德斯鸠的《法意》(1904—1909)、约翰·穆勒的《名学》(1905 年)、耶芳斯的《名学浅议》(1909 年)。正是这些著作和严译按语所作的发挥，为中国社会走向近代提供了系统的理论基础。

严复的理论贡献是巨大的，也是多方面的，既有进步世界观、价值观念与科学方法的引进，又有中西文化的大量对比研究，而更为重要的则是在中国首先导引了人的发现。

如果说，西欧是经由外部世界的发现，转而从内心世界发现了人的自我，那么中国则是经由外部世界的冲击，通过中西文化反复对比，于是才

① 梁启超：《清代学术概论》，《梁启超论清学史二种》，复旦大学出版社，1985 年，第 64 页。
② 梁启超：《三十自述》，《饮冰室合集》文集之十一，中华书局，1989 年，第 16—17 页。

有自己的人的发现。

严复于1895年2月在天津《直报》上发表《论世变之亟》一文，其中有一段极为精辟的论析。他说："今之称西人者曰，彼善会计而已，又曰彼善技巧而已。不知吾今兹之所见所闻，如汽机兵械之伦，皆其形下之粗迹，即所谓天算格致之最精，亦其能事之见端，而非命脉之所在。其命脉云何？苟扼要而谈，不外于学术则黜伪而崇真，于刑政则屈私以为公而已。斯二者，与中国理道初无异也。顾彼行之而常通，吾行之而常病者，则自由不自由异耳。"把科学（黜伪崇真）与民主（屈私为公）看做西方近代文明的"命脉"，这在当时的历史条件下已经称得上是超凡脱俗的真知灼见。而把西方行科学与民主而常通，中国行科学与民主而常病，归结为是自由与不自由导致的差别，这更非一般略通西学者所能言，而至今仍然可以发人深省。没有自由，就没有科学与民主，就无从获致西方国家那样的富强——这就是严复在19世纪末即已形成的基本思路。

严复进一步对近代意义的自由作了简要的论述："夫自由一言，真中国历古圣贤之所深畏，而从未尝立以为教者也。彼西人之言曰：唯天生民，各具赋畀，得自由者乃为全受。故人人各得自由，国国各得自由，第务令毋相侵损而已。侵人自由者，斯为逆人理，贼人道。其杀人伤人及盗蚀人财物，皆侵人自由之极致也。故侵人自由，虽国君不能，而其刑禁章条，要皆为此设耳。中国理道与西法自由最相似者，曰恕，曰絜矩。然谓之相似则可，谓之真同则大不可也。何则？中国恕与絜矩，专以待人及物而言。而西人自由，则于及物之中，而实寓所以存我者也。"他不仅介绍了西方的天赋人权学说及其在法制上的表现，而且还对西方的自由与中国的恕道、絜矩作了比较深入的比较，并认为二者形似而实异。"絜矩"一词出于《大学》，"是以君子有絜矩之道也"，而《朱子章句》又把絜解释为"度也"。严复指出，中国的恕与絜矩是专就待人及物而言，把群体与客体放在首要地位；西方的自由则于待人及物（客体）之中具有存我的寓意，亦即以自我（个人）为主体与出发点。也正是由于这一根本差异，带来了中西文化其他各个方面的差异："自由既异，于是群异丛然以生。粗举一二言之：则如中国最重三纲，而西人首明平等；中国亲亲，而西人尚贤；

中国以孝治天下，而西人以公治天下；中国尊主，而西人隆民；中国贵一道而同风，而西人喜党居而州处；中国多忌讳，而西人众讥评。其于财用也，中国重节流，而西人重开源；中国追淳朴，而西人求欢虞。其接物也，中国美谦屈，而西人务发舒；中国尚节文，而西人乐简易。其于为学也，中国夸多识，而西人尊新知。其于祸灾也，中国委天数，而西人恃人力。若斯之伦，举有以（与）中国之理相抗，以并存于两间，而吾实未敢遽分其优绌也。”这里相比较的双方，一是农业宗法社会的传统文化，一是资本主义社会的近代文明；严复虽然说是未敢遽分优绌，但价值天平的偏倚已经显而易见。

甲午战后，民气昂扬，学会林立，报刊纷呈，议会、民权之类逐渐成为新派人士竞相议论的时髦。惟独严复冷静沉思，在中西文化比较研究的基础上，探寻出两者在自由问题上的根本差异，并且把这看做是其他“群异丛生”的出发点，其见解之深刻至今都令人惊叹！

自由总是与人权相联结的，没有无自由的人权，也没有无人权的自由。中国历古圣贤之所以“深畏”自由，未尝“立以为教”，就是因为他们把农业宗法社会的人身依附、等级差别、血缘纽带，以及反映在意识形态上的纲常名教，统统看做万古不变的天经地义，而这一切与自由、人权都是水火不相容的。救国必先救人，戴着千年枷锁的奴隶臣民，不可能建成近代文明国家。如果没有人的发现，或者没有人的价值的肯定，没有作为人权基础的自由在观念上和法制上的确立，则西方议会、宪法、政党、民主、科学、教育等新事物的移植，都会流于“逾淮为枳”的可悲结局。

值得注意的是，在人的发现和个性解放方面，严复的最早应和者是谭嗣同而不是梁启超，尽管梁启超在上海主办的《时务报》与《国闻报》南北呼应，是戊戌变法时期影响最大的两处舆论阵地。梁启超在戊戌以前主要是鼓吹变法的紧迫需要，宣传变法的基本内容，并且为变法扫除各种阻力与心理障碍。直到戊戌变法失败以后，梁启超在海外对西方文明有了进一步的理解，才开始在《新民说》等论著中继续从事严复业已开创的工作。

过去，人们常把谭嗣同看做维新派的左翼，而把严复视为右翼或至少是中间偏右，这仅仅是就政治表现上的激进与缓进立论。如果从维新运动的整体来考察，特别是把维新运动作为一次思想解放运动来考察，恐怕就难以作上述那样简单的区分。实际上，严复在思想上、理论上的建树与高度，是戊戌时期康、梁所难以比拟的，而谭嗣同与严复倒有许多相通之处，尽管两者的言辞有典雅与激烈的差异。谭嗣同在其名著《仁学》中，认为“仁以通为第一义”，而“通之象为平等”[1]，对传统的“仁”作了近代观念的解释。因此，他认为名教“乱仁”，是仁的对立物。“俗学陋行，动言名教，敬若天命而不敢渝，畏若国宪而不敢议。嗟乎！以名为教，则其教已为实之宾，而绝非实也。又况名者，由人创造，上以制其下，而不能不奉之；则数千年来，三纲五常之惨祸烈毒，由是酷焉矣。君以名桎臣，官以名轭民，父以名压子，夫以名困妻，兄弟朋友各挟一名以相抗拒，而仁尚有少存焉者得乎？然而仁之乱于名也，亦其势自然也。中国积以威刑，钳制天下，则不得不广立名，为钳制之器。如曰‘仁’，则共名也，君父以责臣子，臣子亦可反之君父，于钳制之术不便，故不能不有忠孝廉节，一切分别等衰之名，乃得以责臣子曰：‘尔胡不忠！尔胡不孝！是当放逐也，是当诛戮也。’忠孝既为臣子之专名，则终必不能以此反之；虽或他有所据，意欲诘诉，而终不敌忠孝之名为名教之所出，反更益其罪，曰‘怨望’，曰‘觖望’，曰‘怏怏’，曰‘腹诽’，曰‘讪谤’，曰‘亡等’，曰‘大逆不道’。是则以为当放逐，放逐之而已矣；当诛戮，诛戮之而已矣。曾不若孤豚之被絷缚屠杀也，犹奋荡呼号，以声其痛楚，而人不之责也。施者固泰然居之而不疑，天下亦从而和之曰：‘得罪名教，法宜如此。’”[2] 这可以说是对于严复上述人权自由与个性解放思想的具体发挥，也可以说是 19 世纪末中国的人权宣言。由于自幼生活在封建礼教家庭，而且在母亲死后备受父亲虐待，正如他自己所说的

---

① 谭嗣同：《仁学界说》，蔡尚思、方行编：《谭嗣同全集》下册，中华书局，1981 年，第 291 页。

② 谭嗣同：《仁学一》，蔡尚思、方行编：《谭嗣同全集》下册，中华书局，1981 年，第 299—300 页。

那样："吾自少至壮，遍遭纲伦之厄，涵泳其苦，殆非生人所能任受。"[①]所以他对名教的揭露更为深刻，憎恨更为强烈，抗议之情也更为激越，更富于感染力。

具有丰富政治阅历的翁同龢，与谭嗣同初次会晤便认为这是一个"世家子弟中之桀骜者"。所谓桀骜者也就是叛逆者。他不仅要背叛他所出生的那个家庭，而且还要背叛他所厕身的那个阶级，那个社会。他自号壮飞，志在冲决重重网罗，在宽阔而自由的宇宙间振翮飞翔。三纲之中，他最痛恨的是君权之纲，并且认为："君臣之祸亟，而父子夫妇之伦遂各以名势相制为当然矣。"他借外国人之口痛骂君主："法人之改民主也，其言曰：'誓杀尽天下君主，使流血满地球，以泄万民之恨。'朝鲜亦有人曰：'地球上无论何国，但读宋明腐儒之书，而自命为礼义之邦者，即是人间地狱。'夫法人之学问，冠绝地球，故能唱民主之义，未为奇也。朝鲜乃地球上最愚暗之国，而亦为是言，岂非君主之祸，至于无可复加，非生人所能任受耶？夫其祸为前朝所有之祸，则前代之人既已顺受，今之人或可不较。无如外患深矣，海军熸矣，要害扼矣，堂奥入矣，利权夺矣，财源竭矣，分割兆矣，民倒悬矣，国与教与种将偕亡矣。唯变法可以救之，而卒坚持不变！岂不以方将愚民，变法则民智；方将贫民，变法则民富；方将弱民，变法则民强；方将死民，变法则民生；方将私其智其富其强其生于一己，而以愚贫弱死归诸民，变法则与己争富争强争生，故坚持不变也。究之，智与富与强与生，决非独夫之所任为。"[②]这已经不是理论上反对泛指的君权，而是实际上反对大清帝国的君主；不是通过变法以限制君权、提高民权，而是把君主与民权放在反对或要求变法的两极，并且明确把自己的同情放在民众一边。他显然是以民众的代表自居，并且断言要求人民智、富、强、生的变法必然为"独夫"统治所难容，这就远远超越了现实生活中维新变法的有限范围。

---

① 谭嗣同：《仁学·自叙》，蔡尚思、方行编：《谭嗣同全集》下册，中华书局，1981年，第289页。

② 谭嗣同：《仁学二》，蔡尚思、方行编：《谭嗣同全集》下册，中华书局，1981年，第342—343页。

他对自由也有自己独特的见解，曾说："五伦中于人生最无弊而有益，无纤毫之苦，有淡水之乐，其惟朋友乎！顾择交何如耳，所以者何？一曰'平等'；二曰'自由'；三曰'节宣惟意'。总括其义，曰不失自主之权而已矣。兄弟于朋友之道差近，可为其次。余皆为三纲所蒙蔽，如地狱矣。上观天文，下察地理，远观诸物，近取之身，能自主者兴，不能者败。公理昭然，罔不率此。伦有五，而全具自主权者一，夫安得不矜重之乎！……夫惟朋友之伦独尊，然后彼四伦不废自废；亦惟明四伦之当废，然后朋友之权力始大。今中外皆侈谈变法，而五伦不变，则举凡至理要道，悉无从起点，又况于三纲哉！"① 自由就是人人要有自主之权，而朋友最能体现这种平等的人际关系。如果君臣、父子、夫妇、兄弟之间都能像朋友一样相互对待，人人都有自主之权，那么传统的三纲五常也就"不废自废"了。重视独立人格与自我意识，这表明谭嗣同的自由观已达到较高的水平。

在千百年"独夫民贼"的暴虐统治下，中国只有奴隶而无国民，不仅人性甚至连体貌都被扭曲丑化。谭嗣同痛切指出："西人以在外之机械，制造货物；中国以在内之机械，制造劫运。今之人莫不尚机心，其根皆由于猜忌……吁，可畏也！谈人之恶则大乐；闻人之善则厌而怒。以谩骂为高节，为奇士，其始渐失其好恶，终则胥天下而无是非。故今人之论人，鲜不失其真焉。""且观中国人之体貌，亦有劫象焉。试以拟诸西人，则见其委靡，见其猥鄙，见其粗俗，见其野悍，或瘠而黄，或肥而弛，或萎而伛偻，其光明秀伟有威仪者，千万不可得一二。"② 这是在先进文明面前的自惭形秽，但绝非盲目的崇外卑内和妄自菲薄，而是迫切要求改变这种愚昧羸弱的落后状况。实际上已经接触到民族素质问题，亦即以后所谓国民性改造问题。但由于谭嗣同过早地为变法献出了年轻的生命，来不及就此作进一步的思考与阐明，所以这个任务仍然需要严复、梁启超等人来承担。

---

① 谭嗣同：《仁学二》，蔡尚思、方行编：《谭嗣同全集》下册，中华书局，1981年，第349—350页。

② 谭嗣同：《仁学二》，蔡尚思、方行编：《谭嗣同全集》下册，中华书局，1981年，第356页。

早在 1895 年 3 月，严复在《直报》上发表《原强》一文，曾对三十多年的洋务事业作了一个小结：“夫自海禁既开以还，中国之仿行西法也，亦不少矣：总署，一也；船政，二也；招商局，三也；制造局，四也；海军，五也；海军衙门，六也；矿务，七也；学堂，八也；铁路，九也；纺织，十也；电报，十一也；出使，十二也。凡此皆西洋至美之制，以富以强之机，而迁地弗良，若亡若存，辄有淮桔为枳之叹。公司者，西洋之大力也，而中国二人联财则相为欺而已矣。是何以故？民智即不足以与之，而民力民德又弗足以举其事故也。”他把“民智日开，民力日奋，民德日和”作为自强之本。三者之中以开民智为最急，因为富强为利民之政，利民之政“而必自民之能自利始，能自利自能自由始，能自由自能自治始，能自治者，必其能恕、能用絜矩之道者也”，而这便必然要以人民文化、政治素养的提高为前提。以后《侯官严氏丛刻》所刊的《原强》修改稿，又将民力、民智、民德解释成“血气体力之强”、“聪明智虑之强”和“德行仁义之强”，并且把当今要政归结为三端：鼓民力、开民智、新民德①。

严复认为，鼓民为、开民智、新民德是很艰巨的任务，因为这是对于长期形成的民族性格的根本改造。“夫中国今日之民，其力、智、德三者，苟通而言之，则经数千年之层递积累，本之乎山川风土之攸殊，导之乎刑政教俗之屡变，陶钧炉锤而成此最后之一境。今日欲以旦暮之为，谓有能淘洗改革，求以合乎当前之世变，以自存于劻儴烦扰之中，此其胜负通窒之数，殆可不待再计而知矣。”但是，严复并不悲观，他对自己祖国的未来抱有信心：“今者外力逼迫，为我权借，变率至疾，方在此时。智者慎守力劝，勿任旁守，则天下事正于此乎而大可为也。即彼西洋之克有今日者，其变动之速，远之亦不过二百年，近之亦不过五十年已耳，则我何为而不奋发也耶!”

严复提出的“三民”说，实际上是要把人从旧的传统束缚中解放出来，塑造具有健全体魄与当代道德观念和知识结构的新人。这种主张，在

① 王栻编：《严复集》第 1 册，中华书局，1986 年，第 26—27 页。

谭嗣同的《仁学界说》中也不是完全没有反映，不过是以更为抽象的哲学语言来表述。谭氏强调灵魂，认为灵魂乃“精神之属也”，即属于高级精神范畴。在《仁学》中有个看来似很玄虚的命题：“通则必尊灵魂”而“通之象为平等”①，实际上这是中外通商以后商品经济观念在哲学和伦理学上的折射，因为商品是天然的平等观念的教师，而《仁学》的作者倒是很坦率地承认自己确实从商品那里受到启发。谭氏从上述命题出发，引申为四通，即“中外通”、“上下通”、“男女内外通”、“人我通”。这就是要求冲决一切妨碍中外、上下、男女、内外、人我之间平等交往的传统网罗，求得人的个性解放，树立以自由、平等、博爱相标榜的资产阶级国民精神。

不过，维新派对于国民性改造这个重大课题阐明得更为详尽而且影响也更大的著作，还得数梁启超1902年在《新民丛报》上发表的《新民说》一文（笔名即“中国之新民”)。梁氏从严复那里接过“三民”说，并且着重从公德、权利思想、自由与进步诸方面，具体论证了新的国民精神。他认为：“凡一国之能立于世界，必有其国民独具之特质，上自道德法律，下至风俗习惯、文学美术，皆有一种独立之精神，祖父传之，子孙继之，然后群乃结，国乃成，斯实民族主义之根柢源泉也。”需要保持这种固有的民族“特质”，并且不断加以淬厉、濯拭、锻炼、培浚，以求岁岁有新芽之茁，息息有新泉之涌。同时，还需要“采补所本无以新我民之道”，即“博考各国民族所以自立之道，汇择其长者而取之，以补我之所未及”。只有把“因材而笃”与“变化气质”结合起来，才能培育出自立于20世纪的一代新国民。

梁启超非常强调国民权利、权利思想，认为世界上只有中国人权利思想最为薄弱，其可悲情况颇似孟子所谓“逸居而无教，则近于禽兽”。他呼吁：“为政治家者，以勿摧压权利思想为第一义；为教育家者，以养成权利思想为第一义；为一私人者，无论士焉、农焉、工焉、商焉、男焉、女焉，各以自坚持权利思想为第一义。国民不能得权利于政府也则

① 蔡尚思、方行编：《谭嗣同全集》下册，中华书局，1981年，第291页。

争之，政府见国民之争权利也则让之。欲使吾国之国权与他国之国权平等，必先使吾国中人人固有之权皆平等，必先使吾国民在吾国所享受之权利与他国民在他国所享受之权利相平等。若是者国庶有瘳，若是者国庶有瘳！”

梁启超对于自由问题也相当重视，他把14、15世纪以来的人类史，归结为一部争取自由的斗争史。《新民说》指出，中世纪是西方宗教、政治专制的黑暗时代，“及十四五世纪以来，马丁·路得兴，一抉旧教藩篱，思想自由之门开，而新天地始出现矣，尔后二三百年中，列国或内争，或外伐，原野餍肉，溪谷填血，天日惨淡，神鬼苍黄，皆为此一事而已。此为争宗教自由时代。及十七世纪格林威尔起于英，十八世纪华盛顿兴于美，未几而法国大革命起，狂风怒潮，震撼全欧，列国继之，云滃水涌，遂使地中海以西，亘于太平洋东岸，无一不为立宪之国，加拿大、澳洲诸殖民地，无一不为自治之政，直至今日，而其机未止。此为争政治自由时代。自十六世纪，荷兰人求脱西班牙之轭，奋战四十余年，其后诸国踵兴，至十九世纪，而民族主义磅礴于大地，伊大利、匈牙利之于奥大利，爱尔兰之于英伦，波兰之于俄、普、奥三国，巴尔干半岛诸国之于土耳其，以至现今波亚（即布尔）之于英、菲律宾之于美，所以死亡相踵而不悔者，皆曰非我种族不得有我主权而已，虽其所向之目的或达或不达，而其精神一也，此为争民族自由时代……前世纪（十九）以来，美国布禁奴之令，俄国废农佣之制，生计界大受影响。而廿、卅年来，同盟罢工之事，所在纷起，工厂条例，陆续发布，自今以往，此问题遂将为全地球第一大案，此为争生计自由时代。凡此诸端，皆泰西四百年来改革进步之大端，而其所欲以去者，亦十之八九矣。噫嘻！是遵何道哉？皆‘不自由、毋宁死’之一语，耸动之鼓舞之，出诸壤而升诸霄，生其死而肉其骨也。于戏，璀璨哉自由之花！于戏，庄严哉自由之神”！

人们要想摆脱奴隶地位，首先应该摆脱自己心中的奴隶思想。“若有欲求真自由者乎，其必自除心中之奴隶始。”梁启超借用庄子的话：“哀莫大于心死，而身死次之”；将之演变成为：“辱莫大于心奴，而身奴斯为末矣。”为了自除心中之奴，他提出：一不要做古人之奴隶，二不要做世俗之奴隶，三不要做境遇之奴隶，四不要做情欲之奴隶。他理想中的“新民”应该是：“我有耳目，我物我格，我有心思，我理我穷，高高山顶立，深深海底行，其于古人也，吾时而师之，时而友之，时而敌之，无容心焉，以公理为衡而已。自由何如也。”①

但梁启超对自由的宣传是很有节制的，远不如谭嗣同那样鲜明坚决。他把世界上因自由精神而造成的结果归纳成六个问题：（1）四民平等问题；（2）参政权问题；（3）属地自治问题；（4）信仰问题；（5）民族建国问题；（6）工群（即劳工）问题。他认为第一、三、四问题不存在于中国，第六问题即工群问题在中国将来可能出现，但现在还不存在。今日中国所急于解决的是第二和第五两个问题，即参政问题与民族建国问题。梁氏强调国民参政权与建立独立的民族国家，这当然是有进步意义的。但他认为自战国以来即废世卿之制，“阶级陋习早已消灭”，中国不存在四民平等，这却不符合历史实际，而且反映了对于阶级对抗、革命潮流的内心恐惧。他在人民还没有获得起码权利与自由之前，即已念念不忘自由泛滥之危害，并且处处设防，限之又限，这表明他所追求的仍是很有限度的民权。

因此，作为维新派影响最大、拥有读者最多的文章里手，梁启超在1903年以后便逐渐减弱了先前的耀眼光辉，新一代的思想先驱已经迅速赶上了他，并且终于走在他的前面，甚至使他望尘莫及。时代在前进，社会在变化，人们的思想不断新陈代谢。“人事有代谢，往来成古今。”后人总是跨过前人的足迹，并把前人未竟之业推向新的境界。当年先进人士已经认真回顾过鸦片战争以来六十多年的艰苦历程，比较清晰地理出晚清政局和社会思想发展的轨迹。“经外界内界无穷之激刺，而吾国之政海亦累生种种变幻之风云。初坚持通商而不可者，继乃议及于制造。坚持制造而不可者，继乃议及于游学。坚持游学而不可者，继乃议及于变法。坚持变法而不可者，继乃议及于保皇。坚持保皇而不可者，继乃

---

①《新民说》，《新民丛报》第1、3、6、7、8、10、11期连载，1902年。

议及于立宪。坚持立宪而不可者，继乃议及于革命。夫至革命，以现象度之，则其抵死坚持不可者也。”① 新生的、先进的、革命的事物，总是这样不屈不挠地，在不断克服陈腐的、落后的、反动的事物的阻挠搪塞的过程中发展壮大起来，形成一股不可逆转的历史潮流，这就是无所不在的历史辩证法。

尽管梁启超多少有些忧心忡忡地劝诫：“自由而不暴乱”、“破坏而不危险”、“独立而不轧轹”，但革命思想却像摆脱羁绊的烈马，振鬃扬蹄向前飞奔。正是在《新民说》发表的第二年，有位署名横江健鹤的作者，在《江苏》杂志上发表了一篇《新中国传奇》，并且以谭嗣同的鬼魂到“上海自由戏院”观看《新中国传奇》演出作为楔子。在剧作者的笔下，谭嗣同的形象乃是从血泊中醒悟过来的灵魂。谭魂一出场就自称是“为民流血的第一人”，而把唐才常等自立军在汉就义说成是“第二次流血”。值得注意的是他的一段较长的独白：“哈哈，革命革命！自由自由！目下风潮又起，章枚叔（太炎）、邹慰丹（容）两同志，竟编成《革命军》一书（原文如此——引者），倡九世复仇之志，策十年血战之勋。此唱彼和，风行沪上。文字收功日，全球革命潮，二君愿力诚非小可哩！”“幽明异路，今是昨非，自由革命的主义，究竟是万劫不磨的。老夫昔日理想幼稚，所以堕落魔障，生为保皇党魁，死为革命雄鬼……寄语昔日保皇党，一息尚存，难道必像咱们至死方悟么？”对于为变法流血牺牲的谭嗣同，当年革命的人们始终是同情与尊重的，所以“传奇”的楔子绝非轻薄的讥嘲，而是诚挚的规劝。时过境迁，思想流变，历史舞台上即将登场的主角应是“第三次流血者”。

“第三次流血者”的杰出代表与急先锋是年轻的邹容（1885—1905）。这个巴县商人家庭的子弟，少年时就对传统教育与科举考试极为反感，曾因“非尧舜，薄周孔”，“攻击程朱及清儒学说尤体无完肤”，被重庆经学书院开除。1898 年（13 岁）即向日本人学习英语、日语，并阅读新学书刊。他同情戊戌变法，并以继承谭嗣同遗志自勉。邹容于 1901 年到上海进

① 《中国政界最近之现象》，《国民日日报汇编》第 1 集，1903 年。

江南制造局附设的“广方言馆”补习日语。次年自费留学日本，入东京同文书院，积极参加中国留日学生的爱国革命活动。1903 年春回国，在上海参加“爱国学社”，并投身“拒俄”运动。著名的《革命军》就是在此时写成。他的年龄、经历、知识结构以及个人气质，都使他的著作展现出与戊戌时期迥然不同的时代风貌。

《革命军》通篇都显示出豪迈而奔放的青春风采。作者在《绪论》中如此开头：“吾于是沿万里长城，登昆仑，游扬子江上下，溯黄河，竖独立之旗，撞自由之钟，呼天吁地，破颡裂喉，以鸣于我同胞前曰：呜呼！我中国今日不可不革命；我中国今日欲脱满洲人之羁缚，不可不革命；我中国欲独立，不可不革命；我中国欲与世界列强并雄，不可不革命；我中国欲长存于二十世纪新世界上，不可不革命。革命哉！革命哉！我同胞中老年、中年、壮年、少年、幼年、无量男女，其有言革命而实行革命乎？我同胞其欲相存、相养、相生活于革命也。吾今大声疾呼，以宣布革命之旨于天下。”正如梁启超笔端常带感情的文字开创了“新民体”一样，邹容这种“叫咷恣言，发其惭恚”的激情文字也开创了一种革命文体。许多作者在说理以前，一定要登昆仑，游长江，溯黄河，树独立旗，撞自由钟，并表露出自己最大的个人愿望就是牺牲后留下一尊巍巍铜像矗立于天地之间。这些在今天看来似乎是带有某种程度的公式化的标语口号，在当年却实在是革命者饱和血泪与激情的心声，并且能够引起千千万万读者的强烈共鸣。它与八股制艺、桐城派古文不仅在思想内容上判然有别，就是在文体上也是一次很大的解放，适应了革命岁月所需要的通晓明透、热情洋溢与较快的节奏感。

邹容这一代人，呼唤革命的理论武器一概来自西方，他们宁可与传统文化作更大的决裂。《革命军》写道：“吾幸夫吾同胞之得与今世列强遇也；吾幸夫吾同胞之得闻文明之政体、文明之革命也；吾幸夫吾同胞之得卢梭《民约论》、孟德斯鸠《万法精神》、弥勒约翰《自由之理》、《法国革命史》、《美国独立檄文》等书译而读之也。是非吾同胞之大幸也夫！是非吾同胞之大幸也夫！”“夫卢梭诸大哲之微言大义，为起死回生之灵药，返魄还魂之宝方。金丹换骨，刀圭奏效，法、美文明之胚胎，皆基于是。我祖国今日病矣，死矣，岂不欲食灵药投宝方而生乎？苟其欲之，则吾请执卢梭诸大哲之宝幡，以招展于我神州土。不宁惟是，而况又有大儿华盛顿于前，小儿拿破仑于后，为吾同胞革命之表木。嗟乎！嗟乎！革命！革命！得之则生，不得则死。毋退步，毋中立，毋徘徊，此其时也，此其时也。”① 以前，郭嵩焘等将东哲与西哲并列，即已被视为汉奸卖国贼；康有为借所谓孔子改制以推行变法，也被斥为谬妄悖逆。而现在诸如邹容这些年轻的新式学堂学生，则干脆用西哲来取代东哲，甚至用西哲来打倒东哲，这表明社会思潮的变化是多么深刻，而变化的实质便是背离传统文化与趋近西方文化。同年，江苏诗人金松岑欢迎陈去病自日本归国，曾做长诗一首，其中也有“娶妻当如韦露碧，生儿当生玛志尼，得听雄鸡三唱晓，我侬身在法兰西”② 之类语言。还有蒋性才在日本演说夸奖爱国学社，“仿佛这个学堂可以造就出来许多拿破仑、华盛顿、加富尔、玛志尼、加里波的、西乡隆盛一般人才出来。他们顽固的官场又道这个学堂稀奇得很，他们办下去，必定要造就出来许多造反的家伙，仿佛有许多宋江、李自成、张献忠、洪秀全、孙文、康有为一般人才”③。留学生对外洋贤哲英雄人物可以如数家珍，顽固官场自然是不甚了了，因而只能摭拾国内的叛逆作为例证，这也正好形成鲜明的对照。

《苏报》案发生，邹容、章太炎先后被捕后，革命和尚兼诗人乌目山僧（黄宗仰）曾作《〈革命军〉击节》一诗，抒发对于清廷的愤怒抗议。其中有“革命革命真英雄；一书英法真传译，光芒电闪泰西东，咸识汉人有豪杰”等句④。所谓“一书英法真传译”，指的是邹容在《革命军》绪言中的自我表白：“其有责我为大逆不道者，其有信我为光明正大者，吾不计。吾但信卢骚、华盛顿、威曼诸大哲于地下有灵，必哂曰：‘孺子有知，吾道其东！’”辛亥时期这一代革命者，再也不耐烦跪着造反，不屑于以曲

① 以上《革命军》引文，均见周永林编：《邹容文集》，重庆出版社，1983 年。

② 金松岑：《陈君去病归自日本，同人欢迎于任什退思园，醉归不寐，感事因作》，《江苏》第五期。

③《教育会会员蒋君性才由日本寄来演说稿》，《苏报》，1903 年 5 月 12 日。

④ 中央：《〈革命军〉击节》，《江苏》第五期，1903 年 8 月 23 日。参见拙文：《跋乌目山僧癸卯诗三首》。

折隐晦的文字来表达自己对于西方近代文明的仰慕，他们公开声明自己是西方贤哲的学生，是西方近代文明的传播者，是对正统文化的光明正大的叛逆。

章太炎在解释邹容何以将书名定为《革命军》时曾经指出："谅以其所规划，不仅驱除异族而已，虽政教、学术、礼俗、材性，犹有当革者焉，故大言之曰革命也。"① 但由于作者的年轻与篇幅的限制，《革命军》的主要功绩仅在于鼓动反清与宣传民主共和思想，而对政教、学术、礼俗、材性等方面的革新则论述有限。因此，我们应该看到，还有更多的先进人士，在更大的范围与更深的层次，进行革命舆论以至理论工作。

其中有一个重要内容，就是关于国魂问题的探索与鼓吹。20 世纪初革命派所讲的国魂问题，实际上就是维新派在 19 世纪末开始提出的国民性改造的继续与发展。

1903 年秋天，《江苏》杂志刊登一篇题为《国民新灵魂》的文章。作者认为，在君主专制主义长期暴虐统治下，特别是在腐败透顶的清朝政府的残酷奴役下，作为立国精神的可贵国魂已经消磨殆尽，而弥漫于中国大地的则是种种愚昧怯弱的旧灵魂。展现在人们眼前的是一幅惨淡的画面："梦魇于官，词吃于财，病缠于烟，魔着于色，寒噤于鬼，狂热于博，涕縻于游，痁作于战，种种灵魂，不可思议。而于是国力骤缩，民气不扬，投间抵罅，外族入之，铁鞭一击，无敢抵抗者，乃为奴隶魂，为仆妾魂，为囚虏魂，为倡优魂，为饿殍待毙一息之魂，为犬马豢养摇尾乞食之魂。而籀其府，而徘徊其都市，则商黯其色，工滓其容，农喘其息，士淹其气。悲风吹来，四山落叶，晚景袭人，灯烛无光，暮气入床，沈冥石室，乃魂之房。耗矣哀哉！中国魂！中国魂！"显然，这段文字乃是脱胎于龚自珍的《尊隐》，而对王朝"衰世"的刻画更为深刻；其中描述的各种旧魂，也比谭嗣同在《仁学》中勾勒的落后中国人的形象更为丑陋。作者的意图也很清楚：在这样困顿落后的情况下，如果不认真洗刷传统文化，不灌输新的精神文明，祖国是很难有复苏振兴之望的。因此，革命派以陶冶

① 《革命军·章序》，汤志钧：《章太炎年谱长编》上册，中华书局，1979 年，第 164 页。

熔铸新的国魂为己任，他们豪迈地宣言："于是上九天下九渊，旁求泰东西国民之粹，囊之以归，化分吾旧质，而更铸吾新质。吾使孔子司炉，墨子司炭，老子司机，风后力牧执大革，运气以鼓之，而黄帝视其成。采烟直上，纠蟠空际，天花下降，白鹤飞来。而国民乃昭然其苏，呆然其如隔世，一跃而起，率黄旗以与他种战。国旗翻翻，黄龙起舞，石破天惊，云垂海立，则新灵魂出而中国强矣。"① 这是一种相当开放而又富有自信的心态，既敢于蔑视古人，又敢于包容西学，兼收并蓄，熔于一炉，化分旧质，熔铸新质，从根本上改变民族素质与文化心理结构。20世纪初年的中国先进知识分子，确实具有一种恢弘而纯真的魅力。

革命派所鼓吹的国魂，内容颇为庞杂，解释也很不一致，大体上包括：(1) 山海魂，或称冒险魂，提倡勇于探索，不畏险阻，一往直前的进取精神；(2) 军人魂，或称武士魂，提倡军国民精神，严守纪律，强毅坚忍，同仇敌忾；(3) 游侠魂，提倡重然诺，轻生死，急国难，卫国权；反对儒者空言、柔懦、因循、自私等痼疾；(4) 宗教魂，提倡忠于信仰，牺牲一身以为众生，忍苦耐劳以排万难；(5) 魔鬼魂，提倡秘密运动，严守机密，使革命潜势力遍布于中国；(6) 平民魂，或称社会魂，提倡自由、平等；革命必须重视平民，"美之独立，法之革命，英之改革，十九世纪演种种活剧，皆是魂之产出物也"。

在诸魂之中，他们最重视的是平民魂，并且认为有无真正的国民，乃是20世纪中国之一"大问题"。他们说："中国而有国民也，则二十世纪之中国，将气凌欧美，雄长地球，固可跻足而待也。中国而无国民也，则二十世纪之中国，将为牛为马为奴为隶，所谓万劫不复是也。"② 因此，他们最为痛恨的是臣服于暴虐统治的奴隶状态与奴隶心理。他们愤怒地抨击："且也今日之中国，报馆有禁，出版有禁，立会演说又有禁；倡公理则目为邪说，开民智则诬为惑人。坐是种种，而中国国民之种子绝，即中国人求为国民之心死。故父以戒子，师以率徒，兄以诏弟，夫妇朋友相期望，

① 壮游：《国民新魂》，《江苏》第五期，1903年8月23日。以下参见拙文《论辛亥国魂之陶铸》。
② 《说国民》，《国民报》第2期，1901年。

莫不曰安分、曰韬晦、曰柔顺、曰服从、曰做官、曰发财。故卒举一国之人而无一不为奴隶，即举国之人而无一可为国民。”[①] 他们痛切地认为，为了改变这种愚昧落后的状况，必须以祖国为“国民之田”，以孟德斯鸠、伏尔泰、卢梭那样的有识之士为“国民之农夫”，以自由平等学说为“国民之种子”，著书立说，一倡百和，辛勤耕耘，才能收获丰硕的“国民之果”。

在20世纪初年，革命派与改良派之间，尽管在“排满”、政体乃至斗争方式等问题上，存在着原则分歧与激烈争论；但如果就改造旧文化与建设新文化而言，他们之间却有许多共同的认识与重合的工作。1907年以后，由于革命派的主要骨干（包括理论骨干）转向策动频繁的武装起义，改良派在文化革新方面甚至做了更多也更为坚实的工作。或许可以说，他们在政治战线上是对手，而在文化战线上却是友军。

辛亥前十年，由于中国被迫开放的门户日益扩大，中外文化交往日益增多，民族资本主义的初步发展，科举的废除与新式学堂的到处兴办，留学热潮与新式知识分子群的迅速成长，对于传统文化的批判与冲击也就进入一个新阶段。

新派人士更加具有战斗勇气，他们敢于向一切传统的神圣挑战。对君权的批判早已成为无可遏止的潮流，章太炎直斥皇帝是不辨菽麦的小丑，进步舆论公开指出真正的大逆不道乃是违反民意的朝廷，这些都是人所共知的事实。值得注意的是，他们还把批判的矛头指向皇帝之上和皇帝背后的那些曾经被视为绝对权威的神圣观念。

譬如说，天曾经长期被视为至高无上的神圣，九五之尊的皇帝被视为天子，无与伦比的君权被视为天授。中国没有一统独尊的宗教，却有一致敬天崇天的古老传统。汉儒之天与经合，宋儒之天与道合，都体现了这一传统。可是，随着《天演论》的翻译出版，随着天文学与其他自然、人文科学的传播，人们勇敢地提出了问题：“顺天者昌，逆天者亡。何顺乎尔？

① 《说国民》，《国民报》第2期，1901年。

何逆乎尔？无论昌与亡之樊然淆乱，不主故常，而即有一定之轨道，绕之以行，其所以然者，有适合之趋势也，亦理也。”① 天道不可知，而科学之理则可知；人类战胜禽兽，文明战胜野蛮，天演实为人演。古语有云：“人定胜天”，他们认为道理还未说透，应该改为“人定代天”；而“代天者，以己之权行己之志，无所谓天者也”。他们指出，崇尚不可知的天道，沮败摆在眼前的人道，这是中国数千年黑暗落后的根源。因此，必须革天之命，“天革，而他革乃可言矣”。

道统，也是皇帝之上和皇帝背后的神圣之物，是人人（包括皇帝在内）都必须尊敬遵循的绝对权威，千百年来一直被视为无可怀疑的真理。可是，新派人士起而向这个庞然大物挑战。他们公开揭露，古代本无道统之说。“唐宋之儒，以为天不变道亦不变也，于是有传道之人；又以吾儒之道异于异端也，于是有道统之说。是说也，一人倡之，百人和之，扬波汩流，至今未绝。”② 世儒标榜道统，无非是帮助专制君主愚民与御民，以“黜邪崇正”之名束缚臣民思想，消磨其聪明才力，并使之柔顺屈从。当时，已经有些人看出道统与宗法制度之间的联系，他们认为国之正统、道之宗法、家之统系，实为三位一体。“正统之说，足以长君主专制之焰；统系之说，足以启家族压制之端。”而其更大的危害，则是压制思想、言论、信仰自由，以中学为正，西学为邪，阻碍吸收外来先进文明。他们否定道统，反对道统，并且强调指出：“吾中国国民，固富于保守之特质，使更煽以道统之说，则西学之所长，将一无所采，而士大夫之攻西教者，又将有所凭借矣，于思想、言论、信教自由之公理，不亦大相背耶？”

新派人士还敢于冒天下之大不韪，公然提倡“祖宗革命”。在传统观念中，祖宗是保佑子孙、永传血统的神明。子孙感其恩德，族人畏其神灵，祭祀祷祝，事死若生。可是在新派人士看来，“于科学中，祖宗仅为传种之古生物耳，及其死则其功用已尽，复何神灵之有？”他们认为：“与科学乃公理为反对者，即迷信与强权也。于宗教中，用祸福毁誉之迷信，

① 《革天》，《国民日日报》第 1 集，1903 年。

② 《道统辨》，《国民日日报》第 3 集，1903 年。

行思想之强权；于政治中，用伪道德之迷信，行长上之强权；于家庭中，兼用以上之两种迷信，行两种之强权。故家庭遗毒至深，人类蒙害甚切。而家庭中之最愚谬者，更莫甚于崇拜祖宗，故作祖宗革命。”①

不敬祖宗，背叛道统，革天之命，与传统文化的离异，至此已是进入白热化。在革命运动一日千里向前发展的同时，进步知识界从各个方面批判旧思想、旧道德，提倡新思想、新道德，对维护君主专制与宗法制度的纲常名教发动更为猛烈的攻击，并且把革命引入文学、史学乃至哲学、伦理、经济、法律等各个学术领域。同时，他们还十分重视风俗习惯的改革，反对吸毒、缠足、纳妾、赌博等颓风恶习，提倡文明、卫生、剪辫、易服等新的风尚。他们的抱负是：“激来太平洋上之潮，洗净陈陈脑髓；树起昆仑山顶之旆，招归渺渺国魂。他日者，民德日新，百业蔚起，内足以巩国基，外足以御强敌。”② 一个由数亿健全国民组成的新中国，将以雄伟刚健的姿态自立于世界民族之林。

可以说，如果没有这样坚决地与传统文化离异，没有这样具有相当规模、声势与深度的思想解放运动，辛亥革命就不可能一举推翻清朝，在中国大地上建立第一个共和国。

---

①《祖宗革命》，《新世纪》第 2、3 期，1907 年。

②《云南杂志》发刊词。

第九章 回归面面观

“无量头颅无量血，可怜购得假共和。”辛亥革命的胜利和南京临时政府的成立，曾经引起中国人民极大的兴奋、欢乐与期待，以为中国的独立、民主、富强指日可待。但曾几何时，政权落在袁世凯手里，祭天祀孔，独裁称帝，革命成果连同革命志士都淹没在血泊之中，旧势力的卷土重来与社会之黑暗较诸清未有过之无不及。以孙中山为代表的民主力量，一次又一次反抗斗争，一次又一次遭到失败，人们不能不陷于悲观失望之中。“拒狼进虎亦何忙，奔走十年此下场！岂独桑田能变海，似怜蓬鬓已添霜。死如嫉恶当为厉，生不逢时甘作殇。偶倚明窗一凝睇，水光山色剧凄凉。”① 这是革命烈士宁调元被捕入狱后的悲愤之作，大体上可以反映当时革命者共同的心态。

辛亥革命失败的原因，中外学者的论析车载斗量，可以列出十条、百条。但如果从文化史的角度来考察，我认为主要是由于旧的传统势力太大，离异的力量太弱，而回归的力量则太强。

传统是一种无形的巨大的力量，无论何时无论何地人们都可以感受到它的存在。长期流亡海外，在另一种文化氛围中生活、学习与思考的革命者，一旦回归故土就立刻为传统文化的魅力所吸引，同时又必然承受传统文化惰力的沉重负荷。因为魅力总是与惰力交织在一起，而有些魅力就存在于惰力之中。勇猛刚强如黄兴，可以率两百壮士厮杀南疆，视成千上万敌人如草芥，但回国后“骤与立宪派遇，即歉然自以为不如；还视同党，

① 宁调元：《武昌狱中书感》，柳亚子编：《太一遗书·太一诗存》卷四，1915 年铅印本，第 2 页。

尤觉暴烈者之只堪破坏，难于建设”。因此，他对于具有较深传统文化素养的立宪派人物持亲近与谦抑态度，不仅“引进张、汤（张謇、汤寿潜）为收搢绅之望”，并且延揽杨度、汤化龙、林长民等以争取更多的助力[①]。胡汉民曾据此以批评黄兴政见“日以右倾”，但这绝不应仅仅看做是黄兴个人的政治转向，而是表明强大的文化传统力量对许多革命精英都产生了潜在而又深刻的影响。1912 年 10 月，孙中山在漫游燕、晋、齐、鲁回到上海以后，曾经发表此行观感说：“革命起于南方，而北方影响尚细，故一切旧思想未能扫除净尽。是以北方如一本旧历，南方如一本新历，必须新旧并用，全新全旧，皆不合宜。”[②] 他不仅看到中国南北经济、文化发展的不平衡，而且还深深感受到旧传统势力的强大，而新历旧历并用的比喻则无非是说明一切革命必须考虑到社会心理的承受力，必须在新旧之间谋求某种平衡乃至妥协。因此，他把政权让给袁世凯的重要原因之一就是：“故欲治民国，非具新思想、旧经练（验）、旧手段者不可，而袁总统适足当之。”[③] 对于曾经受过系统西方教育并且长期流亡于海外的孙中山来说，回归祖国就意味着大幅度回归传统文化的开始。

回归具有如此大的力量，又表现为各式各样的形态，因此有必要认真加以探析研究。

世界上的万事万物，尽管千差万别，但也往往包含许多相近乃至相通，至少是可以相互得到印证的道理。

据说，某些金属也具有“记忆”，无论如何加以压迫扭曲，它在暂时变形以后又将慢慢恢复到原来的状态。

生物遗传学中有所谓返祖现象，例如蝇在繁衍过程中，隔若干代即有可能出现与祖先相似性状的遗传现象，人们称之为返祖遗传。

某些动物如猫、犬之类有返回原地的很强的能力，它们所利用的导航线索可能与鸟类长途迁徙时所利用的相同，如太阳角度、星球分布形态等，人们称之为返回性（Homing）。当然，返回性最强的还得数鸟类，如

① 参见胡汉民：《胡汉民自传》，传记文学出版社，1978 年，第 239 页。

② 《在上海国民党欢迎会的演说》，《孙中山全集》第 2 卷，中华书局，1982 年，第 485 页。

③ 《在上海国民党欢迎会的演说》，《孙中山全集》第 2 卷，中华书局，1982 年，第 485 页。

鸽、燕、燕鸥、信天翁、军舰鸟等①。

人类则有"回归心理"。据医生说，这种过分迷恋往事的心理现象，属于精神上与心理上的病态。根据统计资料可以看出，呈现"回归心理"现象者，老年女性多于老年男性，文化偏低、心胸狭窄、性格内向的人，多于文化较高、思想开朗、性格外向的人。

如果放开来说，古老的、封闭的、落后的文明，其"回归心理"的表现必然多于年轻的、开放的、先进的文明。越是落后且在竞争中遭到挫折与失败的文明，就越是习惯于从陈旧的回忆中寻找昔日的光荣，以此作为心理上的补偿。

当然，情况也不完全如此，即使在当今发达国家，文化回归现象也时有发生，人们称之为"现代怀旧"。1988 年初，《巴黎竞赛画报》曾刊登《1987 年是怀旧的一年》一文，大意是：旧时的东西又复盛行，人们跳起了 60 年代的邦巴舞，电影院放映早期影片时座无虚席，女人戴上过时的小帽，古老的小汽车成为无价的收藏品，老式的家具从仓库里取出来重新使用，最为引人注目的是以往的作家……文章说："这种怀旧不同于以往。现代的怀旧不是悔恨、伤感、消沉的怀旧，而是肯定、挑战、带有一点挑衅、充满温情的怀旧。这种怀旧犹如一种复制：人们选择一个时代，犹如选择一个复制品一样。""现代的怀旧，就是一种新的青春。过去的怀旧是一种衰老感，而今天的怀旧是一种复兴和复活——恢复青春的方法。"此文作者似乎是用过分乐观的笔调来描述今日西方的"现代怀旧"，其实这也包含着人们对现代文明的厌倦，以返回往昔以至返归自然来缓解过于紧张的现实生活的压迫感。而回归东方式的新儒学的鼓吹，则显然是借用中国传统文化中的某些适用部分来填补西方精神世界的贫乏与空虚。

文化回归现象确实千差万别，但本书只能把探讨的范围确定在 19 世纪末年和 20 世纪初年的中国。

回归总是发生在离异之后，没有离异就没有回归，或者说回归就缺少

① 据《简明不列颠百科全书》称，有的燕子返回能力极强，若将它关闭在容器内，运到离巢约 5 500 公里处，它在 12.5 天内能够返回原地。

存在的前提。19世纪60年代以前，在中国基本上就没有文化回归的现象，有的只是大量出现的对于西方近代文明的排拒，而离异实乃微乎其微，以致很难引起众多的注意。60年代以后，随着维新思想的发展与洋务事业的兴办，出现了同传统文化比较明显的离异。虽然还仅仅是开始，但是已经引起旧势力比较强烈的反应，围绕着同文馆与修建铁路的争论，就是离异引发回归、回归阻止离异的具体表现。但是，真正具有相当规模和更为强烈的回归现象，则是出现在甲午战争以后，特别是在戊戌变法全面展开以后。值得注意的是，反对维新变法的急先锋正是礼部的一些负责官员，其攻击立论之一就是："袭西报之陈说，轻中朝之典章。"地方上新旧斗争最为激烈的地区是维新先驱最为集中的湖南，这又说明离异力越大，回归的反作用力越大，而岳麓书院则是围剿时务学堂、南学会、《湘学报》等维新势力的守旧派巢穴。书院院长王先谦及叶德辉等顽固士绅，攻击梁启超等"自命西学通人，实皆康门谬种"；时务学堂的学生"他日年长学成，不知忠孝节义为何事，此湘人之不幸，抑非特湘人之不幸矣"[①]。顽固势力自称是："人之持异教也愈坚，则人之护圣教也愈力。"[②] 南学会会长皮锡瑞，由于其子嘉佑曾作《醒世之歌》，内有"若把地图来参详，中国并不在中央，地球本是浑圆物，谁是中央谁四旁"等语，在旧势力的围攻下只得走避江西。在魏源的家乡邵阳，守旧士绅竟以"乱民"名义将当地南学会会长樊锥驱逐出境，并且在各处张贴"罪榜"，指责樊锥"首创邪说，背叛圣教，败灭伦常，惑世诬民，直欲邑中人士尽变禽兽而后快"[③]。由慈禧太后亲自决定的结束变法的政变，正是集中反映了众多守旧势力对于维新变法的全面反动。

政变以后，一切复旧，杀死"六君子"，并缉拿康、梁，严查、销毁康有为所有著作。清廷的诏谕号召全国："际兹邪说暴行之繁兴，自当以

---

① 《湘绅公呈》，《翼教丛编》卷5，《中国近代史料丛刊》第65辑，文海出版社，1996年，第364页。

② 《叶焕彬吏部明教》，《翼教丛编》卷3，《中国近代史料丛刊》第65辑，文海出版社，1996年，第165页。

③ 《邵阳士民公逐乱民樊锥告白》，《翼教丛编》卷5，《中国近代史料丛刊》第一辑，文海出版社，1996年，第341页。

名教纲常为己任，以端学术而正人心。”这股反动的潮流愈演愈烈，一直发展成为利用义和团全面排外的庚子事变。例如反对变法最烈的刚毅，也就是庚子时期力主排外的头面人物。他曾反对裁减绿营和改用西法练军，仍旧认为“有藤牌地营，则枪炮不足畏。能徒手相搏，则洋人股直硬，申屈弗灵，必非我敌”[①]。另一个从反对变法到力主排外的顽固派大臣徐桐，则是一贯反对洋务的倭仁的门生。他“深恶外人，尤恶谈外务者”；门人有言新政者即不许入谒，甚至“削弟子籍”。庚子事变发生，他竟以为“洋人且灭矣”，更加洋洋自得[②]。结果却是八国联军攻入京师，他愤而自杀，成为陈腐道统的殉葬品。

义和团本来是反对帝国主义奴役与瓜分中国的正义斗争，但却被统治阶级中的顽固势力利用引导到全面守旧排外的错误道路，小生产者的愚昧落后也因此暴露无遗，整个运动遂表现为十分扭曲怪异的形式。当年有革命者早已看出这一问题，他们说：“彼无意识之排外虽甚剧烈，其发念不过从耳目接近之忿恨点而起，而非从爱国心之点而起。故虽讲尊亲之学深厚如徐桐，尚不知割台湾、租胶岛、借旅顺、广［州］湾为何事，惟使馆市街有侵其府第一寸土者即忿忿不能平。适拳民亦妒教士之势横，两盲同意，二聋联盟，遂决欲铲除东交民巷使馆，及烧毁四牌楼教堂，以为如此外人即可莫予毒。呜呼！此即挟民族主义之国民举动乎？扶清者，仅扶东交民巷及四牌楼；灭洋者，仅灭公使馆及天主堂，如此彼尚知国家国民为何解乎？”[③] 所谓“两盲同意，二聋联盟”，尽管模糊了阶级区别并含有轻视劳动人民的偏见，但确实颇为形象地说明了顽固派如何利用农民落后思想，把义和团运动引入失败的歧途，终至酿成一场历史大悲剧。

如果说，慈禧太后的政变以及由此引发的庚子事变，是对于戊戌变法

① 费行简：《慈禧传信录》，转引自汤志钧《戊戌变法人物传稿》下编，中华书局，1982 年，第 530 页。

② 唐文治：《记徐桐祟绮事》，《茹经堂文集》卷六，《中国近代史料丛刊（续编）》第四辑，文海出版社，1996 年，第 464 页。

③《箴国民》，《苏报》，1903 年 5 月 8 日。

的全面反动，那么民国初年的帝制复辟逆流则是对于辛亥革命的全面反动。

民国建立以后，全国各地确实出现了许多新事物、新气象，民族生气又复有所振作。但是，在顽固守旧势力看来，这却是旷古未有的奇变和灾难。他们哀叹“邪说流行，堤防尽决”，“三纲沦，九法斁，千圣百王相传之遗教，扫除破坏，荡然无复几希之存”①。他们不肯剪辫，尊孔读经，煽起一股又一股复古风潮。他们在政治上公开反对共和，认为民主体制不适用于中国，一切灾祸混乱都来源于君主制的倾覆。他们公开宣称：“中国帝制行已数千年，不可骤变；而大清得国最正，历朝德泽沦洽人心。存帝制以统五族，弭乱息争，莫顺于此。”他们把帝制与尊孔联为一体，宣称：“惟今者共和政体大变，政府未定为国教，经传不立于学官，庙祀不奉于有司……夫民既不敢奉，而国又废之，于是经传道息，俎豆礼废，拜跪不行，衿缨并绝，则孔子之大道，一旦扫地，耗矣，哀哉!”② 而发出如此陈腐论调的并非别人，乃是戊戌维新的领袖人物康有为。另一维新思想先驱严复，也在1913年公开提倡读经，反对“荒经蔑古”。他说：“盖不独教化道德，中国人之所以为中国者，以经为本原。乃至世变大异，革故鼎新之秋，似可以尽反古昔矣：然其宗旨大义，亦必求之于经而有所合，而后反之人心而安，始有以号召天下。即如辛壬以来之事，岂非《易传》汤武顺天应人与《礼运》大同、《孟子》君重民轻诸大义为之据依，而后有民国之发现者耶！顾此犹自大者言之，至于民生风俗日用常行事，其中彝训格言，尤关至要。举凡五洲宗教，所称天而行之教诫哲学，征诸历史，深权利害之所折中，吾人求诸六经，则大抵皆圣人所早发者……今之科学，自是以诚成物之事，吾国欲求进步，固属不可抛荒。至于人之所以成人，国之所以为国，天下之所以为天下，则舍群经之中，莫有合者。彼西人之成

① 劳乃宣：《续共和正解》，《桐乡劳先生遗稿》卷1，《中国近代史料丛刊》第三十六辑，文海出版社，1969年，第148页。

② 康有为：《孔教会序一》，《孔教会杂志》第2号，1913年。

俗之国，固不必则吾之古，称吾之先，然其意事必与吾之经法暗合，而后可以利行，可以久大。盖经之道大而精有如此者。”[①] 1921 年 10 月，这位瘉壄老人在遗嘱中还谆谆教导子女：“须知中国不灭，旧法可损益，必不可叛。”“余则前哲嘉言懿行，载在典策，可自择之，吾不能觑缕耳。”从倾慕西哲之言，到尊经返古，事事时时处处必以中国圣贤经典为依据，凡是合乎经义者可行，凡是不合经义者必不可行，于此可见传统文化回归力量之强。

与这种思想上的倒退相伴随，民国初年出现了一次又一次政治上的复辟逆流，终于导致袁世凯炮制的洪宪帝制与张勋等发动的丁巳复辟，而辛亥革命有限的胜利成果也就逐渐消失殆尽。

上述此类回归，属于历史上的反动，是社会进步的极大障碍。但是人类社会现象总是极为复杂的，对于传统文化的回归并非仅此一种，也还有包含着进步内容的回归，甚至就是作为社会进步表现形式的回归。后一种回归，当然与前一种回归有很大的差别。

1868 年马克思在给恩格斯的一封信中曾经指出：“在人类历史上存在着和古生物学中一样的情形。由于某种判断的盲目，甚至最杰出的人物也会根本看不到眼前的事物。后来，到了一定的时候，人们就惊奇地发现，从前没有看见的东西现在到处都露出自己的痕迹。对法国革命以及与之相联系的启蒙运动的第一个反应，自然是用中世纪的、浪漫主义的眼光来看待一切，甚至像格林这样的人也不能摆脱这种看法。第二个反应是越过中世纪去看每个民族的原始时代，而这种反应是和社会主义趋向相适应的，虽然那些学者并没有想到他们和这种趋向是联系着的。于是他们在最旧的东西中惊奇地发现了最新的东西，甚至发现了连蒲鲁东看到都会害怕的平等派。”[②]

马克思所说的是一种带普遍性的情况，我把它也称为回归，当然是区别于前面所谈到的全属反动的另一种回归，即有进步性的回归。爱作历史

---

① 严复：《读经当积极提倡》，《严复集》第 2 册，中华书局，1986 年，第 331 页。

② 《马克思恩格斯选集》第 4 卷，人民出版社，1966 年，第 366—367 页。

玄想的汤因比也在一定程度上注意到这些现象的两重性，他把前者称为“回归过去的反动”，而把后者（他谑称之为“开倒车”）的努力动机，归之于“来自争取特殊表现和文化独立的民族主义的要求”。他特别提到，“日本人竭力复活其所固有的原始偶像崇拜所谓神道教，又是一种宗教的复古主义”，其动机则在于“要在一个半西方化的‘大社会’里保持它自己的地位，循着西方民族主义的路线力图革新”[①]。日本不仅把神道教定为国教，而且还把维新变法称为王政复古。明治维新初期，“脱亚入欧论”盛行一时，当政者决心“在亚洲造成一个与泰西文明情同手足的兄弟之邦”。外务卿井上馨等甚至不惜花费巨资兴建“鹿鸣馆”，经常举办西洋式舞会以博取外国人欢心，因此被称为“鹿鸣馆”外交。甚至连享有“东方卢梭”美誉的中江兆民，也对这种“崇外卑内主义”的流行表示忧虑[②]，认为不可一切模仿西方。由于面临着西方近代文明强有力的冲击，害怕丧失固有民族精神的忧患意识有增无已，所以“和魂洋才”主张仍然颇有影响。国学派的三宅雄次郎、志贺重昂等极力宣扬“日本主义”，提倡保全国粹。甚至到1890年，明治天皇亲颁的《教育敕语》还规定：“国家、天皇和道德的根源已成一体，应以对天皇忠、对父母孝为道德的根本。”可见，即使在向西方学习极有成效的日本，向传统文化回归的现象也是屡见不鲜。

我们不妨把眼光转向近代文明始创的西欧，看看那里的民族是如何走出所谓千年黑暗的中世纪野蛮，看看他们是如何“在最旧的东西中惊奇地发现了新东西”。在文艺复兴的发源地意大利，新的社会力量的知识界代表，为了与中世纪的旧制度、旧观念决裂，曾经不得不向古老的希腊、罗马文明汲取精神力量。他们不仅通过世界的发现达到人的发现，并且向那些用羊皮纸抄写的陈旧希腊文、拉丁文经典，向那些精美绝伦的艺术珍品，甚至向那些古代遗址的断壁残垣，寻求建设新社会的思想与激情。这些近世文明的先驱者，已经把仿效古典文化当做一种时尚。他们不仅以西

---

① 参见汤因比：《历史研究》中册，上海人民出版社，1986年，第334、336、344页。

② 福泽谕吉也有类似的忧虑，他认为除洋人在日本狂妄自大、横行霸道以外，还有居留地、内地旅行、关税等问题，都存在着不平等，如不改变这种状况，“日本人民的品格必将日趋卑屈”。

塞罗、普林尼作为楷模而勤勉地学习书写拉丁文信札，直至连每一次演讲都仿佛是古罗马元老院雄辩家们的幽远回声。人们给子女改取希腊、拉丁名字，借以表明对古代世界的热情压倒对于宗教圣徒的虔诚，这是一种古典的声音与新的意义的糅合。正如马克思所说的那样："使死人复生是为了赞美新的斗争，而不是为了拙劣地模仿旧的斗争。"① 在新的社会结构变化过程中出现的回归古典文化的热潮，反而促使地中海沿岸成为抚育资产阶级文明的摇篮。

让我们再把眼光转向邻近中国的沙皇俄国。彼得大帝用雷厉风行的手段向西方学习，甚至下令剃去胡须并禁止穿俄罗斯旧式长袍（这种"服装革命"于 1851—1875 年期间又在日本重演）。此后，对俄罗斯传统文化的离异与回归两种趋向，曾经表现为两个派别之间的分歧。西方主义者代表彼得以来的革新潮流，他们认为想要摆脱俄罗斯的野蛮与落后，就必须全盘西化，特别是认真仿效实行君主立宪制的英国。为了表明与旧传统的决裂，他们使用了极为偏激的语言，甚至认为俄罗斯对于人类文明进步一直只起玷污作用，从未做过任何贡献。当然这不免严重地伤害了许多俄罗斯人的民族感情，于是又产生了与西方主义相对立的斯拉夫主义一派。斯拉夫主义者自命为俄罗斯历史遗产的卫士，他们主张尽量发掘民族固有的美德，激发人们的爱国思想，抵制西方影响对俄罗斯文化的腐蚀。不过斯拉夫主义者并不反对自上而下的改革，在这个问题上他们与西方主义者没有根本分歧。

我们再把眼光回到 20 世纪初年的中国。1905 年以后出现的国粹主义思潮，与俄国的斯拉夫主义者、日本的国学派颇为相近。他们并非完全反对向西方近世文明学习，但却害怕中国民族文化可能在西潮冲击下泯灭独立的特质。1906 年章太炎出狱到日本后说得很清楚："为甚提倡国粹，不是要人尊信孔教，只是要人爱惜我们汉族的历史。这个历史是就广义上说的。其中可以分为三项，一是语言文字，二是典章制度，三

---

① 马克思：《路易·波拿巴的雾月十八日》，《马克思恩格斯选集》第 2 卷，人民出版社，1966 年，第 8 页。

是人物事迹。近来有一种欧化主义的人，总说中国人比西洋人所差甚远，所以自甘暴弃，说中国必定灭亡，黄种必定剿绝。因为他不晓得中国的长处，见得别无可爱，就把爱国爱种的心，一日衰薄一日；若他晓得，我想就是全无心肝的人，那爱国爱种的心，必定风发泉涌不可遏抑的。"① 章太炎自称其宗旨是："用国粹激励种性，增进爱国的热肠。"所谓"种性"就是民族主义，也就是被当时革命派认为能够团结全国人民共同奋斗的精神纽带。

国粹主义者把自己的振兴国学比拟为西方的文艺复兴，他们也以极大的热情"在最旧的东西中惊奇地发现了新东西"。他们废寝忘食，呕心沥血，努力发掘并宣扬那些曾经在几千年漫长岁月里凝聚、团结、鼓舞、振兴民族的经济、政治、文化乃至心理素质方面的各种因素，以此来唤起"我同胞之国民"的民族觉醒和爱国心。

他们从古老的传说中借取黄帝的形象，并且标榜华夏胤裔、炎黄子孙，以激发民族感情，增进内部的凝聚力。早在1903年夏天，刘师培即发表《黄帝纪元说》一文，力主以黄帝纪元来取代清朝正朔。他认为："凡一民族，不得不溯其起源。为吾四百兆汉族之鼻祖者谁乎？是为黄帝轩辕氏。是则黄帝者，乃制造文明之第一人，而开四千年之化者也。故欲继黄帝之业，当自用黄帝降生为纪年始。"② 他毫不讳言这是学习日本立国以神武天皇纪年，用以唤起同胞的民族自觉。与此同时，《江苏》杂志第三期刊登了"中华民族始祖黄帝像"，并公开改用黄帝纪年。稍后，又有《黄帝魂》一书的辑录刊行和《黄帝传》在《中国白话报》的连载。广泛流传的陈天华的《猛回头》、《警世钟》，也高呼黄帝为"始祖公公"，并且较早地刊登了黄帝肖像。1905年宋教仁即将此像采用于《二十世纪之支那》杂志，并撰写《纪年之意义》、《中国新纪年》等文章和书籍。黄节也在《国粹学报》连载《黄史》，力主"黄帝第一甲子纪年"之说。宋教仁为黄帝像题词："起昆仑之顶兮，繁殖于黄帝之浒。借大刀与阔斧兮，以奠定乎

---

① 章太炎：《演说录》，《民报》第6号，1906年。

② 无畏（刘师培）：《黄帝纪年论》，《国民日日报汇编》第1集，1903年。

九有。使吾世世子孙有啖饭之所兮，皆赖帝之栉风而沐雨。嗟吾四万万之同胞兮，尚无数典而忘祖。”[①] 正好抒发了当时人们对于共同祖先的景仰与缅怀。

此外，当年一批进步知识分子，探幽索微，抉剔爬梳，或讲述历史，或整理国学，或研究语言，或探讨制度，或品评人物，目的都是反对一味迷醉于欧风美雨的崇外思想，激发“我同胞之国民”的民族自信心与自豪感。他们大声疾呼：“十五世纪为欧洲古学复兴之世，而二十世纪则为亚洲古学复兴之世。”但是他们对传统文化回归往往走得太远，有些人甚至陷于故纸堆中不能自拔。譬如说什么“国粹者，精神之学也；欧化者，形质之学也”。“国粹者，道德之源泉，功业归墟。”[②] 个别人干脆把国学与“黄帝尧舜禹汤文武周公孔子之学”等同起来，复兴古学就是复兴孔学。这些论调几乎已经回复到“中体西用”的水平，并且淡化乃至混淆了新学与旧学之间的界限。所以，有的旧派分子竟把国粹主义派创办的《国粹学报》引为同调，写诗称赞说：“神州日黯晦，道义久消沉；不有真英杰，何堪支古今。新潮漫大陆，故国发哀音；礼乐先王事，儒生共此心。”[③] 对于那些有志于倡导20世纪中国文艺复兴的革命党人来说，这真是莫大的历史讽刺。

汤因比有一段很深刻的议论：“复古主义者之所以受人非难，便在于他的企图的本性永远是要调停于过去与现在之间，这两种互相冲突的要求之不能并立，正是复古主义作为一种生活方式内在的弱点。我们可以说，复古主义者无异立足于进退维谷的两难之境，不管他向哪一边走去，都将找不到出路。如果他只顾恢复过去而不考虑现在，那么永远向前的生命的激流势必将他的脆弱的机制冲得粉碎。相反的，如果他要把怀古之幽情从属于改造现在的事业，那么复古主义便将证明是一种骗局。”[④] 国粹主义派

---

① 《二十世纪之支那》第一期，1905年。

② 许守微：《论国粹无阻于欧化》，《国粹学报》第七期，1905年。

③ 潘复：《寄题〈国粹学报〉第三周年祝典兼呈秋枚、晦闻诸君子》，《国粹学报》第38期，1908年。

④ 汤因比：《历史研究》中册，上海人民出版社，1986年，第345页。

也是陷于“进退维谷的两难之境”，他们主观上想与自己的民族一起进入20世纪，但传统的幽灵则胡搅蛮缠地把他们拉向古老的往昔。更为可悲的是，鼓动革命风潮的“排满”口号本来就来源于传统的“夷夏之辨”，这个口号的风靡一时使国粹主义者得意忘形，所以毫未觉察自己难以克服的内在弱点。及至辛亥革命失败以后，这种回归趋向更有所发展，特别是表现在道德观念方面。

道德是传统文化的核心部分，也是民族文化心理结构最为稳定的层次之一，它渗透到社会生活的各个方面，并且成为民族与国家的强大凝聚力。西潮东渐对于传统文化的强大冲击，最为令人焦虑的正是在于道德观念方面，因为它可能极大地削弱传统精神支柱，引起整个社会的动荡。关于这方面的问题，在考察民国初年社会情况之前，先了解一下明治维新初期的情况也许是必要的。根据中江兆民《一年有半》的记述：“日本和欧美各国，互相交际往来，把这些国家的货物，以及制度、文化、习惯、风俗、服装一起传入到日本的时候，日本的固有文化，陡然烟消云散，整个国家一起闯进了新的世界。”结果便是惟利是图，损人利己，骄奢淫逸，道德沉沦，以致“教育家、社会事业家、政治家，一开口没有不谈论腐化堕落问题”[①]。于是主张恢复神道教者有之，主张弘扬儒学者有之，主张推广佛教者亦有之。众说纷纭，歧见迭出，但谋求恢复固有道德之用心则一，向传统文化回归的趋向亦同。另一位维新思想家福泽谕吉在《文明论概略》中也有类似的记述：“有些人注意到这个问题，认为现代人行为轻薄，而归罪于‘忘古’二字，重新提倡大义名分企图复古。为此，他们开始研究这方面的学问，从古昔的神祇寻求证据，提倡‘国体论’，企图以此来挽救人心，这就是所谓‘皇学派’。”此外，“洋学家则主张推行耶稣教，汉学家则主张实行尧舜之道，莫不致力于维系人心统一思想趋向，以保卫我国的独立，但是这些主张直到今天还没有收到一个成效，同时以后也不会收到成效，这怎不令人慨叹！”[②]

---

① 中江兆民：《一年有半·续一年有半》，商务印书馆，1982年，第62—63页。

② 福泽谕吉：《文明论概略》，商务印书馆，1982年，第171、176页。

民国初年的社会情况，与福泽谕吉、中江兆民等人所讲的明治维新后的日本，颇有类似之处。由于旧的道德观念受到猛烈冲击，新的道德观念又未确立与普及，南京临时政府成立后革命党人的政治地位发生变化，同盟会骨干以及其他军政官员腐化现象日渐增多，社会上要求注意道德品格乃至公开要求恢复固有道德的呼声日益高涨。胡汉民曾回忆说："时各省军人往来苏沪者，颇纵情声色，以为英雄本色。当尔剪发易服，而社会渐趋奢侈，政客之猎官热亦骤盛，故精卫与吴、蔡、李（指汪精卫、吴稚晖、蔡元培、李石曾——引者）诸人思力矫之，'进德会'、'六不会'皆由此起。"① 湖北革命党人潘康时讲得更为沉重："戴国民党之假面具者，朝进党而暮脱党，一人一日数变，朝秦暮楚，恬不为怪，党德、政德，荡然无存，卖票卖脱党、卖不出席，皆有定价。狡诈阴险，曲尽其妙。新式交易所，实所罕见，令人笑则笑大口，哭则哭断肠，卒致令人哭笑不得。"② 这些慨叹与呼吁必然要对孙中山有所影响，作为具有高度使命感的革命领袖，他不能不谋求补救之道。

早在1917年至1919年撰写《建国方略》期间，孙中山在心理建设方面虽然侧重于知难行易学说框架的营筑，但是已经考虑到伦理道德的重要意义。他认为："社会国家者，互助之体也；道德仁义者，互助之用也；人类顺此原则则昌，不顺此原则则亡。"并且把中国贫弱的原因，归结为"官吏贪污、政治腐败之为害也，倘此害一除，则致中国于富强，实头头是道也"。1919年10月10月，孙中山为纪念辛亥革命八周年，在上海《晨报》发表《八年今日》一文，沉痛指出："今日何日？正官僚得志，武人专横，政客捣乱，民不聊生之日也。追源祸始，则政客实为万恶之魁……惟政客则全为自私自利，阴谋百出，诡诈恒施，廉耻尽丧，道德全无，真无可齿于人类者。"如果这里讲的还只限于政治道德，那么到1923年年底和1924年年初，他在几次演说中即已扩大为整个社会道德与伦理文化。例如，他曾说："大家都知道中国最有名的人是孔子，他周游列国，是做什么事呢？

① 胡汉民：《胡汉民自传》，传记文学出版社，1978年。

② 《潘恰如自传》，《辛亥首义回忆录》第三辑，湖北人民出版社，1980年，第40页。

是注重当时宣传尧、舜、禹、汤、文、武、周公之道。他删诗书，作春秋，是为什么事呢？是注重后世宣传尧、舜、禹、汤、文、武、周公之道。所以传播到全国，以至于现在，便有文化。今日中国的旧文化，能够和欧美的文化并驾齐驱的原因，都是由于孔子在二千多年以前所做的宣传功夫。"① 又说；"大凡一个国家所以能够强盛的缘故，起初的时候都是由于武力的发扬，便能成功。但是要维持民族和国家的长久地位，还有道德问题，有了很好的道德，国家才能长治久安。""所以穷本极源，我们现在要恢复民族的地位，除了大家联合起来做成一个国族团体以外，就要把固有道德先恢复起来。有了固有的道德，然后固有的民族地位，才可以恢复。"② 孙中山所讲的国族，是传统的家族、宗族的联合体；而所谓"固有道德"则指的是忠孝仁爱信义和平，以及本来属于伦理范畴却已发展成为一整套政治哲学的"格物、致知、诚意、正心、修身、齐家、治国、平天下"。尽管孙中山对上述道德范畴作过某些新的解释，但基本上未能超越农业宗法社会传统道德体系，这可以说是对传统文化的一次大幅度回归，而且还是发生在对传统文化进行比较彻底的离异与批判的五四运动以后。

从离异开始，以回归终结；离异之中经常有回归，回归之中继续有离异。这或许可以作为对于孙中山与中国传统文化的关系的动态概括，也未尝不可以看做是中国走向近代的文化历程的一种粗略小结。道路是曲折的，步伐是蹒跚的，何况还肩负着沉重的传统因袭。但我们的民族从未停止过前进的脚步，仍然从时代、从世界、从自身不断导引新的生命活力。辛亥一代人未能完成的任务，由"五四"一代人来接手承办，而这一代人又是如此朝气蓬勃，充满勇气与信心。在历史新纪元到来之际，李大钊迎着曙光大声呼唤："一日有一日之黎明，一稘有一稘之黎明，个人有个人之青春，国家有国家之青春。今者，白发之中华垂亡，青春之中华未孕，旧稘之黄昏已去，新稘之黎明将来。际兹方死方生、方毁方成、方破坏方建

① 《革命成功全赖宣传主义》，《孙中山选集》下卷，人民出版社，1956 年，第 492 页。
② 《三民主义·民族主义》，《孙中山选集》下卷，人民出版社，1956 年，第 653 页。

设、方废落方开敷之会，吾侪振此‘晨钟’，期与我慷慨悲壮之青年，活泼泼地之青年，日日迎黎明之朝气，尽二十稘黎明中当尽之努力，人人奋青春之元气，发新中华青春中应发之曙光，由是一一叩发一一声，一一声觉一一梦，俾吾民族之自我的自觉，自我之民族的自觉。一一彻底，急起直追，勇往奋进，径造自由神前，索我理想之中华，青春之中华。”[①] 这样振聋发聩的时代最强音，至今仍然字字句句强烈叩击着我们的心弦。

① 李大钊：《〈晨钟〉之使命——青春中华之创造》，《李大钊选集》，人民出版社，1959 年，第 58 页。

第十章　没有结束的思考

传统文化与近代化之间的关系问题，自从魏源提出“师夷长技”以来，已经存在并争论了一百多年，而且至今仍然在继续。体用之争、全盘西化与中国本位之争、彻底否定传统与重新振兴儒学之争等，都在不同历史条件下和不同水平上，周而复始地再现着对于传统文化离异与回归的两难抉择。可以说，这不仅是既往几代人感到困惑的问题，而且现在和若干岁月的将来都会继续使我们的民族感到困惑。可以预见，随着全球化浪潮冲击的日益剧烈，这种困惑必将有增无减。

困惑产生于差距，即我国与发达国家的差距，而且首先是经济上的巨大差距。因为有这种巨大差距，人们便不断重新审视和改造自己的传统文化，但同时也容易滋长鄙薄以至完全否定民族固有文化的极端心理。当局者迷，旁观者清，我们考察日本历史也许会比考察中国历史更为客观一些。中江兆民在谈到日本在开港通商后从“侮外病”发展成“恐外病”的时候，有一段比较平实而且有深意的议论：“然而仅仅阐明物质和道德的区别，还是不够的。也即物质的美对于促进爱国心，也有巨大的力量；而爱国心的提高，又能够自然而然治好恐外病。因此到朝鲜和中国去的日本人，自然有怜悯他们的念头；来到日本的朝鲜人和中国人，自然有尊崇日本的心理。这没有别的原因，而是由于他们的一切事物，都大大地赶不上日本这样齐备的缘故。就欧美各国来说，他们胜过日本，又不止像日本胜过朝鲜和中国一样。凡属从那些国家输入日本的物品，即使日本国内也出产同样的品种，而质量的好坏，却不能相比。所以日本商人一定说，这是顶好的洋货。凡属一切事物，他们都一一胜过日本，我们自然要发生自卑感。这是一般人所不能够避免的。所以就小康人家以下的人说，不仅必须阐明道德和物质的区别，同时一定要直接促进并使之看到物质的美，以便激发爱国心（至于发生战争的时候，自然又当别论）。所以发展教育和文化，繁荣科学，这两者是互相平行，不可缺一的。”① 明治维新以后，由于日本利用比较有利的历史机遇，国家采取积极的经济政策，工业和整个国民经济有了比较迅速的发展。特别是在相继战胜中国和俄国两个邻近大国以后，日本人极大地增强了民族自信，而外国人也对日本刮目相看。果然，所谓崇外卑内主义渐成陈迹，代之而起的却是大和民族的优越感，乃至称雄东亚争霸世界的军国主义野心。

当然，这并不完全符合中江兆民原来期望的结果，因为他一贯强调物质的美与道德的善既相区别又必须协调发展。他早曾提醒国人：“不论科学技术是怎样的高深，权利和气势是怎样的强大，名誉和声望是怎样的崇高，假如做儿子的虐待父亲，做丈夫的压迫妻室，欺骗朋友；并且做了各种各样的坏事；那么，结果怎么样呢？不论我们国家是怎样的强盛，邻国是怎样的软弱，假使我们无缘无故派兵到邻国去，那么，结果怎么样呢？外表的事物，终归是不能够战胜理义的，因为有主要和次要的区别的缘故。”② 但是很可惜，日本人忘记了这位身患绝症的智者的遗嘱，在军国主义道路上愈走愈远，终至酿成亚洲乃至世界的大灾难，而同时也是日本民族自身的大灾难。应该指出，我们许多文化史研究者，自己也不大注意中江兆民这些诚挚的语言，单纯从物质的美即经济发展程度来评价日本的近代化，仿佛日本处理传统文化与近代化之间关系的经验乃是完美无缺的典范。

诚然，日本是个既善于向外来文化学习也珍惜本国文化传统的民族，日本明治维新的成功不仅表现为经济的发展，而且还有文化教育和政治体制的一系列革新；如果没有整体改革的配合，资本主义经济的迅速发展是难以实现的。但是，决不能认为日本已经妥善地解决了传统文化如何适应现代生活的问题。正如美国学者本尼迪克特在《菊花与刀》一书中所说的

① 中江兆民：《一年有半·续一年有半》，商务印书馆，1982年，第60页。

② 中江兆民：《一年有半·续一年有半》，商务印书馆，1982年，第59页。

那样，日本人的极大部分说教都是把“忠”提到道德的最高位置，而把其他德行置于“忠”的范畴之下，从而简化了义务体系。这样做的目的，不仅把天皇置于至高无上的地位，消除了将军与诸侯的势力，使全日本统一在天皇崇拜之下；而且还要削弱其他各种道德可能起的离心作用，使一般日本人相信，只要履行了“忠”便等于履行了其他一切义务。明治天皇颁发的《军人敕谕》与《教育敕谕》一样，都是日本人真正的《圣经》。“每次捧读时，先从神龛中取出，然后在听众散去前，再恭恭敬敬地放入神龛。捧读敕谕和敕语若读错一句就得引咎自杀。”[①] 正是这样长期的严格的军国主义教育，使千百万日本人自告奋勇地充当统治者的忠诚侵略工具乃至炮灰。甚至直到20世纪80年代的今天，日本军国主义的潜在影响仍然阴魂不散，难道我们还能够把这种所谓与现代化“并行不悖”的传统文化看做是健全的吗？

借鉴日本的历史与现实，可以参悟出一个道理，即不能离开社会的整体结构来孤立地谈论文化。日本经济结构的变化，促成了传统文化的改革与发展，并使之赢得偏高的评价；而日本传统文化中的消极部分，又适应于垄断资本主义发展的需要，其畸形扩展则在人类历史上造成奇灾大祸。文化可以对经济发展起促进或延缓作用，但说到底还是经济结构决定文化的发展态势与走向。生产力的发展及其所引起的经济结构的变化，是一切社会改革的巨大驱动力；而对于这种驱动力，传统文化的惰力可能在某种程度上有所抵消，但终究难以阻止它发挥作用。正如汤因比所说的那样：“无论在哪一种场合，复古主义者都将发现他努力的结果使他已经不自觉地成了未来主义者。在它竭力保持一种时代错误的时候，事实上他便等于敞开门户迎接不顾一切的改革，这种改革随时随地都在暗中伺机而动，一有可能马上就会排闼直入。”[②]

经济发展有自己的规律。一个国家的经济起飞，既有涉及国内外市场、资源条件的机遇问题，也有社会结构、机制是否适应经济发展的调节

① 本尼迪克特著，马小鹤、孙志民、朱理胜译：《菊花与刀——日本文化的诸模式》，九州出版社，2005年，第152页。

② 汤因比：《历史研究》中册，上海人民出版社，1962年，第345页。

问题，而更为重要的还有是否适合世情、国情并把握机遇的经济决策问题。如果把现实的经济发展水平低下，甚至把一些重大经济决策的失误，也统通归咎于传统文化，那就未免失之于偏颇，等于是自己没出息反来怪祖宗不好（当然也并非说与传统文化毫无关系）。有位美术界朋友的见解对我们很有启发，他认为：传统体现着本体，本体永远包含正、反矛盾两仪的统一，所以任何民族群体的传统中都包含了消退与进展两种因素。由于接受者条件不同，他或可能接受（选择）着进展的方面，或可能接受（选择）着消退的方面。又由于其自身条件基因的不同，进展的方面亦可导致消退，消退的方面反可导致进展。因此，对传统不可笼统地肯定或否定。传统永远在发展变化，它作为自在之物时，无所谓优劣。其所带来的优与劣，主要取决于接受者主体的自身条件。因此，传统对于优越者来说，就是优越的；传统对于拙劣者来说，就是拙劣的[①]。这位先生说得多么好啊！应该以强者（优越者）的姿态来对待传统文化，不是肩负传统包袱，而是超越传统并根据现实生活的需要来选择传统中的有用部分，摒弃其消极或有害的部分。用余英时先生的话来说，就是不要“把传统文化和现代生活笼统地看作两个不兼容的对立体”，应该努力发掘经过长期筛汰的中国文化价值系统中的生命活力，使之适应现代生活并为当代文明的发展服务[②]。

问题既然涉及传统接受者主体的自身条件，这就必然又涉及主体条件的改善，即如何使自身成为强者（优越者）的问题。关于这个问题，上述这位美术界朋友也有一处深刻的议论：传统作为本体作用下人类群体精神升华延续的洪流，它是流在历史的纵向上。它在历史上这样或那样的流，主要是由于历史的“地形”（我则宁愿称之为“历史社会土壤”）造成的。传统在我们这代人身上怎样流下去，自然也取决于我们时代的地形。我们不必沮丧于其过去流的如何“坏”，亦无须陶醉于其过去流的如何之

① 参见李德红：《文化传统——本体作用下的精神流体》，《美术》1987 年第 12 期。

② 参见余英时：《从价值系统看中国文化的现实意义》，《中国思想传统的现代诠释》，江苏人民出版社，1998 年。不过，他认为“传统的自我观念只要稍加调整即可适应于中国人”，则似对改造国民性的难度估计过低。

“好”，重要的是我们为传统之流开辟了何等的“地形”，甚至新的“源泉”。传统在我们身上流的如何，也取决于我们心灵的“地形”，所以在研究讨论传统的同时，反思我们自身的精神思维态势是千万不可忽略的。

其实，对于外来文化新潮也有一个接受者主体自身的“精神思维态势”问题，尽管它与传统文化不同，乃是流在历史的横向上。应该用强者（优越者）开放的心态来对待外来文化，即令是在两相较量中遭到失败，也要善于利用“失败者的优势”，在精神上转化为“十年生聚，十年教训”的强者，放手吸收外来文化的先进部分，改造革新自身的传统文化，并在两者融会贯通的基础上整合、发展本民族的新文化。在这一点上，日本民族是有自己的长处的。它不仅在19世纪五六十年代被西方列强侵入后，反应比较积极主动，因而迅速转弱为强；就是在第二次世界大战中彻底遭到失败以后，它也勇于承认失败，并且不失信心地从头做起。日本投降5天之后，在美军进驻日本以前，东京《每日新闻》即发表社论，强调任何人一刻也不要忘记日本已经彻底失败。因为建立一个完全以实力为基础的日本的努力已归于破产，此后必须走和平国家的道路。于是他们欢迎美军的进驻，主动起草摒弃战争的宪法，而在正式投降10天以后，另一家大报就发表社论，强调指出：“我们在心中必须有军事失败与一国文化的价值无关这样一种坚定的信念。军事失败应被作为一个转机而发挥作用……为了使日本国民真正地面对世界，客观地看到事物的本来面目，有必要做出国家失败这样一种巨大的牺牲。至今歪曲日本人思考的一切不合理的事必须用坦率的分析来排除……把这次战败作为严酷的事实加以正视需要勇气（但我们必须相信明天的日本文化）。”其他各家报纸的社论也都反复论述：“日本必须在世界民族之林中受到尊敬”，而日本国民的责任就是在新的基础上再次赢得这种尊敬。值得注意的是，不仅报纸舆论迅速作180°的转变，而且从东京街头到偏僻乡村的普通百姓也迅速实现了这种转变。他们态度的友善（也许有几分虚伪），竟使美国占领军难以相信，这些国民就是那些曾发誓用竹矛战斗到死的人。因此，曾经专门研究日本文化诸模式的本尼迪克特认为，日本人的伦理是一种“允许取舍”的伦理，他们至今所受的训练把他们塑造成为能够“见风使舵”（似亦可译为随机应变）的人，他们既不会坚持主观信奉的正义，又不会为罪过而忏悔①。战后的日本，就是在这种国民精神支持下度过最艰难的岁月，并且在满目疮痍的国土上重建了高度发达的经济，又在保持着大量传统的民族文化中吸收融合了许多美国乃至其他西方国家的文明。当然，我并不认为日本文化十全十美，它既有传统的消极因素，又有当代文明的潜在忧患，但这种敢于承认失败、承受失败并且以实干赢得重新崛起的民族精神，却是非常可贵并且应该借鉴的。

近代化不等于西方化，因为西方近世文明中也包括许多不利于民族文化健康发展的弊病，这是许多学者的共同认识。但是毋庸讳言，由于西方文明在17、18世纪以后处于领先地位，中国的近代化在很长一段时间里确实是与学习西方联系在一起，甚至连马克思主义也是来自西方，而不属于土生土长的固有文化。由于西方文化源于与儒家文化迥然有别的基督教文明，而且又是随同殖民主义侵略暴行一起涌进中国，所以必然在很长一段时间里难以形成平等的、正常的双向交流。中国传统文化是一种比较内倾、封闭的大陆文化，悠久的文明历史与“夷夏之辨”的深远影响，往往使中国人在接受西方文明时带有忍辱负重的民族感情，难以形成真正开放的心态。加以帝国主义的军事侵略与经济、文化侵略有增无已，更容易在中国的上层以至民间对外来文明滋长排拒心理。因此，救亡与启蒙便成为一对难分难解的情结，并且限制了学习西方进步文明的广度与深度，特别是妨碍了人权与自由观念的传播。人们在宣传爱国主义时常常强调所谓凝聚力，实际上这些凝聚力之中就包含了许多传统中的消极因素，包括盲目自傲、大汉族主义乃至宗法、地域观念等，而至今我们有些爱国主义的宣传，对于这些消极因素还未能给以应有的清理。

我觉得我们已经为周而复始的体用之争、西化论与本位论之争消耗了太多太多的时间，现在我们应该既超越西方文化又超越传统文化，根据现实生活与未来发展的需要营造新的价值体系。当然这种新的价值体系并非

① 参见本尼迪克特著，马小鹤、孙志民、朱理胜译：《菊花与刀——日本文化的诸模式》，九州出版社，2005年，第215—216页。

无根无源、无依无傍，但它既非传统文化价值体系的简单继承，更非西方文化价值体系的盲目抄袭。它既有择善而从、兼容并包，更应该有自己的新的开拓与创造，为此就必须首先提供一个开放、民主、自由的宽松环境。我们现在已经是一个独立的社会主义大国，因此就不应该继续保持那些在半殖民地和农业宗法社会中长期形成的畸形心态，而应该以更高的自信与更为宏伟的气魄来对待外来文化与传统文化。不必害怕泥沙俱下、鱼龙混杂，更不必担心民族文化独特素质的丧失，应该更勇敢地走进世界，同时也更勇敢地让世界走进中国。我们这样一个具有古老文化传统的大国，只有在强手如林的世界大竞技场上奋勇拼搏，才能荡涤那些年深日久的陈规陋矩，并且重新焕发出青春活力与创造潜能。

我们过去已经对世界做出过伟大的贡献，今后应该为世界做出更为伟大的贡献。我们既要广搜博采世界文化中的一切精华，更要把新的绚丽多彩的中华文化奉献给世界。我们既没有理由自满，更没有理由自卑，排除一切外在的与内在的、行为的与心理的障碍，勇敢而又稳步地走向21世纪吧！

“惟当过渡时代，则如鲲鹏图南，九万里而一息；江汉赴海，百十折以朝宗；大风泱泱，前途堂堂；生气郁苍，雄心矞皇。其现在之势力圈，矢贯七札，气吞万牛，谁能御之？其将来之目的地，黄金世界，荼锦生涯，谁能限之？故过渡时代者，实千古英雄豪杰之大舞台也，多少民族由死而生、由剥而复、由奴而主、由瘠而肥所必由之路也。美哉过渡时代乎！”[①] 这是梁启超在1901年展望新世纪的豪迈感叹，谨以这段至情文字作为本书作者尚未结束的思考的暂时结语。

① 梁启超：《过滤时代论》，《清议报全编》第一册，1901年，第1—2页。

相 关 论 文

试论中国19世纪70年代至甲午战前的维新思潮

一

19世纪70年代到甲午中日战前是中国近代革命的低潮时期。清王朝凭借中外反动势力与满汉地主阶级的相互勾结，血腥地镇压了各族人民的大起义，暂时稳定了自己的统治地位，并且大肆吹嘘所谓“同治中兴”、“中外和好”。然而就在同治小皇帝死去的第二年，敏感的官僚知识分子薛福成已经看出中国的形势“譬诸厝火积薪，廪然不可终日”[①]。这种惶急的心情是可以理解的，因为在70年代以后民族危机和社会危机都进入一个新的阶段。

正是在此期间，向帝国主义过渡的国际资本主义逐步加强了对中国友邻国家的掠夺，相继把越南、缅甸、朝鲜变成它们的殖民地和半殖民地，并且把势力伸入中国的新疆、西藏、云南，造成边疆地区的严重危机。同时，外国侵略者积极采取经济、政治、文化等侵略手段，逐步在中国建立了半殖民地半封建统治秩序，形势正如马建忠所说的那样，“于是其公使傲昵于京师，以陵我政府；其领事强梁于口岸，以抗我官长；其大小商贾盘踞于租界，以剥我工商；其诸色教士散布于腹地，以惑我子民”[②]。中国已经降低到国际资本主义的附庸地位了，这不能不使进步知识分子受到莫

① 薛福成：《庸食外编·答友人书》（1875年），薛福成著，丁凤麟、王欣之编：《薛福成选集》，上海人民出版社，1987年，第92页。

② 马建忠：《适可斋记言·拟设翻译书院议》，王梦珂点校：《马建忠集》，中华书局，2013年，第91页。

大刺激。

外国资本主义的商品狂潮不仅冲决了中国的海岸封锁綫，而且冲击到内地的城市以至部分农村；封建自然经济加速了崩解的过程，地主阶级已经不可能照老样子统治下去了。适应于外国资本主义侵略和维护自身统治的需要，在镇压农民革命的血泊中染红了顶子的曾国藩、李鸿章等军阀官僚集团加速了买办化的过程，兴办所谓新政，企图以洋机器来挽救封建王朝的命运。洋务运动曾一度激起进步知识分子的幻想，但终于日渐了解其反动腐朽的实质，而感到必须寻找新的救国道路。

近代第一次革命高潮虽然已经失败，但封建统治已经从根本上动摇，革命影响深入人心。随着阶级压迫与民族压迫的加强，新的起义又在农村中不断酝酿，还在70年代初年，就已经有人惊叹："今日之湖南，即广西之故辙也。"[①] 进步知识分子唯恐"官民交恶"，"国家无事，犹可隐忍相安；一旦有变，其不瓦解者几何矣"[②]。因而大声疾呼："今日时务之急，首在乎收拾人心；盖民可顺而不可逆，民可足而不可匮。"[③] 资产阶级的改良主张，正是在人民斗争力量的推动下提出的。绵延数十年、遍及城乡、日益壮大的反洋教斗争对进步知识分子也有深刻影响，他们"推原中西龃龉之由，实出于贩烟传教"[④]。主张严禁外国教会、教士干涉中国内政和为非作歹。同时，他们也主张厉行禁烟，要求改变协定关税、领事裁判权、片面最惠国条款等不平等条约[⑤]。

进步知识分子的爱国救亡思想与正在生长的民族资本主义具有直接的联系。到1894年，主要在沿海沿江大中城市的纺织、面粉、火柴、造纸、印刷等轻工业部门，以及内地煤、铁和其他金属矿区，先后出现了一百多

---

① 张沄：《湖南莠民滋事宜严政体清乱源疏》（同治十年），《皇朝经世文续编·卷九十七·兵政二十三·剿匪五》。

② 何启、胡礼垣：《新政真铨二编·新政论议》，郑大华点校：《新政真诠——何启、胡礼垣集》，辽宁人民出版社，1994年，第117页。

③ 王韬：《弢园文录外编·上当路论时务书》，上海书店出版社，2002年，第246页。

④ 郑观应：《盛世危言·传教》，郑观应著，夏东元编：《郑观应集》，上海人民出版社，1982年，第407页。

⑤ 参见薛福成《筹洋刍议》中《约章》、《利权》等篇，薛福成著，丁凤麟、王欣之编：《薛福成选集》，上海人民出版社，1987年。

个民族资本经营的近代工业[①]。中国民族资本主义生不逢辰，不仅受到外国资本主义和本国封建主义的重重压制，还要受到洋务派“官督商办”、“官商合办”等反动制度的直接摧残；这一时期的维新思想集中地反映了新的社会矛盾，提出了独立发展中国资本主义的进步要求。具有代表性的进步知识分子多半是从官僚、地主队伍中刚刚分化出来的，有的人已经直接经营资本主义工商业（如郑观应等），有的人开始宣传和策动资产阶级的变法实践（如康有为等），有的人与资产阶级小资产阶级激进派孙中山也曾发生不同程度的联系（如王韬、何启等）。他们比较明显地反映了新兴资产阶级的利益。

由于社会经济的变化和所谓“新政”的推行，也给中国知识分子提供了较多的接触西方资本主义文化的机会。同文馆、外国语言文字学校、江南制造总局、福州船政局等机构为了培养买办人才，多少也介绍了一些西方近代的科学技术知识。即以江南制造总局而言，从 1868 年到 1879 年共销售书籍 31 111 部，多为科学技术书籍，间有国史、公法等书，另外还卖出地图和海道图 4 774 张[②]。从 1872 年到 1875 年清政府陆续派 120 人到美国留学，以后又零星派人到英、法、德等国留学，直接接受西方资产阶级教育，这些人回国后也产生一定影响。此外，西方传教士和商人为了扩大教务和经济侵略，在上海、天津、厦门、广州、汉口、香港等地创办一些报纸，其中“广学会”出版的《万国公报》和各种书籍影响最大。当时有人记道：“傅兰雅、丁韪良之徒所译书益众，若律令、公法、史记、地舆、算数、器艺之学，大略有之，中国因以知其学问政事。又读日报，而诸国政令条教、盛衰大势，小有举动，朝发夕至，非复前日蒙昧之象，可谓盛矣。”[③] 这些都在客观上刺激了进步知识分子的觉醒，并给他们提供了某些精神武器。

---

① 孙毓棠编：《中国近代工业史资料》第一辑下册第四章，科学出版社，1957 年，第 957—1173 页。

② 傅兰雅：《江南制造总局翻译西书事略》，张静庐辑注：《中国近代出版史料初编》，中华书局，1957 年，第 9—25 页。

③ 邵作舟：《邵氏危言·译书》，商务印书馆排印，1898 年。

二

当时进步知识分子感到最为严重的问题是外国商品的疯狂倾销和作为国家货币的白银的大量外溢。马建忠曾经痛切指出："中外通商而后，彼易我银之货岁益增，我易彼银之货岁益减，而各省之购炮械、购船只又有加无已，于是进口货之银，浮于出口货之银，岁不下三千万。积三十年输彼之银，奚啻亿万。宝藏未开，矿山久闭，如是银曷不罄，民曷不贫哉。"① 在他们看来，国家富强的根本标志就是国际贸易的入超和金银货币的大量积蓄。

因而他们便把发展工商业看成爱国救亡最重要的途径，认为："夫利济天下，惠及群生者商也。""商务不兴，则不能与敌国并立。"② 早在中法战前他们就明确地提出"夺外利以润吾民"的原则，中法战后更响亮地喊出"商战"的口号，其实质就是要求与外国资本主义争夺国内市场以至海外市场。他们从多方面驳斥了顽固派所坚持的传统的"重农抑商"论。王韬更是直截了当地骂道："呜呼！即其所言农事以观，彼亦何尝度土宜，辨种植，辟旷地，兴水利，深沟洫，泄水潦，备旱干，督农肆力于南亩，而为之经营而指授也哉？徒知丈田征赋，催科取租，纵悍吏以殃民，为农之虎狼而已。"③ 这种批判在当时是具有进步意义的。

正在生长的民族资产阶级缺乏独立的社会地位，他们极端厌恶传统的轻商观点。适应于这种要求，进步知识分子主张对于有成绩的工商业者给以赐爵、授职、专利等奖励，他们竭力宣扬商贾的作用。郑观应说："不知商贾虽为四民之殿，实握四民之纲。士有商则行其所学，而学益精；农有商则通其所植而植益盛；工有商则售其所作而作益勤。商足以

① 马建忠：《适可斋记言·富民说》，王梦珂点校：《马建忠集》，中华书局，2013年，第7页。

② 何启、胡礼垣：《新政真诠二编·新政论议》，郑大华点校：《新政真诠——何启、胡礼垣集》，辽宁人民出版社，1994年，第131、137页。

③ 王韬：《弢园文录外编·兴利》，上海书店出版社，2002年，第36页。

富国，岂可视为末务哉。”[①] 因为对商业重视，自然就强调工业的发展。薛福成指出：“然论西人致富之术，非工不足以开商之源，则工又为其基，而商为其用。”[②] 他们狂热地歌颂机器工业的发展，积极提倡兴办近代工矿企业和交通运输业，宣称：“不用机器调剂贫民之说者，皆饥寒斯民、困阨斯民者也。”[③] 他们的最高理想是使中国变成一个强大的工商业发达的国家。

在发展工商业的具体道路问题上，他们与洋务派之间存在着根本性质的分歧。洋务派完全依赖外国资本主义，实行封建垄断；他们则主张依靠民族资本家，发展资本主义生产关系。王韬早就否定了洋务派的“新政”，指出：“况今者我国已自设局厂制造枪炮，建置舟舶，一切悉以西法从事。……惟所惜者，仅袭皮毛，而即嚣然自以为足，又皆因循苟且，粉饰雍容，终不能一旦骤臻于自强。”[④] 以后何启更明确地对封建垄断提出抗议，他说：“或谓中国招商局之设，历有年所，而不见其有大利者，何故？曰：招商官局也，使无今时官场之积弊，则美利之兴何止十倍。”[⑤] 他们竭力提倡商人“自成公司”，兴办近代工矿企业、交通运输业，与外国资本家在国内外市场上竞争。他们比较清楚地认识到：不改变封建的生产关系，国民经济是不可能发展的；不突破官僚垄断工业的局面，中国便不可能富强。

他们极端美化了资本主义生产关系，吹嘘说：“西洋诸国，开物成务，往往有萃千万人之力而尚虞其薄且弱者，则合通国之力以为之，于是有鸠集公司之一法。……由是纠众智以为智，众能以为能，众财以为财，其端

① 郑观应：《欧洲商务盈绌总论变通商务论》，《盛世危言增订新编》，台湾学生书局，1976年，第779页。

② 薛福成：《筹洋刍议·商政》，薛福成著，丁凤麟、王欣之编：《薛福成选集》，上海人民出版社，1987年，第540页。

③ 薛福成：《用机器殖财养民说》，薛福成著，丁凤麟、王欣之编：《薛福成选集》，上海人民出版社，1987年，第421页。

④ 王韬：《弢园文录外编·变法上》，上海书店出版社，2002年，第10—11页。

⑤ 何启、胡礼垣：《新政真诠二编·新政论议》，郑大华点校：《新政真诠——何启、胡礼垣集》，辽宁人民出版社，1994年，第132页。

始于工商、其究可赞造化。尽其能事，移山可也，填海可也，驱驾风电制御水火亦可也。”① 这种幼稚的对于资本主义前途的信心当然是毫无根据的；因为只有经过社会主义革命，最后消灭剥削制度，才能把社会生产力彻底解放出来。

《共产党宣言》深刻地指出：“资产阶级在凡是它已达到统治的地方，就都把所有封建的、宗法的和醇朴的关系一一破坏。它无情地斩断了那些把人们系缠于其‘天然尊长’的复杂封建羁绊，它使人与人之间除了赤条条的利害关系之外，除了冷酷无情的‘现金交易’之外，再也找不到什么别的联系了。它把高尚激发的宗教虔诚、义侠血性和俗人温情一概淹没在利己主义计较的冰水之中。”② 中国早期的资产阶级代言人毫不讳言这种卑鄙的利己主义，并且把神圣的光轮奉献给它。他们公然为利润的追求辩护说：“中国之目商务中人，必曰奸商，不知求利乃人之本心。今有执途人而告之曰：我不求利，则人必谓之奸；有执途人而告之曰：我欲求利，则人必谓之忠。彼则言不由衷，此则言以明志也。……利非一人所能独擅，此理已具于生初，积粟千钟，日食不过数升之米，广厦千万，夜眠不过数尺之床，备物虽多，瞻身而止。……通商者求之有道，将欲利己以利人也。”③ 发展资本主义生产关系在当时诚然是进步的，但是这种道义上的辩解却是极端虚伪的。即以当时直接在民族近代工业中劳动的工人来说，每日从事繁重的劳动十一二小时，工资不过一两毛钱，而且还要被拖欠和克扣，生活极端贫穷困苦，经常面临着工伤事故以至死亡的威胁。据说：“这些工人很可怜，因为他们瘦到只有皮包骨头，五十人里面也找不出一个体格健康的人。”④ 在外国企业中的工人所遭受的苦难，又远远不止于此。资本主义在中国产生的历史和在西方一样，也“是用血与火的文字写

---

① 薛福成：《论公司不举之病》，薛福成著，丁凤麟、王欣之编：《薛福成选集》，上海人民出版社，1987 年，第 480 页。

② 《共产党宣言》，《马克思恩格斯文选》第一卷，外国文书籍出版局，1954 年，第 11 页。

③ 何启、胡礼垣：《新政真诠二编·新政论议》，郑大华点校：《新政真诠——何启、胡礼垣集》，辽宁人民出版社，1994 年，第 131—132 页。

④ 孙毓棠编：《中国近代工业史资料》第一辑下册第五章，科学出版社，1957 年，第 1233—1234 页。

在人类编年史中的”①。

为了独立地发展民族资本主义工商业，他们广泛地提出了改变政治、军事、文化、财经各方面落后状况的具体措施。他们并没有孤立地议论经济的发展，而认识到各种社会问题之间是有联系的，并且特别强调学习西方先进的科学知识与生产技术。他们也要求改变中国的半殖民地地位，首先是通过修改条约，废除危害甚大的协定关税、领事裁判权和片面最惠国条款等侵略特权。他们特别反对海关把持在外国侵略者手中，对赫德表示深恶痛绝，而坚决主张实行独立的保护关税制度。但是，他们在中法战前毕竟还没有正式提出容许资产阶级参加政权和实行君主立宪等政治要求。这一历史局限反映了当时民族资本主义还极端幼弱，进步知识分子还没有完全与洋务派划清思想界线，独立的政治活动的要求是非常缺乏的。

三

资产阶级民主观点在中法战争以后才初步产生，这和中国资本主义与资产阶级的生长状况大致是相适应的。以民族资本经营的近代轻工业而言，中法战前一共只有 20 个，战后十年间则迅速增加了 55 个②。资产阶级与封建势力之间的矛盾与冲突也日渐上升，例如上海织布局、湖北纺纱局、直隶顺德铜矿、湖北施宜铜矿的商股都曾一再与封建官僚势力发生激烈争执，抗议他们对于民间资本的侵蚀吞并，而且冲突日益明朗化和公开化。施宜铜矿诸股东甚至在《申报》上发表启事，公然宣称：“财命相连，众怒难犯。某等属以七日之限，务祈秉公了结，否则铤而走险，另行刊报，指名直剖，惟有拼众命于经世之前也。”③ 这种不满情绪反映在维新思想的发展过程中，促使进步知识分子认识到：“中国公司所以无一举者，

① 马克思：《资本论》1 卷，人民出版社，1975 年，第 904 页。

② 孙毓棠编：《中国近代工业史资料》第一辑下册附录五，科学出版社，1957 年，第 1166—1169 页。

③ 孙毓棠编：《中国近代工业史资料》第一辑下册第四章，科学出版社，1957 年，第 1160 页。

众志漓、章程舛、禁约弛、筹划疏也；四者俱不如人，由于风气之不开，风气不开，由于朝廷上之精神不注。”[①] 他们非常羡慕西方资产阶级政权的大力扶持本国工商业的发展。甚至连薛福成这样温和的开明官僚也在《日本国志序》、《再论俄罗斯立国之势》等文中对西方资产阶级政体称赞不绝，并且公开宣扬资产阶级两党政治：“一出一入，循环无穷，而国政适以剂于平云。”[②]

从重商主义发展到初步具有某些资产阶级民主观点，在欧洲整整经历了一个世纪的漫长岁月，而在中国则仅仅经历了十多年的时间。其原因主要是阶级斗争和民族斗争的特殊尖锐加速了先进知识分子在政治上的觉醒。中法战后，中国的边疆危机空前严重，反洋教斗争进入新的高涨，近代第二次革命高潮积极酝酿，整个社会的大动荡已经是“山雨欲来风满楼”的形势了。康有为等正是在这个时期强烈地指谪清政府：“大厦将倾，而处堂为安，积火将然，而寝薪为乐”，并且正式向光绪皇帝提出资产阶级性质的变法要求[③]。

他们在中法战后比较明确地与洋务派划清了思想界限。中法战争期间，清政府在战争胜利的情况下订立屈辱的“和约”，这进一步表明了洋务派及其“新政”在政治上的破产，反映了整个封建统治阶级的彻底腐朽。何启等因此在《曾颉刚先睡后醒论书后》一文中尖锐地批评了洋务派借外债兴办近代工矿、交通运输业的反动卖国本质，明确提出：“今夫国之所以自立者，非君之能自立也，民立之也。国之所以能兴者，非君之能兴也，民兴之也。”[④] 这就完全否定了官办“新政”的前途，强调必须依靠新兴资产阶级来实现国家的富强，因而便显示了与封建专制政体相对立的进步政治倾向。

---

① 薛福成：《论公司不举之病》，薛福成著，丁凤麟、王欣之编：《薛福成选集》，上海人民出版社，1987 年，第 481 页。

② 薛福成：《出使四国日记》卷四，湖南人民出版社，1981 年，第 166 页。

③ 康有为：《上清帝第一书》，汤志钧编：《康有为政论集》，中华书局，1981 年，第 52—61 页。

④ 何启、胡礼垣：《新政真诠二编·新政论议》，郑大华点校：《新政真诠——何启、胡礼垣集》，辽宁人民出版社，1994 年，第 92 页。

他们依据自然法理论解释了国家的起源，认为："政者民之事，而民不能自办其事，故奉一人以为君；君者政之司，而君不能尽为之司，故立官员以行政。"[①] 自然法学说掩盖国家的阶级专政实质，违背历史的真实，但在当时的历史条件下却成为初步的资产阶级民主观点的理论基础。早期的资产阶级代言人俨然以全民的代表自居，宣传："夫天下公器也，国事公事也；公器公同，公事公办，自无不妥。""虽君主仍是民主，何则？政者，民之事而君办之也。非君之事而民办之也。""官者办公事之人也……政者属众人之事也。"[②] 这里所说的"民"和"众人"，自然还限于资产阶级和地主分子，但毕竟是中国近代最早的资产阶级民主观念的光辉命题。

从初步的资产阶级民主观点出发，他们在甲午中日战争前夜异口同声地强调西方资本主义国家富强的主要原因，是由于设有资产阶级议会制度，而这个政治制度保护了工商业的繁荣发展。郑观应说得最清楚："苟欲安内攘外，君国子民，持公法以保太平之局，其必自设立议院始矣。"[③] 设立议院的要求，反映新兴资产阶级渴望提高自己的社会地位，参加国家政治生活，促成维护资本主义发展的"廉价政府"产生。何启公开表明这种心愿，说："曾亦思外国之于商民，其尊之为何如乎？外国之于商务，其重之为何如乎？一议政局员之选也。在选者必曰商人；一轮船公司之设也，设公司者必蒙国助。凡事必先便于商部，课税必尽善其参群。……其所以鼓之、舞之、招之、徕之者，思之无不周，行之无不尽，宜其开利薮于无穷也。"[④] 中国早期的资产阶级代言人不大喜欢浪漫主义的热情，他们不善于用理性的光辉来渲染自己的言辞，而倒是老老实实地用狭隘的经济

① 何启、胡礼垣：《新政真诠二编·新政论议》，郑大华点校：《新政真诠——何启、胡礼垣集》，辽宁人民出版社，1994年，第136页。

② 何启、胡礼垣：《新政真诠二编·新政论议》，郑大华点校：《新政真诠——何启、胡礼垣集》，辽宁人民出版社，1994年，第128页。

③ 郑观应：《盛世危言·议院上》，郑观应著，夏东元编：《郑观应集》，上海人民出版社，1982年，第314页。

④ 何启、胡礼垣：《新政真诠二编·新政论议》，郑大华点校：《新政真诠——何启、胡礼垣集》，辽宁人民出版社，1994年，第132页。

利益来鼓舞听众。

值得注意的是：他们开始提倡在各地设立“毋恃官势，毋杂绅权”的“商务公所”（即商会），“借以探本业之隆替，市面之赢拙，与目前盛衰之故，日后消长之机”[①]。商会虽然不是政治性的组织，但这一主张集中地反映了新兴资产阶级迫切要求独立的社会地位，希望组织成强大的阶级队伍，保护和发展自身的利益。同时这也说明，他们在思想上（也仅仅是在思想上）与封建官僚的距离越来越大了。

但是，在具体推行议会政治的方案上，表现了早期资产阶级代言人的极端软弱。后来曾任香港政府议员的何启、官僚出身的陈炽以及和封建官僚有密切联系的陈虬的态度更为软弱。他们或则主张从秀才、举人、进士这样一些士大夫中选择县、府、省各级议员(《新政真铨》)，或则主张以都察院衙门为基础选举公正练达的官员为国会议员(《治平通议》)，或则主张从官僚地主(《必列荐绅》）中选出议员组成下议院而在“阁部会议”的基础上设立上议院(《庸书》)。在陈炽、陈虬的个别言论中，各级议会甚至降低到咨询机关的水平，如《庸书》议院一节说：“事之行否，仍由在上者主之。”只有已经资产阶级化了的知识分子郑观应明确地提出：“民以为不便者不必行，民以为不可者不得强”的进步方针，并且特别强调议员必须“举自民间”。但这是什么样的“民间”呢？他解释说：“且选举虽曰从众，而举主非入本籍至十年以后，及年届三十，并有财产身家，善读书负名望者，亦不得出名保举议员。”按照他的主张，享有选举权的只有官僚地主及与之有密切联系的资产阶级上层分子，工农群众以至中小资产阶级仍然都被排斥在国家政治生活之外。因此就实践意义上来说，他们所高唱的民主不过是在不打乱现有封建政治制度的前提下向统治阶级乞求一点点政治权利。他们甚至连美国和法国那样没有皇帝的民主也不敢接受，认为“美国议院则民权过重”，“法国议院不免叫嚣之风”，只有英国和德国那样的君主立宪制才算得“经久适中”。结论是：“君主者权偏于上，民主者权

① 郑观应：《盛世危言·商务三》，郑观应著，夏东元编：《郑观应集》，上海人民出版社，1982年，第617页。

偏于下，君民共主者权得其平。”[①] 早期的资产阶级代言人还没有实地从事战斗就已经树起了白旗。

在以前各种进步变革主张的基础上，他们在甲午中日战争前夜已经以议院问题为中心，就学校、考试、日报、吏治、交涉、税则、商务、技艺、开矿、银行、铁路、电报、邮政、农功、铸银、练兵、传教等荦荦大端，提出全面的资产阶级性质的改良主张，以后便成为资产阶级政治改良运动的变法纲领。

戊戌变法的领导人康有为正是在中法战争以后开始了自己的政治生涯，在维新思潮的发展过程中首先勇敢地尝试了政治的实践。他在 1888 年发表第一次上皇帝书，痛陈民族危机和社会危机的严重，斥责当权派的昏庸误国，要求立即“变成法”、“通下情”、“慎左右”，也就是要求让一般地主和资产阶级分子参加政权并且自由发表意见，全面推行资产阶级性质的变法主张。统治者冷漠地拒绝了这个小小广东举人的大胆建议，但是康有为毕竟通过这一行动有力地宣传了变法的势在必行，在人们心目中留下深刻的印象，其声名也因而逐渐大了起来。在甲午战争前的几年中间，康有为在广州万木草堂讲学，继续宣传维新变法并且培养了一批变法运动的得力骨干，如梁启超、陈千秋等。在此期间，康有为在梁、陈等门生的协助下，先后写成《新学伪经考》和《孔子改制考》两部重要著作。他把维新变法在学术思想上与经今古文学的斗争结合起来，勇猛地攻击“恪守古训”、“述而不作”并占统治地位的经古文学，并且继承和发扬了公羊家“三世三统”的历史进化学说。“托古改制”的历史进化论思想本来是中法战争前后进步知识分子所共同具备的，但是只有康有为最为巧妙地掩盖了资产阶级的狭隘偏私心理，给维新思想穿戴上典雅的古代衣冠，把孔子化装成 19 世纪末年中国的马丁·路德，用伦理的、学术的、宗教的信念来鼓舞自己以及周围的信徒。由于在理论和干部方面做了较有成效的准备工作，康有为在甲午中日战后很自然地成为资产阶级政治改良运动的领袖人物。

---

① 郑观应：《盛世危言·议院下》，郑观应著，夏东元编：《郑观应集》，上海人民出版社，1982 年，第 316 页。

四

在60年代以前，中国的先进人士从提倡学习西方的船坚炮利，进步到提倡学习西方的科学知识与生产技术，但是他们还没有要求改变封建的生产关系，仅仅在思想上具有某些资本主义倾向。在70年代以后，特别是中法战争以后，中国的先进人士从要求发展资本主义生产关系进而要求实行君主立宪，宣传了初步的资产阶级民主观念和近代国家观念并且全面提出了资产阶级政治改良方案。这是中国近代社会思想一个重要的发展。

70年代至甲午战前的维新思想已经不局限于个别人物孤独的沉思或寂寞的呐喊。进步知识分子人数逐渐增多起来，他们互相鼓励，交流心得，积极出版进步书籍和自己的著作，并且经常在影响较大的日报上撰文阐明变法主张，批判顽固守旧思想，推动更多的人觉醒过来，从事进步的经济、政治、文化等方面的活动。这就说明，维新思想已经发展成为一种颇有影响的社会思潮了。

在近代两次革命高潮之间、半殖民地半封建统治秩序逐渐形成的年代里，伴随着社会民族危机的加深和本国资本主义的生长，一方面在广大劳动群众中酝酿着新的大起义（以反洋教斗争为主要标志），一方面在士大夫中间发展着进步的维新思想（以要求变法为主要标志），这都说明中国人民反抗半殖民地半封建统治秩序的斗争正在发展。甲午中日战前的二十年，从革命斗争而言是比较沉寂的年代，然而正是在这二十年中，已经在政治思想和群众基础两方面为甲午中日战后大规模的爱国救亡运动（戊戌维新和义和团）准备了必要的前提。因此，我们对于这一时期维新思潮发展的历史意义应该给以足够的估价。

但是由于甲午战前民族资本主义的发展比较有限，民族资产阶级非常幼弱和缺乏独立的社会地位，不能形成活跃的政治力量；因而当时的维新思想还没有发展成为政治运动，并且表现出特殊的软弱性。

维新思想的代表人物尽管在思想上逐渐与洋务派划清界限，但在社会实践中对于封建势力（特别是洋务派）仍有极大的依赖性。他们虽然不满于洋务派的所作所为，但仍然认为可以说服其中个别的领袖人物，以实力来支持自己的变法主张。例如薛福成先后在政治上依附曾国藩、李鸿章，曾经希望曾国藩成为当代的诸葛武侯以至“伊傅周召”；陈虬《上东抚张宫保书》也是以商鞅、王安石相期许①。他们尽管在甲午中日战争前夜提出改变封建专制政体的主张，但他们缺乏真正的叛逆性格，只能匍匐在君王将相的面前筹谋献策，决不敢依靠正在发展着的人民斗争力量来破坏旧的社会制度。甲午中日战前的资产阶级代言人是狭隘的利己主义者，他们对工农群众的痛苦生活缺少起码的同情，对封建剥削制度更缺乏深沉的仇恨。正如列宁所说的：“鼓吹改良，同时又害怕群众运动。”② 他们对于人民革命斗争一贯表现出极大的仇恨与恐惧，非常害怕“金田之役将复起矣”（《康有为上清帝第一书》），而把自己自上而下的改良主张看成是抵制人民大起义的妙药良方。这样便使改良运动局限在狭小的进步知识分子圈子中，自然无法实现他们那种君子式的幻想。

他们虽然感到外国资本主义侵略势力的可怕，渴望祖国的独立和富强，但是由于经济上的依赖和政治上的软弱，他们始终没有敢于正面提出彻底反抗外来侵略的主张。他们以为只要中国革新内政，发展工商业，就可以避免外来的侵略。郑观应曾经很天真地相信：“国既富矣，兵奚不强。窃恐既富且强，欲邀彼一战，而彼族且怯声下气，讲信修睦，绝不敢轻发端矣。”③ 他们甚至还想依靠某些西方侵略国家来对抗另外一些侵略国家。列宁说：“幻想是弱者的命运。”“两种乌托邦”的软弱正是由于把自己放在与工农群众革命运动相对立的地位上。当然，外国侵略分子的欺骗毒害也是起了作用的。当时进步知识分子极端推崇的李提摩太就曾大肆宣传中国的“印度化”，硬说英国的统治给印度带来莫大的好处。很多中国

---

① 陈虬：《上东抚张宫保书》，陈虬著，胡珠生辑：《陈虬集》，浙江人民出版社，1992 年，第 329—341 页。

② 列宁：《列宁文选》第一卷，外国文书籍出版局，1951 年，第 748 页。

③ 郑观应：《盛世危言·商战上》，郑观应著，夏东元编：《郑观应集》，上海人民出版社，1982 年，第 591 页。

先进人士正是在这些反动宣传中寻找“救国妙方”，这就难免被引诱到错误的道路上去。

毛主席在肯定半殖民地半封建社会的中国民族资产阶级具有一定程度革命性的同时，着重指出了他们在经济上和政治上的软弱性和妥协性，他们不能彻底推翻帝国主义和封建势力①。19 世纪 70 年代到甲午中日战前维新思想家更多地反映了那妥协性的一方面，这与中日战后产生的资产阶级革命派是不同的。由于他们极端地反对革命，特别是极端地仇视工农群众革命运动，因此便在戊戌变法这一政治实践失败之后迅速走上反动的道路。历史的真理是严峻的：离开人民群众火热的革命斗争，任何知识分子爱国救亡的雄心大志，都只能流于迂阔的清议空谈。

（原载《理论战线》，1959 年第 12 期）

① 参阅毛泽东：《中国革命和中国共产党》，《毛泽东选集》第二卷，人民出版社，1952 年，第 645 页。

论一九〇三年江浙知识界的新觉醒

在辛亥革命的编年史上，癸卯是很值得重视的一年。这一年的中国，江浙又是很值得重视的一个地区。不仅因为资本主义在这里发展最快，资产阶级势力在这里比较活跃，而且因为这里出现了一支生气勃勃的进步知识分子队伍，出现了民族民主革命思想空前的滋长和蔓延。

一

如果说东京留学生界是海外的革命策源地，那么江浙便是国内的革命策源地，甚至是更为重要的一个策源地。这一点，当年江浙地区进步知识界是已经意识到了的。

> 夫自甲午之创，庚子之变，大江以南，六七行省之士，翘然于旧政治、旧学术、旧思想之非，人人争从事于新智识、新学术，迄今而自由民权之论飘沸宇内，莫能禁遏，固不得谓智育之无进步矣。[①]

这是从广义的江南地区来看进步知识界思想演变的迅速。

爱国学社在上海的建立，全国为之瞩目，甚至连海外的学生、商人都极为关注。“仿佛这个学堂可以造就出来许多拿破仑、华盛顿、加富尔、玛志尼、加里波的、西乡隆盛的一般人才来。他们顽固的官场又道这个学堂希奇得很，他们办下去，必定要造就出来许多造反的家伙，仿佛有许多

① 杜士珍：《论德育与中国前途之关系》，《新世界学报》第14号，光绪二十九年三月十五日。

宋江、李自成、张献忠、洪秀全、孙文、康有为一般人才。”因此，江浙的进步知识分子反躬自问：“这样看起来，我们爱国学社之办好办不好，办得下办不得下去，不是关系中国的大局么？不是差不多中国的兴亡都赌在这一个学堂里么？”①

接踵而起的浙江大学堂（原求是书院）退学风潮，也引起人们的极大注意。“诸君！吾所谓建设新中国小舞台，出现于浙江省会者，何事乎？即近日大学堂退学诸君所建设之新民塾是已。观其脱专制之轭，秩序井然，无一暴动，真可谓文明自由者。彼又固结团体而以自力建设其理想中完全粹美之学校，是真所谓具新中国国民之资格者。呜呼！诸君而日日欲脱专制昌民权者，盍于此小试其手段也。”② 这是江浙进步知识界对大学堂退学生仿照爱国学社建立的新民塾的评价与期望。

学潮，或者用《苏报》的说法——学界风潮，是20世纪初在旧中国的大地上出现的新事物，而江浙是1903年前后学潮最为鼓荡发达的地区。自从壬寅夏杭州养正书塾（后改名杭州中学堂）风潮，十月南洋公学200余学生退学大风潮以后，癸卯三月又连续发生了南京陆师学堂散学风潮和浙江大学堂退学风潮，其他如杭州蕙兰书院、上海广方言学堂、苏州毓元学堂等校也相继发生风潮。义和团运动的失败，《辛丑条约》的签订，使四亿人民都蒙受了空前的屈辱，然而20世纪的到来毕竟又为古老的中国带来了希望。青年学生是社会中最敏感、最活跃的一种力量，因而进步人士便把希望寄托于正在蓬勃兴起的学潮。他们充满信心地说：“然吾观学界风潮溯江而上，昔年骤发于海上，今已派入金陵矣。自金陵而安庆而武昌而重庆，必有相继者，可预信也。长江上下游，风潮怒翻，而黄河南北必有起而应者，可预信也。自北而南，而西江上下游各行省，如广东奴隶极点之学堂，亦必有起而应者，可预信也。以长江为中枢，北而黄河，南而西江，风潮遍及，由水而陆，则可普及全国，吾惟日夜祷祝。”③ “我中国学界之风潮，其膨胀于二十世纪中者，今日其起

① 《教育会会员蒋君性才由日本寄来演说稿》，《苏报》，1903年5月21日。

② 《敬告浙江志士》，《苏报》，1903年4月19日。

③ 蒋竹庄：《论南京陆师学堂退学事》，《苏报》，1903年4月13日。

点乎?”[①]

把全国革命运动的普及，仅仅寄托于学界风潮的发展，这未免过于夸大了青年学生的作用，而忽视了广大农民乃是国民革命的基础。但在1903年，江浙地区的先进知识界毕竟具有慧眼，他们已经看出，由各类学堂培养出来的新式知识分子，是反动而又腐朽的封建帝国的对立物，是属于未来的新中国的国民。“民约服卢梭，强权伟斯宾，潜心观天演，愿从达尔文。”[②] 这些用进化论和西方近代社会政治学说初步武装起来的新的一代知识分子，不仅不同于历史上那些爱国而又忠君的封建士大夫，甚至也不同于戊戌变法时期那些彬彬儒雅叩头上书的举人老爷。他们虽然多半出身于封建文化营垒，然而已经决心与古老的旧中国诀别，并且决心用自己的双手来埋葬统治已达两千年之久的君主专制制度。从世界观与政治思想的主要倾向来看，他们比较明显地属于资产阶级和小资产阶级的知识分子范畴。他们青春似火，热血如潮，心甘情愿地为祖国的独立和社会的进步而献身。在当时的历史条件下，确实也只有他们是自觉地肩负着民族的希望。

1903年是伴随着“革命排满”的呼声而来到江浙地区的。过去，我们往往过于强调“拒法”与“拒俄”运动的警醒作用，过于强调进步知识界从爱国到革命转变的急剧，其实情况并不完全如此。“拒法”、“拒俄”诚然起了强烈的刺激作用，癸卯五月以前的运动诚然多半以爱国救亡的形式出现，然而江浙进步知识界的民主革命觉醒却早有积蓄，他们是比较自觉地跨越了“拒法”、“拒俄”运动而进入公然倡言“革命排满”新阶段的。

姑且不谈《新世界学报》和《大陆》在1902年的启蒙宣传，也姑且不谈中国教育会和爱国学社中革命思想的酝酿，就拿《苏报》来说，它的公开标榜“革命排满”，也在“拒法”、“拒俄”运动全面展开以前。1903年3月3日的《苏报》发表《军解》一文，已经提出“军国民教育”这个名词。并且强调：“凡陶铸一大民族，占世界优美特色之文明点者，未有其全国军人不流国民之血、堕国民之泪而能产出者。”3月12日，《苏报》

① 《童子世界》，《江苏》第一期，光绪二十九年四月一日。

② 松岑：《今怀》，《江苏》第四期，光绪癸卯闰五月。

发表《书近日新闻后》，以嬉笑怒骂的笔调宣传了东京留学生元旦团拜的“革命排满”演说。3 月 14 日又发表《异哉满学生！异哉汉学生!》一文，公开宣称：“迨戊戌政变，刚、荣之徒，窃握大枋，神皋旧壤，生机遏绝，于是汉族知身家性命终不足托顽固庸妄之手。仁人志士求其在我者，乃倡为自立革命排满之议。”并且勉励自命为中国主人翁的“汉学生”，不要以“革命排满”为口头禅，应该多务“革命排满”的实际。及至 3 月 26 日发表的《论东京留学满汉之冲突》一文，言论更为激烈，毫不掩饰自己的民主革命倾向。作者充满信心地说：“幸今者欧化东渐，民权自由之说，人群进化之理，日充积于青年之脑筋，有史（以）来遗传之性质为外界魔力所摄去者，一旦得复其本来，则其勃发不可复制，如火之燎原，水之溃堤，岂一手一足所能阻遏哉！浅识之士主调和之政策，而不知其无（可）调和也；顽固之徒谋压制之方法，而不知其无可压制也。孰优孰劣，孰胜孰败，一任天演之自然而已。”

二

1903 年 4 月以后，“拒法”、“拒俄”运动紧相衔接，在全国范围出现反帝斗争的新高潮。东北和南方边疆同时产生严重危机，增添了进步知识界的紧迫感；而蓬勃发展的爱国运动，又为民主革命思想的成长提供了良好的温床。爱国与革命，从来也没有像现在这样紧密地联系在一起，这就使近代中国的民族运动出现了新的特点。

资产阶级、小资产阶级知识分子，是新的民族运动的主要承担者。

帝国主义的侵略总是要在被侵略国家引起反抗殖民主义统治的民族运动，鸦片战争以后的中国近代史，从一个侧面来说，也就是这样一部民族运动史。由于经济发展程度和阶级结构变化的制约，不同历史时期的民族运动有其特定的主要承担者。在 1900 年以前，中国民族运动的主要承担者是广大农民以及地主阶级当中的抵抗派，19 世纪 70 年代以后，特别是甲午战争以后，虽然有一些具有资产阶级倾向的知识分子和少数资产阶级知识分子参与其事，但他们都显然未能起支配作用。到 20 世纪初年，由于民族资本主义的初步发展和民族资产阶级逐渐成为独立的政治力量，一批资产阶级、小资产阶级知识分子以极其活跃的姿态出现在民族运动的前列，并且逐步掌握了引导运动向前发展的主动权。可以这样说，他们是自觉地承担了这一历史使命的，而其中若干有识之士甚至相当明确地说明了自己所从事的民族运动与往昔的民族运动之间的联系与区别。

1903 年，在反帝爱国运动的新高潮中，对于民族主义的宣传显得空前活跃。但进步知识分子并没有把民族主义作为目的，而是把它当作实现资产阶级共和国政治方案的一个重要手段。他们说："欲达此莫大之目的（指'建民族之国家，立共和之宪章'——引者），必先合莫大之大群；而欲合大群，必有可以统一大群之主义，使临事无涣散之忧，事成有可久之势。吾向欲觅一主义而不得，今则得一最宜吾国人性质之主义焉。无地（他），即所谓民族主义是也。"① 当年的爱国志士，对于资产阶级民族主义，对于严格意义的近代民族运动，确曾从理论上和历史上作过认真的研讨，譬如癸卯春间在《浙江潮》上连续刊载的《民族主义论》，就是这样一篇代表作。作者说："民族主义者，十九世纪之产物，而亦其主人翁也。维也纳会议成一民族主义与自由主义之大过渡，及法国第二革命起，而全欧之机大动，而奥意战，而德奥战，而奥匈战，而德法战，而东方问题，而爱尔兰自治。及其将终，而英阿之役，美西之役，日本之维新，义和团之扰乱。落落诸大事，无一非由是民族主义者磅礴冲击而成，故一部十九世纪史，即谓为民族主义发达史可也。"他还将这段历史以图解示意②：

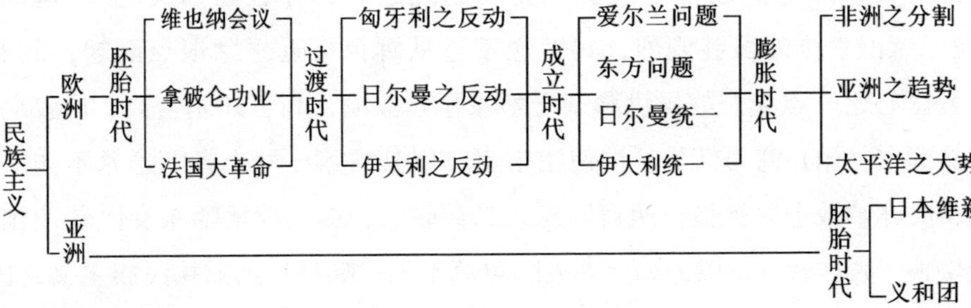

① 竞盦：《政体进化论》，《江苏》第三期，1903 年 6 月 25 日。

②《浙江潮》第二期，癸卯二月二十日。

作者的论述显然不尽确切也很不全面（特别是对亚洲的论述比较疏略），但这表明作者对于自己正在从事严格意义的近代资产阶级民族运动这一点，则是相当清醒和自觉的。所以他特别强调："吾言民族主义，何以必推源于法国大革命？曰：民族主义与专制政体不相容者也。民族主义之大目的，在统一全族以立国。然兹所谓统一云者，志意的统一，非腕力的统一也；共同的统一，非服从的统一也。……若专制政体，则何有矣？"他们是用资产阶级自由、平等、博爱的观点来看待民族问题的，因而便把自己的民族解放运动与推翻君主专制政体联结在一起。

值得注意的是，这些江浙地区的有识之士特地把义和团运动列为民族主义的"萌芽"或"胚胎时代"。他们在一定程度上看到了义和团运动中蕴藏着强大的反帝斗争的力量，说："夫山东、直隶之民，虽文事不如吾乡，其程度或在中下之交，然打拳习棒，争欲灭洋，卒能创为义和团顽固之举，使各国不得不同心协力，劳民伤财，联兵以入此老大帝国之境。此其举动虽曰野蛮，然一时快心辣手，逞血气之勇，乃至使外人蹙额屏足，莫可谁何，此亦可以于困顿无聊之际，暂自慰矣。"① 但是，他们对义和团落后的一面是有所批评的，并且特别憎恶清朝顽固派对义和团落后因素的利用与煽动。1903 年 5 月 8 日的《苏报》刊登了一篇题为《箴国民》的论文，就比较深刻地剖析了这种笼统的排外主义的认识低下和没有前途。作者说："不观夫载漪、刚毅之徒乎，以忠义激励其士民，振臂一呼，扶清灭洋之裹红巾者连踵骈肩于都下。彼辈方掀髯色喜，以为尊君亲上之效果显而有征；即有识之士论东亚民族胚胎之迹者，亦且屈指及之。"但是，"彼无意识之排外虽甚剧烈，其发念不过从耳目接近之忿恨点而起，而非从爱国心之一点起。故虽讲尊亲之学深厚如徐桐，尚不知割台湾、租胶岛、借旅顺广（州）湾为何物，惟使馆市街有侵其府第一寸土者即忿忿不能平。适拳民亦妒教士之势横，两盲同意，二聋联盟，遂决欲铲除东交民巷使馆，及烧毁四牌楼教堂，以为如此外人即可莫予毒。呜呼！此即挟民族主义之国民举动乎？扶清者，仅扶东交民巷及四牌楼；灭洋者，仅灭公使馆及天主

① 《民族精神论》，《江苏》第八期，1904 年 1 月 17 日。

堂，如此彼尚知国家国民为何解乎?”地主与农民本来是互相对抗的两种社会力量，“两盲同意，二聋联盟”的说法，自然是模糊了两者之间的阶级区别。但是处于低级认识阶段的笼统排外主义与尊君亲上之类封建伦理思想的麻醉，却有可能使封建地主阶级顽固派与一部分农民反帝斗争队伍结合起来，并且被清朝统治者诱引到错误的道路上，以致演成一出历史大悲剧。应该承认，20世纪初年，资产阶级革命派对于以往的反帝斗争是有所继承又有所扬弃的，他们把近代中国的民族运动推进到一个新的阶段。

资产阶级革命派用“文明排外”与“野蛮排外”两个名词，把自己的民族运动与旧式农民自发的反帝斗争区别开来。过去在评说这段历史时，往往过分强调“文明排外”的对外怯弱和害怕工农群众斗争的弱点，而忽略了它还有比笼统排外主义进步的一面。其关键就是革命派的“文明排外”已经与封建顽固势力彻底决裂，并且具有建立资产阶级共和国的奋斗目标。这是形势发展的必然，也是历史一大进步。正如章太炎在《驳康有为论革命书》中所回顾的那样：“义和团初起时，惟言扶清灭洋，而景廷宾之师，则知扫清灭洋矣。今日广西会党，则知不必开衅于西人，而先以扑灭满洲、删除官吏为能事矣。唐才常初起时，深信英人，密约漏情，乃卒为其所卖。今之广西会党，则知己为主体而西人为客体矣。人心进化，孟晋不已。以名号言，以方略言，经一竞争，必有胜于前者。今之广西会党，其成败虽不可知，要之继此而起者，必视广西会党为尤胜，可豫言也。”当时，在江浙地区许多资产阶级革命派的文字和言论中，都是把广西会党起义队伍称作“民党”甚至“革命军”的，而他们也就自许为优胜于广西会党的“继此而起者”。即令中国这样不成熟而又软弱的民族资产阶级，当他们处于上升时期时也还是具有赢得未来的信心的。

三

在当时的历史条件下，民族主义和民主主义一样，不失为一面光辉的、战斗的旗帜，而且是一面更加具有广泛影响的旗帜。自然，民族主义也只有与民主主义结合在一起，这面旗帜对于广大人民群众才具有真正的吸引力。在20世纪初年，不仅“扶清灭洋”的口号早已为人们所扬弃，而且古老的“反清复明”口号也日渐缩小其影响，只有资产阶级的民族主义散发出巨大的政治魅力。新的民族意识与固有的民族感情交织在一起，当人们认为自己应当成为国家的主人并且自行抉择民族的前途的时候，他们的爱国精神便升华到一个新的境界。翻阅癸卯这一年江浙地区的进步报刊，可以发现人们从来也没有像现在这样强烈地热爱自己民族的历史，民族的语言、文化，民族的经济发展和民族生存繁衍的地理环境。

新的民族觉醒首先表现为对乡土的一往情深，人们用尽各种各样美好的字眼来讴歌家乡的山山水水，因为家乡是伟大祖国的一个组成部分。描述故土的山川形胜，不仅仅是为了唤起乡情，也是为了激发广大人民的爱国之心，为了指明各省府州县以至乡镇对祖国应尽的责任。

浙江的爱国知识分子是这样说的：

> 可爱哉，浙江潮！可爱哉，浙江潮！挟其万马奔腾排山倒海之气力，以日日激刺于吾国民之头脑，以发其雄心，以养其气魄。二十世纪之大风潮中，或亦有起陆龙蛇，挟其气魄，以奔入于世界者乎？西望葱龙，碧天万里，故乡风景，历历心头。我愿我青年之势力如浙江潮，我青年之气魄如浙江潮，我青年之声誉如浙江潮。①

江苏的爱国知识分子是这样说的：

> 临长江，瞰天堑，流波汹涌，直趋东海，而环络江南十万迈当之面积者，此地势之足以称雄于大陆也。崇、淞天险，非江南之门户乎？狼、福横亘，非江南之咽喉乎？钟山龙踞帝阙凤翔，非江南文物之枢纽乎？震泽万顷，土田肥美；金阊十里，阛阓绵连，非江南财产之腹心乎？……而孰知欧美通商以来，沪滨京口，首辟商埠，而金陵，而苏州，凡江南有地理关系之区，无不为泰东、西诸国强权所攫制。……举目河山，苍凉落日，对此粉碎寸裂之余，谁不起洛水伊戎

① 《浙江潮发刊词》，《浙江潮》第一期，光绪癸卯正月二十日。

之痛哉！[①]

小至绍兴一县，当年的爱国志士也是这样说的：

诸君皆绍兴人也，试思绍兴者何人之绍兴乎？绍兴一切之事何人之责任乎？一家之中家用之豫备，子弟之良否，其为家人之责任，无可疑也。即使家之人以事远游，其恐家用之不足而补助之，子弟之荒嬉而劝勉之，其责任终无可谢也。然则吾辈既为绍兴之人，则绍兴一切之事非即吾辈之责任乎？顾吾辈责任莫大于高绍兴人之人格，而使无为世界上了无关系之人。[②]

甚至连同里（属吴江县）那样的水乡小镇，人们也大声疾呼，提倡爱国尚武精神。“文明其思想而野蛮其体魄，此西国之所以强也。野蛮其思想而文弱其体魄，此中国之所以弱也。”[③] 他们希望在故乡做出榜样，对国家尽应有的义务。

这种热爱乡土的感情之所以可贵，在于它已经与资产阶级民主思想，与整个国家的革新联结在一起。可以说，它就是爱国主义的体现。其实，当年江浙的爱国志士已经自我表白得很清楚：“江苏者，我全中国最受外力之包围攻击者也。……固先为外人之根据地以困我全中国之同胞者也。是故为江苏计，吾不得不改革江苏，为中国计，吾亦不得不改革江苏。”[④] “吾浙江固祖国国系内之一分子，而治浙即所以治中国。……我诸父伯叔诸兄弟，生于斯长于斯，聚党族于斯，要皆有负责全浙之责任，而无可巧言饰词为中立计。”[⑤] 他们从一开始就把爱乡作为爱国的起点，把治乡作为治国的基础。中国是一个幅员辽阔、人口众多的国家，如果不充分唤醒各地有志之士革新建设本乡本土的自觉，是难以求得整个国家的独立和富强的。从这个意义上来说，爱乡又是爱国的实际内容，离开了爱乡，爱国便

---

① 侯生：《哀江南》，《江苏》第一期，光绪二十九年四月一日。
② 《蔡民友演说绍兴教育会之关系》，《苏报》，1903 年 3 月 12 日。
③ 金松岑：《同里教育支部体育会演说》，《苏报》，1903 年 3 月 17 日。
④ 铁生：《江苏改革之方针》，《江苏》第一期，光绪二十九年四月一日。
⑤ 匪石：《浙风篇》，《浙江潮》第五期，1903 年 6 月 15 日。

可能流于泛泛的空谈。所以江苏的先进人士又说："今之人竞言爱国矣，而吾言爱国，必自爱乡始。无他，事之由小以成大，自迩以及远，亦必至之势，无可如何者也。今同人以爱江苏者爱中国，各省亦竞以爱其本省者爱中国，驯至齐心一致，以集注于爱国之一点，则中国之兴也，吾欲于江苏及他省同乡会卜之。"①

他们是这样说的，也是这样做的。在东京的浙江、江苏籍留学生，和其他各省留学生一样，先后在壬寅十月和癸卯正月成立了浙江同乡会和江苏同乡会，并且分别在癸卯正月和四月出版了自己的刊物《浙江潮》和《江苏》。两个同乡会都设有调查部门，《江苏》辟有"调查录"专栏；《浙江潮》辟有"调查会稿"专栏，同时还辟有"新浙江与旧浙江"专栏，包括历史上之浙江、兵事上之浙江、教育上之浙江、物产经济上之浙江、浙江之地理、社会之一般风俗、交通机关、浙江之统治机关、农工商业上之浙江、外人于浙江之势力及其注意、浙江人之海外事业等方面。上述情况都说明，这些追求社会革新的有志之士，不仅做了大量宣传教育工作，而且做了不少实地的社会调查工作。特别是《浙江潮》的"调查会稿"上发表的有关各地社会情况的资料，其中有些比较具体的统计资料，至今仍然有一定参考价值。

国内进步知识界的活动范围更为广泛，影响也更为深入。中国教育会在江浙一些州县以至乡镇设立了分会或支部，如中国教育会会员在吴江设立同里教育支部研究会，蔡元培等在绍兴创立教育会，爱国学社社员殷次伊在常熟设立教育会支部，奉化也成立了教育研究会。此外，与此相类似的团体还有扬州师范学会、常州演说会、嘉兴演说会、无锡体育会等等。各地模仿上海爱国学社、爱国女学而建立的新式学校为数更多。杭州有大学堂退学生建立的励志学社和新民塾，嘉兴有进步人士建立的爱国女学社②，常熟有殷次伊、丁初我等创办的塔后小学，吴江有

① 《江苏同乡会创始记事》，《江苏》第一期，光绪二十九年四月一日。

② 《江苏》第五期曾为嘉兴爱国女学社的成立发表《论中国女子之前途》一文，充满期望地说："使二万万女子中果不乏娇娇者流挺然崛起，则此二十世纪之舞台中，何必不真有苏菲亚其人昌言革命，又何必不有罗兰其人为民族流血？畴昔依赖男子者，异日且协助男子，拯救男子。"

金松岑、柳亚子等创办的同里自治学社（附设明华女校），上海华泾有刘季平创办的丽泽小学堂，此外还有吴中公学社、杭州公学社等。爱国学生和进步知识分子自行兴学，在家乡进行启蒙性的宣传教育，一时蔚成风气。

其中，常熟的殷次伊是一个颇有代表性的人物。“甲午、乙未，游学燕蓟间，刿怵国耻，恸心刺骨，发奋力学，谋以救国。丁戊旋里门，与邑人士组织学社（即今公立小学校），首辟风气，为吾虞社会一线光明之起点。旋受学于海上东文社，继入南洋公学。……壬寅冬，遇学事起，为全校学生为代表，首鸣之于总理。事决裂，建议于张园，集退学生而吸合其团体，与之组织爱国学社。苦志筹画，不日成立，为今日吾国唯一完全之私校。学界主人翁之荣名，如次伊者殆无愧。校成，迫于家庭命，旋里修业。……与邑中同志谋创立教学同盟会（今教育会支部），组织学界同盟，为国民同盟之基础。会律井井，秩序巩固，俨然一国会之具体。次伊复极力运动之，不数月，建设城西小学校，为普及教育之起点。又谋改良公立小学校之规则，实施其国民教育。吾虞学界，新机怒发，同时有开智会、通学会、体育会之建设。一隙曙光，得照耀于虞山峰顶者，次伊影响学界之功，至大且伟也。”不久，“《苏报》案”发生，“革命党狱起”，次伊愤郁于返里舟中投水自杀，时在癸卯闰五月九日之夕，终年仅26岁。殷次伊的自杀，诚然并非是必要的，但他以年轻的生命殉国，在社会上却引起积极的反响。特别是同乡的爱国志士，更为常熟能为祖国的解放事业贡献出这样的好儿女而感到骄傲。他们奉献给殷次伊的不是哀伤的悼词，而是豪迈的颂歌。他们满怀深情为殷次伊立传：“美丽哉！吾虞方百里锦峰琴水明媚之山川。瑰玮哉！吾虞三千年南方文学秀灵之历史。学界风潮日簸荡，自由钟声日震撼，一跃而登二十世纪之新舞台，演四万万同胞悲壮义愤之活剧，生为人豪，死为国雄，以振起一乡之社会，感奋全国之社会者，有之，自殷次伊始。”他们以革命的誓言为死者放歌壮别：“铁血横飞荡九州，雄心不死贯全球。三千革命军声起，齐向长江日夜流。”[①] 正是像

① 初我：《常熟殷次伊传》，《江苏》第四期，光绪癸卯闰五月。

殷次伊这样的仁人志士，把江浙城乡各地的涓滴之水，聚拢合成革命的溪流。

应该说明一下，在东京留学生的一些活跃分子当中，很多人原来就是江浙地区学界风潮中的骨干，他们在国内已经受过斗争的磨炼，到日本后仍然与故乡保持着密切的联系。如《浙江潮》的主编孙翼中（字耦耕，号江东）是杭州求是书院《罪辨文》案的主角，蒋方震也是这个书院学生中的佼佼者。《江苏》的主事者和主要撰稿人黄宗仰是中国教育会的发起者和领导人之一，柳亚子则是以教育会会员资格加入爱国学社的附读生。此外，拒俄义勇队、军国民教育会、江苏同乡会、浙江同乡会中的一些骨干，原先也是国内学界风潮中涌现出的活跃分子。孙翼中曾受浙江同乡会的委托，发表《敬上乡先生请令子弟出洋游学并筹集公款派遣学生书》，要求浙江向湘、鄂两省学习，多派有志青年出国留学，学习新知识，接受新思潮。黄宗仰、柳亚子到东京后，更撰写大量诗文，鼓吹“排满”革命，并且歌颂与宣传羁押在西牢中的章太炎、邹容的斗争事迹。而东京这些宣传工作，又经常是在章、邹等国内爱国志士的关注和鼓励下进行的。如癸卯九月章太炎致柳亚子书说：“别数月，忽得《江苏》杂志，见弟所为《郑成功传》，曩吾睹弟之面，而今睹弟之心矣。杂志草创时，辞颇噎塞。数期以来，挥斥慷慨，神气无双，进步之速，斯为极点。而弟所纂《郑传》，亦于斯时发现，可谓智勇参会，飙起云合者也。”① 由此可见，东京的留学生运动与江浙地区进步知识界的新觉醒是声息相通和连成一气的，如果把两者割裂开来并且扬外而抑内，那显然是不恰当的。

四

江浙地区进步知识分子又是在不断与反动统治者和保守势力斗争的过程中迅速提高觉醒程度的。正如章太炎所说的：“民主之兴，实由时势迫

① 《致柳亚庐书》，《复报》第五号，1903 年 10 月。邹容亦曾致书柳亚子给以鼓励。

之，而亦由竞争以生此智慧者也。”

“拒法”、“拒俄”运动，很快就从反帝与卖国的斗争发展成为革命与反革命的斗争。清朝统治者不仅把东京留学生组织的拒俄义勇队诬蔑为“名为拒俄，实则革命”，而且把爱国学社的学生也视为危险至极的叛逆。癸卯五月二十八日，端方即曾致电军机处：“查四月初间，方闻上海有爱国会社诸生，借俄事为名，在张园演说，议论狂悖，即经密电江宁查禁拿办。续在日本有各省游学生亦借俄事为名，编集义勇队、运动部名目，欲入长江勾引票匪为乱，复经方于五月初一日密电沿江海各省，严防密拿。”[①] 爱国志士针锋相对、寸步不让，他们在《江苏》第四期发表《异哉上海有所谓爱国会社》一文，斗志昂扬地宣告：“旷览东西各国，其勃然兴起者，无一不由民党之发达。……是会党者，攻杀独夫民贼之鸩毒，而伸民气恢主权之金丹也。”“使中国而果有此爱国会社也，不胜为中国之前途贺；使爱国学社而果有会党之资格也，又不胜为爱国学社之前途贺。”这就说明，江浙进步知识界并没有把自己的斗争局限在保卫国土和反对卖国政策的范围以内，他们以勇猛的气概迎接革命潮流的到来，并且热切期待着革命政党的诞生。

围绕着“《苏报》案”的冲突，爱国师生与卖国政府之间的斗争更趋激化，而江浙进步知识界在斗争中愈来愈看到人民的力量，并且以最后埋葬封建王朝作为责无旁贷的历史使命。章、邹被逮捕下狱了，《苏报》被封禁了，他们不仅毫不畏惧，而且为斗争的激烈欢欣鼓舞。他们满怀信心地向世间宣告：“是实剥夺我全国公民之权利也，是实与我全国国民下宣战书也！我四百兆羲黄圣胄清贵高尚之同胞，岂能坐视！岂能坐视而不争？吾知此次反动力必剧，反动力剧则吾国前途生气自此葱葱郁郁而发生。此后吾但望满政府多封报馆，则国民之自由心愈发达，吾中国前途愈光明。”[②] 斗争在会审公堂内外持续进行，章、邹在法庭上公开宣布“不认野蛮政府”，爱国志士则在法庭外对清政府进行严正审判：“君主而不能防

---

① 《辛亥革命》(一) 端方档，上海人民出版社，1957 年，第 443 页。

② 《祝〈苏报〉馆之封禁》，《江苏》第四期，光绪癸卯闰五月。

护公益，即为捐弃责任，即不得复目之为君，乃我国民之公敌也。援泰西民约家征讨暴君之义，即反坐以大逆不道之罪，谁曰不宜！"[①] 如果说，在"《苏报》案"发生以前，反帝救亡的文字充塞报刊的版面；那么，到此案发生以后，"革命排满"的激越呼声便逐渐成为进步舆论压倒一切的基调了。

倾向革命的进步知识分子与保皇派及其他守旧势力的斗争，也在比较广泛的范围内展开。几乎与章太炎撰写《驳康有为论革命书》的同时，《苏报》发表《警告守旧诸君子》一文，即已嘲弄这些政治上的软骨病患者："居今日而欲救吾同胞，舍革命外无他术，非革命不足以破坏，非破坏不足以建设，故革命实救中国之不二法门也。革命乎！革命乎！诸君闻至此必将掩耳咋舌，相顾而骇走矣。"不久，冯镜如等纠集"康氏党徒"，将国民公会易名为国民议政会，妄想把上海地区蓬蓬勃勃的群众斗争诱引到仅仅吁请"归政"载湉的错误轨道上。邹容当面予以严正斥责，中国教育会和爱国学社师生也进行抵制，使保皇党人的阴谋活动遭到严重挫折。斗争除在上海进行以外，也在其他州县不断发生。常州育志学堂爱国志士何海鸣等每星期举办演说会，"自（癸卯）正月初七日起至十三日止，每日来宾之就旁听席者，数辄逾五百人以上，演说至慷慨悲愤之处，四座拍掌之声如雷"。当地顽固士绅极力阻挠破坏，甚至诬为"悖逆"。进步师生毫不畏缩，据理严词驳斥，《苏报》也发表文章支持常州演说会与这些"老朽"的守旧派进行斗争[②]。吴江同里教育支部会员到梨里、盛泽等乡镇演说，也遇到很大的阻力，封建文士甚至愤而诟骂。进步知识界当即驳斥说："演说者，老朽顽固之仇敌，而青年学生之好友也。乡曲学究之尊其权力，有如边省之督抚。眼见与己反对，新学之风潮掀天动地，一己之饭碗有立足不牢之势。欲以其窒口之腹餐文明之果，又恐其膨胀而死也。"[③] 这些县城和乡镇中的论争，虽然没有上海、东京等大城市革命派与保皇派

① 《大逆不道之解剖》，《江苏》第五期，1903 年 8 月 23 日。

② 《记常州演说会事》，《苏报》，1903 年 3 月 23 日；《论常州演说会》，《苏报》，1903 年 3 月 31 日。

③ 《吴江演说会之阻力》，《苏报》，1903 年 4 月 19 日。

论战那样大的声势和影响，却能在一定程度上增加民主革命思潮传播的深度，因而也应当给以足够的重视。

当资产阶级还处于上升的、革命的时期时，其思想的突飞猛进也是相当惊人的。正如马克思对于18世纪欧洲资产阶级革命所作的描绘那样，“革命的戏剧效果一个胜似一个，人和事物好像是被五色缤纷的火光所照耀，每天都充满极乐狂欢”①。癸卯四月十日《苏报》发表了一篇题为《海上热力史》的评论，概述了3月28日以来“旬日间海上民党之历史”。不过10天时间，上海张园先后举行了阻法、拒俄大会，发起成立了四民公会、国民公会、义勇队。阻法会签名者不过300余人，国民公会当场签名者即五六百人，会后陆续签名者又约千人。“拒俄”运动有力地促进了人们的觉悟，然而人们很快又站在新的高度来重新认识“拒俄”运动。他们面向未来，因而敢于否定过去。东京的和上海的拒俄义勇队成立或发起还不久，人们即已严肃地批评其不足之处，指出：“其发表宗旨，一则曰拒俄，再则曰属在政府统治之下。情词卑逊，志气蜷局，屏息乞怜，至可悯念。四海豪杰之士聆诵檄文，侧聆口演，方且腹诽口讥，心疑目笑，以为若此举动犹不脱奴隶依赖根性，而确然其为清国留学生会馆办事之面目手段，曾不足当环球起义英雄之一盼，更曷可冀法朗西之兴革命军，华盛顿之竖独立旗，而欲窃掠微些之名誉乎？”② 当然，这些话不无偏颇之处，也有些是故加贬抑以说明清廷镇压义勇队之无知可笑，但大体上仍可以反映出江浙进步知识界革命精神的昂扬。

经过这些政治斗争的锻炼和一批仁人志士的艰苦奋斗，上海和江浙地区的新思潮宛如烂漫的山花盛开怒放。在1903年，进步的报刊除《苏报》、《新世界学报》、《大陆》以外，又先后创办了《童子世界》、《国民日日报》、《觉民》、《俄事警闻》、《中国白话报》。宣传革命思想的书籍，除多次再版的《革命军》以及《驳康有为论革命书》、《沈荩》等书广为流传外，还有今镜书店编辑出版的《苏报案纪事》，东大陆图书印刷局出版的

---

①《马克思恩格斯选集》第1卷，人民出版社，1972年，第606页。

② 季子：《革命其可免乎》，《江苏》第四期，光绪癸卯闰五月。

《黄帝魂》，章士钊译录的《孙逸仙》，金松岑撰写的《女界钟》等。翻译介绍外国近代社会政治学说和革命历史的书籍为数更多，如日本福井准照的《近世社会主义》（赵必振译，广智版），村井知至的《社会主义》（罗大维译，广智版），岛田三郎的《社会主义概评》（作新社版），西川光次郎的《社会党》（周百高译，广智版），以及《法兰西革命史》、《美国独立战史》、《华盛顿》、《意大利建国史》等。在日本或香港出版的一些进步书报也在江浙地区逐渐流行，除上海因无具体数字置而不论外，在杭州正式发行的《译书汇编》已达250份左右（《新民丛报》约二百份）[①]，甚至像海盐这样的县城，也有《浙江潮》、《湖北学生界》、《游学译编》的发行（上海出版的报刊流行种类更多，如《国民日日报》、《新世界学报》、《新小说》等）[②]。至于秘密流传的肯定为数更多，《浙江潮》等进步报刊的再版、三版，应与国内读者需求的增加密切有关。

综观癸卯江浙进步知识界的舆论工作，不仅思想已相当活跃，而且内容也极为丰富。可以说，此后同盟会所揭橥的民族、民主、民生三大主义，和革命派与改良派大论战的基本内容，在这一年江浙地区的进步书刊中均已广泛涉及，而到甲辰这种革命宣传更明显地增加了广度和深度。同时，更值得注意的是，随着国内阶级冲突的日益激化和政治觉醒的迅速提高，倾向革命的人们在癸卯越来越增强了组织起来共同战斗的要求。他们呼吁破除省界，建立统一的全国性政治团体。“中央机关，建瓴而立，扩张其势力线，挟风雷而走之。而党会之各部，朝宗一尊，则虽泰西文明国大政党于其枢府，何以过之。”[③] 于是以“结成大团”为含义的同盟会一词逐渐流行起来。不仅上海有邹容发起创立中国学生同盟会，“其目的在于学界成一绝大合法团体，以鏖战于中国前途竞争逼拶之中者也”[④]。而且常熟有殷次伊发起创立教学同盟会，“组织学界同盟，为国民同盟之基础”[⑤]。

① 《杭城报纸销数表》，《浙江潮》第三期，光绪癸卯三月二十日。
② 《海盐报纸之销数》，《浙江潮》第七期，光绪癸卯七月二十日。
③ 文诡：《非省界》，《浙江潮》第三期，光绪癸卯三月二十日。
④ 《苏报》，1903年5月30、31日。
⑤ 《江苏》第四期，光绪癸卯闰五月。

同里有杨千里（天骥）创立教育支部研究会，谋为“将来地方自治、国民同盟起点”①。也正是在这年5月，日本国民同盟会编纂的《国民同盟会始末》一书，由袁毓麟翻译在上海通志学社出版，显然是适应了当时爱国志士渴望组成全国性国民政治团体的需要。以上这些言论和活动，虽然还谈不上是组建资产阶级革命政党的筹备，但至少在思想上已经为以后同盟会的建立进行了某种程度的酝酿。

五

对于1903年东京留学界的觉醒程度，当年江浙爱国志士曾给以高度评价：“呜呼！癸卯年万岁！何其民气之奋，进步之速，如是其惊人？倘海内应和者能愈接愈厉，岂非我中国得见天日之日正不在远？”② 而他们自己就是这样“愈接愈厉”的海内应和者，他们的舆论总量和活动范围很快就超过了东京留学界。十五年以后，孙中山充分而又公正地估价了癸卯东京留学界和江浙知识界两方面的贡献。他说：“留东学生提倡于先，内地学生附和于后，各省风潮，从此渐作。在上海则有章太炎、吴稚晖、邹容等，借《苏报》以鼓吹革命，为清廷所控。太炎、邹容被拘囚租界监狱，吴亡命欧洲。此案涉及清帝个人，为朝廷与人民聚讼之始，清朝以来所未有也。清廷虽讼胜，而章、邹不过仅得囚禁两年而已。于是民气为之大壮。邹容著有《革命军》一书，为排满最激烈之言论，华侨极为欢迎，其开导华侨风气，为力甚大。此则革命风潮初盛时代也！”③

当然，正如一切历史事物都有其局限性，1903年江浙知识界的新觉醒也有其明显的弱点，而这些弱点又妨碍了以后江浙地区革命运动的发展。

---

① 《教育支部研究会序》，《苏报》，1903年3月2日。

② 《海内热力史》，《苏报》，1903年5月6日。

③ 孙中山：《建国方略·孙文学说》，《孙中山全集》第六卷，中华书局，2011年，第236页。

首先，作为当时江浙地区进步运动的主要承担者——新式学堂的爱国师生，刚刚从封建文化营垒中分化出来，因此思想上残留的陈旧因袭仍然很多。他们中间有不少人还没有与传统的封建正统观念划清界限，甚至把孔子《春秋》奉为“吾国魂之第二星宿海”①。有些人则把封建宗法族规、地方绅权、会馆行帮，统统视为地方自治的“质点”②。这些思想上的封建羁绊，在斗争行动上也有所表现。例如浙江大学堂学生罢课退学时，“齐集孔子殿，先谒至圣，行三跪九叩礼。列礼各教习上立左首，各职员上立右首，学生下列行三揖礼。礼毕后，鱼贯而出”③。这样“秩序井然，无一暴动”的反抗，诚然“文明”到了极点，而且颇为其他一些学校退学生所效法；但与资产阶级正规的革命运动相比较，多少总存在着某种距离。

其次，当时的一些进步团体，大多以带有封建地域观念的“乡谊”作为纽带。尽管进步的知识分子自觉地把爱乡与爱国结合起来，谋求以治乡作为治国的基础，但残存仍多的封建畛域总不免妨碍统一行动，削弱了进步知识界内部的团结。有些地域观念特别强烈的人，甚至把国家观念置于脑后，“分泾渭于一饮食一书报之间，至岸然不能假借，佛然相抵曰：‘汝浙人自有浙界，吾楚人自有楚界。’又或一语言之微，一嘲谑之细，哄然群哗曰：‘彼闽人辱吾粤人，彼浙人谩吾吴人。’其色汹汹，几有号同乡会诉冤之势”④。所以有些真正关心爱国运动的人士，致函质问留学东京的浙江同乡说：“侧闻诸君联订此会，省界甚严，此省不能参预他省。浙江留学生最多，而气最盛。广西、云南、江西人甚寥寥，惴惴顾影，惟孤立是惧。同是支那之人，同具亡国之忧，此疆彼界，意何为者?”⑤ 显然，如果不认真破除省界，不克服封建地域观念，是很难实现统一的全国革命运动的。

---

①《中国魂》，《国民日日报汇编》第一集，“中央文物供应社”，1983年，第73页。

② 匪石：《浙风篇》，《浙江潮》第五期，1903年第6月15日。

③《浙江大学堂学生退学始末记》，《新世界学报》第14号，光绪二十九年三月十五日。

④ 文诡：《非省界》，《浙江潮》第三期，光绪癸卯三月二十日。

⑤《寓江西陈君致浙江同乡书》，《浙江潮》第三期，光绪癸卯三月二十日。

第三，在1903年，江浙进步知识界虽然已经较多地与爱国绅商采取联合行动，但不少人却忽略了向下层群众寻求支持力量。除了陶成章等一批浙江志士，不畏险阻，长途跋涉，深入偏僻山区向会党寻求盟友以外，多数人都片面地、孤立地过分强调了学生的作用。这些爱国知识分子自认为是传播文明的唯一“原动力”[①]，江南陆师学堂退学生甚至认为：“吾意将来新中国之事业，即基础于吾辈陆军第一番冲突学生之三十一人。”[②] 小资产阶级知识分子对封建专制制度是不满的，是深愿祖国走向独立富强的。他们在政治上比较敏感，容易接受新的思潮，但是他们高涨的革命热情之中往往掺杂着空泛的狂热性。诸如“左手搴旗，右手悬首，同赴流血之场，与碧眼红髯儿决一撼天震地之大战于数百里瓯江之前”[③]，是他们比较善于使用的激烈语言。他们的宏伟抱负建立在过于自信的基础之上，因而就多少有些流于空想。他们热血沸腾地宣告：“今者，要为江潮革命之一日，而我浙东西之少年，之奇士，之学潮，之思潮，之文潮，为事业大潮流之先河者，风激水涌拔大空而特起。雄哉浙江潮！自今而后始发现于世界。”[④] 而事实上，如果没有下层劳苦群众的参加，光凭少数青年学生的奔走呼号，是难以出现“风激水涌”的雄伟江潮的。

正因为存在着上述弱点，1903年江浙地区的爱国运动，在一定程度上显得华而不实和脆而不坚。革命的思潮诚然非常活跃，革命的组织工作和革命的实际行动却与之不相适应，并且很难长期坚持下去。首先是爱国学社与中国教育会的分裂，继而是两者以及它们所兴办的一些学堂的涣散，再则是少数活跃分子转而谋求功名利禄，客观上还有清政府的残酷镇压，这就使空前高涨的江浙地区学界风潮一度不免有所消沉。然而整个革命形势仍在向前发展，东京军国民教育会的成立和运动员的纷纷奔赴内地，给江浙地区的运动带来了新的活力，使运动比较切实地向纵深发展。革命的先行者孙中山，在1903年以后赢得了江浙爱国志士的爱戴，成为愈来愈有

① 杜士珍：《学生大进步》，《新世界学报》第10号，光绪二十九年正月十五日。

② 《江南陆师学堂学生退学始末记》，《苏报》，1903年5月6日。

③ 《在东京之温州留学生函稿照录》，《苏报》，1903年5月8日。

④ 《浙声》，《浙江潮》第一期，光绪癸卯正月二十日。

影响的全国性的领袖人物。在运动中又锻炼和涌现了像黄兴、陶成章这样一批新的领袖人物。他们不如先前江浙进步知识界头面人物那样具有丰富的学识和较高的声望，也不如一般江浙文士那样才华外露、飘逸洒脱，然而却具有更为可贵的革命毅力和务实精神，特别是优异的组织才能。他们在1903年已经崭露头角，而1904年的政治舞台上正是以这样一种类型的人物充当主人翁。于是辛亥革命编年史上出现了清晰的序列，1903年“革命排满”思想狂飙突起；1904年各地革命小团体纷纷建立；1905年百川归海，以同盟会的成立为标志，各地反抗斗争的涓涓细流，正式汇合成为全国范围的资产阶级革命运动，历史揭开了新的篇章。

人们可以看到，1903年江浙知识界的新觉醒，较之1905年同盟会领导的堂堂正正之师，在水平上存在着整整两年的差距。然而历史总是前后连续的，没有第一步，就没有第二步、第三步。后来者应该客观地剖析先行者的弱点与局限，认真地总结和吸取他们的经验教训；但却没有任何理由否定前人革新和革命的劳绩，因为他们的工作是百年来祖国解放事业不可缺少的一个阶梯。回顾1903年爱国志士们的言论风采，至今仍然使人感到虎虎有生气。那些以血泪凝铸的诗文，似霹雷闪电震撼着万马齐喑的古老中国，召唤着千百万同胞走上革命救亡的道路。人们在反复吟诵之余，不禁也要再次高呼：

“癸卯年万岁！”

（原载《江汉论坛》1981年第3期）

《俱分进化论》的忧患意识

章太炎在《民报》第7号（1906年9月5日出版）发表的《俱分进化论》一文，过去常被认为是他思想倒退的标志，并且与他此后在政治上的渐趋消极联系起来。近些年，对《俱分进化论》蕴含的合理因素虽发掘日深，但论者又往往将其局限于道德范围。我则认为此文所议颇具有近代忧患意识，内容亦并非仅限于道德，而是阐明了一种涉及范围更广的进步文明观。

一

首先，需要弄清《俱分进化论》[①] 的基本思路。

通观全文，此篇乃是对于风靡一时的进化论的深刻反思。甲午战争以后，特别是经过戊戌维新，进化论已经成为爱国救亡、革故鼎新的精神武器，无论是维新派、立宪派还是革命党人，都对这一学说深信不疑，争相传诵，广为演绎。就是章太炎本人，也以进化学说作为自己的立论基础。他在1903年发表的《驳康有为论革命书》，一则曰："人心之智慧，自竞争而后发生；今日之民智，不必恃他事以开之，而但恃革命以开之。"再则曰："人心进化，孟晋不已。……然则公理之未明，即以革命明之；旧俗之俱在，即以革命去之。"[②] 但是，经过三年狱中生活，研诵佛学，晨夜冥

① 以下《俱分进化论》引文均据《章太炎全集》（四），上海人民出版社，1985年，第386—394页。

② 《章太炎全集》（四），上海人民出版社，1985年，第180—181页。

思，对宇宙、对社会、对文明、对人生都有了更深一层的看法，其中就包括对于进化论的反思，也孕育着此后对于公理、唯物、自然乃至代议政治等流行新观念的反思。

章太炎并非全盘否定进化，而是告诫人们不可盲目迷信进化，把进化变成一种绝对的信仰。他认为：（1）进化终极未必能达于“尽美醇善之区”。(2）其所以如此，是由于进化之所以为进化，“非由一方直进，而必由双方并进”。以道德而言，“善亦进化，恶亦进化”；以生计而言，“乐亦进化，苦亦进化”。(3）而且，随着经济、文化的发展，随着智识与科技水平的提高，善恶、苦乐亦将不断同步增长。“曩时之善恶为小，而今之善恶为大；曩时之苦乐为小，而今之苦乐为大。”既然如此，章太炎便对进化提出疑问：“然则以求善、求乐为目的者，果以进化为最幸耶？其抑以进化为最不幸耶？”他自己的答案很明确：“进化之实不可非，而进化之用无所取，自标吾论曰：《俱分进化论》。”

尽管当时章太炎正在筹建国学讲习会，并且随即编辑发行《国学振兴社讲义》，但他决非是站在传统文化的守旧立场上执意排拒外来的进化论。历经甲午刺激、戊戌洗礼、庚子转折，章太炎已经成为一个颇具新知的进步思想家。他强调国粹的地位与作用，但并不墨守成规、因循封闭，而是广泛吸收并传播外来的哲学、社会学、人类学、考古学、民俗学、经济学以及自然科学各方面知识。即以有关进化学说为例，他曾认真研读过日本有贺长雄的《族制进化论》，芬兰韦斯特马克的《婚姻进化史》，达尔文、拉马克的生物进化论以及斯宾塞和吉丁斯的社会进化论，而且经常加以征引、印证、评判、发挥。对于西方哲学，他更是如饥似渴、博览精思，古至希腊伊利亚、斯多葛诸学派以及苏格拉底、柏拉图、亚里士多德、伊壁鸠鲁诸名家，近至康德、费希特、黑格尔、叔本华、谢林、尼采、培根、休谟、贝克莱、洛克、莱布尼兹、穆勒、笛卡儿、斯宾诺莎等各家代表性著作，都曾广泛涉猎、咀嚼吐纳。此外，对于印度哲学的吠檀多、婆罗门、胜论、数论各宗以及法华、华严、涅槃、瑜伽诸经，他更是沉潜涵泳、熟谙会通[①]。他特别重视认识论在近代哲学中的地位与作用，以后曾在《蓟汉微言》中说过："康德以来，治玄学者以认识论为最要。非此所得，率而立一世界缘起，是为独断。"因此，他不仅努力熔铸与发展自己的认识论，而且在宏观认识与微观认识两方面都下过刻苦的功夫。大至宇宙天体，小至细胞、原子，乃至声、光、电、化，以及人类社会的整体结构与各个侧面，他都有自己的观察与判断。因此，他对于进化论的吸收与批判，都是建立在严谨而深潜的思考辩证的基础之上，根本不同于一般轻浮新派人士的随风流转、朝三暮四[②]。

他追溯进化论的发展过程，指出黑格尔所谓"世界之发展即理性之发展"，即为进化之说的萌芽。其后达尔文从生物现象、斯宾塞从社会现象加以应用，进化论遂完备形成。而叔本华早就批评黑格尔的发展论，认为世界之成立系"由于意欲盲动，而知识为之仆隶"，盲动不识道途却惟以求乐为目的，追求无已，乐不可得而苦反因以愈多。此外，赫胥黎对进化论亦持异议，认为世运日进，生齿日繁，供给不足以应欲求，则相争相杀必不可已。章太炎对叔本华、赫胥黎之学说亦不尽同意，他锲而不舍地刻意求索自己的结论。

他以生物进化为例证：有机物界以哺乳动物为最高级，哺乳动物中又以人类为最高级。人"无爪牙而能御患，无鳞毛而能御寒，无羽翼而能日驰千里"，其智识自然远较其他动物进化，其道德亦较其他动物为善稍大。但是，智识程度愈高，为恶的能力及效果亦愈大，如以武力或用智谋攻取，其酷烈均远甚于虎豹与太古之人。所以，人类"其善为进，其恶亦为进也"。而从"生计"的角度来比较，人类的生活水平与各种享乐自然也远远高于其他动物，并且随着文明的进化而不断提高。但是，乐之愈多，求之愈苦，且求之而不得者十犹八九，即令得之又不一定能够"摄受"，如能"摄受"则"舍之也愈苦"。所以，"是不亦乐之愈进者，其苦亦愈进乎"？

---

① 唐文权、罗福惠：《章太炎思想研究》，华中师范大学出版社，1986 年，第 23—24 页。

② 章太炎在《箴新党论》中即曾批评那些"是非之不分，美恶之不辨，惟以新为荣名所归"的所谓"新党"，并深切指出，"是中国士民流转之性为多，而执著之性恒少"。

章太炎认为“生物之程度愈进，而为善为恶之力亦因以愈进”，但不等于说任何个人都是“善恶兼进”。因为从一个人来说，其善力、恶力“互相抵抗”，或者是善“征服”恶，或者是恶“征服”善。不过，章太炎又认为，就一个社会、一个国家的多数人而言，仍必然是“善恶兼进”。例如欧洲各国，从斯巴达、雅典时代以至现今，等级贵贱、上下尊卑的差别“日渐刬削”，人人皆有平等观念，这诚然是社会道德的进步。但是，随着物质文明的发展，金钱又成为新的不平等的表征。“富商大贾之与贫民，不共席而坐、共车而出；诸佣雇者之事其主人，竭忠尽瘁，犹必以佞媚济之。虽无稽首折腰之礼，而其佞媚有甚于是者。”于是见利忘义，惜命苟安，比比皆是。“风教陵迟，志节颓丧，其进于恶也，盖已甚矣。”又如日本，明治维新以后，法治观念胜于往昔，勇于私斗渐转向为国家死难，这诚然是社会道德的进善。但是，现今学术虽胜于前，很少不为权势利用，也很少不受富贵利禄诱动，因而便不再能够看到西乡隆盛那样“刚严直大”的大臣与中江笃介（兆民）、福泽谕吉那样的“东方师表”。这也说明善进恶亦与之俱进。再如中国，情况更差，自宋以后，“善亦愈退，恶亦愈退”。至于清朝为尤甚，“朝有谀佞，而乏奸雄；野有穿窬，而鲜大盗；士有败行，而无邪执；官有两可，而少顽嚚。方略不足以济其奸，威信不足以和其众”。不仅不能为大善，连作大恶的本事都衰退了，这还有什么进化之可言。

章太炎对于进化的再认识，显然带有悲观乃至厌世色彩。他自己并不讳言这一点，但强调厌世观念亦有两种。一种是“决然引去，惟以出此世界为利，亦无余念及于众生”，这自然是彻底解脱而又纯属消极。另一种则有别于此：“以世界为沉浊，而欲求一清净殊善之区，引彼众生，爰得其所，则不惮以身入此世界，以为接引众生之用，此其志在厌世，而其作用则不必纯为厌世。”章太炎内心显然是倾向于后一种，所以他反问：“若是，则何不可厌世之有？”他认为，在现实生活中，早弃斯世以济众生而灭度之“有勇猛大心之士”是罕有的，一般只能是“随顺进化，渐令厌弃”。但即令是“随顺进化”，也“必不可以为鬼为魅，为期望于进化诸事类中，亦惟择其最合者而倡行之，此则社会主义，其法近于平等，亦不得已而思其次也”。决心走出中世纪的黑暗，然而又眼见资本主义文明严重弊端的日益显露，彻底解脱既不可得，于是只能“思其次”，“近于平等”的社会主义不失为一种可行的选择。不过，根据俱分进化的观点，社会主义的发展也不是纯然光明坦途，而必然也是善恶、苦乐俱进。但那毕竟是更为遥远的未来的事情，章太炎没有必要也不可能作进一步的求索。

二

20 世纪初年，先进的中国人对西方近代文明有所批评者并非章太炎一人。然而把这种批评提到哲学的高度，并且辩证地看出进化存在着相互对立而又相互依存的两种趋向，却是以章太炎的见解最为深刻，尽管他所阐明的原理也存在着谬误。

我把俱分进化论的合理核心称为近代忧患意识。它并非绝对排拒近代文明，而是比较清醒地看到近代文明日益显露的弊病，并且为人类文明发展的前途担忧。如果说这是悲观，那就是一种深沉的悲观；而深沉的悲观比浮浅的乐观，往往在思想境界上要高一个层次。浮浅的乐观易被世俗理解与接受，而深沉的悲观则往往专属于哲人。在这里，我联想起死于 20 世纪初的日本号称东方卢梭的思想家中江兆民，也就是章太炎在《俱分进化论》中誉之为“东方师表”的中江笃介，他正是怀着对文明发展前途的深沉忧虑离开人世的。他在临终前发表的名著《一年有半 · 续一年有半》，即曾生动地描述了日本近世文明发展中相互伴随的两种趋向。他把日本封建制度长期统治下的社会结构、等级和家族制度以至生活、行为方式的刻板凝固，比喻为“全国人民几乎一概变成了化石”，中产阶级以下的人“朴素”到常常是过着“非人的生活”。明治维新以后，“日本和欧美各国，互相交际往来，把这些国家的货物，以及制度、文化、习惯、风俗、服装一起传入到日本的时候，日本的固有文化，陡然烟消云散，整个国家，一齐闯入了新的世界”。从善的进化角度来看，官民、上下的严格等级界限，至少在生活方式上逐渐淡化，人们的生活水平迅速提高。但随之而来的便是物欲的膨胀与习俗的败坏。“人人都希望追求超过自己的经济力量以上的娱乐，千方百计想得到它。于是乎做官吏的人，就接受礼品及贿赂以养肥自己。经营工商业的人，就钻营奔走，投靠背景，互相勾结，寻找牟取暴利的机会。再加上日本西部的武士，数百年来，受尽了苛刻死板的法律及制度的束缚，到了日本明治维新的时候，忽然做了大官，参加国家的政治活动，好像放射出去的箭一样，急速地趋向骄奢淫逸，大大地造成和煽起了城市的荒淫和糜烂的风气，成为日本全国的吃喝玩乐的样板；从官僚资本家、富商大亨，到其余的中产阶级以下的人们，也都相继沉沦，以为这是自己的阔气。这就是现代我们日本帝国的官民上下，贵贱贫富，一般人等所以造成了奢侈、淫逸的习惯的历史。”① 《俱分进化论》所举日本明治维新以后善恶俱进的例证，很可能受到《一年有半·续一年有半》的某些启迪。中江兆民对于近世文明的弊端并未停留于道德的谴责，而将它看作“是时势决定的，是自然的历程，是必然的程序”。同时，他也没有纯然消极，而是苦心探求“活路”，倡导品德修养，甚至设想将来有朝一日废除国界、消弭战争、统一货币、设立世界统一政府、废除土地私有制及遗产继承权等等。这与章太炎设想无政府、无聚落乃至社会主义，亦有某些相近与相通之处。

实际上，早在一百五十多年以前，卢梭本人在1755年出版的《论人间不平等的起源和原因》一书中即已展示类似“俱分进化”的思想。他认为，人在自然和野蛮的状态中是平等的，而人的趋于完善化（亦即往前发展）的能力，在促使社会进步的同时却又构成不平等的原因。卢梭没有对不平等单纯作道德谴责，他既把不平等的产生看作一种进步，又指出这种进步是对抗性的，因而它同时又是一种退步。卢梭断言：“以后的（越过原始状态的）一切进步同样是表面上走向个人完善化而实际上走向人类的没落的步骤……金属加工和农业是两种技艺，它们的发明引起了这一巨大的革命（把原始森林变为耕地，但是也由于私有制而引起了贫困和奴役）。使人文明起来并使人类没落下去的东西，在诗人看来是金和银，在哲学家看来是铁和谷物。”人民拥立国君本来是为了维护自己的自由，但国君必

① 中江兆民著，吴藻溪译：《一年有半·续一年有半》，商务印书馆，1979年，第62页。

然成为人民的压迫者，而压迫加重造成的极端不平等，又会转变为自己的反面，成为新的平等的原因。这仿佛“是封闭一个圆圈的终点，它和我们所由出发之点相遇”。暴力支持暴君，暴力又推翻暴君。于是，不平等重新转变为平等，但不是回归到原始人野蛮的、自然的平等，而是高一级的社会契约的平等。至于社会契约的平等又将如何发展，卢梭没有也不可能作明确的预言，而《俱分进化论》在这个问题上竟如同是《论人间不平等的起源和原因》的续篇。

恩格斯高度评价卢梭这种包含着否定之否定的矛盾辩证法思想，并且将之概括为：“文明每前进一步，不平等也同时前进一步。随着文明产生的社会为自己建立的一切机构，都转变为它们原来的目的的反面。”① 当然，恩格斯并没有停留于肯定卢梭，也不尽同意卢梭对于不平等起源的解释，所以他稍后在《家庭、私有制和国家的起源》一书中，对于这个问题又有进一层的阐述：“由于文明时代的基础是一个阶级对另一个阶级的剥削，所以它的全部发展都是在经常的矛盾中进行的。生产的每一进步，同时也就是被压迫阶级即大多数人的生活状况的一个退步。对一些人是好事的，对另一些人必然是坏事，一个阶级的任何新的解放，必然是对另一个阶级的新的压迫。这一情况的最明显的例子就是机器的采用，其后果现在已是众所周知的了。如果说在野蛮人中间，像我们已经看到的那样，不大能够区别权利和义务，那么文明时代却使这两者之间的区别和对立连最愚蠢的人都能看得出来，因为它几乎把一切权利赋予一个阶级，另一方面却几乎把一切义务推给另一个阶级。”②

由此可见，《俱分进化论》所包含的忧患意识，已经不再是传统士大夫那种古老忧患意识的简单重复。它突破了宗庙社稷、王朝统系的狭窄框架，也超越了忧国忧民、愤世嫉俗的固有格局，而是把自己的视野与思路引向更为广阔的空间与更为长远的时间。它关心的不仅仅是自己的民族与国家的命运，而是整个文明、整个人类，乃至人类栖息于其上的地球、地

① 《马克思恩格斯选集》第3卷，人民出版社，1972年，第179页。
② 《马克思恩格斯选集》第4卷，人民出版社，1972年，第173—174页。

球运行于其中的宇宙的发展前景。稍后在《五无论》中，章太炎即已自我表白："今之人不敢为循天之民，随顺有边，则不得不有国家，亦不得不有政府。国家与政府，其界域固狭隘，故推其原以得民族主义，其界域亦狭隘。……夫于恒沙世界之中而有地球，无过太仓之有稊米。今于其间分割疆域，葆为己有，而命之曰国家；复于其间建设机关，区分等级，而命之曰政府。则蛮氏触氏之争，不足喻也。"[①] 正是由于具有这种高度的超越，他才提出无政府、无国家乃至无人类、无众生、无世界。所谓"五无"，貌似虚无荒诞，实则怀有深沉的隐忧，乃是对近世文明深重弊端的悲愤抗议。

如果把《俱分进化论》、《五无论》与以后的《四惑论》联系起来考虑，则更可看出这种以否定与虚无来批判现实弊端的积极意义。他把"今人以为神圣不可干者"的公理、进化、惟物、自然视为"四惑"。例如，他肯定"公理"比理学家倡言的"天理"进步，然而"公理"如果"持论至极，必将尊奖强权"；以强者抑制弱者，或则张大社会以抑制个人，其凌驾个人自主并束缚人"亦与言天理者相若"。而且所谓"公理"往往是"以己意律人"，又"以社会抑制个人"，使之无所逃于宇宙，所以其"惨刻少恩，尤有过于天理"[②]，理性本来是资产阶级用以反对中世纪蒙昧主义的精神武器，他们正是打着"理性王国"的旗帜来取代封建贵族的统治。可是，当他们取得统治地位以后，"理"之前冠以"公"字，但实际上却是假公济私、以"己意律人"，使更多的个人屈从于"公理"，也就等于是屈从于他们的私利。因此，便出现了《四惑论》中所列举的种种二律背反现象："幸福增进，一部人类所盲从也，他部人类，则或有反对此者。以善恶言，求增进幸福者，特贪冒之异名。……日进不已，亦惟是扩张兽性。"进化本来是客观事实，可是一旦极端发展成为进化主义乃至进化教，便容易被"主持强权者"（外来的帝国主义和本国的统治阶级）作为奴役与愚弄群众的工具。又如"人之借资于外物者，诚不可乏"，如衣食、居

① 《章太炎全集》（四），上海人民出版社，1985 年，第 429—430 页。
② 《章太炎全集》（四），上海人民出版社，1985 年，第 444—449 页。

住、医药等；但如单纯凭借物质文明求得幸福，甚至“执鞭为隶于物，以斯求福，其猥贱又甚于向之为隶者矣”。再如“自然”，无非是物的自性以及由其自性而发生的作用，可是人们动辄大言自然规则，甚至以“违背自然规则”抨击异己，这又是很荒谬的事情，因为自然规则并不一定能够给人类带来幸福，“且黠者之必能诈愚，勇者之必能陵弱，此自然规则也。循乎自然规则，则人道将穷。于是有人为规则以对治之，然后烝民有立。……以自然规则本无与于人道，顺之非功，逆之非罪云尔”。这显然是对帝国主义“强权即公理”以及“生存竞争、弱肉强食”之类强盗逻辑的有力批判。

综上所述，可以看出理性批判乃是章太炎早期文化思想的重要特色之一。他不仅冷静地、客观地、深刻地批判了封建主义暴虐统治的腐朽，而且还冷静地、客观地、深刻地批判了资产阶级“理性天国”化为现实的谬妄。他既敢于傲视古之圣贤，又敢于傲视今之权威，上天入地，俯瞰人间，重新审视与判别一切既有的学说与观念，确实表现出一种前无古人、后无来者的独立卓异的风貌，而这种可贵的学者品格正是一个走向现代化的社会所必不可少的。

三

由于章太炎沉溺于哲理，精研佛学，驰骋老庄，汪洋恣肆，放言无忌，所以往往容易被人视为玄渺荒诞，其合理内核亦因之长期冷置湮没。但是，这也无足为奇，因为历史上并非任何一个学者的任何一种见解都能在生前或死后短期内被充分确认其价值。也许，将俱分进化学说用以观察当今人类文明的发展，人们可以更清楚地看出它的潜在的精微之处。

我们不妨摘引汤因比与池田大作的两段对话与《俱分进化论》相互印证。

汤因比：“远在人类共同贫困的时代，我们的祖先由于衣食住等生活必需品的不足，生存不断受到了威胁。在那种状况下，朴素被看作美德，奢侈则被看作堕落。但是在产业革命以后，勤俭朴素使得生产者缺乏推销市场，而结果又反过来使工人们失业。因此，消费者方面的节俭，从生产者和被雇佣者的角度来看，就不再是美德，而成了恶德。生产者势必要采取广告宣传这种人为的手段来刺激消费。广告宣传业伴随工业革命同时出现。这决非偶然。可是，通过刺激消费，一部分生产者和被雇佣者获得的利益，正如您指出的，却违背了整个社会的利益。人类的贪欲性受到宣传的刺激，由此产生了全面的污染，对现代人的健康，乃至于生命都构成了威胁。现代人的贪婪将会把珍贵的资源消耗殆尽，从而剥夺了后代的生存权。而且，贪欲本身就是一个罪恶。它是隐藏于人性内部的动物性的一面。不过，人类身为动物又高于动物，若一味沉溺于贪婪，就失掉了人的尊严。"①

池田大作："从根本上用长远的目光来看，不能不令人痛切感到现代人在经济方面，犯了多么愚蠢的错误。日本人对 GNP（国民生产总值）的信仰，可称之为最。众所周知，第二次世界大战后的日本，把 GNP 的成长视为绝对的东西，以现实赶上欧美发达国家的水平为目标，发挥追求利润的贪欲精神，完成了飞跃的高度经济成长，然而，结果如何呢？人民始终在完全无视人性的条件下劳动，情况一直没有好转的征兆。在狭长的国土上，公害到处像火山的岩浆一样喷发出来。还有，日本产品打入世界市场，最初使人惊叹，可是最近倒不如说在加剧人们的反感。"②

读者不难看出，汤因比与池田大作的议论几乎就是《俱分进化论》某些段落的现代语言的阐释。而且据池田大作记忆，当他询问汤因比希望出生在哪个国家时，这位英国史学大师竟然面带笑容地回答：希望生在"公元一世纪佛教已传入时的新疆"。由此更可看出，尽管时间相隔六十多年，中英两位思想家之间竟有如此相近相似之处。

当然，我并不认为《俱分进化论》的思想体系已经臻于尽善尽美，至少，它对于俱分进化的成因的解释就是难以为现今人们所能接受的。他认

---

① 汤因比、池田大作著，荀春生等译：《展望二十一世纪——汤因比与池田大作对话录》，国际文化出版公司，1985 年，第 56 页。

② 汤因比、池田大作著，荀春生等译：《展望二十一世纪——汤因比与池田大作对话录》，国际文化出版公司，1985 年，第 117 页。

为，作为物质世界与精神世界本原的阿赖耶识（ālaya-vijňāna，或意译为藏识），其中既伏藏着善的种子，也伏藏着恶的种子。"种子不能有善而无恶；故现行亦不能有善而无恶；生物之程度愈进，而为善为恶之力亦因以愈进。"这显然是以佛学瑜伽行派与法相宗所立心法"八识"作为理论依据，并非章太炎自己的什么创造。善恶是一种道德评判，只能在人际关系上得到体现，因此必须从社会结构与群体关系的发展变化中寻求原因。离开近世文明的社会背景，单纯从人心，甚至从更为虚无飘渺的所谓阿赖耶识中寻求终极原因，则不仅使人愈来愈陷于困惑，而且也容易掩盖（至少在客观上）近世文明诸恶产生的真实根源。

同时，章太炎对于近世文明弊病的批判尽管有其精粹之处，但其思想体系仍然未能摆脱伦理中心的传统格局。加以他往往习惯于用某些陈旧的道德观念来评判当代事物，这就更加增添了他的著作中的怀旧情绪与复古色彩。在善恶对立的研究上，恩格斯认为黑格尔比费尔巴哈深刻得多。他曾经说过："在黑格尔那里，恶是历史发展的动力借以表现出来的形式。这里有双重的意思，一方面，每一种新的进步都必然表现为对某一神圣事物的亵渎，表现为对陈旧的、日渐衰亡的、但为习惯所崇奉的秩序的叛逆，另一方面，自从阶级对立产生以来，正是人的恶劣的情欲——贪欲和权势欲成了历史发展的杠杆，关于这方面，例如封建制度的和资产阶级的历史就是一个独一无二的持续不断的证明。但是，费尔巴哈就没有想到要研究道德上的恶所起的历史作用。历史对他来说是一个令人感到不愉快的可怕的领域。"[①] 章太炎提出善恶俱进诚然是认识上的一大进展，但善恶对立的历史对他来说也并非一个令人感到愉快的可爱的领域。所以，他 1906 年在东京留学生欢迎会上，便提出"用宗教发起信心，增进国民的道德"。紧接着又在《民报》第 8 号发表《革命之道德》一文，公开表露了"道德衰亡诚亡国灭种之根极"的隐忧。他所提出的"知耻"、"重厚"、"耿介"、"必信"，尽管含有希望革命者严于律己的积极意义，但确实带有明显的传统道德色彩。例如，他把"耿介"就解释为"非礼勿视，非礼勿听，非礼勿

① 《马克思恩格斯选集》第 4 卷，人民出版社，1972 年，第 233 页。

言，非礼勿动”。而到辛亥革命以后，章太炎由于对革命的失望与对现实的不满，更逐步回归到儒家的道德立场。

如果把章太炎与日本近代思想家福泽谕吉相比较，则后者的近代意识显然更为鲜明。福泽谕吉认为：“文明之为物，至大至重，社会上的一切事物，无一不是以文明为目标的。无论是制度、文学、商业、工业、战争、政法等等，若将它总括地互相比较时，用什么作标准来衡量其利害得失呢？能促进文明的就是利就是得；反之，使文明退步的就是害就是失。”[①] 他并非没有看到西方文明发展中也有许多不道德行为的伴生，如用欺诈办法营商、用威吓手段谋利、民族不平等与贫富悬殊等。但他没有因此而对文明的发展丧失信心，认为“文明是指正在不断前进的过程，今天的文明还没有达到路程的一半，岂能遽然要求它尽善尽美”。他没有单纯从道德的角度来批评近世文明的弊病，而是从智与德两方面并且把两者结合起来加以冷静的分析。他一再强调：“文明的根本并不在于私德一方面”，“文明与否是不能单纯以坏人的多寡来判断的”。如果一味用劝善惩恶的“德教”来笼络天下人心，可能“反而使人们天赋的智力衰退”，“阻碍人的天性的发展”。发展到极点，将会使现代回到太古，都市转为乡村，成人返归儿童，人类变成猿猴。因此，他提倡新的“智德”，而不是恢复固有的“道德”，实际上更为重视的乃是建立在近代科学知识基础上的智慧[②]。另一日本近代思想家中江兆民，虽然也为明治维新后社会风气的败坏忧虑，并曾规劝“各个阶级的人，都应该稍稍加强自己的品德修养”；但他认为日本的“重大病根”并非缺乏道德，而是没有“独创的哲学”，难以建立伟大的事业。因此，他主张“惟一重要的事情就是赶快从根本上改革教育，努力培养活跃的人民而不是死板的学者”[③]。

两相比较，便可以看出明治维新时期的日本思想家更为勇于与善于吸收西方近世文明，而日本社会也具有更多促进资产阶级文明发展的积极因素。

① 福泽谕吉：《文明论概略》，商务印书馆，1959 年，第 30 页。

② 福泽谕吉：《文明论概略》，商务印书馆，1959 年，第 90 页。

③ 中江兆民著，吴藻溪译：《一年有半·续一年有半》，商务印书馆，1979 年，第 16 页。

综上可见，《俱分进化论》确实包含着一种进步文明观，其中存在着明显的合理因素。就中国当时的具体国情而言，它对资本主义文明弊病的批判堪称具有超前意识。然而，20 世纪初年中国的当务之急，毕竟是批判封建主义而并非资本主义。由于资本主义与外来侵略联在一起，而它的内在弊端也确实是日益深化与暴露，因而使一部分先进的中国人在主张引进西方近世文明之际，过早又过多地把注意力集中于它可能带来的文明污染。过犹不及。这种思虑不仅不切中国实际，而且也缺少适合的有力的批判武器，以致他们往往不自觉地又操持着中世纪落后的戈矛。还未走进近世文明，便已经困扰于道德的转型，并且迅速产生对于近世文明的重重疑虑与潜在排拒心理，终于多次失去机遇并大大延缓了近代化的步伐。这是中国的不幸，也是章太炎的悲剧。

（原载《历史研究》1989 年第 5 期）

愤悱·讲画·变力

——对外反应与中国近代化

一部近代中外关系史，其主体就是侵略与反侵略的历史。当然其间也有积极的乃至进步意义的文化交流，但即令是文化交流，也往往带有侵略与反侵略的印记。因此，民族情绪便必然使中国人对于外来冲击的反应常带感情色彩，特别是在民族危难关头，感情更容易湮没理智。对于被侵略民族的义愤，应该给以历史的理解与尊重。但也应该看到，义愤如果不与理智结合，则又很难把可贵的民心、民气、民力引向正确的道路，甚至会给本民族带来更大的损失与灾难。考察中国人对外来侵略的反应的发展过程，是中国近代史研究一个极为重要的课题。当然，这是一个很大的课题，本文无力作全面论述，仅就“愤悱”、“讲画”、“变力”三个词语的提出及其内涵，从一个侧面对此试作探索。

一

“愤悱”与“讲画”二词出之于魏源。《海国图志·叙》借用明臣之言，“欲平海上之倭患，先平人心之积患”，并且指出：“人心之积患如之何？非水、非火、非刃、非金，非沿海之奸民，非吸烟贩烟之莠民。故君子读《云汉》、《车攻》，先于《常武》、《江汉》，而知‘二雅’诗人之所发愤；玩卦爻内外消息，而知大‘易’作者之所忧患。愤与忧，天道所以倾否而之泰也，人心所以违寐而之觉也，人才所以革虚而之实也。”又说：“昔准噶尔跳踉于康熙、雍正之两朝，而电扫于乾隆之中叶。夷烟流毒，罪万准夷，吾皇仁勤，上符列祖，天时人事，倚伏相乘，何患攘剔之无期？何患奋武之无会？此凡有血气者所宜愤悱，凡有耳目心知者所宜讲画也。”

鸦片战争是近代中国所承受的第一次侵略战争。西方殖民主义的残暴罪行与战争所造成的严重恶果，必然引起整个中华民族的义愤。这种义愤可以激发人们奋起反抗外来侵略，但是却并非所有单纯的义愤都可以转化成为民族“违寐而之觉”的精神驱动力。所以，魏源在强调“发愤”与“忧患”之际，特别提出“愤悱”一词。愤悱出于《论语·述而》，即所谓“不愤不启，不悱不发”。愤悱与启发联系在一起，也就是把感情与理智联系在一起，特别是与民族的觉醒联系在一起。这就构成了19世纪中叶中华民族义愤的较高层次。

但是，统治阶级中的绝大多数人，并未达到这样的认识高度。他们在鸦片战争以后的义愤，大多仍然停留于情感激动的层次，而且与传统的“夷夏之辨”的思路紧密联系。中华帝国历来以文明古国自傲，而以野蛮的夷狄鄙视外邦，即令时至已渐衰微的清朝中叶，这种荒诞的陈腐观念仍然根深蒂固。鸦片战争开始打破了他们心目中固有的世界格局与秩序，因而使他们惊呼：“此华洋之变局，亦千古之创局也。天地为之震撼，沧海听其横流。爝火争光于曜灵，破獍砺牙于当道。漆室女闻而啜泣，况乃须眉；童汪锜誓以身殉，矧曰壮士？凡有血气者，莫不抚膺浩叹，指发狂呼。”[①]《江宁条约》订立以后，这些人固然愤慨于割地、赔款，然而更为痛心的还是外国人“与中国官员用平行礼”，认为“国体之沦失以此为最”。他们振振有词地说：“《春秋》所最重者，冠履之分；所最谨者，华夷之辨。成公二年，公会楚公子婴齐于蜀，君子讥其中国诸侯降班失列，下与夷狄大夫会也。今督抚之尊，不止大国诸侯，竟下与犬羊之逆，用平行礼。不特亵渎衣冠，为中外所耻笑，且使各夷闻风效尤，等威莫辨，中

① 雪中人：《夏燮〈中西纪事〉后序》，转引自阿英编《鸦片战争文学集》下册，北京古籍出版社，1957年，第813页。

国又何恃以为尊乎？……逆夷藐视中国官员，是藐视中国天子。窃恐平行者，争长之阶；争长者，倒悬之渐。”① 这些慷慨激昂的悲愤抗议，并未使他们渐趋麻木的中枢神经恢复活力。时人记载说：“和议之后，都门仍复恬嬉，大有雨过忘雷之意。海疆之事，转喉触讳，绝口不提。即茶坊酒肆之中，亦大书‘免谈时事’四字，俨有诗书偶雨之禁。怡（良）奏英夷索还台湾已杀之俘。上曰：‘这个东西，不过又要我找些银子罢了。’盖以其未有大志，唯在图利而已。”②

魏源与这些人不同。尽管他仍然属于这个阶级，仍然没有完全超越“华夷之辨”的传统窠臼，但他反对恪守祖制的泥古不化，主张“变古愈尽，便民愈甚”。他鄙薄那些“徒知侈张中华，未睹寰瀛之大”的愚昧统治者，嘲笑他们：“岛夷通市二百载，茫茫昧昧竟安在？”③ 连敌国坐落何地都弄不清楚，还有什么资格议战、议和、议守？

鸦片战争与《江宁条约》在民间激起更大的义愤，东南沿海地区劳苦群众纷纷拿起原始的武器，奋勇打击外来侵略者。但是，这些反侵略斗争大多由地主士绅领导，而他们的思想也仍然为忠君、爱国、宗庙、社稷之类陈腐说教所束缚，如《三元里等乡痛骂鬼子词》说：“向来英夷屡不安分，久犯天朝，昔攻沙角炮台，戕害官兵，我皇上深仁，不忍加诛，且示怀柔。乃尚不知感恩，犹复包藏祸心，深入重地，施放火箭，烧害民居，攻及城池，目无大宪。……是以饱德之义士佥助兵粮，荷锄之农夫操戈御敌，纠壮勇数十万，何怕英逆之义律不可剪除？水战陆战兼能，岂怕夷船坚厚？务使鬼子无只身存留，鬼船无片帆回国。”④ 魏源重视民众的力量，特别是通过三元里之战认识到“义民可用”。他认为：“广东岸上力作之人与水中渔贩之人，其技勇皆欧罗巴人所不及，若挑练此等人为兵卒，可谓

① 沈衍庆：《请罢英夷和议书》，转引自阿英编《鸦片战争文学集》下册，北京古籍出版社，1957年，第1005页。

② 无名氏：《软尘私议》，转引自阿英编《鸦片战争文学集》下册，北京古籍出版社，1957年，第838页。

③ 魏源：《都中吟》，《魏源集》下册，中华书局，1976年，第677页。

④ 广东文史研究馆编：《三元里人民抗英斗争史料》，中华书局，1978年，第78页。

一等勇壮之兵。”[①] 但是，他的头脑是清醒的，并不相信这些“义士爷爷”，“每人出钱十文，便足以造船只、修战具，灭尔等（指侵略者）有余矣。”他不仅反对“浪款”，而且反对“浪战”，反对孟浪地拼命。他只是在“以守为战，以守为款”的前提下肯定“岂特义民可用，即莠民亦可用”，并非指望依靠群众自发反抗就会出现“诛尽英夷”的奇迹。因为他深知，从民族的总体来看，人心仍处于“寐患”之中，广东的“义民”、“义勇”并无明确的国家意识，他们的反抗与否多半取决于自己的家园乡里是否直接遭受损害。魏源曾经生动地记述，由于奕山等人率军抵粤后歧视残害当地人民，“粤民久不平，而英人初不杀粤民，所获乡勇皆释还，或间攻土匪，禁劫掠，以要结民心，故虽有擒斩敌人之赏格，无一应命。当洋兵攻城，居民多从壁上观”。南海义勇甚至因为有人被湘兵诬杀而大举哗变，与湘军相互仇杀。及至英军在广州郊区“日肆淫掠，与粤民结怨”，特别是由于英兵千余自四方炮台回至泥城淫掠，这才激起三元里一带民众愤起倡义报复[②]。

因此，魏源谋求人心“违寐而觉”，实即谋求整个民族的觉醒。他不仅主张“去伪，去饰，去畏难，去养痈，去营窟”；而且主张向西方学习：“因其所长而用之，即因其所长而制之。风气日开，智慧日出，方见东海之民，犹西海之民。”[③] “风气”与“智慧”实即民族的文化氛围与文化素质。愚昧的民族很难实现整个民族的觉醒，也很难有效地抵抗外来侵略，因此便需要启蒙(“祛寐”）与反思，把人民的觉悟与智慧提高到一个新的水平。“时乎时乎，惟太上能先时，惟智者能不失时；又其次者，过时而悔，悔而能改，亦可补过于来时。”[④] “过时”就是落后于时代，悔就是醒悟，改就是去弊存利，革故鼎新。这样，魏源从愤悱出发，通过提出“因其所长而用之，即因其所长而制之”这一光辉的命题，已经把对于外来侵

---

① 魏源：《筹海篇》二，《海国图志》卷一，《魏源全集》（四），岳麓书社，2004年，第20—21页。

② 广东文史研究馆编：《三元里人民抗英斗争史料》，中华书局，1978年。

③ 魏源：《筹海篇》三，《海国图志》卷二，《魏源全集》（四），岳麓书社，2004年，第31页。

④ 魏源：《道光洋艘征抚记》（下），《魏源全集》（三），岳麓书社，2004年，第486页。

略的反应从感情层次提高到了理性层次，并且已经接触到近代化这一伟大的历史任务。所谓“亦可补过于来时”，就是希望中国在未来的岁月赶上西方先进文明的步伐。

我们说愤悱是通向感情与理智的结合，这决非是望文生义，因为魏源在《默觚》中提出的“才情”一词，也是主张感情与理智的结合。他认为：“才生于情，未有无情而有才者也。慈母情爱赤子，自有能鞠赤子之才；手足情卫头目，自有能捍头目之才。无情于民物而能才济民物，自古至今未之有也。小人于国、于君、于民，皆漠然无情，故其心思智力不以济物而专以伤物，是鸷禽之爪牙，蠭虿之芒刺也。”① 魏源所说的情不是单纯的感情范畴，尽管他举的是慈母情、手足情的例子，但已提出“于国、于君、于民”这样的社会责任感前提，而在这一点上“情”与“愤悱”便是相通的，其本身也带有理智的成分，而且已经进入伦理范畴。魏源的这些精彩议论，使我们想起比他晚生44年的日本维新思想家福泽谕吉，后者在其名著《文明论概略》中曾提出与“才情”遥相对应的“智德”一词。福泽谕吉认为“智德必须相互依赖才能发挥其功能”，并且更加强调智的重要作用：“智慧不仅能增加道德的光辉，而且还能保护道德，消灭罪恶。”福泽谕吉比魏源离开传统的道德中心主义更远，他的“智德论”与“脱亚论”一同推动了明治维新的进展。由此也可以使我们进一步认识魏源泛释“愤悱”、“才情”二词的社会历史意义。

当然，在19世纪40年代，魏源与其阶级本体之间的思想差别还只能说是大同小异，而且当时这些为数极少的维新思想先驱者是相当寂寞的。“月前孤唳为谁哀，无复双栖影绿苔。岂是孤山林处士，只应花下一雏来。”② 他们心灵痛楚的浓郁与深沉可想而知。但是，他们的沉潜思考与孤独呐喊在稍后的岁月里逐渐产生影响，而且引发了中国走向近代化的维新潮流，其结果便是戊戌变法与辛亥革命。关于这一统绪关系，王韬的《扶桑日记》曾有明确表述。1879年王韬访问日本时，著名学者重野安绎称赞

---

① 魏源：《默觚下·治篇一》，《魏源集》上册，中华书局，1976年，第35页。

② 魏源：《悼鹤》，《魏源集》下册，中华书局，1976年，第838页。

他对海外情况的了解比魏源深切；王韬回答说："然'师长'一说，实倡先声，惜昔日言之而不为，今日为之而犹袭皮毛也。"重野安绎则认为："魏默深血性人耳，得先生继起，而后此说为不孤耳。"实际上，继起者也并非只有王韬一人，还有冯桂芬、郭嵩焘、薛福成、马建忠等一批先进知识分子，而对于后起的康有为、严复、梁启超、孙中山等人来说，王韬这一代人也无非是进化序列的中介层。

与魏源、林则徐等发其端绪的进步潮流相对立的，是在朝野都占统治地位的顽固守旧潮流。外来侵略的刺激，未能促使他们走向警醒、省悟与革新，而狂热的民族情绪反而淹没了他们有限的理智。以其中代表人物大学士倭仁为例，他在1867年春上奏反对设同文馆，认为国家"所恃读书之士，讲明义理，或可维持人心。今复举聪明隽秀，国家所培养而储以有用者，变而从夷，正气为之不伸，邪氛反而弥炽，数年以后，不尽驱中国之众咸归于夷不止"[①]。这些守旧势力的指导思想就是："立国之道，尚礼义不尚权谋；根本之图，在人心不在技艺。"对于他们来说，无论是魏源倡导的"师夷制夷"，还是以后流行一时的"中体西用"，都是"变而从夷"之邪说，至于康有为等人提倡的维新变法，竟然敢于要求变千百年祖宗之成法，那更是大逆不道。这般顽固潮流，到义和团运动时期更发展到极端，变成仇恨一切外国人和外来事物的笼统排外主义，支配其行动的是狂热的仇外情绪。已经毫无理智可言。早在20世纪初年，有些民主革命的先行者已经看出症结之所在："彼无意识之排外虽甚剧烈，其发念不过从耳目接近之忿恨点而起，而非从爱国心之点起。故虽讲尊亲之学深厚如徐桐，尚不知割台湾、租胶岛、借旅顺广（州）湾为何物，惟使馆市街有侵其府第一寸土者即忿忿不能平。适拳民亦妒教士之势横，两盲同意，二聋联盟，遂决欲铲除东交民巷使馆，及烧毁四牌楼教堂，以为如此外人即可莫予毒。呜呼！此即挟民族主义之国民举动乎？扶清者，仅扶东交民巷及四牌楼，灭洋者，仅灭公使馆及天主堂，如此彼尚知国家国民为何解乎！"[②]"两盲同意，二聋联盟"的说法虽然过于尖刻，却道出了丧失理智

① 《筹办夷务始末》第47卷（同治朝），中华书局，1957年，第24页。
② 《箴国民》，《苏报》，1903年5月8日。

的笼统排外主义的真谛。劳苦群众与统治者本来是对立的阶级，可是在瓜分惨祸迫在眉睫与仇外情绪空前高涨之际，却在一定时期内走上一条道，轰轰烈烈的反帝斗争遭到扭曲的命运。这就是两个世纪之交发生在中国大地上的民族大悲剧，而又从反面验证了魏源半个世纪以前提出的“愤悱”二字的深刻意义。

二

魏源说：“凡有血气者所宜愤悱，凡有耳目心知者所宜讲画。”愤悱属于感情层次，但含有理智成分并通向理智层次，而讲画则显然应该完全列入理智层次。魏源的思考与讲画并非始于鸦片战争，早在战前他即已“积感”于社会危机的日趋深重。但是，确实是外来侵略与民族危机促使他作更为全面而深入的思考与讲画。正如他在《圣武记·叙》中所说的那样：“晚侨江、淮，海警飙忽，军问沓至，忾然触其中之所积，乃尽发其椟藏，排比经纬，驰骋往复。”除作 40 余万言《圣武记》外，又在林则徐《四洲志》的基础上编成《海国图志》这部大著作。“钩稽贯串，创榛辟莽，前驱先路”，这可以看做是他的自我写照，也就是以后王韬所说的“‘师长’一说，实倡先声”。

人们常把中国先进知识分子对于近代化的认识过程区分为三个层次或三个阶段，即器物、制度、心性。这作为总体的大略勾画未尝不可，但如考察个别人物的思想与实践，则很难作如此简单明快的分割。即以魏源首倡的“师夷之长技以制夷”而言，他所说的“技”并非仅限于器物。因为，与“战舰”、“火器”并列的“养兵练兵之法”，即涉及军事的管理、训练、教育乃至人员素质的改善。而且，魏源并没有把“长技”狭隘地理解为单纯的技术或技巧，而是从更高的文化层次来求得诠释。他反对传统的“奇技淫巧”成说，公开倡言：“有用之物，即奇技而非淫巧。”“今西洋器械，借风力、水力、火力，夺造化，通神明，无非竭耳目心思之力，以前民用。因其所长而用之，即因其所长而制之。风气日开，智慧日出，方见东海之民，犹西海之民。”[①] 耳目属于感官，是感性认识的来源；心思属于大脑功能，认识进入较高层次即转化为理性。运用自然能源而达到“夺造化，通神明”的境界，这就绝非仅靠灵巧的手脚所能奏效，所以必须“竭耳目心思之力”来制造器械（包括制造器械的机器）。把“耳目心思之力”与“风气日开，智慧日出”联结在一起，这就已经提出了向西方学习的理论问题。

比魏源稍后的冯桂芬，继承并发展了“师夷长技以制夷”的思想。他在《校邠庐抗议》一书中，除“制洋器议”而外，还有“采西学议”以至“变科举议”、“改会试议”诸篇，这就把“师夷长技”扩大到引进西学更为广阔的范围。冯桂芬的“千古名论”（阔普通武语）是：“法苟不善，虽古先吾斥之；法苟善，虽蛮貊吾师之。”[②] 这里所说的法显然是泛义的，绝非只限于器法。因为他还曾指出：“人无弃材不如夷，地无遗利不如夷，君民不隔不如夷，名实必符不如夷。”[③] “四不如”兼包技器、体制、心性三方面的革新愿望，且为30多年以后孙中山《上李鸿章书》所沿用。

推动洋务潮流的先驱者之一郭嵩焘，也是沿着从愤悱到讲画的路线前进的。他总结鸦片战争以来反抗外来侵略的经验教训，认为单纯靠义愤与空言无补于艰危：“洋人之入中国，为患已深，夫岂虚憍之议论，嚣张之意气所能攘而斥之者？但幸多得一二通知其情伪，谙习其利病，即多一应变之术。”郭嵩焘从总体上来说并未超越“中学为体，西学为用”的框架，但他比同时代人高明之处在于认识到西学本身也有本有末，并非尽皆为末。其《条议海防事宜》即曾明确指出：“西洋立国，有本有末，其本在朝廷政教，其末在商贸。造船制器，相辅以益其强，又末中之一节也。”把“造船制器”看作“末中之一节”，把西方朝廷政教看作“立国之本”。

---

① 魏源：《筹海篇》三，《海国图志》卷二，《魏源全集》（四），岳麓书社，2004年，第31页。

② 冯桂芬：《校邠庐抗议·收贫民议》，《中国近代史资料丛刊（戊戌变法1）》，神州国光社，1953年，第18页。

③ 冯桂芬：《校邠庐抗议·收贫民议》，《中国近代史资料丛刊（戊戌变法1）》，神州国光社，1953年，第30页。

这种认识当然是已经从器物文明层次进入制度乃至心性文明层次。循着这种思路前进，必将导致对于“中体西用”的否定，其后裘作桴把“中体西用”比喻为“牛体马用”。严复又将之发挥为“无异取骥之四蹄，以附牛之项领，从而责千里焉固不可得，而田垄之功又以废也”[①]。这都是把器物、制度、心性视为具有内在联系的一个整体，主张比较全面的革新讲画。

当然，从讲画的实践来说，又确实是从器物层次开始的。因为反侵略战争既然构成了中国近代史的发端，那么中国近代化以国防现代化迈开第一步也就是顺理成章。洋务运动初步的重点是军事工业，而且在历史上曾被称为自强新政。据美国学者亨廷顿考察，这乃是许多落后的传统君主国的共同特点，而国防近代化必然要导致鼓励经济发展与工业化，扩大交通运输能力，提高教育质量，改革陈旧风习，促进公共卫生等。器物文明的革新是在特定的环境中进行的，它不可能脱离制度、心性文明的相应配套革新；在任何国家，单纯追求器物文明的革新是不可能成功的。

洋务运动虽然不是历史上固有的名词，但它确实是一种社会运动，尽管在广度上与深度上都很有局限。军事工业的建立首先带动了原料（铁）与能源（煤）工业的兴起，继而又带动了交通运输、邮传电讯以及其他工商企业的发展。工业的发展需要科学技术，需要掌握科技知识以及管理现代企业的人才，这又必然要促使教育以及整个文化事业的变革与发展。所以，至少在上海等通商口岸，风气已经率先逐步开化。1880 年傅兰雅曾说及他的在华观感：“今在十八省中所有新法新事已见流通，且显沛然莫御之势。要之，西国所有有益中国之学，中国必欲得之，盖华人已有饮泉思渴之心焉。”并且指出，中国人“明知学术一道，不在一国一邦，故虽视西人为夷狄之邦，亦乐学其有益于中国之事；惟必依中国之法以学，否则弃而不取”[②]。傅兰雅对西学东渐之势估计未免过高，但“必依中国之法以学”的说法则大体符合洋务新政决策层的心态，实际上就是以“中体西

---

① 严复：《论教育书》，《外交报》第 11 期，1902 年 1 月。

② 傅兰雅：《江南制造总局翻译西书事略》，张静庐编：《中国近代出版史料》初编，上海出版社，1953 年，第 26 页。

用”为前提，“否则弃而不取”。甲午战前的洋务新政，无论是“求强”抑或“求富”，主要还是限于学习西方的物质文明，在制度与心性层次方面的革新则是枝节与零碎的。

较早看出并指出洋务新政的局限与失误的有识者是郑观应。他于1884年在《南游日记》中说过：“余平日历查西人立国之本，体用兼备，育才于书院，论政于议院，君民一体，上下同心，此其体；练兵，制器械，铁路，电线等事，此其用。中国遗其体而效其用，所以事多扞格，难臻富强。”这已经是对于“中体西用”论者的公开挑战。及至经过甲午战争的失败，洋务新政的内在弱点充分暴露，有识之士对“中体西用”的批判便更加激烈与深刻。1895年七八月间，谭嗣同在《报贝元徵书》中，从哲学高度把长期被颠倒了的道器、体用关系重新颠倒过来，论证了器为体而道为用，“体立而用行，器存而道不亡”。因此，他认为道器不可分离，器变道亦不能不变，中国有道外国亦有道。他深知“中体西用”论者最大的顾虑是怕被西方文明同化，即人们常爱说的“变夷”，所以又痛切陈述：“语曰，‘知己知彼’，先必求己之有可重，而后可以轻人。今中国之人心风俗政治法度，无一可比数于夷狄，何尝有一毫所谓‘夏’者，即求并列于夷狄，犹不可得，遑言变夷者？”[①] “夷夏之辨”本来是产生于中国文化高于四邻国家的优越感，现在落后到难以自立于世界各国之林，连并列于“夷狄”的资格都没有，还大谈什么“变夷”之不可，岂不是可笑到了极点吗？

因此，维新派便越过洋务新政“求强”、“求富”的藩篱，正式提出全面变法的政治主张，从而把救亡图存的讲画推进到一个新的阶段。康有为向皇帝进言：“窃以为今之为治，当以开创之势治天下，不当以一统垂裳之势治天下。盖开创则更新百度，守成则率由旧章，列国并立则争雄角智，一统垂裳则拱手无为。言率由而外变相迫，必至不守不成，言无为而诸国交争，必至四分五裂。”[②] 这是以更为儒雅委婉的语言表达了谭嗣同的

① 谭嗣同：《谭嗣同全集》，生活·读书·新知三联书店，1954年，第390—391页。

② 康有为：《公车上书记》，《康有为诗文选》，广东人民出版社，1983年，第423页。

思想，驳斥了“变夏从夷”的迂腐成见。他们比较冷静、客观、准确地把握了国际局势的变化，并且把世情与国情结合起来，提出器物、制度、心性联为一体的全面变法主张。这里所说的制度主要还只限于体制，并非整个社会制度的根本变革。但既然是追求经济、政治、文教体制的全面变革，那么从逻辑推论来说，社会制度的变革也就是必将导致的结果。

有些论者把戊戌变法与辛亥革命都列为追求制度变革的层次，这种说法有所依据但也不尽准确。诚然，戊戌维新要变的法确实是各种制度（体制），包括与此相应的一系列政策法令。康有为撰写的指导维新变法的重要理论著作即以《孔子改制考》为书名，把孔子捧为改制素王、教主；而顽固派叶德辉等攻击维新派，焦点亦在于“康有为之徒，煽惑人心，欲立民主，欲改时制，乃托于无凭无据之公羊家言，以遂其附合党会之私智”①。1897年初，康有为奉诏上疏“统筹全局”，阐明变法全盘部署，强调“能变则全，不变则亡；全变则强，小变则亡”。疏中所陈明治维新要义有三，第三条（关键的一条）即为开制度局而定宪法，并具体建议在内廷设制度局，订立各种新章，下设十二局，实际上就是规划改革中央一级的政治体制。这与此前他所编的《日本变政考》、《俄大彼得变政记》的思路是一致的。

然而，维新派同样重视物质文明与心性文明，并且理解物质、制度、心性之间的联系。譬如康有为等人的《公车上书》，在敦促皇帝“变法成天下之治”部分中，首先就陈述“富国之法有六”、“养民之法有四”，其内容大多属于物质文明层次。不过，他们紧接着便提出“教民”问题，着重指出“小民不学，则农工商贾无才。产物成器，既不能精；化民成俗，迁善改过，亦难为治”。于是，他们要求改武科为艺科，各省州县遍设艺学书院。所谓艺学，实即科学，包括科技与自然科学、人文科学，并将“艺学”的“专门之业”，列为科举考试项目。同时他们还要求“讲求挽救”风俗人心，推广经过革新改造的孔教。至于严复倡言的民力、民智、

---

① 叶德辉：《輶轩今语评》，《翼教丛编》卷四，第六页。转引自汤志钧著《戊戌变法人物传稿》下编，中华书局，1982年，第602页。

民德与稍后梁启超鼓吹的“新民说”，无一不表现出致力于制度（侧重政治体制）改革的维新志士对于心性文明改造的热衷。

与维新派相比较，革命派在20世纪初年所要求的制度变革更为全面与深刻，可以称得上全面的社会制度的变革。孙中山从开始倡导革命之日起，便把建立民主共和国作为奋斗目标，而同盟会的纲领又包括了社会经济制度的变革。同时，革命党人在浴血战斗的岁月，也没有忘记传播新知、改革教育与批判陈旧的封建传统文化。当然，也应该看到，在辛亥及其以前十年的岁月里，革命派领导人的主要精力在于追求社会制度的变革，而1912年初南京临时政府在其短暂存在的时期内，更在这方面倾注了大量心血。民国成立以后，孙中山把国民党的主要注意力转移到民生主义，其中当然包括社会经济制度变革方面的含义，但实际上却主要是倡导发展实业，亦即物质文明建设，特别是关系经济命脉与国家存亡的铁路建设。而稍后发表的《实业计划》，更全面制订了中国工业化的蓝图。但是，即令在强调物质文明最甚之际，孙中山也没有忘记心性文明之重要。1919年春定稿的《孙文学说》，卷一就是“知难行易”，以后编为《建国方略》之一，并题名为《心理建设》。具有讽刺意味的是，原先热衷于用暴力改变社会制度的一批老革命党人，他们曾经激烈抨击梁启超等人的“民智不逮”论，而在多次暴力革命失败之余，现在也以大力启迪民智为己任了。

以上种种情况说明，理智的讲画比单纯的义愤，对于中国的救亡图存乃至近代化，起了更为切实的促进作用。至于物质、制度、心性三种文明层次的讲画，在不同历史阶段虽然各有所侧重，但由于三者之间固有的密切联系，因此必然有互相交叉、重合、渗透之处。这说明社会变革或近代化乃是一个巨大的系统工程，指导革新的决策层必须有宏观的总体规划，然后才能有计划有步骤地推行改革并且取得预期的成效。中国近代百余年来的几代革新领导者，由于民族危机与社会冲突的空前激化，常常在思想、组织、讲画都缺乏充分准备的情况下就被推到历史舞台的前沿，因此往往在实践的全局上没有清晰的章法，在潮流驱动下的随机应变，多于按既有计划步骤的前进，因此不断遭到挫折与失败。当然，历史一般都是在曲折迂回中前进的，不同时期的革新先驱大多走完了自己应走的路程，并且在不同侧面与不同程度上取得了或多或少的成就。我们只能在充分尊重这些成就的前提下总结前人的经验教训，把他们的不足与失误化为我们的历史殷鉴，任何简单否定前人成果的做法，都不是马克思主义者应有的郑重态度。

三

至于“变力”，康有为在《进呈〈俄罗斯大彼得变政记〉序》中讲得比较清楚：“呜呼！雷动而草木坼，其变力大者，其治功大。苍萌亿亿，皆草木也，待雷而坼，于以荣华，于以参天，彼得之变力，雷力也哉？宜其坼而荣华，而参天。”① 变革需要力量，更需要力度，所谓雷力，就是特大力度的形象表述。用康有为的话来说，既危又弱的数百年一姓之国“宜鉴于斯”。

当然，追求变力者并非始自康有为。早在半个世纪以前，龚自珍呼唤“九州风气恃风雷”，即是对于社会变力的追求，而且也是希望出现具有非凡力度的“风雷”。他在《尊隐》这一名篇中，寄希望于“则山中之民，有大音声起，天地为之钟鼓，神人为之波涛矣”。对于“山中之民”，人们往往给以许多现代意义的解释，其实无非是龚氏寄予希望的某种泛指的社会力量，亦即足以发动并推行改革的力量。在鸦片战争以前，这种力量还是潜在与微弱的，因而其形象也只能是模糊不清的。

很难把龚自珍看作是预言家，但他所呼唤的“山中之民”，却在十多年后崛起的太平军身上得到某种程度的印证。太平天国确曾具有“天地为之钟鼓，神人为之波涛”那样巨大的社会冲击力量，如果与具有明确革新要求的社会群体相结合，未尝没有可能驱动中国比较有效地走上近代化道路。但是很可惜，当时屈指可数的维新思想先驱者对农民起义大都持敌视

① 康有为：《进呈〈俄罗斯大彼得变政记〉序》，《康有为政论集》上册，中华书局，1981 年，第 225 页。

态度，而他们曾投身依附的洋务集团则是镇压太平天国的主要社会群体。因此，这个凭借广大农民奋起反抗而建立的天朝，仍然是一个未能摆脱农业宗法模式的守旧王朝，并且仍然重复了历次农民战争悲惨失败的结局。不过，也不能以虚无主义的眼光来看待这次农民大起义。太平天国的历史贡献，主要在于破坏而不可能在于建设。它以雷霆万钧之力冲击中国最后一个王朝，使其根基摇动而此后更易趋于土崩瓦解。也许历史对太平天国的要求正是以风雷狂飙激发神州大地的生气，使浑浑噩噩的人们从沉睡中惊醒。洋务集团利用镇压太平天国的时机开始办起了近代工业，维新派利用太平军的余威敦促皇帝变法图强，而孙中山则公然以洪秀全继承人的姿态发动了辛亥革命。这就是人们所看得见的连锁反应。

由于充当了镇压太平天国的主干力量，洋务集团亦曾充当中国近代化载体这一历史事实往往容易被人们忽略。前面已经说过，早期的维新思想先驱为数甚少，他们如果不依附一定的政治集团，则只能局限于孤独的呐喊。及至 19 世纪 60 年代初，农民起义与外来侵略的双重压力，促使清朝统治者不得不图谋有所革新自强，于是洋务便成为一种潮流乃至社会运动。应该承认，走在这个潮流前面的乃是洋务集团，而一些维新思想先驱则是这个集团的成员。在洋务集团内部，大体上可以区分为四个群体。一是曾国藩、李鸿章、左宗棠等督抚群体。他们有兵、有权、有钱、有势，可以影响朝廷决策，并在自己管辖的省区内举办各类大型新式企业、事业。二是郭嵩焘、薛福成、马建忠等思想先驱群体。他们在幕府内外影响幕主，参与决策并鼓动舆论。三是华蘅芳、李善兰、徐寿父子等科技专家群体。由于他们已走出书斋与实验室，并被委以建厂、办厂重任，所以也可以说是技术官僚群体。四是盛宣怀、徐润、唐廷枢等经营管理者群体。这是一批应运而生的颇具开拓型、经营型气质的新起经济官僚。他们的作用极为重要，督抚群体的决策，思想先驱群体的观念，科技专家群体的聪明才智，都要经过他们的组织运营才能熔为一炉，化为分布在各地的近代企、事业实体。

最早注意到洋务派这种集团力量的是容闳，他在 1863 年描述曾国藩幕府盛况时说："总督幕府中亦有百人左右。幕府外更有候补之官员、怀才之士子，凡法律、算学、天文、机器等等专门家，无不毕集，几于举全国人才之精华，汇集于此。”① 到甲午战前，洋务集团以及与洋务事业直接间接相联系的各色人等，确已形成一股有相当声势的变力。但是，与庞大的顽固守旧势力相比较，这股变力仍然显得过于弱小，而且其本身又有很大局限。即以在洋务集团中起主导作用的督抚群体而言，真正具备近代头脑的人几乎还没有出现。按照熟知内情的郭嵩焘的说法，甲午战前堪称“洞悉洋务”的督抚只有三人，“合肥（李鸿章）能见其大，沈尚书（葆桢）能得其实，丁中丞（日昌）能得其精”。但是，郭嵩焘又批评他们未能超越“中体西用”框架，“徒能考求洋人末务而忘其本也”。情况很清楚：西方国家的文明进化，涉及社会制度、政治体制、科学技术、文化学术、风俗习惯各方面的革新与进步。如果离开整体环境的变革，孤零零地去考求西洋军火，引进外国军事口令、阵法、条例，乃至办若干工厂，辟几条航线，那就只能造成“桔逾淮而北为枳”的悲剧结局。

甲午战争的惨败证实了维新思想先驱者的远见卓识。于是，康有为明确提出变力问题，即所谓“其变力大者其治功大”，洋务运动之所以失败，就是因为它缺少如同彼得改革那样的“雷力”。康有为不仅强调变革的力量、力度，而且从文化形态学的角度辨析力的素质。他认为，凡能实现变政者，必然是“才武、志深、力雄、气猛”，所以能锐意改革，推移旋转，举重若轻。而同光新政之所以失败，则是由于主其事者“才文、志浅、力薄、气弱”，所以因循苟且，难以成事。

维新派批评洋务派缺乏“才武”的气质，可是他们自己却没有如同洋务派那样能够直接掌握武装。他们把寻求更大变力的希望寄托于两方面，一是皇帝，二是民间。他们仍然是君权主义者，但他们力求把强大的君权化为推动变革的伟力。康有为劝光绪皇帝，要像大彼得那样，做大有为之君，“知时从变，应天而作，奋其武勇，破其千年自尊自愚之习，排却群臣阻挠大计之说”，这样才能“雷动霆震，万法并兴”②。为了争取皇帝，

① 容闳：《西学东渐记》，湖南人民出版社，1981 年，第 74 页。

② 康有为：《进呈〈俄罗斯大彼得变政记〉序》，《中国近代史资料丛刊（戊戌变法 3）》，神州国光社，1953 年，第 1—2 页。

他们与帝党结成同盟，极力向后党争权。同时，他们又寄希望于民气、民力，努力举办各种学会，出版报刊书籍，借以启迪民智、组织力量，推动变法。平心而论，维新派在宫廷内部与社会动员两方面的工作，都比洋务集团出色；加以他们具有较明确的政治思想与变法纲领，所以从变革的力量与力度两方面都超过了洋务运动，尽管它存在的时间非常短暂。戊戌变法旋起旋灭的原因很复杂，如果仅就变力的角度而言，则主要是没有也不可能与声势浩大的义和团运动结合起来，他们所依靠的民间力量只限于数量有限的开明绅商与刚刚形成的近代知识分子群体；同时，他们所凭借的帝党并无多少实权，特别是手头没有一支可靠的军队，而且也不是什么有严密组织的政治集团，因此在关键时刻便抵敌不住后党——淮系同盟的闪电般反击。

不过，戊戌维新毕竟从思想上、组织上、骨干上为后起的辛亥革命提供了一定程度的准备，也可以说前者为后者开辟了道路。六君子的血使年轻的革命派醒悟，他们不再对皇帝寄予幻想，决心推翻整个腐败的王朝，因而决心联络人数更为众多的下层劳苦群众，用暴力革命来改变社会制度。孙中山在革命活动的初期，主要是联络华侨与会党，同盟会成立以后则以进步知识分子、新军、会党为主干。用杨毓麟的话来说，就是由“中等社会”（知识分子）“提携下等社会以矫正上等社会”，“破坏上等社会以卵翼下等社会”。在20世纪的最初10年，以新式知识分子及其所代表的资产阶级、小资产阶级组成的“中等社会”力量确实有明显的增长。他们组织了革命政党，提出了政治纲领，并且在一部分有组织的下层群众（会党、新军）中做了大量卓有成效的宣传动员工作，所以辛亥革命在民族矛盾与社会矛盾空前交相激化的有利形势下，得以一举推翻清朝、建立民国，推动中国近代化又大大迈进了一步。但是，革命派在发动群众方面却主要限于部分会党、新军的联络，而在启动农民伟力的艰巨任务面前踌躇不前。因此，作为变力而言，辛亥革命的力量与力度仍然是有限的，其变革的效果大多也限于表层，而很难掘翻旧社会的根基。这就是孙中山在五四运动以后所认识到的：“八年以来的中华民国，政治不良到这个地位，实因为单破坏地面，没有掘起地底陈土的缘故。”“我们既经要改造中国，须造成一灿烂庄严的中华民国。像工程师建筑伟大房屋一般，须用新的方法去建筑。……所挖出的陈土须远远搬开。”①

当然，孙中山所讲的尽管已深入一步，但实际上仍然并未触及中国社会的深层结构；因为他只看到军阀、官僚、政客这些社会集团，而未能辨析产生这些社会集团的根源。只是在中国共产党成立以后，毛泽东等领导者以马克思主义为武器，科学地阐明了中国社会性质以及革命的任务、对象、动力、前途等一系列重大问题，这样才由表及里，更为深刻地弄清了中国的社会结构，同时也找到了彻底变革社会的力量源泉，于是才最终埋葬了旧中国，建立了新中国。

从鸦片战争到现在，已经整整 150 年了。尽管国际局势与中国社会都已经发生了翻天覆地的变化，但是先驱者们反复思考过的愤悱、讲画、变力诸问题，至今仍可作为历史的借鉴。

（原载《历史研究》1991 年第 2 期）

① 孙中山：《改造中国之第一步》，《孙中山选集》，人民出版社，1981 年，第 474—475 页。

国学家的精神世界

——对章太炎与“《苏报》案”的再认识

历经戊戌政变、八国联军之役与自立军起义失败，章太炎终于与康、梁决裂。壬寅三月，他在东京举办“支那亡国242年纪念会”，表明反清革命决心。癸卯早春二月，太炎到上海爱国学社任教，并与蔡元培、章士钊等在《苏报》上鼓吹民族民主革命。《苏报》言论日趋激烈，特别是太炎先后发表《驳康有为政见书》及评介邹容《革命军》等文，直斥皇帝为“载湉小丑，未辨菽麦”，更引发一场文字狱——“《苏报》案”，章太炎、邹容因此入狱服刑。

从癸卯闰五月初六被捕，到丙午五月初八刑满释放，太炎被囚整整三年。作为一代国学大师，其狱中生活亦颇有可圈可点之处。南社诗人柳亚子称赞说：“泣麟悲凤佯狂客，搏虎屠龙革命军。大好头颅抛不得，神州残局岂忘君。”（《癸卯冬日有怀太炎、慰丹》）

诗中“佯狂”一词颇有深意。因为太炎性格古怪，常被人讥称“章疯子”。“疯”即是“狂”，但并非狂妄和轻狂，而是性情自然流露的真率，可能有所张扬，却无丝毫虚伪，所以称之为“佯狂”，可见诗人遣词用字的功力。

狂还可以理解为“狂狷”。在孔夫子还未成为神圣的那个年代，儒本来有“狂狷”与“乡愿”之分。《论语·子路》就有此一说：“不得中行而与之，必也狂狷乎！狂者进取，狷者有所不为。”太炎重视国学，并不独尊孔子，他敢于把孔子放在与其他诸子平等的地位而品评其短长。但就其品格而言，则颇近于儒之“狂狷”，无论是进取还是有所不为，都显现出几分真率。

太炎自视甚高，因此自责甚严。他在狱中感叹："上天以国粹付余，自炳麟之初生，讫于今兹，三十有六岁。凤鸟不至，河不出图。……至于支那闳硕壮美之学，而遂斩其统绪。国故民纪，绝于余手，是则余之罪也。"人们可以非议太炎以国粹存亡续绝系于一身之谬误，但却不能不尊重这"泣龙悲凤"之佯狂背后的厚重历史责任感。其实，既往的真正国学大师们，有谁不是把自己的生命与国粹融为一体，并且把维护、继承、发展民族文化作为最高天职。

太炎在狱中仍不忘国学的延续。邹容曾作诗："把世无知己，吾生苦不文。一朝沦地狱，何日扫妖氛？昨夜梦和尔，同兴国民军。"太炎大喜，和诗中有"天为老夫留后劲，吾家小弟始能诗"。并且每天都为邹容讲解经书、佛典乃至因明学，认为"学此可以解三年之忧"，不仅可以治学，而且有助修身养性。

但邹容毕竟年少气盛，加以不耐狱中饥寒之苦与各种凌辱，终于猝然病逝。据太炎回忆：入狱之第二年（1904年），"仲春三月，时近清明，积阴不开，天寒雨湿，鸡鸣不已，吾弟以亡"。前往视之，"目犹未瞑"。作为生死相依的兄长与老师，太炎的悲愤与失望，难以言说。

先是"《苏报》案"起，报馆主事者多逃亡外地，但太炎却坦然入馆待捕并掩护他人。太炎与邹容"相延入狱，志在流血"，不仅勇于承担文责，而且期望以自身牺牲唤醒亿万国民。太炎在狱中曾绝食抗争，但7日未死。恢复进食后又多次奋勇抗击狱卒凌辱，虽屡战屡败，多受酷刑，甚至被棒击昏厥，但仍然表现出士可杀而不可辱的大丈夫气概。先贤说过："孔曰成仁，孟曰取义，读圣贤书，所为何事？"章太炎的"佯狂"乃是伸张正义，反抗邪恶，决非乡愿式的作秀，而是表里如一的狂狷！

太炎珍爱国粹，但决不泥古。他已经涉猎西学，吸收进步学理与思想。他不仅以新的时代精神，重新审视并整理国学，而且还试图创建新的中国通史体例，推动史学革新。他在爱国学社教中文，不仅在课堂上宣传进步思想，而且故意以"×××本纪"为题，布置学生写自传体文章，否定皇帝对"本纪"一词的垄断，公开向君主专制挑战。入狱以后，清政府指控他“立心犯上，罪无可逭”，理应处以极刑。太炎在法庭上坦然答辩：“所指书中‘载湉小丑’四字触犯清帝圣讳一语，我只知清帝乃满人，不知所谓圣讳。”并且以国学知识幽了清方承审员一默：“‘小丑’两字本作‘类’字或作‘小孩子’解，《苏报》论说，与我无涉。”皇帝与老百姓在租界法庭打官司，太炎以一介布衣，而抗衡君主威权，这也是当时千古未曾一见的大变局，所以引起中外媒体关注，造成深远影响，有力地推动了革命思潮与革命运动的发展。多年以后，孙中山在追述辛亥革命的历程时，特别指出“《苏报》案”的意义：“此案涉及清帝个人，为朝廷与人民聚讼之始，清朝以来所未有也。清廷虽讼胜，而章、邹不过仅得囚禁两年而已（原文如此）。于是民气为之大壮。”

宋明以后，儒学发展到极致，但从精神层面而言，道学却逐渐走下坡路。正因为道学维护皇权，皇权利用道学，便出现了许多道学家的堕落。狂狷渐少，乡愿日多，不仅是国学的衰微，而且也是国运的衰微。所以，我希望今天的国学提倡者，应该真正从精神层面着眼着手，努力继承并发扬传统文化中可贵的民族精神。千万不可把国学变成一种时尚，甚至变成商品，袭其皮毛，弃其精华，否则无异买椟还珠。

（原载《光明日报》2007 年 5 月 17 日第 9 版）

中国教会大学的历史命运

——以贝德士文献（Bates' Papers）为实证

中国教会大学在大陆已经绝迹40多年了，但它毕竟曾经存在半个世纪以上，具有一定的历史地位与作用，而且其影响至今仍然不难察觉，因此有必要做进一步的研究①。本文限于时间与篇幅，只想就贝德士博士（Dr. Bates）所遗留的相关文献，并且循着贝德士的视角和思路，从宏观上考察中国教会大学的历史命运。这也许可以看作我自己研究中国教会大学史的起步。

一

首先，应该介绍贝德士博士其人。

贝德士本名 Miner Searle Bates，1887年5月28日生于美国俄亥俄州的纽瓦克（Newark）。父亲 Miner Lee Bates 是一位新教牧师，长期担任哈莱姆学院（Hiram College）院长，在当地享有很高的声望。小贝德士

---

① 对中国教会大学史，美国学者着手较早。从1954年开始，中国基督教大学联合董事会主持编写出版一套有关教会大学的系列丛书，已出版有福建协和大学、金陵女子大学、之江大学、圣约翰大学、齐鲁大学、东吴大学、华南女子文理学院、燕京大学、华西协合大学等10种。70年代以后，又有一批学术专著出版，较重要者如 Jessie Gregory Lutz, *China and the Christian Colleges, 1850-1950*, Cornell University Press, 1971; William Purviance Fenn, *Christian Higher Education in Changing China, 1880-1950*, Eerdmans, 1976; Philip West, *Yenching University and Sino-Western Relations, 1916-1952*, Harvard University Press, 1976; Mary Brown Bullock, *An American Transplant: the Rockefeller Foundation and Peking Union Medical College*, University of California Press, 1980。

就在这所学院读书，于 1916 年（19 岁）获学士学位。由于品学俱优，得到罗兹（Rodes）奖学金，去英国牛津大学攻读历史。时值欧洲战火正烈，第二年（1917 年）他便离开牛津，作为基督教青年会（YMCA）干事随军前往近东，稍后又正式加入美国军队。

退伍后，贝德士回牛津继续读书，专攻近代史，1920 年以优异成绩获硕士学位。这年夏天回到美国，随即志愿接受教会派遣，前往中国南京在金陵大学任教。这是他在中国教学生涯的开始，直到 1950 年最终离华返美，前后整整 30 年。金大以外，他还曾先后在金陵女子文理学院、国立中央大学、政治大学等校兼课。同时，他又在课余兼职于基督教高等教育委员会（The Christian Council for Higher Education）、太平洋关系研究院（The lnstitute of Pacific Relations）等机构。他经常为报刊撰写国际评论，是一位学者型的传教士和社会活动家。

20 世纪 20 年代在中国迅速蔓延的反基督教运动，特别是 1927 年的"南京事件"，对金陵大学和贝德士本人都是一次猛烈冲击。金大副校长文怀恩（Williams，J. E.，D. D.）惨遭杀害，外籍教职员全部撤退。贝德士偕妻携子，先到上海，继往日本。事态平息以后，他是最先获准返校的美籍教师。此后一直在金大教书，直至抗战爆发。其间曾一度赴美深造，1935 年在耶鲁完成《公元前 221—前 87 年的中国历史》学位论文，并获得博士学位。1936 年至 1941 年之间，他曾七次访问日本，作为教会代表利用当地资料研究亚洲现状、日本社会状况及其政府政策。当时，他是较早也较清醒地向国际社会发出日本军国主义必将点燃全面侵华战火的警报的少数美国学者之一。

抗战爆发后，金大西迁成都。其时尚滞留于日本的贝德士，奉学校当局之命，历尽艰险穿过日军战线返回南京，以副校长名义全面负责留守校产。南京沦陷前后，他是南京国际难区委员会（Nanking International Safty Zone Committee）的发起者之一，随后又是南京国际救济委员会（Nanking International Relief Committee）的骨干与主席，在南京大屠杀期间做了大量保护与救济中国难民的工作。

抗战胜利以后，贝德士又奉命交涉收回校产，为金大复校南京做了大量工作。1946年7月29日，贝德士出席东京远东军事法庭对日本战犯的审判。作为南京大屠杀的重要目击者，他以无可辩驳的亲身见闻与实地调查资料，证实并指控日军大肆烧杀淫掳的万恶罪行。他的证词受到广泛传播和赞扬，他在南京沦陷期间援救难民的卓越贡献，国民政府亦曾经授予他襟绶景星勋章以示奖励。

1950年由于韩战（指朝鲜战争）爆发和中美关系恶化，贝德士最终离开金大返回美国。此后一直在纽约协和神学院（The Union Theological Seminary）担任教会史等课程的教授，并经常参加哥伦比亚大学东亚研究中心有关学术活动。1965年退休以后，开始从事《基督徒在华奋进六十年》（*The Protestants' Endeavours in Chinese Society, 1890—1950*）这一巨著的写作。迄至1978年秋猝然病逝，他穷尽13个寒暑，为我们留下约1 000种书刊、报纸的摘录和复印资料，还有3 800页工作笔记(working drafts)，其中包括全书预拟提纲，许多章、节的提要和初稿等。这批宝贵资料，连同他生前细心保存的信件、日记、其他已发表和未发表的文章手稿等各种文献，共130盒，1 000余卷，全部收藏于耶鲁大学神学院图书馆特藏室（The Special Collections of Yale Divinity School Library)，统称贝德士文献（Bates' Papers)。贝德士文献是该馆“中国文献收藏”的一部分，编号为RG10①，它不仅是贝德士一生的记录②，也是中国教会大学的一部实录。可惜至今学者还未能充分加以利用。

二

为什么在一个非基督教国家（Non-christian country）出现教会大学？什么是教会大学建立的主要宗旨？这个宗旨实现没有？对于这些问题，我们可以从贝德士的手稿中寻求某些答案，虽然并不完整，也很难说是

① “中国文献收藏”原文是 China Records Project, Miscellaneous Personal Papers Collection, 包括许多在华美国传教士的私人档案，内容极为丰富。

② 以上贝德士简介，即据此文献所写，同时也参考了 Maude Taylor Sarvis, Bates of Nanking, The International Committee of YMCA, 1942, pp. 1-7。

全面。

贝德士不仅是一个传教士教育家（missionary educator），而且是一个受过良好训练的历史学者。他具有足够的洞察力去分析那些影响教会大学历史命运的中国社会和文化因素。

贝德士陈述说，在1899年，在中国4.5亿总人口中，大约有2 800个传教士导引着将近10万中国基督教徒。英、美传教士在一个贫穷的大国中工作，面临着排斥一切外来事物的强大挑战。传统的儒学教条和强烈的反帝情绪，成为基督教在华奋进的主要阻力。但是，需要西方先进科技而又缺乏现代教育制度，却为传教士们提供了新的机遇。外国教会发现，他们可以通过学校在各种境况下接触中国人并影响他们的生活。因此，在1890年至1907年期间，教会学校迅速增多，其中包括几所学院和初级学院(junior college)。

贝德士认为，教会大学是跨文化互动（cross cultural interaction）的产物。当然，这是一个漫长的发展过程。在1882年，全中国只有一所教会学校可以界定为高等学校（post-secondary institution)。12年以后(1894年)，增加到4所学院，不到300个学生。到1950年，增加到13所大学，13 000个学生，这些教会大学分布在全国各地①。

但是在基督教内部，对于教会大学却始终存在着意见分歧。贝德士指出："教会中有些人强烈反对提升教会学校的层次，他们认为这将削弱'直接福音'（direct evangelism)。宗教教育应是绝大多数教会学校的重要功能，只有口头布道和宗教仪式才能福音化中国（evangelizing China)。但是，罗伯特·斯皮尔，一位优秀的神学与福音传布者，却深信教会在中国从事高等教育是一种优惠（advantage)，这可以通过介绍新知识、基督教理念、道德规范，使之植根于人心，从而减少社会猜疑并改善对于基督教的态度，特别是对于那些徒有其表的基督徒。"②

---

① William Purviance Fenn, *Christian Higher Education in Changing China, 1880-1950*, Eerdmans, 1976, pp. 14-15.

② Cynthia McLean ed., *Gleanings: From the Manuscripts of M. Searle Bates*, The China Program, National Council of Churches of Christ in the U. S. A., 1984, p. 43.

上述两种意见的争论，长期持续于基要派（Fundamentalism）与现代派（Modernism）之间。从历史上看，现代主义最初是指天主教内的一种运动，它宣告基督教义应随时俱进，容许作必要的调节适应，并与阿夫烈·路易丝（Alfred Loisy，1857—1940）及乔治·泰雷尔（George Tyrrell，1861—1909）的教旨结合。1907 年教宗庇佑十世曾严加谴责。此后现代派则是专指新教（基督教）中新的神学趋向，一般称之为自由主义或自由神学（Liberalism or Liberal Theology）。现代派与基要派经常发生冲突，因为一方代表自由主义的新教教义（Liberal Protestantism），另一方代表保守的福音主义（Conservative Evangelicalism）。现代派潜心于对《圣经》作批判地研究，愿意接受"现代科学"某些与《圣经》教旨差异甚大的结论，普遍拒绝上帝自我天启（self-revelation）的观念。

基要派，特别是建立于美国的基要派，大约在 1920 年专指保守的福音主义。在 1910—1915 年间，有一系列小册书籍取名"基要"（Fundamentals），用意即在反对现代派，坚持传统基督基本教义与价值标准，特别是要排拒理性主义与现代派的腐蚀影响，维护源于对经典逐字逐句严谨研读的信仰（the belief in the inerrancy and literal interpretation of scripture）。

贝德士面临现代派与基要派的冲突，并且明显地倾向于前者，虽然他并未留下任何直接的文字陈述。其历史背景大略如下：19 世纪 70 年代，基督教革新运动即已开始，1890 年至欧战期间更发展到高峰。革新分子们的成就之一便是海外布道运动。大学生志愿去海外传教的热潮，从北部很快遍及全美，到 1914 年已有约 6000 个学生作为布道者远赴异国。贝德士正是成千上万这一运动的跟随者之一。这个运动后来与进步主义（progressivism）相连接，特别强调"社会福音"（Social Gospel），关心人们物质的和社会的进步，社会革新成为海外事工的合格验证（hallmark）。而在基要派眼光中，学生海外布道运动就是现代派与进步主义，他们都难以认同。

基要派与现代派的争执很早已引入中国。邵玉铭说过：这里存在着自由派与正统派，或者是现代派与基要派的冲突。中国教会在 1949 年以前分成两个阵营。燕京神学院的领导人赵紫宸教授，一位中国宗教界很有思想的作家，由于他的有关中国哲学、传统、宗教思想和生活的论著而知名，而这些书都被看作自由主义的。另一位基督教领袖吴耀宗，由于《黑暗与光明》（*Darkness and Light*）一书而著名；燕京大学副校长吴雷川是清朝取得科举高位的学者，由于有关基督教与中国传统文化的著作而享盛誉。两位吴先生不仅被看作现代派，而且是宗教界的激进派。基要派的代表人物则有宋尚节、王明道、倪柝声，他们大多是本地的传教士。他们都拘守基督教义的基要，对现代派深恶痛绝。中国基要派也反对“社会福音”，人们只有通过《圣经》的个别中介才能获得天启。他们都是基督教的虔诚皈依者，但缺乏现代科学知识，并且忽视高等教育与整个社会的发展①。

贝德士与中国教会大学的多数传教士教育家们一样，都或多或少在思想上趋近现代派。他作为带有新观念的年轻教师来到金陵大学，经常与上述两位吴先生合作并热心参加诸如青年会之类的社会活动。在校务会议上，他的发言也体现了新的潮流，因而常能引起到会者的注意。因此，他以满怀同情的笔调叙述教会、教会大学和其他组织的社会服务：“与福音使者（messengers of gospel）的工作有明显区别，他们深受传教士应是中国社会重建（social regeneration）的因素这种看法的影响。许多划时代的革新，如反对鸦片与禁止缠足，都没有受到他们的鼓励。此外，传教士开办医院、麻风收容所、盲聋学校、孤儿院、戒烟所，为妓女、黄包车夫提供服务等等。他们甚至试图组建男女童子军，尽管成就有限。无论如何，这些陈旧的弊端常常被革新所克服，因而赢得称赞。但各种问题根深蒂固，在许多领域阻力依然强大，传教士既缺财力也缺人力，因此只能做若干力所能及的事情。”②

贝德士对社会服务的态度，反映了中国教会大学的宗旨在20世纪20年代末至30年代的转变。1921年伯尔登博士（Dr. E. D. Burton），北美国

---

① Yuming Shaw, *The Problems of the Chinese Christianity in the 20th Century*, Zheng Zhong Shu Ju, 1980, pp. 6-7.

② Cynthia McLea ed., *Gleanings: From the Manuscripts of M. Searle Bates*, The China Program, National Council of Churches of Christ in the U. S. A., 1984, p. 44.

外教会董事会主席、芝加哥大学著名教育家，率团考察中国教育。他们充分感觉到民族主义的强劲挑战和中国新式学校的迅速增长，并为中国的教会学校的革新提出三个口号。这就是：更讲实效，更加基督化和更加本土化（indigenous）。贝德士在手稿中摘录了伯尔登的报告书《中国基督教教育的现状与问题》（*Report on Christian Education in China*，*Its Present Status and Problems*），其中有一段话："我们应当准备作必要调整，以求实现我们在中国开办教会学校的根本宗旨……我愿留在中国，我愿留下来谋求为中国人提供最有效的服务，借以体现基督精神。即令他们不让我形诸语言，可是他们无法杜绝我用生命来表达这一意愿的机会。我将通过基督徒的生命来经受考验，即令是不能以基督徒的语言来经受考验。"① 我们可以看到，十几年以后，贝德士在面对恐怖的日军南京大屠杀时，明确地表述了与伯尔登相同的想法。他在一封信中写道："我与其他人同样明白无误地知道，整个局势残酷黑暗到极点，在这里很难寻求正义。个人的问题早已得到解答。基督徒履行自己的职责，无须担心自己的生命，只是担心自己无力满足巨大的需求。"②

什么是中国的巨大需求？中国是一个半殖民地（semi-colonial，贝德士的工作笔记原文如此）国家，它为独立、国家统一和社会福祉奋斗了一百多年。因此，基督教的教会和学校必须深切关心中国的命运，努力服务，这样才可以得到中国人民的认同。1927 年 2 月，基督教中文杂志《真光》（*True Light*）发表一篇文章，题目是《基督徒如何适应现代中国?》。作者徐天石的答案是："基督徒能够适应当代中国的三个需要——民主精神的发展，民族主义与国际主义的适度提升，增强物质文明进步。"八年以后，另外一位著名基督教作家谢扶雅，发表《当代中国基督徒的使命》一文，甚至宣称："今日中国基督徒之使命是加速伟大的革命——民族革命、社会革命和精神革命。"③

---

① Bates' Papers，B20，F309.

② Maude Taylor Sarvis，Bates of Nanking，The International Committee of YMCA，1942，p. 5.

③ Yuming Shaw，*The Problems of the Chinese Christianity in the 20th Century*，Zheng Zhong Shu Ju，1980，pp. 480，636.

当然并非大多数传教士和中国基督徒，都同意去推动革命，但他们很多人却懂得为什么和怎样去适应中国社会的潮流。在 20 世纪 30 年代和 40 年代，几乎所有教会大学都把自己的办学宗旨确定为“为上帝服务和为社会服务”（serve God as well as serve the society）。毫无疑问，基本的原始动力当然是属于宗教方面，即通过学校为教会发展的需要提供人才和领导人。但是在教会大学相继向教育部注册以后，办学宗旨都有所修订。福建协和大学的新简章写着：“福建大学以爱心、服务与奉献的精神，为中国青年提供大学水准的教育。”之江大学与齐鲁大学借用了这种文字陈述，而又增加了道德养成与知识训练的规定，“以适应社会需要”（meeting the needs of society）。其他教会大学也做了类似的修订，但仍坚持基督教目标的有关规定。例如，金陵女子文理学院规定，必须符合高度的教育水准，增进社会公益，加强公民意识和提升高尚的品格等。这是遵循创办该校的五个教会董事会的意愿而拟定的。华中大学把自己的宗旨表述为：“在基督教爱和奉献的力量基础上，通过高等教育发展才能，希望登临上帝的天国并给人间带来持久和平。”沪江大学的简章在谈及教育效益与公民意识之后，甚至宣称：“教育有意识地导向提升宗教目标，遵照学校创建者原意，在中国和美国推展基督福音。”①

对于教会来说，双重目标（dual-ends）真正是一种两难抉择(dilemma)。不仅在中国，而且在世界范围，教会大学的世俗化(secularization) 都是一种无可避免的趋向。基督教的影响削弱了，根据注册规定，宗教课程不再是必修，礼拜志愿参加，宗教活动不再具有此前曾经有过的效果。此外，由于民族主义的迅速增长和社会危机的加深，整个的教会活动似乎逐渐减少了活力。正如贝德士所叙述的那样：“（1）礼拜日未能制度化，甚至对许多基督徒也成为一般的休息日。（2）合作的宗教活动似乎还没有在中国人中间出现。（3）义工参与很少，捐献几乎绝迹，甚至在有能力提供的教区亦然。（4）品学兼优者充任教职者愈来愈少，世

① William Purviance Fenn, *Christian Higher Education in Changing China, 1880-1950*, Eerdmans, 1976, pp. 117-118.

俗领袖（lay leadership）的训练削弱。（5）神学家和神职人员缺乏。（6）学生与青年把教会看作与他们的需要无关。（7）对教会宗派（denomination）信条戒律的极端厌弃。（8）中国人似乎有意把宗教的教育与滋养留给外国传教士去做。而且，许多中国基督徒公开反对外国传教士信奉的近乎神圣的政教分离原则。这些情况在30年代没有很大的变化，而到1937—1945年抗战期间，已有的进展也几乎被破坏无遗。”①

在教会大学中也形成强烈的对照。一方面，专业教育、学术水准与社会工作迅速提升；而另一方面，校园内的宗教教育与宗教生活则逐渐下降。选读宗教课程与参加课外宗教活动的学生愈来愈少，而到20世纪40年代政治气氛更弥漫于学校各个角落。团契如雨后春笋，但大多已失去原有的宗教性质，甚至连宗教色彩也消失殆尽；愈来愈多的团契介入政治斗争，多数倾向共产党，少数则坚持国民党立场。在一般学生心目中间，像贝德士这些传教士教育家，与一般非教徒教授之间没有什么差别。学生都尊重他，那是由于尊重他的学识渊博、诲人不倦，并不是感染于他对基督教的无私奉献。而到他在金陵大学的最后几年，贝德士从来也没有对学生谈过宗教问题，除非是与他担任的历史学课程内容有关。

当然，贝德士自身始终是虔诚的基督徒。1947年6月，他在给儿子的家信中说：“我是一个传教士，受到教会人们的支持，相信基督教事工在中国和其他地区的价值。所以我通常为教会和其他宗教活动投入不少时间和精力，而在某些方面曾收到效果，虽然‘精神事物’难以数量计算，实际成就或多或少已超过教会人士的想像。”但是，到1947年春天，中国局势已经极端恶化，内战烽火蔓延各地，通货膨胀与物价飞涨已非政府所能控制。贝德士在信中不禁慨叹：“许多中国人和西方人，曾经长期在极其艰苦的环境中保持足够的勇气与希望，现在已陷于无助与失望之中。”②

及至1949年6月，南京已被中共攻占，贝德士写信给他在美国的老同事芳威廉（William P. Fenn）报告学校的近况。“我们在四月底有几天严酷

---

① Cynthia McLean ed., *Gleanings: From the Manuscripts of M. Searle Bates*, The China Program, National Council of Churches of Christ in the U. S. A., 1984, p. 44.

② Bates' Papers, B2, F24.

的日子（指南京攻防战）。五月学校当局乃至领导学校的教授会，在政策和人身两方面都受到群众的猛烈抨击……现在我们正试图实现今春所筹划的各项革新，通过重新改组与调整以适应新政府的观点。”为此，贝德士心甘情愿地每天参加5小时、8小时乃至10小时的会议，期望有朝一日重新出现1927年以后教会大学与政府取得协调的良好局面。但是，他终于发觉，学校当局的一切努力，很难影响也很难适应新的潮流。特别是学生热爱新政权，纷纷离开学校参加军队与政府工作，学校在短期内已无法恢复正常教学工作。他对芳威廉失望地说：“这种状况没有可能在若干时候得到改进，即令金大获得最低限度的自由而往前发展，即令我这个‘美帝’(imperialistic American) 获准去教那些影响青年人对政府、苏联、美国和西欧列强态度的主课，新学年将是我为 UCMS (United Christian Missionary Society) 工作的第30年，而我将是53岁。到这种年龄，我不能蹉跎岁月，应该求得一份真正的工作……我原本是一个历史教师，教学得心应手（指其学术实力、训练、经验——引者）。在日趋专门化(specialization) 的今天，我由于主要是教西方历史而失去优势，因为我在这个领域没有显赫的研究与著作。我的中国和东方的知识，或许可以为学生或其他西方人提供极好的助益，但我也没有已完成的著作足以证明自己现在是第一流学者水准。因此，我只想在美国大学许可下，作出基督徒更大的贡献，而不是历史学的精尖化。”[①] 于是，他在1950年回国。

贝德士和其他许多在教会大学工作的美国教授一样，他们接受现代派的主张，把 serve God 与 serve the society 结合起来，为中国高等教育的发展奉献出一生中最好的时光。贝德士一手创办了金大历史系，为帮助中国青年教师学有专长，他却丢下了自己的专长（中国古代史），教遍了那些没有人教的部颁必修课程。他为金大的发展、为保护校产、为救援难民、为教育学生（其中有王绳祖、陈恭禄等著名学者），付出了全部精力，甚至经常无从照顾自己的家庭。到了53岁才发现自己竟是一个学术上的落伍者，很难在自己祖国的大学里与他人竞争。他们几乎是自觉地顺应潮流，

① Bates' Papers, B4, F56.

推动了中国教会大学的世俗化。世俗化带来了教学水准、学术品质的提高，密切了大学与社会的关系，为学校发展赢得了社会与政府更多的支持。但是世俗化并未带来更多的基督化（Christianization），serve the society 终于逐渐超越 serve God，甚至由手段提升为目的，教会大学显然是自己削弱了自己的特点。这不仅是贝德士个人的悲剧，而且也是所有中国教会大学的悲剧。不过，人们常常只注意到悲剧形成的外部条件，却忽略了教会大学也存在着难以克服的内部矛盾。

三

作为贝德士挚友的芳威廉博士，曾在中国教会大学任教多年，以后且曾担任中国教会大学联合托事部（后改译为董事会）主席。他回到美国以后，也曾对中国教会大学的历史做全面反思。

他回忆说："早期由于缺少现代化的高等教育体系，任何新事物都难免是舶来品。新式大学显然是外国输入，严格区别于中国的传统教育。"这些学校的基督教特质更增添强烈的外洋色彩，而基督教在早期历史上就与殖民主义、帝国主义不同程度地连接在一起，因此某些仇恨便移转到教会大学身上。1922 年，贝德士来华不过两年，世界基督教学生同盟（World Student Christian Federation，简称 WSCF）预定 4 月在北京开会，全国基督教会议（National Christian Conference）也预定 5 月在上海开会，连同那个倒霉的口号"基督征服中国"或"中华归主"（The Christian Occupation of China），成为反基督教运动的愤怒集中点。反教会势力随后即将矛头指向教会学校，特别是教会大学。1924 年 7 月，在南京举行的中华教育协进会的会议期间，有些中国教育家即已严厉批判教会学校制度。同年 10 月，各省教育会全国联合会在开封开会，通过决议抨击外国人办学的恶劣影响，要求所有教会学校立即注册，不准在校园内传教、开宗教课和做礼拜①。

---

① William Purviance Fenn, *Christian Higher Education in Changing China, 1880-1950*, Eerdmans, 1976, p. 111.

少年中国社（国家主义派）非常关心中国的教育与文化，也表现出对教会学校的强烈不满，并且较早提出“收回教育主权”的口号。共产党和国民党左派，在1926—1927年期间，也对教会学校抱有敌意。反基督教运动的高峰是1927年的南京事件，部分国民革命军与许多暴众直接攻击教堂和教会大学。在3月23日与24日两天，除金陵女子文理学院外，所有外国人的住宅都遭到洗劫和焚烧，少数教堂受到损坏，《圣经》教师培训学校（Bible Teachers' Training School）部分焚毁。在8个多小时的混乱中，有6个外国人被杀死，其中包括金陵大学副校长文怀恩博士（Williams，J. E.，D. D.）。贝德士也被一群乱兵拘捕，双手捆于背后，几乎被胡乱开枪的士兵击毙，幸亏得到红十字会的及时解救才幸免于难[①]。不过贝德士的反应非常冷静，他在1927年5月发表于《世界召唤》（*World Call*）的报道，指出：“正努力了解中国人普天同愤的背景，和3月23、24两天混乱的实况。可能是对于某些外国人偏激言论的不完全自觉的对抗的突然爆发，很少能证明这是进城国民革命军将领的狡诈阴谋。”[②] 贝德士一家与其他外侨被迫撤离中国，但他却是最先获准返校工作的外籍教授。

事隔多年以后，贝德士回顾这段历史，特别强调了基督教本土化问题。他写道：“在基督徒圈子里，‘本土教会’（indigenous church，亦有译为‘本色教会’）的内容与形式问题，引起热烈讨论。以后的西方学生很难理解20世纪20年代探讨这一主题的专注感情。中国基督徒非常敏感于被嘲讽为洋化或国际化（denationalized）。沪江大学刘校长愤慨地说，在这种攻击面前，他的一些教职员都感到羞耻。他本人也感到蒙受羞辱，因为（在校园内）美国国旗长期受到尊崇，而中国国旗则不然；在感恩节中国孩子还得聆听美国总统演说，号召他们为无从共享的另一国繁荣而感恩。”[③] 因此，越来越多的基督徒加强呼吁，建立在中国的教会，必须有中国的内容、形式、领导和风貌。1926年1月，在上海举行的“今日中国教会”会议期间，华

---

① Maude Taylor Sarvis, Bates of Nanking, The International Committee of YMCA, 1942, p. 4.

② A Letter to Carl E. Dorris (1968-02-16), Bates' Papers, B6, F101.

③ Cynthia McLean ed., *Gleanings: From the Manuscripts of M. Searle Bates*, The China Program, National Council of Churches of Christ in the U. S. A, 1984, p. 66.

中大学校长韦卓民博士说："我们主张本土教会自然应以中国成员为主体，以中国人为领导，经费亦须主要来自中国资源。此外，中国风格的建筑，调整赞美诗、仪式、出版和义工组织，而重要甚至本质的是中国传教士团体。"除了这些中国的传教士教育家以外，一群受过良好训练且具前瞻性的中国基督徒，大多数是年轻人，早在1920年即已出版中文期刊《生命》。这个群体强调，"基督教是世界中心信仰，但它必须适合中国现时的环境，用现代语言来解释它的真理。中国的风俗习惯既不同于两千年以前的犹太，也不同于今天的美国和欧洲……总之，中国人民必须有自己对于基督教的社会解释。"①

贝德士虽然不尽同意这些年轻中国基督徒的某些观点，但是却能深切地理解他们的要求。在他未完成的书稿中有一段摘录："司徒雷登在名著《在华五十年》中，曾经谈到他对中国教会的希望：'我曾长期希望中国神学将对本国人民和世界，给基督教真理做一些新的有创造性的解释。中国教会正在通过严酷的考验，必将丰富和深化他们的基督教思想家的宗教经验，我们希望这些将可及早得到理解，正如在被巴比伦人奴役（exile）以后用文字写出的《旧约》深邃的洞察力一样。中国的历史、哲学和他所有好的典籍，关注着人与人之间的关系。出乎如此伟大的传统，在那些年代的严重倾覆中受到挑战与震撼，由于基督教义植根于中国人的思想而使之恢复活力，将为人类重新显耀耶稣基督的意义。'"②

我们在贝德士书稿中还可以找到其他类似的摘录，有些则是他自己写的简评：

威廉斯（B. W. Williams）："中国人有充分权利，按照他们自己的观点管理他们的民间和宗教机构，正如我们随我们的意向一样。他们并不很想儒教化（Confucianization）我们的国家，至少并不多于我们想基督化他们国家的努力。为什么西方国家不去管好自己的事情，而让中国去做那些他们乐意的工作。为什么外国教会不约束他们霸气十足而不变的要他人'改

---

① Cynthia McLean ed., *Gleanings: From the Manuscripts of M. Searle Bates*, The China Program, National Council of Churches of Christ in the U. S. A, 1984, p. 66.

② Bates' Papers, B40, F523.

宗'（proselyte）的愿望？不要干涉（hands off）。停止打扰。尊重常识（horse sense）。让中国为中国人而存在。"

对于怀特（P. J. White）《使教会大学更为中国化》（*Making the Christian Colleges More Chinese*）一文，贝德士评论说："追随着教会大学部分代表（包括传教士和中国人）的讨论，怀特博士对于要使学校中国化的意愿及其实际困难，作了坦率的和建设性的陈述。他的论文似乎受到全体到会代表的赞同。讨论本身即具有价值，特别是湘雅医学院的颜福庆的贡献，在十多年时间里雅礼协会（Yale-China Association）一直注意让中国人自己管理。"①

对于韦卓民博士的《植根基督教会于中国土壤》（*Rooting the Christian Church in Chinese Soil*）一文，贝德士的摘录是："用另外一种文化来解释基督教的教义和组织，重要的事情就是首先必须进入这种文化……我们宁可能进入中国文化、社会、各种宗教和知识传统的精神，它们长期融入这个文化，看看有没有与基督教对生命的看法气味相投之处，或者那里可以找到一种不致触犯中国人的中介，用以向中国人介绍基督教的教义和机构。"②

据我看来，基督教本土化是无可避免的历史趋向，一部基督教的历史，也就是它在各地不断本土化的历史。海斯格芮夫（David J. Hesselgrave）在其所编的《活跃的宗教运动——世界各地宗教运动急剧增长的个案研究》一书的结论部分也指出："宗教运动必须具有本土化的世界观和价值观意义，也要采用传统的方式。如果这个运动产生于本土文化内部，它自然企望传播、示范这些观念、价值和方式。如果它是从外介绍进来，它必须使之便于本土理解，否则便要费力重新解释才能使之成长。"③

从 20 世纪 20 年代开始，已有许多基督徒与一些教会致力于推进中

---

① Bates' Papers, B42, F548.

② 这是韦卓民作为亨利·鲁斯世界基督教客座教授，1945 年在纽约协和神学院所做的著名讲演，韦是当时的华中大学校长。Bates' Papers, B34, F474.

③ David J. Hesselgrave ed., Dynamic Religious Movement Case Studies of Rapidly Growing Religious Movement around the World, Michigan, 1978, p. 304.

国基督教和教会大学的本土化。1922 年 5 月，中华全国基督教第一次会议宣告：他们将脱离从西方引进的教派主义（denominationalism），中国基督徒应该有自己的基督教。本土化的基督教意味着形成中国的本色神学（indigenious theology），自治、自传、自养（self-government，self-propaganda，self-support）。1924 年 8 月，中华教育协进会第四次年会，建议当前中国教育应着眼于培养爱国公民。会议认为宗教即令不是有害的，也是浪费学生时间；某些激进代表甚至主张从会议中驱逐教会学校，尽管这一建议没有得到采纳①。这种情况又从外部推动了教会和教会大学的本土化。

更为强力的挑战来自政府的注册规则。1925 年教育部规定“外国人开办的学校”，必须按四个条件向政府注册：（1）由中国人任校长，（2）中国人在董事会占半数以上，（3）“学校不得以宗教宣传为目的”，（4）按部颁课程标准开课，“宗教课不得列为必修”②。此后，燕京首先循章登记，接着是齐鲁、沪江、岭南。1927 年南京国民政府教育部督促更紧，对本土化的要求也更高。多数教会大学持合作态度，接受了改组的要求，选举中国人为校长，并迅速建立中国人占多数的董事会。由于大势所趋，来自本国（指英、美等）董事会的对于这一急剧变革的阻力很小；顶多是稍微推迟同意的回复，或附加一句话：“为学校基督教性质提供保障。”③ 注册以后，教会大学与政府之间建立了比较良性的互动关系，教会大学在此后十年间获得长足进步，并且为社会作出重要贡献。但也无可讳言，此后教会大学的民族特性明显增长，而宗教质素日益削弱。

政治因素是很重要的原因。在近代中国，独立、统一、富强是压倒一切的历史任务。中国人民，甚至一些中国基督徒，大多宁愿利用政治、经济手段而不是宗教，去实现上述神圣而又现实的目标。加以南京政府的极

---

① Cynthia McLean ed., *Gleanings: From the Manuscripts of M. Searle Bates*, The China Program, National Council of Churches of Christ in the U. S. A., 1984, p. 65.

② William Purviance Fenn, *Christian Higher Education in Changing China, 1880-1950*, Eerdmans, 1976, p. 115.

③ William Purviance Fenn, *Christian Higher Education in Changing China, 1880-1950*, Eerdmans, 1976, p. 116.

权主义（totalitarianism），国民党在意识形态方面推行一元化，他们不能容忍任何真正独立的教会学校，虽然他们的最高领袖蒋介石及其妻子都是基督徒。芳威廉回忆说："国民党密切注意学生和教师，鼓励学生参加党的青年团体，并施压促使教师入党，但只有极少数人如此做。"①

一系列政治活动涌进教会大学美丽的校园。例如星期一必须举行总理纪念周仪式，包括背诵总理遗嘱、在遗像和党国旗前三鞠躬、唱国歌、短时静默等。三民主义代替宗教成为必修课。训导长管理学生，他的职责就是指导而又防止越轨（deviation）。军训在1928年成为必修，教官由学校任命而且必须经过政府批准。军训教官还管理学生的宿舍生活。更为严重和根本性的伤害是企图控制思想，其结果是在各校教职员中安插党的代表，甚至在课堂中派遣特务。这反而使教员和学生疏离国民党，不愿就政治问题或其他有争议的问题作公开讨论。

不过教会大学的态度，一般来说尚称忍耐与合作。芳威廉回忆说："学校当局遵从部颁课程设置，按公立与私立学校同等待遇，既受官僚机构控制之苦，也偶尔得到政府某些资助。"贝德士同意这一看法，并从罗林森（Dr. Rowlinson）《基督教在中国落户》（*Christianity Settles Down in China*）这篇论文中摘录一段："基督教尽量在新的合法基础上落户于中国，不再被视为外洋事物，并将进入与华人之间的新而自由的关系。这是教会与政府现今关系的极为重要层面。这一变革完成以后，将使基督教合法本土化（legally indigenous）。问题是这种落户既不容易又花时间。但基督教在中国毕竟从依附不平等条约转向中国给的合法权利……过去不平等条约以治外法权强迫中国政府给予教会权利，因此这些权利不是出于中国自由意志（free will），并且从未引起中国的善意（good will）反应。既得权利试图把西方主角所理解的宗教自由，凭借不平等条约的特权移植于中国。虽然中国人不知道宗教宽容（religious toleration），也未处理好与基督教的关系，但基督教的领导宣传者的洋人形象也是一个原因。正是洋人攫取不平等条约的特权，才形成现今的困扰。"罗林森还认

① William Purviance Fenn, *Christian Higher Education in Changing China, 1880-1950*, Eerdmans, 1976, pp. 119-120.

为，早期重视不平等条约特权的主要是外国差会而不是来华传教士。他说："传教士通常没有依靠帝国主义的影响去谋求自己的权利，是他们的非营利的机构与贡献所自然获取。不过传教士也有他们那一代人的某些错误观念，一种新的对待权利的基督徒态度显然已经产生。出现了要求把基督教的权利，从不平等条约对中国的强制转移到合法基础之上的运动。现今基督徒生活于斯的中国环境，已经明显不同于当年缔结造成种种不快的不平等条约时的中国。外国差会依然与我们在一起，但他们不再是基督教服务的主要驱动力。中国人现在是处于领导的地位的推动者。教会学校、医药工作、全国性组织，在某种程度上乃至教会本身，现今都转移到中国基督徒的推动力量（Chinese-Christian motive power）之下。基督教教育工作者、医务工作者、教会与中国公私机构之间常常是全国范围的友好合作，已是显而易见。基督教不再为自己在华工作权利而奋斗，中国人民自己寻求它的帮助。中国宪法已经规定了宗教自由权利。基督徒现今的问题是如何适当地利用自己的权利与机会。"①

大多数教会大学都懂得如何适当地利用自己的权利与机会。比较成功的范例有金陵、岭南和燕京，在政府的资助与支持下发展农科教育并推展农业革新。由于蒋介石夫妇是基督徒，他们便寻求教会和教会大学合作推进全社会的新生活运动。抗战爆发以后，教会大学进入所谓流亡时期（the refugee period）。多数学校迁往西南，在这些岁月中与整个中华民族一起承受了战时的困苦与艰险。芳威廉曾简略记录这段往事："两千里难以置信的艰苦跋涉，经过湍急河流，越过高山峻岭，坐船、乘车乃至步行，需要非比寻常的决心与勇气。急速移动，缺少给养，更谈不上营养，持续不断的危险考验着信仰与耐力。他们幸存的事实便是对他们学校精神的诠释。"②

教会和教会大学分担了祖国的苦难，参与了维护民族生存的斗争，也投入了推动社会进步的工作。贝德士也回忆说："基督教的作用在战时变

① *The Chinese Recorder*, Vol. 38, 1937, pp. 542-547.

② Cynthia McLean ed., *Gleanings: From the Manuscripts of M. Searle Bates*, The China Program, National Council of Churches of Christ in the U. S. A., 1984, pp. 119-120.

得重要起来，作为外国帝国主义被反对的情绪平息了。1943 年不平等条约的废除和基督徒担任援救任务受到注意，特别是帮助伤兵和数量极大的难民。因此，中国的基督徒和传教士，有理由期望战后新的基督教工作热潮，而现在的内部条件如此有利。唯一的危险则是过分认同这个蒋介石领导下的国家与政府，但这种认同与合作此后仍旧可以看到。”①

经过抗日战争，很少有人再把教会大学看作外国人的学校。绝大多数教会大学已实现本土化，而且已在实际上认同为中国高等教育的一部分。但为此而付出的代价也是很大的。校园内充满政治气氛，中国往何处去？这是左翼与右翼学生争论的热点，而多数中立的学生也逐渐向左翼靠拢。反美情绪激增，因为美国支持蒋介石腐败的国民政府。贝德士在书稿中写道：“战后政府提出的一系列革新措施很少付诸实现。政府本身受到很大削弱，只能勉强维持而很难有所作为。公众对政府失去信心，这种心态也蔓延到各级官员。反美情绪加深，由于人们认为美国阻碍着共产党推翻国民党腐败政府。对共产党作战，由于他们终究也是中国人，无法激起如同抗日那样的爱国热忱。学生深受物价高涨之苦，以致他们认为即令是共产党统治也不会比现在更糟。有些美国人仍然坚信蒋介石统治的民主性质，因为他受到各阶层人民的共同支持；对于他们来说，他是他们不惜任何代价抵抗侵略者的精神象征。这些，忽视了政治组织与军队力量等重要问题。费正清（John King Fairbank）在 1947 年已经注意到，蒋介石的《中国之命运》附有经济部分，包括十年工业计划，强调各项工程、技术的发展，而忽视农业发展，也不够关心占 3/4 人口的落后农民。最后，蒋介石防止共产党渗透的措施，也被认为是高压与侵犯人权。”②

贝德士毫不讳言自己也逐渐丧失信心。他写信对远在美国的儿子说：“我自己的信念，或许说是气质，也受 1927 年（指‘南京事件’）加上 1937 年（指日军在南京大屠杀）及其以后丰富经验的支撑，倾向顽强地顶

① Cynthia McLean ed., *Gleanings: From the Manuscripts of M. Searle Bates*, The China Program, National Council of Churches of Christ in the U. S. A., 1984, p. 93.

② Cynthia McLean ed., *Gleanings: From the Manuscripts of M. Searle Bates*, The China Program, National Council of Churches of Christ in the U. S. A., 1984, p. 94.

住眼前的困难与干扰。但未来几年可能很难继续做什么事情，或显然在他处比在这里更可有所作为。假若我继续留在这里，立刻就产生为什么目的的问题，还有努力可以实现多大贡献。天知道金陵大学和中国教育通常需要尽多么大的力量去提升道德、水准和计划，而这些年问题似乎特别严重。我不认为自己可以长期做好行政工作，甚至是在有美国背景的中国学校被称之为边缘性的那一类（marginal kind）。此刻我刚被选为本校'西方顾问'，负责协调西方关系，在美方则被视为'副校长'，这是应董事会与陈裕光校长的要求，而事先又未与我商量。我不认为我能胜任此项工作，虽然有些事还得美国人来做，而在经验与对外联络两方面眼前也没有其他美国人比我更强。我只想固定在教学岗位，不需要如此繁重的新工作。"①为此，他终于离开金大，离开中国，前往纽约协和神学院担任专任教授，潜心于教学与研究。

从20世纪20年代中期以来，教会和教会大学的本土化是有成绩的，其中也包括许多外国传教士的努力，但这种本土化的最终结局却决非如他们所愿。孟心恬（Cynthia McLean），《贝德士手稿摘要》的编者之一，曾经如此写道："中国'三自'教会的发展，曾是19世纪中期以来许多传教士的理念与目标，当时这个药方是由文亨利（Henry Venn）在英国和鲁弗斯·安德逊（Rufus Anderson）在美国同时设计的。推动自养、自治、自传教会，让基督精神渗透于周围社区，成为海外布道运动的奋斗目标，使其人格区别于商人来华谋利、军人来华征服、外交家来华一切行动基于本国利益。贝德士并以思想家身份出现于他的文献，但事实上他同情大多数的中国人带着追求好政府的孤注一掷的希望转向共产主义。但他毕竟是一个坚定的教会人士和基督教事业的维护者，虽然这些事业有许多明显的错误与弱点，他觉得已经给中国带来某种具有伟大价值的事物。这种价值超越（但包含）于基督徒创办的学校、医院、社会服务等等所提供的物质福祉……但贝德士博士给我们一个印象，即许多传教士保留他们关于教会性质的西方观念，尽管它与中国之现实差别甚大。

① Bates' Papers, B2, F24.

虽然中国人非常反对教派主义（denominationalism）、信条、神学、什一税和薪给神职人员，以及绝对的政教分离，而许多外国传教士对此视若无睹。他们深信，当中国教会‘成熟’时，他们将会认识这些教会‘精华’饰物的价值。这些传教士在他们的‘领地’中，与少数中国教徒在一起，可以看到对他们的观念不满的批评的增强，而这种批评甚至来自中国基督徒的领导人。作为一个群体，这些传教士从未认识到他们是在中国，由于这里不同的历史和文化，教会应该采用与他们在国内所已知者不同的形式。”①

贝德士和许多其他现代派传教士教育家一样，认识到并顺应了本土化这一潮流，并且为现代中国社会做了大量有益的工作。但是他未曾预料，在缺少基督教历史文化传统的中国，本土化不可避免地将带来世俗化乃至政治化。而中国的政治化又常常导向意识形态的一元化，其本质就是排斥跨文化的高等教育，特别是它的多元化（pluralism）。所以，基督教与教会大学在中国常常面临官方意识形态的挑战，1949 年以前主要来自国民党政府的三民主义，而 1949 年以后则完全来自共产党政府的马列主义。正是这种意识形态的挑战，导致教会大学始料未及的结局。

不过由于长期生活、工作于中国，有一大批外国传教士本身倒确实不同程度本土化了。他们正如司徒雷登所说的那样：“在我大半生中中国就是我的家。我被难以解脱的情结与这个伟大的国家与人民联结在一起，不仅因为我在这里出生，而且因为我长期生活在这里，并且有数不清的朋友。”② 贝德士与他的教会同事们回到美国以后，很长一段期间仍然以“我们中国人”（we Chinese）或“我们南京人”（we Nankinese）自称。好像他们早已认同于中国社会，而他们与美国社会的相互认同还需要相当多的岁月（其中甚至包含许多外人难以理解的辛酸）。1960 年，在离开中国十年以后，贝德士发表《不能无视中国》一文。他说：“应该做什么？应该把我们的心灵适度地从想像转到现实。与朋友和中立者不断协商，寻找方

① Cynthia McLean ed., *Gleanings: From the Manuscripts of M. Searle Bates*, The China Program, National Council of Churches of Christ in the U. S. A., 1984, pp. 43-46.

② John Leighton Stuart, *Fifty Years in China*, Random House, 1954, p. 9.

法逐渐打开门户与中国建立‘正常’关系，经常与中国人沟通、调适，以缓和东方和南亚的持续紧张。道德的僵化与排外性只能延续与增强现在的灾难……中国仍然存在。美国和台湾长达十年的粗鲁语言（reckless）未曾使之动摇。”① 又过了十年，即1971年，他在另一篇文章中写道：“我们不要自己吓自己。问题是别的国家应当与中国交往，不管他是‘坏’还是‘好’。从长远眼光来看，接触总是胜于敌对的疏远。美国与其他极权国家之间已经找到共同的基础。”②

贝德士总算幸运地看到了中美邦交的正常化，看到十年“文化大革命”的终结，但他却未能重新回到他魂萦梦绕近30年的第二故乡。1988年，在他逝世十年以后，我在贝德士文献中发现几张照片，那是1947年秋天他与我们几个历史系学生在玄武湖畔的合影。我想，他始终没有忘记他曾为之整整工作30年的金陵大学。他的未完成的书稿的清理者，曾经提出一个疑问：从20年代到40年代，贝德士是许多重大事件的参与者或目击者，为什么书稿对这些事件的叙述却不见贝德士的名字？其实，这也很好理解，因为在贝德士自己看来，他已将整个生命融入这些事件，而其中最重要的便是金陵大学的历史。

四

关于中国教会大学故事的结局，贝德士在书稿中只有寥寥数语的概括，似乎打算永远保持沉默。

但他的老朋友兼老同事芳威廉，却以坦率而充满感情的语言加以描述。他说：“在20世纪上半叶画下句号时，中国教会大学可以充满骄傲地回顾既往，也可以怀着足够的自信看待现实，但是却未必有对于未来的希望。”“建筑和设备仍然留存，教师可能在新的学校任职，但教会大学从此消逝。”“结局是悲剧性的，但故事本身并非悲剧……中国教会大学这个名

---

① *Christianity and Crisis*, Vol. XX, No. 18, 10/31/1960.

② *Christianity and Crisis*, Vol. XXXI, No. 14. ,8/8/1971.

字，将被视为大西洋两岸基督徒对太平洋东岸伟大人民的辉煌贡献而永远铭记。”①

结局确实带悲剧性。

中国教会大学在20世纪前50年曾经努力耕耘，硕果累累。与非洲的教会学校相比较，它处于更高的教育层次。与印度的教会大学比较，它量虽少而质更优。与日本的教会大学相比较，它对公立大学具有更多的竞争力，因为它在好些学科领域早已占有优势。但是，中国教会大学的命运却是全世界最糟的。因为，在别的有些地区，尽管境遇也逐渐恶化，但教会学校毕竟依然存在，依然缓慢地发展，它们还有未来。可是，在中国大陆，教会大学则永远绝迹。

从20世纪20年代末开始，中国教会大学不再保持多少排外性，甚至在一定程度上趋向多元化，而且经常倾向与政府适度合作。1949年共产党掌握大陆以后，教会大学的外籍教师继续留在学校。中国教职员和学生大多数欢迎共产党，希望新政府会给学校带来新的活力。教会大学希望与人民政府合作，正如他们在此以前曾与国民党政府合作一样。他们愿意继续为中国社会服务，企望与共产党的“为人民服务（serve the people)”沟通。尽管他们努力顺应新的环境与新的政策，他们的善良愿望终于化为泡影。也许韩战（指朝鲜战争）加速了教会大学的终结，但即令没有韩战，教会大学与新政府文教政策之间的冲突也无可避免，而冲突的结局决不会有什么两样。

但是故事的本身并非悲剧。

基要派也许会认为教会大学是咎由自取，但教会大学的贡献却不可磨灭。胡适在为《司徒雷登回忆录》所写的序言中早已对教育家传教士作出极高的评价，称之为“给中国带来逐渐的觉醒”②。而更早些时候的国立东南大学校长郭秉文，曾写信给中华全国教育协进社，认为“从全国范围来评论，有些教会大学已处于中国最好与最有效率的大学之列。而且，由于

① William Purviance Fenn, *Christian Higher Education in Changing China, 1880-1950*, Eerdmans, 1976, p. 232.

② John Leighton Stuart, *Fifty Years in China*, Random House, 1954, pp. 12-13.

他们兴办得较早，所以它们就有更大的影响与更多的优势”①。

在贝德士文献中，我还发现他保存的一份佚名学者对于中国教会大学的评估（标题即为“评估”，Assessment）。作者指出：“（教会大学）校友大多似乎在政府系统而非党务系统任职。那些小有名气和运气好的人，则在教会大学较有优势的行业工作，如医务、农业、新闻等等。据报告，1947 年北京大学农学院的教师有一半以上毕业于金大农学院，而金大校友还主控着许多其他农业机构与学校，如农林部和各省农林厅等。其次，教会大学毕业生在医学教育中也非常显耀，包括中华医学会与卫生部。燕京大学新闻系的毕业生，在需要英语和新闻专业两方面才能的岗位上占尽优势，所以他们常能担任中国国际新闻处和西方报纸的要职。据说燕京的新闻专业训练，介绍并推广了西方报纸的一些方法：连载小说、新闻图片、新闻提要等等。由于教会大学率先从事女子高等教育，政府和其他机构因此注意延揽教会女子大学的校长和校友，作为他们所需要的女性代表……教会大学毕业生也常担任需要熟谙外语的外交职务。例如，‘二战’以后他们在联合国中国工作人员中即占有很大比重。甚至在中华人民共和国的头十年，也得仰仗教会大学校友担任某些重要职务，如英文杂志《中国建设》的编辑部和常任撰稿人等。吴贻芳和其他教会大学、YWCA（女青年会）的有关头面人物，成为全国人大、政协及其他许多团体、委员会的著名妇女代表。”但作者坦率承认，用跟踪校友调查的办法，很难反映教会大学的全部贡献，因为多数名气较小或默默无闻而也勤奋工作的校友，甚至根本没有文字记载②。所以，我们仍然不得不借重极为熟悉情况的芳威廉的评估：“教会大学对中国的贡献，是培养了一大批有良好训练且在社会各层面有很大影响的男性和女性，而这正是国家最需要他们的时候。”“中国教会大学的重要贡献还在于增进国家之间相互了解与友谊。通过学校提供的语言、知识、价值和外国教职员，引进了西方好的东西。同时也通过他们，中国的知识被翻译和示范而介绍到西方。他们担任精神的和文

① Bates' Papers, B20, F312.

② Bates' Papers, B20, F312.

化的使节，协助向东方解释西方，向西方解释东方，虽然受到帝国主义牵连与外洋性格的妨碍。作为西方文化的介绍者，他们参与了中国文化、社会和政府的伟大革命。"①

贝德士在其逝世前三个月，即1978年6月30日，曾写下最后一篇评论文稿《作长远考量》（*It's the Long Pull That Count*），仿佛是他最后的遗言。其中有一段话："在金大教过30年历史，经历过国民革命、抗日战争和中共统治，我很自然地密切追踪中国此后的变化，而这又得益于NCC（贝德士所属的教会）中国委员会②与哥伦比亚大学一系列学者研讨会（faculty seminars）的帮助。我们现今的首要关心（prime concerns）与长远考量应当是：第一，占世界人口四分之一的中国人民的幸福；第二，近十亿人民与其他国家人民之间的关系，特别是我们厕身其间并承担直接责任的北美人民……由博爱主义的'第一关心'出发，我们基督徒应该抱着坚定不移的信念深切投入。超越所有意识形态与制度的差别，中国的男人、女人、儿童和我们都属于一个上帝的家庭……我们必须决心真诚地理解中国，与中国人民建立稳固的关系。不管会发生任何震撼，任何北京或华盛顿甚或我们自身资讯方面的谬误，这件事对于美国和中国的掌权者都是太重要了，虽然他们有些人或许想把高尚的两国关系'正常化'变成反俄武器。"③ 这是一篇未完成的文稿，正如那部《基督徒在华六十年》未完成的文稿一样。可以看出，贝德士依然抱持着他的梦。如果此梦成真，教会和教会大学在中国的数十年努力，便不再会是西绥弗的故事（Sisyphus' story，意指徒劳无功）④，但贝德士已经无法讲述这个虚构故事的结尾，因为他和他所献身的教会大学一同永远离开了中国。

---

① William Purviance Fenn, *Christian Higher Education in Changing China, 1880-1950*, Eerdmans, 1976, p.236.

② 全称是 The China Committee of the National Council of Churches，贝德士是这个委员会的重要成员，经常参加该会举办的各种学术活动。贝德士也经常参加哥伦比亚大学东亚研究中心举办的各种有关中国的研讨会，他与该校著名中国史学者韦慕庭教授是终身挚友。

③ Bates' Papers, B87, F681. 这是另有两页打字纸的简短文稿，显然是没有写完的草稿，可能打算寄给他平常较喜爱的 *Christianity and Crisis* 等杂志，但由于健康原因未能如愿。

④ Sisyphus' Story 是希腊神话中的一个故事：科林斯王在阴间受罚服苦役，把巨石推上山，巨石会自动滚下，他需要继续把巨石推上山，周而复始，永不停歇。

教会大学与20世纪20年代的中国政治

20世纪20年代是中国的多事之秋，直、皖之间，江、浙之间，直、奉之间，乃至蒋、冯、阎等各个新老武力集团之间，战争连绵不绝。还有五卅运动、济南事件、国共由合作到分裂，国民革命本身是风云变幻、波涛迭起。但是透过复杂纷繁的历史现象，仍然可以发现这十年的主旋律乃是民族主义。正如当年曾经流行一时的口号式歌曲所呼唤的那样："打倒列强，打倒列强！除军阀，除军阀！"军阀之所以必除，正因为它是列强的走狗，而摆脱帝国主义的奴役则是整个中华民族的共同奋斗目标。不仅国共两党、武汉政府和南京政府，就连各派军阀及依附其的政客，都在不同程度上受到这一历史主流的影响。

本文试图把教会大学置于这一历史主流之中加以考察，着重探讨它与政府之间关系的演变，演变的原因与历史经验。

一

20年代的序幕，可以认为是由"五四"揭开的。"五四"无论是作为反帝爱国的政治运动，还是作为标榜科学、民主与反传统的新文化运动，都必然要冲击到伴随着西方殖民主义而来的基督教，所以反宗教，特别是反基督教的思潮很快就蔓延全国。1922年4月，世界基督教学生同盟不顾中国社会舆论的反对，在北京清华学校召开大会，立即促使这股反基督教潮流成为更广泛也更具组织性的群众运动。

早在世界基督教学生同盟大会召开前一个月，北京、上海、南京等地学生已经着手组织“非基督教学生同盟”，并于1922年3月9日发表《非基督教学生同盟宣言》。3月20日，北京学界正式成立“非宗教大同盟”，随后并在上海、汉口、天津、长沙、成都等地设立分会。4月9日，即世界基督教学生同盟大会的最后一天，“非宗教大同盟”在北京大学召开有2000多人参加的讲演大会，强调必须消灭一切宗教以培养科学精神，“使四万万同胞从迷信中解放出来，向新的、民主的、自由的社会前进”[①]。6月，“非宗教大同盟”出版《非宗教论丛书》，收有蔡元培、陈独秀、李大钊、吴虞、周太玄、朱执信、萧子升、罗章龙、李璜等人的31篇文章。这说明许多五四运动的领袖人物，已经成为非宗教运动的倡导者。

1925年五卅运动以后，民族主义情绪更趋高涨，反基督教运动带有更为鲜明的反帝色彩。由于国共已经实现合作，两党人士都积极加以倡导推动，反基督教运动的组织性明显加强，并且衍生出收回教育主权运动，教会大学遂成为直接遭受抨击的主要目标。

先是在1922年，蔡元培发表的《教育独立主义》，主张教育与宗教分离，即已引起热烈反响。1923年“少年中国学会”更明确提倡民族主义教育，反对宗教团体开办学校。余家菊首先提出“收回教育权”口号[②]，并且很快传遍全国。1924年7月，中华教育改进社第三次年会通过决议，要求政府制定学校注册条例，凡外人借学校实行侵略，一经调查属实，应即勒令停办。同年10月，“全国各省教育联合会”第十届年会，决议要求完全取缔外人在中国办理教育事业。1925年五卅运动发生以后，空前高涨的民族主义浪潮推动政府不得不以政策法令保证收回教育主权。因此，就在这年11月，北洋政府教育部颁布《外人在华设立学校认可办法》，对教会学校申请立案注册作出具体规定，包括中国人参加学校行政领导；取消原有关于宗教课必修与宗教仪式一律参加的规定；平等对待中外教师；办学宗旨应属于教育而非宗教福音等[③]。不过，由于全国尚处于分裂状态以及

① 范体仁：《记五四运动前后北京若干团体》，中国社会科学院近代史研究所编：《五四运动回忆录（续）》，中国社会科学出版社，1979年，第191—192页。

② 余家菊：《教会教育问题》，《中华教育界》1923年10月。

③ 北洋政府教育部布告16号。

北京政局本身的混乱，这一部令并未得到认真贯彻执行。

1926年11月，广州国民政府亦曾颁布适用于外国教会开办的私立学校注册条例。国民政府定都南京以后，全国政令渐趋统一，收回教育主权遂正式提上议事日程。1928年，教育部重新颁布经过修订的注册规则，除坚持必须由中国人管理学校以外，特别强调私立学校不得将宗教列为必修课程，不得在课堂宣传宗教，亦不得强迫学生参加任何宗教活动①。

与此相对应的，则是国民党对于包括教会大学在内的各类学校控制的不断加强，包括普遍实行总理纪念周、党义课（三民主义）为必修课、军训必不可少等。

教会学校遭到反对，除了受客观形势影响以外，当然还有其内在的原因。孟禄博士（Dr. Monroe）经过调查研究，曾将这些主客观因素归结如下：

1. 教会学校或多或少与中国当前社会运动脱节。

2. 中国教育当局害怕外国学校体系可能成为他们无法控制的"政府中的政府"（imperium in imperia）。

3. 理性主义新思潮的发展。

4. 基督教精神与通商口岸"基督教文明"② 之间的反差。

5. 国民革命反对不平等教育及不公平待遇，基督教教育常被等同于帝国主义。

6. 教会场所常被视为享有特权与保护的租界。

7. 中国教育界对宗教自由的见解迥然不同于基督教教育家。

8. 中国人担任（学校）重要职务的屡遭拒绝所引起的反感。

9. 对盎格鲁-撒克逊（Anglo-Saxon）"主宰一切"（masterfulness）的愤恨③。

孟禄的分析虽不周延，但大体上还属客观事实。教会大学与其他教会学校一样，正面临着严峻挑战，必须迅速回应。

---

① *Educational Review*, April, 1928, pp. 197-199.

② 通商口岸的"基督教文明"，泛指西方殖民主义在通商口岸违反基督教精神的各种谬误行为与言论。

③ Paul Monroe, *China: A nation in Evolution*, Macmillan, 1928, Chapter II Christianity and Mission Work.

二

山雨欲来风满楼。原金陵大学农经系卜凯教授的夫人、著名作家赛珍珠（Pearl S. Buck），当时曾对1927年前夜南京外国教会人士的心境作过如实报道："1926年秋天，我们已经猜测国民革命军何时将到达南京。他们从广州出发的北伐已经取得成功，并且在长江边的武汉努力建立自己的中心，准备继续进军下游。我们之中那些在牯岭避暑的人员，被卷入自湖南和汉口汹涌而至的难民潮流——人们害怕战争与围困的危急，于是跑进安全口岸。我们渴望得到国民革命的消息，急于了解他们是真正的爱国的理想主义，抑或无非是另一批黩武主义者。很难弄清全部实情。有很好的报告说他们献身于自己的目标，希望解放工人阶级，根除年深日久的性别、阶级、民族之间的不平等。随之而来的流言是（他们）仇视宗教，特别憎恶外国人控制的学校和医院，已出现若干排外事件，最糟糕的是俄国过激派已出现于他们之中……正是在这种等待与困惑的心境下，我们栖身家中，并且开始了学校、医学与宣传方面的秋季工作。"①

要发生的事情终于发生了。这就是1927年3月23、24日的"南京事件"。进城的部分国民革命军士兵与下属群众在排外情绪驱使下，抢劫、焚烧外国教堂、教会学校乃至伤害外籍人士，享有很高声望的金陵大学副校长文怀恩（Williams, J. E., D. D.）即在住宅被劫时不幸身亡。教会学校除金女大外，几乎无一幸免洗劫，外籍传教士与教员从家庭到随身财物全被抢走。其后果便是外籍人员被迫全部撤退，先到上海，继而分为三路：一部分回国，一部分去日本，一部分去朝鲜。

尽管战争连绵与非基督教运动不断给以冲击，教会大学在20世纪20年代总的趋势仍是持续发展。1927年"南京事件"及其他地区的类似情况，曾一度使教会大学学生数量锐减，上课亦不正常，乃至出现

① Pearl S. Buck, *Nanking Station Report*, 1926—1927, 收于 Bates' Papers, RG10, B20, F308。贝德士文献（Bates' Papers）全部保存于耶鲁大学神学院图书馆特藏室。

圣约翰大学分裂、信义大学流产等现象。但这种情况为时不久。1928 年秋季以后，离校的外籍人员陆续归来。及至南京国民政府初步统一中国，教会大学又重新恢复了发展的势头。当然，发展的前提是大多数外国教会与外籍人员采取比较冷静与理智的态度，顺应中国民族主义的潮流。首先是遵守中国政府规定，履行注册手续，接受中国政府的教育方针、政策的指导，对教会大学内部进行大幅度的调适变革。

率先履行注册手续的是北方的燕京大学。早在 1926 年 11 月和 1927 年 12 月，该校即已先后分别向北京政府与南京政府申请立案并获批准。根据教育部规定，校长改由中国学者吴雷川担任；校董事会中国人占 2/3 以上，并有权决定一切教学、行政事务，宗教课程改为选修，宗教活动须在课堂外进行并改为自由参加。南方的岭南大学行动亦快，1927 年 1 月校董事会即正式任命中国人钟荣光为校长。钟接任后发表公开声明：(1) 尊重国民政府教育法令；(2) 顺应民族运动潮流；(3) 始终贯彻立校之初旨①。其他教会大学，除上海圣约翰大学外，均陆续遵照部令立案注册，成为中国私立大学之一部分。在这一重大转变过程中，绝大多数教会学校的中外人士都能保持比较合作的和谐关系。例如：金陵大学在选举中国人陈裕光为校长后，该校在纽约的托事部（University of Nanking Board of Trustees）很快就发来电报，表示对选举陈裕光为校长的决定完全同意，并致以衷心的祝愿②。但圣约翰大学则因外籍校长持顽固态度而引起分裂，致使部分师生愤而离校，另办光华大学。

在教会大学相继注册以后，南京政府将其与一般私立大学同等对待，并且逐步建立比较正常协调的关系。例如：金陵、岭南的农业改良项目曾得到政府的定期资助，燕京的乡村实验区也得到各级政府的支持，而政府提倡的新生活运动，亦曾寻求教会与教会大学的合作等等。此后，教会大学加速了本土化过程，1923—1924 年教会大学的中外教职员人数大体相等，1932 年中外之比改变为 2∶1，1936 年更改变为 4∶1，说明中国教职员

---

① 高冠天编：《岭南大学接回国人自办之经过及发展之计划》，岭南大学出版委员会，1927 年，第 22—23 页。

② 金陵大学历史档案，金大托事部 1928 年 3 月 25 日自纽约来电。

人数正在不断增加。同时，教会大学在经济上对外国教会的依赖逐渐减少。如金陵大学经费来源，原来是美国创办人会承担 65%，中国董事会承担 35%[①]；以后则在学费收入与政府补助两方面逐年都有所增加，仅 1934 年为金大建筑图书馆，政府一次即拨款 10 万元[②]。与本土化同步进行的，则是教学水平的不断提高，如农、医、法、商、新闻、社会学、图书馆、电化教育等专业，一些教会大学都分别处于全国领先地位。

从学校规模而言，教会大学在 20 世纪 20 年代也有明显发展。1922 年教会大学在校学生总数不过 2 000 人，1926 年增加到 3 520 人[③]。到 1936 年，教会大学在校学生总数已达 7 000 人，比 10 年前增加一倍，为全国高等学校总数的 12%[④]。根据 1937 年统计，在已毕业的 10 000 个教会大学学生中，3 500 余人从事教育（其中 2/3 执教于教会学校），500 余人从事宗教与社会工作，100 余人任牧师，近 700 人从事医务工作，300 余人以法律为业，近 900 人服务于公用事业，只有少数人经商。1936—1937 年，有 1 100 余人从事进一步研究（包括研究生），其中约 300 人留学海外[⑤]。

在 1931 年出版的《中国名人录》(*Who's Who in China*）所收录的 959 位名人中，曾在教会大学受过教育者 157 人，占 16%以上。在这 157 人中，从事教育者 37 人，党政工作者 48 人，技术专业工作者（包括农业、建筑、艺术、新闻出版、工程、医务、图书馆、科学研究、写作、乡村实验等方面）72 人。原来教会大学仅以英语教学见长，20 年以后，教会大学为适应本土化要求，又加强了中国语文与中国文化的教学与研究，如燕京的哈佛燕京学社、金陵的中国文化研究所等。仅以白话文作家而言，即有冰

---

① 据 1932 年《第一次中国教育年鉴》丙编“教育概况”，金陵大学部分，转引自《金陵大学史料集》，南京大学出版社，1989 年，第 237 页。

② 据 1932 年《第一次中国教育年鉴》丙编“教育概况”，金陵大学部分，转引自《金陵大学史料集》，南京大学出版社，1989 年，第 239 页。

③ Earl Herbert Cressy, *Christian Higher Education in China*, China Christian Educational Association, 1928, pp. 26-27.

④ T. L. Jan, Status of Christian Higher Education in China, *The China Christian Year Book*, 1936—1937, p. 215.

⑤ William Purviance Fenn, *Christian Higher Education in Changing China*, *1880-1950*, Eerdmans, 1976.

心、徐志摩、许地山、熊佛西、杨刚等一批著名人士毕业或曾肄业于教会大学[①]。从以上情况可以看出，教会大学对于中国现代化，起了重要的促进作用。

与此相关的则是教会人士（其中不少曾是教会大学学生）在中国社会乃至政治层面的影响逐渐增强。1929 年，中国青年会（YMCA）余日章宣布，已有 YMCA 的 150 位前干事在政府机关担任要职。冯玉祥在北京，张学良在东北，都曾与 YMCA 保持密切的关系。及至 1938 年初，YMCA 国际委员会报告，YMCA 前干事在中国政府中担任各类要职者已增至 214 人。所以，Rachel Brooks 的一部书稿，即命名为《中国的 YMCA 政府》[②]。

三

20 世纪 20 年代中国尽管民族情绪高涨，很长一段时间战争连绵，动荡不安，但毕竟没有重演“庚子之役”的大悲剧。这固然有其特定的国际背景，但更重要的原因，则是中国社会与教会人士两方面的进步，以及相互宽容心理的增强。

从中国社会的进步而言，主要表现在以下两个方面：

第一，非宗教、非基督教运动的倡导者，大多是受过新式高等教育的知识精英。尽管他们往往将基督教混同于帝国主义，批判夹杂情绪化的民族主义，难免有流于片面、偏颇乃至武断之处，但主要还是用理性主义批判宗教迷信，目的在于促进科学、民主，并非倡导以盲目暴力排外。同时，即使在非基督教运动极为高涨的时候，也有一部分基督徒与非基督徒知识分子，以比较冷静客观的态度对待宗教，并且敢于公开倡导正确处理民族主义与基督教之间的关系。基督徒如简又文等发表《对于非宗教运动宣言》（1922 年 4 月 10 日），从 10 个方面进行反批评，为基督教存在的合

---

① Carlberg，Assessments（未刊书稿），收于 Bates' Papers，RG10，B20，F312。

② Rachel Brooks，The YMCA Government in China（未刊书稿），前有罗素序文，对之评价甚高，复印件收于 Bates' Papers，RG10，B20，F303。

理性进行辩护。非基督徒如周作人、钱玄同、沈兼士、沈士远等人，公开声明："我们不是任何宗教的信徒，我们不拥护任何宗教，也不赞成挑战反对任何宗教。我们认为人类的信仰有绝对的自由，不受任何人的干涉……我们因此对于现在非基督教、非宗教同盟的运动，表示反对。"[①] 另一学者常乃德说得更为爽直："英国、美国是基督教国，但他们的科学进步，比非基督教的中国，究竟谁好谁坏？"[②] 梁启超也认为："宗教为人类社会有益且必要的物事，所以我自己彻头彻尾承认自己是非非宗教者。"[③] 这种反潮流的勇气是值得钦佩的，他们虽属少数，无力阻挡潮流，但至少从舆论方面在某种程度上抑制了反基督教的狂热情绪，增强了一部分知识分子的理性思考。

第二，从北洋政府到南京政府，尽管在不同程度上顺应了反基督教运动所体现的民族主义潮流，但其具体运作只限于收回教育主权，并没有颁布任何压制或镇压宗教的过激法令，更没有如同晚清政府顽固派那样对义和团的盲目排外暴动煽风点火。特别是南京政府，由于国民党的一些领导人，从孙中山到孙科，到蒋介石夫妇，乃至孔祥熙、宋子文等，本身就是基督徒，对基督教的历史与现状都比较理解。所以，他们并没有真正站在非基督教运动一边。他们对于教会大学的态度，无非是维护教育主权，坚持这些学校必须遵照政府规定，依法立案注册。而在教会大学注册以后，即视为中国私立大学之一部分，并根据社会的紧迫需要，有选择地支持其某些优势专业的发展，以发挥教会大学的积极作用。当然，政府与教会之间的矛盾依然存在，这就是党化教育与宗教教育之间的对立。教会大学和其他教会学校对党化教育始终持保留态度，而政府则坚持中等以下学校不得开设宗教课。如1931年6月，教育部再次令各省、市教育厅转饬各小学一律禁止采用宗教教科书，令文特别指出："某国圣书协会出版之初级宗教教科书"，

① 简又文等宣言发表于1922年4月10日，周作人等宣言发表于同年3月11日，均收于Bates' Papers，系贝德士剪报散页。

② 均系贝德士剪报，常乃德的文章题目是《对于非宗教同盟的诤言》，梁启超则是在4月16日对哲学社的演讲《评非宗教同盟》。

③ 均系贝德士剪报，常乃德的文章题目是《对于非宗教同盟的诤言》，梁启超则是在4月16日对哲学社的演讲《评非宗教同盟》。

“不独宣传宗教，抑且包含政治色彩。例如第三册第十六课，第六册第四课等，显然含有一任帝国主义之侵略而不加抵抗之意。其违反民族主义，麻醉儿童，莫此为甚。亟应严禁发行，停止采用，并将已印书籍封存，印版销毁，以杜流传而免贻误”[①]。其语气之严厉与态度之坚决都很令人注目。教会和教会学校对于这类指责亦曾不断申诉与争辩，不过从主要方面而言，政府与教会学校持续保持合作关系，则是毋庸置疑的历史主流。

从教会方面的进步而言，则有以下两点：

第一，教会中的中国人士，特别是教会大学的中国师生，同情民族主义潮流的人越来越多。他们也反对殖民主义利用宗教作为侵略工具，更反对宗教以不平等条约为凭借，把“基督教建立在炮舰政策之基础上”。武汉基督徒联合会于1927年元旦发表的《基督徒革新运动宣言》，甚至公开认同国民革命。他们声明：“耶稣基督以自由、平等、博爱、牺牲、服务立教，与罪恶的势力绝对不能妥协，本是一种革命的大势力……我们深愿本着耶稣基督当年打倒法利赛主义及传统的旧礼教，与当时压迫平民的富族贵族阶级，甚至舍身十字架之革命精神，以从事于我们的革命工作。”而所谓“革命工作”，就是：“对外则打倒帝国主义”，“对内则打倒恶军阀恶制度”。他们对于反基督教运动，自然难以认同，但承认其为“诤友”，承认基督教本身确实需要革新。对于收回教育主权，他们则一致赞成，“要使教会学校都归中国教会自办，受中国政府之监督，及其一切实施都依着中国的教育训令及学制而办去”[②]。当然，并非所有中国基督徒都能接受这样激烈的观点，但“武汉宣言”绝非是孤立的与偶发的。早在1922年5月，基督教全国大会发表的《敬告同道书》，除主张建立“中国本色的教会”以外，并郑重声明：“一切对于个人和群众的不平允的待遇，都是圣善仁慈的上帝所不容。”1925年简又文又发表《同江、张二君讨论孙科君

① 《教育季刊》，1931年第7卷第2期。

② 收于 Bates' Papers，RC10，B102，F855。

的文章》一文，也认为："基督爱人救世天国在地之福音，既与帝国主义、资本主义及一切残害人生压迫人生之罪恶，绝不能相容，亦不能两立。"[①]同年，《中华基督教教育季刊宣言》则明确主张："基督教学校当努力于彻底之中国化，行政管理必须逐渐参加中国人，至完全由中国人主持之。除特别外，教授应以国语行之，国学及社会学科应特别注重。各级学校应一律立案，所有经济责任亦逐渐由中国之基督徒负之。如此，教育主权不至危险，而实施的教育亦不致与国情隔阂。"[②] 1927 年 6 月，在民族主义运动空前高涨之际，著名的基督教神学家赵紫宸也主张：在中国社会与政局发生大变化的形势下，"西教会与西教士在这时候，应当冒险将他们在中国为中国信徒所立的教会与一切教会权交代给中国基督徒；中国基督徒应当担任巨艰，接受西教会西教士在中国为中国信徒所设立的教会。这是一件冒险的事。交替之中总要有几处要经过失败的。可是这年头，我们不能怕，只能信"[③]。可见，建立中国化教会（即"自理、自养、自传"）与收回教育主权乃是大势所趋，势所必然。正如有些西方学者所言，教会大学之所以遵部令注册，一方面是由于外部压力（社会、政府），一方面是由于内部压力（中国基督教、教会大学的中国师生）。

第二，尽管存在上述情况，但是，不能单纯从中国基督徒方面的驱动力着眼，外国教会与外国教士当中也有某些驱动力与主动性。

早在 20 世纪之初，义和团运动之后，有些正直的外国传教士已经认识到不应以不平等条约为靠山来传播基督福音。如戴德生（James Hudson Taylor，1832—1905）创立的内地会（China Inland Missions），即拒绝依据不平等条约为教堂、教士的损失要求赔偿。1907 年 1 月，教会刊物《中国纪事》杂志发表《传教士与中国人的私人关系》一文，认为传教士必须平等地对待中国人（as man with man），摒弃盎格鲁-撒克逊与西方文明的狂妄自大；必须充分信任中国人员，因为他们更了解自己的人民；必须把自己最好的东西给中国人，不要以为他们无知就可以为所欲为等[④]。这些

---

① 以上两文均系贝德士剪报，收于 Bates' Papers。

②《教育季刊》，1925 年第 1 卷第 1 期。

③ 赵紫宸：《我对于创造中国基督教会的几个意见》，《真光》，1927 年第 26 卷第 6 号。

④ The Missionary's Personal Relation to the Chinese，*The Chinese Recorder*，Vol. 38，1907.

都表明，在早期来华基督教传教士之中，已经出现一批明智之士。

同时，欧美学生志愿赴外国传教运动在20世纪初已有很大发展，一批批受过高等教育的有专业知识的年轻传教士来到中国，使在华外籍传教士的总体素质与神学观念发生明显变化。其结果便是一代现代派传教士教育工作者，作为社会群体在20年代的中国出现。所谓现代派传教士教育工作者（Modernist Missionary Educator），一般需要具备三个条件：（1）受过本科以上大学教育；（2）以教育为终身事业；（3）而最重要的是在神学思想上归属于或接近于现代派（Modernism）。他们不满于保守的基要派（Fundamentalism）拘泥于经典主义与单纯追求发展教徒，主张应以基督精神服务社会，宣扬体现于社会进步与造福人群的真正福音。他们认为，在中国，只有兴办教育，特别是兴办高等教育，才能促使社会进步，使人民摆脱贫穷愚昧的落后状态。对于他们来说，服务上帝（serve God）与服务社会（serve society）是完全一致的。正是这批人，与中国教职员共同努力，不仅使教会大学在规模与水平两方面都得到提高，而且在20世纪20年代末与30年代，决定性地走上本土化与世俗化的道路。

这里仅以南方的岭南与北方的燕京为例。岭南大学的创办人哈巴博士（Rev. Dr. Andrew P. Happer），既是医学专家又是经过良好训练的牧师。岭南大学在筹建之初即宣言："一俟中国人得有办学之经验及能力，便将学校主权归还。"1900年更具体设计华人自办步骤："第一期，国人应参与校务，供给意见，相助为理；第二期，国人应有实际之担负，筹措一部分经费；第三期，应勉力自立，使主权属诸国人。"（《岭南大学接回国人自办之经过及发展之计划》）燕京大学的创办人司徒雷登（J. L. Stuart），也是以优异成绩毕业于著名的汉普顿—悉尼学院，随后又进协和神学院学习，并且加入"学生志愿（海外布道）运动"。他生于中国，长于中国，对中国社会与中国文化具有较深的理解，对蓬勃兴起的民族主义运动也具有较多的同情与关切。他认识到五四运动是"民族自我意识的真正觉醒"。他从燕大创办之始，即决定"让中国人在教学、行政、宗教、财务和其他部门中发挥日益增多的作用，把学校最终办成一所中国大学"。根据上述情况便不难理解，何以岭南与燕京率先根据政府规定立案注册。当然，各个教会大学的外籍人士流品不一，思想驳杂，背景亦各有差异，未可一概而论。但现代派传教士教育工作者在20世纪20年代的崛起，并在30和40年代教会大学工作中起主导作用，则是可以断言的。另外，也需要指出，中国教职员队伍本身的成长，包括素质的逐步改善与领袖人才的涌现，也从另一方面促成了教会大学本土化过程的推演。

尽管现代派传教士教育工作者的奋斗目标，仍然是用基督教文化影响以渗入中国，直至最后实现中国“基督化”（或曰：“中华归主”）；但他们推动教会大学迅速走上本土化、世俗化、学术化的道路，毕竟顺应了历史的潮流，满足了社会的实际需要，从而或多或少为中国现代化作出了贡献。不过问题总归是很复杂的，教会内外人们的认识很难一致。外国教会本来是把教会学校作为传播基督福音的工具，主要是为了培养中国传教士与教会领袖人才。可是，随着本土化、世俗化、学术化程度的加深，教会大学培养出来的绝大多数是世俗的专业人才，不仅毕业后从事神职工作者极少，连信仰基督教的在校学生与教职员的比重也大幅度下降。因此，对于教会大学在20世纪20和30年代的转型这段历史公案，长期以来成为基督教内基要派与现代派争论不休的老问题。

“塞翁失马，安知非福?”中国这句老话，或许可以使那些热心于中国教会大学工作的外籍传教士们，得到某种程度的自我宽慰。

附记：

这是我在1991年春，参加美国一次汉学会议（弗吉利亚大学举办）提交的论文旧作。1994年5月，四川大学历史系举办“教会大学与中国现代化”国际学术讨论会，顾学稼教授热情邀我参加。但其时我回国不久，又应邀去海南作环岛考察之旅，无以为应，只有交这篇旧作搪塞，后被收入此次会议论文集——《中国教会大学史论丛》（成都科技大学出版社，1994年）。

《百年树人——中国教会大学史研究反思》读后

我与香港学人的交往可分两个阶段：1989 年以前侧重于辛亥革命研究者，1989 年以后侧重于中国基督教史研究者。1989 年 6 月初，我校在武汉举办中国教会大学史国际研讨会，吴梓明博士在当时那样敏感的局势下毅然前来参加，理所当然地成为在这个领域最先与我们合作的香港学人。

1991 年春我们在耶鲁大学神学院再次相遇，当时我与他都以主要精力从事中国教会大学史研究，因此便开始初步的合作，并且共同商讨今后如何推动这方面的研究。不过我随即应聘赴加州大学圣地亚哥分校（UCSD）任教，1993 年又应邀前往台北政治大学讲学，与他的联络遂暂时中断。但他对中国教会大学史的研究却始终情有独钟，并且做了大量极其有益的策划与组织工作。1993 年 12 月，他在香港中文大学崇基学院主办“中国教会大学历史文献”国际研讨会，我从台北专程前往参加，中外学者一致认为档案文献整理工作乃是中国教会大学史研究的基础，而首先就必须了解相关资料在国内各地分布与收藏的实际情况。会后，他与梁元生教授合力主持，并有内地众多学者积极参与，在较短时间内编辑出版《中国教会大学文献目录》共 5 辑。这是香港与内地学者亲密合作的重要成果，为中国教会大学史研究的进一步发展提供了必要的条件。

此后，在吴梓明博士的积极推动下，香港与内地学者在中国教会大学史领域的合作，广度与深度逐年有所扩展，成果也愈来愈多，如《基督教教育与中国社会丛书》与 *Changing Paradigms of Higher Education in China, 1888—1950*（《1888—1950 年中国高等教育的范式转换》）等学术专著的先后出版即为明证。因此，我通读《百年树人——中国教会大学史研究反思》这本书稿之后，感到这不仅是作者近20年来的论文结集，而且是他不断努力推动中国教会大学史研究向前发展的实录，当然也是香港与内地同行学者友好合作交流的记载。我认为，吴梓明博士在这方面的劳绩与贡献，是众多中外学者都久已认知与肯定的。

本书共分历史、师生、现代三篇，论题包括宏观的与微观的许多侧面和个案，但是都有一以贯之的重要理念，因而形成自己的特色。

首先就是作者非常重视教会大学内部的“中国因素”。正如导言所明确指出的：“过往学者有关中国教会大学的研究，多视为西方传教士的宣教活动之一，却忽略了许多属于中国的因素。本书所收集的研究文章是要尝试将中国教会大学重新放回中国的处境中，并视之为兼具有西方与中国的不同元素，也可算是中国教育事业上的一种中外合作的结晶品。”

只要从历史事实出发，就可以看出，中国因素并非在教会大学向中国政府注册以后才开始出现，而是从其创办之日就与生俱来。道理很简单：一是其施教对象是中国学生；二是它处于中国社会历史文化的特定环境之中。在中国社会文化背景下出生成长的学生具有中国因素自不待言，就是教会校园以外的中国历史文化氛围也不可能不对它产生或多或少的影响。即使是“洋生洋长”的传教士，即使是其中某些具有西方殖民主义傲慢心态者，在中国这样具有悠久固有文化的环境中长期生活，也不可能完全不受其影响。正如在英语国家长期工作的华人大多都有英文名字一样，教会大学的外籍教职员一般都有中文名字，而且很多还颇为古色古香，如裴义理、贝德士、史德蔚之类。据我所知，连他们在中国出生的子女，也大多取有相当地道的中文名字，如贝如璞（贝德士次子）、史庆云（史德蔚长女）等。我在耶鲁藏档中还发现当年金陵大学外籍教授夫人举办家庭茶会，在给其他“师母”们发的邀请信上特别附注：“请自带针线筐。”可以想见，这些在六朝古都金陵情韵中生活多年的西方仕女，尽管是金发碧眼、鼻隆肤白，但边做针线活、边品茗叙旧，倒也不失为教会大学颇有特色的一道风景线。

20世纪20年代，中国民族主义运动的高涨，特别是非基督教运动与收回教育主权运动的兴起，促使教会大学内部中国因素更为迅速增长，如华人出任校长，董事会乃至教职员中华人比例的大幅提高，中文课程和中国文化研究的加强，以及相关专业（如农学、医学、社会学、经济学等）更加密切地为中国社会服务等。人们习惯于称之为“本土化”或“中国化”，而从历史学家的眼光来看，这乃是无可避免的发展趋势。因为历史发展的趋势总是多种因素合成的，其中必然也包括互相对立的因素，这些因素相互作用而形成合力。从终极因果关系来说，历史就是合力运动产生的结果。正因为如此，任何历史事物的创始者，从来不可能实现完全如同自己预期的那样的结果。虽然未必是“种瓜得豆”、“南辕北辙”，但也往往如同个人的一生那样，“不如意事十有八九”。西方传教士来华兴教会办学校，目的当然是为了“化中国”，亦即使中国“基督化”，但结果更为明显的却是自身的“中国化”。从“化中国”到“中国化”，难道果真是“人事天心两相违”吗？我看未必！因为虽然以基督教普度众生的“化中国”宏图虽然未能实现，但作为“中国化”主体的中国确实也在变化之中。这个中国早已不是汉唐盛世原汁原味的传统中国，中国已经带有几分羞辱、几分勉强、几分奋发地悄悄走向现代化。这个变化的驱动力是多方面的，但其中包括西方传教士这样或那样的促进作用则是确定无疑的。“基督化”的大目标虽然相距仍远，但一定时期的功能彰显却也是有目共睹。我想当年西方传教士们的心情是相当复杂的，遗憾与欣慰并存，失望与希望同在。但其他怀抱各种信仰与主义，在中国这片广阔的土地上默默耕耘的人们，何尝又没有类似的复杂内心世界呢？

历史学家也许过分冷静，冷静到近乎冷酷。我常说历史学家应该像律师和医生那样，在研究过程中彻底以实证为客观依据与不宜夹杂主观情感因素。也许有人会讥评这种说法太缺乏人情味，历史不是人文学科吗？为什么历史学家要把自己等同于自然科学的工具？那么，请允许我用另外一种说法来表述，即历史学家应该以平和的心态来研究过去的人与事。正邪、是非、善恶之类的区分，客观上是存在着的，但那是研究的结果，而且最好是让读者自己去评判，至少是为他们留下独立评判的空间。任何经验结论预设与研究过程中的情绪好恶，在科学上都是不足为训的。

我们之所以从中西文化交流的角度来研究教会大学史，就是想用比较平和的心态来从事此段曾经众说纷纭的复杂历史，而吴梓明博士更将之提高为一种学术范式转换（changing paradigms）来理解。从历史上来看，文化交流一般都是双向的，尽管有主动与被动、强势与弱势、高级与低级的区分，尽管在交流过程中还必然存在着许多冲突与排拒，但总的趋势毕竟是异质（移植）文化的适应、改造与本土文化的包容、吸纳，从而逐渐形成两者之间的融通。当然，历史总是复杂的，尽管文化交流的本义是平和的，但文化交流的过程却并非总是风平浪静，有时甚至是伴随着血雨腥风。自从容闳的英文自传中译本问世以后，国人习惯以“西学东渐”四宇概括西方文化与中国文化的相遇，而相遇之主动一方显然是西学。西学作为一种文化整体的代号，其本身只有高低之分而无善恶之别，然而令西方文明传播者难免感到尴尬的是，军舰与大炮竟然成为最早充当其文明载体的象征。即令是神圣而又仁慈的基督教，其福音的传布权利亦曾明文载入以武力强迫清朝政府签订的不平等条约。但是，早期的西方文明传播者大多缺乏自觉的反省，单纯指责中国政府与民众的愚昧排外，却未能认知是自己国家的殖民主义残暴行径，才激怒了中国人并且引发百年来持续不断的反帝斗争，而且这又形成一种长期难以化解的历史情结。中国教会大学史研究的极端困难，其原因之一就在于这种历史复杂性，以及与此相伴而产生的牢固的反帝情结。正是由于这种潜在的反帝情结，往往容易使我们在某些史事评述中流于偏颇。

我经常强调：“尊重历史，超越历史。”前者意为必须尊重历史事实，后者则意为学者应该跳出历史恩怨的心理情结，以求保证研究过程的理性与客观。我又常说治史有如看山，此语乃脱胎于东坡诗句：“不识庐山真面目，只缘身在此山中。”欲识庐山真面目，必须与其保持距离，或横看竖望，或远眺近观，或俯瞰仰视，然后才能“横看成岭侧成峰，远近高低各不同”。研究教会大学史亦应如此，切忌拘守单一视点，必须从许多角度和不同侧面加以考察，然后庶几可以识得其真实面目。本书作者正是根据这种史学理念，对教会大学既有总体考察又有个案研究，既追溯其历史又观测其现状，既评判其已有贡献又探讨其未来发展，既阐析施教者又着眼于其受众……作者虽然长期接受教会学校教育并一直在教会大学执教，但是他的学术思想则崇尚自由与包容，把学术与信仰严格区分开来，因而其立论就比较客观而又豁达，容易与中外众多同行学者沟通。本书所收文章颇有创新之见。如华人校长必须面对三方面冲突：即基督教信仰与中国文化之间之冲突，委身于教育与委身于信仰之间的冲突，为信仰（差会）服务与为国家（政府）服务之间的冲突。他们的一生都是在这些冲突中谋求正确处理之道，而他们的贡献也正是由于在这些冲突中实现了某种程度的调和与融通。身在山中固然难识其真面目，而未曾登临此山者恐怕也未必能够真正理解其全貌及内涵。对于历史，既要能入，又要能出，然后才庶几可以形成真知灼见。这可以说是作者的优势所在。

作者既研究教会大学的历史，又在现实的教会大学长期从事教学、研究与行政管理。他认为："教会大学的研究不应是局限在过往历史的研究，也应是透过历史的研究，掌握其发展的规律、演变历程，以致进一步探求教会大学的未来发展。"这与我近来所提倡的"参与的史学与史学的参与"含义颇为相通，因为历史学者本来就应是联结过去、现在、未来的桥梁。作者不仅充分肯定了教会大学过去对于中国现代化的贡献，而且还认真探讨当代基督教大学的历史新使命。这个问题对于我们大陆学者来说，难免会产生若干困惑。教会大学在中国大陆不是早已消逝了吗？世界各地的教会大学不是都面临着宗教多元化与信仰迷失的双重强劲挑战吗？研究当代基督大学的新使命，乃至教会大学宗教课程的重新定位，究竟有多大意义？但是就我个人而言，这个问题倒是始终存在并悬而未决。教会大学有其从幼稚到成长的过程，有其成功的经验也有其局限乃至弊端，然而它决不是什么可怕的怪物。它诚然有教会背景，也有宣教色彩，然而却从来不是对国家与社会堪称威胁的对立物。教会大学并非中国所独有，它遍及世界许多国家与地区，过去存在而现在依然存在。诚如本书作者所言："中国教会大学虽然是在 1950 年初不复在中国大陆存在了，但部分教会大学的教职员及学生却移居至台湾及香港等地，继续华人社会的基督教教育事业……香港在 1997 年回归中国后，属于香港的基督教高等学府——香港中文大学崇基学院、香港浸会大学和岭南大学又随即变成为中国境内的教会大学了。"我不是基督徒，从来没有奢望过"基督教教育在中国的复活"，更不赞成什么“中华归主”或“基督化中国”。但是，我认为基督教与世界上其他历史悠久、信徒众多的各大宗教一样，应该得到必要的尊重与理解。特别是在整个世界人文精神缺失而人类文明处于严重危机之中的今天，基督教与其他各大宗教也不失为一种精神文化资源，至少可以满足数以亿万计的人们性灵生活的需要。作为教会事业的一部分的教会大学，也未尝不是一种精神文化资源，不仅其丰富的历史经验可以吸取，其现今的办学实践也可以作为借鉴。我曾经参观过我国香港、台湾多所教会大学，也曾经参观过欧美、东亚许多国家教会办的或有基督教背景的著名大学，觉得这些学校至今仍然可以作为我们高教工作，特别是作为学生人格教育的重要的参考。譬如这些年颇为流行的“生命教育”或“全人教育”，与我们现在提倡的“素质教育”或“通识教育”就颇多相通之处，而前者正是历史上的教会大学一贯办学宗旨的继承与发展。

今后的世界，必然是文化多元化的世界。世界全球化决非意味着人类文化归于一统，各个地区、各个国家、各个民族必将各自带着具有个性魅力的文化，参与更为密切而又迅速的相互交流。在相互交流的过程中逐渐形成相互融合也是必然的，然而融合应该是平等的和互利的，不同于新老殖民主义的征服与强加。因此，在全球化大潮汹涌而来之际，我们对于各种各样文化尤其应该持有更多的理解与尊重。对于文化教育事业品类之一的教会大学，无论是历史上存在过的还是至今仍然存在的，我们也应该持同样态度。既不可视之为完美无缺，也不必视之为另类异端。世界的空间很大，教育的天地也很广阔，为什么不让教会大学也享有为社会福祉略尽绵薄的同等权利呢？至于中国教会大学史的研究，我认为现在仍然处于起步阶段，需要改进与加强之处甚多，有待于同行学者作更大的努力。

以上也算我通读全书以后引发的自己的若干反思，即以此为序，不知作者与读者以为然否？

西学东渐与东学西渐

——对容闳的再认识

1998年是容闳诞辰170周年,"中国留美幼童纪念学会"（Chinese Students Memorial Society）和耶鲁大学，于9月在他工作多年并最终定居的哈特福德（Hartford，美国康涅狄格州首府）举办纪念活动，邀请容闳的和他当年率领的留美幼童的后裔40余人聚会。随后是11月下旬在他的出生地珠海，由市政府出面主办“容闳与中国近代化”学术研讨会，有众多中外学者参加，提交论文50余篇，讨论非常热烈，并且提出许多推动容闳研究的很好建议。中国人和美国人都没有忘记容闳，我为此感到由衷的欣慰。

中国早期的现代化先驱者，大多是长期接受传统教育，然后走出国门看世界，获取新知以后回国推动各项革新的。唯独容闳是从小到大在海外接受比较完备的西方教育，然后回国投身维新与革命活动。不同的文化背景塑造不同的世界观，容闳实际上早就形成了适应于西方近代文明的世界观。只是由于他平生事业重在实践，同时也由于他不善于运用中国的语言文字，因而未能在这方面多作自我表述罢了。

容闳平生事业有四大端：协助建立江南机器制造总局，此其一；倡导并率领幼童赴美留学，此其二；参与维新变法，此其三；促进革命运动，此其四。这四件事都是开风气之先，都需要大智慧、大勇气、大才干，才能在专制高压、封闭守旧的社会环境中有所成就。人们常说容闳的可贵在于“与时俱进”，意即他的革新主张与实践经历器物（办工厂）、精神（创新学）、制度（从变法到革命）三个层面。我认为，这种看法是把容闳等同于其他中国现代化的先驱者，不尽符合容闳的心路历程。因为，容闳在美国所接受的多年文化熏陶，特别是在耶鲁大学的系统教育，他早已具有民主、自由与共和思想。所以，他的1854级级友的临别赠言，才会出现“希望获悉你的故土从专制统治下和愚昧锁链中解放出来”，“愿你回归天朝帝国之时，将发现它已成为神圣的共和国，而你将参与获致推翻压迫的胜利”等诚挚话语。1860年他从上海前往南京，对太平天国进行相当认真的实地考察，给洪仁玕的七条建议，已经包括政治、军事、经济、教育各个方面的革新。其后在《西学东渐记》第十章(“太平军中之访察”)和第十一章(“对于太平军战争之观感”)中，他也毫不讳言自己对于革命的同情和推翻清朝政府并建立新国家的向往。

容闳在耶鲁大学临近毕业之际，即已立下“以西方之学术，灌输于中国，使中国日趋于文明富强之境”的宏大志愿，并且“又预计将来应行之事规划大略于胸中矣”。其目标与规划都是比较全面的，但是他实行的具体步骤却不能不受主客观条件的制约。容闳的特殊经历使他在回国初期成为所谓边缘人物，既难以为主流社会所接纳，也未能为农民起义军所认同。他所拥有的“西方之学术”，无论是灌输还是移植都需要有某种社会力量作为凭借，个人赤手空拳是办不成任何事情的。他在香港学律师、在海关当翻译、在洋行任职员，无非是谋求生活自立的支撑点；投奔曾国藩和会见洪仁玕，才是他寻找灌输、移植“西方之学术”的依托力量。太平军领导人的晚期腐化蜕变终于使他失望，暂时放弃了激进变革的试探；而洋务派官僚对某种程度革新的趋向，却使他有可能实现办新式工厂与率幼童留学，迈开以西学使中国日趋文明富强的第一步。但洋务派官僚并未给他一个挥洒自如的空间，守旧势力的阻挠与攻讦则使他的留学计划半途而废。于是他把眼光转向新起的维新运动，随即又通过堂弟容星桥与孙中山结纳，积极促进以建立共和国为目标的资产阶级革命。我认为，容闳的认识具有明显的前瞻性，也可以说是知先于行或行其所知，这是他与其他许多先驱者思想发展轨迹不同之处。

长期以来，人们都把容闳的名字与西学东渐紧密联系在一起。这不仅因为他的生平事迹确实体现了西学东渐的潮流，而且还因为他的自传中译本被命名为《西学东渐记》，以致在人们的心目中，容闳仿佛是西学东渐的代号。其实这本用英文撰写的自传原名 *My Life in China and America*，直译应为《我在中国和美国的生活》。中文译者把它改名为《西学东渐记》，可谓画龙点睛，深得其神髓，决非误译与歪曲。西学东渐是近代中国（也是近代亚洲）一股强劲的潮流，真说得上是家喻户晓，深入人心。因而人以文传，文以人传，自传的原名反而在故土被遗忘了。

容闳为西学东渐作出的卓越贡献，早已为世人所知晓，但他为东（中）学西渐所做的工作却不大有研究者提及。我查阅耶鲁大学馆藏容闳档案，发现他不仅对《四书》和若干中国史书、诗词有所了解，而且还利用这些典籍中的名言佳句为1854级众多美国级友赠别。其后，他担任中国留学生监督，在哈特福德工作六年之久，不仅督促留美幼童学习中文经典，而且向耶鲁大学赠送《纲鉴易知录》、《三字经》、《千字文》、《四书》、《五经》、《山海经》、《康熙字典》、《三国演义》、《李太白诗集》等书。中西文化交流本来是双向交流，即令是先进文明与落后文明之间也存在着互动关系，何况中国传统文化还具有这么悠久的历史和极为丰富的内涵。西方人为东方文化的固有魅力所吸引，故国文化的基因必须要在与美国同学、友人长期相处中有所展现，这就是容闳致力于东（中）学西渐的缘由。就传统文化的素养与实力而言，容闳诚然不及王韬、薛福成、郭嵩焘等大学者，但他对西学和西方社会的熟谙，却又使他在东学西渐工作中具有自己的优势。

过去，人们往往误把容闳看作业已归化美国的假洋鬼子，其实他终身抱持着牢固的中国情结。无论是在中国还是在美国，他把自己的一生全部奉献给中国现代化的伟大事业。正如他给美国级友临别赠言所说的那样，胸怀松柏之志，常葆赤子之心，终于有志者事竟成，在临终之前获知故土推翻君主专制与建立共和国的胜利喜讯，并且立即敦促自己的儿子回国为新政府效力。他唯一的遗憾是长期羁旅北美，未能重返故土而终于客死异域。但这绝不是他自己的过错，是当时那个守旧的中国未能容纳这位海外赤子，把他排拒在国门之外。但对祖国土地和人民的眷恋伴随他终身，他虽然被安葬在曾经学习、工作、生活多年的哈特福德，而墓碑上所镌刻的那个中文“容”字图案，却象征着他那颗永远期盼东归之心。

与容闳的崇高历史地位与深挚情怀相对比，我们过去对他的研究是太不够了。我希望以这次《容闳与中国近代化》国际学术研讨会和会议论文结集出版为新的起点，将有更多的学者对这位伟大历史人物的思想和业绩作更为全面、系统而深入的研究。

（为《容闳与中国现代化》所写序言）

先驱者的足迹

——耶鲁馆藏容闳文献述评

容闳是近代中国最早走出国门看世界的少数先驱者之一，而由于他在美国受过比较完备的高等教育，对西方的了解更为深切于同时代的侪辈，他的思想与言行都具有更多的前瞻性。但是，对容闳的研究至今仍然是我国史学领域的薄弱环节，其主要原因乃是由于现存直接相关的原始资料太少，除《西学东渐记》而外，几乎没有什么成批量的结集文献可供利用。这当然使许多有志于此的研究者感到棘手。

自己留学美国并率领中国幼童到美国留学，是容闳人生旅程中的重要篇章，因为他的现代化思想与现代化实践乃奠基于此。但是现有文献恰好缺乏有关容闳这段历史更为直接的记载（《西学东渐记》除外）。1988 年我有幸在美国耶鲁大学图书馆档案部（Yale University Library, Manuscripts and Archives），看到该馆所藏的容闳私人文献。其中包括容闳藏件（Yung Wing Collection），编号为 Manuscript Group No. 602；威廉家文献（Williams Samuel Wells Family Papers），编号为 Manuscript Group No. 547 以及耶鲁大学 1854 级档案（Yale University Archives, Class of l854）。共 35 件，177 页。

具体表列如下：

文 献	时间（年）	件数	页 数
容闳藏件	1848—1910	14	26
威廉家文献	1849—1878	8	25
耶鲁大学 1854 级档案		9	121
馆长录存	1878，1879	3	4
贝因内克善本图书馆	1854	1	1

从时间而言，这批文献虽然数量不算很多，而且内容也并非完整，但多少可以填补1848—1879年期间容闳先后两次到美国学习与工作相关文献记载的不足。为便于国内学者了解与运用这批资料，我试作简要介绍与评述，但由于文献年深日久，字迹漫漶，加以多为青少年时期手笔，潦草误漏之处亦多，辨认较为困难，所以，更为详尽与确切的原文与译文发布只有留待来日。

一、早年信函

容闳早年信函分别保存于容闳藏件与威廉家文献。其中最早一封是1848年6月7日给加劳德尔博士（Dr. J. H. Gallandel）的信。当时容闳到美国只有一年多，还在孟松学校（Monson Academy）读书。此信主要是说明暑假去纽约、费城旅行途中，由于勃朗夫人的朋友热情强留，打乱原订计划，未能前往加氏家中小住数日，因此深感歉疚。此信情词婉约，颇有人情味，如说："请告知我，有没有中国鸡蛋和鸡送给你，如果没有，我可以设法为你谋求若干。"这些细微之处，说明容闳已经成为一个稍通人情世故与彬彬有礼的青年。

多数信函是写给S. W. 威廉先生的。其中一封写于1849年4月12日，此时威廉及其家人已经安抵中国广东，虽然途中曾碰上灾难性的台风。信中除慰问外，还提出两个要求：一是希望威廉雇用自己的哥哥（Yung Aeum），可能是企盼借此稍为减除家中经济困难；一是请威廉向母亲和姐姐说明容闳继续留美深造的理由，因为原来是说定两三年内学成归国的。唯恐母亲和姐姐难以理解，又请威廉向叔叔作较详细的解释，说明整个学习需要六年，希望叔叔能协助说服母亲。容闳坦率地告诉威廉，家人担心他信奉基督福音并滞留不归，渴望他尽快回来挣钱养家。信中还谈到孟松的学习情况，容闳说："自从来到这个国家，我把所有时间都用于学习英语，到去年冬天又学习拉丁文和希腊文，以求符合读大学的需要。"信的末尾请威廉原谅："我的许多（文字）错误与蹩脚书法"，情况确属如此，英语水平的限制，使容闳难以更为翔实准确地表达自己的思想。

不过，1850年12月20日写给威廉的信已有明显进步，其时容闳已经是耶鲁大学的新生了。信一开头就为未能及时回复威廉的两封信致歉，因为过去一年正忙于作攻读大学的准备。容闳不无得意地报告：“今年秋天我顺利进入大学，并完成一个学期的课业，现正享受两周休假。这是我唯一希望给朋友写信的时间。大学生活对我多少有些新鲜，虽然我在（孟松）学校已经受过某些必要的训练。”大学新生除了学习而外似乎没有时间想到其他事情，但容闳已经敏锐地感觉到：“在大学生中间另有一种激奋（excitement），我认为耶鲁被一种雄心勃勃的氛围所环绕。”容闳已经表现出是一个有头脑的青年，他承认自己接受这种氛围的影响甚多，但主张唯有慷慨大度的雄心（generous ambition）才是富于建设性的，否则就难免会误入歧途。容闳说大学生活给他带来更多的欢乐，但又发现学习的竞争是在不平等的基础上进行的。因为自己在入学前只花了一年半时间学习语言，而其他同学则花费了三年乃至六年。容闳认为，只有具备健康的身体与饱满的精力才能保证完成学业。信的这些内容与《西学东渐记》的相关记述完全吻合，而且可以相互补益。

此信也谈到一些家庭状况：“我很高兴我的母亲曾与你见面，而且她仍然身体康泰。不过上一封信也给我带来不幸的消息，她告诉我哥哥的死亡，还有她自己的境况。这封信使我悲痛达两周之久。”“我的心灵之眼（mind eye）可以看到他们的处境。没有其他事情比想起他们更使我烦恼……我早就该返回家园，但现在事已如此，我只有为他们祈祷。”此时，与容闳一同随勃朗来美国的黄胜早已于1848年秋因病归国，接着是黄宽远赴英国爱丁堡大学习医，所以信中说：“我感到非常孤独，现时再没有人与我用华语交谈，我的中文写作迅速退化……当我离开中国时，我没有携带任何中国书籍，你能按照信上所列书目为我购买吗？我渴望得到若干中国同班同学的消息，我曾给他们每个人都写过信，但未得到回音。Achung（似为黄胜）离开此地后未曾给我片纸只字。来自地球另一四分之一地区的消息极少而且贫乏，这只能增添而不是减少一个人的渴求。”这些朴素的话语表达出容闳对故土亲人和同学的深挚情意，同时也说明他不愿舍弃中华文化之根。

容闳在耶鲁毕业的前一年，即1853年6月27日给威廉的信的字迹清楚多了，谈的主要是财务问题。1852年冬天他曾托人带给威廉30美元，其中25美元交给母亲，如母亲已故则由姐姐和弟弟均分；剩下的5美元用以偿付威廉代为购买中国书籍的价款（书已收到）。当时远洋通信多半是托人带交，周期极长，所以容闳在信中焦急地说："我已经有好久未得到家中消息了，所以我甚至猜想我的友人之所以没有来信，是由于他们不愿让我知道有关母亲的任何情况，或许不敢告诉我母亲已不在人间，请写信告诉我一切重要的事情。"信中还重申："我一毕业就回中国，因为我急于归来。我（在外）已经太久了。请把我的情况告诉所有我的熟人。"毕业愈近，思乡之情愈深，所以他在1854年11月乘轮船返国是有思想基础的。

耶鲁所藏文献中没有1854年至1876年容闳给威廉的信，其后我能看到最早的一封写于1877年2月19日，此时容闳率领幼童来美留学已有多年，仍然担任留学生副监督（兼任驻美副公使），经常在距耶鲁不远的哈特福德中国留学事务所办公。这封信是对威廉2月17日来信的回复，其时威廉一家已回到耶鲁大学所在的纽黑文，所以此后两人通信增多且甚便捷。这封信主要是告知威廉，哈特福德地方报纸已经报道美国国会有关古巴华工问题的讨论情况，希望威廉给以关切。信中说："我深知太平洋沿岸华工所受苛刻乃至野蛮的待遇。"容闳是坚决反对美国排华浪潮的，但国内守旧势力却以此契机要求撤退留美中国学生，所以便增添了问题的复杂性。容闳在信中力言："我们的中国学生有值得称赞的进步，除一人死亡外全都非常健康。我们的新楼很快即将完工，事务所可望于3月15日搬进去。我们将有幸邀请您在4月1日以后任何时间前来（参观）。"这表明他对派遣留学生计划仍然具有信心。

两天以后（1877年2月21日），容闳再次写信给威廉，主要内容仍然是华工问题，显然威廉在反对排华问题上已成为容闳的盟友。信中说："我不记得看过没有你给（加利福尼亚）州调查委员会的答复，但一定会很高兴地在今后几天加以阅读。我已经积累了许多事实与报告，涉及所谓加州华工问题，甚望调查委员会报告发表时能酌予采用。"威廉显然已经为容闳无事不谈的密友，信中说："除移民问题可能与陈兰彬争执外，我认为西班牙公使已经准备一个宣言，借口一艘西班牙船只在台湾海峡沉没来攻击中国。因为在八年以前，当该国水手被土人杀害时，西班牙即曾发出通牒。中国应该为这三千或四千被（住在）古巴的西班牙人杀害的中国人，为所有那些死于（以下字迹不清）……要求全面赔偿。"

1877 年 6 月 7 日致威廉函谈的仍然是有关华工问题，因为容闳已经从华盛顿友人处取得一份国会相关专门委员会提交的加州华工问题报告，同时也读过威廉对委员会所提问题的回答，所以所发表的意见也就更具有深度。他斥责那些倡言排华的美国议员为"政客"，同时也寄希望于美国有识之士。信中说："他们既为善人即应有善行，我认为他们会公正地对待中国和中国人。"他特别痛恨那些横行作恶于南美秘鲁各地的西班牙人，信中说："我的心为那些落在西班牙人手中的穷苦中国人流血。"

1878 年，亦即留学事务被迫结束这一年，还有一封容闳给威廉的信。这封写于 5 月 4 日的信除继续谈调查华工问题外，还谈到容闳向美国赠送中文书籍一事。由于最初的赠书目录已经遗失，赠书总数及种类已不可知。但信中还附有一张残缺不全的书目，照录如下：

容闳 1878 年赠送

《纲鉴易知录》、《三字经》、《千字文》、《四书》、《五经》、《山海经》、《康熙字典》、一才子《三国志》（似应是《三国演义》）、《李太白诗集》。

（此书目前面是汉语拼音，后面是英语释义，节略后者——笔者）

信中还提到，将继续赠送全套《皇朝历史》（*Dynastic Histories*，疑指十七史或二十二史之类），以及一套《大清中外一统舆图》。从这封信和另一封给莱门教授（Addison Van Name）的信可以知道，这些书都是送给耶鲁大学的。我认为，由于美国名牌大学图书馆管理工作的完善，很有可能找到容闳这批赠书的踪迹，将为中美文化交流史增加一段佳话。

二、 54级赠言簿

容闳于1854年毕业于耶鲁大学，毕业之际，级友惜别，相互赠言。容闳保存的54级赠言簿幸运地流传至今，为我们的研究增添一本弥足珍贵的原始史料。我们应该感谢那位名为紫罗兰的陈太太（Mrs. Violet Chan），是她在容闳离开耶鲁百年之后将赠言簿捐赠给该校。至于这本珍贵的赠言薄如何流落到美丽的紫罗兰手中，尚有待于进一步追寻踪迹。

54级毕业者共98人，其中只有一个中国人，即容闳，所以《西学东渐记》说："以中国人而毕业于美国第一等之大学校，实自予始。以故美国人对予感情至佳；时校中中国学生，绝无仅有，易于引人注目。又因予尝任兄弟会藏书楼中司书之职两年，故相识之人尤多。同校前后三级中之学生，稔予者几过半。故予熟悉美国情形，而于学界中交游尤广。予在校时，名誉颇佳。"也正由于如此，为容闳题写赠言者极多，而且大多情真意挚；据我初步清点，给容闳赠言者共92人；另有容闳给级友的赠言七则(其中有一则格言重复四次，即"大人者不失其赤子之心")，可能是容闳自己留存备考。这些题词的格式大多是先引用自己信奉的昔人箴言，然后再写自己的临别赠言。通过这些引用的箴言和自己的赠言（包括书法），可以反映出这些青年学子不同的个性、修养与学识水平，以及与容闳的关系亲疏如何；同时也可以从每个赠言者的眼光里，看到容闳给他们留下的印象，等于是从不同侧面与视角为容闳画像。这120多页的相互赠言，为容闳在耶鲁4年的大学生活留下较为密集的印痕，追踪这些足迹可以增进我们对青年容闳的深层理解，同时也可以让我们对容闳此后58年的思想与行为获取若干新的认识。但是由于不少心浮气躁的大学生书写过于潦草，加以文献保存年代甚久，难免有所模糊，所以大多也难以卒读。本文只能就稍有把握的部分，作初步而又粗略的评述。

绝大部分赠言都充分肯定了容闳品德、才能和精力过人的勤奋，以及4年同窗凝结的深挚友谊。有一个名为 T. W. Cattin（字迹不清）的级友赠言说："亲爱的闳：我深信，当你回到世界彼端你的故乡时，我们在这所大学的结交将融入你的记忆。我向你保证，我决不会忘记我的中国级友，他那深藏内心的热情，对我们的文学的癖爱，以及对他自己祖国的奉献与深深关切，都早已为我所习知和感受。对于我来说，列举我们快乐的大学生活中许多合作与同情已非必要，因为我知道，当你思念你的同窗好友‘汤姆’(Tom) 的时候，一定会很容易想起所有这一切。而你知道，我将经常回忆作为划船俱乐部第一分队成员容君的冲锋，他也是我经常在这个可爱城市的街道和硕大古树下散步的伴侣。我将喜欢想念你这个相知已深的好朋友，你曾向我谈过许多有关你的祖国的情况，以及你对她的希望与怀念。把这些事情记在心里，并且了解你的精力和运作，我将企盼获知你在未来中国历史上的伟大事业。我希望你的伟大计划将会实现，在你的同胞中间，你将度过伟大、善良和有意义的一生。我亲爱的伙伴，愿上帝保佑和赐福于你。”

另外一位姓 Ritch 的级友的赠言是：“自从我们同班以来，便与你关系非常亲密。当我想到你将回到遥远的家乡时，感到十分忧伤。不过你想到这些会感到喜悦。因为你在这里留下许多结识了的朋友，而摆在你面前的是充分施展才华的生活的希望。你可以相信，我将怀着深切的渴望注视着你未来的进步。上帝将保佑你并指引你为同胞的福祉努力工作，同时赐给你绵长而愉快的生活，这就是我临别的祝愿。你在班上有许多热心的朋友，你将永远保持这种友谊，我希望这将驱使你会偶尔拜访我们，并且受到我们为你的到来而时刻准备的热烈欢迎。我还有很多话，因为把我们联结在一起的有许多愉快的纽带，但回忆将把它们妥善珍藏，我无须提到它们。别了，亲爱的闳，我愿成为你最为乐于回忆者之一。”

还有两则赠言，虽然简短却颇有风趣。一个可能名叫亚历山大 (Alex) 的级友说：“当我初次来到大学时，就被安排与你同座，我比其他级友更早认识你。啊！我们将不再可能相互启发，‘嘶嘶’(可能是一种逗乐的嘘声)、‘没有通过 (考试或测验)’，特别是竞赛中的‘冲锋’。我知道将会得到你在世界上的消息，并且以有你这样的朋友而感到骄傲。相信你业已了解我对你的才能和价值的真诚羡慕。我深信你不会忘记我 (此处略有节略——笔者注)。”另外一个叫做 Erskine N. White 的级友的赠言是：

"虽然一个中国人从校内'美国土著'那里拿走不止一起奖项，但我认为你找不到任何一个人不乐意看见你这样聪明的家伙取得成功。如果你将来一如既往那样风光雄心勃勃，便不会有失败的危险。"像许多过去与现在的美国大学生一样，这个美国青年在给容闳赠言的开端引用了别人的一句话（或诗）："Ambition is gems, from which all growth of nobleness proceeds."大意是："雄心是美玉，一切杰出的成长由此行进。"英文中的ambition一词具有雄心（或抱负）与野心两层含义，西方人把ambition视为个人很重要的品质，如果没有ambition就等于没出息（或自甘落伍），对年轻的"耶鲁人"（Yale-men）来说尤其如此。这与中国陈旧传统教育对青年所要求的伦理规范与行为规范正好形成鲜明的对照。美国学生给容闳赠言开端所引用的前人名言佳句，大多取自《圣经》和英、美国文学作品。如："上帝！只要一息尚存，我们将记住你。""荣誉是一颗伟大心灵的结果而不是目的。""知识的心灵锻造一支天使的长矛，用这种气概迫使世界屈服，为帝国而战斗。""也许在地球上，用直观之眼我将永远看不到你外在的形貌；但对我来说，你将永远不会变老，在我的记忆中长驻青春。"（似为诗人郎法罗的名句——笔者）"力求使他的品质为人知晓，活着去抓住金钥匙，改变强大政府的法令，策划宫廷密谋。"如此等等，不一而足，反映了众多美国大学生不同的个性、理念与追求，当然也不乏年轻人的诙谐与夸张。

与此相对应的则是容闳给美国同学赠言的浓郁东方色彩，可惜他的录存有限，很难窥见其全貌，摘引数则于下：

"礼之国，和为贵（容闳译为'The most valuable thing in politeness is concord'）。哈立司好友：你的灵敏机智和其他社交品质，将到处为你赢得朋友。我毫不怀疑你将以极大的努力去赢得胜利。你的愿望与目标将会圆满实现。""大人者，不失其赤子之心（容闳译为'A great man never losed the heart he had when a child'）。司来德好友：请允许我对你的高雅品格给以高度评价。愿你的一生充满善行，美梦成真。""有志者事竟成（容闳译为'When there is the will the work is effected whatever it may be'）。"亲爱的司塔尔："你具有精力、毅力和与生俱来的善心。大自然寄予你厚望，愿你能实现你的崇高目标，为他人幸福而活着。”“手拈一管笔，到处不求人（容闳译为‘He who know how to use the pen is an independent man wherever he goes’）。亲爱的朗巴尔德：你那和蔼可亲的品格，将常常是我最愉快的回忆的主题。在你将厕身的任何生活领域，无论是教师、编辑、牧师或邮政人员，你都将完满实现你的目标。”“大人者，不失其赤子之心。亲爱的旺：我将常常愉快地回忆起你的亲昵声调。愿你迅速进入广阔世界，为社会注入亲善与和谐。向你高雅的举止致敬。”

在赠言簿上还可以发现容闳的两首小诗。一首是：

弥年不得意，新岁又如休？
念昔同游者，而今有几多？
以闲为自在，将寿补蹉跎。
春色无新故，幽居亦见过。

（作者自己所译英文已模糊不堪）

另有一首是：

善似青松恶似花，如今眼前不及他。
有朝一日霜雪下，自（只）见青松不见花。

(容闳英译为:“ The good resembles the evergreen. The wicked resembles the flower. At present the one is inferior to the others. There is a mourning and[①]a day when frost and snow fall, we only see the evergreen but not the flower. ”）此诗上端尚有英文题词隐约可见：“ Chinese poetry written by ping ming, a native of China and a junior on Yale College. ” 意为：“中文诗歌乃平民所作，这是一个中国土著与耶鲁大学的高班生。”

以上题词凡中文大多用毛笔正楷书写，笔画尚称工整，可见即使长期旅居海外亦未中辍习字。诗作和译文虽然颇多可推敲之处，但对于一个长期生活在英语社会并完全以英语为交流工具的中国青年来说，堪称难能可贵。这两首诗是否也是为美国同学题词所写，目前还无法判定；更大的可能还是作者自抒情怀，表述自己的心境与信念。

① 此处疑有文误，但仍按原文照录。

三、读后有感

尽管上述容闳文献数量不算很多，而且目前能够辨认清楚的只是其中一部分，但读后仍然感受颇深。与同时代其他走出国门看世界者相比较，容闳有两个特点：一是出国时年龄较轻，可塑性很大，更容易接受西方文化教育的影响。何况他在出国前曾接受过10年以上西式中小学教育，已经或多或少经受基督教文化的濡染。早在1845年肄业于马礼逊学校时，容闳有篇作文即以《意想之纽约游》为题，已萌现出对西方世界的向往。二是在美国所受高等教育比较完整，经过两年预备教育再完成三年本科学业，而且又是独自一人与美国同学朝夕相处。因此，他比较全面地接受了西方近代化文明，从语言文字、生活方式、言谈举止、科学知识、文化素养，直至世界观和人生观，都深深烙下了西方文化的印痕。所以容闳在《西学东渐记》中谈到刚回祖国的情景时不禁感慨："一向被当作西方文明表征的西方教育，如果不能使一个东方人变化其内在的气质，使他在面对感情和举止不同的人时，觉得自己倒像来自另一个世界似的，那不就可怪了吗?"但是，容闳在出国前毕竟已经在中国的土地上（包括澳门、香港）生活了18年以上，与家庭及故土的感情纽带业已形成，从前述容闳书信中可以看出他对故乡亲人怀恋之深。同时，他在赴美前长期接受的虽然是西式学校教育，但毕竟仍然处于东方文化氛围之中，而且也并非完全不读中文书籍。《西学东渐记》曾提到在古夫人西塾因故停办后，"予既还家，从事汉文"，大约有一年光景。进入耶鲁大学攻读后，容闳也曾寄钱给住在广东的威廉先生，托他代为购买中文书籍。从上述容闳题词可以看出，他虽然已经忘记如何说中国话，但中文的阅读、书写与写作能力还是有所保持的。因此，我们不宜把年轻的容闳看成一张可供任意涂抹西方油画的白纸，实际上他仿佛是一个在西方文化氛围中习画的东方艺徒，虽以西方油画为主，但却悄悄融入中国画的技法与意境。他把西方基督教的使命感与奉献精神，与中国传统文化的以天下为己任与回报祖国融合起来；又把西方近代化以个性解放为基础的ambition（雄心），与中国古代经典所提倡的大丈夫气概贯通起来。因此，他留学美国的起因与归宿都是以近代西学改造中国，而不是纯粹归化于西方。

正是那个引用“荣誉是一颗伟大心灵的结果而不是目的”为容闳赠别的美国同学，他自己的题词是：“你的处境很特别而且还有些困难，但是你自己在这里顽强地支撑过来了。我深信你回归故土以后，将有力量为真理和上帝去做大量高尚的工作。”另外一个姓 Smith 的级友的题词更为明确：“愿你回归天朝（Celestial Empire）时，将发现它已成为神圣的共和国（Celestial Republic），而你将参与获致推翻压迫的胜利，正如上面那首诗歌所说的那样。”所谓“上面那首诗歌”，是他所引用英国诗人丁尼生（Tennyson）的作品，摘引首句为：“我们的敌人已经崩溃，而胜利将发出光辉。”（“Our enemies have fallen, but victory shall glow.”）信中接着说：“我深深相信亲爱的闳，你为促进那里伟大的自由之树生长，将起重要的作用。在它的下面这个民族将发现来自西方的荫凉，而上面则是秋天的果实将被重新分配（此处字迹不清——笔者）。”还有一个名为 Robert E. Taylor 的级友，其赠言似乎更为激进：“我将回忆那时你在兄弟会大厅（Brother's Hall）向我拉选票，也成功地成为一个统一体中的兄弟（brother in unity）。我有理由常常想起你，因为你有善良的心灵与善良的感情。我希望你为自己展布的生命之线不要过于炽热。当我祈求我的级友的好运时，我将常常深深思念你，你为人民谋求福祉的光荣使命。获悉（因为我希望获悉）你的故土从专制统治下和愚昧锁链中解放出来的欢乐，将因为知道你，我的亲爱的闳，曾经分担这份光荣的工作，而更为增强。愿上帝保佑你，愿成功与你相随。”

当时美国建国还不到 80 年，人们对民主、自由等政治理念深信不疑；排华浪潮也还没有出现，容闳虽然是独自一人，尚能与众多美国同学和睦相处。大学生相互之间的赠言一般都是热情洋溢，坦诚相见，即令是放言无忌也大多是从善良愿望出发。容闳就是在这样的环境与氛围中度过了四年大学生活，他的言谈举止或多或少折射在美国同窗潦草零乱的临别赠言之中。读了这些稚嫩然而真诚的言词之后，我们对容闳回国之后的种种努力，如经商、如兴学、如变法、如革命、如流亡，将可增添若干新的诠释。

《西学东渐记》这一中文译名沿用已久，其实容闳用英文写作的原稿本是“ My Life in China and America”，如果直译则更为平实贴切。但因西学东渐已成近百年来的历史潮流，这一词语遂能历久不衰。容闳诚然是这一潮流的产物，而且在这一潮流中扮演重要角色并起促进作用。不过与其说容闳是思想家，倒不如说是实践家。他并非著作等身，也无任何鸿篇巨制，只留下一本薄薄的纪实性回忆录。他的特色是经过 10 年在华西式教育和 6 年美国高等教育（包括预科），把自己培养成比较规范的西学载体，然后通过自己回国后的一系列革新实践，使西学东渐于中国。

但是，《西学东渐记》书名的长期流传因袭，使我们或多或少忽视了事情的另外一面，即东学西渐。文化交流的双方难免有主动与被动之分，但就总体而言总是呈现出彼此互动，从来没有什么绝对的主动与绝对的被动。近百年来，由于西方的强盛与东方的衰弱，西学诚然长期以强劲主动的态势东渐，但是历史悠久的东学也并没有完全中断自己的西渐。当然，这是一个很大的题目，不是这篇短文所能讲得清楚，需要作更为系统的深入研究。但我们不难从容闳的身上捕捉到东学西渐的信息。就向西方展示东方文化风貌而言，容闳当然不具备王韬、郭嵩焘、薛福成那样的学术素养，因而也就不具备与西学平等对话的实力。然而他出国时已十八九岁，或多或少具有中华文化基因。他在耶鲁肄业时依然自觉地读中国书、写中国字，乃至写中文诗。当时一般美国人对中国所知甚少，对许多耶鲁美国学生来说，容闳就是中国，通过他了解中国和中国人，捕捉有关中国社会和历史文化的种种信息。尽管这是一种层次较低的东学西渐，然而却是容闳自觉的主动行为，特别是表现于临别赠言所展示的中华文化风采。至于 20 年后向耶鲁大学成批赠送中国书籍，那更是一种自觉的较高层次的东学西渐大举措。

我现在还无从断言容闳这种东学西渐的努力究竟产生何等效果，但至少东学通过容闳给耶鲁内外一部分美国人留下比较美好的印象，并且使他们增加了解中国、中国人和中国文化的兴趣。正如容闳自己所说，他在耶鲁与美国同学的竞争是在不平等的基础上进行的，这也就是一位美国级友赠言中所说的“处境特殊且有若干困难”。但容闳以中国农家子弟的吃苦耐劳精神努力学习，并以中国传统伦理规范律己待人；当然也不排除他从西方文化吸收的民主、自由、进取等精神营养发挥了作用，他终于经过奋斗闯过重重难关，不仅从总体上大大缩短了与美国同学之间的学业差距，而且他的英文作文还连续夺魁。一个来自偏远中国农村的学生，居然战胜七八十个以英文为母语的美国名牌大学学生，当然会赢得众多耶鲁师生的喜爱与尊敬。况且，这个中国学生所引用的那些东方经典乃至民间谚语，虽属片言只字却也言简意赅，在耶鲁 54 级赠言簿上赫然与《圣经》、莎士比亚、丁尼生、朗法罗的话语并列。中国的哲人文士丝毫不逊于西方的哲人文士，东方的智慧完全能够与西方智慧抗衡，这就必然要吸引一部分美国大学生把求知的眼光转向神秘的东方。

一个姓包得文的年轻级友（比容闳小 6 岁）赠言：“我知道你无论干哪一行都会走向辉煌。如果我访问中国，一定会对你进行‘孜孜不倦的搜寻’。”一个名为 William K. Eastman 的级友赠言：“你从远方来，又将回到你来自的地方。但我不会忘记你曾在我们中间，而这条线索将伴随你(终身)。我们对中国全都比过去更为增多了兴趣。”一个名为 W. C. Flagg 的级友赠言：“我们将经常把我们的中国级友引为骄傲和至爱，并且希望永远不要被远在天朝国土的级友所遗忘（此处字迹不清——笔者）。你已经掌握了知识的力量，用它来帮助你的同胞和全人类。”还有一个名叫亚历山大的级友赠言：“我希望你未来的计划全都成功，你决不会懊悔曾经离开祖国来到异邦留学，因为你在耶鲁结识了许多极为热情的朋友。回到天朝以后，别把我们都忘了，请时而回顾与我们这些美国夷人（the savages of America）在一起的生活。”还有一则更为动情的赠言：“当大海阻隔在你与你在耶鲁求学生活情景之间，当英语对你重新成为夷言，当你带着惊讶回顾你摆脱天朝羁绊而度过的这些岁月，当你重新习惯于看裹小脚的女人与垂长辫的男人时，请不要忘记来自我们这里的情意，你曾留下众多友人，他们对你的记忆将永远不会磨灭（个别字不清——笔者）。请相信我的话，我将时时怀着感激与骄傲来回忆我们四年大学生活所建立的友谊。”

大学时代的友谊往往是一生中最为纯真与诚挚的情感。1864 年，容闳乘奉令赴美购买军工机械之便，曾至纽黑文参加耶鲁 54 级毕业十周年纪念会。《西学东渐记》对此已有记述：“旧雨重逢，一堂聚话，人人兴高采烈，欢乐异常。虽自毕业分袂后，十载于兹，而诸同学之感情，仍不减当年亲密。予乃有缘得躬逢其盛，何幸如之。”54 级没有忘记容闳，耶鲁也没有忘记容闳。容闳遗存的文献已被斯特林纪念图书馆（Sterling Memorial Library）列为珍贵的典藏，耶鲁永远把这位第一个中国毕业生作为自己的骄傲。就在今年暑假，亦即容闳毕业 144 年之后，耶鲁大学历史系与容闳曾多年学习与工作过并永远安眠的地方——哈特福特的相关社团，还邀请容闳及率领的留美幼童后裔 40 余人，举行纪念聚会。

容闳的一生，是追求社会进步与祖国昌盛的一生，他始终走在时代潮流的前面。他的事业虽然并非都能成功，但他在当时的条件下毕竟贡献了全部精力。他虽然羁旅海外，终于客死异域，但这并非是他自己的过错。是当时那个守旧的中国未能容纳这个海外赤子，把他长期排拒在国门之外。在改革开放并以空前规模进行全面现代化建设的今天，我们理应记起这个伟大的名字；特别是他的美丽如画的故乡，应该向这个伟大的先驱者表示崇高的敬意。

金陵之光
——陈裕光办学理念试析

大江滔滔东入海，我居江东。
石城虎踞山蟠龙，我当其中。
三院嵯峨，艺术之宫，文理与林农。
思如潮，气如虹，永为南国雄。

（金陵大学校歌）

在13所新教大学中，金陵大学与燕京大学成绩最为卓著，人们誉之为“北有燕京，南有金陵”。陈裕光自1927年临危受命至1951年辞职，任校长达24年之久，所以对金大后期发展贡献厥伟。而陈裕光的办学理念亦颇有值得肯定之处，有必要加以评析以供现今高校人士参考。记得金大百年校庆时，我曾前往母校祝贺，蒙老校长赠给合影一帧，并在背面书写“发扬金陵之光”一词作为勖勉，因以为题撰写此文。

一

陈裕光，浙江人，1893年出生。1905年入汇文书院（金大前身）附中就读。1911年入金陵大学化学系，1915年毕业后又专攻国学文史等课程一年。1916年以优异品学成绩毕业，由学校资送美国深造。1922年获哥伦比亚大学哲学博士学位，留学期间曾当选为留美学生月刊总经理、哥伦比亚大学中国留学生会会长，并兼美洲赈灾运动中国委员会主席。

1922 年返国，出任北京师范大学理化系主任，并曾兼任教务长、校务委员会主席。由于工作关系，他与蔡元培、范源濂、马叙伦、陶行知等交往甚多，并且共同商讨教育问题。陈裕光深受“科学救国”、“教育救国”思潮影响，除认真教学外，还积极参加中华教育改进社科普工作，并主持编译《科学与世界改造》一书，由商务印书馆出版。

1925 年北京政府教育部曾有意聘陈裕光出任北师大校长，但他当时不愿长期从事行政工作，遂借探亲为名重返南京。由于他在北师大已初步显示其学术水平，所以金陵大学立即聘他为有机化学教授。1926 年文理科长（相当于文理学院院长）夏伟思（Mauds T. Sarviee）返美，遂由陈裕光接任。

1927 年 3 月，北伐军进入南京，在反对帝国主义斗争和反对基督教运动高涨的影响下，外国教会和教会大学成为缺乏自卫能力的攻击对象。除金女大以外，所有外国人住宅都遭到抢劫和焚烧，在 8 个小时以上的混乱中，有 6 个外国人被杀死，其中包括金陵大学副校长文怀恩。事件发生后，外籍教职员全部撤走，留校学生只剩下 100 人左右。校长包文此时已萌生辞职返美意念，遂经由校务委员会决定组成一个九人委员会，在董事会领导下临时管理金大。这个委员会全部由华人组成，并推选过探先（农科主任）、陈裕光（文理科主任）负责召集。稍后包文辞职，南京国民政府又规定教会大学必须由中国人担任校长始准立案。9 月，金大理事会在上海开会，决定由陈裕光出任校长，这是金陵大学第一次由中国人担任校长。

陈裕光可以说是临危受命，但同时也可以说是众望所归。因为他本来就是美国教会和包文瞩意的继任者，所以 1928 年 3 月金大董事会在纽约开会，正式来电“对选举陈裕光为金陵大学校长的公告表示欢迎”。全校师生员工反应更为热烈，9 月 18 日举行欢迎陈裕光校长大会，师生纷纷发言，对他的人品、学问极为推重，并希望“发挥光大本校之前途”。下午开新闻发布会，由学生会代表宣布：“金大原为教会学校，一切行政皆操外人之手，经同仁努力奋斗，已将本校教育权收回，华人任校长，为本校创举。此后本校将进而为中国化、革命化之学校，深望新闻界予以相当之援助。”[①] 革命化当然是年轻激进学生的一厢情愿，但中国化确实从此加快了步伐。

陈裕光就任校长以后，首先就是向国民政府大学院为金大呈请立案，1928年获准后成为国内第一所向政府注册的教会大学。紧接着便是根据政府注册条件，改组校董会并将各院院长、系主任及各级行政主管逐步改由中国人担任，中国教职工人数也日益增加。尽管校董会仍任包文为顾问，但由于他多病，卸职后即回美就医疗养。直至1937年3月才应陈裕光之请重返金大，除备咨询外并教授英美文学史。暑假居北戴河休养，七七事变发生后，因南北交通隔绝，遂经朝鲜返美，此后再未来华。包文对金大前期发展贡献很大，可以说是已经奠定了金陵成为名校的最初基础，离职返美后对中国和金大仍然一往情深，关怀备至，但他不再对学校行政作任何干预，这就为陈裕光行使校长职权留下了较大的空间。

由于政府、社会、教会都表现出较多的理性，教会大学作为私立大学的一个组成部分，在抗战前10年间获得较大发展。1930年按教育部规定，将文理科改设为文、理两个学院，农林科扩充为农学院，于是金大初具文、理、农三院综合性规模。同年又得美国霍尔基金60万美元资助，设立直属校部的中国文化研究所。1936年开始招收历史、化学、农业经济三个学科研究生，培养高级专门人才，进一步开展科研活动，金大遂进入较高的办学层次。

抗战爆发以后，金大被迫西迁，在成都华西坝借华西大学校园艰苦办学。由于全校师生员工在陈裕光领导下团结奋斗，金大不仅迅速恢复正常教学、科研，而且还在许多领域取得明显进展。所以学校发展甚快，到1948年，也就是金大建校60周年，全校文、理、农三院共有22个系、4个专修科、7个科学研究机构，在校学生有1 100余人，已成为全国规模较大的私立综合性大学之一。

从1927年11月到1951年学校改组，陈裕光担任金大校长有24年之久，是教会大学中任期最长的华人校长之一。金大在他的领导下成长达于

① 《教育季刊》，1927年第3卷第3期。

鼎盛，但同时也在他的领导之下被迫走向终结。因此，研究陈裕光的办学理念当可使我们得到多方面的启发①。

二

陈裕光出任金大校长以前，已经在北京师范大学有过校、系两级行政管理经验。担任金大校长期间又曾四次出国考察，研究欧美和东南亚的高等教育制度。1929 年哥伦比亚大学授予他名誉奖章，1945 年南加州大学授予他名誉教育博士称号，可见他在高等教育管理的理论与实践两方面都有较深造诣。

陈裕光是务实而又谦虚的学者型大学校长，他的办学理念主要体现于实践之中。初步检索他遗留的有关文献，直接而且集中谈到自己办学理念的似乎只有两处：一是在金大举行 60 周年庆祝大会上的讲话，一是他晚年有关金陵大学的回忆。前者是他主持金大校政 20 年的总结，是在没有外在因素干扰下的直抒胸臆，可靠性较大；后者则不免掺入接受新政府思想教育后的再认识，加以又是经由他人代笔整理，因此只能作为参考。

根据有关文字材料以及本人在该校攻读期间的亲身感受，我想从以下三个方面对陈裕光办学理念加以考察。

第一，把大学定位为沟通中西文化的桥梁。

他在金大 60 周年校庆的大会上讲话，开宗明义就反复强调：“回溯本校为外籍校友所创立，因此以沟通中西文化，介绍西方之新进科学，为其自然的特点，而文化亦因沟通，而更加发扬。本校对此宗旨，始终未渝。……即本人自办学以来，亦一再与本校同行与同学畅谈本校办学方针，以沟通中西文化为职志。本人曾于（民国——笔者）32 年 6 月在成都华西坝五大学举行毕业典礼时云：‘五大学之共同职志，乃在沟通中西文化，取人之长，补己之短，使吾国固有之文化，更臻完备。’1934 年 1 月，应邀赴美，曾与《纽约时报》记者谈话，乃以沟通中西文化，为今后办学

① 以上根据陈裕光自己的回忆录及《金陵大学史料集》编写组所撰其略历等资料。

之方针。返国后，亦以此项意见告诸同学云：‘学术本属国际的，希腊的哲学早已传诵全球，近代的科学不分国界，到处研究。可是中国的学术，至今还没有特殊进步，更不用想在国际上取得一个领导的地位。所以本人此次出国，目的也在沟通中西文化，交换学术研究，使本校的学术标准有所提高。此盖东西之文化各有所长，如能相互发明，则世界上文化更见灿烂光辉。”[①] 可见此种定位不仅着眼于学校，而且还着眼于中国乃至全人类的文化学术发展。

国际化本来是教会大学的共同特点，如在美国纽约等州教育局立案，毕业生可同时取得美国对应大学文凭与学位，并可直接升入任何美国大学的研究院而不受任何限制，与欧美大学享受同等待遇等等。但是金大则是从正式创立之日起，就强调中西文化的沟通与融合。所以陈裕光在上述讲话中特别提到金大创办人福开森与首任校长包文的先导作用。福开森曾在1929年6月从北平来金大参加校董会，会后对学生发表演讲说：“中国自秦统一文字，数千年来，文化事业，代有进步。就研究书画之古籍一端而言，合美、英、德、法所有者，已不及中国一国之多。……昔日学生英文程度皆佳，有能任意用英文作文谈话者，然若令其改用中文，则转病不能，是失其为中华民国之国民而不自觉其耻孰甚。”他还语重心长地告诫学生：“中国非欲多添徒穿西服之青年也。”[②] 为了增添金大的中国历史文化底蕴并便于教学研究，他曾在建校40周年把自己珍藏的939件文物赠送给该校。包文始终认为：“既以志在为中国兴教育，则主张学校终当中国人主持之。”他常对学生说：“此汝等之学校，我辈权为管理，汝能自立，即以之付汝矣。”专为外籍教职员学习汉语创办的华言科（亦称传教士培训中心），其宗旨即是：“为西教士学习汉语及培植对于中国文化及国人正当了解与态度。”[③] 当时社会上盛传金大学生“著于英文”，包文得知后慨然曰：“金陵所造就者专门人才也，英语不过其工具耳，后数稔当知之，然不可不一新国人耳目，使知非偏重英文也。”此后乃筹设国文系，继又

① 《金陵大学校刊》第376号，金陵大学60周年纪念8号，1948年11月30日。

② 《金陵大学校刊》，1929年6月25日。

③ 包文：《金陵大学之近况》，《教育季刊》，1925年第1卷第4期。

成立国文专修科，增添全校国文必修课，大量购置国学书籍，堪称开教会大学风气之先[①]。

陈裕光对于两位先驱的办学理念不仅有所继承，而且大有发展。由于金大已率先在教育部注册，接受中国政府有关政策法令指导，加以教会内部也有越来越多有识之士，在民族主义浪潮猛烈冲击下认识到自身调适的必要，“植根于中国文化”的呼声逐渐高涨，陈裕光对于自己的办学理念更增强了信心。1930年金大正式设立中国文化研究所，其宗旨为：（1）研究并阐明本国文化之意义；（2）培养研究本国文化之专门人才；（3）协助本校文学院发展关于本国文化之学程；（4）供给本校师生研究文化之便利[②]。

中国文化研究所创设之初即成立执行委员会规划所务，徐养秋为主任委员，刘乃敬、贝德士、刘国钧、吴景超等为委员。并设图书委员会，以研究员李小缘、贝德士、刘国钧等为委员，办理图书选购等具体事宜。李小缘为该所创建贡献最大，他于1939年接任主任，直至1951年，整整为此工作了20年以上。贝德士虽然是美国人，但由于他原本就专攻中国古代史，所以贡献也颇多。除了参与策划、管理以外，还亲自从事中国文化研究，并认真编撰《西文东方学报论著举要》（*An Introduction to Oriental Journals in Western Languages, with an Annotated Bibliography of Representative Articles*），作为该所丛书之一种出版。此书是在广泛阅读检索的基础上，挑选19种主要西文（英、法、德等）学术刊物，编撰导言、论文举要、分类索引、姓氏索引，为帮助中国学生了解海外中国研究状况的极佳工具书。值得注意的是此书系以中文出版，而李小缘主编《金大学报》与《中国文化研究汇刊》，每期都亲自用英文撰写论文提要。这些做法当然都是为了便于中外文化沟通。

中国文化研究所的研究员并不限于本校教师、校外绩学之士经延聘参与工作者，有商承祚、徐益棠、黄云眉、陈登原、王伊同、刘铭恕、刘继萱、吕叔湘、吴白陶、史岩等，分别从事历史学、考古学、哲学、民族

---

① 《包文先生传》，《金陵大学60周年校庆纪念册》，金陵大学，1948年。

② 《金陵大学校刊》第75号，1932年12月6日。

学、目录学、语法学的研究。该所搜集大批中西文学术书刊，20 年间还陆续出版学术著作 17 种 27 册，其中如《殷契佚存》、《十二家吉金图录》、《五朝门第》、《邵二云先生年谱》、《范氏天一阁藏书考》、《福氏所藏甲骨文字》等均有较高学术价值。该所是金大最早招收研究生的单位之一，入学考试课目除中西通史、中文、英文外，还有第二外语之要求。其他理科、农科各研究所招生考试亦有国文课目，可见金大对学生中西兼通的殷切期望[①]。

当然，金大对于英语的重视仍然是一贯的。一年级新生入学考试，英文要过五道关，即听力、读力、作文、语法、字量。教学方面，除国文、中国经史等课程用中文外，其他课程一律采用英文，连助教指导实验、运动场上的术语和啦啦队的呼号也无例外。因此，金大学生英语水平较高，在 30 年代华东四大学（金大、圣约翰、东吴、之江）一年一度的英语辩论会上常获优胜。而且与辩论对手的西装革履正好相反，金大参赛学生一律长袍马褂。所以陈裕光晚年还不无自豪地回忆说："在金大 20 多年，从未穿过西装，作为民族文化的表率和民族精神的体现，金大很多教授也穿中式服装。"[②] 服装虽然是生活小节，但在当年崇洋风气弥漫下，能够如此独行其是实属难能可贵。这大概正是为了要培育真正能够沟通中西文化的人才，不欲为中国"多添徒穿西服之青年"的表现吧。

第二，教与育并重，把陶养学生品格放在极其重要的地位。

陈裕光在金大 60 周年校庆大会上说："教育二字，包括二种意思，一为教导学识，一为陶养品格。二者并重，不可或缺。若仅有学问，而无人格，则于事于人，无所裨益。故本校除启发知识外，亦常以琢磨品性，阐明宗教伦理为职志。"[③] 这与向中国政府注册以后的其他教会大学办学宗旨的调适是相类似的。如福建大学的新简章明确表述："以爱心、服务与奉

---

① 参见包仁娟：《中国文化研究所的成就》，金陵大学校友会编：《金陵大学建校一百周年纪念册》，南京大学出版社，1988 年，第 42—50 页。章开沅：《实斋笔记》，东方出版中心，1988 年，第 215—220 页。

② 陈裕光：《回忆金陵大学》，金陵大学校友会编：《金陵大学建校一百周年纪念册》，南京大学出版社，1988 年，第 11 页。

③《金陵大学校刊》第 376 号，金陵大学 60 周年纪念 8 号，1948 年 11 月 30 日。

献的精神，为中国青年提供大学水准的教育。”之江大学与齐鲁大学借用了这句话，同时又增加了道德养成一语。金女大的办学方针也有提升高尚品格之类的表述①。

陈裕光这一理念与其前任一脉相承。包文1925年曾撰《金陵大学之近况》一文，强调指出：“吾人深信教育之首要作用在养成高尚的品格，而宗教实为培植智仁勇公民之要素。本校虽为教会设立，但不强迫任何学生皈依教门，但愿尽吾人义务，使学生明了各种教谛，应将来作自由的选择。”② 金大的学生思想教育工作主要是通过导师来做，《导师制暂行训导纲要修正草案》规定：（1）训导学生思想宜有重心行为，宜树标的同时，注意学生身心之健全，以养成体魄皆健思想纯正之公民。（2）导师宜尽量利用课余之暇及例假与学生多加接触以求亲切。（3）导师宜注重团体训导，如远足会、谈话会等，作团体生活之训导。（4）导师宜体察学生个性，加以个别训导，以补团体训导之不逮。（5）导师宜注意平日言行之启示，以身作则等。而在其《暂行细则》中还要求：“学生在校时其学业思想及行为均应由导师负责指导，出校后原任导师仍应与学生间保持密切接触。”当时各系学生人数不多，所以师生关系比较密切。例如历史系贝德士等老师，除在课堂上诲人不倦外，还常利用周末邀请学生到家中茶叙，于家常休闲中给学生以心性熏陶。

金大的品格教育主要不是靠讲大道理和作大报告，而是以润物无声的方式渗透于校园文化的整体之中。即以该校正式颁布的《学生仪节》这一文件而言，对社交活动的各种细节均有具体介绍，并说明“此仪节系按西国之风俗人情而作，然其大意亦不外尊重他人之权利与思想耳”。说的是礼仪，而德育即暗寓其中。金大固然强调导师的身教言教，但更为重视的乃是学生的自我教育。其学生自治会第一章总则即宣布：“本会以发展生活自治，培养人格自尊，维护学术自由，增进学校与同学之联系为宗旨。”而学生团体规则和第一条也明文规定：“本校大学生为砥砺品德，研究学术，并陶冶服务

① 参见章开沅：《中国教会大学的历史命运》，《传播与根植：基督教与中西文化论集》，广东人民出版社，2005年。

②《教育季刊》，1925年第1卷第4期。

精神，练习自治起见，得根据本规则之规定组织各种团体。”[①] 金大的学生社团生气勃勃，1934 年 12 月仅在训导处核准备案者就有 37 种，此外还有许多基督教团契，都为学生自我修养与互相抵励品性提供了更大的空间。

数十年以后，许多老校友仍对金大的校风、学风不胜眷恋。有的校友深情地回忆说：“文明礼貌、关心集体、团体友爱、培养良好的情操等，都是母校对每个学生的潜在教育。例如，校园环境的美化，教室、图书馆、实验室、运动场所等处无一不是整整齐齐、干干净净的。即使是学生宿舍也很整洁。敬重师长，同学之间讲礼貌。有不良习惯的人很少，吸烟者极少，听不到污言秽语，更未发生过酗酒、损坏公物、打架斗殴之类的事。校园内、宿舍里经常可闻琴声、歌声及欢笑声。学校所倡导的自控（self-control）、自尊（self-respect）和自我教育（self-education）等也对学生起到潜移默化的作用。这就使整个校园生活充满着文明安谧的气氛，激励着学生珍惜大好时光，踏踏实实地努力学习。……母校的严谨教育、道德规范、文明习气的培养和课外活动、工作自助等的潜在教育，不仅给我们知识力量，也在情感上、行为上留下深远的影响。”[②]

第三，倡导教育为社会服务，实行教学、研究、推广的“三一制”（即三结合）。

金大历任校长都强调大学应为社会服务。1919 年 9 月，包文在一次会议讲话中指出：“我们关心的问题永远是，我们怎样以积极的方式去接触民众的生活。作为教员个人，在这个问题上，应当奉献，而非索取；作为教义的原则，我们生存着应当给予，而非得到；在个人的生活、工作及大学的合作中，我们越是将这种精神贯彻到我们的实践之中，我们也就愈彻底地为这个时代服务着，也就愈加深入地在人们中间宣扬了天国。”[③]

10 年以后，即 1929 年，福开森也对金大学生说：“夫诸君当今所处之

---

① 以上各项文件均引自金大有关规章制度的档案，参见南京大学高教研究所校史编写组编：《金陵大学史料集》，南京大学出版社，1989 年，第 134—145、144—147、274 页。

② 万庆思：《母校的教育》，金陵大学校友会编：《金陵大学建校一百周年纪念册》，南京大学出版社，1988 年，第 362—364 页。

③ 1919 年 9 月 1 日金大会议备忘录（顾荣译），南京大学高教研究所校史编写组编：《金陵大学史料集》，南京大学出版社，1989 年，第 20 页。

境，必曰不如某也。然试观中国内部乡村之情形如何，诸君诚有幸福者。则当努力求学，为国家社会谋福利，中国非欲多添徒穿西服之青年也。”[①]

在30年代和40年代，几乎所有的教会大学都把自己的办学宗旨确定为“为上帝服务和为社会服务”（serve God as well as serve the society）。毫无疑问，原始驱动力当然属于宗教方面，但也不乏有识校长懂得为什么和怎样去适应中国的社会需要。所以，1948年11月，陈裕光在60周年校庆大会上总结说：“教育非仅求知，乃所以加强服务意志，锻炼耐劳刻苦精神。教育本身，并非仅以增加知识为已足，而在作育人才，济世惠民。所谓：‘非我役人，乃役于人’，由小我而推及大我，变利己的思想，而为利他的思想。……总之，本校办学以来，除沟通文化外，亦常勉以为学问而致力，为修养而淬力励，为和平而奋斗，为服务而尽力。”[②]

在实行“三一制”与为社会服务方面，成绩卓著者首推农学院。其前身农林科，本来就是在孙中山、黄克强、张謇等各界知名人士赞助下，为改进中国农业创办的。1928年正式扩充农学院，经过多年的艰苦奋斗，为农业改良作出许多重大贡献。到1937年，农艺系已拥有实验总场1所，分场4所，合作场8所，区域合作试验场5所，种子中心区4所。其中仅南京总场即有农地1 700余亩，可见规模之大、覆盖面之宽与辐射力之强。金大2 905号小麦等改良品种的育成与推广为该系最具代表性的成绩[③]。森林学系在南京亦有苗圃38亩、合作林场2 000余亩，在造林、管理、利用等方面都获得学理与实践两方面的显著进展。农业经济系的重要贡献是对农家经济的调查分析，由卜凯主持的在7省17处2 866个农家调查基础上集体撰著的《中国农家经济》（*Chinese Farm Economy*）一书，在海内外享有很高学术声誉。1929年以后该系又转入调查中国土地利用，并且结合人口及食物消费的调查研究。此项工作历时9年，总共调查全国22省、168地区、16 786亩田场及382 560农家，编成论文集、地图集、统计资料集三巨册，且为中英合刊。此外，该系还接受政府委托，从事过水灾、

① 《金陵大学校刊》，1929年6月25日。

② 《金陵大学校刊》第376号，金陵大学60周年纪念8号，1948年11月30日。

③ 除小麦改良品种有十几个以外，金大还有棉花、水稻、大豆、高粱、柑橘等许多改良品种。

战争损失方面的重要调查研究。其他园艺、植物病虫害、农业教育等学系，在社会服务方面都有斐然可观的成绩。农学院还设有推广部，起初是在安徽和县设立乌江推广实验区，抗战西迁后又在四川先后设立温江、仁寿、新都3个推广实验区。该部特重电化教育，曾制作影片20余卷，幻灯百余片，还有各种推广标本模型，在农业科学普及工作方面成绩亦大。

在文学院中社会学系的社会服务工作开展最多。该系教学方面共分5组：(1) 普遍社会学组；(2) 都市社会学组；(3) 乡村社会学组；(4) 边疆社会学组；(5) 社会福利行政组，大多都是为政府与社会的需要而设。该系曾两度对雷、马、屏、峨等少数民族地区进行社会调查，并创设边疆社会研究室，出版《边疆研究通讯》(双月刊)。从1939年开始，该系还与中国工业合作协会合办多项事业，如举办工合干部人员训练班，为各地工业合作社筹措生产任务。该系史迈士教授曾多次前往重庆、兰州、陕西作工业合作方面的讲演，并根据教学经验编印《工业合作》一书。经济系师生于1938年暑假即已分往自贡、嘉定、重庆、灌县等地作经济调查，第二年暑假再次前往温江、乐山、犍为、峨眉、嘉定、资中、江津等地作更为系统、详尽的调查与报告。该系经济资料研究室亦重视搜集现实经济资料，包括历年学生暑期调查报告的保存、整理与发布。《公司理财》、《中国盐税之检讨》、《战时物价高涨之经济作用》，均为该系经世致用之作。历史系也不甘落后，1944年受教育部委托在成都举行史地讲演周，前后共计10讲。“颇合抗战时期需要，听众极感兴奋，每次听众在数百人左右。”该系还与理学院合作，摄制中小学教学幻灯片，用以普及历史教育。当然，历史系教授中服务社会贡献最大者首推贝德士。他在金大西迁后奉陈裕光命留守校园校产，并与社会系史迈士、植物系林查理诸教授，参与组织南京安全区国际委员会，金陵大学校园遂成为城内最大的难民营，收容流离失所的难民数万人。他们除日以继夜奋不顾身救护难民并不断向日本军方申诉抗议外，还通过各种形式逐日逐人逐事记录日军烧杀淫掠等各项暴行。这些文献已成为揭露日军南京大屠杀的铁证。同时，他们在贪婪凶残的日军的控制下，还组织训练了一批社会调查人员，花费3个多月时间，编辑出版《南京地区战争损失，

1937年12月—1938年3月》(*War Damage in the Nanking Area, December, 1937 to March, 1938, Urban and Rural Surveys*) 一书，主持此次大规模调查的史迈士，就是运用了前此参与农经系对于水灾与战争损害两次卓有成效调查的经验。在南京沦陷期间，贝德士曾深入调查日本当局利用毒品贸易毒害与掠夺市民并写出详尽报告，此外还撰写《南京地区粮食调查》、《南京人口》等著作。

金陵大学历史文献曾有如此记载："当（民国）26年本大学西迁后，贝德士、史迈士、林查理三教授等特发起组织国际救济委员会，联合留京中西籍教职员及友邦热心人士，从事救济难民工作，将本大学校舍住宅农场悉供难民栖止，并设立粥厂及补习学校，以资教养。当时首都难民获免敌军侮辱屠戮，得以全活者至众。国民政府嘉其茂绩，特予明令各授襟绶景星勋章，以示褒奖。本大学校舍，亦赖贝德士教授等努力维护，得免破坏。"[①] 这正是"应当奉献，而非索取；应当给予，而非得到"；"非我役人，乃役于人"等"济世惠民"校训的发扬光大，亦为"金陵之光"薪火相传的明证。

三

陈裕光并非一个雄才大略的强势校长，而是一个敬业乐群默默耕耘的实干家。他在金大之所以能够赢得众望并实现自己的教育理念，主要有两个原因：一是金大没有如同司徒雷登那样的外国强人，陈裕光遂得在名分与实际两方面都能体现为一校之长。就他在职期间而言，外籍主要教职员中任事最久且声望最高的当数贝德士，但此人亦属谦虚朴实、敬业乐群的实干家。他对中国校长相当尊重，对中国文化和道德更为理解。他在抗战后给美国教会的一个报告中指出："我们教会大学曾为战时服务作出空前绝后的奉献，没有必要悲观失望。但我认为，我们在从事有关中国人的各项事务时，应当遵循一个准则：我们所有的人必须向中国学习，而不是中

① 《金陵大学60周年校庆纪念册》，金陵大学，1948年。

国向美国学习。无论如何，我们的中国朋友们会同意，中国道德最强大之处，是它的忍耐与承受苦难能力的品质。他们以这种品质不断适应环境，创造新事物，并战胜环绕着他们的重要困难。”“我们能否对中国人民的道德作出任何贡献，取决于我们是否具有开辟思想与行动的新路的品质。这绝非靠此间或差会对中国行政人员发号施令：你们必须如此做。应该是通过极为真诚的那种合作。”[①] 校内绝大多数外籍教职员的支持与爱戴，使陈裕光即使在面临外国差会较大压力时也没有后顾之忧。二是陈裕光在学术与品德上焕发的人格魅力，特别是他在晚年所总结出的“共和精神”：“立案后，我本着革新的精神对学校的行政管理及教学，进行了一些调整与改革，以适合我国国情。主要是贯彻科学精神，实行教学、研究、推广的‘三一制’（即三结合）。重视发扬‘共和精神’。如成立校务常务委员会，十多位常委几乎每周有一两次集会，讨论研究校务，并对各项重大措施制定决策，这种共和精神，体现在学校的各个方面，包括学生自己选课方面的学分制，它是金大师生长年累月积累起来的一种精神力量，是推动金大不断前进的主要因素。”[②] 所谓“共和精神”实即民主精神，也就是共同参与、集思广益的一种工作方法。实际上，第一任金大校长包文已经为此树立了榜样。《包文先生传》云：“先生为人静肃威重，豁达有容量，乐善泛爱，待人和易，而出于至诚。凡学校钱财之出入，事业之举办，一以会议决之。与会者使各畅所欲言，遇争执不相下，则以片言折之无所私循，争者悦服，事以立解。”[③] 我们在陈裕光的身上不难看见包文的影响，所以金大同事称之为“踵益其美”，即将共和精神扩大到整个教学与学生管理。

所以“景唐（裕光字）先生”遂日益受到全校师生员工的衷心爱戴，同心协力渡过了许多严重的难关与转折。正如一位校友所回忆的那样：

---

① Bates, *Interpretation of the Problems Which the Colleges Are Facing*, 摘自 *Associated Boards for Christian Colleges in China-Committee on Christian Charactor, Staff and Curriculum*, 年月不详，但据内容判断，应在1945年秋季以后。

② 金陵大学校友会编：《金陵大学建校一百周年纪念册》，南京大学出版社，1988年，第14页。

③《金陵大学60周年校庆纪念册》，金陵大学，1948年。

“陈裕光接任校长后，以其渊博之学识，成熟之领导技能，有条不紊，克己谦恭，和蔼真诚之道德情操，身教重于言教之治校作风，主持校政。……他以谦虚谨慎之态度，迈开了改革步伐。”①

但是陈裕光并非一般的谨小慎微的谦谦君子，他具有远大的抱负，同时还有勇于任事的魄力与克服困难的毅力。在这一点上他也很像包文，《包文先生传》云：“先生勇于任事，尤其卓识远见。凡事先立大计于胸中，规定其步骤，计虑周详，巨细无所遗。及计划定，即施行，无犹豫顾忌。虽遇挫阻不沮丧，终奋勉尽力以底于成功而后已。其行事皆若此，数十年如一日也。”当然，陈裕光并非纯然萧规曹随，他为金大设定的“大计”可能已远远超过包文的预期。在金大 60 周年校庆大会上他公开透露了自己的心声：“在民主国家内，除公立学校外，应有私立学校与之并存，与公立学校相得益彰，同为学术而努力。如世界著名的牛津、剑桥、哈佛、耶鲁等私立大学，均有学术声誉，且为国际间称颂之最高学府，本校同仁亦常以此相勉。”② 可见他的最终奋斗目标就是要把金陵大学办成国际称颂的最高学府。但他又是脚踏实地，事事根据国情校情，以有限的资源，发挥最大的效益。他绝不贪大求全，而是突出重点，首先办好农学院，并首先从此享誉于海内外，使金大处于国内大学的前列。金大农学院人才辈出，硕果累累，不仅在 1949 年以前效益覆盖全国众多省区，而且在 1949 年以后亦泽惠于两岸农林事业的振兴。这些都是有目共睹的历史和现实，无需本文在此赘述。

由于人所共知的国内外原因，金陵大学终于在 1951 年宣告终结。这不是金大本身的过错，更不是陈裕光所应承担的责任。无论如何，金陵大学已经存在 60 年，其业绩，其影响，在历史上都是永远不会磨灭的。正如曾在金大任教多年的芳威廉博士所言：“建筑和设备仍然留存，教师可能在新的学校任职，但教会大学从此消逝。”“结局是悲剧性的，但故事本身并非悲剧。……中国教会大学这个名字，将被视为大西洋两岸基督徒对太平

① 沙兰芳：《陈裕光校长》，金陵大学校友会编：《金陵大学建校一百周年纪念册》，南京大学出版社，1988 年，第 14 页。

②《金陵大学校刊》第 376 号，金陵大学 60 周年纪念 8 号，1948 年 11 月 30 日。

洋东岸伟大人民的辉煌贡献而永远铭记。”① 他还具体阐明了这种贡献：“是培养了一大批有良好训练且在社会各层面有很大影响的男性和女性，而这正是国家最需要他们的时候。”“中国教会大学的重要贡献，还在于增进国家之间相互了解与友谊，通过学校提供的语言、知识、价值和外国教职员，引进了西方良好的东西。同时也通过他们，中国的知识被翻译和示范而介绍到西方。他们担任精神的和文化的使节，协助向东方介绍西方，向西方介绍东方，尽管受到帝国主义牵连与外洋性格的障碍。”② 应该承认，这些评价是比较客观与贴切的。

金陵大学的历史，包括陈裕光校长的办学理念，至今仍是中国高等教育的一笔宝贵遗产，值得我们继续深入研究并作为借鉴。

（2002年冬为香港浸会大学举办的“大学与基督宗教”国际研讨会作）

① William Purviance Fenn, *Christian Higher Education in Changing China, 1880-1950*, Eerdmans, 1976, p. 232.

② William Purviance Fenn, *Christian Higher Education in Changing China, 1880-1950*, Eerdmans, 1976, p. 236.

贝德士与金陵大学

1991 年 7 月至 1992 年 3 月，我在 Yale Divinity School 图书馆特藏室（Special Collections）整整看了八个月有关贝德士的档案文献，对于贝德士在金陵大学 30 年的工作与文献获致比较深入的了解。因此，本文对贝德士作个案研究，兼及金陵大学某些侧面，借以探讨基督教与中国现代化的关系。由于我所搜集的大量文献资料已经邮寄武汉，旅途随身携带的相关书籍资料较少，因此论析受到一定限制，尚祈到会先进学者不吝指正。

一

首先，应该对贝德士其人其事作一简略介绍。

贝德士的英文原名是 Miner Searle Bates。1897 年 5 月 28 日生于美国俄亥俄州的纽瓦克（Newark，但不是位于纽约附近的那个新泽西州的 Newark）。父亲 Miner Lee Bates 是一位新教牧师，属于 The Church of Christ 教派，曾长期担任哈莱姆学院（Hiram College）院长，在当地享有很高声望。小贝德士最初在哈莱姆学院读本科，于 19 岁（1916 年）获学士学位。随即得到罗兹（Rodes）奖学金，去牛津大学攻读历史。（现任美国总统克林顿，早年也有类似经验。）当时欧战战火仍烈，所以第二年（1917 年）便离开牛津，作为青年会（YMCA）干事随同英国军队前往近东，稍后又正式加入美国军队。

退役以后，贝德士回到牛津继续读书，专攻近代史。1920 年以优异成绩获硕士学位。同年夏天回到美国，并自愿接受教会派遣，前往中国南京金陵大学工作。这是他在华30年教学生涯的开端。头一年主要是在金陵大学华言科（Nanking Language School）学习中文，第二年正式开始讲授课程，除在金陵大学教历史以外，还曾先后在金陵女子文理学院和国立中央大学、政治大学等校兼课。南京早期的岁月是比较平静的，他教学认真，学生也非常勤奋，教学相长，其乐融融。在校外，他还在基督教高等教育委员会（The Christian Council for Higher Education）、太平洋关系研究院（The Institute of Pacific Relations）等机构担任职务，并经常在课余撰写国际评论。

但是，反基督教运动正在全国范围蓬勃发展，1927年发生的"南京事件"，对于教会大学是一次空前猛烈的冲击，金陵大学副校长文怀恩（Williams，J. E. ,D. D. ）惨遭杀死，外籍教职员被迫全部撤退。贝德士偕妻携子，先到上海，继往日本。不过事态平静以后，他则是最先获准回到金陵大学的少数美籍教授之一。他一如既往，努力教学，直至抗战爆发。其间曾经短期赴美深造，1935年在耶鲁大学完成关于《公元前221—前87年中国历史》的毕业论文并取得博士学位；同时还曾在哈佛大学研究学院学习日文与俄文，这两种语文对于他以后研究亚洲问题很有裨益。1936年至1941年之间，他曾七次访问日本，代表基督教教会并利用当地资料研究亚洲现状、日本社会状况及政府政策。从贝德士遗稿中可以看出，他是较早也较清醒地向国际社会发出日本军国主义必将发动全面侵华战争警报的少数美国学者之一。

抗日战争开始以后，金陵大学西迁成都。当时还滞留在日本的贝德士奉学校当局之命，历尽艰难穿过日军战线返回南京，以副校长名义全面负责留守校产。南京沦陷前后，他是南京难民区国际委员会（Nanking International Salty Zone Committee）的发起者与组织者之一，随后又是南京国际救济委员会（Nanking International Relief Committee）的骨干与主席。在南京大屠杀期间，贝德士与许多中外基督徒一起，在极其艰险的环境中做了大量保护与救济难民的工作。

抗战胜利后，贝德士继续在金大（1946年迁回南京）等校教书，并且赢得同事与学生更大的尊敬。1946年7月29日，贝德士出席东京远东国际军事法庭对日本的审判。作为南京大屠杀的重要目击者，他以无可辩驳的亲身见闻与实地调查资料，证实与指控了日军大肆杀戮、抢劫与奸淫等万恶罪行。他那掷地有声的证词已被收入东京审判记录，并被当时许多报刊所传播。

1950 年由于中美关系急剧恶化，贝德士回归美国，此后一直在纽约协和神学院（The Union Theological Seminary）任教，并参加哥伦比亚大学东亚研究中心有关学术活动。1965 年退休以后，长期从事《基督徒在华六十年》(*The Protestant's Endeavour in China, 1890—1950*) 这一巨著的撰写工作。迄至 1978 年秋猝然病逝，他穷尽 13 个寒暑，为我们留下约一千种书刊、报纸的摘录和复印资料，还有 3 800 页工作笔记（Working Drafts，其中包括全书预拟提纲、若干章节的提要和初稿等)。这批宝贵资料，连同他生前保存的日记、函电、其他手稿等各种文献，共 130 盒，1 000 余卷，全部收藏于耶鲁神学院图书馆特藏室。这些书稿与文献资料，堪称是基督教与中国现代化关系的一部实录，但可惜至今尚未被中外学者充分利用①。

二

从 1920 年到 1950 年，贝德士在金陵大学整整工作 30 年。在这里，他结识了美丽的加拿大姑娘莉丽娅丝·劳彬斯（Lilllath Robbins)。她和他一样，也是先在国外受高等教育然后到金陵女子大学（Ginling College）教书。他们一起在金大华言科学中文，彼此相爱并在 1923 年结婚。他们在这里安家立业，生儿育女，把一生最美好的时光奉献给金陵大学。可以说，他们已把自己的生命与这个学校紧密联系在一起。

金陵大学原为汇文书院，创建于 1888 年，校长福开森（J. C. Feguson，1866—1945)，是华东地区较早建立的少数基督教学院之一。

① "贝德士文献"（Bates' Papers）是该馆"中国文献项目"（China Records Project, Miscellaneous Personal Papers Collection）中的一项，编号为 RG10。以上贝德士生平概述既据此而写，另外还参考了 Maude Taylor Sarvis, Bates of Nanking, The International Committee of YMCA, 1942, pp. 1-7。

1910年与宏育书院合并（宏育原系1906年基督与益智两书院合并而成），改称金陵大学，推包文（A. J. Bowen，1873—1944）为校长。该校办学颇具成效，经纽约州教育局及州立大学认可，得以颁发学士学位。民国建立以后，裴义理（Joseph Bailie）在孙中山等赞助下，举办垦殖事业，并先后创设农科、林科，后合并为农林科，为我国高等农业教育之发端。及至1920年贝德士来到金大时，该校业已粗具规模，但仍然属于初创阶段。

贝德士这一代传教士教育家与他们的前辈有所不同，他们虽然也有出身于基督教家庭、学校的背景，也有并不逊色于先驱者的虔诚宗教信仰，但他们大多在国外已经接受良好高等教育并且具有某些方面的专业特长，堪称是学者型的传教士。年轻的贝德士，不仅以优异的成绩毕业于牛津大学近代史学院，而且还曾游历欧洲大陆、近东和印度，因此具有开阔的视野与广博的资讯，远胜于早期来华的那些美国中西部乡下孤陋寡闻的先辈。作为 The United Christian Missionary Society Disciples of Christ 的派遣人员，随后又成为历史系教授与主任，他不仅为金陵大学带来新的人文社会科学知识，而且，也带来新的教育思想与办学作风。事隔多年以后，还有当事人记得早年的贝德士，如何以新派人物的风貌在校务会议上经常发表一些独特的见解。

或许可以说，贝德士这一代人，是随着基督教内部的革新浪潮一起涌进中国的。早在19世纪70年代即已发端的基督教革新运动，在1890年至欧战期间达到高潮，其改革成就之一便是学生志愿海外布道，这一波新潮从麻省迅速遍及全美各州的高等学校，到1914年已有大约6 000个学生作为传教士前往国外，而六年以后贝德士便成为他们的追随者来到中国。这一运动随即与进步主义（Progressivism）结合，强调“社会福音”（Social Gospel），关心人们物质的与社会的进步，特别是关心所在地的社会改革。在进步主义、现代派（Modernism）与守旧的基要派（Fundamentalism）的激烈争执中，贝德士与从美国留学回来的赵紫宸、吴耀宗等中国基督徒一样，都是革新潮流的坚定推动者①。

---

① Yuming Shaw, *The Problems of the Chinese Christianity in the 20th Century*, Zheng Zhong Shu Ju, 1980, pp. 6-7.

贝德士来华不久就碰上弥漫全国的反基督教运动。1924年以后，这一运动更与国民革命、北伐战争结合而更趋激烈。传教士教育家们对于这一运动挑战性的严重后果似乎估计不足。贝德士的同事卜凯（金大农学院教授）的太太，以后成为诺贝尔奖获得者的著名作家赛珍珠（Pearl S. Buck），当年曾有如实的记述："1926年秋天，我们已经悬念国民革命军何时将到达南京。他们从广州启程的北伐已经取得成功，并且在扬子江边的武汉努力营建自己的中心，准备继续进军下游。我们之中那些在牯岭避暑的成员，被卷入自湖南和汉口汹涌而至的难民潮流——人们害怕战争与被围困的威胁，于是逃进安全口岸。我们渴望得到国民革命的消息，急于了解他们是真正爱国的理想主义，或者又是一茬黩武主义。很难弄清全部实情。有很好的报告说他们献身于自己的目标，希望解放工人阶级，根除年深日久的性别、阶级、民族之间的不平等。随之而来的流言则说他们仇视宗教，特别憎恶外人控制的学校与医院，已经出现若干排外事件，最糟糕的是俄国过激派已出现于他们之中。……正是在这样等待与困惑的心境下，我们栖身家中，并且开始了学校医院与宣道方面的秋季工作。"接着她便详细描述了1927年3月24日以后南京的情况：在反帝情绪驱使下，部分已进城的国民革命军与下层群众，焚烧、抢劫外国教堂学校乃至伤害外籍人士，颇受推重的金陵大学副校长文怀恩（Williams，J. E.，D. D.）在住宅被劫时身亡。教会学校除金女大外，几乎无一幸免于洗劫，外籍传教士家中乃至随身携带的财物全被抢走①。贝德士被一群士兵拘捕，双手捆于背后，几乎被胡乱鸣枪的士兵击毙，幸亏得到红十字会的援救才幸免于难②。外籍人员被迫全部撤退，先到上海，继而分为三路，一部分回本国，一部分去日本，一部分到朝鲜。传教士教育家们对这次运动的反应是理性而又平和的。贝德士是最先回到金陵大学的极少数外籍教师之一，并且随即积极参与了教会大学本土化的流程。由于他曾先后担任金大政治系与历史系主任，而且又具有 The Church of Christ 教派的背景，他的积极

---

① Pearl S. Buck，*Nanking Station Report*，1926—1927，打印稿，收于 Bates' Papers，RG10，B20，F308。

② Maude Taylor Sarvis，Bates of Nanking，The International Committee of YMCA，1942，p. 4.

参与自然有相当的影响力。

首先是改变学校领导机构的国籍构成。1927 年 4 月，包文即已因健康缘故辞职回国，金大理事会选出全由中国人组成的临时校务委员会主持校务，由过探先为主席，陈裕光为副主席。同年 11 月，更成立新的董事会，正式选举陈裕光为校长。随即经校长聘请，以刘国钧为文理科长，过探先为农林科长，李小缘任图书馆长。紧接着便是根据政府规定申请注册，大学院经过实地调查，认为与《私立大学及专门学校立案条例》尚属符合，于 1928 年 9 月 20 日训令准予立案，金陵大学遂成为教会大学中最早获准注册者之一①。金大学生会对此表示热烈欢迎，曾发表宣言指出："今日所庆祝之事实，固不仅由外人操纵之教育权改归华人，本校外国事业转移到中国事业之本身，与产生华人为校长之纪元，同时亦即庆祝教育权运动收回之先声，外人表同情于国民革命之表现，与贵族式迁移至平民式教育之开端。"② 设在纽约的金大托事部对于这一大学本土化趋势亦持顺应态度，曾致电祝贺，"对选举陈裕光为金陵大学校长的公告表示欢迎"③。校内传教士教育家们对整个注册及人事调整过程均能理解与合作。

当然，就贝德士而言，其主要贡献仍在于金大历史系乃至文科的发展。起初，金大农林学科虽然很强，但文科部相当薄弱。贝德士来校之始，教育部视察金陵大学报告指出："要之，该校农科成绩较著，教科设备均较完备，不特为该校之特色，亦国内此项学校之翘楚。"并特别称赞该校研究、教授、推广三者并重之方向正确。但是，"该校文科设立最早，虽有学制，仍照部章办理，然内容既欠充实，组织复多凌乱"。中国文学、历史等课程，只有中国教员二人，讲授内容颇感过于浅近，而历史学科且与宗教、哲学、心理均隶属于社会学系，可见基础之薄弱④。教育部的严厉批评对金大文史学科起了促进作用。国文系曾向校董会财政委员提出扩建建议，而胡小石、陈钟凡两位著名学者接办系务后，"两年以来，本系

---

①《金陵周刊》1928 年第 18 期。

②《教育季刊》，1927 年第 3 卷第 3 期。

③《金陵大学董事会第二会议记录》，1928 年 3 月 20 日。

④ 此报告似写在 1921 年金大农科正式报部立案之前。

预算除同学会资助 1.5 万元基金外，另增至一倍有余，国学教授之待遇地位一律与其他各科教授之资格最老者同等，一洗从前畸轻畸重之弊。中文参考书籍骤加至 4 万余册。课程教法大加革新。新旧学生对于国学兴味极为浓厚，全校空气为之一变”[①]。贝德士早先虽然是政治系主任[②]，但却热心推动中国文化研究。1930 年，美国白镍大王霍尔，以其财产一部分捐赠哈佛燕京社，其遗嘱指明津贴东方各大学作为研究中国学术之用。金陵大学获 60 万美元基金，即以 30 万美元创设中国文化研究所。贝德士除担任该所执行委员会委员外，还参加图书委员会，与李小缘等著名学者协同办理图书选购事宜[③]。1934 年，金大前任校长福开森将私人收藏价值数百万元的珍贵文物捐赠金大，更为该校研究中国文化提供了助力[④]。

贝德士的主要精力则是投入于历史系的创办与发展。他既有牛津、耶鲁等名校历史学科的良好训练，对中国的历史文化又有长期深入的研究，实为教会大学历史系外籍系主任的最佳人选。他对历史系的培养目标、课程设置、教学计划，均有详尽的考虑与安排。贝德士还为金大带来大批国外新出版的图书资料。他的友人回忆说：“他省下每一分钱买书，所以当他到来时，我们必须提供两间房给他临时住宿和放置图书。在他的书籍开箱后，我们南京住宅的三楼几乎已经没有多余的空间放置最必需的家具！在那个时候，他无疑拥有在南京的外国人中最大的私人图书馆。”[⑤] 只要想到，20 年代初期，金大图书馆的西文书籍一共只有 13 158 册[⑥]，即可理解贝德士这个私人“图书馆”对于金大历史系创建的意义。贝德士倾注全部心力于教学，为中国培养新一代的历史学者，尤其侧重于中国传统史学所轻视的近现代史，这构成金大历史系的特色。所以，毕业于该系的王绳祖、陈恭禄，在他们编著且被商务印书馆作为“大学丛书”出版的《现代欧洲史》、《中国近代史》的扉页上，都特别写上“献给贝德士教授”，以感谢他的培育

① 包文：《金陵大学之近况》，《教育季刊》，1925 年第 1 卷第 4 期。
②《教育部对全国专科以上学校调查一览表》，1926 年 5 月 13 日。
③《金陵大学校刊》第 75 号，1932 年 12 月 5 日。
④《金陵大学校刊》，第 144—146 期，1934 年 12 月 3 日和 1935 年 2 月 18 日。
⑤ Maude Taylor Sarvis, Bates of Nanking, The International Committee of YMCA, 1942, p. 2.
⑥ 包文：《金陵大学之近况》，《教育季刊》，1925 年第 1 卷第 4 期。

之恩。1935年经教育部核准，史学部最先在文科研究所成立，学生毕业后可以由本校授予硕士学位，这一进展也包含着贝德士的多年劳绩。

1947年，贝德士正好50岁，在金陵大学已经整整工作了27年。他在生日的一周之后给远在美国的两个儿子写了一封情恳意挚的家信，回顾已往的岁月说："我逐渐认识到，如果从我来华获得第一个稳定职业（1920年，23岁）算起，到可能退休之时（1965年，68岁），五分之三的岁月已经消逝了；如果从大学本科毕业（1916年，19岁）算起，则度过的年华所占比重还要略大一些。因此，现在是我应该潜心工作（getting down to bussiness）的时候了！虽然我不愿改变持续寻求新知的道路，返回到往昔的兴趣，但我应该更为彻底、坚决地执著于去做或将要去做我所已知的工作。无论如何，我曾延展于广阔的知识领域：历史学，我的主要训练是近世欧洲史与英国史，通过自学与研究生攻读，扩大到古代和中世纪的中国、日本、印度、俄国，还有若干美国史——几乎是除了拉丁美洲以外的所有地区的历史；与史学研究相关联，还有政治学、社会学方面的兴趣，包括在牛津的攻读与早先在金大讲授政治学，接着是经济史、国际关系和当代事务，特别是远东地区；拉丁文和希腊文（前者每星期用一两次），谙习法文、中文、德文、俄文、日文可以对付姓名、工具书并可勉强阅读……我深知，其结果是使我成为一个出版专著甚少的可怜专家，同时又是一个颇具潜力的好老师，因为我总是勤奋而广泛地阅读……我试图扶植中国年轻教师，让他们顺应自己的兴趣与优长，而我自己则只得担任其余的历史课程。重要的影响已经显示出来，但这却意味着我要像新教员一样，不断从一门课程转移到另一门课程，同时还要遵照部颁教学计划的不时变化而担任新设课程的教学任务。结果已表明这一决策完全正确，例如我现在的主要同事王绳祖与陈恭禄，还有此前的三四位同事。王、陈不仅教学出色，他们的著作已经享有并将继续增长广泛的影响，因为他们编写的大学课本已成为范本。"① 这封家信不仅可以使我们了解这位传教士教育家的知识结构，而且还可以了解他与学生、同事之间的关系，以及他有关

① Bates' Papers, RG10, B2, F24.

师资培养、学科建设方面的构想。可以说，贝德士的名字已经与金大历史系紧密地联系在一起了。

三

贝德士对金陵大学的主要贡献，还在于他在抗战期间忠心耿耿地守护着校产，而在战后又不辞辛劳地主持着校产的收复。其间，他对南京地区难民的救济，以及对日军暴行与贩毒的揭露，也表现出见义勇为的高尚情操。

1937 年抗日战争爆发，金陵大学于 11 月决定全校西迁。贝德士奉学校当局之命从日本归国，历经艰险通过日军战线返回南京。1937—1941 年期间，他以金大副校长名义留在南京保护校产，并维持有限的教学活动(办了一所农业专科学校，取得一定成效)。他是南京难民区国际委员会（Nanking International Safety Zone Committee）的发起人与组织者之一，随后是南京国际救济委员会（Nanking International Relief Committee）的成员与主席。当日军在南京大肆烧杀淫掳时，他和这个小小的外国人团体，还有一些与他们同样勇敢献身的中国教友，日以继夜地从事救援工作，把难民接收到有限的外国人保护范围之内，帮助那些在恐怖浪潮中历经苦难的受害者，并千方百计为区内 7 万难民谋求食物与住所，他们常常在日军刺刀与中国受害者之间，用自己的恳求、辩才乃至身体去保护难民，尽管其努力有时归于无效。贝德士曾如此说："宗教信仰认为善事是由于其自身的原因而值得去做，即令是在一个邪恶统治的世界。"[①]

关于"南京难民区国际委员会"的建立，贝德士生前曾保存一份该会以中文写的《告南京市民书》，内容如下：

"在不久以前，上海战争的时候，国际委员会曾经向中日双方当局建议，在南京市一部分的地方设立一个平民安全区。这个区域为双方所赞同的……

① Maude Taylor Sarvis, Bates of Nanking, The International Committee of YMCA, 1942, p. 7.

现在南京的国际委员会也为本城作了同样的建议，这个区域的界址开在下面……（中略）。为要使上述的区域为平民成为一个安全地点，卫戍司令长官（按：唐生智）曾允许在本区域以内所有的兵士和军事设备一概从速撤出，并且允许以后军人一律不进本区。日本一方面说：‘对于规定之区域颇难担负不轰炸之责’；在另一方面又说：‘凡无军事设备，无工事建筑，不驻兵，及不为军事利用之地点，日本军队决无意轰炸，此乃自然之理’。

看到以上中日两方面的允诺，我们希望所指定的区域内为平民谋真正的安全。然而在战争的时候，对于任何人的安全自然不能担保的。无论何人也不应当思想以为进了这个区域，就可以完全保险平安。我们相信，倘使中日双方都能遵守他们的允诺，这个区域以内的人民，当然比他处的人民平安得多啦！因此，市民可以进来吧！

南京难民区国际委员会　民国二十六年十二月八日”[①]

这个委员会的主席是德国商人拉贝（Rabe），但无非是利用他的国籍作为庇护（因为德日是亲密盟国），真正起枢纽作用并终于经营这一义举的，则是贝德士和他的同事——金大社会学系教授史德蔚（Lewis S. C. Smythe，任该会秘书长）。不过，贝德士则谦称自己“无非是一个最勤奋的通讯员（the most strenuous reporter from the University）”[②]，委员会的大多数成员都是传教士，协助工作的中国人员及其领导人，多数也是教会人士。救护、医药工作由大学医院（鼓楼医院）承担，作为补充的则是教会人士为难民和伤兵所作的大量努力。

日军进攻南京之际，难民即已大量涌入难民区，南京沦陷以后，估计全城约 250 000 人迁至难民区，其中约 70 000 人集中于难民营受到国际委员会直接照管。日军于 12 月 12 日进攻南京，唐生智弃城出走，日军随即于 14 日大批入城，从此开始烧杀淫掳，造成举世为之震骇的南京大屠杀严重罪行。在这个恐怖世界中，只有国际委员会——包括 18 个美国人、5 个德国人、1 个英国人、1 个澳大利亚人、2 个俄国人（共 27 人）的小小外

---

① Bates' Papers，RG10，B102，F871.

② 贝德士 1938 年 3 月 3 日致《曼彻斯特卫报》记者田伯烈函，RG10，B4，P65。

侨团体，还能利用中立国身份竭尽全力做了一些杯水车薪似的救护工作[①]。他们的能力是有限的，但他们的勇气与毅力则是无与伦比的，他们不顾个人的安危，也无从照顾自己的妻室儿女，日以继夜地与野兽一般狂野的日军争辩、抗衡，去援救每一个他们所知悉的中国受害者。

这里有一份金大华言学校收容所 1938 年 3 月 20 日给国际委员会的报告，内称："职所于昨日下午三时半之间，忽有日兵一名，身着军服，腰挂刺刀，闯进职所院内。适有常州逃难来京难民女子吴荷元，年 19 岁，在井边提水。被该日军睹见，强行拖入所内二号职员住宅后厨房内进行奸淫。其时适值美国人贝德士先生来所参观难民情形，恰值该兵奸毕欲行，在北楼后门口与贝德士相遇。贝德士问其进来做什么？而日军拔出刺刀示威。及经贝德士询明情形，觅同被奸女子欲同其理喻之际，而该日兵则乘机乘自行车逃去。"[②] 其实，这不过是贝德士和他的向事们经历过的数以千计的艰险之一例。他们每逢发现日军这些残暴兽行，都要认真调查列表呈报，分别送陈美国总领事、日本总领事和日本军方，要求协力阻止并加以严肃处理[③]。同时，贝德士还与《纽约时报》驻上海记者窦尔丁（Tillman Durdin），英国《曼彻斯特卫报》驻南京记者田伯烈（Timperley）等分别撰写对外报道，向全世界揭露日军滔天罪行。在社会学教授史德蔚主持下，该会还组织人力在南京地区进行广泛调查，其成果是出版了《南京地区战争损害 1937 年 12 月—1938 年 3 月》系列报告，从社会各层面为我们留下了有关日军侵华恶果的系统宝贵资料[④]。同时，为了揭露日军在沦陷区推行毒化政策与大量贩卖毒品，贝德士也写了许多通讯与抨击文章[⑤]。其中刊载于《中国新闻》（*The China Press*）等上海英文报纸上的一篇——《南京毒品贸易》(*Drug Traffic in Nanking*)，竟引起日本总领事对美国的严重抗议[⑥]，日本军方甚至直指贝德士为"坏人"。但是，中

① Mr. and Mrs Fitch 1937 年圣诞前夕的秘密通信，Bates' Papers，RG10，D9，F202。

② 收于 Bates' Papers，RG10，B102，F871。

③ 收于 Bates' Papers，RG10，B102，F871。

④ 见 Bates' Papers，RG10，B102，F869。

⑤ 例如 *Open Letter on the Narcotic Problem in Nanking*，Bates' Papers，RG10，B4，F52。

⑥ Bates' Papers，RG10，B4，F67.

国人民及其政府却高度评价贝德士等人的勇敢与正直。在金陵大学历史文献中曾如此记载："当（民国）26年本大学西迁后，贝德士、史迈士(即史德蔚)、林查理三教授等特发起组织国际救济委员会，联合留京中西籍教职员及友邦热心人士，从事救济难民工作，将本大学校舍宿舍住宅农场悉供难民栖止，并设立粥厂及补习学校，以资教养。当时首都难民获免敌军侮辱屠戮，得以全活者至众。国民政府嘉其茂绩，特予明令各授襟绶景星勋章，以示褒奖。本大学校舍，亦赖贝德士教授等努力维护，得免破坏。"①

以上可谓对抗战期间贝德士所作贡献的平实评价。

1946年7月29日，贝德士出席东京国际战罪法庭作证，以无可辩驳的确凿事实论证日军南京大屠杀滔天罪行，并且冷静而又机智地一一回答战犯辩护律师各种刁难的提问，把罪责坐实于南京地区日军最高指挥官。此事除法庭全部记录业已全部发布外，当时中外报纸亦有许多报道。其一是："前金大史学教授贝德士（美籍）今日在国际战罪法庭详述日军在南京所犯各种奸淫屠杀及掠夺罪行时，法庭又充满恐怖惊诧之空气。贝氏前为国际安全委员会委员，渠估计日军在南京所犯奸淫案约2万件，平民被杀者至少有1.2万人。(按：指南京城内，且为贝氏等亲自查证落实者，不包括城外地区，亦不包括已放下武装之军人。)……贝氏称：日军奸淫妇女不分昼夜，有时竟在街上为之。有一妇女在公墓内，遭日兵17人轮奸。有一女孩仅9岁及女孩76岁之祖母，竟在南京城内同被奸淫。日兵以15人至20人为一队，常不分昼夜进安全区搜捕妇女，甚至大学教授的夫人亦不免遭受日兵荼毒失身。贝氏回忆南京大屠杀之情形曰：最奸诈毒辣者，厥为日军引诱中国人丧命之诡计。当时日军总司令松井石根，曾出一布告谓，日本以善意对中国人，日兵告以前之中国兵谓，如彼等参加劳动队，则一切可以不计。但俟若干之中国兵，承认其过去之身份时，即被日本兵排成行列，以机枪扫射。另有中国平民210人，于离开金陵大学校舍后，

---

①《金陵大学60周年校庆纪念册》，1939年1月23日美国大使馆函告贝德士："1938年6月30日中国国民政府秘密训令，授予您襟绶景星勋章。此项勋章现已送至使馆，希及早来使馆出席受勋招待会。您当可同意，此事不宜为外界广泛所知。"收于Bates' Papers，RG10，B4，F67。

当晚即被日兵射杀。贝氏叙述日军之劫掠为有组织及一贯之行为，并证明日兵在军官指挥下，将搜劫之物，用卡车送走。……贝氏并述及日本焚烧暴行，谓于南京沦陷一星期后，长时间之焚烧，继续达 6 星期之久。”①

此外，还需要说明，贝德士不仅在战时承担了保护校产的繁重艰危任务，而且在抗战胜利以后又负责接收校产（太平洋战争爆发后被日伪占领），并参与筹备复校工作。1946 年 9 月，金大回到南京原址如期开学，其中也包含着贝德士的一份辛劳。连续八九年的过分劳累，保护了金大的校产，却严重损害了个人的健康，贝德士自复校以后即长期处于病痛疲惫之中。但他仍一如既往，竭尽全力从事教学工作和各项社会活动，因而赢得广大师生的极大敬爱。1948 年 11 月 12 日，金大隆重举行 60 周年校庆，贝德士被推选代表全体教职员在大会上致贺词，这可以说是全校师生给他的应有荣誉。

1949 年贝德士亲眼看见中国大地上发生的巨大变化，也看见了金大校园内的巨大变化。他对教会大学的继续存在与发展仍然寄予若干希望，但朝鲜战争的爆发与中美关系的急剧变化却使这点希望日趋渺茫。教会大学面临的严峻挑战已经远远超过 1927 年的反基督教运动，而他的年龄、身体、精力则又远逊于 23 年以前的青年贝德士。他在 1948 年前后即已与纽约协和神学院院长不断联络，终于在 1950 年离开曾经工作于斯 30 年的金陵大学，前往美国担任新的教职。美国本来是他的故土，但现在对于他似乎又是一个完全陌生的环境，他与这个西方社会需要有一个相互重新认同的漫长过程。他和那些 1950 年前后回到美国的传教士教育家们，成为一个小小的特殊社会群体。他们是美国人，但他们相互间却自称是“我们中国人”(we Chinese) 乃至“我们南京人”(we Nankinese)，他们有一个永远难以解脱的“中国心结”。他们的处境并不美妙，在中国是背着“帝国主义分子”的恶名被“礼送”或公开驱逐出境，而回到故国则又往往被麦卡锡主义者视为来自中国的“赤色分子”。但他们始终无怨无悔，把数十年奉

① 《新新新闻》1946 年 7 月 30 日。Arnold C. Braekman，“The Other Nuremberg，N. Y.，1987”对 Bates 出庭作证亦有生动描述。

献给中国的艰苦生活看作是一生中最值得回忆的美好岁月。

贝德士在纽约神学院担任的主要是教会史和世界宗教课程，他把自己教学与研究的领域侧重于东亚，并且热心参加哥伦比亚大学东亚研究中心有关中国的各种学术活动。他仍然关心中国，关心在中国发生的各种新的变化，他只想理解而很少公开评判。他以基督徒的宽容对待大陆基督教“三自爱国运动”对于美国帝国主义乃至对他本人的控诉，即令是对于过去相知甚深的友人提出的不实之词，他也没有做任何公开辩驳。有一段时间，他非常关心非洲教会学校的发展，可能也是想在非洲实现他过去在中国的未竟之愿。1965 年退休以后，他又以余生全部精力投入《基督徒在华六十年》的繁重撰写工作。他徜徉于史料的海洋，仿佛又回到中国，回到熟悉的校园、友人、往事中间。这不仅是学术的追求，也是他最后的精神寄托。

但他终究未能完成这一巨著。他的一位朋友回忆说：“贝德士教授出乎意料之外地死于 1978 年 10 月。我负责清理他在神学院四楼充满书籍的研究室。他的手稿——旧的、修改的和新的——塞满档案柜的好几个抽屉。有许多较小的盒子，装着经过他仔细注释过的文献、笔记与摘录。好几个纸箱装着已经分类的文献。桌上堆放着他最近写的手稿，置于纸张上的是半截铅笔，好像是表示‘出去走走，马上就回来’。”[①] 贝德士遗留的全部文献现保存于耶鲁神学院图书馆，其中包括一张照片，那是 1947 年秋天他与我们历史系师生在南京玄武湖畔的合影。这说明他的心中永远珍藏着金陵大学，永远，永远。

（此文在 1994 年 3 月台北“基督教与中国现代化”学术研讨会上发表，并收入会后出版的会议论文集。附录于此，以便读者初步了解贝德士其人其事。）

① Cynthia McLean ed., *Gleanings: From the Manuscripts of M. Searle Bates*, The China Program, National Council of Churches of Christ in the U. S. A., 1984, p. 1.

巨大的流产

——贝德士与中国基督教史研究

1983年，在贝德士逝世四年多以后，美国基督教全国委员会中国项目主席富兰克林·J.吴（Franklin J. woo）充分肯定："贝德士教授与基督教全国委员会的中国关切（项目），有25年以上的密切关系。在许多对中国众说纷纭的场合，他提出问题、陈述事实或回忆灾祸，被公认能够为讨论提出评判的尺度。准确性与宏观性是贝德士研究基督教在中国的奋进的优点。从1920年开始，他在中国整整30年，（此后）他在纽约协和神学院讲授世界宗教，直至1965年退休。"①

实际上，他在南京金陵大学历史系教的都是中国政府颁布的教学计划以内的各种史学课程（中国史除外），直到1950年在纽约协和神学院任教以后，才开始研究与讲授中国基督教史（作为世界基督教史的一个部分），而迟至1965年退休以后才着手撰写《基督徒奋进在中国社会1900—1950》这部计划中的鸿篇巨制。

准备工作

也许，在协和神学院的整个教学生涯，都可以看作贝德士为撰写中国基督教史作准备。因为，他虽然是一位资深的传教士教育家，但并未受过正规系统的神学教育，更不用说这方面的深入研究。再则，他虽然在美国

① Cynthia McLean ed., *Gleanings: From the Manuscripts of M. Searle Bates*, The China Program, National Council of Churches of Christ in the U.S.A., 1984, p.1.

被公认为上乘的中国通，但他在金陵30年却从未教过中国史课程，也没有从事这方面的专门研究（他的研究仅限于与中国相关的当代东亚国际关系）。所以，在协和神学院的15年任教，不仅足以弥补他神学素养方面的缺憾，而且还由于同时参与哥伦比亚大学东亚研究所的讨论课程，更为深化了对于中国社会、历史与文化的系统理解。可以认为，这两方面的进步，使贝德士成为当代少数优秀的中国基督教史专家之一。

特别是1954年底，贝德士应邀参与美国基督教全国委员会海外布道部远东联合办公室主导的"基督教在华事业"（The Christian Enterprise in China）研究项目并担任顾问[①]，此后他更为抓紧此项研究。晚年的贝德士，不仅为此指导若干专题研究，搜集相关文献资料，而且还不厌其烦地回答许多年轻中国基督教史研究者的询问。例如，仅为倪维思研究（Study of the "Nevius Method"）一项所准备的文献目录与简要笔记即近30页，而给年轻学者的论文复函（包括学位论文审阅意见）之多更难以数计[②]。所以其老友M. O. 威廉称之为"难以数计的博士候选人与其他有关中国问题作者的顾问"[③]。

在这10多年中，贝德士为自己的著作做了大量资料工作。根据M. O. 威廉整理遗稿的结果，可以概述如下：

1. 花费10个夏天和整整7年时间，为几千种书籍、文章、宣传品制作索引卡片，并简要提示其价值或预期增长的价值。

2. 为全部《教务杂志》（*The Chinese Recorder*）、《中国教会年鉴》（*The Chinese Mission Yearbook*，1910—1972）、《教会国际评论》（*The International Review of Mission*，1890—1939）、《中华基督教会年鉴》（*The Chinese Church Yearbook*，中文版，1912—1937）、中国和世界主要相关会议文献、中华续行委员会（China Continuation Committee，1913—1921）和中华全国基督教协会（National Christian Council，1922—1950）的各类文件，还有其他约

① National Council of the Christ in the United States of America, Division of Foreign Missions, Far East Joint office给贝德士的信，（1954年11月22日）见耶鲁藏档，RG10，B7，F120。

② 见Bates' Papers，B13，F218，B9，F171等件。

③ Cynthia McLean ed., *Gleanings: From the Manuscripts of M. Searle Bates*, The China Program, National Council of Churches of Christ in the U. S. A., 1984, p. 11.

200 种文献（包括中文），部分中国领导人的著作，中文期刊选录、各个教会、团体、机构的历史，许多学位论文与学术文章，未刊文稿选录，信件与口述历史抄件，做了大量索引或笔记。

3. 在广搜博采大量资料的基础上，贝德士还初步草拟了按时期区分的撰写纲要，兹列举于下：

(1) 世纪交替期间教会在中国的奋斗，1890—1906（131 页）。

(2) 基督教活跃的进展与传统中国的年轻教会，1907—1922（603 页）。

(3) 中国基督教社区的成长，在一个民族蹒跚于危机中的教会参与，1922—1939（1882 页）。

(4) 在战争与革命浪潮中的事工及幸存，1937—1950（648 页）。

(5) 回顾与诠释，1950 年及其以后（20 页）。

这批手稿总共 3 284 页，而且他在临终前还把第一时期（1890—1906）的纲要草稿加以修改（亦有 474 页之多）。

应该说明，以上这些浩繁的准备工作，都是这位老人独自完成的。直到 1973 年 3 月，贝德士经由费正清从当代中国联合委员会（Joint Committee on Contemporary China）获取 5 000 美元资助，才雇用了一个全职打字员与一个兼职研究助理。所谓兼职，即每周工作 10 小时，仅限于协助到图书馆查询并核对资料①。

贝德士与赖德烈

赖德烈（Latourette, Kenneth Scott, 1884—1968）是贝德士的老师，更是中国基督教史研究的前驱与榜样。1921 年赖德烈已经在耶鲁大学任 Mission Professor，而贝德士来到金陵还只有一年。1933 年贝德士到耶鲁大学攻读博士学位（相当于现今的在职博士生），赖德烈早已兼任该校远东史教授，正好与贝德士的学位论文专业对口。1950 年贝德士开始任教于纽约协和神学院，与赖德烈相距甚近，而后者于 1953 年退休两年以后且曾到协和神学院任客座教授。所以，贝德士返美以后，在中国近现代史研究方面

① 耶鲁藏档，RG10，B6，F107。

最亲密的合作者虽然是韦慕庭（Wilbur，Clarence Martin1908—?），但在中国基督教史方面却是费正清与赖德烈。

赖德烈于1968年病逝。第二年7月，贝德士在《国际教会评论》上发表《基督教的史学家，基督教史的撰述者——纪念赖德烈，1884—1968》一文，对这位著名学者的崇高品格与学术贡献作了详尽的评价。他强调指出："没有人比赖德烈为研究与记述基督教做得更多，他为基督教事工贡献之大超出我们通常的计量。"赖德烈是一位多产作家，其著作销售量据说已逾一百万册。其中，贝德士特别推重：1929年出版的《中国基督教史》(*A History of Christianity Mission in China*，共930页)，评语是："40年来在任何语言中未经总体更动、修订或扩充"；1953年出版的《基督教史》(*A History of Christianity*，共1 516页)，评语是："在这里，教会史——制度、领袖、观念——已被延展到世界各地，并与人文环境全方位地互动"；1937—1945年陆续出版的《基督传播史》，评语是："不仅为我们所熟悉而且为同时代人所重视。"此外还有1946年出版的《远东简史》(*A Short History of the Far East*)，1964年已出至第4版，评语是："在唤醒美国人关注远东生活方面，还没有其他学者产生如此巨大影响。"

贝德士认为："赖德烈全部著作的特征，表现为训练有素的历史学家严谨地探索事实并且尊重事实。同时，他在领域以及有意义的情境——事件——人物的选择与诠释方面，又承担着基督教的见证。这种双重性或艰难的统一，是他伟大的事奉并且构成他的核心问题。"

回美国以后，由于长期讲授与研究基督教史，贝德士已经不再是一个虽然是基督徒但却未能具备足够神学素养的世俗历史学家。在对于赖德烈的学术评价中，我们可以看出他着重考虑的是：作为基督徒的历史学家，对于历史怎样进行基督教的理解（the Christian understanding）。

所谓基督教的理解？贝德士用自己的语言来表述赖德烈的思想："作为造物主与权威的上帝，允许人类有少许自由意志（freewill）——经常滥用于悲剧。上帝通过审判与恩宠发挥作用（在其他宗教中也有某些类似的）。显然这是基督教诠释历史人物与历史事件的核心。"这与俄国历史学家别尔嘉耶夫在40多年以前所说的一段话略有相似之处，后者认为："基督教不仅肯定自由，把自由作为一种高尚的成就，作为神的高尚的理性的胜利；而且肯定另一种自由，即决定个人命运和人类命运、创造历史的自由。”① 这“另一种自由”当然只能属于上帝，而人类之所以获取少许自由也正是这“另一种自由”发挥作用的结果。

赖德烈认为：“基督教的理解使历史学家通常的观念与程序得以摆脱。(1) 人们经常依赖事件与价值之间的比较，而它们往往被文献忽视。(2) 集注于关怀人，包括个人与群体，而不是政治。(3) 同样，关心人类的合作。基督教的上帝之国观念对每一个世俗政权都给以建设性的挑战。(4) 基督徒及时生活与工作，但以来世的远眺超越它。”

作为基督徒的历史学家，赖德烈谦逊而又不无自信地说：“历史学家……不能最终显示基督教对历史理解的有效，但他可以使自己的洞察力具有极大的可信性。”

当然，赖德烈并非认为自己的著作完善无缺。他在《中国基督教史》的序言中说：“作者是一个西方人，在教会生活中或许不能把中国人作为他们的一个部分给以足够注意。同时他也不可能进入中国人的宗教经验并给以完满的理解。因此，有意地把此书取名为‘在华基督教差会史’(*A History of Christian Missions in China*)，而不是‘中国基督教会史’(*A History of the Christian Church in China*)。期望将来会有某位中国学者从后面的角度叙述这段历史。”此外，赖德烈史料征引的局限与编纂体例的缺失，也是很明显的。

贝德士晚年所做的工作乃是赖德烈中国基教史编纂的继续。他除了将历史时段的下限从1926年延伸到1950年以外，还刻意把上限定为1900年，因为这50年乃是基督教在中国发展最重要的半个世纪。他给费正清的信明确指出：“不要太集中于研究19世纪的早期新教差会，而对20世纪的差会活动极少涉及。可以肯定，1890年以后差会在范围和影响上都远远超过以往。”同时，贝德士还强调宏观研究和视野宽阔，他讽刺有些就事论事的论文，“几乎成了一个世纪庞杂而变幻的背景中的地方快照”。当然，

① 别尔嘉耶夫著，张雅评译：《历史的意义》，上海学林出版社，2002年，第87页。

他并非完全否定“地方快照”，而是要求“把快照置于一个更广阔的背景里和更长的时间范围内”。他坦率地说：“我总是试图从整体上来理解基督教事业，包括它与中国社会及文化的关系。这使我十分反感某些世俗的历史学者和社会科学学者对史实生吞活剥，以漠然而消极的态度从整体的史实中抽取一些零碎的内容编成较为圆通的历史。”①

贝德士曾在5页纸的备忘录上，具体表达了自己的奋斗目标：

> 第一，建立一部实录，尽可能不仅从新教徒奋进自身的内部，而且运用经过严格审视过的实际标准、外在因素与判断。
>
> 第二，提供具有参考性见解的陈述，或可有助于对于过程与前景、基督教与世俗的专门研究。……阅读公众，特别是教师，需要对于基督教在华事业的通盘图景，借以理解与评价社会科学家为了自己专业意图而掌握与展示的断片。
>
> 第三，为我们自己专业归属的领域适度贡献若干历史框架：(a)对于世界基督教史中的中国因素，对于人类经验中的基督教信仰与基督教社区的全面了解。(b)寻求一种观察中国现代化过程中的基督教因素的可靠视点。(c)寻求对于基督教国际与各种文化之间关系的真实经验的理解。②

由上可知，贝德士的撰述不仅限于继续赖德烈的工作，而且是颇思有所扩充，有所延展，有所革新，有所超越。M. O. 威廉曾为此总结说：“这里不是‘差会’的历史或是‘教派’与‘教会事业’的历史，尽管包括了它们全部；这部著作囊括‘基督徒奋进’的整体——外国的与中国的组合成更甚于人类的努力。这是在‘中国社会’之内；不是在一个地方，而是在一个关系纷繁的民众之中，他们的机构、他们的历史与文化承续之中，以及他们所经历的事件之中。”③

---

① 见《贝德士与费正清来往信札》，载于《基督教与中国文化丛刊》，湖北教育出版社，2000年，第337页。

② Cynthia McLean ed., *Gleanings: From the Manuscripts of M. Searle Bates*, The China Program, National Council of Churches of Christ in the U.S.A., 1984, p. 5.

③ Cynthia McLean ed., *Gleanings: From the Manuscripts of M. Searle Bates*, The China Program, National Council of Churches of Christ in the U.S.A., 1984, p. 12.

提纲与试写稿

贝德士曾经写过一份名为“关于分期问题与材料组织”的备忘录，实际上就是他为自己设定的编纂工作的导向。

贝德士最初认为，大体上按10年划分时期最便于组织材料与表述历史，但经过反复思考终于确定如此主要分期方案：1895—1907；1907—1922；1922—1937；1937—1950。他强调说：“我们不想利用某个现成的历史年历的分期，然后把基督教与中国的史事强塞进去。”所以，他没有用1911及1912或1928作为分期标志，因为，从帝制到共和以及国民政府的建立，其本身并不意味着基督教运动的重大变化或与此相应的变化。他择取1907年作为分期标志，因为“1907年的100周年会议（centenary conference)，以及有关它的信息的聚集，标志着基督教发展的一个重要阶段”。而其后一个重大转折点则是1922年，因为“1922年以后，直至1937年日本侵华战争开始，在基督教内部没有一个（堪称）决定性变化的单个年代（single year)”①。

由此可见，贝德士对于历史时期的划分，着重考虑的乃是如何以基督教发展变化的阶段性特征为主要依据。当然，他同时也注意外在环境发展变化的关联性，所以明确指出：“草拟大纲必须提供基督徒努力的连续阶段，每一阶段都充满复杂的活动与问题，并且表现中国背景的繁复变化。时期的选择必须是可以实现的，试图发现基督徒表露的各种明显特征，以及奋进于其间并且为之而奋进的中国社会的基本特征。”②

贝德士在确定分期大纲以后，还为各个时期拟订了相对统一的“组织材料与草稿的试用标题”，兹抄录如下：

A. 国家情境，基督徒奋进其间

1. 社会，政府，法律

---

① Cynthia McLean ed., Gleanings: *From the Manuscripts of M. Searle Bates*, The China Program, National Council of Churches of Christ in the U. S. A., 1984, p. 16.

② Cynthia McLean ed., *Gleanings*: *From the Manuscripts of M. Searle Bates*, The China Program, National Council of Churches of Christ in the U. S. A., 1984, p. 19.

2. 思潮，教育

3. 宗教

B. 基督徒的奋进，做什么？

1. 纵观，合作，联合

2. 教会；自立（serf-reliance）

3. 差会

4. 宗旨，政策，适应，交往，社会——伦理关系

5. 神学与基督教思潮，与中国宗教的关系

6. 计划，方法，妇女，边境，部落

7. 福音主义，革新

8. 宗教教育，主日学校，神职人员培训

9. （世俗）教育，学院，大学

10. 事工：医药，社会，男女青年会

11. 《圣经》，文学

12. 中国基督教社区，领袖人物

13. 外交关系：传教士，派遣地，中国的报告与陈述

14. 天主教徒

15. 其他，分类

C. 概要解析

约摸是在1975年3月以后，贝德士依据自己初步拟订的提纲，开始试写了一部分粗略的草稿。M.O.威廉（MOW）经过整理与阅读曾有如下比较清晰的记录，兹转引如下：

基督徒奋进在中国社会 1890—1950

第一部分

基督教事业在世纪转换期 1890—1906

满汉帝国的衰落与危机改革试图

A. 中国情况

1. 社会与政府（65页）

面积，人口，区域，历史；与列强对抗及导致屈辱，家庭——力

量，问题，妇女地位，缠足，鸦片，贫穷，传教士记录的中国人性格（traits）大多关于儒教的情况与实践。有完整注释

MOW 注：论及缠足与鸦片，贝德士既提出问题，又谈到传教士如何试图带来改变，是否其后改革并不理想

2. 政府与法律关系　全部注释（81 页）

中国宽宏的假象遭到挑战；19 世纪早期禁止天主教；限制，有限的宽容；1858—1860 条约，传教士居留问题，旅行，财产。某些赞许的态度，基督教与士人及官吏的接触

中国保守派的改革，教会企图了解与适应，1906 展望。（以上共计 161 页）

3. 文化冲突　对于革新的抗拒　注释（15 页）

领导层士绅（scholar-gentry）遭到批评与不实的指控。外来的基督教，祖先崇拜的冲突，关于女传教士的冲突。

21 页草稿的注释

MOW 注：对此处贝德士草稿，我们称之为 α，有注释；然后他重写并压缩，是为草稿 β，没有完整注释，或许可以直接由 α 转移过来，在上述中国情况部分，他把开头 57 页压至 47 页，对此必须加 18 页（α 的 58—75 页），α 草稿提供的页码，仅是 α 在 1979 年 3 月 26 日无法移入 β 草稿之时

MOW 注：文化再冲突：

此处冲突似乎大多来自敌对的立场。冲突出现于同情与有兴味的经验之中；对于整个新的线索，他（或她——指研究者）必须懂得如何回应；新的课题，新的结构与模式，新的价值？

4. 改革与改革者　帝国主义侵占危机（5 页）

中国对外在世界的无知，无法应付被迫的变化，中国的改革者们：康有为，梁启超，谭嗣同。侵略加深（或可译为瓜分狂潮 mounting encroachment）——甲午中日战争，德国与胶州事件，普遍的威胁

正统作为决定因素与压迫者——笔记？（18 页）

官方的看法？孔学志在控制一个有秩序的社会；异端被视为叛乱、宗派（sects）、违法，正统要求

太平骚乱被确认为这一事实。注意这18页，上有标号，但无位置（70页）

反动与震动　　注意，不完整

敌对加剧，义和拳兴起，暴力，死亡；中国基督教徒的信仰

注意：标题4有关页码（本续为1—134，一页有a—e，有些笔记未放在这里。）

5. 中国保守派的革新　1901—1907　笔记？（33页）

这一时期的趋向，传教士及领事与中国政府，保护谕旨，宽容的进步，1907年百年会议纪念

注意：手稿似乎叙述它们，笔记仍缺

B. 基督教的努力：活动与实施

1. 概况介绍（48页）

缺笔记。数目：教会成员，传教士，社团，董事会，教派，成长，适应，活力，自养（self-support）

概要：继续开拓

2. 差会与教会　缺笔记（15页，以上总共201页）

3. 差会发端："三自"的早期构想——（自养、自治、自传）本地领导发展中的问题与挫折；早期教会组织。（17页）

注意：23页早先的手稿可用

4. 主要宗旨，政策，适应　缺少笔记

步骤，争论与适应：宣言，和解，基督教文学，科学与教育，对待异教风习；教徒与非教徒婚姻，纳妾

5. 基督教思想：关于中国宗教　无笔记（21页）

需要更多理解的认同。考验：交流以传递信息给中国人；

发现中国传统的好处；祖先祭祀问题，从1890年会议到1907年会议，宽容的增长。据传（只有）一个中国人扮演重要角色

6. 方法与项目：边民与部落　少许笔记（33页）

集中或扩展；三自；优先发展中国人领导及其问题

T. Richardson 的研究摘要：赈灾

合作：合作与联合项目，团结（comity），成员转移，城市传教士协会，1907 年号召联盟

7. 福音化，成长　无笔记（17 页）

确认中国人对中国人见证的成效，走向教育；H. Taylor 的“告一切被造之物（creature）”，缓慢，谨慎的模式，边民与部落，缓进模式，审慎从事福音化。还有 10 页关于福音主义与教会；9 页“*Additions to the Nevius Debates*”（“倪维思辩论续集”）可用

8. 宗教教育，员工训练　无笔记（24 页）

职员，成员都需要教育；阅读需要，学校与学院的《圣经》教学；集体或家庭对妇女的特殊传教，大量需要中国传教士，1907 年会议决定

注意：以上连续 167 页

附加手稿，有关上述几个题目，“传教士与教会”作为他们自己提出的问题，如何发展教会？如何发展中国人领导？如何达到“三自”目标？需要承认，“家长主义与文化优越感”存在于部分传教士中　逐页笔记（22 页）

9. 教育：学校与学院　缺笔记（54 页）

全貌：1890—1906 教育考察项目，除旧布新，极端注重教育，但问题仍多；缺少中国教师，教科书翻译，与政府的关系，教育宗旨与目标的争论，英华学校，女子学校；1900 年 4 所真正的学院，改写（他的最后写作）仍缺笔记。附加：“教会学校与关心教育”从表列 12 题教育手稿开始；他又加 33 页“补充笔记”

10. 服务：医药，社会，YMCA，YWCA（13 页）

医药保健工作，中国的民间信仰与实践，作为基督见证的保健服务，医生示例及宗派工作，缺笔记，手稿与参考资料可用。还有标题手记有关早期努力、训练中国医务人员；医学研究，医学著作的贡献

注意：这里似乎与农村或社会服务无关；禁烟与反对缠足的努力在这里

11.《圣经》，基督教著作　关于努力翻译与散布《圣经》的少数笔记，运用人民的语言——方言与“普通话”其他变化的意义，部分进程似乎未曾完结，附加标题手记有关基督教著作，翻译神学术语，对于所有CL（基督教著作）的分发，赞美诗的书籍的生产。(22页)

12. 中国基督教社区：对于基督教传布的中国反应——改变信仰的困难，几个早期中国传教士；中国女基督徒、士大夫对传教士与平民的态度　完整笔记（24页）

13. 传教士——选择生活的方位（aspects）　有笔记（14页）

工作条件，房屋，仆人；与爱护教会的中国人员在经济、文化水平上的差异（gap），贫民的信仰——失望于政府，加深理解中国文化。附加标题文献可用

14. 15. 未发现草稿

C. 基督徒奋进的趋向

18题与B、1重复，概述也有两处文献的重复。

关于趋向的补充笔记　少许笔记（62页）

19世纪基督教发展的结束：全貌，宗教，教派，如他们所记述，中国《圣经》的价值，YM与YMCA（应与上面B10合并）——如有关特殊群体、部落的笔记

1907年间的进一步趋向与解释

少量笔记（36页）

全国不同主题的较多报告，少许用以组合项目（items）；

1900年全基督教（ecumenical）会议，1907年百年会议，对义和团时期的内省（reflection），教友（communicants）数字，包括天主教，叙述某些书刊，仍无完整笔记。以上笔记：多数似为杂件，若可置于其他标题，保留这一部分作为粗略宏观综览（213页）

（以上总共541页）

可能作为附录的笔记：

已知贝德士博士希望有重要资料作为附录。1979 年 3 月 27 日查阅这部分文献，未涉及这一领域。

又已知他曾努力收集与校正中国基督教领袖们的名字与小传——此处有许多可用资料——并提供有关传教士的资讯，进一步查阅并利用这些个人资讯是有意义的（MOW）

第二部分

1907—1922 基督徒奋进在中国社会

A. 基督徒奋进的国内环境

1. 社会，政府，法律　完整笔记，多数到 1915

综览，主要是社会的，传统政府的演变，共和宣言，政府中的平信徒（Christian Laymen），新秩序的意义，宗教自由，爱丁堡会议报告中的中国（65 页）

2. 思潮：教育　完整笔记

热衷于新知识与新观念；批判的、开放的新文化运动与五四运动的自由主义新民族主义（38 页）

3. 宗教　完整笔记

对于中国宗教的新知与理解，侧重孔教；基督教研究（11 页）

B. 基督徒的努力

1. 综览，合作与联合　有笔记

很好的概述，有关教会和若干教育发展数字共 25 页；其余是关于合作与联合（50 页）

2. 教会及其个性（serfhood）　有笔记

1907，1913 年会议报告，《中华归主》（*The Christian Occupation of China*）；增进中国的理解："三自"问题；宗派与独立教会向个性（selfhood）发展（38 页）

3. 作为工作团体的差会（mission）

某些团体的结构与工作；1922年考察；教会为其全部任务准备的目标（15页）

4. 目的，政策，适应，社会——伦理的关心　笔记

叙述教会与学校的目的；关于社会的邪恶，YMCA 1914年关于社会情况的报告，逐渐醒悟转向中国领袖之需要（27页）

（以上总共244页）

5. 神学与基督教思想　笔记

对于中国宗教价值的承认，如何使基督教更加本土化（indigenous）；诚静怡领导的中华为主运动（China for Christ Movement），大多数传教士的主张（29页）

6. 项目（计划），方法，特殊群体　笔记

圣书赠送者（colporteurs），救灾，学生争论，妇女困境与妇女先驱；边疆与少数民族工作（18页）

7. 福音传播与宗教复兴（revival）　笔记

冯玉祥的信仰转变（conversion），中国的福音主义者，Mott与Eddy在学生中，阅读能力（literacy）与布道，Chinese Home Missionary Society，“不毛之地”考察（17页）

8. 宗教教育与人员培训

培训学校，包括妇女学校，早先主题文献提及的主日学校信息（9页）

9. 教育：教会学校，学院与大学　笔记

综览，政府改革与学校，各方面与政府的关系，教育的大概念（Broader Conceptions），英文与中文的运用，教会学校概况，巴顿调查团（Burton Commission），学院，适应问题，女子学校，学院与大学，实业教育，教会学校与其相关；来自其他报纸的听闻（56页）

10. 服务：社会，医药，农业，YMCA，YWCA　关于团体的笔记，《教务杂志》所记述的社会服务概览，医药工作：概貌，宗派差会，医生个人经验，训练医护，China Medical Commission，协和医院（PUMC）与洛克菲勒基金，护理，（到105页止）YMCA与YWCA，Labor Batalion，晏阳初（1immie Yen）与

识字、体育（physical education）（135 页）

11. 教会书籍与《圣经》　有笔记

中文运用水平，MacGillivray 与基督教书刊社（C L S），出版社考察，基督教出版协会（Christian Publishers Association），T. T. Lew1922 年首先陈述，*China Bookman* 书目；《圣经》，翻译质量，传布，MacGillivray 与发展中国作者（33 页）

12. 中国基督教社区　有笔记

基督徒领袖与著名人士，家庭，改革趋向加强，孙中山（26 页）

13. 外部关系，传教士，本国基地　有笔记

传教士素质，天主教关于德国教士的报告；废除不平等条约的可能，Lenon 的《传教士的健康》（44 页）

（以上总共 603 页）

第三部分

1922—1937 基督徒奋进在中国社会

1979 年 3 月 23 日查阅，贝德士在这一部分已连同史实与研究写进草稿（Working Drafts），许多笔记包括于写作内容，有些地方，特别是高教部分，写的似乎冗长，不如 Alpha of Period I 精炼简洁，幸好 A1、B1、B9 某些资料，以 Beta document 形式重新写过。初步判断认为：(1) 史实——他研究的结果——与他的许多判断并存；(2) 基本结构在这里压缩改写，组织较好与简要，各部分也更均衡，以备出版（MOW）

A. 基督徒奋进的国内环境

1. 社会、政府、法律　有笔记

两部分文献，有些重复，亦有分别：——民族主义与排外主义的兴起，五卅 KMT 与革命运动，对教会的压力，传教士的态度，政局的发展变化，教会与政府（to p. 55）；反基督教运动——各个方面——宣传，游行示威，来自国共双方的压力（to p. 145）；社会情况与问题，产业工人，妇女困境——关于社会、经济、文

化状况与问题的进一步报告，公立与教会学校（163 页）

2. 思潮，教育　有笔记

在 1922—1937 时期，大部分把 1922—1927 放在首位，然后才是 1928—1937，贝德士首先决定并依照的逻辑顺序。这是建议我们更靠近他早先的而不是随后的更接近完成的手稿，这种时间区分已有标记（MOW）

评论，著作与思潮，例如西方自由主义的影响，进步的教育，激进的思想，学生运动等（87 页）

3. 宗教两稿　有笔记

宗教在中国社会，继承传统与现实表现；对理解基督教的影响。研究与反应的报告；中国宗教及其与基督教的关系，文献是零散的（29 页）

（以上总共 441 页）

B. 基督徒的努力——活动与兴趣

1. 概貌：合作与联合

文献目录，有些重复，但一般是明晰的资料。组织问题：这里有些报告似可移随后的 Special Area？首先：发展的延续，利用 NCCC1922 与 1927 年的报告，Fact Finders Report，Layman's Foreign Mission Inquiry；中国社会的重要性；地区与宗派的报告，“纵览”——讨论以探索最好的材料安排，概况，面临问题，挑战，临近发展，采取行动，“教会事业”——考察基督徒广泛的努力，对于动机与动力的注意；私人与宗派的报告（233 页）

2. 教会，它们的发展，自信（self-reliance）　有笔记

教会综述，与差会关系，地区与教派群众的调查；1928—1937 多于 1922—1937（1927?）几个完整文件（119 页）

3. 作为工作团体的差会　有笔记

史实与研究（有些与 B2 重合），17 页有关 CIM，然后是 Lutheran Boards 及少数其他，不完整（28 页）

4. 目标，政策，沟通，调整　有笔记

调查——这一领域的事实与研究（74 页）

社会伦理的关心——鸦片，饥荒，压迫，童工，妇女困苦（92页）

5. 神学与基督教思想，中国宗教　有笔记

中国基督教徒写作与争论的报告，多为赵紫宸（11页）

The Bible Union Controversy（fundamentalism）

注意：这里有一平行文稿，108页，可能是早先手稿，不全

（以上总共602页）

6. 计划，方法，特殊团体　有笔记

“史实与研究”合在一起；前15页关于财政与仰给；然后48页涉及1928—1934广泛范围；35页关于1935—1937少数民族与边疆，7页（NO. 22—28）来自别的文献（110页）

7. 布道与宗教振兴　有笔记

概貌，城市布道，农业地区，the Clark Evangelistic Bands，报告与评估　Also 39pp.（10页）

8. 宗教教育，主日学，人员培训　有笔记

更多的史实与研究，重新审视并结合，也有32页铅笔早期标题手稿“宗教教育与人员培训”有重复，某些清晰资料，例如F. W. Price. Field with Working Draft页码不全（51页）

9. 教育，教会学校，学院，大学　有笔记

参考附页1，来自早先工作手稿，宣布“任务”是关于“教育与教会学校”。在这一阶段（1979年3月23日）认为为这个总体标题，我们有：概况，目的，非教会学校，小学与中学（前4个题目）。高等教育，导言与概述，长短不一关于不同学院的资料，特种学校与教育协会，注册以及与政府的关系。对于变化的反应，教师联合会（Teachers' Unions）等（37页）

这些稿件似已重写，将胪列于下文，仅将页码列于总数

10. 教育，教会学校，学院，大学　（续）

“修改”稿或文献。“教会学校”：最近发展与趋向的考察，多数服务于社会，还有高教目的与如何实现。与政府的关系，注册，“相关计划”，政策会议，教育经费，“教会中学与季节性小学”；

学校调查报告，基督教对学校的关心，邻近地区免费学校（free neighborhood schools）

“教会学院与大学”，侧重趋向与问题的概况；CCHE关注学院世俗化。（208页）

注意：文献不包括所有草稿，需要仔细阅读与编辑使之完全明晰

11. 服务：医药，社会，农村，YMCA与YWCA　有笔记

范围广泛的教会医药工作报告：中国人的观念与实践，宗派与地方工作，私人医生，协和医院，更多的医院与工作

农业服务：农业总体情况，教会农业服务，从个人到大学农学系示例：外加4页土地权笔记，农田规模。

YM与YW：概况，少许历史，活动简述

可能是早先手稿，但有关于明显特征，需求调查，然后是活动，YM、YW标题者有46页，未记入总数。（360页）

12.《圣经》与教会读物　有笔记

总体考察与报告，有关《圣经》12页，有关CLS与教会读物46页；Mac Gillivray，另有44页似与上面平行。“《圣经》（第一部分）与《圣经》社”——《圣经》对人们与对中国写作语言的影响。（18页）

13. 中国基督教社区：中国的反应

某些中国基督教领袖与人们（实际上采用最后叙述稿，PP. 19—36）；他们的反应：“某些中国基督教徒与他们的观点。”一份标题草稿1921—1928，30页，必须注意。（18页）

14. 外部关系：传教士，国内基地

传教士迄至1927年：分布与年龄，最好的有关书籍，仍然需要；传教士与特权，e. g。治外法权（18页）

传教士对中国的解释

有关国内基地的笔记

C. 小结与说明

主要是叙述，选择精当，由别人作的；看不出贝德士自己的

（以上总共1 912页）

第四部分

1937—1950 基督徒奋进在中国社会

A. 全国情况，基督徒奋进于其间

1. 社会、政府、法律　　日本侵略，和平，企图重建，内战严重问题　　国民党失败与共产党胜利，有少许笔记

注意：很难核对如此完整的纵览。

共产党问题：1937—1945；1946—1950　有笔记（56 页）

2. 中国思想与宗教（11 页）

B. 基督徒的努力

1. 概况，合作，联合

基督徒的努力概述；范围，至 1945　有笔记

沦陷区，1937—1945；自由区或华西

基督徒运动，1946—1950　有笔记

此处叙述多数可以归类于后面的标题；认识到清理与合拢的价值。

合作　有笔记（125 页）

2. 教会　有笔记

宗派调查，至 1945，25 页；1949—1951，36 页

加上统计资料 14 页，其他 9 页

地方教会 13 页；农村教会 29 页（96 页）

3. （原缺）

4. 目的，政策，社会——伦理关心　有笔记

目的，政策，计划　1937—1945

社会问题与关注 8 页；合作 1946—1950，6 页

紧急服务　1937—1945

注意：1946—1950 很少（45 页）

5. 神学与基督教思想　有笔记

1937—1945——Madras；其他论文，摘录

1946—1950——更多论文与研究（57 页）

6. （原记录缺）

7. （原记录缺）

8. 宗教教育：神学教育　有笔记

宗教教育，教会音乐，强调家庭之内神学教育，中国领袖，统计（490 页）

9. 教育，教会学校；学院与大学　有笔记

学校综览 16 页；学院与大学 10 页

注意：学院处理很不恰当，Bill Fenn 的书提供此题资讯

10. 服务：医药，社会，YWCA 与 YMCA　有笔记

医药——概况，工作，服务，损失

青年会的学生工作

一部分农村教会及其服务，起先放在这儿，已移至 B2 教会（51 页）

11. 教会读物，包括天主教读物　有笔记（16 页）

12. （原记录缺）

13. 外部关系，传教士，海外（10 页）

传教士，质量分布，海外数量调查，国际会议；多源自 CEA；报告与文章，亦源于 FMC

C. 小结，诠释，展望

中国人与传教士所肯定的意义，总体与各类工作，问题，Bates 自己反映不足，需标明进一步工作（26 页）

（以上总共 648 页）

以上材料并非《基督徒奋进在中国社会》书稿的正式章节目录，只不过是 M. O. 威廉清理贝德士相关遗稿的笔记，所以每一部分都附有威廉自己的评语或说明（一般注有“ MOW”字样，但并非尽皆如此）。我录引这份材料的目的，无非在于显示贝德士已经做过哪些工作，以及他究竟想写一部什么样子的中国基督教史（1900—1950）。

人们不难发现，与赖德烈早先出版的有关著作相比较，贝德士未完成的书稿有若干明显的特点：①时间延伸了 20 多年（1926—1950）；②参考与征引的资料，无论从种类、数量还是从史料价值而言，都远远超过赖

书；③不仅在主观上而且在实际上相当重视“中国因素”，即贝德士所说的：“更为重要的是适当了解中国的背景与人文环境，或者是基督徒生活、工作于其间的事实。这种中国的人文及整个环境，在很大程度上界定了基督教事业的各种问题，不仅是对抗，而且是持续影响，有时竟压倒了有形的差会与教会。它是巨大的、复杂的、多变的……”[①] 孟心湉也指出：“贝德士的目的，是把这段历史植根于中国背景，其结果便是来自中国社会、文化、政治情况乃至中国基督徒话语的各种论据以更大篇幅。”但她批评贝德士的记述“更多地覆盖基督徒，而不是中国的国家环境。中国政治史没有充分包括在内，特别是1920年以后”[②]。这却是某种误解，甚至是认识的肤浅。因为，贝德士对“中国处境”（Chinese Context）的发掘乃是社会文化的深层，并非侧重于浅层的表象。即令是1920年以后在中国发生的许多的历史事件，贝德士也有意省略了对于事件本身的陈述，所侧重乃是事件对于基督教的具体影响以及教会内部的反应与自我调适。

此外，我还非常欣赏贝德士在一份备忘录中为自己提出的两项创意：(1)“寻求一种观察中国现代化过程中的基督教因素的健全视线。”(2)“寻求对于基督教国际的与跨文化的关系的真实经验的理解，包括帝国主义的成见与亚洲人及发达国家人民之间的民族主义的理解。”[③] 在大约30年以前即已提出这样的高见卓识，应该成为我们现今撰写中国基督教史的追求目标。

流产与遗产

但天意人心两相违，这部大书终于未能写成。以贝德士那样的丰富学识，以MRL那样丰富的文献资料，以作者那样日以继夜的勤奋工作，何

---

① Cynthia McLean ed., *Gleanings: From the Manuscripts of M. Searle Bates*, The China Program, National Council of Churches of Christ in the U. S. A., 1984, p. 7.

② Cynthia McLean ed., *Gleanings: From the Manuscripts of M. Searle Bates*, The China Program, National Council of Churches of Christ in the U. S. A., 1984, p. 41. 孟心湉也是贝德士遗稿的整理者与摘要者。

③ Cynthia McLean ed., *Gleanings: From the Manuscripts of M. Searle Bates*, The China Program, National Council of Churches of Christ in the U. S. A., 1984, p. 5.

以13年还未能初步完成这部学术著作？

一言以蔽之：力不从心。心太高、太大，而精力不仅有限，且未能有计划地集中使用。

富兰克林·J.吴不胜惋惜地说："贝德士教授出乎意料地死于1978年10月。我负责清理他在神学院四楼塞满书籍的研究室，记得是在一个下午到了那里。他的手稿——旧的、修改的和新写的——塞满档案柜的好几格。有许多较小的盒子，装着经过他仔细注释过的文献、笔记与摘录。好几个纸箱装着已经分类过的文件。桌上堆着他最近撰写的书稿，置于纸张上面的是半截铅笔，好像是表示'出去走走，马上就回来。'"① 大概贝德士也从未想到自己会这样匆匆而去。

贝德士习惯于个人独自写作，直到1973年才聘用两位临时助手，但主要也只限于打字或协助查找与核对部分文献。前面已经说过，绝大部分资料都是贝德士自己搜集、整理、分类、注释，为编撰奠定了坚实的基础。但是贝德士的最大失误是缺少一个周密而可行的编撰计划，他为资料花费的时间太多，而留给撰稿的时间显然不足。资料搜集是一个无底洞，必须有一个明确的范围界定与时间分配。贝德士所面对的不仅是卷帙浩繁的文献，还有许多重要课题的社会调查，如中国基督徒重要人物名录征集核实等工作，都需要花费大量精力和时间。

贝德士在学术交往上一贯助人为乐，这本来是一个优秀基督教学者应有的品格，但如果为此而毫无节制地为他人作嫁衣裳，则必然会严重冲击自己的主体工作。M.O.威廉曾把贝德士晚年的工作归纳为3项：(1)积极参与纽约和世界各地的学术会议与其他活动；(2)为难以数计的博士候选人与其他有关中国问题的作者热心提供咨询；(3)为自己的巨著搜集资料与编撰工作。人们不难发现，前两项占去贝德士大部分宝贵时间。

贝德士的热心助人已是有口皆碑。例如，鲍引登（C. L. Boynton）把自己在中国搜集的一批宝贵资料送给MBL，贝德士立即义不容辞地应邀

---

① Cynthia McLean ed., *Gleanings: From the Manuscripts of M. Searle Bates*, The China Program, National Council of Churches of Christ in the U.S.A., 1984, p. 1.

前往整理。各种各样求教的信件如同雪片一般飞来，例如有篇文章发表在某家刊物的哪一期？某位孤身前往中国的传教士的续弦太太的名字？以及在清理图书馆收藏的档案随时发现的问题等等。他不仅是来信必复，而且是答复得极为认真负责。有个年轻学者正在撰写有关美国教会的执事派遣问题的博士学位论文，贝德士给他的回信竟有11页之多。本来贝德士自己也可以就此写一篇很有价值的文章[①]。

贝德士虽然未能完成生前的宏愿，但他的劳绩毕竟为我们留下一笔宝贵的遗产。

首先，在那些零碎片断的备忘录中，记录了他有关近代中国基督教史的许多深刻理念；如果把这些理论与他多次起草并不断修订的提纲（虽然并非完整）与部分书稿结合起来研究，不难发现他对1900至1950年期间基督教在中国社会活动史的总体构思。其视野之广阔、观察之细微与态度之严谨，都足以对我们有所启发。

其次，更为可贵的是他在13年期间勤奋搜集积累的大量资料与索引，可以为我们现今编纂中华基督教史提供许多重要文献的线索。特别是他复印的那些书刊，现今在国内外许多重要图书馆已经很难发现，虽吉光片羽亦弥足珍贵。贝德士遗留的信件甚多，其中有两类亦需加以注意：一是有关人士提供的书刊目录；一是为核实某人基督徒身份或其他相关事项的调查问卷及复函。例如，仅为澄清蒋经国、纬国兄弟是否基督徒一事，他即曾向国外多位友人通信查询，可见其一丝不苟的治学精神。

最后，贝德士的遗憾也给我们留下深刻的教训。编纂中华基督教史乃是一项巨大的工程，以目前的研究状况而言，决非个人所能单独完成，必须集体分工，通力合作，按预定计划有步骤地进行，才有可能比较圆满地完成。作为贝德士的学生，我希望现今的中国学者能够在新的起点与新的水平上共同实现他未能完成的宏伟计划。

---

① Cynthia McLean ed., *Gleanings: From the Manuscripts of M. Searle Bates*, The China Program, National Council of Churches of Christ in the U.S.A., 1984, p.10.

西方人眼中的东亚基督教
——以贝德士为个案研究

一

贝德士是一位资深的传教士教育家，也是当代最优秀的中国基督教史专家之一。《差会与远东文化的关系》（*Mission in Far Eastern Cultural Relations*）是贝德士为1942年在加拿大魁北克举行的太平洋关系研究院第8次会议提交的长篇论文，这篇论文的写作时间较早，以后由北美外国差会会议（Foreign Missions Conference of North America）太平洋关系研究院出版，1943年后者再次印行[①]。《基督教在华六十年》这一巨著因贝德士的猝然病逝而最终未能完成，因此，我们只有通过这篇论文，才可以了解他对包括中国在内的远东教会史的系统见解。在这篇论文中，贝德士提出了很多重要观点，如将远东的基督教事业看作是大量美国人和中国人及日本人之间持久而频繁的互动事业[②]；指出传教士是作为先驱者和奠基者而工作的，是文化接触的初始工具，在他们做出示范之后，教民通常自我负责地发起相近的或更好的服务。在20世纪40年代，传教士则常作为教民的合作领导者或助手，在有些情况下，他们已经从教民从事的服务中退出[③]。他以基督教青年会国际委员会为例，指出近年来该会已准许美国干

① 见耶鲁藏档，RG10，B87，F686。

② Miner Searle Bates, *Missions in Far Eastern cultural relations*, American Council, Institute of Pacific Relations, 1942, p. 1.

③ Miner Searle Bates, *Missions in Far Eastern cultural relations*, American Council, Institute of Pacific Relations, 1942, p. 3.

事减少到10人（1925年是87人），且被认为是这样一个组织：与美国很少有实际关系，但在结构上被认为是高度美国化的，就像在人事与自我意识上高度中国化一样[①]。他以此来说明基督教会团体应注重发展中国领导人，基督教团体的发展趋势是逐渐交由中国人来支配和管理，由中国人实行自治。并且指出，在日本、中国和朝鲜，随着教会的增加并以不同的速度和进程移交权力，差会已经减少。中国和日本的基督教工作者在寻找与他们自身所珍视的文化相协调的、基督教的表达方式的能力方面有所进步[②]。这些观点是他考虑的重点因素，并在其未完成的著作《基督教在华六十年》的大纲中，以及遗留的手稿中体现出来，并作为重点来论述。

本文试就《贝德士手稿选辑》、贝德士遗著《差会与远东文化的关系》以及其他有关贝德士文献，研究分析贝德士眼中的东亚基督教。贝德士有关基督教的相关文稿虽然包罗万象、数量繁多，但正如孟心湉[③]所曾指出的，它们都指向一个中心问题：如何在中国发展"三自"教会。正是基于对这一中心主题的关注，贝德士强调必须重视"中国因素"（Chinese Element），认为传教士应放弃民族的、种族的或文化的优越感，了解基督徒生活、工作其中的中国社会人文环境，进入东方的生活与思维方式，以便更好地为基督教事业服务。而中国和日本的基督教工作者应寻求与他们自身所珍视的文化相协调的东方文化的表达方式，并努力探讨如何使基督教更加本土化。为了实现在中国发展"三自"教会的目标，贝德士在其手稿中多次探讨了如何发展中国教会、如何培育中国领导人、如何达到"三自"目标等问题，他认为，中国的福音化最终要由中国人来实现。在此需加说明的是，为论述的方便及需要，我们着重以中国为例来分析，对东亚其他国家如日本、朝鲜等会有所涉及，但不是本文分析的重点。

二

基督教在东亚的传播，经历了一个挑战—适应—融合的漫长与曲折的

---

① Miner Searle Bates, *Missions in Far Eastern cultural relations*, American Council, Institute of Pacific Relations, 1942, p. 13.

② Miner Searle Bates, *Missions in Far Eastern cultural relations*, American Council, Institute of Pacific Relations, 1942, p. 26.

③ 孟心湉（Cynthia Mclean）是贝德士遗稿的整理者与摘要者。

过程。16 世纪利玛窦来华传教，面临中国传统文化强大挑战时，明智地采取合儒、补儒的传教策略，修正基督教以适应中国环境。在利玛窦到达澳门 33 年之前，另一位耶稣会士沙勿略（R. Francisco Xavier）抵达日本鹿儿岛，在日本社会传统势力挑战面前，也采取了类似的策略。但是，及至新教先驱马礼逊 1807 年到达广州时，世界和东亚的整体格局已经并且继续发生极大变化。西方强盛与东方衰落形成鲜明的对照，包括基督教在内的“西学东渐”伴随着殖民主义的狂潮迅速席卷亚洲。在新的历史时期，基督教在亚洲与中国的传播不再像早先那么温文尔雅。1840 年鸦片战争后，基督教更是开始作为一种强势力量，乘着坚船利炮，在不平等条约的庇护下，堂而皇之地入主中国社会。西方国家权力和军事力量的庇护，虽然迫使中国最终向福音开门，为传教事业克服了不少困难，带来了相当的便利，但其所引发的问题也严重地挑战着这项自诩为善意地传播上帝福音、拯救灵魂的事业。19 世纪中期开始，民教冲突日益激化，各地教案连绵不绝，终至酿成两个世纪之交庚子、辛丑的悲剧结局。而随着帝国主义瓜分与再瓜分世界浪潮的高涨，基督教的传播仍然与殖民主义结伴东行。终于在 20 世纪 20 年代初基督教再次与重新高涨的民族主义浪潮发生正面碰撞，激起了强大的反基督教运动浪潮。

由此可见，近代基督教自从进入中国开始，一直与中国社会之间存在着一种紧张关系。这种紧张关系及“洋教”的压力，迫使不少西方传教士在 19 世纪中期开始，就对“本地教会”的成长问题，纷纷作出探讨。总括来说，“三自”是他们努力的方向与原则。所谓“三自”，就是自治、自养与自传。最早将“三自”以语言形式明确地表述出来的，是英国圣公会的范亨利和美国公理会的安鲁弗斯①。自他们提出此原则后，发展中国“三自”教会一直是许多传教士的理想和目标。他们期望中国变成一个类似于

---

① Henry Venn, *The Secretary of the Church Missionary Society in England*; Rufus Anderson, *The Secretary of the American Board of Commissioners for Foreign Missions* (Congregational), Cynthia McLean ed., *Gleanings: From the Manuscripts of M. Searle Bates*, The China Program, National Council of Churches of Christ in the U. S. A., 1984, p. 12. 此处采用的是贝德士的说法。关于“三自”的起源问题，有不同的看法，具体可参见张贤勇（Richard X. Y. Zhang）的论文《“三自”探源》（The Origin of The “ Three Sell”），《建道学刊》1996 年第五期。

英、美意义上的基督教世界，具有相当数量的基督徒和教会团体，向他们的邻人传递拯救的福音，积极地影响他们生活于其中的社区。但传教士知道，中国的福音化最终要由中国人来实现。因此，自19世纪中叶以来，自治、自养、自传的原则一直真实地存在于这些传教士中间，并被严肃认真地执行着①。这使他们区别于来华谋求利益的商人、寻求战利品的士兵，以及以特殊的国家利益为行动基础的外交家②。

传教士并不是被动地执行“三自”的原则，他们自己在传播福音的过程中，也认识到了建立中国教会的重要性。正如贝德士所指出的那样：“大多数传教士清楚地认识到，从长远的观点来看，上帝爱的福音必须通过中国的福音工作者来传递，而这又源于基督教团体——中国教会的生活和见证。至少是一些传教士将历史上的教会视作神圣的天启的媒介，通过教会中的集体崇拜、讲道、团契和礼拜，信徒不仅能获取信仰，而且能坚定信仰。教会是福音传播的基础和渠道，是很多人生活变化的场所。”因此，“三自”的主张，可以说是当时许多传教士针对中国教会身处的处境及面对的困难而达致的共识。消极方面，自治、自养与自传是因应整个信仰群体遭遇的攻击而得出来的反省，从而使中国教会能够长远地在经济上、人事上及物力上做到自给自足，不再依赖西方差会的资助。积极而言，这是建立本地教会的必要条件，中国教会一天不能在这三方面取得进展，就显示她一天不能立根于中国社会。

至于“三自”的内容：

第一，自治（self-government），是指治理中国的教会，不再是西方传教士的专利，本地牧师及传道人的数目应该增加，并且更多地参与教会的会务决策，成为教会的主力与领袖。

第二，自养（self-support），就是教会经费，特别是牧师、传道人的薪金，应该由会友供给，以减少外国差会对中国教会的支援，做到中国人

① Cynthia McLean ed., *Gleanings: From the Manuscripts of M. Searle Bates*, The China Program, National Council of Churches of Christ in the U. S. A., 1984, p. 9.

② Cynthia McLean ed., *Gleanings: From the Manuscripts of M. Searle Bates*, The China Program, National Council of Churches of Christ in the U. S. A., 1984, p. 43.

供养中国教会。

第三，自传（self-propagation），主要是鼓励中国基督徒参与更多的布道工作。作为一个本地传道者在这方面自不待言，普通的平民信徒，更应主动地在国人面前作见证，引人归主。

可以说，这是建立“本地教会”的具体表现，亦是衡量“本地教会”成长的最佳标准[①]。

但是，在中国建立“三自”教会的过程中，有重重的困难和问题。

首要的问题就是自养。贝德士指出，在中国的场景中，一个主要问题是财政上的自立[②]。物质上的贫穷对中国教会真正自立产生很大限制。它不仅使中国教会无法承担牧师、传道人的薪金，阻碍着教会的进一步发展，而且生活条件的差异也使传教士和中国基督徒之间产生一些矛盾。传教士在中国的生活条件虽远低于在西方时，但又比经受过同样教育和有同样经历的中国基督徒要好得多，由此就成为一个尖锐的问题。传教士决定由中国教会的自足来解决此问题，但中国的贫穷使这个问题不可能得到解决。这样就导致传教士的生活条件与中国基督徒、同工及普通民众生活水平之间相当的差异[③]，并造成了他们之间的一些矛盾。

自养是差会对中国教会的目标之一，上面我们提到，自养就是教会经费，特别是牧师、传道人的薪金，应该由会友供给。然而，对生活在最低贫困线上的人们来说，教育和医疗已超出了他们能够负担的范围，更不要说认识到精神价值拯救的重要性并为此而支付金钱。“总体来说，我们不能设想当地教会在很大程度上支付或能够支付牧师的薪金。事实上，房屋或小建筑物的维护，对部分贫穷的人来说是真正的负担。”[④]

实质上，教会自养与中国人的传统观念也有矛盾，正如美国圣经会

---

① 邢福增：《文化适应与中国基督徒，1860－1911》，香港建道神学院，1995年，第68页。

② Cynthia McLean ed., *Gleanings: From the Manuscripts of M. Searle Bates*, The China Program, National Council of Churches of Christ in the U. S. A., 1984, p. 76.

③ Cynthia McLean ed, *Gleanings: From the Manuscripts of M. Searle Bates*, The China Program, National Council of Churches of Christ in the U. S. A., 1984, p. 23.

④ Cynthia McLean ed., *Gleanings: From the Manuscripts of M. Searle Bates*, The China Program, National Council of Churches of Christ in the U. S. A., 1984, p. 9.

(the American Bible Society) 的 Carleton Lacy 主教所指出的，“中国人通常持有这样的观点，支付薪金给一个人使他为教会服务，这就使得他成为一个为金钱而工作的人，而服务如果不是免费地提供，牧师的服务就失去了它的价值”。谢颂三牧师也指出：“自养不是福音工作的目标，而是一个过程，通过这个过程，基督徒被不断地教会如何为他人承担更多的责任，对神显示出更多的爱。”①

但是，如果不实现自养，自治与自传福音的目标能实现吗？1928 年出版的一个主要文献——《西方的金钱和中国的教会》，几乎从每一个可以想到的角度触及了这个问题。作者指出，“经济水平的不同扩大了人类关系中权力和物质的要素”，这是公认的。但是，经济上的自足对精神活力是必须的吗？自养是否为自治和自传的首要基础？作者显然对此是持否定态度的。作者认为中国教会的精神活力才是首要考虑的问题。中国人对经济应显示出与他们同样的热情，这是西方人的假定，而在传统中国人的心理状态中，不强调经济自立对个人的重要性，或是由此来衡量他的价值。事实上，一些传教士对西方同工过多地关注于经济报酬和财政管理也持自我批评的态度。贝德士对此问题持什么观点呢？在其手稿中，没有贝德士对这一问题的明确表述。但从其对文献作者观点的引用中，我们可以看出他的倾向，即：“理想的状态是互相依赖，将建立中国教会看作传教士和中国人共有的目标。精神活力必不可少的条件是：自治，包括选择和自我表达；责任的承担，包括由中国人以他们自己的方式建立宗教和制度生活；以及对教会计划的领悟和理解。金钱不应该是价值的标准。毕竟，基督和他的门徒不是在经济上自足的。”② 由此可以看出，贝德士对“经济上的自足对精神活力是必须的吗？”或“自养是否为自治和自传的首要基础？”这一问题的明确答案：自治与自传才是精神活力的必要条件，而不是经济上的自足（自养）。并且贝德士基本上也同意乐灵生（Frank

---

① Cynthia McLean ed., *Gleanings: From the Manuscripts of M. Searle Bates*, The China Program, National Council of Churches of Christ in the U.S.A., 1984, p.103.

② Cynthia McLean ed., *Gleanings: From the Manuscripts of M. Searle Bates*, The China Program, National Council of Churches of Christ in the U.S.A., 1984, p.76.

Rawlinson）的观点，即一些传教士是如此地专注于为中国贡献建筑、资金和人员，以至于忘记了他们主要的贡献应该是耶稣的精神[①]。

然而，教会不能自养所带来的后果也是明显的。无力供养牧师的一个重要衍生物，是只有在教会确定能够支付薪金给一个牧师时，差会才会推荐一个人授任神职。Carleton Lancy 主教曾指出，好几个圣会已经几年没有全职领薪水的牧师了[②]。

其次，中国牧师及基督徒素质的相对低下也制约着中国教会自治与自传的发展。正如上面所提到的，中国教会不能自养，无力支付牧师的薪水，这不仅导致牧师的缺乏，而且使得牧师的薪水低于受过同等教育、从事其他职业的人群。牧师薪水的低微，反过来又使得一些受过良好教育的人才不愿意从事牧师职业。因此教会只能退而求其次，放宽牧师的录用标准，而这又势必使传道队伍流品不一，影响传道效果与教会的自治。

中国基督徒的整体素质同样也不能令人满意，中国人皈依基督教的因素本来就是多种多样的，有的是为得到差会提供的医疗服务、教育或救济，有的是为逃避司法诉讼等。即使没有这些功利目的，总体上来说，中国大多数的基督徒也是知识素养较低的下层民众。因此，在发展中国基督徒的缓慢进程中，传教士日复一日的经历使他们对中国基督徒正在或在将来能够期望做的事情感到失望。贝德士将其归结为“中国社会缺乏类似教会的公共机构和联合团体”，“并且他们（中国基督徒）多数是没受过多少教育的、善意但没有希望的民众，且处在非基督教传统的强大压力下”[③]。这使得中国基督徒很难意识到可能或应该做什么。贝德士的评价如果针对所有中国基督徒来说是有失偏颇的，因为中国基督徒中也不乏受过良好教育的精英。但我们也不得不承认，这在一定程度上反映出了当时多数中国

① Cynthia McLean ed., *Gleanings: From the Manuscripts of M. Searle Bates*, The China Program, National Council of Churches of Christ in the U.S.A., 1984, p.73.

② Cynthia McLean ed., *Gleanings: From the Manuscripts of M. Searle Bates*, The China Program, National Council of Churches of Christ in the U.S.A., 1984, p.103.

③ Cynthia McLean ed., *Gleanings: From the Manuscripts of M. Searle Bates*, The China Program, National Council of Churches of Christ in the U.S.A., 1984, p.9.

基督徒的状况。这不只是19世纪的状况，即使到了1935年，赵紫宸还在悲叹：上层的中国基督徒太少了[①]。

这些困难使得传教士在将教会交由中国人管理的过程中有些犹豫和迟疑。但是，贝德士认为，我们也不必过于苛责传教士的作为，因为“以今天的优势来谴责1890或1900年的传教士，说他们对自己信仰和决定的正确性过于自负，而不将中国教会从传教士的监护中迅速地分离出去，这是容易的。然而，将中国教会完全或近乎完全地交到这样一些人手中并非如此简单的事情，这些人从来没有经历或看到一个令人满意的教区集会，他们自己也是从一个在才干、个性和训练的可能性中相对小的一个群体中选取出来的，并且受到非基督教家庭、传统和群体的严重影响。事实上，我们对传教士在中国建立教会的信心感到惊奇”[②]。

从好的信念上讲，差会试图将职责移交给中国同工，但重要的制度性工作仍相当地依靠差会。事实不是总与原则相符的。在1907—1922年这一时期的大部分时段，教会继续由传教士“善意”地支配着。另外，财政上的难题、训练、在差会——教会事业中的经历以及教师的身份和资深的地位，都有助于传教士被选为领导人。正如贝德士所指出的，“差会建立一个负责任的中国教会的目标，在多大程度上成功了呢？到1919年，被任命的中国牧师的数量，几乎与被任命的传教士数量相等，然而，三分之二的接收新成员的工作及圣礼的管理是由传教士完成的。政策的形成和培训机构的管理，也主要是掌握在传教士手中，因为教会所收到的资金中，仍有三分之二是由较大的差会所提供的。”[③] “是外国人，而不是中国人，负责对中国土地上的教会组织和政策做出有影响的决定。”[④] 以至于贝德士感

---

① Cynthia McLean ed., *Gleanings: From the Manuscripts of M. Searle Bates*, The China Program, National Council of Churches of Christ in the U. S. A., 1984, p. 74.

② Cynthia McLean ed., *Gleanings: From the Manuscripts of M. Searle Bates*, The China Program, National Council of Churches of Christ in the U. S. A., 1984, p. 12.

③ Cynthia McLean ed., *Gleanings: From the Manuscripts of M. Searle Bates*, The China Program, National Council of Churches of Christ in the U. S. A., 1984, p. 31.

④ Cynthia McLean ed., *Gleanings: From the Manuscripts of M. Searle Bates*, The China Program, National Council of Churches of Christ in the U. S. A., 1984, p. 33.

叹，“真正将支配权由传教士转交给中国人，可能是下一个十年才会发生的事情”[①]。然而，下一个十年这个理想会实现吗？答案可能仍不容乐观。

但是，尽管存在种种困难和问题，差会向本土教会移交权力的趋势是明显的。贝德士在其手稿中指出：“无论如何，很清楚的是，差会向教会的权力移交，是 1922—1937 年这段时期中国基督教事业最显著的特点。……这段时期显示出了传教士为教会努力的成果。”贝德士相信，“中国基督徒最终将会，并且能够为他们的宗教生活负责”[②]。在《差会与远东文化的关系》中，贝德士对这一问题有详尽的论述。他不仅描述了在日本、中国及朝鲜差会向教会移交权力这一趋势的不同进程，而且分析了其中的原因。同时还分析了这几个国家中差会与教会的关系，及教会机构中传教士与本国基督徒的关系。[③] 他指出，随着教会的增加，差会在减少，并以不同的速度和进程向教会移交权力。在日本，这种趋势业已很久，也更为彻底。这至少是因为三个要素：日本成员具有相对较高的教育和经济水平；密切相关的事实是，这些成员主要是城市居民和中产阶级；日本基督教徒强烈的民族自豪感和自我独立意识。绝大多数传教士以不同方式和程度与日本教会组织保持私人关系，并且在内部或在边缘为其服务。传教组织只发挥了辅助作用，并且他们大多数有日本人参与。（然而，传教机构经常与半自治的机构如高等教育机构，保持着直接关系。）在中国，由于与日本相反的原因，这个步伐相对缓慢。但是，大多数较大的中国教会团体中也有自治，传教士或多或少地与中国同工占有相同的地位；或者是联合组织的方式，在这个组织中，一定比率的职位分配给传教士，有时在预算和政策决定上他们可以发出同等的声音[④]。

---

① Cynthia McLean ed., *Gleanings: From the Manuscripts of M. Searle Bates*, The China Program, National Council of Churches of Christ in the U. S. A., 1984, p. 30.

② Cynthia McLean ed., *Gleanings: From the Manuscripts of M. Searle Bates*, The China Program, National Council of Churches of Christ in the U. S. A., 1984, p. 64.

③ 因为贝德士这篇文章是 1942 年提交的，再综合其手稿中对不同时期差会与教会权力关系的分析，我们可以认为，贝德士此处的描述主要是指 20 世纪 20 年代到 40 年代初期的状况。

④ Miner Searle Bates, *Missions in Far Eastern cultural relations*, American Council, Institute of Pacific Relations, 1942, p. 26. 这是一项在海外传教会议几位成员的帮助下，为太平洋关系学会第八次会议所做的研究。

在这两个国家中，制度几乎全部掌握在理事会手中，理事会中本国人占绝大多数，实际的行政首脑是本国人（日本有一些显著的例外，直到1940年，传教士仍是首脑）。通常个人发言的力量取决于个性、知识和经历，而不论国籍和地位。大体上，基督教组织中传教士与本国人的关系是良好的，许多组织声称，在他们的组织中从来没有国别界限，但总是有跨越民族界限的个人意见的差异。在日本，关系有些紧张，但诚恳与个人信任一般持续到1940年的严峻时期，以及此后的一些事例中①。在朝鲜，尽管很多差会中有家长式作风和对机构的所有权，教会仍有相当的自恃②。

三

从贝德士的手稿中我们可以看出，在1890年到1922年这段时期，贝德士对在中国建立“三自”教会基本上持一种积极的、乐观的态度。期望通过来自美国和英国的男人和女人们真诚、勇敢的努力，能为他们所预期的中国教会打下基础，特别是1900年义和团运动之后，随着中国人对教会学校所提供的现代教育的迫切吁求，基督教名人开始处于优势地位。然而，在20世纪20年代，传教士遭遇了充满敌意的民族主义和一段时期狂暴的反基督教运动，它使差会财产受到大量破坏，一些传教士失去生命，以及1927—1928年其他无法计算的人员流失……整个20世纪的30年代，传教士增加了与政府的合作，在抗日战争期间担负了重要的救济难民工作。但尽管从事了所有这些活动，他们达成了在中国建立“三自”教会的目标了吗？遗憾的是，答案似乎是否定的③。

贝德士在其手稿中写道，20世纪30年代后期，一些中国人和传教士忧虑地谈起教会——积极地崇拜集会——看起来没有牢固地扎根于中国的

---

① Miner Searle Bates, *Missions in Far Eastern cultural relations*, American Council, Institute of Pacific Relations, 1942, p. 26.

② Miner Searle Bates, *Missions in Far Eastern cultural relations*, American Council, Institute of Pacific Relations, 1942, p. 26.

③ Cynthia McLean ed., *Gleanings: From the Manuscripts of M. Searle Bates*, The China Program, National Council of Churches of Christ in the U. S. A., 1984, p. 43.

土壤中。柏乐亚（E. H. Ballou）在1938年，将“教会”一词及其在西方的理解与在中国对这一词的微弱的印象作比较。“毫无疑问，对这个国家的大多数人来说，价值是位于我们之上的，尊敬因基督教运动而逐步获得，附带的是我们的学校和医院，而不是教会。我们是知名的、著名的，非常有名的，不是因为我们是什么，而是因为我们所做的事情。根据圣经，由它的果实来判断一棵树，但在这片土地上，总起来说最经常的情况是，完全不考虑到底是什么树，而只判定果实是否合意或值得赞赏。事实上，持久的危险是，对果实的过量需求超出了树所能提供的，并且农夫因对其部分果实的溢美之词而将注意力从对果树的合理照顾转移开了。”W. H. Hudspeth对此观点有同感，他说：“大多数中国基督徒仍将教会看作教育中心——从小学到大学、医院、慈善机构，社会俱乐部和基督教青年会活动的集合体。”① 赵紫宸也感叹中国基督徒中教会意识的薄弱。他说，许多人会问，为什么他们应该有一个教会呢？即使他们需要基督教。他们看不到基督教与教会之间的联系，以及它们之间重要的统一与互相依赖②。

对于这个未能实现的理想，贝德士提供给我们一些重要的见解，这些是从中国处境和西方对教会特征的预设而总结出来的。正如孟心湉在《贝德士手稿选辑》中所概括的，在中国方面，他指出这源于中国两千年来将自己看作“世界中心”所产生出的过分的种族自尊和民族中心主义，因此趋向于仅仅因为基督教是外来的东西而排拒它。中国的领导人，无论是王朝时期、民国时期、国民党时期或共产党时期，都是把宗教看作一个能够被引向国家利益的功利的物品。甚至一些中国基督徒也将基督教看作一个能够实现中国民族自救的潜在的有用工具。中国从来不承认任何种类的多元化，即允许一个机构在国家官僚机构中独立发挥作用，因此排除任何政教分离的原则。另外，在中国历史上没有这样的传统，即甚至没有一点点

---

① Cynthia McLean ed., *Gleanings: From the Manuscripts of M. Searle Bates*, The China Program, National Council of Churches of Christ in the U. S. A., 1984, p. 102.

② Cynthia McLean ed., *Gleanings: Front the Manuscripts of M. Searle Bates*, The China Program, National Council of Churches of Christ in the U. S. A., 1984, p. 104.

类似于教会的集会崇拜，或类似的群体——其忠诚超越了宗族和家庭的界限。佛教僧侣走街串巷地化缘，因而人们对他们有普遍的歧视，这导致人们对基督教牧师的轻视，以及不相信耶稣基督无私的爱应该通过奉献或支付什一税来获得。在儒教传统的熏陶下，中国人是非常特殊的人群，他们关注伦理和道德，对形而上学和抽象的思想没有兴趣。过多的宗派系统、信条和教义似乎对中国人没有用，他们是被耶稣的爱和人格所吸引，而不是被马丁·路德、加尔文、韦斯利或坎特伯雷大主教的指令所吸引。最后，中国人自己正在经历民族生活各个领域的剧变，并同外国侵略者斗争，以确保他们的领土完整。如果基督教不愿意或不能将它道德的力量赋予这些斗争，那么很多中国人即便不将教会看作是反动的，也趋向于将教会看作与中国的状况无关。很少有传教士重视所有中国人内心深处对外国控制感到羞辱的情感，中国基督徒对这个事实表示失望和辛酸。传教士似乎没有意识到，通过不平等条约和领事裁判权所获得的外国的统治特权多么严重地羁绊了基督教，他们也不理解中国基督徒的压力，他们必须忍受被同胞当面指责为“没有国籍的中国人”或“受帝国主义者愚弄的人”[①]。

从西方的立场来看，贝德士似乎认为是基督教事业衍生的制度将“三自”教会陷于泥沼中了。尽管传播福音和建立教会是目的和目标，但学校、医院和社会改革机构是紧跟在首批巡回传教士后面的。需求是如此迫切，中国普通民众的贫穷和落后状态如此之深，以致传教士的同情心使他们分派出一部分同工进行教育、医疗工作，洪水和灾荒救济，反缠足和抵制鸦片运动。发生在传教士团体中关于支持和反对这项辅助事业的争论是非常有意思的。一些传教士，强烈的福音派，认为这些慈善工作转移了用于引领中国人对上帝有救助信仰的主要任务的人事和资金。然而，更多的自由派传教士为他们在社会领域的努力做辩护，他们指出，在福音书中，基督是时常治愈病人和关心穷人的。此外，灾荒救济、医疗服务和现代知

① Cynthia McLean ed., *Gleanings: From the Manuscripts of M. Searle Bates*, The China Program, National Council of Churches of Christ in the U.S.A., 1984, p.44.

识常常吸引人们进入基督教的圈子里，否则这些人永远也不会参加街头礼拜或与教会有任何联系。这些争论，尤其是关于基督教教育性质和内容的争论持续到整个 20 世纪 30 年代，但事实是初等学校、中等和高等学校数量不断增加；学院和大学，医院和医疗设施，社会和福利机构都在城市地区蓬勃发展。自始至终，这些机构大部分都是外国支持、外国主导及传播外国理想的。毫无疑问，这些机构主要是服务于中国人民，并且为中国提供现代制度的基础。但因为庞大和昂贵，他们不可避免地在传教士和他们的国内委员会的操控下，因为他们是买单人。这些更进一步地使中国人认为他们的主权及他们控制国内事务的能力受到了严重侵犯。此外，尽管传教士毫无疑问地将这项工作看作是植根基督的福音和基督教集会崇拜所必需的，但这个假定似乎并非被中国人、基督徒和其他人认为是当然的①。

此外，就基督教历史而言，在中国大规模地发展机构，在建立教会之前建立学校和医院，是把车放在了马前面。并且大部分传教士对教会性质保持着他们西方式的观点，尽管这与中国现实严重不同。多数传教士似乎也没有注意到这样一个越来越明显的事实，即中国人拒绝宗派主义、教义、神学、什一税、领薪水的神职人员，以及绝对的政教分离。他们坚持认为，当中国教会成熟时，他们就会看到这些教会生活重要象征物（附属品）的价值②。这里涉及一个“本土教会”或“本色教会”的问题。事实上，这一问题在 20 世纪 20 年代已被一些有名的中外基督徒所提出。在 1926 年上海举行的“今日中国教会”会议（the Conference on the Church in China Today）上，韦卓民提出，本色教会（indigenous church）不仅是由中国人组成教会团体、由中国人领导及教会经费来自中国，此外，建筑、赞美诗、宗教仪式、文学和志愿组织的中国化都是重要的，甚至是根本的。他认为非常关键的一点是中国人在他们的教会中有表达和体验的真

---

① Cynthia McLean ed., *Gleanings: From the Manuscripts of M. Searle Bates*, The China Program, National Council of Churches of Christ in the U. S. A., 1984, p. 45.

② Cynthia McLean ed., *Gleanings: From the Manuscripts of M. Searle Bates*, The China Program, National Council of Churches of Christ in the U. S. A., 1984, p. 46.

正自由[①]。赵紫宸是以主张中国文明中精华的因素（特别是儒教）与基督教相调和而出名的，因此他是从文化融合的角度来谈此问题的。他在1924年的牯岭大会上谈到“本色教会”时，认为“本色教会”即是基督宗教与中国古老文明中包含的所有真理的统一体，而中国基督徒的宗教生活和体验应以本土的和对他们来说自然的方式来表达和展示[②]。与赵紫宸的调和论相比较，谢扶雅的言语则更为尖锐。他在1928年提出，中国人的特点是道德至上和现实主义，极端厌恶空谈和混乱不清的思想（cloudy thoughts）。现实生活中人们之间的关系是以人为中心的。中国社会的特点是避免论争，以大度和广泛的宽容在极端中寻求中间路线，强调包容而不是排外。教会相应的也必须如此。“教会是为人存在；人不是为教会而存在。”因此中国教会必须是道德性的、实践性的及宽容的，而不是欧洲的出口产品。对中国人来说，重要的是基督的人格和教义，而不是西方形式的教会[③]。诚静怡对此问题的表述则更为简洁明了，“无论西方教会怎样值得尊敬，中国教会也不能是西方教会的复制品”[④]。西方基督徒中也有人提出类似的观点。《教务杂志》的编辑乐灵生在1927年的一篇论文《基督教在中国的移植》（*Naturalization of Christianity in China*）中，解释其“移植”（naturalization）一词的涵义：（1）中国人对上帝的体验应该是直接的，而不是通过任何意义上的西方基督徒；（2）体验的表达应通过中国的知识和文学术语及崇拜方式来实现；（3）基督徒奋进的自发性和动力是中国中心的[⑤]。但是，传教士们似乎没有注意到，准确地说是没有重视中国基督徒的吁求及部分西方基督徒的建议。“作为一个群体，传教士从来

---

① Cynthia McLean ed., *Gleanings: From the Manuscripts of M. Searle Bates*, The China Program, National Council of Churches of Christ in the U. S. A., 1984, pp. 66-67.

② Cynthia McLean ed., *Gleanings: From the Manuscripts of M. Searle Bates*, The China Program, National Council of Churches of Christ in the U. S. A., 1984, p. 87.

③ Cynthia McLean ed., *Gleanings: From the Manuscripts of M. Searle Bates*, The China Program, National Council of Churches of Christ in the U. S. A., 1984, p. 90.

④ Cynthia McLean ed., *Gleanings: From the Manuscripts of M. Searle Bates*, The China Program, National Council of Churches of Christ in the U. S. A., 1984, p. 86.

⑤ Cynthia McLean ed., *Gleanings: From the Manuscripts of M. Searle Bates*, The China Program, National Council of Churches of Christ in the U. S. A., 1984, p. 72.

没有考虑到，在中国，因为不同的历史和文化，教会应该采取不同于他们在国内所熟知的方式。”[①] 因此，这也是传教士未能在中国实现建立“三自”教会目标的重要因素之一。

最后，与传教士建立制度和他们从国内带来的未受检验的神学假设都有关的，是差会和基督教机构所雇用的人员没有很好地引领中国深入地理解作为神职人员组织的教会。贝德士没有评论这个主题，但直接指出，到1900年，大部分的美国传教士力量是女性。传教士的妻子也参与管理学校、诊所和技术合作，将她们也计算在总数内，妇女几乎占在中国的外国传教士的三分之二。当这个比率与所有在教会资助下派出的男性医生、教师、道路工程师、农业专家、科学家和基督教青年会的工作人员放在一起时，显示出的画面明确地是世俗的、热心社会福利和活跃的群体，而非受过训练的教会建立者。另外，这些个人认为他们努力的中心是教会，但他们的精力和技术却放在了其他的方面。此外，坚定的福音派传教士中，很多以前只受过很少的神学训练，他们是圣经文学家，并且自己避开了神学的主题，对作为历史上神圣制度的教会只有一点模糊的意识。在这样的导师指引下，中国人对“三自”教会的地位、角色和意义从来都没有确切的理解，我们还会对此感到惊奇吗？[②] 这种状况在20世纪40年代也没有多大变化。1941年，赵紫宸指出，神学只在较低的层次上、较少地被理解。这一方面是因为一些传教士将福音传达成了教条式的声明，或者是轻视了神学，这使得宗教只能被模糊地理解。另一方面，一些传教士——他们本质上是科学家和哲学家——坚持现代派的和现实的知性主义，因此将信仰转变成了怀疑[③]。

贝德士对中国基督教“三自”教会的探讨，对东亚基督教的阐释，目标是对历史构成有所贡献：(1) 世界教会史上的中国元素，对人类经验中

---

① Cynthia McLean ed., *Gleanings: From the Manuscripts of M. Searle Bates*, The China Program, National Council of Churches of Christ in the U.S.A., 1984, p.46.

② Cynthia McLean ed., *Gleanings: From the Manuscripts of M. Searle Bates*, The China Program, National Council of Churches of Christ in the U.S.A., 1984, p.46.

③ Cynthia McLean ed., *Gleanings: From the Manuscripts of M. Searle Bates*, The China Program, National Council of Churches of Christ in the U.S.A., 1984, p.104.

基督信仰和基督教团体的整体理解。(2)对现代中国的基督教因素寻求一个合理的透视。(3)试图理解基督教的国际和跨文化关系的真实历史,"包括帝国主义的成规以及亚洲和发展中国家人民的民族主义的理解"①。同时,也是因为迫切希望知道在中国的经验是否能够或应该对其他地区的基督教政策有指导作用②,他对"三自"教会问题的探讨,在今天仍有其意义和价值。正如孟心湉所指出的,"不理解1949年前我们的传教士试图在中国建立的'三自'教会,就没办法理解今日中国的'三自'爱国教会。……贝德士提出的教会性质问题,宗派系统、教义、神学、领薪水的神职人员和教会工人的必要性及其缺陷问题,应该从美中两方面的观点来细察。他们仍然是影响两个国家教会生活的'活'的问题,并且可能变成有价值的启蒙性对话的基础"③。

(与章博合撰,为2004年9月香港中文大学"东亚基督教诠释"国际学术研讨会提交的论文,有删节)

① Cynthia McLean ed., *Gleanings: From the Manuscripts of M. Searle Bates*, The China Program, National Council of Churches of Christ in the U. S. A., 1984, p. 5.

② Cynthia McLean ed., *Gleanings: From the Manuscripts of M. Searle Bates*, The China Program, National Council of Churches of Christ in the U. S. A., 1984, p. 7.

③ Cynthia McLean ed., *Gleanings: From the Manuscripts of M. Searle Bates*, The China Program, National Council of Churches of Christ in the U. S. A., 1984, p. 48.

“南京帮”的故事

——传教士在中西文化交流中的角色

“南京帮”（Nanking Gang）是20世纪20年代至40年代南京一个美国传教士群体的自称。他们大多在金陵大学、金陵女子文理学院及其他相关机构服务多年，把一生最宝贵的年华奉献给中国现代高等教育事业，直至1950年前后才最终离开中国。

“南京帮”的重要成员之一，华群临终前曾经说过：“如果能再生一次，还是要为中国人服务，中国是我的家。”无论在中国还是在美国，“南京帮”的故事都将永远流传。

一、“南京帮”的由来

“南京帮”一词最早见于1942年11月24日金陵大学农艺教授林查理（C. H. Riggs）的夫人给已经返回美国的米尔士（W. P. Mills）牧师夫人的一封信。当时金大已西迁成都，太平洋战争爆发以后，美国教职员入川者渐多。这些随校西迁的美国教职员或则感慨于“我们丢失了南京”，或则伤情于“离开古老的金陵如此遥远”。所以林夫人的信上说：“几天以前，章文新（F. P. Jones）夫人和我邀请‘南京帮’茶叙……这是一次愉快的联欢会，没有人谈论高昂的生活费用，我们主要是生活于过去相互伴依之中。”① 章文新是金大哲学教育系教授，夫人亦在金大工作。参加这些经常

① 耶鲁藏档，RG20，B6，F121。

聚会的，还有在金大校长室工作的史迈士（L. S. C. Smythe，金大社会学系主任）夫人等金大和金女大知名教授的夫人。前些年曾任美国驻华大使的芮效俭的母亲（Mrs. Rowe）也是茶会的常客。她的几个子女都是在流动的金大校园中长大。她在一封信中把此类聚会称之为“南京茶会”（Nanking Tea Party），并且认为这个小圈子是“未经组织的合作社会的乐队”[①]。她们彼此以“南京朋友”（Nanking Friends）相称，经常思念南京，都感到南京的凝聚力非同寻常。

“南京帮”有自己的历史渊源。

据米尔士牧师的记述，最早进入南京的新教传教士是内地会的约翰·邓坎（George Duncan），他于太平天国失败后的第三年（1867 年）来到尚未从战火损坏中完全恢复过来的南京，前后从事艰苦的宣教工作达五年之久[②]。

早期南京美国侨民的情况缺乏比较全面翔实的记述。不过在史德蔚藏档中可以看到一份抄录于抗战前的南京外侨公墓的碑石文字，碑石编号已达 108，但可辨认并记录的仅 81 人。其中有职业说明者大多为传教士，亦有商人，以及两者的子女。这些死者高龄甚少，大多病故于英年乃至童稚，而且死因又多为肺结核、伤寒之类传染病，说明当年医疗卫生条件很差。

作为本文所研究的“南京帮”的先驱，是金大和金女大（包括其前身）最早的一批外籍教职员。如汇文书院首任院长福开森（J. C. Feguson），宏育书院院长美在中（F. E. Meigs），金大首任校长包文（A. J. Bowen）、副校长文怀恩（J. E. Williams）、农学专业的创始者裴义理（Joseph Bailie）等。金女大首任校长德本康（Mrs. Lawrence Thurston）、化学教授蔡路德（Ruth M. Cheser）、生物学教授黎富恩（Cora Reeves）、宗教学教授芮柏格（Miss Rivenberg）、心理学教授布特勒（Alice Butler）等。文怀恩和他的幼女丽莲（Lilian）都安葬在南京外侨公墓，安葬于此

---

① 耶鲁藏档，RG20，B6，F121。

② W. P. Mills, Early Days in Nanking，此文收于 The Story of 80 Years of Protestant Missions in Nanking, China，1867—1947（未刊稿）。

处的还有金大校牧戴籁三夫妇（Mr. & Mrs. Talinem）、汇文书院第二任院长师图尔的幼子亚瑟（Arthur）、福开森的幼女爱丽丝（Alice）以及包文的 3 岁小女儿。

本文所探讨的“南京帮”，大多是在 20 世纪 20 年代来华，作为其背景的便是欧战以后北美学生海外布道运动的蓬勃兴起。人们习惯于把新一代的来华布道者称之为传教士教育家（missionary educator）。与早期的许多西方传教士有所不同，他们虽然也具有出身于基督教家庭、学校的背景，也有不逊色于先驱者的献身精神，但大多在来华以前已经受过高等以上的良好教育，具有某种专业特长，基本上属于学者型传教士群体。

仅以曾在南京沦陷期间留守校园的数人为例：

华群（Minnie Vautrin），1886 年生于伊里诺州司考尔。1912 年毕业于伊里诺大学教育系，并被基督会派往中国。起先在安徽庐州三育女中任校长，1916 年应聘任金女大教育系主任兼教务主任。1940 年因病返美，次年逝世。

贝德士（Miner Searle Bates），1897 年生于俄亥俄州纽瓦克。父亲是一位牧师，曾任哈莱姆学院院长。贝德士 1916 年即毕业于该院，并获罗兹奖学金前往牛津大学深造，1920 年获硕士学位。同年经基督会派往中国，在金大历史系任教，直至 1950 年返美。1978 年病逝于纽约。

史德蔚（Albert N. Steward），1897 年生于加州。1921 年毕业于俄勒冈农学院，并被美以美会派往中国，在金大植物系任教，直至 1950 年返美。1959 年病故于俄勒冈。

麦卡伦（James Henry McCallum），1893 年生于华盛顿州奥林匹亚。1917 年毕业于俄勒冈大学，1921 年在耶鲁神学院获学士学位，并被基督会派往中国，在安徽、江西各地从事布道与社区工作。抗战爆发后，他曾作为金大医院和难民救济工作的管理人员留在南京。1946—1951 年作为差会秘书在南京从事教会重建工作。

威尔逊（Robert O. Wilson），1906 年生于南京，父亲是美以美会传教士。他毕业于普林斯顿大学，1926 年在哈佛医学院获博士学位。1936 年应聘到金大医院工作，抗战爆发后留在南京从事难以置信的繁重的救死扶伤工作。

史迈士（Lewis S. C. Smythe），1934 年在芝加哥大学获社会学博士学位，并被基督会派往中国，一直在金大社会学系任教。南京沦陷期间，他作为安全区国际委员会的秘书，以过人的干练与饱满的精力出色地完成各项难民救援工作。

费吴生（George A. Fitch）1883 年生于中国苏州一个长老会传教士家庭。1906 年在渥斯特学院获学士学位，随后进入纽约协和神学院。1906 年受任牧师并返回中国，在上海青年会工作。南京大屠杀期间，他作为南京青年会总干事，出任安全区主任，为救援难民作出卓越贡献。

米尔士（Wilson Plumer Mills），1883 年生于南卡罗来那州。1910 年在牛津大学获学士学位，两年后在哥伦比亚神学院获神学学士。1912—1931 年在中国青年会工作，1933—1949 年服务于南京长老会海外布道托事部。南京沦陷期间曾任安全区国际委员会主席。

马吉（John C. Magee），1884 年 10 月生于宾州。1906 年毕业于耶鲁大学，1911 年在麻省康桥圣公会神学院获硕士学位并被派往中国。南京沦陷期间，他担任国际红十字会南京分会主席和安全区国际委员会委员，努力从事难民救援工作，并曾拍摄有关日军暴行的 12 卷影片，成为南京大屠杀一案的铁证。

对于这一代美国传教士来说，是南京为他们最先提供稳定而又优裕的职业，甚至为他们提供成家立业生儿育女的环境；而这个城市绵长的历史和旖旎的景色，又深深地吸引了他们。秦淮夜月、玄武春晓，乃至雨花台的采石、栖霞山的红叶，都已经融入他们永恒的记忆，与他们的整个人生相伴相随。

二、峥嵘岁月稠

20 世纪 20 年代初的南京，并非十分繁华。史德蔚夫妇曾经追述他们在 1921 年刚到南京的印象：“南京实际上是散布于美丽的郊区环绕的一群集镇。大量农田与若干山林也包容在长达 20 哩的城墙之内。市区大约有

35 万居民，其中外国人不到 1 500 人。”“我们在 9 月 16 日下午到达，我们从城外下关火车站到金大所在的鼓楼区，大约有 5 里路。农艺学家祁家治(C. E. Ritchey) 到火车站接我们，并且安排车辆（马车——引者）把我们和行李送到金大校长包文家中，我们将在这里借住最初两周。”[①] 当时金大教工宿舍似乎不大宽裕，所以史德蔚全家只有住在校长家里。比史德蔚早一年到校的贝德士，则是借住在社会学家谢伟师（Maude Taylor Sarvis，文理科教务长）家中达 3 年之久，直到这个年轻教师结婚迁至新居。谢伟师回忆当时的窘迫情况：“我们必须为他腾出两间房，一间住人，一间装书。及至他所有的书在我们南京寓所三楼的小房间拆包后，就连他日常需要的起码设备也无处安放。可以肯定，他是那时在南京的外国人中私人藏书最多的一位。”[②] 不过当时南京物价不高，用一位名为布兰克(Blank) 的传教士的话来说：“每月只要花 55 美元，就可以像王公贵族那样生活。”[③] 所以史德蔚、贝德士等搬到自己的新家以后，日子过得都很舒坦。

语言是中西文化交流的钥匙。“南京帮”在南京的最初岁月是从华言科开始的。华言科亦称传教士培训中心，是金陵大学专为外籍教职员学习汉语与文化创办的，其宗旨是：“为西教士学习汉语及培植对于中国文化及国人正当之了解与态度。”[④] 贝德士 1920 年来金大任教便立即进入该科，他与在金女大任教的加拿大姑娘丽莉亚·罗宾斯就是在这所学校相识相爱的。贝德士花了整整三年业余时间读完中文课程，1923 年华言科卒业之日，就是他与丽莉亚结婚之时。

贝德士在华言科的同班同学，金大教员查麦斐德的夫人（Anna Moffet Jarvis)，在 1920 年 10 月 15 日的家信中曾经写道：“每天早晨 8 点半到教堂。今天金大校长和我们谈话。你看，华言科原来是大学的一个系。然后（华言科）主任基恩（Keen）把我叫起来，介绍给其他学生（来

---

① 耶鲁藏档，RG20，B8，F173。

② Maude Taylor Sarvis，Bates of Nanking，The International Committee of YMCA，1942。

③ 耶鲁藏档，RG8，F103。

④ 包文：《金陵大学之近况》，《教育季刊》，1925 年第 1 卷第 4 期。

自何处？正在做什么？将任何职?)。学员中只有 4 个男单身，但女单身有 49 个——美以美会、长老会、耶稣复临派、圣公会和其他宗派：传道人、护士、教员、农学家、办公室秘书、会计和行政管理人员，甚至偶尔也有个别商人。传教士知道如何学习。课堂教学全用中文，直接教学法（如你、我、他)。"[1] 据说当时学员有 100 余人之多。中文老师为这些西方学生取了一些典雅而又辉煌的名字，除贝德士、史德蔚、麦斐德外，还有史迈士、唐美森、芮陶庵、董远观、贺肇基、安德胜、丁爱义、司乐堪、卜士瑞、吴惠津、梅赞文、章文新、谈和敦、顾德斯等。这些命名标志着他们在不同程度上融入中国文化的开始。

作为中西兼通的历史学家，贝德士学习中文的勤奋自不待言。在金大历史系学生中流传着一个故事：有位学长交英文写的作业，由于粗疏被退回来并要求用中文重写一篇，结果送上去后又挨贝德士的批评："我真没料到你的中文比英文更差!"但学习中文更为勤奋且富创造性的却是史德蔚。我们在史德蔚文献中可以看到他精心制作的汉语发音对照表[2]，虽不一定都准确，但却花了大量心血。

例如：

汉字	Giles 罗马拼音	南京口音	国语拼音
银	yin	ying	in
杏	hsing	shing	sin
白	pai	pe	pë
瑞	jui	shuì	suëi
蛇	shê	shay	se
仰	yang	liang	lian
悬	hsüan	shüen	syen

他们在南京居住愈久，对南京的了解与感情也就愈深。由外侨南京妇女俱乐部文学部编辑出版的《南京简介》(*Sketch of Nanking*，1923 年初

① 耶鲁藏档，RG8，F103。

② 耶鲁藏档，RG20，B10，F240。

版，1933年增订版)，热心地向海外介绍南京的历史、名胜和有关游览资讯。撰稿人大多是金大、金女大教授及其夫人或其他亲属，如南京历史由唐美森夫人（我的英语老师）撰写，历史名胜由谢伟师夫人撰写，南京寺庙由芮陶庵夫人撰写，南京掌故由白来敦女士撰写；而出版赞助人则有梅赞奇夫人（即文学部主席）、伊里克夫人、刘恩兰小姐、德本康夫人、江夫人（南京汇文女中）等。此书封面印有中文题词“开门见山”，而扉页便是背依巍峨钟山的古老城墙逶迤绵延的照片。前言深情地说：“此书尽管有许多不足之处，但出版者希望读者能对这座城市增进理解与加深兴趣，并促使某些人追寻更多南京古老往昔辉煌的遗迹，我们深信她将再现这种辉煌。”[①] 这些美国侨民虽然始终未能融入南京主流社会，但他们却从内心力求认同于南京市民。他们把南京称为“世界上最美的城市之一”，把金大和金女大称为“建立在京城的大学”，贝德士很早就自称“南京的老市民”。他们努力模仿南京市民的方式生活。例如有年暑假史德蔚夫人在本宅举行南京牧师师母茶话会，通知说：“祈师母拨冗驾临，并带剪刀、针线、顶针等件”，很像一般街道中国妇女聚会。

当然，作为传教士教育家，他们的主要工作还是教学与研究。无可否认，南京这两所教会大学的发展与完善，都渗透着他们的勤劳与智慧。

金大的王牌专业是农学，而农学院就是美籍数学教授裴义理（Joseph Bailie）一手创办的。裴义理1860年出生于爱尔兰贫苦农民家庭，长大后在美国专攻神学并入美籍。1890年来华，供职于苏州长老会。1910年应聘到金大任数学教授。他目睹1913年张勋辫子军在南京的屠杀劫掠，也看到长江大水的哀鸿遍野，因此发起义农会以工代赈，并且在1914年创办农林科，希望能从根本上改进中国农业问题[②]。1916年春，紫金山麓野火蔓延，林木焚毁甚多，加以邻近居民又滥施采伐，他感到非常痛心。正好清明节那天他出差到上海，看见沿途扫墓人多有植树于坟地，便建议当时的

① 耶鲁藏档，RG20，B10，F221。

②《本校农学院创办人——裴义理》，《金陵大学校刊》，1943年2月；又见陈裕光：《回忆金陵大学》，金陵大学校友会编：《金陵大学建校一百周年纪念册》，南京大学出版社，1988年，第16页。

农商总长张謇定清明日为全国植树节[1]。

农林科发展很快，1930 年扩大成为农学院。在裴义理、芮思娄（J. H. Reisnier）、史德蔚、卜凯（J. L. Buck）、安德胜（W. A. Anderson）、林查理（C. H. Riggs）、韩森（E. L. Hansen）、司乐堪（B. A. Slocum）等两代美国学者和中国师生的通力合作下，农学院共有农经、农艺、园艺、森林、植物、植物病虫害、农业教育、蚕桑等 8 个学系，并附设南京农事试验场、西北农事试验场、农业推广部和农业专修科[2]。“从办学起到抗战开始，大学本部和农业专修科，及各科训练班毕业生，计 1 200 余人，占全国高等农业学校的毕业生的三分之一，而从事农业教育及农业改良工作的，占总数的 95%。没有一个学生毕业后失业，且供不应求。我国在欧美留学农业的学生，到 1948 年为止，全国约计 256 人，而金大农学院毕业生，却占 120 余人，约占半数。全国农业机关，都有农学院的学生工作。”[3]

在这里应该着重介绍一下卜凯的贡献。卜凯原为安徽宿县地区的传教士，熟悉中国农村情况。1921 年应聘到金大创建农业经济学系，最初仅只 1 人，1924 年扩充成为农业经济、农场管理及农村社会 3 个组，1939 年重新划分为农政组、农场管理与农产贸易组、农业历史组、农村金融与农村合作组、农村社会组、社会物价与农业统计组、复设统计室，成为全国最具规模的农经系。卜凯非常重视农家经济的调查分析，1921 年由太平洋国际学会资助出版的《中国农家经济》（*Chinese Farm Economy*）一书，使他在学术界崭露头角。1931 年江淮流域严重水灾，金大农经系受政府委托调查受灾情况作为救济之依据。计调查湖北、湖南、江西、河南、安徽、江苏等省共 90 县，实地调查人员达 293 人，得县调查表 169 份，村调查表 2 366 份，农家调查表 11 791 份，又在上海、南京、武昌三处难民搭棚区域，调查农家表 3 796 份，然后由卜凯主持编辑出版题为《中国 1931 年水

---

① 墨妮：《农学院创办人裴义理先生》，金陵大学校友会编：《金陵大学建校一百周年纪念册》，南京大学出版社，1988 年，第 58 页。

② 耶鲁藏档，RG20，B10，F221。

③ 墨妮：《农学院创办人裴义理先生》，金陵大学校友会编：《金陵大学建校一百周年纪念册》，南京大学出版社，1988 年，第 58 页。

灾》长篇调查报告。由卜凯主持并有多位中外著名学者参加的土地利用调查，自1929年起至1937年止，历时9年始告完成。总共调查全国22省，163地区，16 786田场及382 560家，其成果是堪称经典之作的《中国的土地利用》(*Land Utilization in China*)。全书共分3册，一为论文集，二为地图集，三为统计资料。这些工作奠定了卜凯在中国农业经济领域的重要地位，金大农经系声誉之隆与育才之众亦备受中外瞩目。卜凯还曾先后担任过美国国务院的中国农业顾问和联合国救济总署署长。

卜凯的妻子赛珍珠（Pearl S. Buck），自幼生长在中国，曾在金大外语系任教，先后写过50几部作品，大多取材于中国农村，其中《大地》尤为驰名，为作者赢得诺贝尔文学奖[①]。

金大原来只有政治系，贝德士最初是政治系的主任教员，以后才一手创办了历史系。他在1947年50岁生日时曾在家信中追述："如果从我来华获得第一个稳定职业算起，到可能退休之时，五分之三的岁月已经消逝了。""我试图扶植中国年轻教师，让他们顺应自己的兴趣与优长，而我自己则只得担任其余的历史课程。重要的影响已经显示出来，但这却意味着我要像新教员一样，不断从一门课程转移到另一门课程，同时还要遵照部颁教学计划的不断变化而担任新设课程的教学任务。结果已表明这一政策完全正确，例如我现在的主要同事王绳祖与陈恭禄，还有此前的三四位同事。王、陈不仅教学出色，他们的著作已经享有并将继续增长广泛的影响，因为他们编写的大学教材已经成为范本。""我深知，其结果是使我成为一个出版专著甚少的可怜专家，同时又是一个颇具潜力的好老师，因为我总是勤奋而广泛地阅读。"

但贝德士绝非"可怜专家"，他知识之渊博，堪称通识型的专才。在上述家信中稍有透露："无论如何，我曾延展于广阔的知识领域：历史学，我的主要训练是近世欧洲史与英国史，通过自学与研究生攻读，扩大到古代和中世纪的中国、日本、印度、俄国，还有若干美国史——几乎是除了

---

① 参见陈裕光：《回忆金陵大学》，金陵大学校友会编：《金陵大学建校一百周年纪念册》，南京大学出版社，1988年，第17页；《25年来金大农业经济系之概述》，《金陵大学农业经济系成立25周年纪念册》。

拉丁美洲以外的所有地区的历史；与史学研究相关联，还有政治学、社会学方面的兴趣，包括在牛津的攻读与早先在金大讲授政治学，接着是经济史、国际关系和当代事务，特别是远东地区；拉丁文和希腊文（前者每周用一两次），谙习法文、中文、德文，俄文、日文可以对付姓名、工具书，并可勉强阅读……"① 有位听过他演讲的外国学者索尔博（L. N. Thurber）先生回忆说："1943 年在耶鲁，贝德士在我选修的一门中国区域研究课堂上讲演，我特别倾服于他的百科全书式的知识与记忆。我仍然清晰地记得，座位离他很近，两小时提供大量细节，诸如互相比较的数位，1900、1910、1920、1930、1940 年中国铁路有多少英里，硬型路面公路的类似数位等。讲演之后与贝德士交谈，我发现他的讲演稿只有三个词用以概括主要范围。"②

贝德士除承担金大历史系繁重教学工作外，还在金女大、中央大学、中央政治学校兼课，并且参与金大中国文化研究所的创建。他还亲自编撰《西文东方学报论著举要》(*An Introduction to Oriental Journals in Western Languages, With an Annotated Bibliography of Representative Articles*)，作为该刊丛书之一种刊印。此书是在广阔阅读的基础上选择 19 种有代表性的西方刊物编成的，除分类索引、著者索引外，还有导言与论文举要，反映出编者促进中外学术交流的热心。

史迈士是"南京帮"的后起之秀，1934 年来华后为金大社会学系明显地增添了活力，特别是随金大西迁后积极参与推进了中国的"工合运动"。早在 1939 年他就为政府策划，由各地工业合作社承造军用毛毯，并以成都与陕西为工人培训中心。1940 年金大社会、经济两系与中国工业合作协会合作，举办高级人员训练班，史迈士为该班主任。同时，他还利用暑假前往重庆、兰州、陕西等地，为"工合"人员讲演，并结合教学经验编印《工业合作》一书，作为学员教材。

其他美籍教授，如华群对于金女大教育系，史德蔚对于金大植物系，

---

① 耶鲁藏档，RG10，B2，F24。

② Cynthia McLean ed., *Gleanings: From the Manuscripts of M. Searle Bates*, The China Program, National Council of Churches of Christ in the U. S. A., 1984.

章文新对于金大哲学心理教育系，唐美森对于金大化学系，赛珍珠对于金大外国语文学系，司乐堪对于金大植物病虫害系，林查理对于金大农艺学系，都有很多贡献。本文限于篇幅，不必一一缕述。

三、患难见真情

南京城内的岁月也并非总是风平浪静。随着民族主义浪潮的高涨，20世纪20年代初兴起的非基督教运动发展成为收回教育主权斗争，矛头遂直接指向教会学校。

在1927年春天的“南京事件”中，除金女大以外，所有外国人的住宅都遭到焚烧乃至洗劫。混乱延续8个小时以上，有6个外国人被杀死，其中包括金大副校长文怀恩，贝德士也被一群乱兵拘捕，双手捆于背后，几乎被胡乱开枪的士兵击毙，幸亏得到红十字会的及时解救才幸免于难[①]。不过贝德士的反应相当冷静，他在1927年5月发表于《世界召唤》(*World Call*)的报道中说：“正努力了解中国人普天同愤的背景，和3月23、3月24两天混乱的实况。可能是对于某些外国人某些偏激言论的不完全自觉的对抗的突然爆发，很少能证明这是进城国民革命军将领的狡诈阴谋。”[②] 但南京的外籍人员毕竟被迫全部撤离，先到上海，继而分为三路：一部分回国，一部分去日本，一部分去朝鲜。

不过这种情况为时不久。1928年秋季以后，离校的外籍人员陆续归来，贝德士是最先获准返校工作的美国教授。及至南京国民政府初步稳定政局，金大、金女大与外地其他教会大学一样，重新恢复了发展的势头。当然，发展的前提是大多数外国教会与外籍教职员采取比较理智的态度，在不同程度上顺应中国民族主义的潮流。首先是遵守中国政府的规定，履行注册手续，接受政府的教育方针、政策的指导，对教会大学内部进行大幅度的调适变革。在此后的岁月里，他们与政府保持比较密切的合作，在

---

① Bates of Nanking, p. 4.

② 耶鲁藏档，RG10，B6，F101。

教学、研究与社会服务等方面，都取得明显的成绩。

空前严重的患难来自1937年日本发动的侵华战争，人们都认识到这将是一场关系中国生死存亡的长期战争。随着战火的逼近，金大、金女大和其他大多数教会大学一样，决定随国民政府西迁。情况正如金大教授芳威廉（William B. Fenn）回忆所说的那样："两千里难以置信的艰苦跋涉，经过湍急河流，越过高山峻岭，坐船、乘车乃至步行，需要非比寻常的决心与勇气。急速移动，缺少给养，更谈不上营养，持续不断的危险考验着信仰与耐力，他们幸存的事实便是对他们学校精神的诠释。"[①] 教会大学分担了祖国的苦难，参与了维护民族生存的斗争，也投入了推动社会进步的各项有益工作。

当然，面临更为艰危考验的还是自愿留守金陵的那些"南京帮"成员。

贝德士全家当时正在日本度假，并为维护中日和平相处作最后的努力。接到金大陈裕光校长的使命后，历尽艰难只身返回南京，以副校长名义全面负责保护校产，并勉为其难地开办一所农业专科学校。他与史迈士、林查理等参与组建南京安全区国际委员会，该会成员还有上文已经提到的麦卡伦、威尔逊、费吴生、米尔士、马吉、华群等。他们生死与共，临难不苟，为救援南京20多万难民日夜奔忙。

组成国际委员会的20多位外侨，从法律和行政的角度而言，本来没有责任保护和养活20多万南京难民，相关外国政府也不断动员他们立即撤离，可是他们完全出于道义和感情，却不顾个人安危与家庭离散而自愿留在这人间地狱。面临失去人性的日军暴虐统治，生命财产毫无保障的民众在绝望中只有向中立国外侨团体求助，这乃是一种极大的无奈。在中国市政当局已经不复存在，而日本当局放纵暴行的恐怖时期，以20几位外侨组成的毫无政府背景的小小外侨团体，竟然要承担起20多万难民食宿、卫生乃至治安等繁重任务，这也许是一种更大的无奈。国际委员会尽管有大量

---

① William Purviance Fenn, *Christian Higher Education in Changing China, 1880-1950*, Eerdmans, 1976, pp. 119-120.

中国职工的忠诚奉献，有南京以外的各国友好人士道义上和财物上的某些支援，特别是广大受难民众的信赖给以强大的精神力量，但他们毕竟手无寸铁，无兵无勇，除了中立国侨民身份以外，别无任何其他可以与日本军队对抗的手段。他们诚然是西方国家的公民，但他们国家的政府并不支援他们，却一味纵容日本侵华，向日本提供军火与其他军用物资，继续鼓励日本反对苏联。正如贝德士 1938 年 11 月 29 日给友人的信中所言："南京城内的美国和平主义者，其生活也是严峻的。他们连续数日目睹成百架（日本）轰炸机群飞过，有些带有美国装备，而且几乎全部灌满美国汽油，在江上连绵的（日本）军舰是用美国汽油驱动的，公路上数以百计的（日本）军用卡车也是通用公司和其他美国厂家制造的。他们在美国的和平主义者友人正受到谴责，为了害怕法西斯国家不悦，（美国）断然反对通过国际合作走向世界政府（指国联）蹒跚的第一步，反对取消与侵略者的经济伙伴关系，从而使世界上的弱国横遭蹂躏。难道善意对待他人还有什么胜于强权的实际意义？富国应该为大家的公益作经济调节，而不应以武装的贪婪掠夺他们弱势的邻居。"[①] 因此，他们只有以弱势地位与数万强横霸道的日本军队打交道。对于这些外侨来说，"螳臂挡车"是一个很恰当的比喻；"知其不可为乃为之"，则是一句更为深刻的成语。他们和一批中国同事，把全部爱心与精力奉献给数十万南京难民，常常以恳求、争辩乃至自己的躯体，在刺刀与受害者之间从事救援，尽管这种努力大多以失败与屈辱而告终结。他们力所能及的反抗，便是逐日逐事诚实地记录日军的每件暴行，不断地向日本当局提出抗议，并且通过各种渠道向全世界揭露日本帝国主义的残虐、伸张正义，谴责邪恶。

包括"南京帮"在内的国际委员会成员，在南京 20 多万难民中有口皆碑。米尔士与贝德士是继拉贝以后的第二任、第三任主席，实际上是始终坚持国际委员会的栋梁之材与精神支柱。年轻力壮的社会学家史迈士，在日军大屠杀最为残酷而又频繁的日日夜夜，以过人的干练与充沛的精力，主持国际委员会的日常事务。教育学家华群舍生忘死地努力保护金女大难

---

① 耶鲁藏档，RG10，B4，F52。

民营近万名妇女，被当地民众深情地誉为“活菩萨”。农艺学家林查理以高度的勇敢与高超的技术，成为南京数十万民众粮食和燃料的运输队长。威尔逊医生独自承担鼓楼医院的外科手术，日日夜夜的操劳累肿了胳膊。马吉牧师除主持红十字会的繁忙救援工作外，还不忘携带小型摄影机，为一桩又一桩日军屠杀平民的罪行留下活生生的现场记录；而作为安全区主任的费吴生，则冒着极大的风险把这些胶卷秘密带到上海，公之于外在世界。……

可以说，留在市内的“南京帮”成员，个个都是好样的，每个人都有一连串可歌可泣的动人故事，其英勇不下于奋战疆场的将士。中国人民和中国政府非常尊重他们救死扶伤的崇高精神与多方面的劳绩。据当时曾目睹大屠杀惨况的中国医务人员追述：“综计敌军入城后烧杀淫掠，书不尽记，而吾难民在水深火热之中可以求保护，稍得慰藉者，唯国际委员会是赖。在宁之德、美友邦人士，咸抱大无畏精神，不避艰危，尽粹从事。在金大、金女大收容所服务之外侨，无分昼夜，轮流守护。金陵女子大学内美国人魏小姐（华群）对于敌人之来劫奸难女者，常跪哭求赦；负责纠察组之德人史排林先生，周巡察护，遇敌暴行，力竭声嘶，誓与周旋。此外在京外侨无一不努力救护吾民，与敌人争执，因之受辱被创者时有所闻，而吾二十万难民得以获救，否则恐无孑遗矣。”[①] 重庆国民政府也曾对华群、贝德士、史迈士、林查理等授勋褒奖。据《金陵大学 60 周年校庆纪念册》记述：“当（民国）26 年本大学西迁后，贝德士、史迈士、林查理教授等特发起组织国际委员会，联合留京中西籍教职员及友邦热心人士，从事救济难民工作，将本大学校舍、宿舍、住宅、农场悉供难民栖止，并设立粥厂，及补习学校，以资教养。当时首都难民获免敌军污辱屠戮，得以全活者至众，国民政府嘉其茂绩，特予明令各授襟绶景星勋章，以示褒奖。本大学校舍，亦赖贝德士教授等努力维护，得免破坏。”

现今，南京大屠杀纪念馆已经把上述国际委员会主要成员的照片和事迹作为陈列内容，以示对这些国际友人的永远怀念。

---

① 蒋公谷：《陷京三月记》，南京出版社，2006 年。此外，还可参见侯楷《难民区历劫记》等书。

四、 永远的情结

1950年以后，由于中美关系的急剧恶化，“南京帮”与其他美国教职员一样，相继离开南京返回自己的祖国，但他们大多仍然思念南京，思念中国。

他们之中最先返美者是华群。1940年她由于心力交瘁，回美国休假一年并接受治疗，不幸于次年逝世。她在病中最关心的仍然是金女大，曾给该校美国委员会的负责人写信说：“当全世界都在如此苦难艰困之中，我很遗憾自己却袖手旁观，不能帮上一点忙，变成一个包袱。”也曾写信给她所属教会的秘书说：“你认为我应该为回中国去作准备吗？中国是我的家，不回去似乎不对。”直至死前也曾对友人说：假若能再生一次，她还是要为中国人服务，中国是她的家[①]。

贝德士于1950年返美后，一直在纽约协和神学院教授教会史和世界宗教。他把自己教学与研究的领域侧重于东亚，并且热心参加哥伦比亚大学东亚研究中心有关中国问题的各项学术活动。他以渊博的中国历史、社会、文化方面的知识，认真答复向他求教的信件，包括审阅各类有关中国的学位论文，赢得50和60年代成长的那批青年学者的尊敬。虽然远隔重洋，他仍然关心中国，关心在中国发生的各种变化。有一段时间，他极为关心非洲教会学校的发展，有可能是想在非洲实现过去在中国的未竟之愿。他主张美中复交，在报刊上发表许多时事评论文章。1960年曾发表《不能无视中国》一文，指出：“应该把我们的心灵适度地从想像转到现实。与朋友和中立者不断协商，寻找方法逐渐打开门户与中国建立‘正常’关系，经常与中国人沟通、调适，以缓和东方和南亚的持续紧张。道德的僵化与排他性只能延续与加重现在的灾难。”[②] 1965年退休以后，他以全部精力投入《基督徒在中国的60年，1890—1950》的繁重撰写工作。他

---

① 以上转引自胡华玲：《金陵永生——威特琳女士传》，九歌出版社，1997年，第193、194、199页。

② *Christianity and Crisis*, Vol. XX, No. 18, 10/31/1960.

徜徉于史料的海洋，仿佛又回到中国，回到熟悉的校园、友人、往事中间。这不仅是学术的追求，也是他最后的精神寄托。

史德蔚也是在 1950 年返回美国，临行前还为救济青龙山灾民捐献 546 700 元人民币（旧币，约合新币 5 400 余元）[①]。他把在金大任教期间历年参与制作的，包括闽、浙、粤、苏、皖、赣、鄂、鲁、冀、黔、川、康及海南岛的一大批植物标本带回美国（共制作两套，一套留存金大植物系标本室）。返美以后，他一直在俄勒冈州立大学任教，并且利用带回的中国植物标本，编撰《长江下游脉管植物手册》（*Manual of Vascular Plants of the Lower Yangtze Valley*）等专著，在学术界享有很高声誉。史德蔚夫人也由于在中美两国的优异服务与崇高品德，于 1967 年当选为"俄勒冈今年母亲"（Oregon Mother of the Year）。史德蔚夫妇非常注意儿女对中国社会、文化的了解，分别给他们命名为庆云、庆洁、庆德，并且要他们学习中文和阅读中文书籍。我们至今仍可在"史德蔚文献"中发现珍藏的长女庆云的大字本，毛笔字写得中规中矩；还有孩子们的课外读物，如《小朋友文库》、《民星杂志》等。这些子女长大成人后，都怀念在南京和牯岭的童年生活，并且写了一些充满感情的回忆文章[②]。

类似的故事还可以讲许多许多，但一篇文章难以尽述。也许可以用曾在金大工作多年的芳威廉的话作为结束："结局是悲剧性的，但故事本身并非悲剧。……中国教会大学这个名字，将视为大西洋两岸基督徒对太平洋东岸伟大人民的辉煌贡献而永远铭记。"[③] 而镌刻在雪柏得镇华群墓碑上的四个中国字——"金陵永生"，则可以看作是这些死者永远的南京情结的象征。

---

① 耶鲁藏档，RG20，B9，F201。

② 耶鲁藏档，RG20，B12，F252。

③ William Purviance Fenn, *Christian Higher Education in Changing China, 1880-1950*, Eerdmans, 1976, p. 232.

陶行知与基督教

中央电视台每年评选感动中国的十个人物，已经引起众多国人的关注。以后如果要评选曾在20世纪感动中国乃至感动世界的十个人或二十个伟大人物，我将毫不犹豫地推举陶行知。

早在1991年我就曾说过："无论古今中外，我们很难找到另外一个人，能够像他这样千方百计调动社会一切积极因素来兴办教育，同时又这样千方百计把教育的功能渗透到社会机体的许多层面与许多角落。其思虑之精与用力之勤，真是如同水银泻地，无孔不入。我常想，近代中国如果有两百个真正像陶行知、晏阳初一样的大教育家，则中国的教育甚至整个历史都会是另外一番景象。"① 也正是由于这个原因，我与亡友唐文权决定合作撰写一本比较全面系统的陶行知传。

陶行知是一个教育家，但我们没有就教育言教育，也没有限于就中国教育言中国教育，而是试图从较广阔的视野，即从文化互动与跨文化的视角，来写这位教育家思想与实践的发展过程。我认为，陶行知固然属于中国，但亦同样属于世界。他是中西文化既相冲突又相融合的产物，他把杜威的教育哲学引进中国，根据中国的国情与社会需要加以改造与发展，并且广泛吸收了中国文化固有的与现今的各种优秀资源，形成自己独立的教育哲学和理论与实践密切结合的教育体系。他不仅是中国孔子以后又一位万世师表，而且也是现代世界屈指可数的伟大教育家之一，因为他始终走在世界教育改革潮流的前头，而在教育思想与试验方面的贡献早已超越了

---

① 引自章开沅的《序言》，章开沅、唐文权：《平凡的神圣——陶行知》，湖北教育出版社，1991年，第3、4页。

国界。亡友唐文权在这本传记的结尾深情地说："我们相信，在卷帙浩繁的二十世纪世界教育史稿中，生活教育作为中国教育章中卓然独立的一节，深刻地映现着当代的世情和国情，足可永垂久远，引人注目流连。总有一天，当地球村的居民共建文化纪念馆时，中国这一文化大户的推选名单中，陶行知及其生活教育将因其对来者的悠长启示而膺登榜上，进入世界文化名人之列。"①

事情就有这样的巧合，正是在1991年，即这本传记定稿并付印之年，联合国教科文组织将陶行知列为世界四大名人之一，并在全世界举行各种缅怀活动，以纪念他的100周年诞辰。《平凡的神圣——陶行知》一书正好可以作为我们奉献的祷祝馨香。

陶行知生于1891年，死于1946年。这50多年的西学东渐，欧风美雨飘拂中国大地，陶行知所受西方文化影响当然不会仅限于杜威的教育学说。所以，我与文权在拙著第二章《三重文化圈中的跳跃》中，对于陶行知早年所受中西文化的熏陶进行比较客观的陈述。1908年以前在家乡就读，开始接受教会办的崇一学堂的西式教育，但主要还是植根于徽州浓重深厚的传统文化土壤。直到1911年进入金陵大学以后，才养成民主共和信念，皈信自由、平等、博爱，但同时仍然以王阳明"知行合一"学说陶铸自己的道德风范与人生信仰。如果说，南京求学使他从早年的徽州文化圈跃进金陵文化圈，从而结束了中西文化兼摄的初级阶段，那么，1914年赴美留学，进一步直接、全面、系统地接受西方高等教育，他终于完成了从相继信仰朱熹、王阳明到皈从杜威的超越，也完成了从传统的徽州文化圈到中西合璧的金陵大学文化圈再到纯粹西方的哥伦比亚大学文化圈的超越。正是这三次超越，奠定了陶行知一生思想、理论与实践的文化根基。

既然讨论西方文化对陶行知的影响，就不能回避基督教与基督教文化对陶行知的影响。其实，早在1916年陶行知给哥伦比亚大学师范学院罗素

① 引自章开沅的《序言》，章开沅、唐文权：《平凡的神圣——陶行知》，湖北教育出版社，1991年，第560页。

院长的信中已经说得很清楚："因受包文博士和亨克博士的教诲，且深受詹克教授《教会教育的社会意义》观点的影响，我于1913年成为一个基督徒。"所以我们既肯定"金陵求学时期基督教的道德教化对他影响不浅"，又明确指出："基督教要人去伪心存真心，自我牺牲，爱人如己等有关道德教化，在他身上确实都留有深浅不等的痕迹。"①

但无可讳言，在基督教影响这方面拙著未能作进一步深入论证，其原因除缺乏足够研究以外，还有外在环境的某些影响。多数读者可能都没有注意到此书扉页上的《出版说明》，其中有一句颇为耐人寻味的话："当然，对作者的某些观点我们也不尽赞同，学术界可能也会有不同的看法，这些都可以在学术交流中自由讨论。"② 我与出版社打过将近半个世纪的交道，但在著作扉页上冠以这样的《出版说明》却是头一次，而且也是唯一的一次。这句话实际上是出版社自我保护性的预先设防，隐约显示出对于某种非学术因素干扰的担忧，联系到当时的国内政治形势与我个人的羁旅北美，这种潜在的心态是可以理解的。但是，把以基督教徒的视角研究陶行知视为畏途，毕竟不是一种正常的学术环境。

现今的情况当然是大有改进，基督教与基督教史研究在内地正在迅速进展。但是，以基督教视角研究陶行知者尚未多见，而何荣汉博士的新著《陶行知：一位基督徒教育家的再发现》正好弥补了这一缺憾。

全书共七章，除去第一章导言与第七章结论，作为主体的正文有五章。第二、三、四章讲的是陶行知如何从少年时期的"信仰耶稣但没有信仰基督教"，到金大时期的"信仰另一种基督教"，到留学美国期间的信仰与学养的与时俱进。如果说这三章是依循时间序列论析传主成为基督徒的演变过程，那么第五章则是从四个侧面探讨陶行知何以是一位基督徒知识分子。这四个侧面是：对基督教象征的运用以及与中华基督文社、与中华基督教青年会、与美以美会的关系，通过上述纵向与横向结合的研究，当

---

① 引自章开沅的《序言》，章开沅、唐文权：《平凡的神圣——陶行知》，湖北教育出版社，1991年，第81、82页。

② 引自章开沅的《序言》，章开沅、唐文权：《平凡的神圣——陶行知》，湖北教育出版社，1991年，扉页。

然可以增添作者基本论点的可信度。第六章也许可以看作是作者对陶行知的总体定位——“一位基督徒教育家”，而对自己这一研究成果的估价则是“陶行知的再发现”。

作者为此项研究付出艰辛的劳动，不仅遍读中外相关论著和数量浩繁的陶行知自己的著作，还要梳理辨析各种不同学术观点并且逐一给以评点，然后再以大量的实证工作为基础，郑重而又鲜明地阐述自己的学术观点。正如作者所自我表白：“笔者的研究，不单是要在陶行知的研究上突破这样的一种‘讳莫如深，避而不论’的态度，更是提出一个重要的研究路向，对于陶行知这位‘典型人物’所代表的一类较受基督教影响的中国知识分子及其与基督教的关系及如何受其影响，作重新的发现和评估的研究。”我赞赏作者这种不囿陈说、追寻真知的执著，同时也希望有更多类似这一路向的学术佳作问世；因为这不仅可以增进与深化我们对于陶行知的理解，而且也可以丰富近代中国基督教史的研究内容。

但是，我也需要说明一点，即作者反复评析的这种“讳莫如深，避而不论”的学术禁忌，目前在中国学术界已经不再像过去那样普遍存在。对于陶行知与基督教的关系之所以论析较少，主要是缺乏系统而深入的研究，或者是根本上就持不同的观点。因此，我认为此书的出版，将可激发更多学者研究与讨论这个课题的兴趣，从而更加深化并提升对于这个课题的理解。

同时，我一向认为“治史犹如看山”。苏东坡诗云：“横看成岭侧成峰，远近高低各不同。不识庐山真面目，只缘身在此山中。”认识庐山必须走出庐山，必须远眺、近观、俯瞰、仰视、横看、竖望，然后才能经过比较、分析，综合提炼成为比较切近真实的总体形象。因此，我认为，从基督教的角度研究陶行知虽然是一个新的路向，但毕竟不是唯一的路向；研究者可以从这一角度切入，然而却不可忽视其他角度。像陶行知这样的大教育家、大学问家，对于中西各种文化、精神资源，多半是兼容并包，博采众长，然后经过研究与实践形成真正属于自己的思想体系与学术体系。正如他服膺王学而不可能称之为儒家，师从杜威而又超越杜威一样，基督教的影响也很难把他局限于基督徒教育家这样狭窄的框架之中，这是他与赵紫宸、韦卓民、陈裕光等教育家不同之处。陶行知就是陶行知，卓尔不群，自有特色，称之为人民教育家或平民教育家即可，不必给他戴上这种尺寸或那种尺寸、这种颜色或那种颜色的特定帽子。我认为作者把陶行知称之为“较受基督教影响的中国知识分子”或“富有传教精神的教育家”，都是比较符合实际的。但是没有必要在“基督徒”字眼上钻牛角尖，因为真正重要的是思想内容而不是表现形式。基督徒中不是也有“ Rice Christian”吗？是否基督徒并非衡量陶行知接受基督教影响的确切程度，过分拘泥于这一身份，非以见其深，反而显其浅。不知作者与读者以为此意如何？幸不吝给以赐教。

或许可以把陶行知是否基督徒教育家作为讨论此书的一个参考题目，如果能够因此引发一场热烈的争辩，则序作者将感到极大的快慰。

（2004 年 3 月为《陶行知——一位基督徒教育家的再发现》所作序言）

东亚基督教的西方诠释

——评贝德士《差会与远东文化的关系》

贝德士在南京金陵大学虽然服务三十年，但因忙于历史系教学工作并在东南大学（后改名为中央大学）、金陵女子文理学院、中央政治学校兼课，同时还要参与教会本身及其相关各项工作，所以出版学术著作不多，有关基督教的专门论著更少。

根据1948年印制的《私立金陵大学60周年校庆纪念册》，贝德士有关重要著作已出版者如下：

1.《基督教与共产主义》（*Christianity and Communism*），该书在1933年译成中文，并由上海基督教广学会出版。

2.《人类的一半：远东的人民与问题》（*Half of Humanity*: *Far Eastern Peoples and Problems*, *The Church Peace Union*, 1942）。

3.《差会与远东文化的关系》（*Missions in Far Eastern Cultural Relations*, American Council. Institute of Pacific Relations, for the eighth Conference of the Institute, Mont Trembland, Quebec, 1942, Reprinted by the Foreign Missions conference of North America, 1943）。

4.《教会事业分布资料》（*Data on the Distribution of the Missionary Enterprise*, International Missionary Council, 1943）。

5.《宗教自由：一种探究》（*Religious Liberty*: *An Inquiry*, Harper and International Missionary council, 1945），校庆纪念册编者注明："该书现已译成7国文字发行全世界。"

本文只限于对其中一种——《差会与远东文化的关系》进行初步评介。

一

《差会与远东文化的关系》其实只能说是一本专著的详细框架或论纲，1942年11月提交在魁北克蒙特春白兰举行的太平洋关系研究院第8次会议，这是贝德士在海外差会会议（亦曾译为外方传教会会议，原文为the Foreign Missions Conference，简称FMC）若干成员协助下的共同研究成果。

贝德士虽然先后受过牛津、哈佛、耶鲁的良好史学训练并在金陵大学历史系长期任教，但他在1920年毕竟是以传教士的身份受美国教会派遣来的。因此，他始终与中外教会保持密切联系，并且在若干基督教团体或机构中任职。1924—1937年曾参与基督教高等教育委员会（Council of Christian Higher Education，隶属于China Christian Educational Association与the National Christian Council of China）工作。1938年作为中国代表参加在马德拉斯举办的国际基督教宣教协会（Conference of International Missionary Conference，简称IMC），随即成为IMC远东顾问（Far Eastern Consultant），同时任远东顾问并与贝德士协作的尚有来自日本的查理·依格勒哈（Charles Iglehart）[①]。

1941年5月，贝德士已经完全结束了南京安全区国际救济委员会的工作，并且离华返美。1941年6月25日曾为纽约市一个社团演讲，题为《中国沦陷区基督教徒的工作方向》（The Setting for the Christian Task in Penetrated China），北美国外布道全国联合会会议（Foreign Missions Conference of N. A.）于7月10日作为绝密档内部印发，并且介绍说："他是基督教传教士联合会（The United Christian Missionary Society）的一位传教士，是在华传教士中最富有才能的观察家之一。"[②] 其所以对外保密，是为了维护演讲中提到的仍留在中国沦陷区的相关人士。此后直至1945年初，

① 贝德士自撰简历，耶鲁藏档，G10，B126，F1132。
② 耶鲁藏档，G10，B87，F686。

贝德士在纽约使徒会（Disciple of Christ, N. Y.）支援下，执行 IMC 的紧急事务（Emergency Service，主要从事国际战俘交换工作）并进行相关研究与撰著，《差会与远东文化的关系》便是其重要研究成果之一。

贝德士关心基督教在远东地区的传播，并非仅仅是由于他要履行 IMC 远东顾问的职责。早在 1926 年他就参加了美国远东协会（American Oriental Society，1926—1952），1931 年又加盟太平洋关系研究院，都说明他对整个远东地区基督教发展的关注。1941 年以前，他虽然主要在中国生活与工作，但从 1935 年开始，每年访问在日本工作的外国传教士和相关的日本公众人物及基督教领袖，直至 1945 年为止[①]。其实，早在 1918 年 7 月，贝德士作为牛津大学研究生，随基督教青年会（YMCA）在美索不达米亚从事战时服务后，即曾在返国途中短暂停留于横滨，并与刚刚到达此地的美国传教士赴日布道团会晤[②]。

1927 年，“南京事件”发生以后，金陵大学外籍教职员奉命全部撤退，贝德士全家亦曾经由上海前往日本旅居，直至南京局势稳定后返校。所以贝德士与日本人士的联系可以说是由来已久，并且随着 1935 年以后的每年例行访问而与时俱进。

曾经在南京鼓楼医院任职并且负责安全区国际委员会财务工作的麦卡伦（James H. Mccallum，亦属 United Christian Missionary Society），1939 年 11 月在《世界召唤》（*World Call*）杂志发表《贝德士：国际关系的传教士》（Searle Bates：Missionary of International Relations）一文，充分肯定：“贝德士富有价值的贡献之一，是有助于发现并提供有关远东事务的重要资讯。他经常收集资料并对关注国际事务的作家与其他人士作报告。他的严谨陈述对于那些寻求并能利用一位观察家的审慎、公正、独立的报告的编辑、演讲者和其他人士颇有裨益。”他还着重介绍：“贝德士博士利用假期在日本工作，在过去三年曾四次前往日本，预期在本文出版前

① 贝德士为纽约协和神学院公共关系办公室提供的个人资讯，耶鲁藏档，G10，B126，F1132。

② 据谢伟思回忆，Maude Taylor Sarvis, Bates of Nanking，原载于 1942 年的 The international Committee of YMCA，我所见者为收藏于 Bates' papers 中的列印本。

还要第五次赴日。尽管朋友们担心，在公开冲突时期他的使命可能引起猜疑与误解。但历次访问都充分表明非常有益。团体内的友人在上面介绍，其他人士协助开启许多重要门户并传递可靠资讯，使许多日本人获得对中国的较好理解，也许将来某一天可以产生良好果实。而从日本返回的报告，也将在中国人中间结出善果。”①

基督教传教士联合会对贝德士的语言才能与研究能力亦有好评：“贝德士博士的语言能力足以非常流利地使用中文，他还运用日语并学习俄语，认为熟悉这三种语言为研究远东事务所迫切需要。他的远东历史知识，以及利用这些知识阐析当代事件与趋势的能力，为教会与政府双方相关事务提供难以估价的帮助。与此相伴随的是他具有很高学术水平的记载，他富于同情心，他对民众的真情厚谊以及深切关怀，他对基督教生活方式的普世需要的执著信念，以及他对和平降临的诚挚愿望。”②

通过以上的介绍，将可增进我们对贝德士撰写《差会与远东文化的关系》一文的理解。

二

《差会与远东文化的关系》共有六个部分：(1) 教会的宗旨、组织与方法；(2) 传教士事工的特征；(3) 差会与基督教在中、日工作的量化概述；(4) 差会事业内的现今趋向；(5) 战时变化；(6) 弱势教会在中国、日本环境中的现状与趋向。

首先应该着重研读正文之前的导言，因为它凝聚着贝德士有关这个课题的基本要旨。导言包括三个要点，摘译如下：

1. 文化接触的性质与重要性

战争及其后果，给北美文化与中国及日本关系的重要性带来新的视野。对于发展国际秩序与安宁，持久合作的可能性具有极其重要的意义。

---

① *World Call*, November, 1939.

② *A Board of Missions and Education*, the United Christian Missionary Society, 10/29/1947.

这还关系到众多人们的境况与看法，包括那些管理政府、商业、教育与出版的人。文化接触的因素是多样的，包括商业、居住和旅行中的人际关系，尽管其中很多是偶然的，不可能在文化层面产生结果；另外还包括学校、报纸、电台和电影给予的资讯（含带有感情色彩的声音），反映一个国家关心其他国家的生活。在目前情况下，它包括大批到美国接受高等技术或职业教育的中国和日本留学生，和他们对北美以及他们将要回归的国家的影响。东方学生交流的数量和重要性如此之大，需要分别地和通盘地加以研究。由于目前的情况，洛克菲勒基金会与哈佛燕京学社也是极为重要的事业。这些因素在本文中均未忽视与低估。本文关注的是文化接触这样一个复合体（one complex body of cultural contacts），关系着大量美国人和中国人及日本人之间持久而频繁的互动：基督教布道事业。

2. 文化运动与宗教

文化关系作为一个方便词语用于非政治与非商业（non-political and non-commercial）关系。宗教严格限定自身为重要的文化因素。宗教在历史上普遍被视为其他文化因素的传媒（vehicle），与各个语言、文学、哲学、艺术和音乐的传统及社会的与制度的范型相联系。在佛教、伊斯兰教和儒教的传播中，东方对于那些以宗教和伦理为核心的文化转移（cultural transfer）相当熟悉，它们为一般文化运动提供激励与基调。基督教的灵修方法（spirit method）与个人接触，在北美取得很大成效，在远东亦然。

3. 北美差会的当前趋向

现在研究的不是远东教会史，只是对过去十年或二十年的趋势作一个简要的探讨，旨在对不久的将来的可能性作更为明智的审视。北美通常被视为一个整体，因为在美国与加拿大的差会的合作与报告中，其工作与存在的问题均极其相似。英国和欧洲差会以其先驱者的传教经验和直接合作，为北美教会事业作出了很大贡献。希望通过分别的和更为广泛的研究，可以越过大西洋，或与那里的朋友合作，将可覆盖英国和大陆（欧洲）的教会事业。

4. 以基督教社会为研究基础

本文亦涉及天主教，部分材料既适用于天主教也适用于基督教。但在近二十五年，天主教几乎全是欧洲人，即使到现在，虽然北美天主教发展迅猛，但相对于中国和日本的天主教势力而言，仍然只是一个小角色，尽管在朝鲜和美洲较为重要。就神父教会中的两性而言，在中国的 5 764 名天主教传教士中，美国占 651 人（1938—1939）；在日本的 838 名传教士中，美国人有 42 人，而操法语的加拿大神父就有 45 人①。

5.作为主要地区的中国

紧张时期过后，中日所有正常关系都中断了，甚至部分恢复也要有待于战后一段时间，很难预见如何适应这种环境。此外，北美教会在中国大部分地区比在日本有更大的发展，洛克菲勒基金会及其相关教育事业的情况亦属类似。因此，（本篇）综述首先适合于中国，如有可能则涉及日本，或对日本另作叙述，日本界定为 1937 年的日本帝国，陈述间或涉及朝鲜。

从这篇简要的导言可以看出：

首先，贝德士在文章中所使用的文化关系一词，乃是比较明确的狭义界定。他不仅强调这一术语只能用于非政治（non-political）与非商业（non-commercial）关系，而且特别强调宗教应该限定自己为文化的重要因素，即文化的重要组成部分。这显然是出于维护“宗教自由”（religious liberty）亦即政教分离、教会自立的改革派立场。正如贝德士逝世后一位美国女学者的客观评析，他的理想是“推动自养、自信、自传教会，让基督教精神渗透于周围社区，成为海外布道运动的斗争目标，使其人格区别于商人来华谋利，军人来华征服，外交家来华一切行动基于本国利益”②。这一主张同样适用于其他东亚地区乃至整个世界。

其次，贝德士认为宗教本身既是文化的重要因素，又是其他因素的文化载体，与各种语言、文学、哲学、艺术和音乐传统、社会制度模式等相联系。因此，宗教传播便必然涉及更为广泛的文化内容，包括学校、报纸、电台乃至留学人员散发的资讯及其影响，甚至还包括商业、居住和旅

① S. J. G. Roggedorf, Catholic Foreign Missionary Society of American 1942 Directory and List, *The Japan Christian Year Book*, 1941.

② Cynthia McLean ed., *Gleanings: From the Manuscripts of M. Searle Bates*, The China Program, National Council of Churches of Christ in the U. S. A., 1984, p. 43.

行中的人际关系，即使其中是偶然性的，难以在文化层面产生明显影响。这就表明，贝德士此文尽管对“文化”一词采用了狭义的界定，但是对于作为文化交流之一种的宗教传播，却主张必须用广阔的文化视野给以审视，以求判断的全面、深入与准确。

第三，在基督教与东亚文化关系的探讨中，贝德士提出文化接触（cultural contacts）、文化转移（cultural transfers）、文化运动（cultural movements）等词语，显然是力求从动态，特别是从互动的角度来探讨基督教传播。他对中国古代历史素有研究，尤其注意佛教、伊斯兰教和儒教的异地传播，认为这些宗教传播之所以成功，首先在于东方对于这些宗教和伦理为核心的文化转移已经相当熟悉，所以能够为一般的文化运动提供激励与基调，换言之即在本土真正落地生根。1945 年，即此文发表三年以后，华中大学校长韦卓民博士作为亨利·鲁斯世界基督教客座教授，在纽约协和神学院作题为《基督教会植根于中国土壤》的著名演讲。贝德士特别欣赏其中的一段话：“用另外一种文化来解释基督教的教义和组织，重要的事情就是首先必须进入这种文化。……我们宁可尽量深入中国文化的精神，以及多少世纪以来为中国文化所吸取的各种宗教、社会以及知识传统的精神，来看有没有和基督教生活观念能够配合的地方，在不抵触中国人观感的情况下，有没有若干因素可以利用作为表达媒介和作为接触的契合点，用以将基督教义和制度传播于中国人民。为了达到这种目的，我们要吸收中国文化的高层次，但也不要忘记中国文化显然已经存在的黑暗部分。”[①] 韦卓民自称是以一个中国人的立场，试图以东方古老的文化来诠释基督教，并作为“世界基督教”（Christendom）在中国实验的开端。贝德士比韦卓民小 6 岁，可以看作是韦的同代人，尽管他是站在西方人的立场，而且对中国文化精神的理解远逊于这位中国大学者，但他对中国基督教本土化问题却形成了与韦氏有所相近相通的认知。这或许可以称之为殊途同归。

---

① 耶鲁藏档，G10，B34，F474。贝氏的摘录略有疏漏之处，现据马敏：《韦卓民基督教文集》（香港汉语基督教文化研究所，2000 年）所选原作译文略作校补。

三

正文主体的第一部分对“差会的宗旨、组织与方法”作概略介绍，贝德士认为差会的动机只能以基督教为根本，应该超越政治与派出国利益，并且强调要注意个人与群体的解放、政治分离、民主与社会理想主义等原则。他把差会的目标规定为三项：(1) 基督教信仰与团契在全体人民中传布；(2) 通过提供更为充实的生活的机会，服务于（社会）需要，破除国家与种族畛域，以彰显基督教四海皆兄弟（Christian brotherhood）的理念；(3) 基督教伦理在个人、家庭、社区和国际生活中的运用。

我认为，这就是贝德士对基督教在华传播的理想，也是审视与评析中国基督教历史与现状的出发点。

正文第二部分“差会事工的特征”，首先对差会多年以来的在华工作给以充分肯定。

作者以“显著的成就”为小标题，从个人接触——本地人士的重要贡献、女传教士与妇女工作、基督教民关系的特色、差会教育的意义、民主进程与社会努力、机会与领导、语言知识与社会、在北美的教育影响、（差会）对西方方式（Western ways）的无意识展示、（传教士）非官方的独立自主的地位、（传教士）对公众舆论与美国政府的影响、基督教对世界文化的贡献 12 个方面，比较全面地介绍了基督教在华传播的进展与成绩。

据《中国基督教差会指南》统计，1936 年中国 784 个城镇有传教士进驻；而在日本，战前有传教士居留的城镇也超过 120 个。这些传教士及其助手，不仅在其布道站工作，而且有很多人经常定期前往若干其他地区，与当地各界人士都有广泛的接触。贝德士指出，这些传教士中有 2/3 是女性，中国和日本若干县的统计数据显示为 64%至 69%。由于她们经常在妇女与女孩中开展事工，因此对于所在地社会与文化关系变化具有无可替代的重要意义。

作为教育传教士，贝德士特别重视差会教育事业对于亚洲国家教育模式与人员的较大影响。他认为基督教在中日两国私立教育中都占有重要地位，特别是对女子教育的贡献无与伦比。战争爆发时，有41%的教会大学毕业生（总数约11 000人）从事教育工作；最近几年在教会中学与教会大学学习的人数，分别从9%增加到10%，从15%增加到20%。北美传教士与差会对于远东布道怀有浓厚而持久的兴趣，书刊等文字资料流通的品种每年数以千计，其中有些印数达数万册。有15所美国大学（包括耶鲁、康奈尔、普林斯顿、密苏里、宾州、匹兹堡、史密斯与威尔斯利组成的共同体），每一所大学与一所中国大学保持有益的接触。

贝德士更为关心的是基督教对世界文化的影响。他认为"与对目前国际关系不可避免的道德关怀相对应，差会继续发展意义深远的超国家的文化因素，而且有些是深植于感情与心灵中的。《圣经》、赞美诗及其相伴随的音乐；宗教仪式；宗教画像及其伴随的艺术；西方经典文学的翻泽与改编，哲学、历史、自然科学，特别是基督教伦理与共同理念；英语、法语和拉丁语知识，还有更加缜密的民族语言，如斯堪的纳维亚语和德语。尽管基督教社区在中国和日本出现为时甚短，但它们贡献的宗教诗歌、画像、赞美诗、祈祷词及伦理挑战了北美和其他西方社区"。

但是，贝德士从自己的理想与追求出发，也明确论述了基督教在华传播存在的局限与问题。

从主观上来说，传教组织过于分裂和宗派主义，布道与教学过于独行其是，并且过分局限于教育与文化，因而难以取得令人满意的结果。同时，传教士太多的教条主义，民族或种族或文化的优越感，语言或技艺的疏懒与无能，都是不适应东方文化的表现，并妨碍他们进入东方的生活与思维方式。贝德士着重指出，"对差会工作于其间的人们的文化与宗教传统了解之贫乏，乃是实现目标的一个主要障碍"。因此，在培养有品质与能力且信仰坚定的教民方面，常常难以实现主观愿望。

从客观上来说，这是从一个经济水平较高的社会培养的传统组织成员，到一个经济水平较低的社会中从头开始发展基督教的地区。应该承认，工作的艰巨性是巨大的。与此相伴随的则是传教士与当地居民家庭生活水准的悬隔。贝德士说："尤其突出的是，对一个北美家庭来说需要维持健康与道德的生活标准，在远东是奢侈的，并且是他们与当地多数居民之间的一个障碍。”他承认，天主教徒在这方面做得较好，他们的独身工作者努力接近中国百姓，反而与北美及其他西方教徒有所疏远，但这是需要以牺牲家庭生活与常规休假为代价的。

贝德士还坦率地指陈了北美教会的缺失对差会工作带来的负面影响：(1)“北美教会与北美公众观念的落后，通常容易限制传教机构领导认为必需的许多调整与发展。”(2)“对传教事业学习与参与的价值缺乏思考与努力，对正在形成的世界范围基督教协作观念也是如此。”贝德士认为，基督教事业在东方管理的混乱与复杂（administrative diffusion and complexity），以及它的宗派的与国际的分隔（ramifications），已经成为整个成就的沉重负担，目前这些困难在某些领域已经严重地显现出来，而正是在这些领域更加需要大规模的富有成效的合作。

不过，贝德士对上述主要缺失并未进一步作深入论述，本文倒是以大量的篇幅与资料向北美教会人士具体介绍基督教在中国、日本传播的业绩、战时变化以及现状与趋势，因为这才是北美听众更为关心的问题。

第三部分“差会与基督教徒在中、日工作的量化总结”，就中国的传教士与教会、教育事业、医疗工作、教会出版、基督教男女青年会、洛克菲勒基金会与哈佛燕京学社，提供了6组颇有价值的统计数字，说明抗战爆发前夕，基督教在中国已有长足发展并产生较大影响。值得注意的是，教会大学在校学生战争时期反而有明显增长，13所基督教大学1937年有6 898名学生（春季），1937—1938学年减少到大约4 000人，而1941—1942学年却增加到9 009人。据1937年统计，教会大学已有11 000多名毕业生，他们毕业后41%从事教育工作，11%成为宗教工作者，13%从事医务工作，11%服务于工商企业，6%从事公共事务。教会出版工作的发展也引人注目。1933年《中国基督教会中文著作联合目录》（*The Combined Index of the Chinese Literature of Protestant Churches in China*）已经列举4 000多种书籍与1 000多种小册子。1936年有237种基督教期刊出版，包括3种日报，24种周刊，104种月刊和半月刊。此外，战争前夕基督教图书馆已有114家左右，拥有藏书1 998卷，这些图书馆与高校和水平较高的中学及民间团体保持密切关系。还有美国圣经协会(Bible Society)每年出版并销售4 000余册《圣经》或《新约全书》，节选《圣经》若干部分内容的书籍远远超过200万册。它们中间大约一半经由英国和海外圣经协会发行，连同苏格兰国家圣经协会，战前每年发行总量超过900万册。仅从以上事例即可看出，基督教对中国社会生活与文化思想的影响已有显著的增长。如果考虑到还有基督教青年会的38个城市机构与130多学个生团体，基督教女青年会的19个城市机构和5个乡村机构（包括近100个学生团体、85个女子团体、10个劳工团体)，他们的生气勃勃的活动，则将更可看出基督教在中国社会（主要是城市）日益散发的辐射力。

本文对日本基督教发展状况也有所陈述，资料主要依靠1983年的《平信徒差会调查》(*The Laymen's Mission Inquiry*)和1940年的《日本基督教会年鉴》。据统计，1938年在日本的外国传教士总数为825人(北美666人)、教友208 962人，日本圣职人员1 759人，日本非圣职人员1 361人。教会办的教育事业也有所发展，1938年幼稚园252所，学生15 349人；中学44所，学生17 615人；大学21所，学生8 247人。贝德士认为以上数字并非完整，因为平信徒求实调查团（The Laymen's Fact-Finding Commission）根据政府和年鉴的资料所作判断：尽管佛教和神道教成员为数更为众多，但教会创办的高等和中等学校的学生人数，多于佛教和神道教所办学校的学生总数。

贝德士附带也介绍了朝鲜、中国台湾等地的基督教状况。由于战时资讯的隔绝以及语言能力的限制，他的陈述只能以《世界传教士图册》(*World Missionary Atlas*）等少数出版物为依据。

在朝鲜，1938年全国25 000名中学生中，有7 000名在教会中学就读；3 000名大学生中，有1 000名属于教会大学；另外还有80 000名教会小学生。高度自养是朝鲜教会的特色，在纯洁的热忱与奉献的基础上，1938年有4 500个本地会所，拥有4 200栋建筑，几乎全部为自己建成。此外还有46名传教士从事医疗服务，大多数来自北美。有23家医院和37所门诊部，全部由美团体或他们参与的联合体创建。其中除245名学生以外，还有82名朝鲜医生与124名朝鲜护士协同工作。

根据1938年报告的名册，1938年台湾仍有22名加拿大传教士和英国传教士，教友有14 895人。在满洲则有272名传教士，但其中仅有33名来自北美。这里的教友有33 000人。

贝德士文章的这一部分还介绍了罗马天主教会差会在远东地区的进展。

根据徐家汇耶稣会和北京遣使会出版的年刊，以及1941年教会会议委员会年报（北京出版）上的半官方文章。他们提供的资料是：1938—1939年中国天主教人数有3 182 950人，同时每年成年人的递增现已达到100 000人。外籍神父有2 898人，中国神父2 008人，后者在神父总数中所占比例已有明显增加。1938—1939年有4所大学与学院，共有大约2 000名学生；91所中学，学生总数约为16 000人；3 614所小学，学生总数约为206 000人。而J. J. Considine神父所著《跨越世界》（*Across a World*，1942）中引用的传信部（Society for the Propagation of Faith）报告，中国有天主教创办的315家医院，床位总数为16 324张，此外还有960家诊所。

根据传信部报告中的1933年资料：台湾天主教徒共7 193人，传教士14人，修女9人，没有华人传教士；有天主教创办中学一所，学生496人。东北天主教徒总数为88 661人，神父中传教士152人，本国人神父55名，修士14人（均为传教士），修女中有107名传教士与212名本国人；小学204所，共有学生9 660人；中学6所，学生356人。

根据同一资料来源，日本有天主教徒100 492人，神父传教士为251人，本国人为73人，修士中传教士为96人，本国人为141人，修女中传教士为423人，本国人为355人；小学28所，学生1 938人；中学57所，学生13 369人。朝鲜天主教徒共115 949人，神父中传教士为22人，本国人84人，修士中传教士为37人，本国人为199人；小学117所，学生12 293人；中学1所，学生317人。

贝德士还从财务的角度对大批相关资料进行分析，其结论是：“尽管还没有准确的比较，但在前面述及的时期，在中国和日本，差会绝对的和相对的财政支持的主要趋势是下降。正如《平信徒差会调查》，《求实报告》卷七（*Fact-Finders' Reports*，*vol.* Ⅶ），《总部和传教士人事》（*Home Base and Missionary Personnel*）所发现的那样。1921—1930年8个主要董事会对中国差会的投资每年都在下降，总共下降了26%；对日本不规则的下降则是16%（纯下降）。相对而言，同一时期印度差会从8个理事会中获得了11%，明确地取代中国成为募款运动的领先地区。所有这些说明，二十年间，在实际工作中差会重点显然有较大变化，即疏离中国和日本（朝鲜亦同），转向印度与其他地区。"

本文第四部分的标题是"差会事业内部的当今趋势"。

贝德士首先关注的是基督教会合作与联合的良好势头。他高兴地指出:"合作与联合已向前发展。中华全国基督教协进会（The National Christian Council of China）中，大约58%至60%的代表是新教成员，更高比率的组成部分与美国团体有关。……日本全国基督教会议的代表几乎全部是新教徒。到1941年，中国11个最大的教会包括了全国教会成员的86%。而日本仅一个教会就包括了全国教会成员的71%。在相对和平时期，两个国家的基督教协会都发展得很好；在战争紧张状态下，他们倾向于发挥其协商作用的重要性与对宗派领袖的影响。"朝鲜的情况有所不同，由于日本殖民政府的压制与防范，"多年来已经阻止了自愿合作"。

贝德士也注意到外国差会与本地教会关系的变化，即随着本地教会的增长及不同速度与进程的权力移交，差会数量明显减少。这种趋势在日本为时已久且日益强化，其主要因素有三：（1）日本信徒具有相对较高的教育与经济水平；（2）主要是城市居民与中产阶级；（3）教徒强烈的民族自尊心与自我独立意识。绝大多数传教士仍以不同方式和程度与日本教会保持私人联系，在其内部或边缘为之服务，但（外国）传教机构经常与半自治的本地机构（如高校）维持直接关系。在中国，由于正好与日本三个因素相距较远，所以自立的步伐较慢。但大多数中国教会也有某种程度自治，传教士或多或少具有与中国同工相近的地位；或者采取联合组织的方式，把一定比例职位分配给传教士，有时在预算和决策方面双方都有平等的发言权。在中日两国，传教士与本国人士的关系大体上是良好的，不过1941年以后在日本的关系出现紧张，这主要是由于战争的原因。在朝鲜，差会仍有某种程度的家长作风和对机构的所有权，但有些传教士对教会组织工作日益疏离。基本的分歧并非存在于传教士与朝鲜人之间，而是传教士与日本当局之间，特别是源于后者营造的政治胁迫氛围。

贝德士尤其注意基督教在亚洲传播的东方文化形式。他充分肯定："在中国和日本，基督教工作者在寻找与他们自身所珍视的文化相协调的基督教表达方式的能力方面有所进步。值得注意的是新的赞美诗和改编音乐，本国人自主写作的文学作品稳定增加，并且采用完全自由的媒介、方法、崇拜形式和教会装饰品及象征符号，企图基督教化或为家庭礼拜或古老风俗提供基督教类似物。在中国卖出的 30 万册赞美诗集中，2 800 个句子中有 60 个起源于中国的诗歌或词曲。建筑方面，主要是在传教士的激励下，并且增强更多的原创精神，努力协调本土建筑形式以适应教会及机构的需要。(在中国，教会从广州到北京，从上海到成都，建立现代中国风格学校建筑的实验，已经明显影响了公众建筑的发展风格。) 北京的天主教堂，实际上是一个基督教艺术的学校。"

值得注意的是，贝德士在文章中特别肯定了中国人和日本人对北美的贡献："对中国人和日本人的人格和文化尊重的高尚结果，以及最近几年他们在基督教和其他团体的进步，已表现为一种相互促进的关系。东方被认为对西方文化作出很大贡献，尤其是对于作为世界范围大家庭的基督教。中国和日本基督教徒中的一些人，在数以百万计的北美基督徒中享有声望并受尊敬。通过书籍和期刊报道，通过印刷品的熟悉的肖像，通过个人访问和数千教会团体的演讲，许多中国人和日本人在普世教会（the Church Universal）负责的领导人中间被亲切而得体地对待，不仅被自己国家的传教士，而且被派出国的差会行政首脑，本国的和国际教会会议的领导人。其中还有一个人的著作在全世界受到称赞。"

此外，贝德士还对东亚地区的宗教教育方法、乡村社区专案、教会与政府合作、教会与社会责任、传教士的变化（如教育水平的提高、平均年龄的上升、基要派与现代派争论的有所淡化）等方面，都进行了概略的评述。文章的第五部分"战时变化"显然是北美听众极为关心的重要问题，贝德士从传教士的替换、本地教会人士所受的影响、教会财产的损失与破坏、日本军队与政府的影响、机构与教区的混乱、紧急服务（医疗、难民、救济）、北美教会目前姿态诸多方面进行了全面的考察与评介，大体上可以提供一幅战时东亚（主要是中、日）基督教的全息图景。其中，给我印象较深的有三点。

1. 战争时期日本基督教的状况

由于战争压力与政府影响，日本新教教会已合并成10个分支（或称集团），而且都与政府有某种联系，与罗马天主教及俄国东正教团体也有一定程度的关联。到1943年这些新教教会团体已经合并成为一个联合体，只有基督复临安息日会和英国圣公会的一部分除外。这种情况虽然有利于政府的控制与干预，而且也会引起许多日本基督教的抵触，但教会领导也有可能利用现时环境尽可能地保护教会利益，以免遭到更大的损害。自1940年以来，日本基督教基本上断绝了与外国差会的联系，不仅政府禁止外国人在日本基督教团体中担任任何拥有实权的职务，而且也从未收到海外用以支援任何基督教工作专案的资金。

这种日本模式，在朝鲜与中国的沦陷区也被或多或少推行。在华北沦陷区，“一个包括日本人员并由日本支持的新教联合体业已形成”，而同样的进程也在长江流域沦陷区出现。其目的显然是企图将某些日本基督徒提升成为文化领导（或称“绥靖”）的角色，用以取代英、美传教士的地位，力求成为中国人独一无二的“朋友”。贝德士明确指出，“日本军方和官方是用非常政治化的观点来看待所有这些关系”。而中国基督徒对此“内心抵制而表面顺从，表现出非凡的力量和技巧”，但他们在1941年以后毕竟无从抗拒日本人以不同形式实现的对于教会创办的学校、医院与其他机构的接管。

2. 基督教在中国人心目中的形象变化

尽管教会医院乃至教会本身都受到战争的严重损害，但他们在沦陷区和自由区的医疗服务仍然表现得极为出色。迄至1939年为止，仅全国伤兵转移基督教联合服务会（the National Christian Service Council for Wounded Soldiers in Transit）的全职工作人员已有937人，还有5 000多义工。此外，通过以传教士为主导设立的收容所及其他方式，为数百万处于严重危机中的难民提供了紧急援助，并且为数十万人提供了长期援助。许多教堂、学校、医院和其他差会房产提供为救济难民使用，参与难民救济全职或兼职工作的传教士最多时曾达到800人，海外捐助救济事业的大量资金的分配机构也是由传教士与中国同事组成并经管。在1941年联合援华会（United China Relief）成立以前，医疗以外的大多数普通救济由援华教会委员会支持，它是美国新教主要团体的代表。美国红十字会的救助部分也是通过传教士分配的。1941年以后，由于美国不再是中立国，许多传教士转移到自由区服务。1942年的春季与夏季，有近百家基督教医院在自由区工作，但仍有137家医院继续在沦陷区坚持运作。除医疗援助外，有些传教士（金陵大学社会学系教授如史迈士等）还积极参与中国工业合作协会（简称“工合”，Chinese Industrial Cooperatives）的工作，主要是培训人员与协助运营。

传教士在抗战期间的救济工作成效卓著，蒋介石夫人曾发表专文给以充分肯定。本文亦引用了中国一部分知识分子创办的《中国评论》（*The China Critic*）1939年刊出的一段文字：“目前战争所产生的许多后果之一是一种认识，即无论过去存在什么怀疑，基督教在华差会充分地和绝对必要地证明了他们存在的正当性。他们面临考验时是何等义无反顾，这将使他们在世界基督教差会史上留下最生动的划时代的一页。今天，抗战爆发已经两年了，基督教在华差会创造了自己的纪录，他们应该为此感到骄傲。他们通过行动而不只是语言来传播福音，证明上帝的爱和人类的兄弟情谊。通过悲痛时刻满足巨大的人道需求，他们明确无误地找到了自己在这个民族生活中的位置。”所以作为当时亲历者的贝德士也动情地指出，救济工作“是在情谊与精神支持下进行的，它的内在价值和所赢得的理解是显著的”，并且把这种理解称之为“服务的副产品”。

3. 北美教会的态度

贝德士认为，自抗战爆发以来，北美教会支持在华差会的态度始终是积极的，他们的成员为一般中国救济机构捐助了大约两百万美元，并为联合援华会捐助了一笔数目相当的款项，此外还为一些更小的私人救济事业提供数十万美元资金。但随着世界战争规模的迅速扩大，以及教会自身事业日益增加的社会需求，他们自然也会感到资金短绌与力不从心，不过仍然勉力维持对在华差会的日常资助，乃至为紧急事务拨给专款。同时，传教士的候选者仍然踊跃，他们素质较高而且热情洋溢，满心期待在战争以前来华大显身手。更为重要的是，“战争增加了人们对作为侵略受害者的中国人和日本人的同情。中国人对装备精良者（日军）的坚定而牺牲惨重的抵抗，已经赢得真诚的尊重与善意的惊奇。对于东方自身的重要性，对于世界和平或冲突的重大意义，以及它在机构中的必要位置等等，人们有了新的评价。对差会产生兴趣的教会人士以自己不同寻常的参与热情来感受这些活动。许多以前对此冷漠的人开始阅读传教士的作品，并且物色传教士演讲者。对中国领导人的诚挚尊重，在严酷的战争与同样严酷的和平中对中华民族的坚定盟友感，这些情感在承受传教士关注的基督徒中比在广大人民中植根更深”。

另一方面，随着战争的进展，教会人士对日本的理解也有所增进，而且逐渐趋向于理性与冷静。贝德士认为：“与所有爱思考的人一样，教会人士对已经认识或了解的日本人，有着半怨恨半惋惜的挫折感。……基督教徒反对日本人对他们近邻的所作所为，这已经深深扎根于传教士、中国基督徒与朝鲜基督徒的布道经验之中。”但是，许多北美教会人士并非偏爱某些国家或者偏恨另一些国家。“基督教徒将他们在艰难时期的坚持，归结为相信任何种族的人都是有价值的和有尊严的；归结为他们的信仰，即对所有人来说，最根本的是精神支持着美好的生活，即使在苦难和不幸的时期。”这时，贝德士已经在中国工作二十多年，包括在人间地狱般的沦陷区的南京从事难民救济工作的整整四年，其处境的艰难困苦非一般人所能想像。我相信他的话是真诚的，而且是深刻的，当然也并非所有北美教会人士的认识都能进入如此高尚的思想境界。

四

本文的第六部分，“影响教会在中国、日本环境中的趋向和现状”，应该理解为贝德士对上述远东基督教各方面情况的总结，不仅指明其近期发展趋向，而且提出相应的工作建议。

首先，贝德士较为关注的是当地民族主义的增强，而其影响对于教会近期及以后的影响有三个方面：(1) 政府介入宗教领域的趋势，如日本的官方神道教，对基督教及日本占领区其他宗教团体的监督。(2) 建立国家教育体系的趋势，限制民办教育的首创性与多样性，倾向于把宗教排除在教育以外，中国与日本都是如此。(3) 在社会服务与青年团体的活动中也出现相同趋势，加强对所有宗教、教育与社会事业的注册检查，接近于管制状态或极权主义（尤其是在日本统治地区），或者是“没有任何限制的官僚主义”（日本、中国都是如此）。与此相联系的，则是在日本及其占领区都极力排除并破坏“贴上国际标签的”各种事业和思想，而古老中国在战争紧张状态下也出现若干传统的傲慢与排外的情结。

民族主义的增长还表现为“以异常强度维护文化上的自信”，包括维护本土固有的“完备的和高于一切的”古老宗教，日本神道教就是一个突出的例证，佛教在日本与中国亦在维护并深入人心之列。与此相关联的则是在教育与所有交往中对本土语言的强调，远东地区英语流行的某些状况是暂时的和表面的，中国尤其如此。日本也把英语降低到第二外语地位。其结果便是英语阅读与口语能力明显低于十年以前，从而增添了文化教育交流的困难，一部分传教士甚至因此不能从事教育与医疗方面的专业工作。贝德士还注意到，由于1918年以来一系列世界性事件和1931年以来远东国际关系变化的严重挑战，西方民主社会及其文化的威望已经有所下降，而“俄国共产主义和纳粹法西斯主义社会的和心理的凝聚力”在中国和日本都引起广泛的兴趣。在远东，废除治外法权虽然颇受欢迎，但迄今为止其反应可能并非有利于它的真正价值，而中国还面临着严重的内战危险。对于日本来说，战争的失败意味着“肢解和压迫”，也许未来会发展到不愿“重新恢复同其他社会有益的相互交流”。总的发展趋势是：对于和平、兄弟情谊和包括基督教在内的国际组织的信心动摇而怀疑增长。

除了以上文化、心理方面的负面效应以外，还有经济方面的严重问题。战争造成的巨大损害，教育与社会福利状况的恶化，更增加了战后文化教育乃至社会福利事业重建的难度，基督教自然也不例外。

尽管难以清晰预见未来几十年以上趋势发展的广度与深度，但贝德士对远东基督教的传播仍持积极态度。他过分乐观地认为：“对差会和其他建设性文化事业的需求保持不变。在中国和远东其他地区，通常的教育需求，特别是初等、高等和成人教育，几十年内不可能被公立教育及现有的私立教育所满足。卫生服务在某种程度说来发展尚佳，但远远不能满足众多人口的需要。社会改革与福利活动刚刚开始。通过邻里自愿合作建立社区极为需要，城乡都应如此；警员或官僚的命令不能取代公共领域自由合作的价值。旧的社会结构的破裂增加了个人对信仰的没有终止的需求，即美好生活是存在的，朝向信仰的努力具有被深切认可的普遍性质。……友好情谊支撑的信仰，现在需要，将来也需要。”

面对这样的形势，贝德士对北美差会和传教士提出若干极为中肯的建议，其中最重要的一点即必须加深对东方人的理解。他说：“北美人需要有关东方人的更丰富更深刻的知识，这种知识是在尊重与同情地赞赏他们之中建立起来的具有高度精神和文化价值的基础上，在与可以信任的中国人友好合作的基础上发展起来的。他们需要通过美国人和东方人信赖的代表，不断重新了解这些遥远的人民的进步、困难与人性。”

贝德士以宽广的胸怀主张北美人应超越国家与种族的界限，为国际组织和国际关系提供公认的道德标准。而差会则定位为一个主要代理机构，走进世界伦理与世界社区的需求将通过他们逐步实现。他认为：“世界范围内基督教社区的经验和潜力，对北美与对中国和日本同样有价值，他们也参与或观察了这些社区。在适当的国际环境中，差会最佳因素的发展及其缺点的纠正，对于北美与远东的文化的乃至整体的关系都有更大的意义。”贝德士是一个真诚的基督教和平主义者，他是这样想的，这样说的，也是这样做的，南京安全区国际委员会所做的一切已经证明贝德士和他的亲密同事们的崇高品格。他在那样艰苦危险的环境中已经发出“给全球以和平，给人类以慈悲（peace on Earth，good will to Men)”的诚挚呼唤。而在本文的末尾，他再次高呼：“和平压倒一切!”并且语重心长地指出：“差会在文化关系中的长期前景，深深依赖于和平的实现，真正的和平，以互利为原则的国际自由合作。军事极权主义，无休止的冲突和贫穷，将使差会应该做的工作付诸东流。对于中国、日本和北美而言，战争的结局是一个主要的决定性的环境，而差会必须在这种环境中工作。”从上述内容可以看出，贝德士虽然未能完全摆脱西方中心主义与北美历史使命论的影响，但却是一贯真心实意力求平等对待东方人，并且主张全面深入地理解东方文化。三年以后，华中大学校长韦卓民在纽约发表题为《基督教会植根于中国土壤》的著名演讲，他作为一位中国神学家也表达了类似贝德士的见解："我们承认基督教真理的本体是绝对的，但是基督教的作用的显现或表达（expression）并不是最后的。一直要到所有各类型文化在吸收了大部分人类积累的精华之后，归向于主，才算是最后的显现或表达。"[①] 他站在中国人的立场，主张以东方较为古老的文化解释基督教，并且认为最重要的是要"体会那种文化的精神"。他还有一段似乎已被多数人遗忘的精彩话语："中国人需要基督教，而教会也需要中国人。当我们以中国文化来解释基督教教义的时候，由于中国人的重视，我们宗教新展望，也会超于显赫。我们将会产生一个中国神学，就像过去有希腊、拉丁和欧美的神学一样。"[②]

在 1946 年，韦卓民对中国基督教的前景似乎较为乐观，他充满信心地说："一个新的光荣的日子已露曙光，特别是对中国而言。让我们提起精神，为神奉献，并且推动伟大的神的事工。当我们中国基督徒追怀年代湮远的传教士光荣的成就时，我们充满感激之情。但是我们应召在他们过去建立（的）良好基础上，展开新的事工，求神的保佑，我们能建立一个在他们那个时期里梦想不到的超级结构。因为他们虽从信仰方面颇有成就，但是他们并没达到目的，容我来说，那就是将中国基督教化，将远东拥有世界最悠久历史的这个伟大国家的优良文化，带到主的圣坛前，作为对主的奉献。"[③] 怀着与韦卓民同样的抱负与追求，贝德士于 1945 年前往成都，继续在业已西迁的金陵大学服务。抗战胜利以后，他又奉命率先前往南京，代表学校收回全部校产并筹备金大返宁复校。1946 年他曾前往东京出

---

① 韦卓民著，万先法等译：《韦卓民博士教育文化宗教论文集》，（台北）华中大学韦卓民纪念馆，1980 年，第 137 页。

② 韦卓民著，万先法等译：《韦卓民博士教育文化宗教论文集》，（台北）华中大学韦卓民纪念馆，1980 年，第 137—138 页。

③ 韦卓民著，万先法等译：《韦卓民博士教育文化宗教论文集》，（台北）华中大学韦卓民纪念馆，1980 年，第 137—138 页。

席国际军事法庭为日军南京大屠杀罪行作证。繁忙的行政、教学工作与纷至沓来的社会活动使他心力交瘁，特别是在南京沦陷期间所蒙受的严重心灵创伤，迟迟难以平复。更为重要的是他业已发现中国战后的国内形势日益恶化，基督教在中国的前景不容乐观。他仍然拖着疲惫的身躯与内心的焦虑勉力工作，但终于亲眼看见曾经在南京存在 22 年的国民政府土崩瓦解，蒋氏父子仓皇逃往台湾；随即又亲眼看见人民解放军胜利进入南京以及其后举世为之瞩目的中华人民共和国的建立。贝德士曾经期望仅仅作为历史学教授继续在金大校园服务，但随着朝鲜战争的爆发与中美关系的急剧恶化，他终于不得不在1950 年返回美国，紧接着便是中国基督教会彻底割断与外国差会的一切关系，而教会大学也即随之从此绝迹于中国大陆。

也许我们可以认定贝德士对战后形势作了错误的判断，但那却绝不是他和其他真诚的外国传教士本身的过错。国际风云瞬息万变，政治家脑筋里主要盘算的是力量与利益，宗教无非是他们可供利用的工具之一。贝德士们虽然一贯标榜宗教自由与政教分离，但宗教毕竟很难摆脱政治的摆布，更无从改变北美的全球战略。贝德士后来曾回忆说：“基督教的作用在战时变得重要起来，作为帝国主义被反对的情绪被平息了。1943 年不平等条约的废除和基督教徒担任救援任务受到重视，特别是帮助伤兵和为数众多的难民。因此，中国的基督教徒和传教士，有理由期望战后新的基督教工作的热潮，而内部的条件如此有利。唯一的危险则是过分认同这个蒋介石领导下的国家与政府，但这种认同与合作此后仍旧可以看到。”[①] 这番话不仅表明贝德士的比较理性与清醒，而且还体现出牛津、耶鲁出身的历史学者的优良素质。但历史学者只能记录历史却不能更不允许改变历史，我们不必对贝德士作任何苛求。他撰写的这篇《差会与远东文化的关系》至今仍有深入研究的价值，我们可以从中汲取许多有益的精神营养，不仅是对于基督教海外布道的研究，而且是对于当今国际格局下人类普世伦理的艰苦构建。

---

① Cynthia McLean ed., *Gleanings: From the Manuscripts of M. Searle Bates*, The China Program, National Council of Churches of Christ in the U. S. A., 1984, p. 93.

贝德士文献述略

自从上个世纪90年代以来，我一直在研究已经故去的业师，金陵大学历史系的创办者与任职30年的资深教授贝德士博士，而且主要是利用收藏在耶鲁大学神学院图书馆的卷帙浩繁的贝德士文献。现在我的精力与视力都难以继续从事此项研究了，因此略作文献介绍借以引发更多年轻学人兴趣，期望有若干志趣相近者充分利用这批宝贵资料。

一、贝德士其人其事

贝德士的英文原名是 Miner Searle Bates，1897年5月28日生于美国俄亥俄州的纽瓦克（Newark），这是一个中西部内地小城镇，居民善良质朴而略有古风。贝德士的父亲 Miner Lee Bates 是一位学者型新牧师，在当地居民中享有很高的声望，曾长期担任哈莱姆学院（Hiram College）院长。贝德士就近在父亲的学校读本科，品行端庄，学习勤奋，曾多次获得全校演讲比赛奖项。19岁毕业并获得罗兹（Rhodes）奖学金，去牛津大学攻读历史。

1916年暑假以后，贝德士独自远行前往牛津留学。当时欧战炮火正烈，牛津学生报名从军者非常踊跃，一批一批奔赴前线，不少人英勇牺牲在战场。贝德士虽然是美国人，但也在这股热潮下投笔从戎，于1917年离开牛津，作为基督教青年会（YMCA）干事前往近东。稍后又正式入美军服役，曾经到过印度、美索不达米亚等地，虽然没有直接作战，但已经受到多方面艰苦锻炼，并且大大开阔了眼界，增添了不少社会阅历。

欧战结束后，贝德士重返牛津勤奋攻读。先是在近代史荣誉研究院获学士学位，随后又增修政治学与通史两类课程，于1920年获硕士学位。1920年暑假回到美国，并且被基督教联合布道会（United Christian Missionary Society）授予传教士资格，派遣到中国工作①。

贝德士于1920年夏秋之间到达南京，头一年在金陵大学华言科（Nanking Language School）学习中文，贝德士这个中文姓名大概就在此时启用。学习中文期间贝德士与同时前来女子文理学院任教的Lilliath Robbins女士相识并相爱，两年后成为夫妇。贝德士于1921年秋季在金陵大学正式任教。起初是在政治系任教并兼任主任教士，1924年历史专业从政治系脱离并独立成系，贝德士又担当系主任，一手经理各项创办事宜。在国民革命与民族主义浪潮猛烈冲击下，金陵大学与其他教会大学一样加快了“中国化”的步伐。1927年11月，陈裕光在“南京事件”之后出任金陵校长，更为重视加强中国历史与文化的教学与研究，并于1930年利用霍尔（Charles MarTin Hall）遗产基金30万元创建中国文化研究所。贝德士热情协助李小缘等中国学者，积极参与此项工作，承担《中国统一政治之形成，欧美学者研究中国学术概观》专题研究，并且编撰《西文东方学报论文举要》，于1933年作为该所丛刊之一正式出版。从1927年到1937年，金陵大学稳步健全发展，历史系的师资、教学与研究都随之相应趋于完善，且于1936年率先成立史学研究部，明显提高了学科层次，其中也包含着贝德士的10多年劳绩与心血②。

除认真教学、研究并参与其他学校工作及社会活动外，贝德士还抓紧充实自己。1934—1935年他曾作为洛克菲勒学者前往美国进修。1935年在耶鲁大学完成关于《公元前221—前87年中国历史》的毕业论文并取得博士学位；同时还曾在哈佛大学研究学院学习日文与俄文，这两种语言对于他以后研究亚洲问题很有裨益。1936至1941年之间，他曾七次访问日本，代表基督教教会并利用当地资料研究亚洲现状、日本社会状况及政府

---

① 以上主要根据Bates自述简历、年表。见耶鲁藏档，RG10，B126，F1132。

② 据Bates自述及《金陵大学60周年校庆纪念册》（金陵大学，1948年）等相关记述。

政策。从贝德士遗稿中可以看出，他是较早也较清醒地向国际社会发出日本军国主义必将发动全面侵华战争警报的少数美国学者之一。

抗日战争开始以后，金陵大学西迁成都。当时还滞留在日本的贝德士奉学校当局之命，历尽艰难穿过日军战线返回南京，以副校长名义全面负责留守校产。南京沦陷前后，他是南京难民区委员会（Nanking International Safty Zone Committee）的骨干与主席。在南京大屠杀期间，贝德士与许多中外基督徒一起，在极其艰险的环境中做了大量保护与救济难民的工作①。

抗战胜利后，贝德士继续在金大（1946 年迁回南京）等校教书，并且赢得同事与学生更大的尊敬。1946 年 7 月 29 日，贝德士出席东京远东国际军事法庭对日本的审判。作为南京大屠杀的重要目击者，他以无可辩驳的亲身见闻与实地调查资料，证实与指控了日军大肆杀戮、抢劫与奸淫等万恶罪行。他那掷地有声的证词已经被收入东京审判记录，并被当时许多报刊所传播。

1950 年由于中美关系急剧恶化，贝德士回归美国，此后一直在纽约协和神学院（The Union Theological Seminary）任教，并参加哥伦比亚大学东亚研究中心有关学术活动。1965 年退休以后，长期从事《基督徒奋进在华五十年》（*The Protestant's Endeavour in China*，*1900—1950*）这一巨著的撰写工作。迄至 1978 年秋猝然病逝，他穷尽 13 个寒暑，为我们留下约一千种书刊、报纸的摘录和复印资料，还有 3 800 页工作笔记。这批珍贵资料，连同他生前保存的日记、函电、其他手稿等各种文献，全部收藏于耶鲁神学院图书馆特藏室。这些书稿与文献资料，堪称是基督教与中国现代化关系的一部实录，但可惜至今尚未被中外学者充分利用。

二、 何谓贝德士文献

贝德士文献一词，最早是我在有关论著中使用的。有些人以为是贝德

① 1939 年 1 月 23 日美国使馆曾函告贝德士："1938 年 6 月 30 日中国政府秘密训令，授予您襟绶景星勋章。"同时授勋者还有金陵大学史迈士、林查理两位教授。见耶鲁藏档，RG10，B4，F67。

士的著作，是已出版的书名，其实大缪不然。贝德士文献是英文 Bates' Papers 的中文译名，它原本是贝德士捐献给耶稣神学院的一大批私人文献档案全宗的综称。贝德士文献全部收藏于神学院图书馆的特藏室（Special Collection，亦可译为善本室），属于"中国文献收藏"（The China Records Project）。此项收藏由基督教全国委员会（National Council of Churches）于 1968 年启动，1972 年全部归属于神学院图书馆，现已收藏始于 19 世纪早期的传教士与团体在华活动的相关手稿与印刷品近 1 000 计量码。该馆还积极收集记述第三世界国家宗教生活的手稿与印刷品。该馆另有 1 800 卷缩微胶卷，6 万张缩微胶片。其全部相关收藏，包括 300 多位传教士的私人文献，还有学生志愿海外布道运动（The Students Volunteer Movement for Foreign Missions）、亚洲基督教高等教育联合董事会（The United Board for Christian Higher Education in Asia，简称 UB）等大型组织机构的原始档案。其收藏之富，覆盖面之广，令人瞠目，堪称研究中国基督教学者必须潜心检阅的处所。

贝德士本人就是"中国文献收藏"项目的倡议者与积极参与者。早在 1966 年费正清就非常关心贝德士退休后的巨大写作计划《基督教在中国社会，1900—1950》，并且主动提出愿意协助他申请经费雇用助手。信上说："我现在如此急切地提出此项建议，是因为我觉得你所从事的研究十分重要，它将对一整代研究者产生深刻的影响，这些研究者目前尚处于准备阶段，不久他们将开始查阅档案资料。"贝德士对此当然更有紧迫感，曾在回信中感叹："从事差会工作或与之有关事业的人，我只认识为数不多的几个勤勉的工作者，主要是传教士，他们大多数集中于撰写自传及回忆录，或是他们自己教派范围内的一段历史。我有时为了自己的研究做有关调查时结果也非常令人沮丧。那么多有才能的、积极热情的人们在 1950 年左右被迫离开中国，将自己的努力转移到其他的地方；许多人不久相继去世，或者失去工作能力，不能重返中国，从事研究或写作。"[①]

① 两信已译成中文，见章开沅：《传播与植根——基督教与中西文化交流论集》，广东人民出版社，2005 年，第 262、265 页。

在“中国文献收藏”里300多位传教士中，很多是贝德士的前辈、师友与同事，这一文献宝藏的建立应该视为他们及其亲属共同奉献的劳绩。这些原始手稿的阅览室以世俗政治家与基督教会先驱穆德（John R. Mott）命名，他捐献的私人文献与世界学生基督徒联盟（World Student Christian Federation）的早期档案，乃是神学院图书馆的镇馆之宝，严严整整摆满四壁书架，俨然已成为“中国文献收藏”的先驱。“中国文献收藏”则全部安善存放于库房，并且有统一的编号，大多已有图书馆工作人员编制的导引性详尽目录，非常便于利用。贝德士文献的编号是“RG10”，RG是Record Group的简写，原意为资料结集；其下序列为盒（Box）与卷（File）。

贝德士文献数量很大，共131盒，1 162卷。经过史茉莉等人精心整理，已分类为八个部分：①通信；②中国札记与资料；③《基督徒奋进在中国社会》的书稿；④中国著名基督徒文献；⑤其他札记与所收集的资料；⑥本人著作；⑦教学资料；⑧私人要件与言行录。

第一部分通信，分为家庭通信、中国时期通信（1920—1950）、一般通信（从中国返美以后）三大类。其中1937年至1938年期间给妻子的信，对于日本占领区的恐怖情况作了详尽的描述。一般通信很多是同行或学生寻求贝德士学术咨询的信件，体现出他的热心助人与渊博通识。还有许多信件涉及一些研究计划与机构，如国际布道会中国研究计划（1954—1956）、中国文献计划（1968—1973）、协和神学院传教士研究图书馆等。

第二部分中国札记与资料，这是贝德士为撰写《基督徒奋进在中国社会》准备的大量素材。其中有手抄的或打字的文献资料、摘要和从图书馆复印的经过注释的资料。贝德士花费大量时间对主要教会期刊做了索引与摘录，如《中国基督教年鉴》、《中国教会年鉴》、《中国教会通讯》、《教务杂志》、《教育评论》等。

第三部分是未完成的书稿，可说是贝德士文献的核心部分，包括3 000多页草稿，还有修改多次的全书章节目录。这些稿件已经孟心湉女士（Ms. Cynthia Mclean）精心整理，以《贝德士手稿选辑》（*Gleanings: from the Manuscripts of Mr. Searle Bates*）为书名出版，系由美国基督教会全国委员会中国项目资助付印。

第四部分中国著名基督徒文献，是贝德士作为上述专著的补充资料加以收集的。其第一步是拟定七个名单征求有关友人意见，然后形成五个经过修改的名单，其最后结果是一部分著名中国基督徒的小传。

第五部分也是与中国社会有关的札记与资料，范围相当广泛，而且很有条理。其中有些涉及宗教自由问题的文献值得注意。

第六部分本人著作，大多是关于差会与第三世界教会、宗教自由及国际时事评论等。史茉莉将这些著作分为五类：a. 论文、小册子；b. 述评；c. 来自中国的报道和回忆；d. 布道词、演讲和访谈录；e. 与上述主体工作有关的文章。这些文章通常发表于《基督教与危机》（*The Crisis and Christianity*）、《全球召唤》（*The Word Call*）等期刊。

第七部分主要是贝德士在纽约协和神学院教授教会史、基督教伦理与实用神学等课程的有关资料，还有他作为主持者为该院高级宗教研究计划（the Program of Advanced Studies）所拟定的一些教学文件。

第八部分虽然杂乱，却提供不少有关贝德士生平的资讯，其中许多照片、出生证、服役证书、日本占领南京时期的通行证等等，都是具有相当价值的历史文物，但至今仍未得到应有的整理与充分的利用。仅以贝德士遗存的照片为例就有若干箱未经整理，所以我也无从介绍其内容①。

三、 文献价值评估

对于中国学者来说，首先关注贝德士文献的热点，应属日军南京大屠杀的历史见证。1988 年暑假，我利用出访之便，顺道到耶鲁大学神学院图书馆查阅中国教会大学的历史文献，无意中却在相邻目录中发现了“RG10 Bates' Papers”。由于有师生情谊，立即借来草草翻阅，又于无意中发现了其中散见于好些卷的“南京安全区国际委员会”大批档案以及相关人员的来往信件。因为当时我还在校长任内，暑假可以利用的时间有限，只能做

① 主要依据史茉莉为贝德士文献编制的详细目录。

了少量笔记与索引，但贝德士文献的吸引力时时撩拨我的心弦。幸好两年以后得以辞去校长职务，1991 年暑假又在鲁斯基金资助下重返耶鲁大学，整整利用 8 个月的时间，系统检阅贝德士文献中保存的有关南京大屠杀的文献资料。

根据我当年的笔记与索引，可知与南京大屠杀直接相关的资料，集中保存于第 4 盒之 52、54、63、67 卷，第 102 盒之第 861—871 卷，第 126 盒之 1 137 卷。

第 52 卷主要是 1938 年贝德士与友人及家人的来往信件。

第 59 卷集中收藏 1937—1939 年与南京日本大使馆的来往信函及附件，还有 1938 年与上海日本总领事馆之间的来往信函及附件，特别是前一部分大多是直接记述并谴责日军疯狂暴行。

第 63 卷收有，1937—1938 年与金陵大学创建者会（Board of Founders）来往信函，1938 年与上海全国基督教会之间信函，以及南京国际救济委员会的相关函件。

第 65 卷为与《曼彻斯特卫报》著名记者田伯烈（Timperley，H. J.）的通信，这些信件表明贝德士是田伯烈首先全面系统揭露日军暴行的共同策划者与引用资料的主要提供者。

第 67 卷收有与南京美国大使馆之间的来往信函，其中有若干亦与南京大屠杀相关。

第 861—871 卷主要是贝德士收藏的各种有关南京沦陷后情况的文献资料，其中以 863—869 卷价值较高。

第 1 137 卷是贝德士认为对自己有纪念意义的杂件，时间从 1921—1948 年。其中最重要的，是贝德士 1946 年出席东京远东军事法庭作证记录的副本，以及对此次审判的相关报道，如《另一个纽伦堡》（*The Other Nuremberg*）等。

这样简括的介绍，显然不足以反映贝德士文献的有关南京沦陷后的全部内容，我觉得它好像还是一处未经正式勘察、发掘的丰富矿藏，人们可以根据不同的需要从中搜寻可供利用的史料资源。譬如，1995 年，为纪念抗日战争胜利 50 周年，我曾利用贝德士保持的南京安全区国际委员会与南京救济委员会的档案，以及他和其他委员会成员的私人通信等资料，写成《南京大屠杀的历史见证》（湖北人民出版社）与《南京——1937 年 11 月至 1938 年 5 月》(香港三联书店)。这个课题本非我的主要研究领域，但书出以后却在海外引起强烈反应，好些中英文报刊都纷纷作详尽报道。作为其后续工作，就是经过美国吴天威教授和台北郭俊鉌先生的多番努力，以贝德士有关文献为主体的一批有关南京大屠杀的档案原件影印出版。

此书英文书名为 *American Missionary Eyewitnesses in the Nanking Massacre*，1937—1938，可以译为《美国传教士对南京大屠杀的历史见证》，由史茉莉女士主编，并以《耶鲁神学院图书馆特刊》第 9 期名义正式于 1997 年出版。此书更为详尽地公布了该馆收藏的有关南京大屠杀档案分布情况。

表列如下：

姓名	编号	内容
		给妻子和儿子的家信
Bates，M. S. 贝德士	RG10：B1，F7-11 RG10：B4 RG10：B86，B87，B90 RG10：B102，F861-871 RG10：B103，F872-873 RG10：B126，F1 132，1 137	与南京日本大使馆的来往信件，与金大创建者会以及田伯烈（Timperley，H. J.）的通信 贝德士的有关文章，抗战期间有关南京的资料，有关中国政治与宗教局势的资料，传记资料，包括贝德士在远东国际军事法庭所作证词的副本
Fitch，G 费吴生	RG11：B9，F202	信函
Forster，E. 福斯特	RG8：B263-265	信函，收集的文献和照片
Mc Callum，J. 麦卡伦	RG8：B119，B22x	“1937 年冬至 1938 年日军在南京暴行述实”口述历史副本
Magee，J. 马吉	RG8：B263	福斯特文献所收信件，介绍他的影片
Mills W. P. 米尔士	RG8：B141	给妻子的家信

续表

姓名	编号	内容
Smythe, L S, C. 史迈士	RG10：B102，F864-869 RG10：B4，F67 RG11：B225，F3 815	信函，《南京地区战争灾祸，1937 年 12 月至 1938 年 3 月》
Vautrin, M. 华群	RG8：B206 RG11：B134，F2 698-2 700 RG11：B145，F2 870-2 881	日记、信件、报告
Wilson, R. O. 威尔逊	RG11：B145，F3 874-3 876	信件，报告
Bauer, G. 鲍尔	RG11：B205，F3 849-3 893	与南京事件有关的记述（下同）
Javis, A. M. 贾维丝	RG8：B103 RG11：B139，F2 783	
Kirk, F. 克尔克	RG11：B138，F2 761-2 763	
Riggs, Charles and Grace 林理查德夫妇	RG11：B224，F3 787，3 788	
Spicer, E. 斯派司	RG11：B142，F2 827-2 829	
Steward, Albertand Celia 史德蔚夫妇	RG20：B10，F220	

主要依据下列文献：

1. RG8：中国文献项目之私人收藏；
2. RG10：贝德士文献；
3. RG11：亚洲基督教高等教育联合董事会档案；
4. RG20：史德蔚夫妇文献。

此外，耶鲁大学斯特林图书馆档案部（Manuscripts and Archives，Sterling Library）还保存着帕克斯顿文献（John Hall Parxton）。帕克斯顿是一位美国外交官，曾任驻南京副领事（1925—1929）、驻南京大使馆二秘

(1937) 和上海总领事馆派往南京官员 (1938—1942)。

我已出版的两本书和耶鲁神学院新近出版的这本书，主要是利用贝德士、费吴生、福斯特、麦卡伦、马吉、米尔士、史迈士、华群、威尔逊等人遗留的原始文献。这些资料与刚刚出版的《拉贝日记》，都是南京安全区国际委员会这个外籍人士群体，为侵华日军南京大屠杀暴行撰写的最为详尽的实录，其公正性、真实性与严谨性是任何人也无从否定的。

也正因为如此，在一般人心目中，贝德士文献几乎就等于是南京大屠杀的实录，这当然是一种误解。因为贝德士文献是他一生80多年的完整实录，南京安全区的救济工作毕竟只有三年左右时间，而他最主要的本职工作还是先后在金陵大学与纽约协和神学院的历史教学与研究。据我初步判断，贝德士文献中所占比重最大、学术价值最高的部分，还是有关中国基督历史的文字实录，特别是他晚年为编撰《基督徒奋进在中国社会》这一大型学术专著而积累的大批资料与手稿。

贝德士在金陵大学虽然服务30年，但因忙于历史系教学工作并在东南大学 (后改名为中央大学)、金陵女子文理学院、中央政治学校兼课，同时还要参与教会本身及其相关各项工作，所以出版学术著作不多，有关基督教的专门论著更少。

根据1948年印制的《私立金陵大学60周年校庆纪念册》，贝德士有关重要著作已出版者如下：

1.《基督教与共产主义》 (*Christianity and Communism*)，该书在1933年译成中文，并由上海基督教广学会出版。

2.《人类的一半：远东的人民与问题》 (*Half of Humanity: Far Eastern Peoples and Problems*, The Church Peace Union, 1942)。

3.《差会与远东文化关系》 (*Missions in Far Eastern Cultural Relations*, American Council, Institute of Pacific Relations, for the eighth Conference of the Institute, Mont Trembland, Quebec, 1942, Reprinted by the Foreign Missions Conference of North America, 1943)。

4.《教会事业分布资料》(*Data on the Distribution of the Missionary Enterprise*, International Missionary Council, 1943)。

5.《宗教自由：一种探究》（*Religious Liberty: An Inquiry*, Harper and International Missionary Council, 1945）校庆纪念册编者注明：“该书现已译成7国文字发行全世界。”

实际上，他在南京金陵大学历史系教的都是中国政府颁布的教学计划以内的各种史学课程（中国史除外），直到1950年在纽约协和神学院任教以后，才开始研究与讲授中国基督教史（作为世界基督教史的一个部分），而迟至1965年退休以后才正式着手撰写《基督徒奋进在中国社会1900—1950》这部计划中的鸿篇巨制。

也许，在协和神学院的教学生涯，都可以看作贝德士为撰写中国基督教史作准备。因为，他虽然是一位资深的传教士教育家，但并未受过正规系统的神学教育，更不用说这方面的深入研究。再则，他虽然在美国被公认为上乘的中国通，但他在金陵30年却从未教过中国史课程，也没有从事这方面的专门研究（他的研究仅限于与中国相关的当代东亚国际关系）。所以，在协和神学院的15年任教，不仅足够地弥补了神学素养方面的缺憾，而且还由于同时参与哥伦比亚大学东亚研究所的讨论课程，更为深化了对于中国社会、历史与文化的系统理解。可以认为，这两方面的进步，使贝德士成为当代少数最优秀的中国基督教史专家之一。

特别是1954年底，贝德士应邀参与美国基督教全国委员会海外布道部远东联合办公室主导的“基督教在华事业”(The Christian Enterprise in China)研究项目并担任顾问[①]，此后他更为抓紧此项研究。晚年的贝德士，不仅为此指导若干专题研究，搜集相关文献资料，而且还不厌其烦地回答许多年轻中国基督教史研究者的询问。例如，仅为倪维思研究（Study of the“ Nevius Method”）一项所准备的文献目录与简要笔记即近30页，而给年轻学者的论文复函（包括学位论文审阅意见）之多更难以数计[②]。

在这10多年中，贝德士为自己的著作做了大量资料工作。根据其亲密同事W.O.威廉整理遗稿结果，可以概述如下：

---

① 耶鲁藏档，RG10，B7，F120。

② *Bates' Papers*，B13，F218等件。

1. 花费 10 个夏天和整整 7 年时间，为几千种书籍、文章、宣传品制作索引卡片，并简要提示其价值或预期增长的价值。

2. 为全部《教务杂志》（*The Chinese Recorder*）、《中国教会年鉴》（*The Chinese Mission Yearbook*，1910—1972）、《教会国际评论》（*The International Review of Mission*，1890—1939）、《中华基督教会年鉴》（*The Chinese Church Yearbook*，中文版，1912—1937）、中国和世界主要相关会议文献、中华续行委员会（China Continuation Committee，1913—1921）和中华全国基督教协会（National Christian Council，1922—1950）的各类文件，还有其他约 200 种文献（包括中文），部分中国基督教领导人的著作，中文期刊选录各个教会、团体、机构的历史，许多学位论文与学术文章，未刊文稿选录，信件与口述历史抄件，做了大量索引或笔记。

3. 在广搜博采大量资料的基础上，贝德士还初步草拟了按时期区分的撰写纲要，兹列举于下：

（1）世纪交替期间教会在中国的奋斗，1890—1906（131 页）；

（2）基督教活跃的进展与传统中国的年轻教会，1907—1922（603 页）；

（3）中国基督教社区的成长，在一个民族蹒跚于危机中的教会参与，1922—1937（1882 页）；

（4）在战争与革命浪潮中的事工及幸存，1937—1950（648 页）；

（5）回顾与诠释，1950 年及其以后（20 页）。

这批手搞总共 3284 页，而且他在临终前还把第一时期（1890—1906）的纲要草稿加以修改（亦有 474 页之多）。

应该说明，以上这些浩繁的准备工作，都是这位老人独自完成的。直到 1973 年 3 月，贝德士经由费正清从当代中国联合委员会（Joint Committee on Contemporary China）获取 5 000 美元资助，才雇用了一个全职打字员与一个兼职研究助理。所谓兼职，即每周工作 10 小时，仅限于协助到图书馆查询并核对资料[①]。

贝德士非常尊重耶鲁大学赖特烈教授（Latouratte，Kenneth Scott，

① 耶鲁藏档，RG10，B6，F107。

1884—1968)，并且认为自己的工作乃是前者的继续。

赖特烈于1968年病逝。第2年7月，贝德士在《国际教会评论》上发表《基督教的史学家，基督教史的撰述者——纪念赖特烈1884—1968》一文，对这位著名学者的崇高品格与学术贡献作了详尽的评介。他强调指出："没有人比赖特烈为研究与记述基督教做得更多，他为基督教事工贡献之大超出我们通常的计量。"赖特烈是一位多产作家，其著作销售量据说已逾一百万册。其中，贝德士特别推重：1929年出版的《中国基督教史》(*A History of Christianity Mission in China*，共930页)，评语是："40年来在任何语言中未经总体更动、修订或扩充"；1953年出版的《基督教史》(*A History of Christianity*，共1 516页)，评语是："在这里，教会史——制度、领袖、观念——已被延展到世界各地，并与人文环境全方位的互动"；1937—1945年陆续出版的《基督传播史》，评语是："不仅为我们所熟悉而且为同时代人所重视。"此外还有1946年出版的《远东简史》(*A Short History of The Far East*)，1964年已出至第4版，评语是："在唤醒美国人关注远东生活方面，还没有其他学者产生如此巨大影响。"

当然，赖特烈本人并非认为自己的著作完美无缺。他在《中国基督教史》的序言中说："作者是一个西方人，在教会生活中或许不能把中国人作为他们的一个部分给以足够注意。同时他也不可能进入中国人的宗教经验并给以完满的理解。因此，有意地把此书取名为'在华基督教差会史'(*A History of Christian Missions in China*)，而不是'中国基督教会史'(*A History of the Christian Church in China*)。期望将来会有某位中国学者从后面的角度叙述这段历史。"此外，赖特烈史料征引的局限与编纂体例的缺失，也是很明显的。

贝德士晚年所做的工作确实是赖特烈中国基督教史编纂的继续。他除了将历史时段的下限从1926年延伸到1950年以外，还刻意把上限定为1900年，因为这50年乃是基督教在中国发展最重要的半个世纪。他给费正清的信明确指出："不要太集中于研究19世纪的早期新教差会，而对20世纪的差会活动极少涉及。可以肯定，1890年以后差会在范围和影响上都远远超过以往。"同时，贝德士还强调宏观研究和视野宽阔，他讽刺有些就事论事的论文，“几乎成了一个世纪庞杂而变幻的背景中的地区快照”。当然，他并非完全否定“地区快照”，而是要求“把快照置于一个更广阔的背景里和更长的时间范围内”。他坦率地说：“我总是试图从整体上来理解基督教事业，包括它与中国社会及文化的关系。这使我十分反感某些世俗的历史学者和社会科学学者对史实生吞活剥，以漠然而消极的态度从整体的史实中抽取一些零碎的内容编成较为圆通的历史。”

贝德士曾在5页纸的备忘录上，具体表述了自己的奋斗目标：

“第一，建立一部实录，尽可能不仅从新教徒奋进自身的内部，而且运用经过严格审视过的实际标准、外在因素与判断。

第二，提供具有参考性见解的陈述，或可有助于对于过程与前景、基督教与世俗的专门研究。……阅读公众，特别是教师，需要对于基督教在华事业的通盘图景，借以理解与评价社会科学家为了自己专业意图而掌握与展示的断片。

第三，为我们自己专业归属的领域适度贡献若干历史框架：(a) 对于世界基教史中的中国因素，对于人类经验中的基督教信仰与基督教社区的全面了解。(b) 寻求一种观察中国现代化过程中的基督教因素的可靠视点。(c) 寻求对于基督教国际与各种文化之间关系的真实经验的理解。”

由上可知，贝德士的撰述不仅限于继续赖特烈的工作，而且是颇思有所扩充，有所延展，有所革新，有所超越。M.O.威廉曾为此总结说：“这里不是‘差会’的历史或是‘教派’与‘教会事业’的历史，尽管包括了所有的它们；这部著作囊括‘基督徒奋进’的整体——外国的与中国的组合成更甚于人类的努力。这是在‘中国社会’之内；不是在一个地方，而是在一个关系纷繁的民众之中，他们的机构，他们的历史与文化承续之中，以及他们所曾经过的事件之中。”①

贝德士曾经写过一份名为“关于分期问题与材料组织”的备忘录，实际上就是他为自己设定的编纂工作的导向。

① Cynthia McLean ed., *Gleanings: From the Manuscripts of M. Searle Bates*, The China Program, National Council of Churches of Christ in the U.S.A., 1984, p.12.

贝德士最初认为，大体上按10年划分时期最便于组织材料与表述历史，但经过反复思考终于确定如此主要分期方案：1895—1907；1907—1922；1922—1937；1937—1950。他强调说："我们不想利用某个现成的历史年历的分期，然后把基督教与中国的史事强塞进去。"所以，他没有用1911及1912或1928作为分期标志，因为，从帝制到共和以及国民政府的建立，其本身并不意味着基督教运动的重大变化或与此相应的变化。他择取1907年作为分期标志，因为"1907年的100周年会议（Centenary Conference），以及有关它的信息的聚集，标志着基督教发展的一个重要阶段"。而其后一个重大转折点则是1922年，因为"1922年以后，直至1937年日本侵华战争开始，在基督教内部没有一个（堪称）决定性变化的单个年代（Single year）"①。

由此可见，贝德士对于历史时期的划分，着重考虑的乃是如何以基督教发展变化的阶段性特征为主要依据。当然，他同时也注意外在环境发展变化的关联性，所以明确指出："草拟大纲必须提供基督徒努力的连续阶段，每一阶段都充满复杂的活动与问题，并且表现中国背景的繁复变化。时期的选择必须是可以实现的，试图发现基督徒表露的各种明显特征，以及奋进于其间并且为之而奋进的中国社会的基本特征。"②

贝德士在确定分期大纲以后，还为各个时期拟订了相对统一的"组织材料与草稿的试用标题"，兹抄录如下：

A. 国家情境，基督徒奋进其间

1. 社会，政府，法律

2. 思潮，教育

3. 宗教

B. 基督徒的奋进，做什么

1. 纵观，合作，联合

---

① Cynthia McLean ed., *Gleanings: From the Manuscripts of M. Searle Bates*, The China Program, National Council of Churches of Christ in the U.S.A., 1984, p.16.

② Cynthia McLean ed., *Gleanings: From the Manuscripts of M. Searle Bates*, The China Program, National Council of Churches of Christ in the U.S.A., 1984, p.19.

2. 教会；自立（Self-Reliance）

3. 差会

4. 宗旨，政策，适应，交往，社会——伦理关系

5. 神学与基督教思潮，与中国宗教的关系

6. 计划，方法，妇女，边境，部落

7. 福音主义，革新

8. 宗教教育，主日学校，神职人员培训

9. （世俗）教育，学院，大学

10. 事工：医药，社会，男女青年会

11. 圣经，文学

12. 中国基督教社区，领袖人物

13. 外交关系：传教士，派遣地，中国的报告与陈述

14. 天主教徒

15. 其他，分类

C. 概要解析

大约是在 1975 年 3 月以后，贝德士依据自己初步拟订的提纲，开始试写了一部分粗略草稿。根据这些初拟提纲与试写草稿，人们不难发现，与赖特烈早先出版的有关著作相比较，贝德士未完成的书稿有若干明显特点：①时间延伸了 20 多年（1926—1950）；②参考与征引的资料，无论从种类、数量还是从史料价值而言，都远远超过赖书；③不仅在主观上而且在实际上相当重视“中国因素”，即贝德士所说的：“更为重要的是适当了解中国的背景与人文环境，或者是基督徒生活、工作于其间的事实。这种中国的人文及整个环境，在很大程度上界定了基督教事业的各种问题，不仅是对抗，而且是持续影响，有时竟压倒了有形的差会与教会。它是巨大的、复杂的、多变的……”① 孟心湉也指出：“贝德士的目的，是把这段历史植根于中国背景，其结果便是给来自中国社会、文化、政治情况乃至中

① Cynthia McLean ed., *Gleanings: From the Manuscripts of M. Searle Bates*, The China Program, National Council of Churches of Christ in the U. S. A., 1984, p. 7.

国基督徒话语的各种论据以更大篇幅。”但她批评贝德士的记述“更多地覆盖基督徒，而不是中国的国家环境。中国政治史没有充分包括在内，特别是1920年以后”①。这却是某种误解，甚至是认识的肤浅。因为，贝德士对“中国处境”（Chinese Context）的发掘乃是社会文化的深层，并非侧重于浅层的表象。即令是1920年以后在中国发生的许多的历史事件，贝德士也有意省略了对于事件本身的陈述，所侧重的乃是事件对于基督教的具体影响以及教会内部的反应与自我调适。

此外，我还非常欣赏贝德士在一份备忘录中为自己提出的两项创意：①“寻求一种观察中国现代化过程中的基督教因素的健全视线。”②“寻求对于基督教国际的与跨文化的关系的真实经验的理解，包括帝国主义的成见与亚洲人及发达国家人民之间的民族主义的理解。”② 在大约30年以前即已提出这样的高见卓识，应该成为我们现今撰写中国基督教史的追求目标。

四、 永远的遗憾

根据贝德士自己的回忆，编撰中国基督教史的想法与研究始于1955年，但直至1965年退休后才能将主要精力投入其中。1973年7月28日，他在给费正清的一封信中，透露若干晚年埋头写作的艰辛：

“我目前的工作仍集中于过去所研究的时间段：清末20年间的社会形势及发展趋向。我尽量运用中文资料，以新颖的视角来修订传教士与西方学者的研究结论，那一时期的社会、文化及意识形态的传统一直延续到1920年以及其后，而这些在学术研究中一直未能引起应有的重视，因为以往的研究只注重1860至1890年和20年代的民族主义运动（Secular nationalism）。我仍觉得我对1900至1950年这段历史的研究富有成果。

① Cynthia McLean ed., *Gleanings: From the Manuscripts of M. Searle Bates*, The China Program, National Council of Churches of Christ in the U. S. A., 1984, p. 41.

② Cynthia McLean ed., *Gleanings: From the Manuscripts of M. Searle Bates*, The China Program, National Council of Churches of Christ in the U. S. A., 1984, p. 5.

尽管我一直在努力奋斗，我仍缓慢而艰难地从丰富的笔记资料中获得素材，有些不是很连续，然后写成初稿。起码在我的这一部分工作中，通过以前的写作取得一点成绩，现在处于松散聚合的中间阶段。我可以写出一份真正的草稿，这的确也十分必要。1937 年至 1950 年这些历史，也许是 1911 年到 1937 年，我可以压缩一些事件进程，整个工作在笔记方面我已做好了充分的准备。

我正在按计划进行工作，我用了 10 天的时间参加了一个家庭聚会，去卡罗来纳山度假，其余没有什么别的事打断我。"[①]

这一年他已经 76 岁，身体依然非常健康，精力也相当充沛。他充满信心，生活规律，潜心撰著，而热心助人，特别是关切年轻学者，依然如故。但人事天心两相违，是意料之外，也是意料之中，他终于走到人生尽头。正如他的亲密友人富兰克林 · J. 吴不胜惋惜地回忆："贝德士教授出乎意料地死于 1978 年 10 月。我负责清理他在神学院四楼塞满书籍的研究室，记得是在一个下午到了那里。他的手稿——旧的、修改的和新写的——塞满档案柜的好几格。有许多较小的盒子，装着经过他仔细注释过的文献、笔记与摘录。好几个纸箱装着已经分类过的文件。桌上堆着他最近撰写的书稿，置于纸张上面的是半截铅笔，好像是表示'出去走走，马上就回来'。"[②] 大概贝德士也从未想到自己会这样匆匆而去。

人们很难理解，以贝德士那样渊博的学识，工作的勤奋，以及 MRL 那样丰富的文献收藏，为什么历经 13 年之久还未能初步完成这部学术专著？

一言以蔽之：力不从心。心太高、太大，老人精力毕竟有限，而且又未能有计划地合理使用。

贝德士习惯于个人独自写作，直到 1973 年才聘用两位临时助手，但主要也只限于打字或协助查找与核对部分文献。前面已经说过，绝大部分资

① 这是目前已发现的贝德士给费正清的最后一封信。见章开沅：《传播与植根——基督教与中西文化交流论集》，广东人民出版社，2005 年，第 287 页。

② Cynthia McLean ed., *Gleanings: From the Manuscripts of M. Searle Bates*, The China Program, National Council of Churches of Christ in the U. S. A., 1984, p. 1.

料都是贝德士自己搜集、整理、分类、注释，为编撰奠定了坚实的基础。但是贝德士的最大失误是缺少一个周密而可行的编撰计划，他为资料花费的时间太多，而留给撰稿的时间显然不足。资料搜集是一个无底洞，必须有一个明确的范围界定与时间分配。贝德士所面对的不仅是卷帙浩繁的文献，还有许多重要课题的社会调查，如中国基督徒重要人物名录征集核实等工作，都需要花费大量精力和时间。

贝德士在学术交往上一贯以助人为乐，这本来是一个优秀基督教学者应有的品格，但如果为此而毫无节制地为他人作嫁衣裳，则必然会严重冲击自己的主体工作。M.O.威廉曾把贝德士晚年的工作归纳为3项：①积极参与纽约和世界各地的学术会议与其他活动；②为难以数计的博士候选人与其他有关中国问题的作者热心提供咨询；③为自己的巨著搜集资料与编撰工作。人们不难发现，前两项占去贝德士大部分宝贵时间。

贝德士的热心助人已是有口皆碑。例如，鲍引登（C. L. Boynton）把自己在中国搜集的一批宝贵资料送给神学院图书馆，贝德士立即义不容辞地应邀前往整理。各种各样求教的信件如同雪片一般飞来，例如有篇文章发表在某家刊物的哪一期？某位孤身前往中国的传教士的续弦太太的名字？以及在清理图书馆收藏的档案随时发现的问题等。他不仅是来信必复，而且是答复得极为认真负责。有个年轻学者正在撰写有关美国教会的执事派遣问题的博士论文，贝德士给他的回信竟有11页之多。本来贝德士自己也可以就此写一篇很有价值的文章①。

更为圈子内学者传为美谈的故事，应是1977年德国年轻学者古爱华写信向贝德士求教："赵紫宸究竟于何时何校接受何种博士学位？"贝德士立即查阅 Frank W. Price（毕范宇）的 *China Rediscovers Her West*（《中国重新发现其西部》），并参考金女大校长吴贻芳的有关记述，获知赵于1947年由普林斯顿大学授予博士学位。于是他又写信向普大注册部门查询，并得到该校1947年的一期 Princeton Alamini Weekly 的复印本。赵紫宸的大名赫然

---

① Cynthia McLean ed., *Gleanings: From the Manuscripts of M. Searle Bates*, The China Program, National Council of Churches of Christ in the U. S. A., 1984, p. 10.

见于 1947 年 6 月该校 200 周年授予荣誉博士学位名单之中，并注明赵此前已经获得博士学位。贝德士一鼓作气穷究不已，通过赵紫宸的儿子获悉赵是在 1930 年左右由东吴大学授予博士学位。但贝德士仍不愿到此为止，直至看到南方美以美会会刊《教会之声》1927 年 6 月号的复印本，上面载有赵紫宸的照片，是被东吴大学授予荣誉博士的四个中国人之一，而这正好是东吴大学建校 25 周年。贝德士这才给古爱华写信正式告知结论并赠给全部复印文献，他俩之间的来往信件至今仍然收藏在耶鲁神学院图书馆[①]。

贝德士虽然未能完成生前的宏愿，但他的劳绩毕竟为我们留下一笔宝贵的遗产。

首先，在那些零碎片断的备忘录中，记录了他有关近代中国基督教史的许多深刻理念；如果把这些理论与他多次起草并不断修订的提纲（虽然并非完整）与部分书稿结合起来研究，不难发现他对 1900 至 1950 年期间基督教在中国社会活动史的总体构思。其视野之广阔、观察之细微与态度之严谨，都足以对我们有所启发。

其次，更为可贵的是他在 13 年期间勤奋搜集积累的大量资料与索引，可以为我们现今编纂中华基督教史提供许多重要文献的线索。特别是他复印的那些书刊，现今在国内外许多重要图书馆已经很难发现，虽吉光片羽亦弥足珍贵。贝德士遗留的信件甚多，其中有两类亦需加以注意：一是有关人士提供的书刊目录；一是为核实某人基督徒身份或其他相关事项的调查问卷及复函。例如，仅为澄清蒋经国、纬国兄弟是否基督徒一事，他即曾向国外多位友人通信查询，可见其一丝不苟的治学精神。

对于贝德士的宏大遗稿，纽约协和神学院及相关学术界都极为重视。该院迅即成立专门的清理与研究班子，由美国基督教会全国委员会（NCCCUSA）中国项目主任富兰克林·J. 吴牵头，M. O. William 具体运作，虽片纸只字也不轻易言弃，终于分类清理就绪。这是一项极为繁杂、

---

① Cynthia McLean ed., *Gleanings: From the Manuscripts of M. Searle Bates*, The China Program, National Council of Churches of Christ in the U. S. A., 1984, p. 9. 我于 1995 年上半年应邀到香港中文大学崇基学院讲学并合作研究，正好古爱华亦在该院任客座教授，谈起这桩往事，古至今仍感念不已，因他正以赵紫宸研究知名于世。

艰巨而又必须过细的工作，清理班子不负众望，终于在1983年秋天完成任务。其成果便是1984年，亦即贝德士逝世六年以后，由NCCCUSA编辑出版的《贝德士手稿选辑》（*Gleanings: from the Manuscripts of M. Searle Bates*）。此书包括四个部分：①由富兰克林·J. 吴撰写的深情而且深刻的序言；②由Milliam, Jr编撰的《贝德士：〈基督教奋进在中国社会介绍〉》；③由年轻才俊孟心湉（Cynthia Mclean）精心撰写的贝德士书稿提要；④斯莱莉编写的《贝德士文献登记纲要》。应该说，这已经为贝德士遗著的进一步研究、整合、补充、编辑、出版，提供必要的准备与极大的方便。正如吴所说："孟心湉小姐成功地将贝德士数以千计的手稿压缩到100多页。只要认真阅读便可对1890—1950期间基督徒在中国的奋进获致一个轮廓的印象。威廉博士对大纲与实际内容的比较具体的介绍，将进一步帮助作者知道如何查阅这些资料。"

我不知道究竟多少人认真阅读过《集粹》，更不知道有多少人认真阅读过贝德士的手稿，哪怕是十分之一，甚至是百分之一？在全球都弥漫着急功近利迷雾的现今，有多少人甘于寂寞，以许多年的岁月埋首于这堆积如山的故纸堆？我苦于早已与贝德士老师失去联系，及至1979年首次访美，老师已经逝世经年，而遗留文献尚未及整理完毕，无从对外公开。我最早得以检阅贝德士文献是在1988年，但当时仍在校长任内，研究时间极其有限，而注意力仅限于南京安全区相关档案。1991年再次前往耶鲁神学院图书馆，但主要任务还是搜集并复核有关南京大屠杀的大量文献，而回国后又花多年时间整理、编辑、出版这批珍贵资料。早在1990—1993年旅居美国期间，未尝没有整理贝德士遗著的宏图大愿，但苦于当时繁重的教学与交流工作，面对这卷帙浩繁的文献宝藏，也只能知难而退。当时，我已经与贝德士的儿子Robert Bates取得联系，他和他的家族都殷切寄望于我整理其父遗稿，最好是撰写一本翔实的传记。甚至在我1994年回国以后，他们仍然不断寄来大批贝德士生前发表过的各类文章。

非常惭愧。一晃又过去20多年。作为我早先安排的"贝德士文献研究系列"的成果，仍然限于有关南京大屠杀的历史见证。而贝德士文献的主体部分，中国基督教史的研究与编纂，我的整理与探索工作还仅仅是开始着手。幸好我们东西文化交流研究中心的年轻同事，都对这一课题显示浓厚兴趣，有的已经投入大量精力与心血，可谓后继尚属有人。但兹事体大，贝德士的遗稿涉及时间很长、空间极大，而内容又涉及社会生活的各个层面，所以决非少数人所能胜任。恳切期望有更多有志之士惠予援手，关心支持乃至参与我们正在从事的艰难工作，这就是借《澳门理工学报》发表此文的本意。

附记：

对于贝德士来说，他的最大遗憾可能是未能在生前重返南京，看看昔时的金陵校园与过去的同事及学生。但令人欣慰的是，在南京大屠杀70周年，即2007年12月中旬，他的儿子Robert带领一家十来口人，远渡重洋专程来金陵这片热土寻根，与南京人民一起缅怀父亲，共同祝愿世界和平。此事引起社会各界人士的关注，《现代快报》于2007年12月31日发表《我的父亲曾救护很多难民》长篇报道，记述了此次访问期间的许多感人情景。

2011年11月28日，Robert在辛亥百年一系列盛大纪念活动基本结束之际，热情地给我发来电子信并附以《现代快报》的报道及其英文译稿。下面就是这篇报道，可供读者与拙文一并参考。在南京大屠杀纪念馆参观时，他细看有关贝德士的展板，发现用的是中文音译名字“贝茨”，便向馆方建议，他们全家人都认为应该用“贝德士”中文原名。他强调说：“大家都知道他叫贝德士，这才是他的大名。”我也觉得纪念馆展板应该作相应的更正。

他在信上说，已经收到我的著作，可惜他看不懂中文，不过大女儿回家过圣诞节认真读过，她能够阅读中文书。他还说但愿在哪一天，能够与我坐在一起敞怀长谈，我也有同样的期盼。但能否实现呢？彼此都是八十以上高龄，但大家同有这个梦，毕竟已足以欣慰了。

贝德士与费正清来往信札

说　明

这里刊布的贝德士与费正清信札共15件，是在耶鲁大学神学院图书馆收藏的“贝德士文献”中发现的，编号为RG10，B6，F107，时间是1966年12月2日至1973年7月28日。其时贝德士已从纽约协和神学院退休，但仍留在该院从事《新教徒奋进在中国社会1890—1950》这一大型学术著作的编撰。

贝德士与费正清相识甚早，正如后者在一封信中所说：“1932年我还是研究生时去中国在金陵大学见过他，他当时正在研究汉朝历史。”费正清对于退休后的贝德士的研究与撰著工作非常关心，所以建议贝德士向现代中国联合委员会申请一笔资助，以便雇用助手减轻打字、笔录与检索文献之劳。费正清在另一封信上说：“我现在如此急切地提出此建议，是因为我觉得你所从事的研究十分重要，它将对一整代研究者产生深远的影响，这些研究者目前尚处于准备阶段，不久他们将开始查阅档案资料。”

这批信件更多商讨的是有关预定在1972年元月举办的一次教会研讨会的筹备工作（主要是学术方面）。在此类信件中我们不难发现贝德士与费正清关于教会史研究的一些独到见解。

例如：费正清提倡把美国学者与东亚学者组织在一起讨论，不同的历史文化背景与独特理念必然会发生冲突，但也有可能通过争辩形成互相补益。他认为“要把握早期传教士去海外布道的精神动力和坚定信仰并不容易”，而“我们美国人也会如历史本身所要求的那样，用恰当而睿智的眼光怀着同情与批判去审视我们的过去”。

贝德士则强调：“不要太集中于研究19世纪的早期新教差会，而对20世纪的差会活动极少涉及。可以肯定，1890年以后差会在范围和影响上都远远超过以往。”这可以看作是他把自己的研究课题确定为“新教徒奋进在中国社会1890—1950”的思想根源。

贝德士比较重视宏观研究和视野宽阔，他讽刺有些就事论事的小题目论文，“几乎成了一个世纪庞杂而变幻的背景中的地方快照”。他并不是完全否定“地方快照”，而是希望“把快照置于一个更广阔的背景里和更长的时间范围内”。他坦率地说：“我总是试图从整体上来理解基督教事业，包括它与中国社会及文化的关系。这使我十分反感某些世俗的历史学者和社会科学学者对史实生吞活剥，以漠然而消极的态度从整体的史实中取出一些零碎的内容编成较为圆通的历史。”

贝德士经常强调神学训练对于教会史研究的重要性，他在给费正清的信中坦言：“我自己并未受多少神学训练，你似乎比我有过之而无不及，与传教士领导者的思想相去甚远。”这与费正清所说的“要把握早期传教士去海外布道的精神动力和坚定信仰并不容易”一语，正好相互呼应。正是因为如此，贝德士总是说自己对在华传教事业谈不上什么较长时间的深入研究。他比较自负的倒是“在牛津和耶鲁学习期间，对历史研究的覆盖面非常之宽广”，以及“在南京的生活经历”。任何学者都有自己的长处和自己的短处，如人饮水，冷暖自知。我们应该学习贝德士这种严于解剖自己的真诚，并通过他的学术生涯的得失吸取有益的经验教训。

我们有意保留了1972年10月25日贝德士给费正清信的附录，即对库纳瓦卡会议前言初稿的评论。尽管我们现在尚未能找到这个会议前言初稿，但贝德士审阅后的书面意见竟达8页之多。说明他对初稿是逐字逐句推敲，从思想、概念直至遣词造句都坦率地陈述了自己的不同意见。这就是贝德士的一贯作风，他是如此的一丝不苟与直言不讳。我们在贝德士文献中可以发现许多类似信件，多半是为年轻学者论著所写的审阅意见或对问题求教者的答复，有时贝德士的复信比求教信要长几倍。诲人不倦，不厌其烦，有时直言到使年轻人冒火（如邓嗣禹）的程度。这就是令人终身难忘的贝德士老师！

细心的有志于教会史研究的读者，不难在这些貌似平淡的通信中得到多方面的启发。如费正清 1970 年 10 月 13 日信中提到的，通过举办研讨会捕捉“有关美国差会在华活动研究的重要信息资料”，以及在美国一些选区发掘美国在华传教士活动的资料，“这些活动曾对美国及其政策的制定产生影响”。我们不妨试一试这些方法，想必能够有新的收获。再如，贝德士对会议前言初稿所提意见中，认为估量传教士的影响不应局限于他们与信教者之间的相互作用，“为数众多的学校和医院的非信徒，通过观察和亲身接触传教士，通过《圣经》和与宗教教育有关的文学作品的出版，都受到传教士的影响”。这也有助于扩大我们的研究思路。

我们在贝德士文献中还找到一些老人与其他教会内外学者的通信，情投意合者如谢扶雅，恼羞成怒者如邓嗣禹，都包括在内。我们将陆续选译以飨读者，不仅让人们多了解一些前辈学者的往事，而且也可以从中领会若干治学门径。

第 1 封信

贝德士博士

协和神学院

百老汇第 120 街

纽约 10027

1966 年 12 月 2 日

亲爱的瑟尔①：

我一直在考虑你的有关中国差会运动的研究，想知道你是否得不到完成研究所需要的适当援助，之所以这样说是因为我想起你的研究课题从题材到资料均十分广泛，而你连一个助手也没有。

---

① 瑟尔，即贝德士（Miner Searle Bates）；约翰，即费正清（John King Fairbank）。

我想起当代中国联合委员会[①]有一笔福特基金会的基金，可作为奖学金用于资助有关“1900年以后的中国”或“辛亥革命”的博士后研究。你大概记得联合委员会在公园路（Park Avenue）230号，由社会科学研究理事会的布莱斯·伍德（Bryce Wood）博士负责。要申请明年的资助名义上是12月15日截止。委员会很希望有人提出实质性的建议或主张，你是否想试一试？例如，你可要求用大约6 000美元请一位研究助理，或者提供一些物质上的资助，找个这样的人应该不会太困难，有可能是一位研究生的妻子，能熟练地写作，草拟文稿或做些编辑、研究之类的工作。

我现在如此急切地提出此建议，是因为我觉得你所从事的研究十分重要，它将对一整代研究者产生深远的影响，这些研究者目前尚处于准备阶段，不久他们将开始查阅档案资料。

附：你若打电话给布莱斯·伍德，请引用我的话。

诚挚的问候

费正清

第2封信

费正清教授

东亚研究中心

哈佛大学

剑桥，马萨诸塞州

1968年12月31日

亲爱的约翰：

你将收到一份中华基督教协进会（National Council of Churches）发行的关于1969—1970年教育普及活动的核心文件：《变化中的中国》（*China in Change*），有一个差会董事部已预定了40 000份。

我们准备去中部各州和一些西部选区，目的是直接接触一些中国人，

① Joint Committee on Contemporary China，该团体由美国学术团体理事会——社会科学研究理事会创办，专门为关心与从事当代中国研究的学者提供资助。

希望通过这种方式摆脱台湾问题和意识形态的障碍。

同时，我们对台湾及越南仍坚持自己的立场。尽管有可能受到非难，委员会的高级官员会在此问题上站在我们一方。

上个月我在台北呆了几天，很遗憾地告诉你（国民）党增加了对历史基础课程的要求①。

诚恳的

贝德士

第3封信

贝德士教授

Lasalle 街 70 号

纽约 10027

1970 年 7 月 20 日

亲爱的瑟尔：

刘广京②和我准备组织召开一个有关中美新教传教士的研讨会。随信附上会议大纲一份，简要介绍了我们的初步设想。在下一步行动之前，希望能听取你的指导意见。

你可以看出我们试图把美国学者和东亚历史学者组织在一起，他们有可能在意识形态上彼此不相协调，各持己见。我们预计在 1972 年元月召开会议，不知你是否能参加，我们希望你提交一篇论文，也许是你现在所研究的大课题中的一个分支。不过只要你愿意来参加会议，即使不提交论文，我们亦十分乐意你作为评论员出席。

---

① 贝德士一贯主张宗教自由与政教分离，反对政党对学校教学的直接干预。此处只有“Party”一词，因系正在台北考察，可以判断为“国民党”。

② 刘广京（1921— ），美籍华裔学者。曾与费正清合作从事中国基督教教会史研究，嗣后长期在加州大学戴维斯分校历史系任教，为著名中国近现代史专家。与中国基督教教会史相关著作有 *Americans and Chinese: A historical Essay and a Bibliography*, Harvard University Press, 1963，亦曾与费正清合编 *Modern China: a Bibliographical Guide to Chinese Works, 1898-1937*, Harvard University Press, 1950。

我们感觉把这些学者组织成一个适当的团体的主要问题在神学方面。有些研究者对两方面的传教士的活动及慈善机构的发展都有所研究。但我们需要对国外传教事业有深层的理解。要把握早期传教士去海外布道的精神动力和坚定信仰并不容易。

我希望此次会议由新成立的美国历史学会美国—东亚关系委员会(American Historical Association Committee on American-East Asian Relations) 提供资助。当然我们美国人也会如历史本身所要求的那样，用恰当而睿智的眼光怀着同情与批判去审视我们的过去。这项工作仍需要我们找人来做。我们将对你的建议给予高度重视。

真诚的问候
费正清

第 4 封信

费正清教授

301 房，剑桥街

剑桥，马萨诸塞州 02138

1970 年 8 月 20 日

亲爱的约翰：

以下是有关“中美传教士研讨会”大纲第四页你所提出的“现实问题”的建议。

我认为把时限扩大到包括 16 和 17 世纪，覆盖整个罗马天主教、英国及加拿大差会，可能会削弱主题。而且，既然与会者半数为美国人，他们极有可能对中国的情况知之甚少，对于会议草案来说这是个大问题。最好要求论文作者留意有关中美问题之外的因素，需要的时候这些可以帮助理解与中美相关的问题。可能的话，美国的天主教差会可以作为一篇论文的内容（方向），最明显的就是 Maryknoll，这一研究有助于理解欧洲的关系。最后一点又与时限联系在一起，我们现在回头来谈。

我自己选择的任务使我有这样一种倾向，我希望在时间上这些论文不要太集中于研究19世纪的早期新教差会，而对20世纪的差会活动极少涉及。可以肯定，1890年以后差会在范围和影响上都远远超过以往，而且更为重要的是这一领域一直未加以充分研究。实事求是地说，我认为如果不以1900年为终止的时限，将增加与美国历史和美国对外关系有关的人的机会。可以肯定地说，美国对亚洲事务和世界事务的介入在一定范围内意义重大。

我对会议时间的意见无关紧要。我想准备时间长一些效果会更好一点，不过明年夏天开会也行。

从事差会工作或与之有关的事业的人，我只认识为数不多的几个勤勉的工作者，主要是传教士，他们的大多数集中于撰写自传及回忆录，或是他们自己教派范围内的一段历史。我有时为了自己的研究做有关调查时结果也非常令人沮丧。那么多有才能的、积极热情的人们在1950年左右被迫离开中国，将自己的努力转移到其他的地方；许多人不久相继去世，或者失去工作能力，不能重返中国，从事研究或写作。如果你和刘广京有什么特别的要求，我将尽力帮助你们。

贝德士

第5封信

贝德士教授

Lasalle70街

纽约10027

1970年9月22日

亲爱的瑟尔：

很高兴收到你8月20日的来信。现在我可以告诉你我们已获准于1971年12月31日至1972年1月5日在墨西哥城以南的库埃纳瓦卡(Cuernavaca)召开为期五天的研讨会。此地有着宜人的热带气候，绿草如茵，生活环境舒适，而且有风味独特的佳肴。希望你能届时光临。会议提供差旅及生活费用，也欢迎家属自费前往。

10月30日星期五我将去纽约，也许我们能共进午餐，我希望我的同事美国历史学会的诺曼·格雷佰纳（Norman Grabener）教授也与我一起去。他来自弗吉尼亚大学，你知道他在美国对外政策方面是美国与东亚关系问题的专家。

我们想和你讨论一下目前提交论文的主题及作者情况。有些论文作者与主题不协调，需要改进的地方还很多，我希望格雷伯纳教授能和我们一起调动研究者们的积极性。

随信附一张名单，提出各种可能的问题。论文主题、作者都未最终确定，许多重要事项尚待决定，所以我们需要一起磋商解决。

诚挚的问候
费正清

第 6 封信

费正清教授
301 房，剑桥街
剑桥，马萨诸塞州 02138

1970 年 10 月 5 日

亲爱的约翰：

很高兴从 9 月 30 日你的信中得知你已决定于 1971—1972 年之交在库埃纳瓦卡召开大会。我将与会并送交论文，做任何力所能及的事。

能在 10 月 30 日星期五见到你并共进午餐真是太好了，静候你通知我具体的时间、地点。如果你方便的话，我们不妨在哥伦比亚地区见面。

你给我的与会论文及作者的名单中，一些论文主题及作者情况很有意思，很多年轻人我不认识，不过我仍会提供一些帮助。

一天晚上在哥伦比亚大学的讨论课上我恰巧坐在多萝茜·博格(Dorothy Borg) 身边，她善意地批评你，说你是“中国中心”论者，视野不够开阔，没有看到美国自身知识匮乏，得不到应有的重视，美国问题也亟须研究。

我们哥伦比亚的年轻人[①]想集中研究共产主义及其发展阶段。

最诚挚的

贝德士

第7封信

贝德士教授

Lasalle70 街

纽约 10027

1970 年 10 月 13 日

亲爱的瑟尔：

非常感谢你 10 月 5 日的来信。我的同事，弗吉尼亚大学的诺曼·格雷伯纳教授也将于 10 月 30 日去纽约与你我共进午餐。我和他都知道哥伦比亚教工俱乐部[②]，我俩决定 11 点半在那儿见面，用约半小时的时间谈谈我们委员会的活动。如果方便的话，你可于 12 时半来俱乐部见我们，然后我们可以找个地方进餐。午餐由我们提议，因此不希望让你破费。

这次会议的目的是给格雷伯纳教授和我提供一些有关美国差会在华活动研究的重要信息资料，这方面你尤其能给我们提供很多帮助。我们的重点在于在美国国内的一些选区和公共场所发掘一些有关美国在华传教士活动的资料，这些活动曾对美国及其政策的制定产生影响。我们这样做是为了激发美国年轻学者的兴趣并指导他们研究新教差会在华活动及其对美国的影响。

如果我们能促成达到这一目标，那么我们就能对这项不少人已经在从事的美国在华差会活动的研究提供一个参考。

我很高兴你将来参加 72 年初在库埃纳瓦卡召开的研讨会。我料想你手头已经有一部分草稿，它对我们此次大会及其目标将具有重要价值。我们

---

① 指哥伦比亚大学东亚研究中心的学生。贝德士虽然是纽约协和神学院的专职教授，但由于他对中国历史文化的深刻理解，以及他与哥大历史系韦慕廷教授的深厚友谊，常被邀请参加该中心举办的有关中国问题的讨论课，深受哥大及美国东部年青一代研究中国的学者爱戴。

② 美国大学教工俱乐部一般设有餐厅，为教授学者利用进餐时间论学叙谈之所。

亦可就此问题进行磋商。总的来说，我确信会议手册的开头应有一个事实确凿充分的大纲，因为我们教育的是一整代美国历史学者。

诚挚的问候
费正清

第8封信

费正清教授

301房，剑桥街

剑桥，马萨诸塞州 02138

1971年8月20日

亲爱的约翰：

以下是有关库埃纳瓦卡会议手册前言初稿的评论，文章简约又不显傲慢。现在你已被论文包围了。这些文章简洁明了而且激动人心。我想现在你所能给予读者的最大帮助就是把这些角度各异的文章加以分类综合，因为读者远不如作者对情况了解得透彻。就我看来，主要有以下两大疑难：

1.时间跨度是一个多世纪，中国历史的三四个时期，美国传教士和他们的基地（base）有诸多变化。有时文章提到国民党统治后期；另一个地方指的又是大体上19世纪；第三个地方又是共产主义早期。最好是通篇统一一下好让新信徒（neophyte）明了时间关系。很偶然的是，也许不仅是偶然，可能是我的偏见，在我看来许多研究者，包括共产党作家把1930—1950年的传教事业归因于19世纪。当然的确有连续性及传统的因素，但也有许多改变。

2.有些论文太具体而细微，几乎成了一个世纪庞杂而变幻的背景中的地方快照（local snapshots），例如Bennett刘、科恩（Cohen）①、韦斯特（West）和加瑞特（Garrett）的文章。你能否帮助读者自觉或不自觉地关

① 科恩（Cohen. Paul Andrew，1937— ），自署中文名柯文，亦曾署柯保安。麻省韦尔斯利学院亚洲研究教授，哈佛东亚研究中心资深研究员，其《中国和基督教：教会运动和中国人排外情绪的增长》一书，由哈佛大学出版社于1963年出版。

注一些现实的问题，把快照置于一个更广阔的背景里和更长的时间范围内呢？拿我自己来说，我总是试图从整体上来理解基督教事业，包括它与中国社会及文化的关系。这使得我十分反感某些世俗的历史学者和社会科学学者对史实生吞活剥，以漠然而消极的态度从整体的史实中取出一些零碎的内容编成较为圆通的历史。我们应该接受甚至欢迎这些挑战并且从这些方法中获取收益。但是如果他们尽力去理解、更多地揭示基督教事业，把教会资源、教会问题的取舍加以综合分类，我们将会更加尊重他们（的劳动）。

雪莉·加瑞特（Shirley Garrett）的文章就是一个说明。她在经济危机时期的一个传教机构的文件中找到了她所寻觅的一些史事。在她对长老会的领导作比较时，虽然对此问题理解得不是很深刻，但这种比较仍是有助于研究的。当然她并非有意作出不公正的结论。但是我们还是应该给读者一点说明，以免草率地得出结论。例如，我们看看从 1922 年至 1932 年经济危机的十年间美国选区美以美会在中国的差会情况和该时期的补充人员情况。雪莉在那个困难时期，也许是最脆弱的时候选取了一个传教机构并采用其报告和实例。一旦读者误以为这些就是当时传教机构、主教及董事会的实情，缺乏目标，那么以后只要提起中国的基督教和传教情况，他就会有一个错误的印象。其实单就 1927 年这一年，整个中国的情况以及在中国的外国差会、合作机构的情况都与美以美会的情况有很大不同。

（以下是贝德士对库埃纳瓦卡会议手册前言初稿的审阅意见——译者）

第 1 页

第 4 行　也见第 13 页中间　是否传教士与信教者之间的相互作用是影响的主要途径？不管好坏与否，为数众多的学校和医院的非信徒，通过观察和亲身接触传教士，通过《圣经》和与宗教教育有关的文学作品的出版，都受到传教士的影响。

中间　又见第 3 页 1. 1、第 11 页 1. 6、第 14 页 1. 1、第 17 页倒数 1. 100，“新信徒”（proselyte）和其他派生词。我并非维护自己或显示特权。我查过字典，这些词一般表示中性，但对不少读者来说这表示着过分的影响，或由于某些宗派的权势而导致的变化（对宗教是否忠诚的值得怀疑的变化)，教会和它们的印刷品根本不用这个词，而用“皈依者”(convert)或“基督徒”(Christian)。对于欧洲和美国的犹太人来说，这个词带有严重的歧视色彩。我想起基督徒不用这个词是因为人人知道在《圣经》的马太福音(23：15)中它出现过。但这只是我的猜想，没有得到进一步的证实。

中间　对于假想的未来历史极少用“从不”(never)这个词，还有什么比承认这个简单的事实——只有极少数人成为基督徒——好呢?

最下面一行　“虔诚的”(prayerful)这个词是否准确?或者有可能产生误导或歧义?它的意思是不是“热烈的”(intense)或“热切的”(earnest)?

第2页

中间　一小部分传教士的说法和做法与此类似，皈依者像这样的则更少。为什么不直接用“拯救”(save and salvation)，使之更显紧要和有意义呢?(仍是这一行，并不是所有的皈依者都把宗教和拯救祖国连在一起。)

倒数第6行至第2行　明显过分强调了统治阶级的吸收同化作用。就连20世纪的绅士和地方官吏都强调大部分地区的居民和社会环境(对基督教的)排斥。传教士们也害怕遭受谩骂、吐唾沫、扔石头之类的侮辱。这种情况之所以会出现也由于一些文官的态度造成。

第7至9行　“革命”一词(the revolution)是否清晰地对读者表达了其含义?是否是你要的那种含义?我更倾向于传教士及其传教事业已适应了一至两场革命和中国的民族主义，而非“敌人”(enemies)，这意味着它们已适应了这一政权，这一政权许诺制止分裂和军阀混战，反抗日军，而且也基本做到如此(正如好些人不经意的这样做：了解1949年以后的发展而上溯到1925至1950年的情况真是太容易了)。在日常的生活和工作中，传教士除了在现存政权统治下活动还能做些什么呢?在抗日战争的动荡之前，中国人又何尝不是如此呢?提及改革者及现代性，国民党政权与晚清帝国(the Empire)之间最大的区别在于有组织的、大规模的中国民族主义的兴起，有实际发展，亦有失败（徒劳）之处。这些你一定了解，我拿不准这一观点是否表达清晰准确。如果传教士们“更多时候只是既得利益的焦虑的旁观者、维护者、中国反抗的目标”，那么又如何理解他们仍是“改革者”呢（似可译为“1900年以前的先驱者”）？随着中国人一点一点地走向现代化，公开的和暗地的，先驱性的荣誉或区别渐渐消逝了。如果被认为是“对既得利益的维护”，那么任命应是具体的吗？很大程度上说中国人在政府规定下自己经管着传教事业。至于条约，在行政和司法案件中我极少发现为了传教士或教徒的利益而上诉的情况。甚至通常是冗长的演说及辩论对于妥协及经济问题才十分明确，只是在谈及19世纪历史时才客套式地提到传教士。多数情况下对传教士最好的印象停留在日军侵华时他们做的紧急救援工作。我相信更准确地说在中华人民共和国，传教士才被人为地描述为“文化帝国主义分子”而并非在人们的记忆中就是如此。这种描述意义重大。这些年我的研究让我感到1925年或1930年以后的传教士已不太成问题，事实上他们在中国的国际国内事务中已不太重要。那么，传教士离开中国以后，1950年后的海外布道工作（work overseas）又是什么姿态呢？台湾是另一个次要问题，在大陆工作过的一小部分差会人员后来将他们的努力转向台湾。

第4页

2至9行　问题提得很好。但总的说来没有一篇论文正视这些问题。前两个问题压根儿就未涉及。如何从某个角度综合这些论文，帮助那些准备不充分的读者理解？

第11至12行　这些问题估计指的是前面段落中提到的那些。在美国史范围内，用亚洲语言亦无助。这种“一边倒”在后面的五个论文作者中也强调了。这个自然段作为一个整体并未有效地提出你看重的双边的学识，这正是值得商榷的。

第5页

第11行　说中国的基督教徒“成为中国人生活的一部分（过去时态）”

很难说是事实。

最后一行　单项“交流”(exchange)？毋宁说，单向运动，因它的持续与否取决于中国的反应与参与。

第6行　“冤情”(gravamen) 是道德文化价值。价值被确认时，“优越感”(superiority) 被置于一边，但优越感并不是其表达或确信的实质。

第10页

第5行　建议不用“匆忙”(haste) 而用“紧急”(urgency) 表达情绪和承诺。

第7至8行　需要说明“在这一代人中传播福音”，以免引起读者误解。我不记得自己曾读过或听说过在这代人中设想其皈依的陈述，而只有让人知晓福音及信念。

第8至9行　应和第2行一样，大写 Student Volunteer Movement[①]。

主要段落的结尾　读者是否应得出结论：(SVM)“学生志愿运动”到1920年就结束了？传教士征募也消失了？事实上只要能获得可观的成果，各教派的董事部和 SVM 合作或把其视为一个机构，进行发现、征募、通知等工作 (discovery、recruiting、informing)。一战及其后果对 SVM 是不利的。不过，1920年和1921年仍有比过去更多的传教士前往中国和其他区域。

第11页

第6至10行　你指出普世性和一元文化限定之间的冲突非常正确，这种冲突很尖锐且很重要。然而基督教信仰，而非外行的报道中的自由主义，是超越文化之上的，能够进入各种文化并在其中生存，尽管不完美，在最后一句有关在中国取得胜利的要求中，你的表述是否正确有效？或许还不够准确，不够有说服力？希腊人、罗马人、北欧人是否觉得不可能接

① 学生志愿运动从属于19世纪70年代发端的基督教革新运动，即鼓励学生志愿前往海外布道。这一运动在1890年至欧战期间达到高潮，从麻省迅速遍及全美各州的高等学校，到1914年已有大约6 000名学生到海外布道。

受？有人断言基督教信仰能够与各种文化融合，但又与任何一种文化都不一样。总是在挑战，总是不安（Richard Niebuhr's 明确地说 Judaeo——基督徒“激进的一神论”，反复呼吁改革和完善其不足）。《圣经》不是一部盎格鲁-阿美利坚的书。非教徒敬慕一些优秀的中国基督徒，但只把他们视作优秀的中国人，文化上不同于他们的那些传教士朋友。因此与兄弟情谊相伴随的总有一种严肃的隔膜。你的最后一句话简明地设置了一个鲜明的对照，我却找不到与此相应的事实。

倒数第 8 行　“文化帝国主义”是否暗示或要求把外来的不需要的文化强加在中国文化头上？一个中国人或是美国人被他人称其优越并不算是一个文化帝国主义分子。我们又回到前面关于优越性与价值的问题和作为专门用语的“改变信仰”（proselytism）。

倒数第 5 至 3 行　传教士的活动中，最被承认甚至受欢迎的是医学和教育上的贡献，关于痛恨“优越论”的争论有待进一步研究，优越的确存在，但只是一个因素。

第 12 页

第 4 至 5 行　更倾向于“伴随着……”而非“受工业化和民族主义双重驱动的支持”。如前一页所说（Schlesinger），联系不完整。又见 Cf 第 13 页，5 至 8 行。传教士、商人、外交官们自然地出现。

第 13 页

第 13 至 16 行　反对过分强调把皈依作为传教士影响的主要渠道，包括两次用“began”。

倒数第 1 至 6 行　传教士与皈依者的交往是传教士出版作品中的主要或基本内容。可能世俗学者对此少有研究。无论如何，论文试图超越并且的确超越了读者中的皈依者。

第 14 页

第 1 行　注意这个自然而适当的词组“基督教教导与人类价值”，提到门户之见和其他世俗的宗教最好把它记牢。

第 5 至 7 行　引用中文或举例只是为了交流而非争论最高的权威。

新的一段（科恩）　这儿介绍性的提问很好，但和科恩无多大关系，他并不考虑整个的基督徒，而只选了一个有趣的边缘改革者的团体做研究。

第 15 页

倒数第 3 行　对于“统一”，更适用于基本的感情、展望和目的，建议“合作”一词。

第 16 页第 6 行同。

第 16 页

第 7 至 8 行　我自己并未受多少神学训练，你似乎比我有过之而无不及，与传教士领导者的思想相去甚远。简化基督教训示是为了便于向文盲或半文盲的人们布道和吸引学者的注意，后者对于他们不熟悉的宗教概念缺乏耐心。再有，要从基督要义中找出共同的立场，得以减少各种启示信仰及组织带来的混乱。对于一些传教士来说，后一点与通过对比各种各民族的差会而强调统一教会紧密相连。

大约在 1920 年至 1925 年以后，逐渐地不完全地，然而又是明确地，教会的意义由完全的个人拯救转向一个共享爱与信仰的群体。

你已尽力简约地遵照我的论文，当现实具有国际性，以中国为中心的教堂和中国教堂越来越多时，仍严格地限定“美国传教士”。过分强调了 1907 年，这大约为取得普遍一致意见的最后机会，即承认美国人起了领导作用，若不是主导作用的话。对于整个新教事业而言，1922 年的情况要好些，但那时美国的作用虽然仍很重要，却明显已退居次要地位。

第二自然段，第 1 行　在保守者方面“统一”只在内部区域重要，是在一定程度上的大众说法，但在组织机构中极少用这一词，NCC[①] 变得包

---

① NCC 为 National Christian Council of China 的简称，即中华全国基督教协进会。

罗万象。

第5行　自由派与温和派的传教士对教会教条的动机主要是唤醒中国人的职业责任感，利用民族主义情绪的表达以及在数量和质量上提高和增加对中国基督教领导的培养训练。1920年前的差会以及当时和以后，在那些日益强大的带忏悔室（confessional）的教堂中，如圣公会和信义会（还有南浸礼会和其他教会）中未被承认的相似之处仍保留了他们传统教会中特殊的信仰和实践活动。但由于要“统一”，这些相异之处慢慢消逝，合作的调解和适应，对中国国情和人员的影响与苏格兰、英格兰和美国边界的情况非常不同。基要主义者的矛盾使组织内部产生分裂的危险，在南长老会一些差会，在NCC的合作组织中极为明显地实现。

倒数第6行　时间的短促损害了中国的基督教会，1922年正式批准，1927年才实际开始运作。也许最好用这两个时间来表示“1922/1927”。表达一词“represented”很难理解，尤其在你的语境中。例如，美以美会可被称为“道路正中间”，信义会、北浸礼会、圣公会，甚至公理会之一部分，都不能排除在“道路中间”，对CCC[①]而言，灾难时期契约的陈述没什么奇异之处，大部分传教士不能写出这个条款。在此方面，NCC更重要，更有渗透力。但对于整个基督教出版机构的合作组织，《圣经》学会之类，此特点十分重要，CCC在许多方面极有价值，但不需要这种特殊语言。

最后一句不确定地把“统一”的成果与“1922年开始的公开的反基督教运动”以及中国共产党的胜利联系在一起。全国基督教会议、中华全国基督教协进会以及中国基督教会的基本决定，和先前的重要事情都发生在反基督教运动之前。的确，强烈的民族主义情绪使反基督教运动成为一种特殊的表达方式，有利于调整、重组基督教机构，反对差会的宗派主义，寻求联合，尽管这更多的是在情感上而非行动上。但是很长时期以来这种气候意义重大，且比反基督教运动的锋面更广更强。在共产党势力表面上

① CCC为The Church of Christ in China，即中国基督教会，为在中国有相当影响的一个美国教会。

的正式联合之前，中国共产党的兴起与教会的联合毫无关系。1937 年至 1949 年的这种普遍趋势是占领区与自由区、共产党与国民党之间的分裂与动荡，相互隔绝缺乏交流。当然也有例外，领导权削弱甚至瘫痪，损害了合作与联合。

第 17 页

第 13 至 18 行　燕京及其中心基督教组织非常重要。然而，一般读者极易把“顶点”（culmination）和其宣言理解为特殊的含义，早在燕京之前，圣约翰、岭南和其他机构组织，已在教育合作、通过基督教拯救中国方面走在了前面。其实，拯救这一概念在 1919 年以前，在燕京发展以前远比以后更广泛、更普遍。燕京在中国的领导地位和卓越成就来自其雄厚的师资力量，来自赵紫宸和刘廷芳通过教会机构且又不囿于学术领域的基督徒的思考、创作与教学工作和他们的卓越贡献。

最后 8 行　你的基本观点具有现实性。陈述是否充分，是否有错误之处？除了与现存政权合作，尽可能在精神和道义上寻求人性的完善，组织化、社会化和宗教还能做什么呢？假如基督教在晚清帝国统治下煽动暴力革命，或在早期军阀混战时，或国民党政权下，或共产党统治下那样做，难道可以被接受并可证明为正当的吗？任何时候，中国的民族主义、执政政府和知识分子，不论中国人还是外国人，过去还是现在，都会认为这种想法荒谬和狂妄自大。似乎我们应该采用一个更温和的判断标准。我们再回头看这样一个事实：改革已不是件新鲜事。在全民教育、乡村建设、公共卫生等领域继续开展的探索性、实践性的服务方面，教徒们的工作带动了更广泛的志愿者和政府活动。“民族主义开始反对它”（过去时态）。时间确定吗？在三四十年代可能“民族主义”对基督教的敌视态度已弱于早些时候。

第 18 页

第 4 至 6 行　国民党什么时候变成“旧的秩序”？国民政府 1928 年才

建立。三四十年代极少基督徒倾向于国民党。许多人在观望，在期待国民党在交通、在学校、在货币和关税自治等领域的成就。这些基于过去 20 年间内战与分裂的基础上，而且希望国民党在国家统一和抗击日军（1931 年侵占东三省及随之而来的侵华战争）中作出更大贡献。唯一可能维护和平与秩序的机构，若做出以上所述之事，是国民党政府。……国民党的记录并不十分光荣，但它好于近年的经历，好于更大的混乱。同样对于大多数中国人，战争本身因政府和军队的失误而付出了痛苦的代价。然而这是抗击日军、获得起码的地方秩序的唯一办法。战后，不再有日本压力，政府的无能显露，那就是另外一回事了。我试图展现那些优秀的、充满智慧的传教士教育家们的经历和态度，我对这些从广东到北京、从上海到成都的传教士教育家们非常了解。

“共产主义的世俗信念”在 40 年代末期和 50 年代以前曾困扰了基督徒中的一小部分人员，最明显的是在上海和北京，在此两地也是少数。最后一行在我看来不错，在一定程度上与前面的陈述有冲突，前面说民族主义长期以来一直反对传教士与基督教，视其为“文化帝国主义”之类。

第 19 至 20 页

最后一行到 1.5 很严重，没有什么代表性。在危难之际诉诸武力是为了抵御暴力进攻而非反对态度，“报复”和压制是为了抵御进攻者而非广大民众。该指责传教士的地方够多了。历史学者应用公正的眼光看待这一切。

第 20 页

第 9 至 10 行　我没见过米勒的修改稿。我希望不要给读者留下马克·吐温是在北京及近郊发生的历史事件见证人的印象。顺便提一句，最近我在书架上偶然发现了 Chamberlin，《太阳报》记者的一札信件，他向吐温提供了大量信息资料。他们对目之所视、耳之所听，甚至是极细微的日常生活经历都进行结构和文体上的夸张。一个有极强偏见的人，在他了解一件事物之前就已经带有了偏见。

倒数第7至8行　文体上有小问题，可能对读者有困难。“them”一词无先行词，“both”也是一样。

第21页

第1至5行　“planting”的标准是什么？尽管继续增长至1950年，新教教徒增至人口中1‰～2‰（750 000至1 500 000）。传教士在神学院和出版物的经费上给予了资助。

第8至10行　时间设置似乎在1928年。谈当年国民党统治下的社会现状为时过早，事实上有好几年国民党出资帮助一些反对基督教的书籍，例如朱执信的《基督是什么东西?》(*What Sort of Thing is Jesus?*)和谭良礼的文章和著作。蒋介石直到1930年才皈依基督教。为什么是“权宜之计”？暗示不必要的责备。把太多的作用归功于董事会中一小部分人员的意见。对于小得几乎看不见的种子来说，果实似乎太大了。

第12至13行　1940年至1950年的社会、文化、人们的一切都被“赶超”和“处于防御状态”。说教会或信仰“屈服于”世俗或政治信念有误导作用，基督教并非如此，从某种程度上说旧有的“两个王国”教旨有其意义。共产主义者们说宪法规定有宗教信仰自由。在我看来，对于整个历史更重要的是这样一个事实：教会、教徒和基督教信仰被成千上万的人组成的军队和深入人心的极权主义政治权力淹没了，这样一来，世俗的政治信仰最起码在一个可以看得见的王国占了上风。

第21页

倒数第6至8段　20世纪20年代，读者可能误认为“新的一代”已接受共产主义，“一种与外界不同的信仰”。其含义是在20年代早期，极端激进主义已经定型，而国民党政府的成功兴起打断或只是推迟了某个无法解释的奇迹，应当向读者解释并提醒他们在1931年日本入侵中国东北时国民党对谈判施加的压力十分急迫，这意味着英美提供的财物对日本比对中国更有利。

第22页

第1至4段　完全同意差会利益在华盛顿未引起多大的反响，又是日本的因素。但在商务财政这一方取得进展的同时，整个条约事宜却十分模糊，渐趋衰微。出于种种原因差会和传教士越来越不重要——学校、医院大部分已向政府注册；各院校领导人换成受国家司法管辖的中方人员；不再有涉及传教士和教徒的法律案件，等等。于是，中国政府当局不再关心，同样，传教士也如此。一时间日本侵华战争带来中国对外国地位的认可[①]超过对敌人的反抗，尽管所有的人都认为这是不合时宜的。

现在能否让我回到这封信前面的第二点，以便结束我由强烈兴趣而导致的长篇大论？你第5页中间提到的“三个方面”中的第二个，我希望你提醒读者，一个大范围的课题研究在运用美国或是国际关系的方法时往往会被解剖或错误地处理：即中国的基督教事业从实体上来看部分是传教士，但更多的是中国人，而且总处于中国的社会与文化背景之下。

新入教的读者是否应了解一点关于天主教差会和传教士的情况？有时间我要写两封长信，我已经考虑了很久了：1.对课题研究不同程序的建议；2.想从你那儿了解有关中国图书馆的情况，能否开放给美国学者做研究。

我们对你一直心存感激。谢谢你与赖肖尔合作写的书[②]以及对不同程度学生的激励。

你诚挚的
贝德士

---

① 此处主要指日本以外的西方国家。

② 赖肖尔（Edwin Oldfather Reisehauer），自署中文名字为赖绍华，曾任哈佛大学教授兼哈佛燕京社管理委员会主席。1961—1966年曾任驻日大使。此处所说与费正清合作书籍，可能指的是《东亚：现代化的变化》（1965年）。

第 9 封信

贝德士教授

Lasalle70 街

纽约 10027

1973 年 2 月 1 日

亲爱的瑟尔：

非常感谢你 1 月 25 日的来信以及另附的五页有关论文的意见，我觉得它们信息量大而且说服力强。在我看来在今后的 12 个月中你需要也应该得到一笔约 5 000 美元的科研资助。我记得上周我们的谈话中我提起过这个数字，我想我的同事，委员会主席厄内斯特・梅（Ernest May）教授能给你提供这笔经费。

因此，如果你同意的话，我将基于你 1 月 25 日的来信及附件把此建议提交给梅教授。和以往一样，这 5 000 美元由你自行支配。你可以寻找你所需要的编辑、研究或秘书工作的助手。有一条规定我想非常重要，那就是你得设法在今后 12 个月中把这笔经费用完。我觉得这笔经费非常必要，因为我们整个讨论和你的研究主旨一致，都认为现在应该决定采用一些紧急的措施，开展一些独特的活动，以便尽快取得阶段性成果，作出相关论文。合理而明智地使用这笔钱可不是件容易事。在我看来这笔经费若在今后一年不能用完，我们的预期目标可能不会完全实现。

所以这是两个提议，希望你答复我：同意接受 5 000 美元的资助，以及尽力在 12 个月内用完。望你尽快给我肯定的答复。具体的研究由你自行安排。但我想委员会很乐意你于 6 个月后以及一年结束时各提交一份进程报告。

费正清

第 10 封信

贝德士教授

Lasalle70 街

纽约 10027

1973 年 2 月 2 日

亲爱的瑟尔：

在我写的传教士手册（*The Missionary Volume*）前言的增订稿中，提到你时我说“有长时间在华生活经历，对在华差会活动有诸多研究（1932 年我还是研究生时去中国在金陵大学见过他，他当时正在研究汉朝历史①）。由于有这样的经历，他比本书中其他的作者有更细致更深入的研究。贝德士先生更能描述新教差会的多样性和复杂性”等等。

请告诉我我提到的“汉朝历史”是否正确。我只记得一个大概。

费正清

第 11 封信

费正清教授

301 房，剑桥街

剑桥，马萨诸塞州 02138

1973 年 2 月 10 日

亲爱的约翰：

这封信回答你上次在我们愉快的交谈中提到的想了解我的经历和研究情况。你在会议手册前言中所写的个人情况介绍应该十分简略，看来你还想同时做到更准确、更全面。

---

① 费正清的回忆是正确的，因为贝德士在 1935 年提交给耶鲁大学的博士论文为 *Centralized Empire in China，221—87B.C*。

1. 关于我1935年在耶鲁完成的博士论文《中华帝国的建立》，研究公元前221年至公元前87年封建统治机构的建立和巩固，有526页，要请你阅读或出版都嫌太长。我想你大概愿意看看序和跋，以便了解当时我的研究所处的阶段，杜文达克（Duyvendak），论文评审委员之一，对我的文章表示了浓厚的兴趣。如果不是日军侵华，我当时就可能将这篇论文缩写发表了。我有一篇发表的关于中国历史研究的文章值得一提：《西文东方学报论著举要》（*An Introduction to Oriental Journals in Western Languages*），附有注释及375篇代表性的论文的书目（金陵大学中国文化研究所，1933年）。文章是用中文写的，力图引起中国研究者的兴趣并帮助他们在此研究上作出的初步尝试。由于这篇文章涉及跨文化的因素，因此被摩提梅·格雷夫（Mortimer Graves）选中，并让我1933年至1934年的休假去耶鲁大学做研究，又让我作为洛克菲勒学者从1934年6月至1935年6月在哈佛大学完成博士论文并学习俄语与日语。

我于1935年回到南京，若不是当时被卷入中日紧张局势，又几次访问日本，紧接着战争爆发，我一定会继续进行中国历史的研究，哪怕只是用我的一部分时间。然而，你想像不出当我1920年刚到中国时政府和传教机构对历史教学的原始（不发达）状况。那时我感到我的首要任务是挑起重任，培训、扶植和补充中国的年轻人，使他们由大学在校学生成长为具有专业水平的历史学者。自然他们对中国近代历史掌握得相当不错，然而他们对日本和俄国历史的一无所知简直令人惊异。为此我花了很多工夫给他们讲授俄国史和日本史。直到1950年6月我还在教俄国史，这带有许多有趣的含义，当时，由一个美国人来做这件事似乎是一件不可思议的事。我要说我的整个在中国的经历是最重要的、无价的；我对中国近代史的研究只是次要的一部分，而对传教史的研究几乎是零。

2. 概括地说，我担任金陵大学历史系的教授，在1920年至1950年间也是大学教工组织的一员。有几年，我还在国立中央大学、中央政治学校、金陵女子文理学院和金陵神学院兼课。1924年至1950年，我是基督教高等教育委员会的成员，也于1938年至1950年参与了中国基督教教育委员会的活动，该会从属于全国教会委员会，1946年至1950年我还是该会执行委员会的成员。我始终作为一个普通“差会”和中国教会的一员，并与其相应组织有联系。1938 年我参加了国际布道会的工作，负责有关中国和远东的事务，1950 年至 1965 年我任纽约协和神学院的教授，研究基督教的传播情况，中国是其中很重要的内容。我现在所做的研究课题始于 1955 年，但直至 1965 年我才能将主要精力投入其中。

因此，谈不上我对在华传教事业有较长时间的深入研究。我非常庆幸在牛津和耶鲁学习期间，对历史研究的覆盖面非常之宽广（在耶鲁，除了欧洲史、美洲史外，还要求学习亚洲史并有考试），我也感激在南京的生活经历(尽管当时为普及历史教育，只能教些令人沮丧的基本知识给学生)。

我怎么写了这么多呢？这恐怕是因为这些话题以及我这些年的经历已经成为我今天生活的不可或缺的一部分，因此内容超出了你的需要。惭愧！

我期待着你太太威尔玛即将在哥伦比亚讨论课上的讲演。

贝德士

第 12 封信

费正清教授

301 房，剑桥街

剑桥，马萨诸塞州 02138

1973 年 2 月 13 日

亲爱的约翰：

你 2 月 1 日的信我今天才收到，还有一张多萝茜·博格的便条。邮戳是 2 月 12 日，纽约。

非常感谢，我将接受这笔科研经费，寻找研究、秘书工作及编辑助手，并在 12 个月之内用完这些钱。我会提交半年及年度报告。我将立即着手此事。

我冒昧地提出一点小建议。学年早已开始，我猜想，关于课题还要做些调查。而且 2 月已经过半。你说开始日期为 2 月 1 日，尽管只是一月之隔，我更希望从 3 月 1 日开始。

贝德士

第13封信

贝德士教授
Lasalle70街
纽约10027

1973年2月16日

亲爱的瑟尔：

很高兴你对我的提议作出了肯定答复。我们将尽力在3月1日先给你2 500美元，按你所建议的开始日期。

要找你需要的助手不太容易。艾比盖尔·荷夫山莫（Abigail Hoffsommer）马上就退休了，我对她不太了解。我还想到雪莉·加瑞特（Shirley Garrett），她能帮你记述你口授的问题。这只是假设你需要一个人帮你以最快的速度列出各种问题而且找到答案，以便作出一个较全面的描述。我不知道她是否有时间，但她有足够的能力在你的指导下完成工作。

我相信你的研究工作可行性很强，我们期待看到你的成果。望我们保持联系，有空时可顺便来看我。我认为这是一项很有意义的工作。

费正清

第14封信

贝德士教授
Lasalle 70街
纽约10027

1973年7月17日

亲爱的瑟尔：

和以往一样，我们在Riverside Drive[①]的会上又是只匆匆见了一面。

① 此处似指哥伦比亚大学校园，因该校有一处客舍即在Riverside Drive。

你一定会很高兴：我们的传教士会议手册将由哈佛大学出版社出版。出版社要求我们换一个更简洁更醒目的标题。你是否有什么好的建议？

现在你的研究工作已进行了半年，委员会想了解你这6个月的进展情况并将给你继续提供后半年的经费。

威尔玛和我刚刚在校友学院（Alumni College）与160名校友聚了10天。他们显示了极大的兴趣而且通谙世故。

费正清

第15封信

费正清教授

301房，剑桥街

剑桥，马萨诸塞州02138

1973年7月28日

亲爱的约翰：

谢谢你7月17日的短信，会议手册题目定为《中美关系中的传教士因素》如何，或者与此类似的标题。

你提供的经费于3月1日开始生效，尽管这个时候找一个合适的助手不是很方便。在过去的5个月中，我雇了一位能干的打字员，每周帮我工作10小时，在其余时间需要时我也请他帮忙。这就是我在目前阶段所能找助手干的活。我找不到一个合适的人帮我做图书馆的查询和核对工作。各种调查，包括韦慕廷[①]和其他哥伦比亚教授的报告，都没有一位可用的得力的中国助手帮助我。从4月1日起，有一位研究中国近代史的博士研究生帮我，他刚从台北近代史研究所学习回来，每周给我帮忙10个小时，他的博士论文是有关义和团运动秘密组织的研究。这就要求他了解清朝的政府管理，包括绅士阶层、社会不满、排外态度、宗教或半宗教因素等。此

① 韦慕廷（Martin C. Wilbur，1908—　　），1931年毕业于奥伯林学院，1932—1934年曾在北京华语学校肄业，1933年哥伦比亚大学硕士。1947—1957年任哥大中国史副教授兼东亚研究所研究员，1965年任该校乔治·桑塞姆中国史讲座教授。他是贝德士晚年的挚友。

人对记录工作勤恳而且周到，有所进展但速度不快。我打算再找一个能干勤奋的人来帮忙，当然，还有复印工作。

我目前的工作仍集中于过去所研究的时间段：清末20年间的社会形势及发展趋向。我尽量运用中文资料，以新颖的视角来修订传教士与西方学者的研究结论，那一时期的社会、文化及意识形态的传统一直延续到1920年以及以后，而这些在学术研究中一直未能引起应有的重视，因为以往的研究只注重1860—1890年和20年代的民族主义运动（secular nationalism）。我仍觉得我对1900年至1950年这段历史的研究富有成果。

尽管我一直在努力奋斗，我仍缓慢而艰难地从丰富的笔记资料中获得素材，有些不是很连续，然后写成初稿。起码在我的这一部分工作中，通过以前的写作我取得了最小的一点成绩，现在处于松散聚合的中间阶段。我可以写出一份真正的草稿，这的确也十分必要。1937年至1950年这段历史，也许是1911年到1937年，我可以压缩一些事件进程，整个工作在笔记方面我已做好了充分的准备。

我正在按计划进行工作。我用了10天时间参加了一个家庭聚会，去卡罗来纳山度假，其余没有什么别的事打断我。过去的5个月中，我已用了1 600美元，目前还不需要马上汇款给我。打算在秋冬两季逐月增加使用经费的余额。

真诚的贝德士

（王薇佳译，章开沅校注）

贝德士与谢扶雅来往信札

说　明

在“贝德士文献”中还发现他与谢扶雅来往信札31封，照录于下，并附有刘家峰在UB[①] 档案中发现的有关谢扶雅的信件9封，一共40件。

谢扶雅是活跃于20世纪二三十年代的基督教学者，对神学与哲学都有很高造诣，在中国文学、语言方面也有很好修养。无论在汉语基督教神学的建树还是在基督教名著汉译方面，都有很大贡献。

这40封信的时间是1952年3月至1977年11月。谢扶雅给贝德士的最后一封信写于1977年11月30日，内容主要是报告爱妻的病故，并关切贝德士正在撰写的那本大著作的进展。但不到一年贝德士即已逝世，那本大著作也就成为永远未能写成的巨大流产。

这些信多半是为谢扶雅的求职与申请经费补助（生活与科研兼而有之），可以想见谢扶雅在离开中国大陆后生活的艰难。但他仍然笔耕甚勤，著作极丰。贝德士、芳威廉等美国友人的热情帮助，使谢扶雅的聪明才智在相当困窘的处境中仍能得到发挥，为中国基督教神学与教会史留下许多宝贵遗产。贝、谢彼此关心对方的学术撰述，不断相互提供必要信息与资料，并且还主动代为联络出版机构。

读这些信札不仅有助于对贝、谢个人的研究，而且对于整个中国基督教会历史的研究，特别是对于1950年以后那些离开中国回到或旅居海外的

---

① 指中国基督教大学联合托事部（The United Board of Chinese Christian Colleges，简称UB）。

传教士的思想与活动的研究，都可以有所裨益。从许多信中可以看出老一辈基督教学者的严谨治学精神，其中如陈垣是否与如何受洗问题的考订，真是一丝不苟、滴水不漏。此外，芳威廉与谢扶雅虽然是相知甚深的老友，但在推荐谢到东京国际基督教大学任教的联络过程，不溢美、不掩恶，力求做到公正、公开、公平，这也是很令人钦佩的。

我有幸与谢老见过面，那大概是在80年代中期岭南大学某次校庆之日，我们都住在中山大学校内招待所，而每餐都在一张桌子吃饭。可惜虽然是常常两人相对而坐，但也无非是寒暄几句而已，因为我不知道他就是鼎鼎大名的谢扶雅。而等到有人告知我他的真实身份时，他却已匆匆离去，真是莫大的遗憾。谨缀数语，以示纪念。

第1封信：谢扶雅致贝德士

贝德士博士　　香港海山路3号2楼

纽约克莱孟特街99号　　1952年3月23日

亲爱的贝德士博士：

我经常思念您和夫人并为您俩祈祷。最近从马博士（W. H. Ma）处欣悉您已经与协和神学院建立联络①。深信您已在纽约安定生活，并且勤于写作与教学。

自从离开金大以后，我回到广州于1949年春季学期执教于岭南大学，随即出走香港并到过其他一些地方。我曾几次与我以前的教授威廉、霍金博士通信，企盼在美国神学院或大学谋求中国文化教职，但迄今仍未有成。我在这方面已有多年的研究：中国文化与基督教的关系，深信中国哲学能对基督教义作出贡献，并有助于今日世界建立新的社会秩序。

我渴望再次来到美国，不仅为了与教会团体交换此后与亚洲沟通的观点与意见，而且也为了振奋自我并与美国现今出版界保持密切接触，以便向众多海外华人进行阐释。知道你是纽约中国基督教大学联合托事部出版委员会成员，务请推荐我为托事部略尽绵薄。我曾在三所中国教会大学服

① 其时贝德士已在纽约协和神学院任教。

务二十多年，不知联合托事部是否可以给我一年特别资助，以从事上述课题之研究——基督教与中国文化的关系。深盼速复并慨予援手。因此附上我的简历以供参考。

再次感谢并问好，也问候芳威廉博士。

谢扶雅

附：

简 历

姓名：Nei-Zing Zie（Sie Fu Ya）

年龄：58　　　　　生地：中国浙江

学历：

1. 1905 年考取清朝秀才。
2. 1912 年日本同文书院毕业。
3. 1925—1926，就读于美国芝加哥大学神学院。
4. 1926—1927，就读于哈佛大学研究生院。
5. 1943 年中国教育部授予 1322 号教授证书。

经历：

1. 1927—1936，1939—1940，1948—1949，广州岭南大学中文系主任，哲学教授。
2. 1916—1926，中华全国青年会出版部编辑干事。
3. 1937—1939，全国平民教育运动协会总干事。
4. 1940—1941，广州中山大学文学院长。
5. 1941—1943，湖南国师公民与道德教育系主任。
6. 1944—1945，苏州东吴大学中文系教授、主任。
7. 1945—1946，重庆乡村建设学院哲学与中国文学教授。
8. 1946—1948，金陵大学哲学教授。
9. 1947—1948，国家编译局编审。
10. 岭南学报（中文）编辑。

著作（1—12 为专著）：

1. 宗教哲学

2. 伦理学（大学教材）
3. 生命哲学（大学教材）
4. 公民（高中课本），3 册
5. 人格文化
6. 中国伦理观
7. 中国政治思想史
8. 基督教与现代思潮
9. 基督教纲要
10. 中国现今基督教信息
11. 诗歌著作（两卷）
12. 美国旅行回忆
13. 多种期刊上发表之中英文论文
14. 中国文学与历史讲演稿多种

译著（汉译）：

1. 培根论文
2. 罗依斯：《宗教哲学》
3. 佛迪克：《主的勇气》
4. 佛迪克：《祈祷的意义》
5. 《科学与宗教》（英吉、艾丁登等论文集）
6. 赖德烈：Anno Domini
7. 其他英文论文多种

现在住址：香港 3 Hysan Avenue，二楼。

第 2 封信：谢扶雅致贝德士

214 Pitney Place
Convent Station
NJ 07461
Feb. 3，1970

亲爱的贝德士博士：

你可能对这本书感兴趣——John C. Wu 著《中国的人道主义与基督精

神》(*Chinese Humanism and the Spirit of Christ*)。虽然此书是最近写的，但吴博士是一位奇人，他原属美以美会，后来改信天主教。你可以购此书于：

圣约翰大学亚洲研究中心，Jamaica，纽约 11432

书价：5 美元

谢扶雅

附言：

我曾寄给你一本赖德烈的 *Anno Domini* 的中译本，大约在 10 天以前。

附件：

关于撰写传记的研究计划

（1）诚静怡牧师、博士（1881—1934）

（2）刘廷芳博士（1890—1943）

（3）徐宝谦博士（1892—1943）

上述三位著名基督徒，在当代中国 20 与 30 年代曾扮演伟大角色。我曾与他们有个别的私人交往，相信现在没有任何人比我更适合于撰写他们的传记。然而有关这三位活跃的基督教领袖的资料却十分难以谋求，因为保存于大陆的涉及他们的档案、文献、出版物必定已被破坏。我们只能在这个国家相关的图书馆获取某些资料和信息。他们的若干亲友仍然住在美国和散居于东南亚。

CCLC[①] 已同意出版上述传记，但我需要在 MRL[②]、哈佛燕京图书馆、胡佛研究所等处进行研究，我必须到外地访问某些人，如佛罗里达的诚牧师的女儿、麻省剑桥的港煨莲博士等。我也可以与 T. F. Lew 在台湾的兄弟和徐宝谦在港、台的学生联络。

如果 NCC[③] 的 Lit Ldt Department 能提供 900 美元的资助，以便明年得以完成这三本传记，我将非常感激。1971 年 6 月底可以向 Lit Ldt 交出

① CCLC，the Chinese Christian Literature Council 的简写，中国基督教文学出版会。

② MRL，Missionary Research Library，教会研究图书馆，在纽约。

③ NCC，中华全国基督教协进会。

20 000（中文）字书稿。

谢扶雅

*更正：CCLC按照惯例，付给作者每千字2.50美元（15港元）稿酬。所以，Lit Ldt如能为我增拨400美元，我确信CCLC将可经由MSS付给我500美元作为配套。

第3封信：谢扶雅致贝德士

214 Pitney Place

Convent，N.J.

Sept.26，1970

亲爱的贝德士博士：

非常感谢9月22日来函，并寄给我徐的学位论文。

请为我查找《农村工作经验谈》（青年丛书N.29）一书。我知道徐的《宗教经验谈》，但从未见过他的传记《二十年信道》。我将尽力阅读后者，你也能寄给我吗？十分感谢。

香港的出版社同意出版我的6卷著作，但我稍有疑问。你已经从CCLC得到我的自传*Drops in the Stream*吗？如尚未得，我将送你一本。

顺致问候。

谢扶雅

附言：

我希望你已收到《新坛》NCC广东分会20周年特刊。吴耀宗（Y.T.Wu）的论文《二十年来基督教思潮》，这是中国反基督教运动的一部分。

第4封信：谢扶雅致贝德士

214 Pitney Place

Convent，N.J.

Oct.6，1970

亲爱的贝德士博士：

非常感谢你复印并送给我徐宝谦的两部著作，但我们未能得到徐氏关于黎川实验区工作年度报告的特别文件。他收于《我为何决定参与农村工作》这篇长文，由于他的私人日记的公开（1935 年 3 月 23 日至 5 月 15 日）而很有价值。我们还接触了你会感兴趣的其他许多基督教领导人，我一定在这个月内归还你这些复印本。我在这里叙述宝谦说过的几个人：

F. L. Chang（张福良）

Mr. Hubbard（前保定府“Y”总干事）

司徒雷登，赵紫宸，陆志韦，梅贻宝，孙恩三。

张福良与中国的 NCC 已有多年合作，并为 30 年代的乡村重建作出卓越贡献。他现仍健在于肯塔基，你可用以下地址给他写信——

Berea College，Box 393

Berea，KY 40403

我希望我的第一批四本书可以在阴历年底出版。你看到我的自传吗？其中对历次反基督教运动和乡村建设都有充分的记述。

非常感谢并热情问候。

谢扶雅

第 5 封信：谢扶雅致贝德士

214 Pitney Place

Convent，N. J.

1970 年 10 月 29 日

亲爱的贝德士博士：

分别寄还三种资料：

1. 徐宝谦学位论文

2. 他收于《我为何参加乡村工作》的文章

3. 他收于《二十年宗教经验》的文章

请再次接受我的诚挚谢意，因为你如此及时帮助使我得以完成关于徐宝谦生平的课题。

有关宝谦的另一参考资料是收于《基督教世纪》(1944 年 4 月 19 日出版) 的一篇好文章，作者是 Stewart Burgess[①]，他细致地考察了宝谦如何从儒教转向基督教，并选择基督教事工作为他的终生劳作。我从 Christoph 唐那里借来复印本，现已归还给他。

相信你已从 Moses 徐那里得到一本最近出版的《曾宝荪回忆录》。值得注意的是她如何从一个浓郁的儒学背景转向英国圣公会。露易丝·巴兰 (Louise Barne) 小姐深爱中国，已被证明是当时中国最成功的传教士之一。曾女士是著名孔学家曾国藩的曾孙女 (great grand daughter)[②]，后者打败了太平天国，因而挽救了大清帝国。

致以最热烈的诚挚问候。

谢扶雅

第 6 封信：谢扶雅致贝德士

214 Pitney Place

Convent，N. J.

1971 年 11 月 29 日

亲爱的贝德士博士：

寄上颜惠庆博士[③]自传汉译本的一部分，你或许会对他在第一次世界大战期间驻德公使任内的艰巨工作感到兴趣。他谴责双方的西人教会（德国与英国)，因为她们的教会人士都支持本国政府，祈求上帝放弃敌国及其人民。50 年前这位如此明智的基督徒值得充分赞扬，你如何看法?

谢扶雅

---

① John Stewart Burgess (1883—1949)，中文名步济时，美国人。1909 年来华，任北京青年会干事，后任燕京大学社会学系教授，曾兼系主任。

② 曾宝荪 (1893—1978)，湖南著名教育家，曾任教会女子中学校长多年，为中华基督教教育会成员。1948 年春应陈裕光校长之邀在金陵大学演讲，我曾目睹其大家风范。她的侄子曾宪洛与我同在金大历史系读书。

③ 颜惠庆 (1877—1950)，上海人，1900 年毕业于美国弗吉尼亚州立大学。回国后先后在圣约翰书院任教与商印书馆工作。民国初年转入外交界，曾任驻德公使、外交部总长等职，为我国著名外交家。

第7封信：谢扶雅致贝德士

214 Pitney Place

Convent，N. J.

1972年5月31日

亲爱的贝德士博士：

收到5月26日大函，非常感谢你尽最大努力与关键人物（Key men）谋求为我提供下一年的薪水。我已给艾南·汤姆孙（Alan Thomson）博士写了一封信，复印件一并附上。我确信下星期五将召开年会，希望你支持或推动任何有益之举。即令明年预算未能提供一个适当项目，你或许可以提议作为临时基金（Contingent Fund）短期雇用，以示对于我14年服务而至今犹为这个富有意义的“历史”课题写作的酬报。随信附上基督教名著的销售统计。

即此问好

谢扶雅

第8封信：谢扶雅致艾南·汤姆孙

214 Pitney Place

Convent，N. J.

1972年5月31日

Dr. Alan Thomson

FTESA，N. Y. office

亲爱的汤姆孙博士：

欢迎你回到美国，非常感谢你为我1972—1973年的薪水所作的努力。这里通常在FTESA年度预算中有一2 000美元项目（自1965年起，我想)，名称是“文学写作计划”。随信附上一张清单供你参考。司库 Dr. Byler 对此了解甚多。我还有基督教名著的最后一卷——“Apostolie Fathers”(顾问编辑，Cyril Richardson 教授)的翻译工作，已完成 2/3，1973 年 6 月可译竣。香港的 Heyward Wang 博士告诉我，CCLC 愿负责此卷出版。

良好祝愿

谢扶雅

第 9 封信：谢扶雅致贝德士

214 Pitney Place

Convent，N. J.

1972 年 7 月 7 日

亲爱的贝德士博士：

我获悉日本人在几年以前已出版一本关于日本学生基督教运动的书(具体书名不详)，不知 MRL 是否已有收藏。麻烦你查一下并代我借阅。谢谢。

附上台北 *Christian Tribune* 刊登的一篇文章，作者蒋复璁是一位天主教徒，我猜想约 65 岁，现任台湾故宫博物院院长。他名义上的父亲(其实是叔叔)蒋百里是近代中国伟大的理想主义者与军事家。他非常欣赏与羡慕罗马天主教会在欧洲城乡各地遍布教堂，在第二次世界大战以前，他曾多次在欧洲旅行。Paul Sih 教授作这个见证，Being the aid of him of that time. Paul 承认他的改宗与受洗是受了蒋百里的影响。《蒋百里全集》共 10 卷，就是 Paul Sih 与蒋院长共同编辑的，台湾出版于两年前。

良好祝愿

谢扶雅

第10封信：谢扶雅致贝德士

214 Pitney Place

Convent，N. J.

1972年7月10日

亲爱的贝德士：

7月6日来函特别鼓舞并加强了内人的康复。我们不知如何表达内心的感激，因为你和你的委员会成员为我们的余生作如此大量的努力与慷慨的关照。我经常感到喜悦，因为有机会参与基督教名著翻译计划，而它终将毫无疑问地深深影响……中国人的心灵与文化。……

向夫人与你致以亲切的问候。

谢扶雅

第11封信：谢扶雅致贝德士

214 Pitney Place

Convent，N. J.

1972年9月6日

亲爱的贝德士博士：

我得到一本张福良博士（1890— ）[①] 最近写的自传《当东方遇到西方》(*When East Meets West*）的复印本并送给MRL。

附寄复印发票。请付款给我。

谢谢

谢扶雅

---

① 张福良生年应为1889年，上海人，1909年毕业于圣约翰大学，1913年获耶鲁大学生物学博士学位，1915年又获森林学硕士学位。1927年起在中华全国基督教协进会从事农村工作，并在30年代与江西的农村重建与社会服务合为一体。1946—1948年任中华全国基督教协进会执行干事。

第 12 封信：谢扶雅致贝德士

214 Pitney Place

Convent，N. J.

1972 年 10 月 19 日

亲爱的贝德士：

非常感谢你不倦地努力为我争取一笔养老金。这确实是基金出乎我意料之外的慷慨举措，我们不知如何表达自己的感激与欣慰。

当然，我将仍有与基督教名著相关的大量事情要做。例如：(1) 现在这一卷——《第二世纪教会》(*The Second Century Church*) 的终校；(2) 无论何时任何一卷需要再版，我都得校正错误并作勘误表。(3) 我有可能承担 Eusebius，ECCL，Hist 的资深翻译。

我已进入 80 高龄。大自然将在任何一点钟关闭我的机棙，正如中国人的一句谚语："风烛残年。"但我相信，我的性灵的"小花"仍将永远伴随中国思想与文化基督化的进程。

我和内人一起问安

谢扶雅

第 13 封信：谢扶雅致贝德士

214 Pitney Place

Convent，N. J.

1972 年 1 月 10 日

亲爱的贝德士博士：

寄上《传记文学》19 卷第 5 期发表的一篇文章，作者方豪是天主教徒和历史学家。据此文说，陈垣曾宣称他没有任何宗教信仰，而仅仅是一位宗教史学家。方豪的记述也透露了许多有意思的事实，我想这些将对你那本书的撰写有用。

我还得到 Dr. Hollington Tong 1944 年日记的复印本，稍过几天将寄给你。你用完以后可以送给 MRL。出书的台北出版者极欲出版你的大书：*Christian Efforts in China*，1900—1950 的中译本[①]，要我问你是否同意他们（Intellecture Publishing Co.）优先出版，并建议他们随即必须履行的适当程序。

良好祝愿

谢扶雅

第 14 封信：谢扶雅致贝德士

214 Pitney Place

Convent，N. J.

1971 年 2 月 23 日

亲爱的贝德士教授：

随信附上 W. W. Yen（颜惠庆）的自传《我的一生》（*My life*）中译的一小部分。英文原稿存于其子颜朴生（Po-Sun Yen）处，尚未付印出版。颜朴生绝不会留在大陆。如果你需要，我可以提供他的地址。颜惠庆这本传记（共 17 章，约 15 000 英文单词）确实对你的著作非常富有价值。

问安

谢扶雅

第 15 封信：谢扶雅致贝德士

214 Pitney Place

Convent，N. J.

1972 年 8 月 11 日

亲爱的贝德士博士：

我刚从 Dr. Wing-Tsit Chan 那里得到有关他受洗问题的回答。Dr.

① 这是贝德士晚年撰写的学术巨著，搜集材料极为丰富，学术视野也非常宽阔。可惜因猝然逝世未能完成。其部分草稿与相关资料都保存在耶鲁大学神学院图书馆。

Chan 说他是 1921 年在广州长老自理会受洗。显然其时他在广州基督教大学（岭南大学?）读书，尚未出国。Dr. Chan 还告诉我，他曾担任中国基督教高等教育委员会（The Council of Christian Higher Education in China）主席（为期一年），我知道当时他是岭南大学教务长，所以他的名字应当包括在你的名单之中。

谢扶雅

第 16 封信：谢扶雅致贝德士

214 Pimey Place

Convent，N.J.

1971 年 9 月 13 日

亲爱的贝德士博士：

我为你的名单提供若干条目：

（1）Chow Pak-kam（周伯琴）死于 1965 年 5 月 17 日，不是 1962 年，如我上次所云。

（2）Wang ming-tao（王明道）似应生于 1900 年。

（3）Chen yuan（陈垣）确非天主教徒，我曾几度查询，答案全是否定的。我并不指望天主教会应该作如此让步。就我看来，我们新教教会比较严格。唯一的例外，据我所知是岭南后期于 1947 年聘请非基督徒陈序经为校长。

（4）岭南大学与协和神学院教授陈辑五，我希望增补入你的名单，他的孩子正在准备他的简单传记。

（5）中国人有一句著名格言“宁缺毋滥”，我认为你的名单应具有非常严谨的基础。实际上，选择的标准与方法是有些难处，但短期服务是一个排除在外的因素。例如我的同学 Dr. Tai Kwanyi（芝加哥神学院，1926），回中国以后服务于汕头基督教事工并在大学教书，大约有两三年。他很年轻就死了。我见过他的一个孙子，1957 年进入香港浸会书院。显然他们留下一个很好的基督教家庭。受洗的政治动机是另一个排除在外的因素。一个牧师按部就班混了许多年，但确实没有必要将其列入名单。我认为，一个大约300人均衡良好的名单，将是极佳规模。

(6) Dr. Tsung Chiu-sam（曾昭森）已列入你的名单，最近送给我一篇关于奉献的论文（小册子）。它涉及：（ⅰ）若干早期差会发给广州基督教大学（Canton Christian College）的电报。（ⅱ）岭南教师中的三位重要人物——陈辑五、简又文、高冠天（Ko Koontin），最后一位可能已列入名单，但我想可以删除。我把这本小册子寄给你，请用后转给MRL。

问安

谢扶雅

第17封信：谢扶雅致贝德士

214 Pitney Place

Convent，N. J.

1971年12月1日

亲爱的贝德士博士：

据香港一家中文杂志报道，中国著名历史学家陈垣已逝世于6月21日，享年91岁（中国虚岁）。所以他的生卒年应为1881—1971。由于他从未受洗，不应列入你的名单。不过我认为你可以在你的书中叙述他，不仅因为他是辅仁大学校长，而且由于他写过大量有关宗教史的学术著作。例如：《元也里可温考》(*On Nestorianism in Yuan Dynasty*)、《摩尼教入中国考》、《开封邑赐乐业教考》(*On the Religion of Israel in Kaifeng*)。

陈先生虽是广东人，但绝大部分时间生活于北京。他的住宅与胡适相邻。当后者在北京的时候，他们是非常亲密的朋友。

请告诉我约翰·司徒华是否就职于加州大学（伯克利），这个中国通是成都青年会 Mr. Sarvice（我忘记他的名字开头，其中文姓名为谢安道）的儿子。你能替我到纽约世界青年会核对此事吗？我有个印象，大多数在中国青年会服务过的年青一代美国人都成为中国专家。Doak Barnett① 出色地陪同尼克松先生访问他曾工作过的杭州。

问候你和夫人

谢扶雅

第 18 封信：谢扶雅致贝德士

214 Pitney Place

Convent，N. J.

1971 年 12 月 19 日

亲爱的贝德士博士：

我得到一个消息，Dr. T. Z. Koo 11 月 28 日死于克里夫兰，所以你可以在名单上确定他的生卒年为 1889—1971。他的遗属有妻子（Bishop Y. Y. Tsu 的妹妹）和 4 个孩子（一儿三女），都住在美国。他有 10 个孙儿女。

T. Z. Koo 是 Dr. John R. Mott 的密友，30 年代中国基督教学生运动的奠基者。这使他离开全国青年会的余日章②。但当时中国女青年会有较多的自由，已经允许她们的学生在本地女青年会工作，并在女子大学与学校研究女青年会，以便同化（assimilate）于中国学生基督教运动。

Rosina③ 和我一起衷心祝贺你与夫人圣诞节与新年快乐。

谢扶雅

---

① Arthur Boak Barnett（1921—　　），美国来华传教士之子，生于上海。曾从事新闻工作并任外交官员，后在哥伦大学任教，1969 年转任布鲁金斯研究所高级研究员，以研究中美关系及当代中国政治著名。

② 余日章（1882—1935），湖北人，基督徒，曾参加辛亥革命。民国以后曾任全国青年会总干事、中华全国基督教协进会负责人。

③ Rosina 是谢扶雅之妻。

第19封信：谢扶雅致贝德士

寄呈尹任光[①]信件的复印本，是写给他在这个国家的爱人的。它们是在美国与中国大陆之间的较早通信，但对你有参考价值。信件显示尹先生对我们主的忠诚奉献与深挚感情。

你用过后可以将复印件转送给 NCC 亚洲部，供 *China Note* 之用。

“文革”后，从1967年开始，此类家信实际上都付之一炬！

问候你与夫人

谢扶雅

第20封信：谢扶雅致贝德士

214 Pitney Place

Convent, N. J.

1972年3月31日

谢谢你3月13日来信，并送我 T. Z. Koo 的 *Songs of Cathay*（《中国之歌》）的复印本。几乎就在同时，我收到 Koo 夫人寄来的此书另一复印本。它是 T. Z. 以后经过修订增补于1950年在佛罗里达出版的。我有兴趣比较这两个版本。

我曾在港台基督教和世俗杂志上发表几篇赞扬 T. Z. Koo 的文章。我期望将这些文章扩展成为一本传记。Moses Hsu 答应由香港中国基督教文学委员会（the Chinese Christian Literary Council）出版。Dr. Koo 确实是五四时期一位中国学生基督教运动罕有的热情推动者。

CCLC 的 Heyward Wang 通知我，FTESA 将不再提供更多经费出版我们的基督教文献。无论如何，Heyward 保证 CCLC 将尽一切努力出版最

---

① 尹任光（1890—?），1917年毕业于哈佛大学，1934年起先后任河南、湖南财政厅长，1942年任财政部贷款司司长，旋转任棉纱管制局局长。为影响甚大的平信徒福音布道者。

后一卷——*Church of Second Century*——可以期望于明年译竣。希望FTESA将为我保留下个财政年度的薪水，以便结束这个文献出版项目。麻烦你核查1972—1973预算中之相关课题（通常是2 000美元）。

谢谢你

谢扶雅

第21封信：谢扶雅致贝德士

214 Pitney Place

Convent，N. J.

1972年5月12日

亲爱的贝德士博士：

寄上台北方豪论文的复印件，论述陈垣与马英两位资深天主教学者之间的关系。文中透露许多你感兴趣的事情。

同时附寄刚刚发表于台北一家杂志的一篇拙文，涉及Chen Wan I洗礼问题。

问好

谢扶雅

第22封信：谢扶雅致贝德士

214 Pitney Place

Convent，N. J.

1973年5月24日

亲爱的贝德士博士：

我需要1917年上海商务出版的胡玉锋的《谢庐隐先生传略》。MRL编目员邓太太查出本馆有此书，但她不能替我借出（附她的回信）。

我想黄先生过于小心。图书馆有特种信封，用以邮寄贵重资料（限于必需）。我的视力很差（视网膜神经退化），无法旅行，而我的太太难以陪同我到纽约。

只有麻烦你把此书借出给我，我将在10天之内妥善归还。或者你建议主管者将此书复制一本以供流通，原书保存在图书馆的小“展览室”。

问好

谢扶雅

第23封信：谢扶雅致贝德士

214 Pimey Place

Convent, N. J.

1972年11月2日

亲爱的贝德士博士：

寄呈Bishop R. O. Hall写的有关T. Z. Koo的贡献的论文复印本，你可能对此有兴趣。Dr. Koo在20年代随同R. O. 从牛津回国从事学生工作。我不清楚R. O. 介入了多少牛津运动，这个运动多少影响了当时的中国教会工作。

Bishop Y. Y. Tsu①（1885—?）也给我一篇关于他姐夫T. Z. 的有趣文章。此文写于T. Z. 与他姐姐宣告结婚之时（民国前），它给Koo与朱两家带来惊讶，因为中国传统禁止年轻人未经父母同意而自由恋爱。但Y. Y. 说，这为朱家特别是他的寡母节省一大笔嫁妆。这与我对T. Z的私人印象相符，他经常同情五四运动时期青年男女的自主婚姻。我知道MRL已得到Y. Y. Tsu的自传：《渔民的朋友》(*Friend of Fishermen*)。

我已妥善把你代借的《中国之歌》归还给MRL，我充分利用此书，并再次表达衷心感谢。

谢扶雅

---

① 朱友渔（1885一?），1904年毕业于圣约翰大学，其后又曾获神学院硕士学位。1910—1912就读于哥伦比亚大学社会学系，获博士学位。回国任圣约翰大学社会学系教授。同时，参与《教务杂志》、广学会、世界基督教学生联盟、中华续行委员会多方面宗教活动。抗战期间，继续从事青年、救济工作，任国际红十字会执行干事、中华圣公会后方主教会议执事（后任总部主任、昆明主教）。1948年为出席阿姆斯特丹世界基督教会议之中国代表。

第24封信：谢扶雅致贝德士

214 Pitney Place

Convent, N.J.

1973年2月26日

亲爱的贝德士博士：

我估计你的书将叙述20年代的共产主义运动与苏区。……寄上香港《明报》月刊第82期的剪报。自传作者龚楚是广西地区红七军的军事领袖，但后来脱离中国共产党。……龚先生显然现仍住在香港。

问好

谢扶雅

第25封信：谢扶雅致贝德士

214 Pitney Place

Convent, N.J.

1973年3月15日

亲爱的贝德士博士：

关于陈垣（援庵，1880—1971）的受洗问题，大约一年以前我提供的最后信息是天主教学者方豪的一篇文章，陈垣自己承认并非任何宗教或教派的信徒，虽然沉溺于宗教史研究。去年我读过若干有关陈垣一生的见证与默启文章，方豪再次写道："有些人说陈加入过伦敦会，有些人说受洗于司徒雷登……"由于读到这篇文章，我马上询问华盛顿好心的 Philip Fugh（傅泾波），他迅速回答如下（信附上）：陈援庵确实是1919年冬天或1920年早春在北京西四牌楼伦敦会教堂受洗于司徒雷登。仪式由 Philip 的先父见证。这样问题便已明确解决。陈对于自己信仰的否定致函方豪，是1919或1920前几年的事情。在这个案例上，我成功地为你效劳，正如一个“FBI特工”。

谢扶雅

第26封信：傅泾波致谢扶雅

扶雅先生道右：

朵云飘降，敬悉仁蕴。陈援庵确于1919冬与1920春之间于西四牌楼缸瓦市伦敦会由先师司徒雷登施洗入教。当时宝广林与先父等在座。

谨祝

阁等吉祥

傅泾波顿首

第27封信：谢扶雅致贝德士

214 Pitney Place

Convent, N. J.

1973年10月16日

亲爱的贝德士博士：

寄呈曾虚白先生为Dr. Hollington Tong①自传中译本写的序言。曾是“中央通讯社”的前社长，序言证实Dr. Tong的工作完全由于基督教精神驱动。我曾询问并请求Tong的自传中文译者，此书出版后尽快送我们一本。你如对Tong的第一手资料感兴趣，这确实是很有价值的文献。你可以直接写信给Tong夫人，由周联华或其他台北友人转。

相信你已看到我的《T. Z. Koo与学生运动》，此书由香港CCLC出版于去年春天。

---

① 即董显光（1887—1971），浙江人，曾在苏州、上海教会学校读书。1907—1913年留学美国，获密苏里新闻学院学士学位，又在哥伦比亚大学新闻学院进修一年。回国后在北京、上海从事新闻工作。1937年后为国民政府主管战时国际宣传重要人物。1948年任国民政府新闻局局长。为虔诚基督徒，属长老会。

敬祝俪安

谢扶雅

第28封信：谢扶雅致贝德士

214 Pitney Place

Convent，N. J.

1974年7月22日

亲爱的贝德士博士：

谢谢你告知许多有关 K. S. Liu 博士夫妇的消息。

寄上 T. J. Underwood 牧师简历的复印件，你可能感到兴趣。1971年我去英格兰，参加我儿子在 Bath 浸信会教堂举行的婚礼，注意到墙上有一铜匾，铭刻着1900年 Underwood 牧师夫妇在中国山西殉难。我曾试图访求 Underwood 的传记，并于最近从他的一位表哥处得到殉难纪实。这个材料的意义在于显示上帝的某种修好意向，71年前发生在这个来自英国浸信布道会的个人的流血事件，已造成一个中国男孩与一个英国浸信布道会家庭的女孩的愉快婚礼，而且是在 Bath 教堂举行。

向你们夫妇致以最亲切的问候。

谢扶雅

第29封信：谢扶雅致贝德士

214 Pimey Place

Convent，N. J.

1974年12月19日

亲爱的贝德士博士：

我获悉 Dr. Fancis Jones[①] 为癌症所苦，他的女儿 Dorothy 已从香港回

---

① Francis Price Jones（1890—1975），美国美以美会传教士，1915年来华在福建传教。后任教于金陵神学院，亦曾在金陵大学哲学教育系兼课，在神学方面卓有贡献。

家照顾。但我不知道病有多重。

我了解Dr. Jones保存了许多年的档案、记录、剪报等等（我亲眼看过Jones有关成都时期的一本剪报簿，从中获知徐宝谦的意外和死亡日期）。当然，有关金陵神学院创建人的信义会翻译项目的档案也很重要。全部资料对于研究不同课题都极有价值。不知你能否代表MRL与Francis或Dorothy接触，询问他们有无可能慷慨地把这批资料捐赠给MRL。他们的地址是：

669 Ley Lane，Clarement，Calif. 91711

敬祝你和夫人新年快乐！

谢扶雅

附言：

告诉你，傅泾波已作访华长途旅行。

他在北京未能见到赵紫宸。听说是由于紫宸太穷而不能通过守门者。吴贻芳与Li Han-to在南京生活很好。

第30封信：谢扶雅致贝德士

214 Pitney Place

Convent，N.J.

1975年3月7日

亲爱的贝德士博士：

我深深同情Van Dusens，希望能读到你或他人撰写的有关他们的贡献的文章。如有此类文章，亟盼能寄给我。

谨祝俪安

谢扶雅

附言：

如以下两人列入大作名单，我可以提供其生卒时间：

曾昭森（Tsang Chiu-sam，1901—1975）

朱有光（Yu-Kwong Chu，1902—1975）

他们两人是广州岭南大学级友和哥伦比亚教育学院同学、哲学博士。

第31封信：谢扶雅致贝德士

214 Pitney Place

Convent，N. J.

1977年11月30日

亲爱的贝德士博士：

内人Rosina患严重白血病，仅一个月就夺去她的肉体生命，多么可怕！上星期六在麦迪逊美以美会教堂举行追思会。牧师是如此仁慈与开明，采纳了我们有关仪式与程序的建议。

附寄你可能感到兴趣的复印件。

与已故Francis Jones博士相似，我也在老年承受悼亡（丧妻之痛）！我正在整理Rosina近年诗作，特别是她病中所作，我的祭文将作为出版的序言。

贝夫人好吗？经常在我心中浮现对你们的思念。你的书怎样？已付印了吗？

谢扶雅

附言：

谁是Ivy Chow在FTESA的后继者？

（以下信件系复印自UB档案）

1. 谢扶雅简历（与前同，略）

2. 芳威廉复梅贻宝函 1952年10月14日

Dr. Y. P. Mei，

14 Belmont Street，ApL 12，

Brunswick，Maine.

亲爱的Y. P.：

今年早些时候你写信告诉我，谢扶雅博士现住香港，颇想到美国来。那时我们的文献项目已无法为他安排位置，但有可能转向教学领域找点工

作。你非常欣赏他运用各种中文文体与作为一个翻译家的能力。作为一个教授又是怎样？他是否适合于我们试图派往某个印度大学的人选，或者竟是去 JICU① （如果你自己不去）？你能成为这个国家成功的课堂导师吗？还有他的健康精力如何？

希望你们两人在 Bowdoin 一切都好

芳威廉
执行秘书

3. 芳威廉致 Yuasa 博士 1952 年 10 月 14 日

President Hachiro Yuasa,

International Christian University,

1500 Osawa,

Mitota-Shi,

Tokyo-to Japan.

亲爱的 Yuasa 博士：

我尚未准备好回答 Troyer 博士有关中国学生奖学金的来信，或是具体答复你 10 月 8 日有关谢扶雅的询问函。不过，我需要写信让你们知道我正在为这两个问题工作，希望最近能给你们更详尽的信。

我理解弄清有关背景以及进行方法，对于提供奖学金的重要性，但很难把必须通过任何具体协议的那些人集合起来。同时，我们正在香港组织一个甄别委员会（Screening Committee），希望在同一时间向它报告。

我了解有关谢扶雅的一切都是看好的，但对于你提出的问题，我只能提供更为了解他（特别是课堂教学）的人的意见。我对他的年龄有保留意见，但现时应该优先考虑他如此成熟的心灵。

请允许我坦率指陈，香港流亡知识分子的案例特别重要，我们必须清楚仅仅提供救济是不够的，虽然这也是重要的。这不代表 David Au 博士的意见，我很了解并仰慕他，而仅仅是认为香港目前环境的工作，更多地

① 日本国际基督教大学的英文简称。

是基于感情而非理性。这就是何以我要试图获知其他人们的意见。

芳威廉
执行秘书

4. Dr. Yuasa **致芳威廉** 1952年10月20日

亲爱的芳博士：

谢谢你10月14日的来信，我赞同你观察谢博士案例的富有思想的路径。我百分之百同意你，UBCCC[①] 的教授奖学金决不是救济费。只有适合于ICU最佳需要者才具备足够条件。我们将在作任何变动之前等待着你们的意见。

问好

Hachiro Yuasa
ICU 校长

5. **芳威廉致** Yuasa 1952年10月24日

President Hachiro Yuasa,

International Christian University,

1500 Osawa,

Mitota-Shi,

Tokyo-to Japan.

亲爱的 Yuasa 博士：

现在我准备对谢扶雅作更全面的报告。我曾交谈过的，既有中国人也有美国人，对他的了解都比我更为深切，给我们一幅更为前后一贯的图画。你将可看到，普遍给予好评。

给予谢博士奖学金已是明白无疑。在中国和华人当中都得到认可，意味着更高于任何西方人的评价，他是中国语言与文体的大师。你无疑已收到一份他的著作与译著的很长清单，我认为这已足以证明他在中国哲学领

① 中国基督教大学联合托事部。

域的学术造诣。此外，他在西方哲学，特别是基督教思想领域也有专长。我不知是否还有其他中国人能把这两方面的研究结合得这么好。他花费大半生精力从事中国基督教教育，我认为他并未失去非基督徒学者的级别。

我尚未找到任何听过谢博士讲课的人，但很多人知道学生反映甚佳。不过，我认为他教高年级与研究生比教低年级与本科生效果更好。他并非操纯正北京口音，讲话带有大量浙江色彩，但同样的批评会落到许多学者身上，包括胡适。

你或许知道他早年留学日本。他是否记住日语或成功地用日语上课，对此我已毫无印象。不过他的英语阅读能力很强，并且成为第一流的英文中译（非中文英译）专家。我不知道他的英语造诣多高，不过他有足够运用这种语言的能力。相信你将可从他的香港熟人那里得到更多这方面的信息。

他的家庭生活也是一个需要了解的因素。许多年以前，我记不起确切时间，他与妻子（一位留学日本的中国女医生）离婚并且娶了一个女学生。以致他只有辞职离去。这大约是10年以前，似乎海外社区都不知道此事。可能不值一提，我之所以说及是为了让你们做进一步调查，如果你们需要的话。香港的 David Au 可以为你们作秘密咨询（David 是一个善良的人，在这类事务中可以信赖）。

我尚未弄清谢博士的确切年龄，但估计他是60岁刚出头。这自然会对他的健康与精力产生若干问题。我不认为他曾经是十分健壮，但这里没有任何最近见过他的人可以提供有关他眼下状况的可靠信息。再则，David Au 可以替你们核实。

我确信，如果你们在这些信息和其他报告的基础上决定聘请谢博士，结果将无疑会得到同意。

6. W. T. Wu Leung **致芳威廉**

2713 Terrace Road, S. E.
Washington 20, D. C
1953 年 5 月 28 日

Dr. William P. Fenn

The United Board for Christian Colleges

150-fifth Avenue

New York 11, N. y.

亲爱的芳博士：

1952年7月22日我与你通信谈及谢扶雅博士有意在任何基督教大学从事基督教教育，我曾附寄一份他的在华经验与贡献的简历供你参考，所以我不再对他另作介绍。

谢教授现时仍在香港，他知道纽约联合托事部将在台湾建立一所教会大学。他要我向你转达其信息，非常关注此事进展，并有意任教于这所大学。如果开设宗教教育与中国哲学课程，他必定能够胜任，请告诉我。

深望关注此事。

W. T. Wu Leung

7. Ferguson **致** W. T. Wu Leung　　1953年6月8日

亲爱的 Leung 女士：

你于5月28日就谢扶雅教授有意从事基督教教育一事给芳博士的信已经收到，当时他正在远东作短期旅行。

台湾的这所大学正处于组建董事会并制订规划的阶段，在采取这些先行步骤之前，我们不可能把聘请师资提上日程。不过我知道芳博士已将谢博士牢记于心，并已将他介绍给一两所可能聘请中国教授的远东学校。我认为你可以相信芳博士没有忘记谢博士有意执教于一所教会大学。

Mary E. Ferguson
助理秘书

8. 芳威廉致谢扶雅　　1953年11月18日

Dr. Nai-Zing Zia

3 Hysan Avenue, 2nd Floor

Hong Kong

亲爱的谢博士：

11月8日来信给我带来佳音，知你已受聘东京国际基督教大学教职。

我知道他们正在考虑此事，并为他们已为你作出决定而感到欣慰。我相信你会发现这个学校是个有趣的工作地点，并且为这所学校多作贡献。

或许需要说句话，解释 UB 与这所大学的关系。你受聘担任讲座的建立，乃是 UB 一年半以前一笔单项资助的结果。除了这个讲座必须聘请基督徒中国学者以外，聘任运作全部取决于学校当局。因此，UB 不再为这些讲座在职者提供补贴工资，而是为那些散布于整个亚洲的其他大学教授提供补助。

我当然同情你面对的这个问题。不知你是否已把此事告知 Yuasa 博士。就我来说，国际基督教大学当局是唯一可以考虑你的特殊处境的主管。我如此说并非我知道他们可能作什么决定，而是因为我认为你应该向他们提起此事。

我不指望早日回到香港，但我希望在下次旅行时与你相晤，但愿在此以前你还没有去东京。

芳威廉
执行秘书

9. Stuber 致芳威廉函

JICUF（日本国际基督教大学基金会）
44E. 23rd Street，N. Y. 10，N. Y.，
Oregon 3-2990
1953 年 11 月 20 日

亲爱的芳博士：

我们已收到国际基督教大学 Yuasa 校长 1953 年 11 月 11 日来函，谢扶雅教授已接受聘请成为 ICU 教学成员。

Dr. Yuasa 云："香港谢扶雅教授已接受聘请出任中国哲学与文学教授。他将于 1954 年 4 月就职。"

正如你所已知，学校当局正由学校安排薪水及其他事项。非常感谢你为此事圆满解决所给予的帮助。

Stanley I. Stuber
总干事

贝德士与邓嗣禹来往信札

说 明

邓嗣禹，1906 年生。1932 年毕业于燕京大学，后赴美深造，1942 年获哈佛大学博士学位。1946 年费正清回哈佛并举办中国问题研讨班，曾邀邓嗣禹、孙任以都、房兆楹等协助整理清代史料，其结果便是合编《中国对西方的反应（1839—1923）》（*China's Response to the West*）一书的出版。邓氏以后长期在印第安那大学任教，曾兼东亚研究计划主任，其研究侧重于太平天国史、远东史与中国史学史研究等，在美国史学界颇享盛誉。

1951 年 12 月 28 日，邓嗣禹在亚洲历史学会（AHA）年会上宣读题为《欧美中国史中的基督教僭妄》（*Christian Assumptions in Occidental Histories of China*）。贝德士其时已在纽约协和神学院任教，也应邀参加此次年会并担任邓氏论文的评论员。评论员与论文作者之间的分歧本来是正常现象，不料却引起邓氏较为强烈的反应，并且在会后给贝氏写了一封措辞相当尖锐的信。贝德士回美国不久，可以说是刚在纽约安家，所以对美国当时史学界和邓嗣禹的个性都不大了解。他在回信中除为自己批评中的某些令邓氏不快之处抱歉外，依然坚持自己的基本观点，并依邓氏要求附上自己简略的发言稿。

两人之间的争论，反映出西方学者与中国学者在观察基督教在华传播史时歧见颇多，其根源多半在于历史文化背景不同，各有自己的视角与诠释。尽管其时贝德士在中国任教已有 30 年，邓嗣禹在美国生活也有十几年，但在评论西方学者撰写的中国史著作时仍有东西之间的差别。

但贝德士毕竟是先后受过牛津、耶鲁良好训练的历史学家，他不仅在华任期间与中国同事、学生相处融洽，而且从不回避并且直言批评西方(包括美国)的帝国主义与殖民主义政策。即使回美国以后，他在晚年撰写《新教徒奋进在中国社会（1890—1950)》这一鸿篇巨制时，也仍然刻意发掘并诠释“中国因素”，力求更为全面真实地贴近历史。贝德士返美以后，与美国的中国史研究者也始终保持着良好的友谊，不仅与费正清、韦慕庭等著名学者密切合作，而且特别热心于帮助与扶掖年轻学者。我不知道他与邓嗣禹以后是否早已化除芥蒂，但是1982年4月在芝加哥举办的又一次亚洲学会年会后，邓嗣禹与我萍水相逢而又一见如故。他在深夜(接近凌晨)单独邀我与他执杯促膝长谈，除畅述祖国情思外，对我未能见到业师贝德士（已故）亦表示极大的同情与遗憾。

读者从两人往还的信件中，不仅可以获致当年中国基督史研究的某些信息，而且还可以感受中西老一辈学者那种执著与坦率的可贵精神。

贝德士与邓嗣禹往来信札

一、邓嗣禹致贝德士　　(1951年12月31日)

亲爱的贝德士教授：

我于1951年11月15日给您写信说，“我希望通过您的评论获益良多”。您确实给我上了很好的一课。

我虽然经常欢迎批评，但迄今未看到一个评论者对主要发言人像您这样粗暴。您简直视我为宿敌。您认为我是反对传教士（anti-missionary)，事实上我是教会学校的产物，极为尊重传教士的工作。不幸，我的文章没有空间可容列名并颂扬教会办的学校、医院、平民教育，如此等等。

我不愿在会上与您辩论，因为多少还记得圣经的训诫，当别人打你的左脸，你应该也迎上右脸。会后，有些朋友对我没有回击感到不解。我本想当晚拜望您，以便就若干要点交换意见，但被告知“贝德士已经离去”。

现在我略书数行作为回应。

并于（发言）主题，我可以摘录 William H. Dahan 的信：

“亲爱的邓：

我不责怪你，由于未能理解你慷允演讲的冗长题目，我想，也许这个题目更合适：“欧美中国史中的基督教僭妄（Christian Assumptions in Occidental Histories of China)。这意味着 19 世纪末与 20 世纪西方人（美国人和欧洲人）写的中国史著作中出现的偏见与歧视，而我认为你最好能涵盖早期耶稣会士与新教传教士。确实，这将使你的论文有点像过去共产党对待基督教的态度。不过我希望你毫无拘束地把这个题目作为西方史学对待中国的一个出发点（Springboard)，并作出具有活力的学术批评。”

我的论文就是循着这条路线准备的。

在 12 月 29 日，没有对有关“Formosa”（台湾）的论文有所反应，甚至没有涉及“Formosa”名称，评论者没有像您这样小题大作（make a fuss)。

我所能记得的，是您评论中的许多论点都是错误的。您说我讨论的某些书不是历史，而您却强调赛珍珠的《大地》，难道《大地》是历史吗？

您说我未提到作为翻译家伟烈亚力（Alexander Wylie，又名尉礼贤）的名字，他曾经把什么中文书翻译成英文，并且写过任何中国历史吗？难道我必须列举所有翻译家？

您说我评论格兰莱特的《中国文明》（Marcel Granet，La Civilisation Chinois）与其他仅涉及汉朝初始到终结（220A. D.）的著作“缺乏平衡与比例”(lack of balance and proportion)，是错误的，因为你认为一个作者完全有权利强调他所感兴趣的任何时期或阶段。难道如果有人写《美国文明史》而只限于殖民地时期也是公正的吗？如果您认为一个作者完全有权利强调某个主题的任何侧面，为什么我就不能强调西方传教士的与非传教士基于基督教传统所写中国历史的态度如歧视等等？

您说我只提及赖德烈教授书中的一个论点而不顾及其余，难道需要我为它写个书评吗？有句话可以回答您的质询：“关于赖德烈著作的其他论点，请看 1946 年 Philobiblon 的书评。”

您还情绪化地说，（如果）没有传教士受中国人欢迎，怎样看待李提摩太、林乐知等等？

以上是我想得起来的几点。如果您的评论已经写出来了，我可以回应得更好一些。由于我不是一个专业的基督徒，所以匆匆给您写这封私人函件以表达我的感情。希望您能抽出时间，就同一题目写出比我更好的文章，以便显示某些建设性的批评。

邓嗣禹

附言：

您提到 A. H. Smith 的书和赛珍珠《大地》的几种译本，可否请您提供若干有关这类译者的有关资料？……（以下文字模糊不清）

二、贝德士致邓嗣禹（1952 年 1 月 4 日）

亲爱的邓教授：

很抱歉，12 月 28 日（上星期五）在会上引起您的不快，并且意识到我在态度与表情方面应更加谨慎。谢谢您坦率而友好的来信使我获得教益。原本打算周六与您再次会晤，但受阻于其他会议而我又无法推脱。

我曾希望事先能够得到 Dunham 的信，它确实是通向有关西方中国史著作讨论的门户。（但）我收到的仅仅是已经宣布的题目，加上您的发言稿及评论人名单——没有其他背景。

不过实质性问题依然存在。就这个题目来说，什么是您用以作为评判著作的基础的观念（concepts）——无拘无束，直截了当，一如我的意见，或是他人意见，您的评判是这样的吗？有意识或半意识，明确或是模糊，对于您所评判的这些著作的领域，以及您想到并写到的僭妄的性质，必须有已经运用的理念（idea）。Dunham 给您一个选择您的基础的机会。但这种选择必须有所解释，然后随之以合理的前后一贯（consistency）。也许是处于人生迟暮之年，我试图朝这个方向充实自己，并且对这类问题特别感兴趣。

今年 6 月我可能访问印第安那波利斯（Indianapolis），如果成行则将到布路明登（Bloominton）与您晤谈，希望求教并消除任何遗留的误解。

利用通信讨论特殊问题可能不大方便，除非有些问题可以用三言两语即有化解困难。《大地》被说成是非历史书，但在中国的中国人认为它值得出版，这似乎明显增强了 A. H. Smith 的看法，尽管受到正在美国留学或已回国的学生的不大友好的批评。卫礼贤是超过传教士主流群体——如理雅各（Legge）、卫德明（Wilheley）、顾赛芬（Couvreur）——仅有的著名翻译家。一本关于文明的书，可以侧重任何重要的时期与方面，特别是那些伟大的开创时期。其所以提及传教士不受欢迎，是由于 19 世纪的排外政策、限制手段及其态度，连同明显的损害传教士工作的社会压力与暴力，表现在诸多方面直至 1900 年。的确，理雅各、卫三畏、李提摩太、李佳白与其他人士以实质友好话语的写作是值得注意的。幸好还有机会把城镇乃至乡村的人际关系逐渐发展成为私人交谊，尽管西方的政治过错与内部混乱给中国人与传教士一并造成麻烦。赛珍珠曾告诉我有关她的著作译本，许多中国学者都提到 Smith 的书，我将到哥伦比亚图书馆查阅它们，如有必要也会给卜凯夫人（即赛珍珠——笔者）写信。如您所知，一些小公司在本地出版的书很难找到。

会议事先提供的少许信息，曾使我希望 Honor 将作为您的文章的第一评论人。我确实感到困惑，不知如何准备充当第三评论人；不知我前面的人将说些什么，也不知您先前给我的“初稿”又有那些修改。所以我只有在卡片上准备几行简要笔记，有关大作中提到的许多话题与大多数书籍，笔记中我将对您在会上可能读到或讲到的内容作灵活选择，因此我未能准备专门的用语。您的少数变动没有造成麻烦，但令人惊讶的是 Honor 没有出现；Hinton——无疑也曾指望 Honor 做基础工作——自然只有触及部分手头的问题。因此，我赶紧提出若干前面没有涉及的问题，当然我曾思考并注意过它们。

然而，我不想为我的态度辩解。我只想让您确知并无敌意，前此我曾在您有关太平天国大作中获益匪浅——此后曾两次向他人推荐——还有您在《远东季刊》（*Far Eastern Quarterly*）上发表的文章。我在纽约的同事们相互攻打（pitch into）对方的发言，完全无所拘束且不带任何私人感情——关心的是内容与形式，而不是此人来自何处；同时还期待着评论的多样性，如果仅仅重复前面的发言，则必然乏味且无价值。我的错误在于，对一个身在异国的华人的文章，发言如此没有人情味（impersonally）。

我诚挚地为因此而引起的不快请求宽恕。

您也许有意一阅 Clyde 教授索取的摘要，现随信附陈。

贝德士

附件：

对于邓嗣禹教授论文的评论摘要

（美国历史学会，纽约，1951 年 12 月 28 日）

论文为我们提供对于各种书籍一系列饶有兴味的陈述，并且以非常有用的文献目录作为补充。评论寻求与本文相异之处的研讨，并作简略的增补。

我们首先面临的困难是名词的界定。“Christian”在文章中与“Western”，如果业经清晰说明并且前后一贯，那当然是合理的运用。但在其他地方此词是代表一种特定的宗教类型，包含在“Western”态度的整体之中。有时传教士作者可能作为宗教类型的特殊变异而被区别开来，但所有这些都模糊不清。

僭妄（assumption）一词与癖性（pre-disposition）、歧视（bias）是有区别的，但我们看不清楚，作为通篇文章判决的靶子的（基督教的）内心僭妄究竟是什么。有的特殊评判暗示中国社会不喜欢的观点，特别是在伦理领域，被认为是显示傲慢自大的最高权威，僭妄意味着中国与中国人必须按照基督的（西方的?）标准来裁判。“histories”泛用于以译文或摘要或个人经验传播（transmitting）的中国书籍——或许是史料。

作为文章观点基础的工作线索（clue），似乎是依仗源于汤因比（Toynbee）的观点：并非不合中国学者口味（not distasteful to Chinese Scholars）。于是我们要问，并非不合哪些中国人的口味？什么是不合口味，其实际内容，或者其显示的态度？这是否说明历史至少应当对于某些中国学者是可憎的（distasteful）？在许多方面，中国人写的中国书籍，与西方人写的西方书籍，其通常的评价与批判，都比邓教授所限定的西方的中国史（occidental histories of China）要清楚得多。

文章希望持论公正，批评某些书，其中若干是传教士写的，“过于偏爱”或“过于同情”。但这里有处关键问题（razor-edge）。什么是爱好的适当程度，并且是在何种观点之中？事实上，西方作者在这条路上有不可思议的困难。如果他们给中国文化创造性的那些世纪以更多篇幅，如葛兰言、尉礼贤、费子智所为，将会被认为无视近代中国而受抨击。如果他以友善之光彰显孔夫子，则将冒犯现代革命与改良的时尚。如果他赞扬传统家庭制度，摩登妇女将对他发火（in his hair）。如果他赞成满族皇帝，一定会被宣布为反动分子。他不能对于无数中国人如此粗暴写过的科举考试与八股文章略示怜惜，而对于西方学者不可忽略公认的保守分子孔夫子，甚至异族清朝，还有中国人的生活与文化中整个音域（gamut）的任何有意义的要素（element），他们应该怎样办。

（1）历史学家必须给予他种文化较之自身文化更多的同情与欣赏，借以更好地获致理解。（2）如果他进行比较，即令是含蓄的，他应该理解，观念归观念，实践归实践。（3）可以指望他知道并且思考世界的其他部分和深沉的时间界限（deep ranges of time），以求减少用 20 世纪制造的眼睛观察中国部分的危险。（4）如果他对价值有明确的认定，无论是对一种宗教，一种政治制度，或对现代科学，他与他的读者应该以他的态度注意他们那个部分。（幸好基督教自身带来一种教义与精神，反对粗俗的傲慢自大危险；而传教士，假定为最极端的例证，其所以到中国是因为他尊重这里的人民，并且以自己最宝贵的人生理想与品格来寻求对他们的理解。传教士做了大量翻译工作，这是把中国的宝藏对西方所作的最忠诚与切实的介绍。此外，无论好坏，传教士是互异的人，不能纳入一种范型，并且分享他们的世界的整个文化在技能与兴趣方面的差异）。

然而在观点独立与判断多样方面，仍然需要宽阔的心胸（broad-minded），任何对于理解中国的有益贡献都应受到欢迎。值得庆幸的是，许多中国人已经获益于不同的西方背景与观念，乃至如同感恩戴德的美国人曾经受助于 Bryce 与 Siegfred 的批判性理解一样。

文集后记

年届九旬的章开沅先生是国内外著名历史学家和教育家，不仅在中国近现代史多个重要研究领域开拓创新，取得颇受关注与好评的丰硕成果，而且培养了一批又一批博士和硕士，其中不少人现今也已成为海内外知名的近代史学者。章开沅先生还曾出任华中师范大学校长，及至晚年仍不断为当下中国高等教育的发展指陈利弊，建言立说，屡有发人深省之语。

章开沅先生作为华中师范大学中国近现代史学科的开创者和引领者，已经圆满而出色地完成了自己的历史使命，为华中师大中国近代史研究所在海内外近代史学界奠定了显著地位，而这一重点学科在今后的进一步深入拓展，则有待我们后辈一代又一代学人不间断的艰辛努力。学术研究的持续发展依赖于薪火相传，继往开来，编辑出版章开沅先生的文集正是出于这一目的。

从早期对近代重要历史人物张謇的深入探讨，到辛亥革命史研究的蜚声海内外，以及对近代商会研究的倡导与近代资产阶级的开创性研究、思想文化史与近代社会的“历史社会土壤学”研究，再到后期的南京大屠杀研究、近代中国教会大学史研究和近代中国基督教史研究等，章开沅先生曾涉足近代史诸多研究领域，并在许多重要领域都是开拓者或先行者，留下了重要的研究成果，为中国近代史研究的不断发展作出了卓越贡献。除此之外，章开沅先生还曾在海内外举行过无数次学术演讲，接受了许多海内外知名报刊和电视台的访谈，晚年还撰写过一些回忆性文章，所有这些文字也都收录至文集之中。因此，可以说该文集是集中展现章开沅先生学术与人生的皇皇大著。

严昌洪教授曾在2013年江苏人民出版社出版的《史海远航——章开沅传》（作者刘莉）一书中概括描述章开沅先生说：他是史学家，曾将国内辛亥革命史研究推向世界，又曾将国外中国教会大学史研究引进本土；他是教育家，是享誉国际的华中师范大学历史研究所（现更名为中国近代史研究所）和中国教会大学史研究中心的创办人和领导人，后担任华中师范大学校长六年，育人无数；他是思想家，通过历史研究寻求前人智慧，对一系列攸关中国和世界前途的问题进行深沉思考，从而参与历史的创造。严昌洪教授写下的这段文字，称得上是对章开沅先生突出贡献的准确概括。

在庆贺章开沅先生九十华诞之际，我们遵从章先生本人的意愿，不举行任何祝寿活动，只是以这套十余卷的大型文集和另一部正在编辑的纪念文集，表达研究所以及学界同仁的良好祝愿。这部文集能够得以出版，应该感谢具有学术传承使命的华中师范大学出版社。范军社长等出版社领导，主动提出出版章开沅先生文集的意向，并征得章先生同意，随即与近代史研究所多次商议相关具体事宜，最终确定了文集的编辑方案，而且愿意不计成本，制作装帧精美、印刷优良的图书精品，为章开沅先生九十华诞奉献一份厚礼。

《章开沅文集》的顺利编辑出版，再次集中体现了我们研究所在章开沅先生的开创与培育下所形成的优良学术传统。多年来，研究所全体人员除各自拥有自己的专攻研究领域之外，也形成了积极合作、共同从事重大项目研究的传统，由此推出了一部又一部大型学术成果，受到史学界好评。该文集的收集整理与编辑，尤其是增补注释内容，工作量较大，单靠一二人将耗时甚久，只有研究所全体人员共同分担，才能在较短的时间内完成任务。不仅如此，文集如何分卷、各卷内容如何排列，以及相关各方面一系列具体技术问题的处理，研究所全体整理编辑人员曾经多次开会讨论，运用集体智慧一一予以解决。

具体负责文集各卷相关编辑整理工作的人员名单如下：第一卷至第三卷：何卓恩、许小青、付海晏、章博；第四卷和第五卷：田彤；第六卷：周月峰、徐炳三；第七卷：彭剑；第八卷：严鹏；第九卷和第十卷：郑成林、刘莉；第十一卷：魏文享。此外，刘莉承担了与出版社的相关联络事宜，黄丽为各卷文章的收集付出了努力，各卷编辑者所指导的研究生也参与承担了不少具体工作。在此，一并表示衷心感谢。

最后，还有几个具体问题需要略予说明。

第一，收入文集的早期著作与论文，由于当时在注释的完整性要求上与现今相比较并不十分严格。对于这种情况，我们虽尽量进行了补充，力图按照现在的规范要求，使注释达到完整的程度。但由于受客观条件限制，仍有少数注释没有达到这一要求，敬请读者谅解。

第二，文集中涉及的我国历代纪元按要求应该在其后加注相应的公历年，但考虑到公历年与阴历年并非一一对应，为避免错讹，一律不加注。

第三，由于文集所收各著作均在当时特定的历史条件下写就，有些观点不免带有时代的痕迹，为尊重历史，文中均一仍其旧。

“历史是已经划上句号的过去，史学是永无止境的远航。”章开沅先生的这一题词，是勉励我们后辈学人在学术研究的艰难道路上不断前进的持续动力。

朱　英

2015 年 2 月春节写于桂子山